中国煤炭地质总局
China National Administration of Coal Geology

2021年度 中央地勘企业政策与经济研究成果

中国煤炭地质总局◎编

POLICY AND ECONOMIC RESEARCH RESULTS OF CENTRAL GEOLOGICAL PROSPECTING ENTERPRISES IN 2021

中国经济出版社
CHINA ECONOMIC PUBLISHING HOUSE
北京

图书在版编目（CIP）数据

2021年度中央地勘企业政策与经济研究成果 / 中国煤炭地质总局编. -- 北京：中国经济出版社，2023. 1

ISBN 978 - 7 - 5136 - 7204 - 7

Ⅰ. ①2… Ⅱ. ①中… Ⅲ. ①地质勘探 - 企业管理 - 研究 - 中国 Ⅳ. ①F426. 1

中国版本图书馆 CIP 数据核字（2022）第 254452 号

选题策划 雷 生 刘金龙 陈利军
责任编辑 孙东健
责任印制 马小宾
封面设计 华子设计

出版发行 中国经济出版社
印 刷 者 北京富泰印刷有限责任公司
经 销 者 各地新华书店
开　　本 787mm × 1092mm 1/16
印　　张 32. 25
字　　数 610 千字
版　　次 2023 年 1 月第 1 版
印　　次 2023 年 1 月第 1 次
定　　价 188. 00 元
广告经营许可证 京西工商广字第 8179 号

中国经济出版社 **网址** www. economyph. com **社址** 北京市东城区安定门外大街 58 号 **邮编** 100011
本版图书如存在印装质量问题，请与本社销售中心联系调换（联系电话：010 - 57512564）

编 委 会

前言
Preface

2021年是建党100周年，是“十四五”的开局之年，是我国现代化建设进程中具有特殊意义的一年。这一年，新冠疫情影响广泛深远，经济全球化遭遇逆流，各国内顾倾向强化，企业发展的外部环境更趋复杂严峻和不确定。这一年，矿产资源在我国被提到了国家战略的高度，中央经济工作会议明确指出要立足以煤为主的基本国情，抓好煤炭清洁高效利用，增加新能源消纳能力。这一年，中国煤炭地质总局逐步完善地质业务全产业覆盖、矿产开发全周期服务、生态环境一体化建设的产业体系，形成了“空天地一体化”的综合监测勘查技术体系，为“十四五”奠定了良好的发展基础。

为做好新形势下地勘行业内的政策研究、产业规划与发展、企业改革、管理创新等工作，中国煤炭地质总局（下称总局）自2021年起正式开展政策与经济研究工作，并形成了一批立足经营实际，与企业改革发展高度契合的研究成果，对于提升行业企业自主创新能力和管理现代化水平发挥了重要示范作用。

一是着眼顶层设计，加强企业改革的战略性探索。总局规划发展部与中能化信息与发展战略研究中心的研究成果——《中国煤炭地质总局“十四五”规划实施与监测机制研究》研究绘制了总局“十四五”发展规划战略地图，制定了监测评估的程序、核心内容和关键事项，有效提升了企业的战略控制力和协调力。中煤长江地质集团有限公司的研究成果——《混合所有制企业管理创新研究——“双百行动”在中煤长江集团的实践》通过梳理分析多家企业的混改经验，形成了独具特色的新型管理模式，对于行业企业混改推动具有一定借鉴意义。

二是对接国家战略，助力企业融入区域发展。中煤江南建设发展有限公司和总局粤港澳大湾区指挥部的研究成果——《中煤江南融入粤港澳大湾区战略研究》通过分析大湾区的战略及机遇，从优化产业布局等多个角度提出了具体策略。中煤地质集团有限公司的研究成果——《中国煤炭地质总局融入海南自贸港建设发展战略研究》充分分析了海南自由贸易港的建设历史和现状基础，具体提出了在海南开展新能源勘查、应急救援队伍建设、贸易与金融、环保工程建设、民生地质等五个方面工作的措施建议。

三是立足“两化融合”，促进企业数字化转型。中煤地质集团有限公司的研究成果——《新形势下推动地勘单位数字化转型研究》通过系统总结地勘企业数字化转型的经验启示，明确了推动企业数字化转型的基本原则，即“整体规划、精准定位、明确方向、全力追赶、争取速赢”；研究形成了推动总局数字化转型的具体思路与对策，即积极发展“数字地勘”、深入建设“智慧矿山”、着力打造“应急救援装备大数据平台”、建设产学研用深度融合。

四是务求降本增效，提升企业精细化管理水平。中煤地第二勘探局集团有限公司的研究成果——《后疫情时代管理会计在助推地勘单位高质量发展中的应用研究》从十个方面建立适用于新经济增长模式和疫情防控常态化下的管理会计体系的初步脉络，对企业明确战略定位、提升管理水平、防范化解经营风险、增强全员的凝聚力等方面能起到积极的作用。中煤航测遥感集团有限公司、中煤地质集团有限公司的研究成果——《国有地勘企业监督管理模式创新研究》设计了一套系统、完整的国有地勘企业“多维一体”合力监督管理模式，并制定了一套与之匹配的监督评价体系。

衷心希望本书的编印、出版、发行能够为各地勘企业提供借鉴，推动行业转型升级和高质量发展，在新时代新征程上展现地质担当、贡献地质力量。

编　者

2022 年 8 月

目录
Contents

地热能产业高质量发展研究

中煤矿业集团有限公司

能源是支撑人类社会长期存续发展的重要物质基础之一。能源的不断开采利用，保障了全球经济的长期繁荣、人口的持续增长以及各种工业信息技术的高速发展。中国作为世界上最大的发展中国家，是一个能源生产和消费大国。2020年，中国能源总产量为40.8亿吨标准煤，能源消费总量为49.8亿吨标准煤，可见能源供需形势十分严峻。

地热能是蕴藏在地球内部的热能，具有储量大、分布广、绿色低碳、可循环利用、稳定可靠等特点，是一种现实可行且具有竞争力的清洁能源。

在能源革命、大气污染治理、北方清洁供暖的大背景下，我国作为地热资源大国，在全球能源替代革命中发挥着日益重要的作用。作为低碳排放的可再生新能源，地热能在能源领域具有较强吸引力，也为地质工作开辟了一个全新的服务领域。

本课题重点围绕国内外地热能产业发展现状、发展趋势和发展愿景，深入剖析了我国地热能产业发展状况，探寻其内在规律，并总结了这一领域存在的突出问题，深刻分析了制约发展的各种因素，并充分结合中国煤炭地质总局（下称总局）作为地勘行业“共和国长子”的独特地位和始终专注于煤系气、地热能等绿色清洁能源勘探开发的巨大成就，以现有地热新能源领域特色模式为依托，探索构建多种产融结合发展新模式和管理新策略，为促进地热能行业发展壮大、实现地热能产业大范围增量替代、推进地热能高效绿色发展以及有节奏、有步骤、更加科学系统地实现“双碳”目标，从而重构能源体系进行了大胆探索，增添了发展动力，为总局始终坚持“两个一以贯之”，围绕“11463”总体发展战略，投身“三个地球”建设愿景，推动地热能产业获取更大运营收益，实现高质量发展，服务“双碳”战略，提供了重要的参考依据。

本文致力于为总局地热新能源项目高质量发展提供智力安全保障，为总局探索和提炼新能源板块发展可复制、高效率、新盈利的发展模式，拓展总局在新能源、地热能板块的业务范围，同时增强总局在全国范围内的影响力。

一、成果背景

伴随着经济社会的不断发展、环境问题的日益严重，人们越来越意识到发展新能源、推动能源结构调整已经成为关系国家安全的头等大事之一。2020 年，中国明确提出“碳中和 碳达峰”目标（下称“双碳”目标），向世界庄严宣告我国持续推进产业结构和能源结构调整的发展战略。这是党中央经过深思熟虑后作出的重大决策，是事关中华民族永续发展和构建人类命运共同体的伟大抉择。

不可否认，实现“双碳”目标是一场硬仗。2021 年中央经济工作会议提出，“传统能源逐步退出要建立在新能源安全可靠的替代基础上”。因此，要下更大力气致力于构建清洁低碳安全高效的能源体系，控制化石能源总量，着力提高利用效能，实施可再生能源替代。

（一）全球能源危机下新能源替代传统能源的必然趋势

传统化石能源拥有巨大的储量和较低的成本，甚至一度被认为是用之不竭的。这三个原因不仅使得这些能源在第一次、第二次工业革命中得到广泛的应用，也使得它们在今后相当长一段时间内在人类经济社会发展中依然占据很重要的份额。

但是，随着人类生活和工业、商业活动对于能源的需求越来越大，传统能源的开采难度越来越高，易开采的煤矿、油田不断枯竭，以往看似无限的储量开始变得短缺，人们开始对化石能源的储量产生了忧虑。人们已经认识到：这些化石能源的储量不是无限的；即便有足够的储量，在枯竭之前，这些能源的开采成本也将越来越高——这就是所谓的能源枯竭问题。近年来，随着新兴经济体国家的快速发展，世界范围内的能源消耗也会变得越来越大。

同时，这些能源在使用时产生的二氧化碳不仅会造成气候变暖，而且很难避免产生粉尘、酸雨等污染。在许多发展中国家崛起后，能源消耗量大幅上升，污染的情形不再像过去那样遥远，已经影响到了每个人的生活，甚至生命。而二氧化碳的排放导致的温室效应和气候极端变化使得自然生态变得越来越脆弱，雾霾和酸雨直接威胁着人类的生存。所有的人都认识到，如果能源体系不进行变革，酸雨、雾霾等自然灾害将变得越来越频繁——巨大的污染不仅会给人类带来灾难性的影响，而且会使地球变得不适宜居住。所以，人们开始将目光转向新的、可再生的、清洁的能源，这是为了自身生存而不得不做出的明智选择。

但是，地热能产业的发展目前仍然比较低效。中国科学院汪集暘院士认为："地热能产业应当完成由单一粗放的低效传统产业向高新产业的过渡，走上一条高质量发展之路。"而从目前的情形来看，"地热能产业的高质量发展模式"还仅是一种理念：对其内涵，还需要结合产业发展相关理论进行解析；对其框架，需要结合我国地热能产业的内在规律及地热能产业发展的国际经验进行拓展；对其策略，则需要结合地热能产业发展的具体情况及产业外部环境进行详细研究。

（二）我国对地热能产业发展的政策支持

2006 年，《中华人民共和国可再生能源法》颁布并实施，这是官方首次强调优先推动地热能的发展，之后，又从应对气候变化、可再生能源发展、建筑节能、地源热泵系统的推广应用等方面颁布了相应的政策法规及条例，直接或间接地推动了我国地热产业的发展。

作为我国首个地热开发利用专项规划，2017 年发布的《地热能开发利用"十三五"规划》提出："十三五"时期，新增地热能供暖（制冷）面积 11 亿平方米，其中新增浅层地热能供暖（制冷）面积 7 亿平方米，新增水热型地热供暖面积 4 亿平方米；新增地热发电装机容量 500 兆瓦；到 2020 年，地热供暖（制冷）面积累计达到 16 亿平方米，地热发电装机容量约 530 兆瓦。

2021 年 4 月，国家能源局发布的《关于促进地热能开发利用的若干意见（征求意见稿）》提出，到 2025 年，各地基本建立起完善规范的地热能开发利用管理流程，全国地热能开发利用信息统计体系和监测体系基本完善，地热能供暖（制冷）面积比 2020 年增加 50%，在资源条件好的地区建设一批地热能发电示范项目；到 2035 年，地热能供暖（制冷）面积比 2025 年翻一番。在国家政策的积极引导和带动下，各省市相继颁布了一系列相关的地方性政策法规，内容以推进建筑节能和促进地源热泵的发展为主，对地热产业发展起到了积极推动作用。

（三）我国地热能发展的区位优势

我国的地热资源总储量较为丰富，地热资源的种类较多，分布较为广泛，但由于受到地层构造和水文条件的影响，总体分布并不均匀。我国的地热资源主要以低温地热资源为主，高温地热资源主要分布在藏南、川西和台湾等地区，中低温地热资源则主要分布在山地的断裂层和盆地当中。一般情况下，盆地当中的地热资源相比山地断脉来说更为丰富，总储量也更为丰富，具有较大的开发潜力。

我国地热资源的地热值分布较不均匀，一般情况下，西藏南部地区和台湾西部等地区地热值最高，其平均值能够达到150 兆瓦/平方米，最高可达300 兆瓦/平方米。至于干热岩，我国储量则比较丰富，约占世界干热岩储量的20%左右，主要分布于藏南、华北、东南、东北地区。

总体来看，我国的地热资源总量大，分布具有较为明显的规律性和地带性，东部地区、东部沿海、台湾和藏南等地区地热资源分布较多，而盆地地热资源主要分布在东部地区、琼雷盆地、松辽盆地和环鄂尔多斯断陷盆地等地区，山地断脉地热资源主要分布在东南沿海、台湾、藏南、川西、滇西和胶辽半岛等地区。

（四）我国地热能产业发展的现状

总体上看，我国地热能产业的发展处于蓬勃发展而又不乏风险与变数的状态，市场前景十分广阔。但是，我国地热能产业的整体发展情况与资源赋存情况还很不匹配，与地热强国相比尚存在较大差距。主要问题有以下几个方面：

一是资源勘测的系统性不足。在能源资源领域，勘测评价是开发利用和产业化发展的前提，地热资源的勘探和开发具有高投入、高风险、知识密集的特点。截至目前，我国仅开展过两次全国性的地热能资源评价，研究基础较为薄弱。

二是发展模式的科学性有待提高。虽然我国在地热能产业发展中探索出了“雄安模式”等符合国情、社情特点及区域特色的模式，但从总体上看，其科学性仍存在不足和薄弱之处，如政策扶持不充分，产业整体发展存在的不协调、粗放式开发利用现象没有得到合理管控，产业管理机制缺位，化解风险机制与相关社会保障制度不健全，等等。

三是技术发展不均衡。地热能产业内部缺乏统一的技术规范和标准是制约整个产业发展的重要因素。

四是人力资源储备与产业发展匹配性不足。与其他资源领域相比，地热人才队伍建设和发展水平存在明显滞后，对整个产业的发展构成了一定阻碍。

五是资本运作能力不强。地热能产业发展虽然享受到了政策的红利，但在市场和业务同步增长的情况下，也不得不面临资本的压力，主要问题有银行贷款门槛高、项目开发融资成本高、因资本回收周期较长而造成沉重的财务成本等。因此，在看到成绩的同时，也要关注、研究这一领域存在的问题、矛盾和不足，才能提出更具针对性和可操作性的地热能产业高质量发展模式。

二、研究过程

中煤矿业课题组立足总局地热能产业发展成就和中煤矿业地热能板块开发建设实际，在现有技术和管理团队基础上，重点聘请了中国科学院赵鹏大院士、汪集暘院士、原国土资源部（现自然资源部）原党组成员汪民副部长以及包括成都理工大学地热能开发中心在内的诸多专家、学者、团体参与课题研究，通过翻阅大量研究文献和专著、论文，深刻把握国内地热能产业发展历史，同时充分借鉴国际经验，从学术和实践两个方面对我国地热能产业基础理论以及发展的现状、模式、实例、愿景等进行科学分析和系统研究，同时选取中石化绿源、河南万江、中煤任远三家具有代表性的公司及其地热开发利用项目与实施办法进行了总结探索，提出地热能产业要由单一要素研究向环境、资源、政策、资本等多要素综合研究转变。

宏观上，本课题组从“双碳”发展战略出发，对地热能发展历程、发展状况、业务板块及技术特色等做了深入分析和阐述，全面总结、归纳了地热开发的历程以及经验教训；微观上，本课题组立足企业角度，更清晰地描绘了地热能产业发展的内在规律、经营模式、管理策略和发展前景。

（一）国有新能源企业及其地热能开发项目：以中石化绿源公司为例

1. 企业基本情况

中石化绿源地热能开发有限公司于2006年成立于河北省雄安新区，是中国石化集团新星石油有限责任公司与冰岛极地绿色能源公司投资组建的以地热资源开发利用为主的中、冰合资企业，主要业务为地热能集中供热（制冷）、节能技术服务、余热利用，是目前国内规模最大的地热能开发专业公司之一。

2. 企业发展优势

（1）合资发展模式出硕果。绿源公司成立以来，得到中、冰两国领导人、国家有关部委、中国石化集团以及地方政府等方面的高度重视。合作双方充分发挥各自优势，不仅促进了公司的快速发展，打造了中、冰合资合作的典范，提升了公司的影响力，还为推动中国地热产业发展奠定了人才基础，为全球地热产业发展贡献了力量。

（2）创新资源勘探出成果。绿源公司成立以来，坚持“资源先行”的理念，积极引进地热强国冰岛的先进技术，并在其基础上进行自主创新，加强勘探水平，获得了一批重要的勘探成果，取得了包括牛驼镇地热田（雄县、容城、霸州）、辛集地热田、菏泽地热田等一大批优质资源和市场，其中不乏温度超 100 ℃、水量超 100 立方米/时的优质“双百”井。

（3）规模效益成果突出。绿源公司地热开发区域已遍布北京、天津、河北、山东等省市，与国内 40 余个市（县、区）签订了战略合作协议。目前，绿源公司已建成换热站 502 座，地热井 600 余口，实现总供暖面积 4500 万平方米，年可替代标准煤 61 万吨，减排二氧化碳 163 万吨，减排二氧化硫 1.4 万吨。绿源公司在碳资产开发方面走在了行业前列，并开创性地开发了全球第一个地热供暖 CDM（清洁发展机制）方案，量化了地热供暖的减排效果，为我国实现“碳达峰 碳中和”目标做出了贡献。

3. 企业代表性项目：“雄县模式”（雄安新区地热供暖示范项目）

绿源公司与河北省雄县人民政府携手合作，成功打造了政企合作、市场运作、统一开发、技术先进、环境保护、人民受益的“雄县模式”。目前，雄县地热供暖能力已达近 600 万平方米，占全县集中供暖面积的 95% 以上。根据估算，地热供暖可以节省 6 元/平方米的费用，每年可以为当地群众减少 2862 万元的供暖支出。雄县城区已基本实现二氧化碳、二氧化硫、粉尘“零排放”，成为全国第一个“无烟城”，可替代标准煤 12 万吨/年，减排二氧化碳 28 万吨/年。“雄县模式”得到国家能源局和业界的广泛认同，已成为我国地热能产业的发展亮点之一。

4. “雄县模式”经验总结

（1）政企协作，创造双赢。在合作方面，雄县政府和绿源公司签署了排他性的战略合作协议，实现了“整体规划、保护资源、科学开发”的目标。当地政府在政策层面的大力支持与企业技术开发应用得到了有机统一，也充分反映了可持续发展的理念。

（2）开发绿色地热资源，提升群众生活品质。通过地热资源的高效开发利用，减排节能真正实现“落地”，生态环境得到有效改善，群众生活品质也得到了充分提高。

（3）产业良性发展。雄县政府和绿源公司均展现出了长远的大局观念，敢于在开发地热水供暖这种初始投资大、回报期长、微利性和社会公益性明显的产业上进行深度投入，实现了产业的良性发展。

（4）国家政府引导社会资本高效参与地方产业经济发展。“雄县模式”中，国家行政及资源引导社会资本的特点非常突出。以公共服务和生态投资为切入点，政策引导下的社会资本在地方产业经济上进行精耕细作，避免了民营资本“野蛮生长”的诸多弊端。

（5）技术创新。绿源公司一直致力于地热领域的技术创新，资源评价、节能集输、地热换热、梯级利用、智能监测、尾水回灌和综合利用等技术的研发利用是“雄县模式”的一大亮点。

（6）充分发扬“大庆精神”和“三光荣”精神，艰苦奋斗，以造福群众为己任，在短短3个月内实现了当年进驻、当年建成、当年供热，同时确保了工程质量和供暖质量，得到了当地政府和群众的高度赞扬。

通过以上分析，可以将“雄县模式”的特点总结为政策驱动和政企合作两个方面。一方面，“雄县模式”之所以能够具有重大的影响力，很大程度上在于当地政府的高度重视，其不仅在政策资源方面予以大量投入，在配套制度建设方面也同样不遗余力，表现突出。随着雄安新区建设步伐的加快，“雄县模式”的意义将会更加深远。另一方面，绿源公司在开拓市场的同时，积极承担企业的社会责任，探索出了一条创新型产业振兴之路，为国家新能源战略的实施贡献了自己的力量，有力地促进了当地地热能产业的发展。

（二）民营新能源企业及其地热能开发项目：以河南万江集团为例

1. 企业基本情况

河南万江新能源集团有限公司（下称万江集团）于2008年成立于河南省郑州市，企业致力于新能源综合开发利用，专注于城市清洁能源地热能综合利用的投资、建设、运营，潜心于清洁能源供热技术的研发，是中原地区最具核心竞争力的科技型清洁能源供热民营企业之一。

2. 企业发展优势

（1）公司技术优势明显。万江集团与中国科学院汪集旸院士团队合作，成立了河南省唯一的地热研究院士工作站。2018年，汪集旸院士及万江集团技术团队被郑州市人民政府评为“顶尖人才”和“顶尖人才团队”，为万江集团持续的技术提升和技术领先提供了坚实的保障。

万江集团在全国首创“依灌定采，一采两灌”的砂岩地热开发模式，项目实现100%同层回灌，取热不取水，实现了地热集中供暖行业革命性的突破；创新应用“地热+”模式为城市提供清洁热源，获得了包括“双模云控技术”在内的专利技术123项。2017年，万江集团被认定为国家高新技术企业。

2021年4月21日，在万江集团的积极推动下，国家地热中心河南分中心和河南省清洁能源供热协会成立，对该企业在河南省推广地热项目提供了重要技术保障。

（2）社会效益突出。万江集团中深层地热供暖项目采用的技术主要包括地热资源勘探、同层回灌、回灌加压、地热资源动态监测等。据测算，采用地热能为城区居民供暖，每10000平方米供暖面积，每年可节约164.5吨标准煤，减少二氧化碳排放431吨，减少二氧化硫排放1.4吨，减少氮氧化物排放1.22吨，减少烟尘等固体颗粒物排放1.15吨。

3. 企业代表性项目："陕州模式"（三门峡地区地热集中供暖项目示范区）

河南省三门峡地区地热资源丰富，万江集团充分利用浅层地热能资源，在三门峡陕州区进行供暖项目运营。运营多年来，实现地热能供暖面积230万平方米，用户室内采暖温度普遍在22℃以上，被行业专家称为利用地热资源解决城市供暖的"陕州模式"，也是河南省首个地热集中供暖项目示范区。

"陕州模式"完善了城市集中供热配套设施建设，增强了城市综合承载能力，提高了居民的生活品质和幸福指数。地热集中供暖项目不仅解决了冬季供暖问题，同时也可为各地建设绿色、低碳、无烟城市提供强有力支撑。与常规的燃煤锅炉供暖方式相比，"陕州模式"每年可以减少66384吨标准煤，减少燃煤费用3469.2万元。同时，减少18178吨二氧化碳、589.76吨二氧化硫、989.6吨氮氧化物、747.3吨烟尘排放量，节约247.6万元左右的环境治理费。

4. "陕州模式"的经验总结

（1）技术导向。从发展伊始，万江集团就高度重视技术因素的价值，在地热供暖方面进行了持续创新，形成了系列化的技术体系，为公司的长期可持续发展奠定了良好的基础。

（2）市场攻坚。万江集团坚持以地热能产业为主导，致力于居民采暖专业化运营，有力保障了"陕州模式"在本地区的快速复制。

（3）建投一体化。在PPP模式的基础上，万江集团做到了建设、投入、管理的一体化，不仅在地热能产业市场上占据了一席之地，也为当地政府和当地居民创造了可观的综合效益。

与"雄县模式"相比，"陕州模式"更多地体现了民营企业在地热能领域的探索：由当地政府提供平台，万江集团利用资金、技术、团队、服务等方面的优势，实现了项目规划、设计、投资、建设、运营、管理的一体化。在此基础上，政府公共产品和服务供给能力得到提升，企业获得了利润和发展机会，群众享受到了实惠，实现了政、企、民“多方共赢”的局面。

（三）混合所有制新能源企业及其地热能开发项目：以中煤任远公司为例

1. 企业基本情况

中煤任远（陕西）新能源科技有限公司（下称中煤任远公司）是中国煤炭地质总局控股的三级子公司，是中国煤炭地质总局中煤矿业集团有限公司新能源板块的核心企业。中煤任远公司在新能源地热能方面拥有全国领先的中深层地热水采灌技术、中深层地热井下换热技术、浅层地温能利用技术、高效冷凝锅炉技术，在浅层低温能及中深层地热资源的开发利用、物探、咨询、投资、建设、运营管理等方面具有较强竞争力，在综合能源站施工，水晶钻探、勘察，地热井施工、地埋管施工、热物性测试、室内末端安装等领域具有丰富的项目经验，业务范围覆盖地热资源勘查、地热资源评价、中深层地热钻井、地热及浅层地温能供暖/制冷、能源站的设计施工和运营、地热开发利用技术研发、合同能源管理、制冷设备的销售及安装等多个方面。

2. 企业发展优势

（1）地热资源勘查与评价技术能力强。中煤任远公司以地热开发项目区为评价对象，开展必要的区域地热地质调查、地热地球化学调查、地热地球物理勘查等技术手段，结合地热项目的探采结合井、热储工程、动态监测与评价等工作，建立热储模型，研究分析地热资源可开发利用的地区及合理的开发利用深度，开展热储参数评价工作。

这方面的优势主要体现在：①为地热开发利用方案调整和提高地热项目的管理水平提供依据；②减少地热开发风险，取得地热资源开发利用最大的社会经济效益和环境效益；③最大限度地保持地热资源的可持续利用。

（2）安装设计能力强。中煤任远公司利用高效的热交换系统，提取矿井的涌水、乏风等余热，利用热泵机组，为矿山企业提供冬季供暖、井口保温及夏季制冷等的热源与冷源，彻底取代矿山企业现有的燃煤、电力或燃气锅炉及传统空调，比传统燃煤锅炉与空调节能50%以上，节能减排，利国利民。

这方面的优势主要体现在：①热效率高、冷热输送热容大、换热强度高、冷热损失小，换热系统效率高；②系统节能、环保，系统COP高，无二氧化碳排放，具有节能、环保的效果；③热源稳定，在矿井生产过程中，矿井水温和回风温度受地热作用，温度越来越高，且一年四季保持恒定；④系统简洁，技术成熟，可靠性高，热泵机组较为成熟，自动控制系统较完善，机组整体性好，系统简洁，系统设计安装好后安全可靠。

（3）高效冷凝锅炉应用水平高。中煤任远公司创造性地利用了冷凝锅炉，以达到提高锅炉热效率的目的。

这方面的优势主要体现在：①安全可靠：天然气和空气耦合在一起，有空气，也有天然气，模块化设计，互为备用，不需备用容量；②安静环保，超低排放：氮氧化物排放低于25毫克/立方米，二氧化碳减排超30%，超低噪声，即使与锅炉为邻，仍能安然入睡；③高效节能：百万热效率高达107%，可单独使用，也可作为备用热源；④便捷，易于安装：冷凝锅炉易于安装，可整机出货或者组件出货，现场安装。

3. 企业代表性项目："咸阳模式"（关中地区"地热+"中深层地埋管供热项目）

咸阳文彩舫项目位于陕西省咸阳市，由中煤任远公司实施运营。该项目已获得"陕西省工业节能环保专项资金奖励"，被评为"陕西省发展改革委清洁能源示范项目"。项目采用"中深层地埋管换热系统+热力尾水二次利用系统"供暖。在2020年，对该项目进行无人值守、智慧运行升级改造后，运行成本降低超过30%，节能效果显著，是陕西省清洁能源利用的又一典型项目。

4. "咸阳模式"的经验总结

（1）央企和地方国有企业合作，充分利用央企的品牌优势和地方国企的资源优势进行项目合作。

（2）专业技术团队从项目立项阶段开始对项目进行全程服务，人员相对稳定，可确保项目的高效稳定运行。

（3）重视科研创新和专利研发申请，以新技术、新材料、新设备等提升了企业科技攻关能力，提高了企业核心竞争力，从而保障项目成果顺利完成。

与"雄县模式""陕州模式"相比，"咸阳模式"充分利用了混合所有制企业的优势，发挥了国有经济的控制力、带动力和影响力，改善了企业的生产经营状况，进一步提高了企业和资本的运作效率。此外，新技术、新设备的运用使得该项目在节能减排方面具备突出优势。

三、研究成果

“地热能产业的高质量发展模式”的概念一经推出，对完善地热能产业发展理论起到了一定支撑作用，一系列研究成果也为总局和中煤矿业地热能产业经营管理提供了重要参考。

（1）研究出版了《新能源地热能产业高质量发展研究》专著。该专著借鉴了国际国内多方经验，结合产业发展、公共管理等方面的理论成果，从多个维度出发，对地热能产业的高质量发展模式进行了深入分析和探讨，进一步丰富了地热能产业发展的内容。

从理论层面上，该专著的研究有利于充实新能源产业发展的理论，其提出的“地热能产业的高质量发展模式”概念及对相关管理体系的认识，对于完善地热能产业发展理论能够起到一定的支撑作用。

从实践层面来看，该专著的研究亦能为地热能产业的发展提供管理策略层面的参考。

总的来说，该专著从地热能产业研究背景和研究意义入手，重点探索了地热能产业的基础理论、国内国外地热能产业的发展现状，我国地热能产业发展的现有模式和若干新类型，并辅以对国内几家地热能产业的代表性企业及其项目模式的讨论，尤其是全面总结了中煤任远公司实施完成的陕西咸阳文彩舫项目，总结了地热能产业发展的优秀案例，描绘了地热新能源产业美好的发展前景。

（2）研究发表了《构建地热能产业高质量发展模式的基本逻辑框架》论文（发表于《化工矿产地质》，2021 年 9 月，总第 43 卷，第 3 期）。该论文以充分释放地热能的产业潜能为编写目的，以地热能产业高质量发展为编写指引，对地热能产业的整体模式进行了深层反思和科学重构。本文从构建地热能产业高质量发展模式的应然性、实然性和实现性三个维度进行了深入研究，提出了构建我国地热能产业高质量发展基本模式的工作方向和具体思路。最终总结：在新常态背景下，应当以高质量发展为指引，推进地热能产业快速发展，充分释放地热能产业潜能，为产业发展和企业发展注入新的活力。

（3）成功申请了两项地热井设备的实用新型专利。这有助于增强中煤矿业推进地热能产业发展的信心，提高公司发展的核心竞争力和技术优势，为中煤矿业今后在地热能产业的进一步发展打下了良好的基础。

（4）本课题组通过对财政税收融资、债务融资、股权融资、项目融资等融资方式的研究论证，创造性地提出了地热能产业发展基金这一融资方式，从实践操作的角度吸收和涵盖了其他融资方式，并对地热能产业发展基金的设立、日常管理、风险管控及退出等全过程作出了详细的阐释，加深了对地热能产业发展基金的把握，为相关各方的决策提供了有益的参考。总体来看，在此基础上，基本形成了一种可推广的地热能产业融资新渠道。

（5）打造出了可推广、可复制的“咸阳模式”。中煤矿业所属中煤任远公司作为总局控股的三级公司，始终专注于新能源板块开发利用与建设，其打造的咸阳文彩舫项目已获得“陕西省工业节能环保专项资金奖励”，被评为“陕西省发展改革委清洁能源示范项目”，成为陕西省清洁能源利用的又一典型项目。

四、收获与意义

本课题组始终立足总局投身能源结构性调整、大力发展低碳清洁能源的实际，依托中煤矿业多年深耕地热能产业的人才和技术优势，结合产业发展、公共管理、产融结合等方面的理论成果，从多个维度对地热能高质量发展模式进行了深入探讨和分析，形成了较为丰富、全面、实际的研究成果，为地热能技术手段、管理模式、经营方略等的创新提供了参考，为推动总局地热能产业发展提供了重要理论依据，为中煤矿业推进地热产业高质量发展奠定了基础。

（一）全面系统了解掌握了我国地热能资源分布及相关产业发展状况

本课题组通过查阅资料、深入一线等方式，全面掌握了我国地热能资源的分布状况，以及分布位置、埋藏深度、温度和赋存状态等标准，将我国地热能资源分成了四大类，即浅层地热能资源、水热型地热能资源、干热岩、岩浆型地热能资源，较为全面地总结了我国地热能的特点。

本课题组梳理了我国地热能产业的发展情况，将我国地热能的开发利用分为三个主要阶段：

（1）1971—2003 年，起步阶段。在这一阶段，地热能的开发利用初步得到了能源界的重视，出现了个别区域的分散开发，对地热能资源的勘测评价工作也逐步开展。但在这一时期，地热能的开发利用还没有形成规模。从统计数据来看，商品化的地热能源在终端消费中所占的比重基本为零，相关技术尚处于初级研发阶段。

（2）2004—2016 年，成长阶段。在这一阶段，地热能的开发利用呈现出规模化、专业化的特点，产能逐步释放，出现了一批代表性企业。在相关产业政策的推动下，地热能产业发展迅速加快，出现了一系列质的变化：开发利用的范围实现了不同层次的拓展，设备逐步完成从小型向大中型、从粗糙型向专业型的过渡，技术研发成果市场化、产业化的步伐不断加快。在这一时期，我国迅速成长为全球地热直接利用量最大的国家。

（3）2017 年至今，逐步成熟阶段。在这一时期，以《地热能开发利用“十三五”规划》为标志，政府出台了一系列地热能开发的纲领性文件，地热能产业的发展进入到国家战略层面，产业发展走向正轨，产业规模快速提升，出现了多种运营模式。

但是，从目前我国地热能资源开发利用的整体情况来看，这一产业的发展还是刚刚起步。在新能源乃至整体的能源结构中，地热能还是一种“小众型能源”，具备长远的发展前景。

（二）提出了我国地热能产业高质量发展的模式构想

本课题组对我国地热能产业发展的现有模式进行了分析，对国外地热能产业发展的现状及经验教训进行了总结反思，提出了我国地热能产业高质量发展模式：在我国经济新常态下，地热能产业应坚持创新驱动型发展、协调可持续性型发展、绿色生态型发展、高效率型发展、有效供给型发展、中高端结构型发展、开放包容型发展、为民共享型发展的有机统一，政府部门作为政策供给者、地热能企业作为价值创造者、金融机构作为资本供给者、高校及科研院所作为理论和人才支撑者优势互补的一种科学产业发展模式。

1. 高质量发展是创新驱动型发展

科学技术是第一生产力，创新是引领地热能产业发展的第一动力。提升科技创新能力不仅是我国未来国民经济发展的动能之所系，更是推动地热能产业高质量发展的关键所在。构建我国地热能产业高质量发展，首先要强调创新驱动。加快科技创新步伐是提高地热能产业竞争力的一个重要方面，推动地热能产业高质量发展要以创新为突出导向，加大科技研发力度，着眼于解决瓶颈问题和核心问题，通过勘察技术促进高质量发展，通过开发技术落实高质量发展，通过智能信息化技术提升高质量发展，通过标准化技术体系规范高质量发展，通过连接供需的地热能智慧管网系统打造智能地热供能系统，打造推进地热高质量发展的科技引擎。

2. 高质量发展是协调可持续型发展

地热能产业的盲目扩张与粗放式的高速增长是不可取的，其所带来的生态环境和资源浪费的代价也是不可承受的。要实现高质量发展，就必须遵守客观规律，坚守科学发展理念，量力而行，保证地热能产业协调可持续增长。只有认识到这一规律之后，人们才可以对产业发展节奏进行适当的控制，从而人为地延长产业存续的时间。地热能产业高质量发展模式的构建也需要考虑这一问题，尽可能地采取各种有效手段延长产业存续与发展的时间，实现协调、可持续的增长。

3. 高质量发展是绿色生态型发展

推动我国地热能产业以生态资源资产的存续和自然发展为前提的经济增长方式进行高质量发展，正是习近平总书记提出的“绿水青山就是金山银山”理念在经济发展方面的微观投射。地热能产业高质量发展模式的构建应当突出绿色生态意识，坚持以周密保护水资源与生态环境为前提，确保不产生地质灾害、不浪费地热资源、不污染水质、不破坏周边地区生态平衡。除了严格的政策法律法规的硬性约束外，还应当通过绿色金融进行引导，政府应尽快设立地热能产业发展专项基金，将地热发电、地热供暖等地热开发利用纳入可再生能源发展专项基金补贴范围，扶持资源勘查、技术攻关、先进示范、信息平台等。同时，引导、鼓励社会资本设立产业投资基金等，引领地热能产业绿色生态型发展。

4. 高质量发展是高效率型发展

在以往的产业经济发展过程中，良好的改革开放政策、快速的大规模城镇化、无可比拟的人口红利所形成的驱动力起到了重要作用。近几年来，受国际、国内多重因素的影响，我国经济面临沉重的下行压力，许多产业都出现了增长率下降的趋势。但是，这并非经济新常态的必然产物。正如我国著名经济学家吴敬琏所说：“高效率支撑的中低速增长才是真正的新常态。”因此，新常态背景下的地热能产业高质量发展模式应该以效率为导向，实现规模及利润、社会效益与生态环境效益等不同层面的高效率增长。

5. 高质量发展是有效供给型发展

我国的改革开放事业取得了辉煌的成绩，但是在发展过程中，也出现了能源资源约束严重、生态环境形势严峻等问题。在新形势下，推动能源结构向纵深方向进行优化调整，加大有效供给，为生态资源的保护和可持续性发展奠定基础，已经成为非常紧迫的任务。地热能是稳定可靠的本土能源，有着极为丰富的资源赋存和巨大的开发潜力。地热能产业发展过程中，应当顺应能源领域供给侧改革的趋势，通过制度设计、技术、人力、资本、创新等要素的投入，推动能源的有效供给及高效供给。

地热能产业的高质量发展不能局限于地热能的开发利用，更要加强供给侧结构性改革，以生产端、供给侧为突破口，通过供给结构的持续优化调整，为地热能产业高质量发展创造更好条件、探索更佳路径。投资有回报、产品有市场、企业有利润、员工有收入、政府有税收、环境有改善，才是理想的发展。有效供给是地热能产业高质量发展的本质特征，也是更高效率、更好效益、更实效果的发展。通过地热能的全面开发利用，能够优化能源领域的产业结构和投资结构，为人民群众提供更优质的能源类产品和服务，交易成本也将持续改善。借助于地热能产业的发展，能源领域的各种生产要素能够得到更充分的开发利用，从而实现能源类产品和服务的高效流通和开放共享。

6. 高质量发展是中高端结构型发展

产业发展的国际经验表明，经济结构的高技术化和知识化才是产业结构调整的核心所在。《地热能开发利用“十三五”规划》就地热能资源的开发利用提出了“清洁高效、持续可靠；政策驱动、市场推动；因地制宜、有序发展”等原则。从中可以看出，这本质上是一种系统集成型发展，也是一种高端结构型发展，需要我们从以下几个方面着力：

一是站在国际地热能产业发展的整体高度来进行制度设计、政策供给、技术研发及产品和服务提升。

二是要面向地热能产业链来进行产业内部的结构优化。以战略性和全局性为原则，以“巩固、增强、提升、畅通”为方针，支持不同区域、不同经营重点的地热能企业进行产业协同发展与技术合作公关，实现整个产业链水平的发展进步。

三是面向微观意义上的企业进行培育扶持。一方面要发挥行业龙头作用，扶持出一批技术过硬、资金雄厚的大型地热能企业集团；另一方面，要在地热能产业内部培育一批以“专精特新”为特色的中小型地热能企业。

四是在地热能产业中高端结构增长的过程中，有必要发挥中石化等大型央企国企的示范带头作用，在产业链上的高附加值环节取得重大突破，从而实现以地热能产业重点工程为龙头，不断向地热能产业发展水平相对落后的地区进行辐射的目标。

7. 高质量发展是开放包容型发展

当前，世界经济正处于深度调整的过程中，国际贸易领域的单边主义与保护主义均有所抬头，多边主义和自由贸易体制受到了巨大冲击。正因为如此，在地热能产业高质量发展模式的构建中，应当积极参与国际分工。地热能产业发展模式的完善，不仅要立足国内现实，更要站在国际市场的高度进行积极赶超，争取尽快形成技术出口、方案出口的市场能力。这就要求地热学界和产业界在思路上共鸣、在行动上团结，积极整合各单位、各企业的人力物力财力资源，通过产学研优势的发挥实现跨越式发展。

8. 高质量发展是为民共享型发展

地热能产业高质量发展的根本目标是满足全体人民对美好生活的向往，为民共享是地热能高质量发展的根本目的。地热能产业的发展必须更加突出以人民为中心、切实让人民共享发展成果、更好地满足人民对美好生活的需要。由此，应当加大对地热能行业的财政扶持力度，对新建的地热能项目给予一定比例的投资补贴；加大税收优惠力度，例如对“取热不取水”的地热项目免征水资源税等相关税目；为地热供暖企业以及相关设备和材料制造企业落实增值税、企业所得税等相关优惠政策等。

（三）总结了原有的地热能产业发展融资模式，并在此基础上提出了地热能产业发展基金新模式

本课题组通过对地热能产业高质量发展的研究得出，产业发展背后金融支持的动力是重中之重。十九大报告指出，资本市场的要素配置效率最重要，而且最高。同时，十九大报告也提到，金融服务实体经济的关键在于提高直接融资的比重，促进多层次资本市场健康发展。在地热能产业发展过程中，资本能够推动整个系统的发展，也能够有效促进各要素之间的良性互动。融资方式的选择，是地热能产业发展的一个关键。本课题组通过对地热能产业融资机制的分析得出，目前我国地热能产业发展的金融支持程度较为滞后，政府、银行及其他金融机构、社会中介等方面的参与程度不一，金融领域的供给侧结构性改革仍有待推进，金融支持的力度仍显不足。

因此，本课题组认为，结合我国地热能产业内部企业融资存在的问题，通过借鉴西方发达国家发展地热能产业的经验，突破地热能产业融资的瓶颈需要从以下方面入手：

一是要建立科学的发展方略。我国地热能产业的政策环境日益向好，但政府对地热能产业的政策导向主要体现在发展目标的制定及宏观的管理制度上，具体的发展策略则更多地依靠市场的自我演进。在地热能产业内部，投资冲动和发展盲目的现象时有发生。考虑到严格的信贷管理体制，地热能项目要想获得金融机构的认同，还需要具备一系列科学的发展方略。

二是要形成有针对性的政府主导。从发达国家发展地热能产业的经验表明，政府对技术研发的投入在 GDP 中所占的比例通常会维持在3% ~6% 的范围内。相比之下，我国在投资理念、能力、管理和机制上还存在一定程度的不足。就地热能产业融资问题而言，我国政府应当予以高度重视，不断从顶层制度设计层面形成针对性的政府主导力量。

三是要建立发达的产业投资体系。政府要发展包括股票、债券、期货、产权和其他金融衍生品的资本市场，吸引带动民间资本、国际资本参与到风险投资中来，构建立体化的产业投资管理体系，推动地热能产业实现可持续发展与内部的结构优化升级。

四是要引入和推广多元化的金融工具。在产业成长的不同阶段，企业对资金的数量以及具体的融资方式都有不同的需求。要降低地热领域的资金错配风险，就需要有多层次的、多元化的金融市场及融资产品与之配套。

五是要建立宽敞的资金流动通道。在产业融资问题上，人们对资金的融入较为关注。但是，资金及其风险的流动通道也非常关键。就地热能产业的融资而言，不仅要加强资金“入口”的建设，也要为之设计合理的“出口”，从而形成一个完整的产业资金循环体系。

基于此，本课题组结合我国社会转型期的特殊国情，提出了地热能产业发展基金这一新的投融资模式。从实践操作的角度来看，地热能产业发展基金这一融资方式可以涵盖和容纳其他各种融资方式。因此，地热能产业发展基金有着独特的重要性。

随着金融体制改革步伐的深入，以产业投资基金为代表的金融产品对各项产业乃至国民经济的发展都将起到越来越重要的作用。

首先，地热能产业发展模式的完善需要准确把握政策机遇。清洁能源行业是国家着力发展的战略新兴产业的一部分，宏观政策及地方政府都对这一领域给予了相当程度的优惠政策支持。在中国特色社会主义市场经济体制的背景下，地热能产业的政策环境、产业配套和区域发展政策都极为有利。在多重利好的窗口期和风口期，地热从业人员应当准确抓住时代机遇，对相关的产业政策，要正确理解、吃深吃透，在政策许可的框架下展开高效的资本运作和运营管理，在实现自身规模发展壮大的同时，和政府一起共同促进国民经济的增长，创造企业和政府的双赢局面。

其次，地热能产业发展模式的完善需要以资本运作为纽带。传统的产业发展及企业运营都以资源优势发挥、营业收入及利润增长为着眼点。但在当下及未来的一段时期内，资本运作在各项产业中的参与程度和渗透程度都将显著增加。在完善地热能产业发展模式的过程中，需要以资本运作为纽带，发挥资本在资源配置中的独特作用，利用资本的力量来推动地热企业迅速扩大规模和复制成功经验。

再次，地热能产业发展模式的完善需要发挥融资的规模效应。根据产业经济学的有关理论，产业在空间中的聚集会形成集群效应。由于规模经济的作用，产业集群的系统功能会大于单打独斗状态的企业功能之和。以地热能产业发展基金为平台，可以将相关企业撮合成一个整体。通过发挥融资规模效应，分散的中小地热企业可以解决资信不足、担保手段单一等融资瓶颈。这有助于进一步降低融资成本，提高融资效率。

最后，地热能产业发展模式的完善需要有效开展产业规制。“政府”和“市场”都有自身的内在缺陷。在地热能产业演进过程中，总会出现各种各样的不利因素，这就需要政府规制、社会规制和行业自律规制来对其进行限制、约束和规范。在地热能产业发展基金的运行过程中，同样需要进行严格的监督管控：一是严格外部监督，整合产业管理及金融监管方面的行政力量，成立产业发展基金管理委员会，对其进行严格的外部监督；二是加强信息披露，定期出具运营报告，确保地热能产业发展基金的有效性和安全性。

近年来，我国地热能产业发展态势良好，吸引了各种资本的青睐。但是，地热能产业发展模式还不完善，产业规模和结构都需要提升。引入地热能产业发展基金，微观上可以帮助地热企业快速形成规模优势、提升管理水平，宏观上则有助于推动地热能产业的系统性发展。

（四）有利于推动总局地热能产业发展，进一步完善产业布局

本课题组提出的地热能产业发展基金这一新的投融资模式，从设计、募集、投入、激励、风险管控、退出等各个方面全方位出发，探讨了地热能产业发展基金的管理策略，形成了一套成熟的、可供应用的理论体系。总体上看，这一新模式具有可复制性、可操作性强的特点，为总局发展地热能产业提供了一种新思路和新模式。

在总局召开的上半年经济运行分析会上，马刚局长指出：要毫不动摇坚定发展信心，充分认识抢抓“大地质”发展机遇的必要性。今年来，受经济周期和产业调整等方面因素的影响，传统地质勘察投入连续10年持续大幅下滑，整体呈现市场不景气现象。但自去年以来，地勘市场悄然出现了转变。从自然资源部发布的《2021年全国地质勘查通报》来看，2021年，全国非油气地勘投入资金同比增长7.5%，

实现10年来的首次正增长。这一方面说明地勘市场正在逐步复苏，另一方面也说明地勘市场的重心正在更多地向新能源板块倾斜。这给予了我们大力发展地热能产业的信心和动力，从而推动总局工作健康、可持续、高质量发展。

当前，我国经济已由高速增长阶段转向高质量发展阶段。能源是国民经济和社会发展的重要物质基础，经济的高质量发展离不开能源的转型升级。能源转型的关键在于供给侧结构性改革，并站在提升整个产业的高度优化发展方向、转换发展模式。总局在这一经济发展的大环境下，必将面临产业升级和转型发展的新课题。本课题组提出的“地热能产业高质量发展模式”的概念及对相关管理体系的补充，丰富了总局在地热能产业领域的研究成果，对于完善总局的产业布局能够起到一定的支撑作用，有助于促进总局进一步转型升级。

五、结　语

能源是国民经济和社会发展的重要物质基础，经济的高质量发展离不开能源的转型升级。2020年9月22日，习近平总书记在第七十五届联合国大会上作出“中国二氧化碳排放力争于2030年前达到峰值，努力争取到2060年前实现碳中和”的重大宣示。站在“两个一百年”的历史交汇点，面对碳中和、碳达峰新要求，加强新能源产业研究、加快能源产业结构调整，提高新能源利用效率与规模势在必行。

地热能作为一种绿色低碳、可循环利用的可再生能源，越来越被新能源产业界高度关注重视并加快建设开发运用。未来，地热能在能源结构调整、应对气候变化、大气污染治理中将发挥更加积极的作用，成为更具竞争力的新能源。我们要在充分了解地热能发展历史背景的前提下，进一步深刻把握我国地热能开发利用过程中的一些新情况、新问题、新经验和新趋势，充分结合总局和中煤矿业地热能建设实际，拓宽和延伸地热能产业内涵含量、技术含量、产业模式、市场前景等，加快技术攻关和产业布局，逐步构建起一项经济效益突出、技术含量高、惠民范围广、国际竞争力强的新能源事业，打造中煤地热能产业建设品牌影响力，为推动能源结构调整、实现绿色低碳发展贡献中煤力量。

成果创造单位：中煤矿业集团有限公司

成果主要创造人：冯　帆

成果创造人：过广华　姚彤宝　赵　玉　郭彦平　柏祖国

成果其他创造人：杨　蕾　习子恒

中国煤炭地质总局“十四五”规划实施与监测机制研究

中国煤炭地质总局规划发展部　中能化信息与发展战略研究中心

“十四五”时期是我国由全面建成小康社会向基本实现社会主义现代化迈进的关键时期，也是中央地勘企业加快推进体制机制变革与经济高质量发展的攻坚期。“十四五”时期，全国地勘单位改革将进入一个新阶段，总局必须坚定改革的方向不动摇，必须建立起适应市场经济要求的体制机制；全国地质工作也将面临经济社会发展内生动力转换、生态文明体制改革、自然资源统一管理等重大形势变化带来的一系列新的更高要求。

“十四五”时期是总局发展的关键阶段，通过本课题的研究，将实现四个目标：一是助力总局“十四五”发展规划的实施，二是助推总局规划管理水平的提升，三是提高总局总部的战略控制力和协调力，四是帮助总局对战略执行的进程和效果进行有效监控。

整个课题研究工作以四个方面相关理论为主要依据，并结合总局“十四五”发展规划的内容和总局当前战略规划管理的现状，完成总局“十四五”规划实施机制和监测机制两部分的课题研究工作：

第一，以战略实施的内涵与主要内容的相关理论为指导，建立了课题研究的框架和脉络。

第二，以平衡计分卡为战略实施的理论工具，对总局“十四五”发展规划进行了战略解码，研究绘制了战略地图。具体来说，即通过对总局“十四五”发展规划进行深入学习和详细分析，并以平衡计分卡的财务、顾客、内部运营和学习成长四个维度为工具，建立了总局“十四五”发展规划监测指标体系的逻辑序列。

第三，以战略复盘的理念为指导，研究提出了监测评估环节，对推进总局“十四五”发展规划实施有重要意义，研究制定了总局“十四五”发展规划监测评估的程序、核心内容和关键事项。

第四，采用应用范围较广且可信度较高的层次分析法（AHP）确定监测指标体系的权重，更科学地体现各个监测指标在评价体系中的作用地位。

一、成果背景及研究方法

规划编制与实施是企业规划管理中的两项重要内容，其中，规划实施是规划编制的继续，即企业制定出目标和规划后，必须将规划的构想转化成为规划的行动。

（一）课题研究的目的与意义

“十四五”时期是我国由全面建成小康社会向基本实现社会主义现代化迈进的关键时期，也是中央地勘企业加快推进体制机制变革与经济高质量发展的攻坚期。“十四五”时期，全国地勘单位改革将进入一个新阶段，总局必须坚定改革的方向不动摇，必须建立起适应市场经济要求的体制机制；全国地质工作也面临着经济社会发展内生动力转换、生态文明体制改革、自然资源统一管理等重大形势变化带来的一系列新的更高要求，如何高效实施好总局“十四五”发展规划的蓝图，不断提升总局经济发展质量，构建起可持续发展的产业支撑，必须采用有效措施和方法、坚定不移地实施好总局“十四五”发展规划。

“十四五”是总局发展的关键阶段，通过本课题的研究：

一是助力总局“十四五”发展规划的实施；

二是助推总局规划管理水平的提升：通过本课题的研究，力争化解规划执行不力、重编制轻实施等实施“梗阻”困境，寻求和探索推动总局“十四五”发展规划实施的有效方法和举措；

三是提升总局总部的战略控制力和协调力：总局通过构建强有力的总部，对下属子公司能够有效进行战略控制和战略协调，使各直属企业与总局总体战略保持同步性和一致性，从而创造总局的整体竞争优势与价值；

四是帮助总局对战略执行的进程和效果进行有效监控：当前，总局战略管理的主要手段与制度体系还不是很完善，战略执行的监控主要依赖于各级管理者的意识和能力，不能对战略执行的进程和效果进行全面、科学、有效的监控。

本课题监测机制的建立是对战略执行进程和效果的监控，也是保证总局经营活动持续性与战略协调一致性的重要机制。

（二）课题研究的主要内容

本课题研究共六部分，简介如下（其研究框架如图 1 所示）：

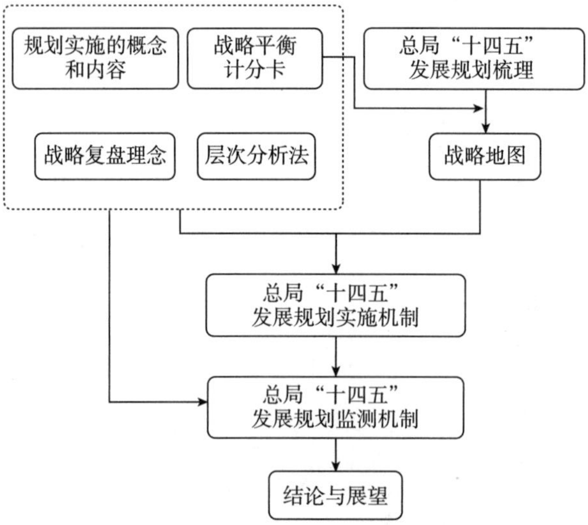

图 1　研究框架路线图

第一部分，绪论。介绍了选题目的及研究意义，并明确了课题的研究内容、框架等。

第二部分，课题研究的理论基础。在总结前人研究成果的基础上，系统梳理规划实施、战略平衡计分卡、战略复盘等相关文献。

第三部分，梳理总局“十四五”发展规划。以战略平衡计分卡为指导，研究绘制了总局“十四五”发展规划的战略地图，明确了总局“十四五”发展规划的战略任务。

第四部分，建立总局“十四五”发展规划实施的机制。在规划实施的过程中，坚持建立制度体系、资源配置、激励机制、具体抓手等方面的核心内容，并结合总局规划管理水平，研究提出了“一体系四机制”的规划实施机制。

第五部分，总局“十四五”发展规划监测机制。主要包括基本原则、适用范围、设计指标体系、监测评估程序等内容。

第六部分，结论与展望。

（三）中央企业发展规划管理现状

以“规划实施与监测”为关键词进行搜索，可知其更多出现在省级区域规划、城市总体规划等领域。

1. 基于中央企业战略管理现状的分析

国有企业在战略管理中往往存在着重战略设计、轻战略实施的弊病，主要表现为中央企业战略管理薄弱。其中，主要存在以下问题：

一是缺乏确实可行的战略控制措施。企业应该对战略实施动态管理，不断对战略进行及时调整和修正。一些中央企业没有根据战略目标制定切实可行的实施计划，没有根据国家经济政策的变动调整战略实施方案，在战略实施过程中，没有做到有效的监控。

二是经营活动与战略脱节。由于战略实施计划方案内容过于粗糙，没有明确的目标限制，因此，当经营活动偏离计划时，就会缺乏相应的约束机制，最后使经营战略随着业务经营的影子走，甚至“只战不略，盲目经营”，管理跟着经营走，围着政策转，甚至“跟着感觉走”。

三是在规划实施过程中，相关资源配置不够优化。当企业面临发展和扩张时，集团公司对下级单位缺乏控制力，又没有严密的约束机制制衡，就会导致其私欲膨胀。下属企业有时为了维护自身利益而相互产生冲突，直接影响战略规划的执行。

2. 总局系统内对五年规划的执行情况存在问题

这些问题主要表现在三个方面：

一是个别企业存在选择性执行的情况。总局通过规划批复的形式或年度预算批复将总局五年规划目标层层分解到直属企业，指标任务也层层下达，但个别直属企业根据本企业利益对目标加以取舍，对于符合本企业利益的目标指标就积极执行，对于短期内看不到效果但需要本企业配合总局整体发展的目标指标则不执行或变通执行。

二是个别企业有时消极执行。受“上有政策，下有对策”观念的影响，在总局五年规划的目标任务与本企业的短期发展目标出现冲突时，个别企业会对总局目标任务消极执行，将更多的资源投入到实现短期可见利益中。

三是执行中断。由于目前对五年规划的实施缺乏监督，规划实施考核评价体系欠缺，五年规划实施的连续性容易受主要领导人员调整等因素的影响，并形成周期性波动，导致规划实施中断。另外，个别企业对规划的严肃性认识得还不够，在规划实施过程中，很容易根据短期形势变化对五年规划进行随意调整，使得原有计划无法继续执行。

二、课题研究的理论基础

（一）战略实施概述与主要任务

著名战略管理学家安索夫认为：战略实施就是管理层为贯彻战略计划所采取的行动。战略实施即战略执行，是指整个企业运营等计划活动都按照既定的战略予以实施的全部活动过程。它涉及从高层到基层工作目标的分解、落实，常常需要在“分析—决策—执行—反馈—再分析—再决策—再执行”的不断循环中达成战略目标。

战略实施的主要任务有以下6个步骤：

（1）编制战略计划。一是制定任务进度安排，包括企业总体战略目标的分解、明确进度计划和分阶段目标，并分析论证既定时间框架下的可行性；二是制定分战略，即对总体战略目标分解后，制定各事业部和各职能部门的分战略；三是明确工作重点和工作难点。

（2）建立与战略相适应的组织结构。“组织”（战略经营单位）是集团战略执行中最重要、最关键的要素之一。一个好的企业战略只有通过与其相适应的组织结构去执行才能起作用，因此，战略决定组织结构，组织结构必须按照战略目标的变化进行调整。

（3）配置企业资源。资源配置是战略实施的重要内容，企业在战略实施过程中必须保证资源的优化配置。在战略实施过程中，如何根据企业战略和实际情况配置合适的资源也是个很关键的问题。企业资源的配置包括外部资源配置（如公共关系资源、物力资源等）和内部资源配置（如人力资源、物力资源和财务资源等）。

（4）发挥领导者的主导作用。领导者的主导作用具体表现在两个方面：一是领导者对战略实施的支持（包括制定战略计划、配置企业资源、改进组织结构等），二是领导者能力与战略的匹配。不同的战略，对战略实施者的知识、价值观、技能及个人品质等也有不同的要求。

（5）处理好战略实施与企业文化的关系。注意：当公司的战略实施与企业文化不一致时，就需要围绕文化进行管理，不要使战略与现存的企业文化直接冲突；当企业文化与战略存在较大冲突时，企业首先需要考虑是否有必要对战略进行调整。

（6）适当的战略调整或战略变革。如果新制定的战略在战略实施中出现的偏差较大，企业应考虑采取纠正措施或实施权变计划。在战略实施过程中，一旦推断出公司外部环境因素可能造成不确定的后果时，则必须对战略进行调整或变革。

（二）战略实施与监测工具

1. 平衡计分卡

平衡计分卡是一个绩效评价体系，是加强企业战略执行力的战略管理工具（图2）。它打破了传统的只注重财务指标的业绩管理方法，增加了对非财务指标（客户、内部流程、学习与成长）的考核。这四个维度分别是从股东、客户和员工的角度来对企业经营来进行评价，最终可以形成一个全面的评价结论。

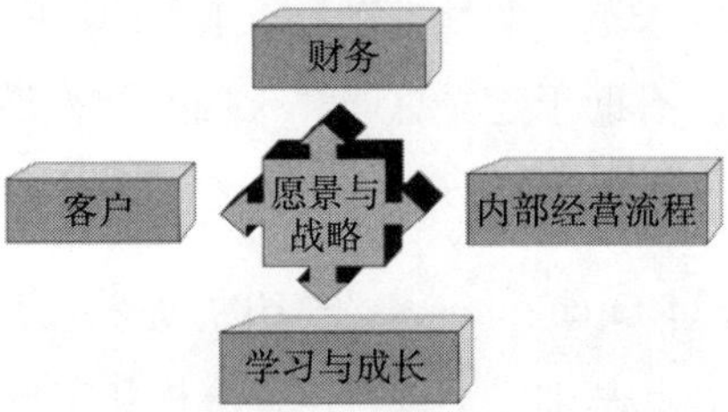

图2　平衡计分卡基本框架示意图

（1）财务层面：财务层面指标通常与获利能力有关，其衡量指标有营业收入、资本报酬率、经济增加值等，也就是销售额的迅速提高或创造出较多的现金流量。

（2）客户层面：客户层面指标通常包括客户满意度、客户保持率、客户获得率、客户盈利率，以及在目标市场中所占的份额。

（3）内部经营流程层面：管理者要确认组织擅长的关键的内部流程，帮助业务单位提供价值主张，吸引和留住目标细分市场的客户，满足股东对卓越财务回报的期望。

（4）学习与成长层面：它确立了企业要创造长期的成长和改善就必须建立的基础框架，确立了未来成功的关键因素。

平衡计分卡的作用：对总局“十四五”发展规划进行战略解码，支撑总局“十四五”发展规划指标体系的建立。

2. 战略复盘理论

企业战略复盘是对已制定和实施的战略做思维演练，不断反思战略制定的预期与执行的结果，通过分析差异产生的原因，进行经验总结。

战略复盘可以成为企业管理的方法论，其主要原因是复盘并不等同于工作总结，更是对未来探测、探究、展望的启示。

战略复盘具有三方面的特点：

一是复盘具有明确的结构与要素，必须遵从特定的步骤进行操作，不仅回顾目标与事实，也要对差异的原因进行分析，得出经验与教训，这样才能算是一次完整的复盘。

二是复盘是以学习为导向的，必须有适宜学习的氛围和机制，包括忠实地还原事实真相、以开放的心态分析差异、反思自我，学到经验或教训，找到未来可以改进的地方。

三是复盘通常是以团队形式进行的，通过集体深度会谈，团队成员不仅可以相互了解彼此的工作以及相互关系，而且可以打破个人的局限性，并激发出新的观点。

战略复盘理论的作用：有助于建立总局“十四五”发展规划监测机制。

3. 层次分析法

层次分析法（analytic hierarchy process，AHP）是将与决策有关的元素分解成目标、准则、方案等层次，在此基础之上进行定性分析和定量分析的决策方法。

层次分析法应用简单的数学工具，结合运筹思想，将复杂的问题分解为各个组成因素，并按支配关系分组形成层次结构，通过综合各因素之间的相互影响关系及其在系统中的作用，来确定各因素的相对重要性。

层次分析法的基本步骤：①建立层次结构模型（将有关的各个因素按照不同属性自上而下地分解成若干层次）；②构造成对比较阵（用成对比较法和1～9的比较尺度构造成对比较阵，直到最下层）；③计算权向量，并做一致性检验；④计算组合权向量，并做组合一致性检验。

层次分析法的作用：主要用于课题监测指标权重的确定。

三、构建总局“十四五”发展规划战略地图

“十四五”时期是我国开启全面建设社会主义现代化国家新征程、向第二个百年奋斗目标进军的第一个五年。2021年11月29日，《中国煤炭地质总局“十四五”发展战略和规划》（以下简称总局‘十四五’发展规划）印发执行。总局“十四五”发展规划绘就了总局在新征程上的第一个五年发展蓝图，是全局职工奋进新征程的共同行动纲领。

（一）总局“十四五”发展规划的特点

总局“十四五”发展规划以习近平新时代中国特色社会主义思想为指导，贯彻

落实国务院国资委对中央企业的要求，贯彻新发展理念，推动国有企业质量效益明显提升；坚持以供给侧结构性改革为主线，推动国有资本布局不断优化；坚持正确改革方向，推动国有企业改革走深走实；坚持以管资本为主，加强国有资产监管，推动国资监管效能持续提高；坚持党对国有企业的全面领导，推动企业党的建设切实加强，经济运行出现稳中向好、稳中有进的良好态势。该规划对总局“11463”总体发展战略做了再谋划和细化，勾画了总局转型升级的发展路径，充分体现了“以地勘职工为中心”的发展思想。

（二）总局“十四五”发展规划的主要内容

总局“十四五”发展规划指标体系及发展目标实行量化、具体化。在主要指标设置上，有许多创新，如将总局经济发展总目标进行量化并从“效益效率、国有经济布局结构、转型升级、创新驱动、国际化经营、风险及社会责任”六个方面设定“定量指标体系”。指标体系分论则将各个分目标进行量化，形成分目标体系。

总局“十四五”发展规划以“能力”建设为抓手，确立了总局“十四五”时期的重点工作，规划提出了“推进产业转型升级，提升产业链控制能力”“推进布局结构调整，提升市场控制能力”“推进创新引领，提升价值创造能力”等方面的具体措施。

总局“十四五”发展规划以重大专项为载体，推动总局“十四五”发展规划实施，提出总局将持续服务于国家能源安全战略和生态文明建设的战略定位，强化应急救援体系建设，突破核心技术，实现关键技术创新等具体目标任务。另外，还明确了重大专项在实施方向、立项与管理方面的具体措施，规划强调了重大举措、保障措施等内容。

（三）建立总局“十四五”发展规划战略地图

战略地图以财务、客户、内部流程及学习成长四个维度模型为框架，经过项目组人员分析、总结、提炼而成。战略地图的四个维度，分别由战略主题和战略目标（行动计划）构成。

战略地图是简洁直观描述组织战略的工具，可以描述组织创造价值、实现战略目标的全过程。

在研究编制过程中：财务维度主要侧重于股东在财务方面的期望；客户维度侧重于为达到总局的发展目标，应该怎样为客户创造价值；内部流程维度侧重于了解哪些流程的高效运营能够使总局的客户和股东满意；学习和成长维度则围绕如何整合总局的人员、系统和文化等无形资产，改进关键流程。

战略地图通过链接各个不同层面的战略主题，明晰战略活动与战略主体之间的因果关联，来帮助总局高层更系统、更立体地思考战略以及实现战略的举措和路径。同时，通过对每个战略主题进行分解，寻找出在短期和长期内可衡量工作效果的总局规划监测指标，形成总局规划实施的监测指标库。

根据《中国煤炭地质总局“十四五”发展规划战略地图》（详见本书第47页附件4）可以看出，基于总局战略地图框架，实现总局战略，呈现出简单、集成与有效的特点：

一是简单。所谓简单，是指总局战略规划文件进行解码后是简洁的、便于阅读的，不会造成总局内部战略沟通的障碍，也不会因为不便于阅读而被束之高阁。

二是集成。所谓集成，是指要把总局战略意图有效地、集成地展现出来，正所谓“一张图胜似千言万语”。总局战略规划的集成与简单是相辅相成的，只有把近百页的战略规划报告压缩、集成起来，才能实现战略规划文件的简单、易读。

三是有效。所谓有效，是指在集成基础上能够确保战略解码文件的有效性，既能集成、直观地展现总局战略规划，又能有效地将总局战略意图在文件中展开并充分、完整地表述出来，能够将战略转化为可操作的年度业务计划与目标，并将其与财务预算、绩效评价相链接。

四、建立总局“十四五”发展规划实施的机制

战略是企业的行动纲领，是为发展目标服务的。目标则要依靠战略的实施来实现。如何有效地促进规划的落实，要从制度体系建设、资源配置、激励机制、具体抓手等方面建立系统化的规划实施机制，还要通过围绕发展主线逐层级进行分解，将战略规划和年度计划、重点任务有机地结合起来，把年度计划和业绩考核结合起来，能够有效促进规划的落实落地。

制度体系建设保障方面：企业通过制定与调整相关规章制度、规划、标准、政策等，为目标实现提供制度保障。其中，规划层面主要体现在年度预算（计划）、各类专项规划、直属企业规划与总局规划的衔接等。

资源配置方面：通过引导存量资源（如土地、房产）、资金、人才等关键要素，优化资源配置组合，为目标的实现提供资源支持。主要手段有投融资、产业扶持与限制、重组整合、资产划转等。

激励机制方面：通过改变直属企业、部门、职工等各利益相关者之间的激励机

制，促进不同利益主体的目标匹配。主要方法有目标分解、监测、评估与考核等。

具体抓手方面：通过推进重点项目、开展专项行动、实施专门工程等方式，为目标的实现提供具体抓手。

本课题从完善战略规划管理体系、建立年度（预算）计划衔接机制、统筹优化资源配置机制、建立改革创新激励机制、建立规划监测与评估机制这五个方面（即“一个体系、四个机制”）提出了关于总局“十四五”发展规划实施机制的建议（图3）。

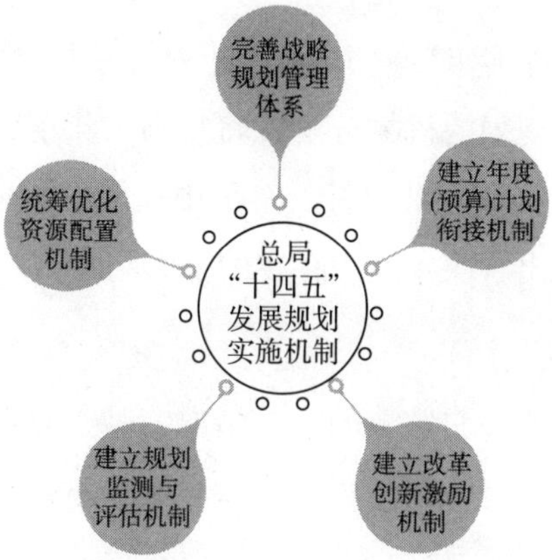

图3　总局“十四五”发展规划实施机制

（一）完善战略规划管理体系

一是认真做好总体规划、专项规划、子企业规划等各类规划的无缝对接。总体规划即《中国煤炭地质总局“十四五”发展战略和规划》，这是总局发展的战略性、纲领性、综合性战略规划，是产业发展规划、人力资源规划、科技发展、财务规划等专项规划的编制依据，也是有关政策、各项年度计划安排的依据；专项规划则是对企业具体业务发展和特定业务领域的细化和落实；而从子企业层面看，应从总局的发展定位与目标出发、突出本单位的主营业务发展，以集团层面规划为编制依据，落实分解集团规划的主要任务。因此，集团的总体规划、专项规划、子企业规划共同构成了实施“十四五”发展规划的体系和基础。

二是总局要做好对子企业发展规划的批复工作。批复时，要重点关注发展目标、产业结构目标和重大任务对目标实现的支撑度，还要对规划实施过程中的重点注意事项提出要求，为总局“十四五”发展规划的各项任务能够真正在子企业落地打好基础。

（二）建立年度（预算）计划衔接机制

1. 编制年度计划，要衔接好规划目标并突出年度重点任务

充分运用平衡计分卡工具，从客户价值提升、内部运营协作、学习与成长等维度进行战略分解，经过多次分解，使其落地化为各项管理指标，并在企业内进行全方位的细分。从总局层面分解到各子企业，使得规划目标可以转化为更为具体的行动计划。

要将总局“十四五”发展规划的发展方针、主要目标和重要任务体现于年度（预算）计划之中，注意防止年度（预算）计划与总局“十四五”发展规划的脱节；要避免年度计划成为规划的机械分解，将规划与年度计划有机结合起来，既要服务于总局“十四五”发展规划的目标，解决中长期发展中的重大问题，也要根据不同年度的实际情况，突出解决年度中存在的重大问题。

2. 动态管理年度计划

年度计划要反映规划实施与监测的动态情况，基于复盘理论和运用信息反馈的原理，及时发现规划与现实经济运行之间的差异和矛盾，从而形成规划和年度计划调整的依据。

3. 持续完善年度计划联席会议工作机制

与规划相衔接的年度计划不再是传统的由规划发展或地勘事业单位时期由计划部门推行的计划，而是各部门、各子企业规划实施的综合性和系统性的年度行为。所以，应该建立联席会议制度，统筹年度计划的安排，协调解决规划执行中存在的问题。

（三）统筹优化资源配置机制

优化资源配置主要通过投资管理、资产重组、专业化经营等工作，保障战略规划得到贯彻执行。其中：投资管理通过决策流程，在主业范围内实现科学决策投资；资产重组能够促进公司内部资源的持续优化配置；专业化经营能够体现地勘企业作为科技类企业的经营理念和特点。

总局要在日益激烈的竞争实现转型升级，必须解决资源稀缺和配置效率低下的问题，因此，不仅需要利用管理手段整合内部资源，还需要通过重组并购等方式整合外部资源，以增强核心竞争力，获得新的发展。

1. 加强总局内部资源配置的高效性

总局是一级央企，所属单位分布在全国各地，企业实力、技术特点和业务领域存在差异，客观上形成了资源分散的局面，须有效配置和开发利用资源，突出强项，及时补齐短板，追求资源配置整体效益最大化。同时，必须坚持价值导向，避免出现抽肥补瘦，应根据发展战略的需要，将总局队伍、资质、装备、资金、市场、存量资源进行优化配置和整合利用，实现资源盘活和激活。比如，可以从区域发展角度，对小型队伍进行整合，集中资源形成区域优势，推动二级单位转型提升发展；又如，可以集中总局系统内相关专业的优势队伍，打造专业发展的领军旗舰企业，全面推进相关业务领域的高质量发展；还可以根据总局“十四五”发展规划，适时对总局总部职能部门的设置和职能进行改革优化，满足发展需要，提升服务所属企业的效率和质量。

2. 提高总局外部资源配置的整合力

在规划实施过程中，现有资源和能力的不足是不可避免的，必须要有不断弥补现有资源和战略目标两者的差距的能力以及提升通过寻找资源来实现目标的能力。

“十四五”期间，总局要提高有效整合市场最优资源的能力，通过整合不同体制下的各类要素资源，进一步扩充自身优势，发挥这些资源的最大效能。比如，传统的工程施工类业务经济附加值低，处于行业产业链的低端，市场竞争激烈，经营风险高。工程施工企业可通过产业链延伸、转变经营方式、创新盈利模式等方法实现转型升级，但在这一过程中，施工企业不可能具有转型所需的全部要素资源，只有通过对设计、施工、装备、资金、人员、运营服务等产业要素进行有效组合，才能实现企业转型和经营质量的提升。

3. 增强总局与外部资源配置的合作力

在激烈的市场竞争下，总局还要加强与社会优势资源的合作，并通过合作有效实现资源优势互补，才能实现资源共享、共同进步，不断发展壮大、互利共赢。通过与高校或科研院所建立合作关系，建立由相关领域专家、学科带头人等组成的专家资源库，为总局在生态环保等新业务领域提供科技和智力支持；注重加强市场开发的合作，利用社会资源和力量助力总局的市场营销工作，运用总局的央企身份加大与各级政府、央企、大型国企的合作，共同落实大项目。

（四）建立改革创新激励机制

在规划实施过程中，要通过改革的手段建立市场化经营机制，构建提升企业活力和效率的激励机制，充分调动和激发人的潜能，从不同层面，通过不同方式调动全局职工对规划实施的积极性。

1. 用激励机制承接战略落地

首先，根据年度计划，制定落实到岗位、到人的绩效指标体系，制定由绩效评价、激励和组织结构等相互关联的要素组成的考核激励机制。这种激励机制有助于将规划目标嵌入规划执行过程，有力地促进战略管理能力的提升和规划导向型组织的形成。

2. 用专项改革推动建立正向激励

相较于综合性改革，专项改革具有针对性强、影响范围小、政策简单明晰的优势，因此阻力较小，易产生较好的效果。

一是加强科技创新人才的激励。在聚焦科技创新提高自主创新能力方面，加大高端人才引进政策支持、建立科研成果转化应用的利益分配机制，充分释放科技人才创新活力。

二是在突出抓好三项制度改革，推动“管理人员能上能下、员工能进能出、收入能增能减”制度化、常态化，抓实经理层成员任期制和契约化管理，全面推进用工市场化，灵活开展多种方式的中长期激励。

三是推动混合所有制企业在劳动、人事、分配三项制度改革上率先取得突破，全面建立灵活高效的市场化经营机制。

四是在突出抓好党的领导党的建设方面，激励企业领导人员担当作为，对企业家高度信任、充分授权，对敢于负责、勇于担当、善于作为、实绩突出的企业领导人员给予更大力度的物质激励和精神激励。

3. 激励制度可以纳入适量的负向激励

正向和负向激励两者要有机组合使用，方可达到最佳效果。过度强调正向激励的作用而忽视负向激励的约束作用，与过分注重负向激励的威慑力而不注重发挥正向激励的积极效应一样，都是不正确和片面的管理方法，不利于团队执行力的有效发挥。

另外，必须注重维护激励制度的严肃性、权威性和强制性，所有单位成员都必须认真执行。对于激励制度，更应当加强宣贯，预先告知并清晰解释具体条款，保障激励策略发挥作用。

（五）建立规划监测与评估机制

建立规划监测与评估机制是确保总局“十四五”发展规划落实的重要措施。通过对规划指标的动态监测，及时掌握规划的完成情况，及时发现问题，认真分析产生问题的原因。针对执行中的问题，研究提出对策措施和解决方案。当外部环境发生不可预见的重大变化时，如有必要，可按程序对规划目标进行调整或修改。

建立规划监测与评估机制，首先要建立相应的管理制度，建立规划日常监控、信息及时反馈的沟通制度；要以总局总部为主导，采取上下结合、反复沟通的办法。在规划实施过程中，规划编制部门要开展年度监测，对规划实施情况进行评估，检查规划实施效果及各项政策措施落实情况，对发现的问题要提出整改办法，建立规划实施的考核机制，进一步推动规划实施。

五、建立总局“十四五”发展规划监测机制

总局规划监测机制是总局了解、掌握、评估、预测规划实施状况的基本手段，是规划动态信息的主要来源。建立总局“十四五”发展规划监测机制是战略复盘原理的具体应用，主要包括基本原则、适用范围、监测指标体系、监测评估程序以及评估结果反馈运用等内容，这些内容完整形成了总局“十四五”发展规划实施监测机制。

（一）基本原则

1. 科学性原则

主要体现在理论和实践相结合以及所采用的科学方法等方面。所设计的指标必须符合经济理论、企业管理理论和统计理论，适应环境和发展水平，与总局生产经营活动的实际情况相吻合；各个指标的选取、定义和描述、计算方法、内涵设计与规定以及评议标准等都有科学依据。

2. 可比性原则

监测指标体系既能进行总局所属企业发展的纵向比较，也支持进行国内同行业企业的横向比较。能够反映自身进步的幅度，判断总局所属企业在总局内部、行业中的位置，以及未来发展的趋势。

3. 可操作性原则

为了使评价指标的比较分析真正可以实现，必须在选取指标时就考虑到数据的

可获得性，而且指标为行业从业人员所熟悉，且计算方法科学实用、易于评价。

4. 系统性原则

指标设计紧紧围绕总局“十四五”规划的内容，建立综合的指标体系，对影响总局“十四五”规划实施的各种因素进行多层次、多角度的综合评价，能够从多角度综合衡量总局所属企业对总局“十四五”发展规划实施的贡献情况。

5. 逻辑性原则

评价指标体系的设置应能准确反映各层次之间的支配关系，各指标要有明确内涵，按照层次递进关系，组成层次分明、结构合理、相互关联的整体，并排除指标之间的相容性。整个指标体系应具有内在的逻辑一致性。

6. 客观性原则

以总局所属企业客观存在资料为依据，评价指标体系应具有概括性及代表性，避免出现含义相同的评价指标。要以原始数据的内在信息规律为标准对评价指标进行组合，以便比较简单地获取及处理数据，尽量减少人为打分的评判过程，从而使评价结论具有客观性和真实性。

（二）适用范围

从时间范围上讲，在“十四五”规划周期（2021—2025）内，在规划实施一年后的第二年的1月开展上一年度规划的监测、分析、评估，即2022年1月对2021年全年的规划实施情况进行监测、分析、评估，2023年1月对2022全年的规划实施情况进行监测、分析、评估。从监测实施的主体上讲，由总局分管领导负责，总局规划发展部牵头，经营管理部、资产财务部、科技地质部、人力资源部等部门配合。各直属二级单位（总局批复的“十四五”规划单位）按照总局要求，完成具体的监测、分析、评估工作。

（三）监测指标体系

监测指标体系是对监测对象的具体反映，合理设计监测指标体系是保证监测评估工作质量的关键。监测指标体系要根据总局“十四五”发展规划内容和战略平衡计分卡的财务指标、顾客维度、内部运营、学习与成长等方面来构建，应重点考虑以下几方面的因素：

1. 定性指标与定量指标相结合

指标体系应涉及规划文本实施的各个方面，既要考虑定量指标，又要包括定性指标。定性指标的使用可使得指标监测体系更加全面和客观，更加具有针对性，而且定性指标可以前瞻性地表现对总局长期影响的能力。但是，考虑到定性指标量化的难度和量化过程中不可避免的主观性，定性指标在指标体系中的权重不应过高。

2. 关注总局竞争能力的提升

在指标设计时，应重视顾客维度、内部运营、学习与成长等指标，以达到各类指标的平衡，特别是要重点突出“两利四率”考核指标；同时，应更加重视总局提升可持续发展能力类的指标，在市场拓展、创新能力、风险防范、员工成长等方面都要有所体现，从多个角度全面推进总局规划的实施。

3. 充分考虑总局相关业务的发展环境和现状

在国际化经营指标的设置过程中，目前只从国际化经营工作的“干”与“干得怎样”两个方面进行了简单设计，这主要是基于新冠肺炎疫情的影响和以国内大循环为主体、国内国际双循环相互促进的新发展格局而考虑的。再者，总局国际化经营业务处于起步阶段，各项工作还处于初创期，因此没有设计得过于复杂（比如，没有考虑各二级单位的国际化业务对总局贡献的比重，也没有考虑跨国经营指数[①]等高级成熟指标）。

4. 监测指标设计应坚持科学、简洁的原则

通过分类打分法，可以将定性指标和定量指标都以量化形式呈现并进行综合分析。分类打分法采取的是一种“定性指标分档打分”和“定量指标对比打分”相结合的方法。指标体系围绕“易操作”的要求，数据资料便于收集、可追溯、好对比、易分析、计算简单，避免出现二级自评和总局审核分值差距较大的现象，确保监测数据“真、准、全”，整个监测过程要符合成本效益原则。

（四）监测评估程序

1. 部署年度监测与评估工作

每年1月中下旬（春节前），总局规划发展部向各直属企业布置总局“十四五”发展规划监测与评估工作，要求各直属企业提交上一年度的《20××年度“十四五”发展规划自评估报告》（自评估报告的编制参照编制大纲完成，详见本书第45页附件2），填报《202×年__________集团公司（局、院）“十四五”发展规划监

① 跨国经营指数＝（国外资产数/企业总资产额 ＋ 国外销售收入/销售总收入 ＋ 国外员工数/员工总人数）÷3。

测与评价指标表》（详见本书第41页附件1），并填报《20××年度总局下属单位“十四五”发展规划监测与评价指标自评分数汇总表》（详见本书第46页附件3）。

2. 总局召开发展规划质询会议

在各直属企业完成自评估的基础上，总局适时召开一年一度的战略质询会议，总局分管领导、相关职能部门和各直属企业进行面对面的沟通交流，共同对各经营企业过去一年的经营成果进行全面的检验。会议采用“战略复盘”理念进行，既能够总结成功经验，又要查找出规划实施中存在的问题及原因，还要共同研究、提出应对解决方案。

战略质询会议成功的关键，就是总局及职能部门对各直属企业的发展规划执行情况进行严格、严肃的质询，以此确保总局战略和各二级企业战略得到有效的贯彻。在经营成果指标制定程序上，总局通过质询，强调经营计划的编制质量，鼓励经营单位追求可持续盈利能力的强化，追求经常性盈利的增长。各直属企业的经营计划和财务预算必须经过总局的质询方可正式实施。经过总局正式批复的规划议题和经营预算指标，将作为总局对各级经营者进行绩效考核的依据。

3. 进行发展规划监测指标审核

总局根据各直属企业上报的上一年度的《20××年度“十四五”发展规划自评估报告》（详见本书第45页附件2）和《202×年__________集团公司（局、院）“十四五”发展规划监测与评价指标表》（详见本书第41页附件1）的内容，并结合战略质询会议中的沟通、交流情况，组织规划发展部、经营管理部、资产财务部、科技地质部、人力资源部等职能部门对各直属企业提交的《20××年度总局下属单位“十四五”发展规划监测与评价指标自评分数汇总表》（详见本书第46页附件3）进行集体评审，防止各直属单位自评报告“自卖自夸”。这一集体评审的形式也保证了评估报告得分的公平性和合理性，最终由集体评审会确定各直属企业规划实施监测评估的最终得分。

4. 总局进行年度发展规划评估

总局通过年度发展规划实施监测指标、各直属企业年度“十四五”发展规划自评估报告和战略质询会议等手段，可以及时发现“十四五”发展规划实施中存在的问题，并采取有力措施予以解决。同时，总局规划发展部等职能部门以《年度总局“十四五”发展规划实施与监测报告》的形式，对全局五年发展规划的实施推进情况进行全面分析和行业比较，总结经验和寻找差距。通过单位自查和总局跟踪评价，使发展规划推进过程控制上下贯通，有力确保规划、计划及预算得以切实执行。

（五）评估结果反馈运用

根据各直属企业规划实施监测评估的最终得分，可进行排名，得分的高低决定了各直属企业对总局“十四五”发展规划执行情况的贡献大小。在此基础上，结合总局的管理方式和考核特点，对各直属企业进行奖惩，有力引导各直属企业积极推进战略转型。

构建总局发展规划实施与监测机制是战略管理过程中的一个不可忽视的重要环节，它伴随着发展规划实施的整个过程。建立监测与评估系统，是为了将每一阶段、每一层次、每一方面的战略实施结果与预期目标进行比较，以便及时发现差异，适时采取措施予以调整，以确保战略规划和计划的顺利实施。

六、结论与展望

在阅读众多文献、学习研究规划实施理论、分析梳理总局“十四五”发展规划的基础上，本课题组围绕总局“十四五”发展规划的实施与监测机制这一命题做了深入研究。研究结论可以归纳以下几个方面。

（一）以四方面的相关理论为支撑开展课题研究

第一，本课题组以战略实施的内涵与主要内容的相关理论为指导，建立了课题研究的框架和脉络。

第二，本课题组以平衡计分卡为战略实施的理论工具，对总局“十四五”发展规划进行了战略解码，研究绘制了战略地图，对总局“十四五”发展规划进行了深入学习和详细分析，并从平衡计分卡的财务、顾客、内部运营和学习成长四个方面出发，建立了总局“十四五”发展规划监测指标体系的逻辑序列。

第三，本课题组以战略复盘的理念为指导，研究提出了监测评估环节对推进总局“十四五”发展规划实施的重要意义，研究制定了总局“十四五”发展规划监测评估的程序、核心内容和关键事项。

第四，本课题组采用应用范围较广且可信度较大的层次分析法（AHP）确定监测指标体系的权重，能够更科学地体现各个监测指标在评价体系中的作用与地位。

整个课题研究工作以上述四方面的相关理论为主要依据，并结合总局“十四五”发展规划的内容和总局当前战略规划管理的现状，完成了总局“十四五”发展规划实施机制和监测机制两部分的课题研究工作（其中，监测机制是实施机制的一个子机制）。

（二）梳理了总局“十四五”发展规划的特色，并进行战略解码

本课题组对总局“十四五”发展规划进行了梳理，找出其主要特色，并利用战略平衡计分卡这一战略实施工具，从财务、顾客、内部运营和学习成长四个方面出发，研究制定了战略地图，对总局“十四五”发展规划进行了战略解码。

经过解码，总局的战略经济运行目标、重点工作、关键业务的流程、具体行动计划一目了然，为研究制定总局“十四五”发展规划的实施机制及关注的监测指标打下了良好基础。

（三）制定了总局“十四五”发展规划实施机制

该机制是一套确保总局“十四五”发展规划发展全面、有效实施的工作机制，是构成规划编制、审批、实施、监管闭环运行体系中的关键一环，是实现总局规划管理全过程、常态化、制度化管理的重要措施。这一规划实施机制可以概括为“一体系四机制”，即完善战略规划管理体系、建立年度（预算）计划衔接机制、统筹优化资源配置机制、建立改革创新激励机制、建立规划监测与评估机制。

（四）建立了总局“十四五”发展规划指标监测体系

总局“十四五”发展规划指标监测体系的核心内涵是依据总局“十四五”发展规划的目标与任务而建立的，目的是对总局“十四五”发展规划的实施效果进行监测、分析和评价，以年度监测与评估报告的形式，全面反映总局改革与发展的总体进程、规划指标完成情况、重点工作任务执行情况、重大项目实施情况，及时发现问题、剖析成因、提出建议，并在监测评估报告的基础上建立总局规划实施的动态监控和实施监督考核问责机制，如有必要，及时通过系统将调整建议反馈给总局“十四五”发展规划。同时，建立年度监测评估和五年终期评估的规划监测机制，其中，年度监测评估的重点是实时监测发展规划指标变动情况，发挥反馈预警作用，为年度预算的编制、规划、调整提供参考。

（五）研究展望

本课题属于探索性研究，研究工作仍不够全面和深入，各项研究结论还需要实践的检验，并在实践中不断丰富和完善。

1. 使用分类排名将更加科学

在监测指标体系设计与监测评估中，本课题组采用了“一条龙”的排名方法，最基本的指导原则是侧重于总局“十四五”发展规划的实施，更加关注各直属企业对总局“十四五”发展规划的贡献度：对总局贡献大的企业，得分就高，排名就靠前，应给予表彰和奖励，没有全面考虑将管理的科学性作为衡量标准。因此，以经总局审核后的《20××年度总局下属单位“十四五”发展规划监测与评价指标自评分数汇总表》（详见本书第46页附件3）的最终得分来排名，存在一定程度的不合理性。随着总局分类改革的不断推进，管理水平也将不断提升，若采用分类排名法对相关单位进行奖惩，将更具有科学性、公正性。

2. 监测指标体系要经得起实践的检验

在规划实施的操作层面，对总局“十四五”发展规划实施的监测与评估必然涉及多个方面、多个因素或多个指标，最终作出的评价是多因素相互作用下的一种综合判断。因此，课题中的监测指标体系本质上是一个多指标综合评价问题。

多指标综合评价方法是对多个指标进行综合的一系列有效方法的总称，主要包括熟悉评价对象、确立评价指标体系、确定各指标的权重、建立评价的数学模型、评价结果的分析等。其中，确立指标体系、确定各指标权重、建立数学模型是综合评价的关键环节。

能够用于“确定各指标权重”“建立数学模型”的具体方法有很多，且每一种方法又都可能涉及对有关评价模型参数的选择。在同一种方法中，选择不同的参数与模型类型，也会直接影响评价结论。因此，评价者在选择方法时存在很大的灵活性与差异性，而具体的工作人员总是习惯于根据自己的偏好与熟悉程度选择方法，对方法适用性的理解也不相同，因此，出现“仁者见仁，智者见智”甚至众说纷纭的情况就不可避免；即使同一个评价者，在众多方法中挑选特定方法时，也经常出现“左右为难”甚至必须“忍痛割爱”的情况，最后选中哪种方法，往往也是随机的。

在确定监测指标体系的权重时，本课题组参照了层次分析法，但更多采用的是专家打分和等值赋权两种方法，最终导致总局“十四五”发展规划的监测与评估结果必然带有一定的主观性。

因此，需要进一步研究的是：随着总局“十四五”发展规划评估的实践经验不断丰富与完善，选择更科学的赋权方法和建模方法，使评价结果尽量减少主观性，更加贴近客观情况。同时，课题的监测指标体系还需要不断微调，指标体系的建立还需要在实践中进行验证（包括监测的指标和权重等问题，还需要根据内外部环境的变化和在实践检验中发现的情况进行修改完善）。

一是战略任务要与职工责任紧密联系。从总局规划实施的角度出发，目前，总局“十四五”发展规划的指标、任务、责任仅仅落实到了各二级单位或直属单位领导班子的身上，而不是每一位员工都直接承担起了规划实施的任务和规划实施的责任。因此，本课题组将继续使用战略平衡计分卡这个规划实施的工具，把规划的实施责任落实到每一位员工身上，并建立相关的员工考核体系，进一步推动规划的实施与落地。换句话讲，若最终能够在总局“十四五”发展规划与员工业绩考核之间搭建起一座桥梁，将产生有利于规划实施的巨大动力和能量。

二是课题的实证研究需要加强。本课题组十分愿意继续跟踪现有的研究课题，在监测指标体系的过程中关注课题验证的结果以及需要改进之处，也愿意继续承担总局“十四五”发展规划实施监测指标的服务工作。

成果创造单位：中国煤炭地质总局规划发展部
中能化信息与发展战略研究中心
成果主要创造人：于运强
成果创造人：赵素芳　王　磊　李　培　张　宏　侯卓见
成果其他创造人：李　敏　高天扬

附件 1

202×年__________集团公司(局、院)“十四五”发展规划监测与评价指标表

序号	一级指标	二级指标	指标性质	分值	评分标准	单位自评分数	总局审核得分
1	年度计划执行情况	(1)经营收入	定量指标	5分	年度经营收入(决算)与预算之百分比,其比值与100%相比: 差值在±10%者,得5分; 差值在±20%者,得4分; 差值在±30%者,得3分; 差值在±40%者,得2分; 其他情况,得0分。		
		(2)利润总额	定量指标	10分	年度利润总额(决算)与预算之百分比,其比值与100%相比: 差值在±10%者,得10分; 差值在±20%者,得8分; 差值在±30%者,得6分; 差值在±40%者,得4分; 其他情况,得0分。 [注:当目标值为负值时,按以下公式计算:(2—完成目标/预算目标)*100%]		
		(3)资产负债率	定量指标	5分	本单位资产负债率不高于总局控制线,得5分; 本单位资产负债率高于总局控制线,得0分。		
		(4)全员劳动生产率	定量指标	5分	11%≤全员劳动生产率增长,得5分; 9%≤全员劳动生产率增长<11%,得4分; 7%≤全员劳动生产率增长<9%,得3分; 5%≤全员劳动生产率增长<7%,得2分; 3%≤全员劳动生产率增长<5%,得1分; 全员劳动生产率增长<3%,得0分。		

续表

序号	一级指标	二级指标	指标性质	分值	评分标准	单位自评分数	总局审核得分
2	投资项目完成情况	(1)投资计划与发展战略匹配情况	定性指标	5分	单位投资计划紧扣发展规划,对推动主业建设作用明显,且执行有力,得5分; 单位投资计划与发展战略的关联性一般,对推动主业建设作用一般,执行情况一般,得3分; 单位投资计划与发展战略的关联性差,对推动主业建设作用不明显,得0分。		
		(2)年度投资计划执行情况	定量指标	5分	投资计划完成情况与投资计划之百分比,其比值与100%相减: 差值在±10%者,得5分; 差值在±20%者,得4分; 差值在±30%者,得3分; 差值在±40%者,得2分; 其他情况,得0分。		
		(3)列入本单位“十四五”规划重点项目进展情况	定性指标	5分	项目已完成,得5分; 项目已取得一定进展,得3分; 项目没有推进,得0分。		
3	改革任务落实情况	(1)开展重组整合情况	定性指标	5分	单项工作已完成,得5分; 单项工作已取得一定进展,得3分; 单项工作没有推进,得0分。		
		(2)事企分体运行进展情况	定性指标	5分	单项工作已完成,得5分; 单项工作已取得一定进展,得3分; 单项工作没有推进,得0分。		
		(3)低效无效资产处理情况	定性指标	5分	单项工作已完成,得5分; 单项工作已取得一定进展,得3分; 单项工作没有推进,得0分。		
		(4)“三供一业”分离工作进展情况	定性指标	5分	单项工作已完成,得5分; 单项工作已取得一定进展,得3分; 单项工作没有推进,得0分。		
		(5)上市进展情况	定性指标	5分	上市已完成,得5分; 上市已取得一定进展,得3分; 上市没有推进,得0分。		

续表

序号	一级指标	二级指标	指标性质	分值	评分标准		单位自评分数	总局审核得分
4	对总局经营贡献情况	（1）净资产	定量指标	10 分	指标占比得分（30%）	单位净资产与全局净资产的比值为 N，N×10 即为得分。		
					指标总量分档得分（70%）	10 亿元≤单位净资产，得 10 分； 5 亿元≤单位净资产 <10 亿元，得 8 分； 2 亿元≤单位净资产 <5 亿元，得 6 分； 1 亿元≤单位净资产 <2 亿元，得 4 分； 单位净资产 <1 亿元，得 2 分。		
		（2）利润总额	定量指标	10 分	指标占比得分（30%）	单位利润总额与全局利润总额的比值为 N，N * 10 即为得分（如利润总额为负值，得 0 分）。		
					指标总量分档得分（70%）	4000 万元≤单位利润总额，得 10 分； 3000 万元≤单位利润总额 <4000 万元，得 8 分； 2000 万元≤单位利润总额 <3000 万元，得 6 分； 1000 万元≤单位利润总额 <2000 万元，得 4 分； 0 元≤单位利润总额 <1000 万元，得 2 分； 0 元 > 单位利润总额，得 0 分。		
		（3）经营收入	定量指标	5 分	指标占比得分（30%）	单位经营收入与全局经营收入的比值为 N，N * 5 即为得分。		
					指标总量分档得分（70%）	20 亿元≤单位经营收入，得 5 分； 10 亿元≤单位经营收入 <20 亿元，得 4 分； 5 亿元≤单位经营收入 <10 亿元，得 3 分； 1 亿元≤单位经营收入 <5 亿元，得 2 分； 1 亿元 > 单位经营收入，得 1 分。		
		（4）营业收入利润率	定量指标	10 分	指标差值分档得分	0.4% ≤单位当年营业收入利润率 − 上年度营业收入利润率，得 10 分； 0.3% < 单位营业收入利润率 − 上年度营业收入利润率≤0.4%，得 8 分； 0.2% < 单位营业收入利润率 − 上年度营业收入利润率≤0.3%，得 6 分； 0.1% < 单位营业收入利润率 − 上年度营业收入利润率≤0.2%，得 4 分； 0 < 单位营业收入利润率 − 上年度营业收入利润率≤0.1%，得 2 分； 0≥单位营业收入利润率 − 上年度营业收入利润率，得 0 分。		

续表

序号	一级指标	二级指标	指标性质	分值	评分标准		单位自评分数	总局审核得分
5	创新发展情况	(1)研发投入强度	定量指标	10分	指标差值分档得分	0.4%＜当年研发投入强度－上年度研发投入强度,得10分; 0.3%＜当年研发投入强度－上年度研发投入强度≤0.4%,得8分; 0.2%＜当年研发投入强度－上年度研发投入强度≤0.3%,得6分; 0.1%＜当年研发投入强度－上年度研发投入强度≤0.2%,得4分; 0＜当年研发投入强度－上年度研发投入强度≤0.1%,得2分; 0≥当年研发投入强度－上年度研发投入强度,得0分。		
		(2)科技创新	定性指标	4分	单位在研发投入、建设研发平台、关键技术攻关、打造“双创”示范基地、促进科技成果转化等方面取得成绩突出和成功事例,得4分; 单位在研发投入、建设研发平台、关键技术攻关、打造“双创”示范基地、促进科技成果转化等方面取得成绩一般,得2分; 单位在研发投入、建设研发平台、关键技术攻关、打造“双创”示范基地、促进科技成果转化等方面无任何成绩,得0分。			
		(3)管理创新	定性指标	4分	单位在提升内外部资源配置和各类要素、扁平化改造和优化治理结构、成本管控责任制度和目标考核机制、健全管理风险管控体系等方面对管理创新作用显著,得4分; 单位在提升内外部资源配置和各类要素、扁平化改造和优化治理结构、成本管控责任制度和目标考核机制、健全管理风险管控体系等方面对管理创新作用一般,得2分; 单位在提升内外部资源配置和各类要素、扁平化改造和优化治理结构、成本管控责任制度和目标考核机制、健全管理风险管控体系等方面对管理创新无作用,得0分。			
		(4)商业模式创新	定性指标	2分	单位以资源优势和核心能力依托,通过平台建设、战略合作、资本运作、业务协同等方式,优化、重构价值链,完善商业逻辑,创造高效盈利模式,创新发展方式,提升价值创造能力,为企业创新发展取得重大贡献,得2分。 其他情况,得0分。			
6	国际化经营情况	(1)利润总额	定量指标	7分	指标大小得分(70%)	利润总额＞0,得7分; 其他情况,得0分。		
		(2)经营收入	定量指标	3分	指标占比得分(30%)	本单位国际化经营收入与全局经营收入的比值为N, N×3即为得分。		
合计得分								

附件 2

20××年度"十四五"发展规划自评估报告

（参考提纲）

一、规划完成的主要情况

（一）年度预算执行情况

1. 经营收入

2. 利润总额

3. 资产负债率

4. 全员劳动生产率

（二）投资项目完成情况

1. 投资计划与发展战略匹配情况

2. 年度投资计划执行情况

3. 列入本单位"十四五"规划重点项目进展情况

（三）改革任务落实情况

1. 开展重组整合情况

2. 事企分体运行进展情况

3. 低效无效资产处理情况

4. "三供一业"分离工作进展情况

5. 上市进展情况

（四）对总局经营贡献情况

1. 净资产

2. 利润总额

3. 经营收入

4. 营业收入利润率

（五）创新发展情况

1. 研发投入强度

2. 科技创新

3. 管理创新

4. 商业模式创新

（六）国际化经营情况

1. 利润总额

2. 经营收入

二、主要经验及做法

三、存在的主要问题及建议

四、需要总局协调解决的问题及其他需说明的情况

附件 3

20××年度总局下属单位“十四五”发展规划监测与评价指标自评分数汇总表

（单位：分）

序号	一级指标	二级指标	单位 1	单位 2	单位 3	单位 4	单位 5	……
1	年度计划执行情况	（1）经营收入						
		（2）利润总额						
		（3）资产负债率						
		（4）全员劳动生产率						
2	投资项目完成情况	（1）投资计划与发展战略匹配情况						
		（2）年度投资计划执行情况						
		（3）列入本单位“十四五”规划重点项目进展情况						
3	改革任务落实情况	（1）开展重组整合情况						
		（2）事企分体运行进展情况						
		（3）低效无效资产处理情况						
		（4）“三供一业”分离工作进展情况						
		（5）上市进展情况						
4	对总局经营贡献情况	（1）净资产						
		（2）利润总额						
		（3）经营收入						
		（4）营业收入利润率						
5	创新发展情况	（1）研发投入强度						
		（2）科技创新						
		（3）管理创新						
		（4）商业模式创新						
6	国际化经营情况	（1）利润总额						
		（2）经营收入						
合计得分								

附件 4

中国煤炭地质总局“十四五”发展规划战略地图

中国煤炭地质总局“十四五”人力资源发展战略研究

中国煤炭地质总局人力资源部

中国煤炭地质总局始终坚持党的领导，全面深入贯彻落实新发展理念、突出创新驱动、主动转型升级、实现高质量发展，迫切要求我们对人力资源现状进行系统总结，对存在的问题和面临的形势进行深入分析，打造一个“围绕中心、服务大局、与时俱进、科学可行，能够推动高质量发展”的人力资源长远战略。

人力资源工作面临的机遇和挑战：一是随着“三个地球”建设战略愿景的深入、经营规模的持续扩张，对人力资源的数量和质量提出了更高的要求；二是落实“11463”总体发展战略和产业新布局要求，进一步优化人才结构；三是巩固总局在地勘行业内的人才竞争优势，需要一定数量的领军人才和高端技术专家；四是建设适应战略发展的组织与强化协同性发展，需要建立更加高效有力的人力资源管控体系。

“十四五”期间人力资源战略总体思考：聚焦国家战略需求，完整准确贯彻落实新发展理念；坚持“党管人才”原则，树立科学的人才观；强化规划引领，实施总局“15354”人力资源规划工作思路；推动总局人力资源在获取、配置、利用、保留和开发等核心环节持续探索创新，提高人力资源对总局战略目标强有力的支撑作用。

推动人力资源战略实施的主要路径：基于对“十四五”期间人力资源战略总体思考，明确了“加强党建引领、完善人力资源工作体系、构建科学的干部管理体系、统筹推进‘三支队伍’建设、创新体制机制建设”五个方面具体措施，提出做好“政策风险、管控风险、法律风险”三个风险的预判和防范的意见，形成了推动人力资源战略实施的主要路径体系。

一、研究概况

（一）总局人力资源现状

截至"十三五"末，全局在岗职工人均工资同比增长7.36%，全局全员劳动生产率同比大幅提升。

1. 人力资源结构

截至"十三五"末，总局在岗职工中，经营管理人才、专业技术人才和技能人才分别占总局人才队伍总量的20.57%、43.53%、35.90%（图1）。

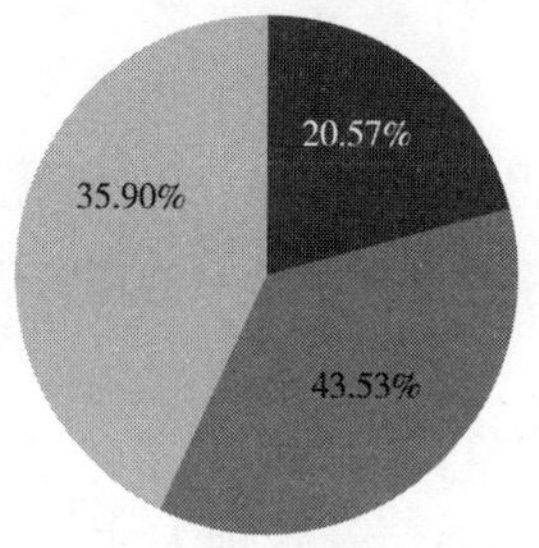

图1　总局人才队伍构成

2. 年龄分布

总局41岁及以上员工占员工总数的43.13%。截至"十三五"末，全局51岁及以上员工占员工总数的15.30%；46～50岁员工占14.65%，41～45岁员工占13.19%，36～40岁员工占17.50%，35岁及以下员工占39.36%（图2）。

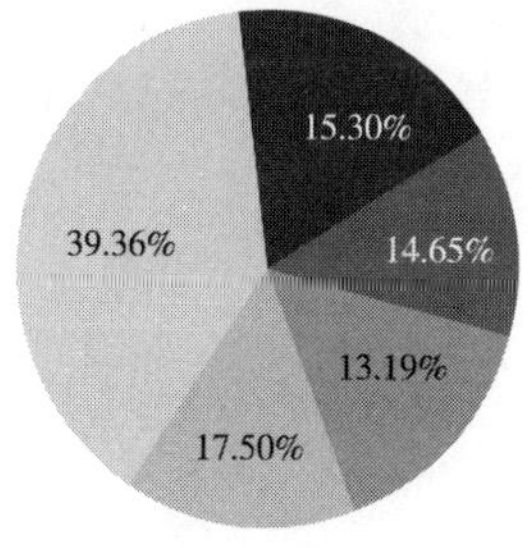

图2　总局人才队伍构成

3. 学历结构

总局具有大学本科及以上学历人员占比55.2%。截至"十三五"末，全局研究生及以上学历员工占8.6%；本科学历员工占46.60%；大专学历员工占20.20%；中专、高中、技校及其他学历员工占24.60%（图3）。

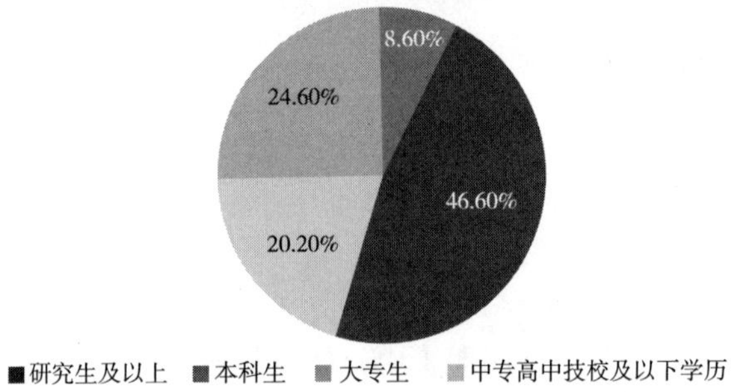

图3　总局人才学历构成

4. 职称结构

截至“十三五”末，总局获得高级、中级、初级职称的员工占员工总数的59%。其中，享受国务院政府特殊津贴人员29人，国家“百千万人才工程”国家级人选1人。

（二）总局“三支队伍”建设情况

“十三五”期间，总局持续加强经营管理人才、专业技术人才、技能操作人才三支人才队伍的建设，在专业分布、年龄结构、学历结构等方面更加优化。

1. 经营管理人才队伍

（1）企业领导人员。

从年龄分布看，在企业领导人员中，总局直属领导人员46岁及以上占比为77.30%，占领导人员的绝大多数；41～45岁领导人员占比为17.00%，40岁及以下领导人员占比为5.70%。企业领导人员的平均年龄为52.4岁（图4）。

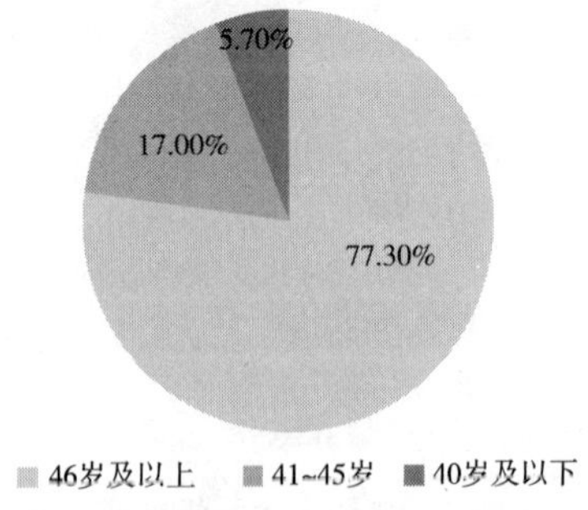

图4　总局直属领导人员年龄结构

从学历结构看，大学本科及以上学历领导人员占比为95%，其他学历领导人员占比为5%（图5）。

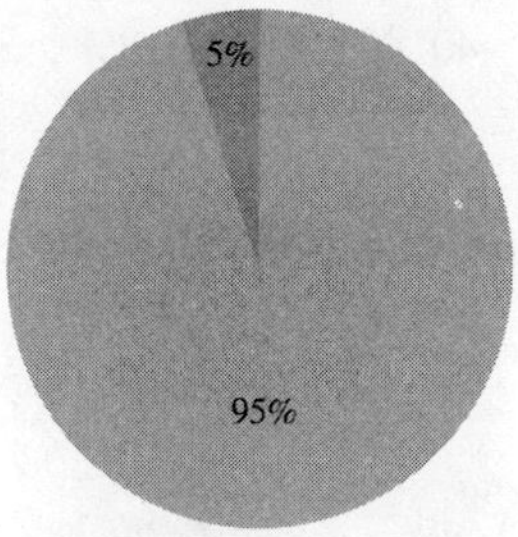

图5　总局直属领导人员学历结构

（2）一般管理人员。

从年龄分布看，在一般管理人员中，51岁及以上人才占18.10%，46~50岁人才占14.20%，41~45岁人才占12.30%，36~40岁人才占21.70%，35岁及以下人才占33.70%（图6）。

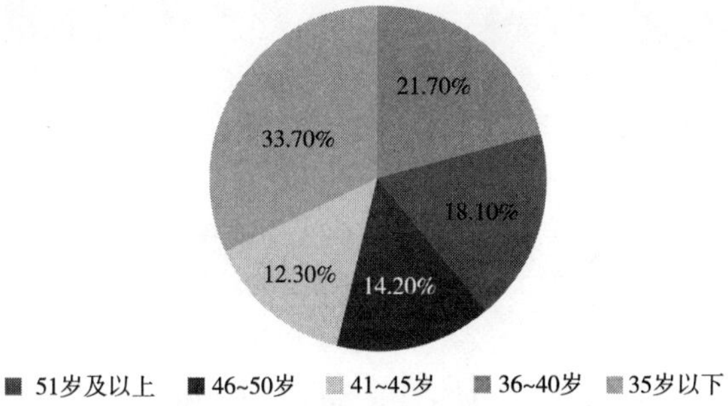

图6　一般管理人员年龄结构

从学历结构看，研究生及以上学历人才占15.10%，本科学历人才占66.20%，大专及以下学历人才占18.70%，本科以上学历人才占比较大，学历结构较为合理（图7）。

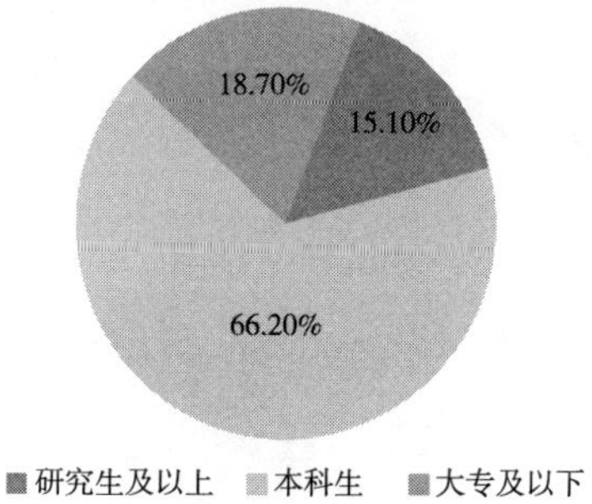

图7　一般管理人员学历结构

2. 专业技术人才队伍

从年龄分布看，在专业技术人员中，51岁及以上人才占11.7%，46~50岁人才占

8.7%，41～45岁人才占8.8%，36～40岁人才占18.8%，35岁及以下人才占52.00%(图8)。

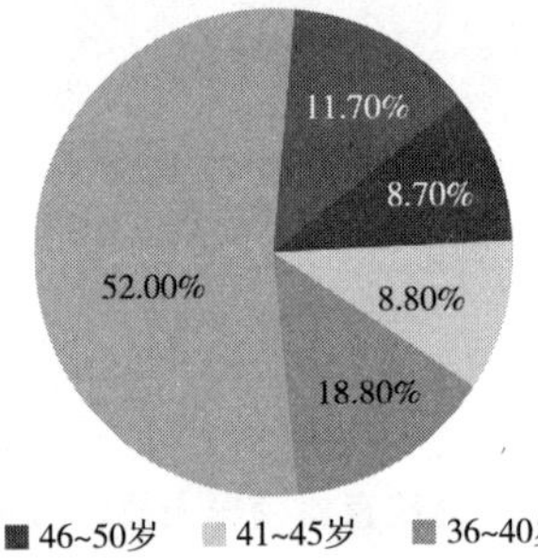

图8　专业技术人才队伍年龄结构

从学历结构看，研究生及以上学历人才占13.30%，本科学历人才占62.50%，大专及以下学历人才占24.20%，本科以上学历人员数量占比较大，学历结构较为合理（图9）。

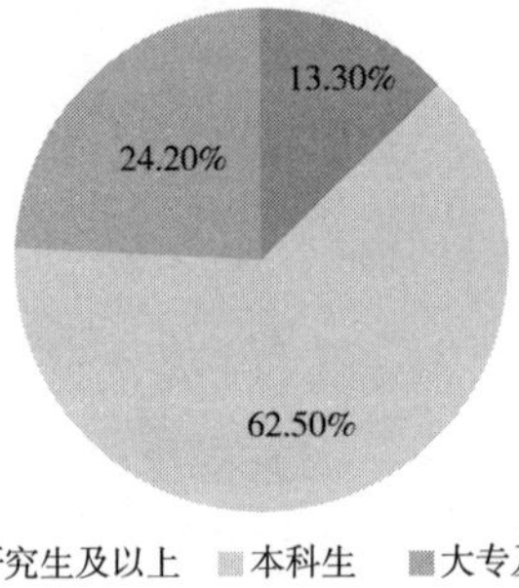

图9　专业技术人才队伍学历结构

3. 技能操作人才队伍

从年龄分布看，在技能操作人员中，51岁及以上人才占25.40%，46～50岁人才占29.50%，41～45岁人才占18.20%，36～40岁人才占10.50%，35岁及以下人才占16.40%，整体年龄偏大（图10）。

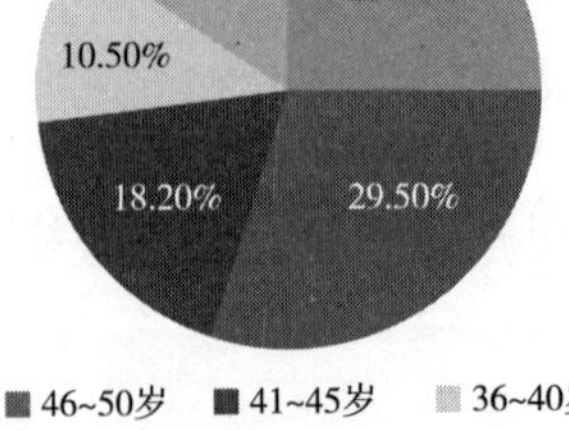

图10　技能操作人才队伍年龄结构图

从技能等级结构看，高级技师占员工总数的 1. 70%，技师占员工总数的 17. 10%，高级工占员工总数的 33. 70%，中级工占员工总数的 14. 80%，初级工及以下占员工总数的 32. 70%（图 11）。

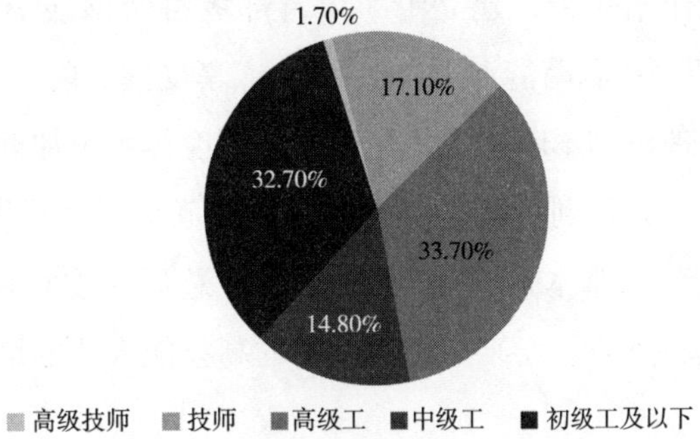

图 11　技能操作人才队伍学历结构

（三）总局人力资源发展成果

“十三五”期间，总局坚持“人才第一”的发展战略，完善人才引进制度，加强事中事后的监管，充分发挥考核的导向作用和“指挥棒”作用，不断深化三项制度改革，大力推进实施“能力素质提升”工程，人力资源建设取得显著成效。

一是“党管干部、党管人才”的原则得到有效落实。建立健全了干部管理机制，建立完善了能够体现总局特点的领导人员考核评价体系，引导领导人员树立正确业绩观、做到忠诚干净担当，有力推动总局工作持续健康发展。

二是人才总量丰富，且专业种类和学科分布较为齐全。长期用工中，经营管理、专业技术、技能人才的专业种类和学科分布较为齐全，符合业务需要。

三是打造了一支专业齐全、技术精湛、工艺领先的综合性地质勘探技术专业队伍，能够为用户解决相关地下问题提供优良的技术服务和先进的技术手段。

四是全局人才整体素质得到有效提升，人力资源结构得到进一步优化。本科以上学历人才占全体员工的比例由“十三五”初期的 35. 3% 上升为“十三五”末的 55. 2%；管理人员中，本科及以上学历人才占比由“十三五”初期的近 70% 上升为“十三五”末的 81. 9%；专业技术人员中，本科及以上学历人才占比由“十三五”初期的 67% 上升为“十三五”末的近 75. 8%；拥有中级及以上职称的人才由“十三五”初期的 24. 7% 提高到“十三五”末的 34. 1%。

五是形成内部选拔与外部引进人才有机结合的良好局面。建立了总局首席专家、首席技师等人才培养激励保障方面的相关管理制度。积极开展工匠技师等技能人才的培养和选拔工作。外部引进人才，坚持五湖四海和任人唯贤的原则，从其他中央企业、政府机构和民营企业引进一批成熟人才。

六是依托重点人才工程，使重点人才培养得到有效加强。大力实施产业人才聚集工程，成立院士工作站4个，建立了5个省部级科研创新平台；共有16人荣获“李四光地质科学奖”“孙越崎能源大奖”，132人享受国务院政府特殊津贴。

七是人力资源管理机制不断得到优化。干部制度体系更加健全，制定了30多项规章制度。公司治理能力得到提高，积极推进和规范董事会建设，梯队建设得到有效加强，在“十三五”末基本达到了45周岁以下总局党委管理干部占到四分之一的目标。重点支持核心产业、新兴产业所急需的高技能人才的培训，持续加强技师、高级技师队伍建设。

八是初步构建了推动总局高质量发展的动力系统。工资决定机制和正常增长机制逐渐健全，建立了特殊工资事项清单动态管理机制。现代企业激励约束机制逐步完善，打通科技人才的独立上升通道，持续推进全员绩效考核。努力构建职工保障的长效机制，基本完成各级事业单位纳入属地养老的统筹工作。

（四）总局人力资源工作中存在的问题

一是人才结构还需进一步优化，管理人员相较专业技术人员和技能人才总量偏多，人才断层断档现象明显，各产业板块的人才分布不平衡。

二是人才专业素质分布均衡性需进一步加强，高层管理人员平均年龄较大、专业背景较为单一，行业领军人才和尖端科技人才稀缺，高技能人才严重不足。

三是人力资源体系建设需进一步健全，人力资源工作战略引领作用发挥不充分，标准化和体系化建设还需加强。

四是选人用人机制需进一步完善，缺乏相应的退出机制，人力资源投资的经济性有待进一步增强。

五是激励机制需进一步强化，关键岗位核心人才激励机制优势不明显，在强化精准激励上还有待加强。

二、总局人力资源工作面临的挑战和机遇

从外部环境与未来趋势看，“十四五”期间，国企改革将聚焦公司治理、活力效率、科技创新等重点难点问题，逐个攻克、逐项解决。“十四五”期间，地质勘查企业“主动求变”的重要性愈加凸显。人力资源工作要紧紧围绕总局“十四五”

任务目标，积极分析和研判形势，主动迎接挑战、把握机遇，为总局高质量发展提供服务。

（一）政策环境

1. 习近平总书记和党中央高度重视人才工作，为我们抓好人力资源工作提供了基本遵循

人才是事业发展最宝贵的财富，人才资源是我党执政兴国的根本性资源。

2018 年，习近平总书记在参加全国人大广东代表团审议时强调：“发展是第一要务，人才是第一资源，创新是第一动力。”

2021 年 9 月 27 日，习近平总书记在中央人才工作会议上的重要讲话中强调：“我们坚持发展是第一要务、创新是第一动力、人才是第一资源，确立人才引领发展的战略地位，发挥重大人才工程牵引作用，深化人才发展体制机制改革，激发各类人才创新活力。”

2. 深化供给侧结构性改革，构建国内国际双循环相互促进的新发展格局，对加速人才市场化选聘工作提出了新要求

习近平总书记强调，要“逐步形成以国内大循环为主体、国内国际双循环相互促进的新发展格局，培育新形势下我国参与国际合作和竞争新优势”，这是基于国内发展形势、把握国际发展大势后作出的重大判断和重要战略选择。构建国内大循环，重点在于提高要素的市场化程度，按市场规律让资本、人才、技术、信息、土地等要素充分参与产品和服务的创造过程，充分参与收入分配。在国际市场中，需要继续坚定不移走高质量发展之路，着眼全球资源和市场，更好地利用国内国际技术、人才、管理等各方面资源，全面提升国际竞争力。

3. 国有企业改革的不断推进以及专项改革的开展，对党建、公司治理、三项制度改革等均提出了更高的要求

2016 年 2 月，国务院国企改革领导小组启动了国企改革十项试点，其中五项与人才体系市场化转型有关。2018 年 8 月，国务院国资委启动国企改革“双百行动”，中央企业所属“双百企业”聚焦重点目标任务，要求以健全企业法人治理结构为重要支撑，全面提升国有企业运行效率和市场化、现代化经营水平。

2020 年 6 月 30 日，中央深改委第十四次会议审议通过的《国企改革三年行动方案（2020—2022 年）》明确指出：尊重市场经济规律和企业发展规律，紧紧围绕激发活力、提高效率，切实深化劳动、人事、分配三项制度改革，破除利益固化的

藩篱，真正实现管理人员能上能下、员工能进能出、收入能增能减。

2021 年，国务院国资委引入全员劳动生产率指标，与净利润、利润总额和营业收入利润率、资产负债率、研发投入强度，形成“两利四率”考核指标体系，积极引导企业关注改善经营效率和发展质量，更好实现高质量发展。

4. 事业单位改革的不断深化，需要通过规范法人治理、优化激励机制等助力改革实施

党的十九大报告指出：深化事业单位改革，强化公益属性，推进政事分开、事企分开、管办分离。事业单位转企改革主要着眼于通过建立规范的法人治理结构与市场化的经营机制、激发事业单位活力，以提升事业单位转企改制后的发展能力，从而适应市场竞争需求。要通过“三项制度”改革，逐步形成管理人员能上能下、员工能进能出、收入能增能减的市场化选人用人机制，从体制机制层面深刻激发内部活力，促进事业单位转企改革目标的顺利实现。

5. 全国组织工作会议及中央企业人才工作会议进一步明确了好干部及人才的标准，为总局人才工作提供了政策依据

2018 年 7 月，全国组织工作会议明确坚持贯彻新时期好干部标准：落实“党管干部”原则，强化党组织领导和把关作用，着力培养选拔信念坚定、为民服务、勤政务实、敢于担当、清正廉洁的好干部。

2019 年 9 月，中央企业人才工作会议提出：做好新时代中央企业人才工作要进一步增强责任感紧迫感，着力培养建设经营管理人才、科技人才、技能人才“三支队伍”，加快培养熟悉生产经营、善于做党建和群众工作的复合型党群工作人才，集聚一批职业素养好、决策能力强、忠实维护国有资本权益的高素质专业化外部董事人才。

6. 新时代中国特色现代国有企业制度和市场竞争对中央企业领导人员提出了治国理政复合型人才的新要求

中央企业领导人员是党在经济领域的执政骨干，是治国理政复合型人才的重要来源。国务院国资委党委坚决贯彻落实新时代党的组织路线，按照“政治家 + 企业家”的标准，着力培养管企业的政治家和讲政治的企业家。更加注重选人用人政治标准，考察使用干部首先看政治表现，看忠诚、看干净、看担当。更加注重强化班子整体功能，围绕企业改革发展和核心主业，一企一策合理搭配领导班子。更加注重干部日常监督管理，做到教育引导有力度、组织关怀有温度、纪律约束有硬度。

（二）市场环境

1. 地质勘查行业绿色、高质量、多元化的发展，亟须加强新型业务专业人才队伍建设，优化相应激励机制

近年来，地质勘查工作由原来的资源保障为主向资源保障和资源安全保障并重转变，由单一矿产勘查向多矿种资源协同勘查和地质绿色勘查的方向转变，将绿色勘查与绿色开发相结合。在向绿色、高质量、多元化发展过程中，由于业务板块、组织结构逐步增加，必然带来组织的复杂化及新兴业务领域的开发需求。企业应加强新业务领域人才的引进与培养，尤其是建立科技领军人才的引进和培养机制，促进新型业务专业人才队伍建设，根据新业务特点完善优化相关人力资源管理机制。

2. 生态文明建设作为“十四五”期间重要工作之一，需要在人才结构上加强生态与环境专业人才队伍建设

党的十九大和十九届五中全会赋予了生态文明建设新的时代内涵，要求“坚持绿水青山就是金山银山理念”“促进经济社会发展全面绿色转型，建设人与自然和谐共生的现代化”，统筹资源、环境、生态协同发展，全面推进“十四五”时期生态文明建设。在肩负着为国家找寻能源和粮食化工矿产重任的同时，如何更好地服务于生态文明建设，成为总局新的历史使命。积极充实员工队伍，完善人才结构，打造生态与环境人才队伍，支撑生态与环境业务快速发展，是人力资源工作的重中之重。

3. 地质勘查与生态文明建设行业的科技创新不断推进人才结构升级

地质勘查与生态文明建设的科技创新步伐不断加快，对技术的要求更高、更广，对人才的需求也随之发生转变：在人员数量上，总量需求下降，但人均效能提升；在人员结构上，技术型创新人才占比不断扩大；在人员能力素质上，具备复合型综合能力逐渐成为主流评价标准。基于此，总局需要对现有人力资源进行调整及对未来的人力资源进行合理规划，加大引进和培养科技创新型技术人才的力度，加强高技能、创新型人才队伍建设。

4. 全球化产业布局的加速，需要建立一支素质过硬的国际化人才队伍

近年来，我国在“一带一路”沿线国家进行了大量基础设施建设和矿业投资，地质勘查及生态文明建设企业在其中发挥了基础性和先行性作用，服务于“一带一路”重大工程建设和矿产资源开发，带动沿线国家的经济建设和发展，多途径利用

全球资源，构建人类命运共同体。许多“一带一路”沿线国家对煤炭的需求量逐年增长，也为我国地质勘查及生态文明建设企业参与国际竞争提供了丰富的机会和广阔的舞台。

（三）战略要求

1. 战略目标

总局在“十四五”期间，将以国家战略为引领，以社会发展需求为导向，以打造成世界一流地质与生态文明建设企业集团为目标，以高质量发展为前提，以保增长为主基调，始终坚持党的领导，围绕总局“11463”总体发展战略和建设“三个地球”战略愿景，不断增强企业竞争力、创新力、控制力、影响力、抗风险能力，为国家煤炭和粮食化工矿产资源安全提升保障支撑、为矿山安全高效绿色开采提供地质技术保障、为矿山安全应急救援提供有效支持。

2. 产业布局

“十四五”期间，总局将以完善产业布局为主线，打造发展新格局，提升市场影响力，不断聚焦总局核心主业，优化调整产业布局，持续践行“地质 +”理念，明确产业发展方向和发展目标，锻造长板，补齐短板，夯实产业发展基础。

3. 主体能源保障目标

煤炭资源保障目标：新增煤炭资源量200亿吨以上。

粮食化工矿产资源保障目标：新增磷矿资源量6亿吨，钾盐矿产资源量2000万吨，萤石矿产资源量1000万吨，硼矿资源量200万吨。

应急救援管理目标：研究推广矿山灾害救援钻探工程关键技术、煤矿区水害致灾隐患高效探测与治理技术、地面瓦斯抽采井水平井施工技术、矿井物探技术，工作范围从矿山应急救援向矿山应急救援与城镇地下空间安全生产地质保障双向结合的方向拓展，不断提高技术装备水平和应急救援能力。

4. 人力资源规划新要求

在总局“十四五”整体战略目标及产业布局既定的背景下，总局对人力资源工作也提出了新的要求。需要坚持人力资源管理与企业战略、业务发展同步谋划，充分发挥市场作用，围绕人力资源的获取、配置、利用、保留和开发等核心环节持续探索创新，分析并预测人力资源供给情况，并对人员内外部供给、人员引进、人员培训开发、人员岗位管理、薪酬绩效管理等内容提出总体策略，健全和完善人力资源管理“选、育、引、用、留”的协同作用机制。提高人力资源对企业战略目标的支撑作用。

三、“十四五”期间人力资源战略思考

（一）聚焦主责主业

以习近平新时代中国特色社会主义思想为指导，全面贯彻党的十九大和历次全会精神，贯彻落实全国组织工作会议、中央人才工作会议、国务院国资委人才工作会议精神，聚焦国家战略需求，坚持总局人力资源管理与总局战略、业务发展同步谋划，围绕总局“15354”人力资源工作思路，推动总局人力资源的获取、配置、利用、保留和开发等核心环节持续探索创新，提高人力资源对总局战略目标的支撑作用，为打造世界一流地质与生态文明建设企业集团提供有力的人力资源支撑保障。

（二）强化五项引领

1. 党建引领

以党建工作为引领，营造融合新格局，加强组织领导力，推进党建工作与生产经营深度融合、加强思想文化和舆论引导工作、巩固党风廉政建设和反腐败工作成果、健全民主管理制度，推动全面从严治党向基层延伸，以高质量党建引领高质量发展。

2. 目标引领

紧紧围绕总局“十四五”规划，谋划人力资源工作，人才的数量、质量和结构要与总局发展战略相匹配、相适应，不断提升人力资源服务总局发展战略的支撑能力。

3. 价值引领

要将“以价值创造者为本”的理念贯穿于人力资源工作的每个环节，即人才选用要以价值创造为导向，人才评价要以价值创造为标准，人才分配要向价值创造者倾斜；把想干事、能干事、干成事的人才及时选拔到关键和重要工作岗位，实现总局发展和个人成长相同步、两促进。

4. 创新引领

遵循企业发展规律和人才成长规律，充分挖掘和利用各类人才资源潜力，促进

总局人才资源向人才资本转变，不断探索人力资源体制机制改革创新，激发人才的能动性和创造性。

5. 文化引领

以总局核心价值观为指引，通过核心价值观统一思想、振奋精神、集合众智，最大限度地提升全局的生产力和发展力；积极倡导开放包容的全局文化，集聚各类人才围绕总局的发展目标齐心协力、共谋发展。

（三）提升竞争优势

全局人力资源市场竞争力日趋增强，人力资源竞争优势更加凸显。到2025年，初步形成与总局战略发展相适应的“总量适度、结构合理、素质优良、高端引领、管控有力”的精干高效的人才队伍，在岗职工年人均收入达到15万元，全员劳动生产率力争达到48万元/人。

1. 以全员劳动生产率为约束的总量优化

围绕主责主业，重点打造经营管理人员、专业技术人员和技能操作人员三支人才队伍。到“十四五”末，地质勘查与矿产开发产业板块人才投入量达到28%，地质环境与生态建设产业板块人才投入量达到34%，地质工程与技术服务产业板块人才投入量维持在20%，其他板块维持在18%。

2. 人才结构及素质明显优化

到“十四五”末，力争实现经营管理人才总量占比18%左右，专业技术人才总量占比51%左右，技能操作人才总量占比31%左右；本科学历人才、研究生学历人才分别占在职员工总量的65%和10%，博士学历人才达到150人左右；专业技术人才中，高级职称员人才占比30%左右，中级职称人才占比40%左右；技能人才中，高级技师、技师占比均为15%左右；研发人员占比10%左右。培养国家级高层次科技创新领军人才不少于5名，省部级高层次科技创新人才不少于20名，达到总局“首席专家”入选条件的科技人才不少于50名。所有专业执业资格人员满足市场准入要求。

3. 人才激励机制明显改善

着力构建与总局“十四五”规划目标相适应的人力资源工作体系和运行机制；强化人力资源规划引领；完善市场化选人用人机制；创新负责人薪酬管理制度建设；巩固职工收入分配制度体系；优化职工工资决定和正常增长机制；强化考核分配激

励；探索股权分红激励、超额利润分享等中长期激励机制；大力实施人才强局战略，激发全局的科技创新动力；显著增强人力资源制度优势，为人才队伍建设目标的实现提供机制保障。

（四）优化工作思路

“十四五”期间，总局人力资源工作将紧密围绕“一个目标”（构建与“打造具有较强国际竞争力的世界一流地质与生态文明建设企业集团”目标相适应的人力资源体系和运行机制），坚持贯彻“五大方针”（党建引领、目标引领、价值引领、创新引领、文化引领），着力打造“三支队伍”（经营管理人才队伍、专业技术人才队伍、技能操作人才队伍），统筹推进“五项重点工作任务”（加强党建引领、完善人力资源工作体系、构建科学的干部管理体系、统筹推进三支队伍建设、创新体制机制建设），持续夯实“四大保障”（组织保障、经费保障、制度保障、文化保障），有力支撑总局人力资源规划发展目标的全面达成。这一人力资源工作思路又简称总局“15354”人力资源工作思路。

四、推动战略实施的主要路径

坚持和加强党的全面领导，以提高国有资本效率、增强企业活力为中心，以创新和完善人力资源管理体系、提升人力资源管理能力为重点，以支撑总局产业布局结构升级及提高全员劳动生产率为主线，抓重点、补短板、强弱项，突出系统集成、协同高效，努力打造核心人力资源竞争力，支撑总局“十四五”目标顺利实现。

（一）加强党建引领

进一步加强党对干部人才工作的领导，完善党管干部人才的领导方式和工作格局，切实把“党管人才”原则贯穿到人才工作的各方面、全过程，为干部人才队伍建设发展提供坚强有力的政治和组织保证。

1. 完善党管人才的工作格局

坚持“党管人才”原则，坚持党管人才与市场配置、法人治理结构规范运作相结合。完善党委统一领导，形成组织人事部门牵头抓总，有关部门各司其职、上下联动、整体推进的人才工作运行机制。

2. 建立高效的协调机制

各级党委的人才工作领导（协调）机构要重点抓好全局性问题调研、综合性政策论证、跨部门工作统筹，形成统分结合的人才工作协调机制。

3. 健全有力的落实机制

建立人力资源工作的年度考核评价机制，并将其纳入总局经营业绩考核或党建工作考核体系。建立健全必要的工作程序，提高人力资源工作规范化水平。各级党委要建立人力资源工作目标责任制和人力资源专题报告会制度，定期走访有关单位和专家，听取针对人力资源工作的意见和建议。

（二）完善人力资源工作体系

1. 战略引领，加强人力资源规战略对总体规划支撑作用

强化战略引领，结合战略规划及生产经营目标，对人力资源进行总体规划，提高人力资源对总局总体战略目标的支撑作用。通过规划引领，坚持人力资源管理与企业战略、业务发展同步谋划，充分发挥市场作用，围绕人力资源的获取、配置、利用、保留和开发等核心环节持续探索创新，分析并预测人力资源供给情况，并对人员内外部供给、人员引进、人员培训开发、人员岗位管理、薪酬绩效管理等内容提出总体策略，健全和完善人力资源管理“选、育、引、用、留”的协同作用机制，为人力资源工作提供坚实保障。

2. 优化队伍，推动人力资源管理转型升级

优化人力资源工作者的角色定位，加快人力资源管理从“事务型”“职能型”向“战略型”升级，从传统的职能部门向总局发展战略合作伙伴和变革推动者转变，能够从战略高度思考和谋划人力资源工作，主动适应总局改革发展对于人力资源工作的新要求，提高专业化解决问题的能力，发挥价值创造的功能，充分调动和发挥各类人才的积极性、主动性和创造性。加强理论和实践的学习与培训，提高人力资源队伍专业能力，在实践中探索、学习、总结，不断提升解决实际问题的能力。

3. 更新手段，提升信息化管理与量化决策水平

按照“统筹规划、分期建设”的原则，推进总局人力资源信息系统建设。富有前瞻性地统筹规划信息系统的功能模块与整体框架，增强系统的先进性与延展性；加强数据库建设，实施全局人力资源动态管理，提升量化决策水平。顺应大数据时代发展潮流，加强外部数据信息的搜集与利用，注重内部数据信息的梳理与集成，逐步完善总局各类人才信息库、各类专家资源库、咨询、测评与培训等外部服务供应商名录等人才资源信息与人才管理信息的大数据库。定期开展人才对标分析、人

才异动预警、人才风险管理等动态化数据信息服务与管理工作，提升全局上下人力资源管理的量化决策水平。

（三）构建科学的干部管理体系

1. 强化干部选用标准

坚持国企领导人员“20 字”标准，坚持德才兼备、以德为先、任人唯贤，坚持事业为上、人事相宜，坚持组织认可、出资人认可、市场认可、职工群众认可，坚持严管和厚爱结合、激励和约束并重，坚持依规依纪依法。

2. 健全干部管理机制

选拔任用领导人员，必须发挥党组织的领导和把关作用，突出政治标准和专业能力，树立正确选人用人导向。坚持实践标准，注重精准识人，全面考察人选素质、能力、业绩和廉洁从业等情况，防止“带病提拔”。建立完善体现总局特点的领导人员考核评价体系，强化抓改革、强党建、促发展导向，引导领导人员树立正确业绩观、做到忠诚干净担当，推动单位持续健康发展。

3. 健全干部监督体系

在干部选拔任用工作的监督检查和责任追究中，坚持以习近平新时代中国特色社会主义思想为指导，贯彻新时代党的组织路线，落实新时期好干部标准，树立正确导向，突出政治监督，从严查处违规用人问题和选人用人中的不正之风，严肃追究失职失察责任，促进形成风清气正的用人生态。

（四）统筹推进“三支队伍”建设

1. 经营管理人才队伍

以“有激情、在状态、敢担当”为标准，选拔培养一批熟悉企业经营管理知识，具有良好的市场意识和管理创新能力的经营管理人才队伍。

一是加快培育优秀企业家。以适应总局“十四五”战略发展为目的，以提高战略思维、国际化视野、领导力、变革创新能力为核心，建立符合企业领导人才特征的能力素质模型，完善班子配置标准体系，明晰班子成员的岗位标准、能力标准与配置结构标准，培养造就一批能够带领全局在国际化市场竞争中发挥统帅作用的企业领导人才。

二是加强所属企业领导班子建设和人才队伍建设。坚持国有企业领导人员“对党忠诚、勇于创新、治企有方、兴企有为、清正廉洁”的“20 字标准”，健全党管干部、党管人才、选贤任能制度，建立完善区别于党政领导干部、符合市场经济规律和企业家成长规律的企业领导人员管理机制。

三是积极落实所属企业领导人员市场化选拔、考核和激励机制，完善企业经营管理人才队伍建设的指导意见。推进企业领导人员交流，加大优秀年轻企业领导人员培养选拔力度，健全人才培养、引进、使用机制，重点抓好企业经营管理人才、专业技术人才、高技能人才及特殊领域紧缺人才队伍建设。

四是加强企业领导班子队伍建设。培养造就熟悉现代企业制度，熟悉国内国际市场，有较强的商业敏感度与市场竞争意识、较好的经营管理、沟通协调、开拓创新、处理复杂问题和突发事件的能力，职业素养与作风形象过硬的企业领导班子队伍。优化企业领导班子职数，打造素质优良、结构合理、门类齐全、专业配套的领导班子后备干部队伍。

五是重点打造高端经营管理专家队伍。以支撑总局建设“三个地球”为战略愿景及“十四五”发展规划、全面提升全局综合管理能力为重点，引进与培养财务、营销策划、法律、资本运营以及精通多个专业领域的商务人才复合型专家，着力打造总局级资深专家、百名企业级高级专家队伍。

六是加强年轻骨干人才队伍建设。以强化各级总部管控与服务定位为重点，选拔培养具有战略规划、投融资管理、市场营销、财务审计、法律、人力资源、信息化建设等领域专业背景和实务经验，具有较强的战略执行能力、市场开拓能力、业务管控能力和管理创新能力的中青年骨干管理人才。

七是加强复合型人才队伍建设。以提升大型、特大型工程项目管理水平为目标，重点培育覆盖资源勘查与资源开发、生态修复与环境治理、地下技术与工程及辅助业务等各个业务领域，具有丰富项目运作经验，既懂商务又懂技术的优秀项目管理人才。

2. 专业技术人才队伍

以落实“科技兴企”战略为目标，建设一支涵盖集团各主营业务，具有扎实的基础理论知识和专业技术知识，技术水平精湛、创新能力突出的专业技术人才队伍。

一是重点打造科技领军人才队伍。重点打造以院士、国家级大师为龙头，以首席专家、资深专家为核心的科技领军人才队伍。引进掌握关键核心技术的海外高层次人才不少于1名，培养国家级高层次科技创新领军人才不少于5名，省部级高层次科技创新人才不少于20名，达到总局首席专家入选条件的科技人才不少于50名，有效带动全局研发平台建设、重大技术攻关、科技体制机制创新，推动产业升级，提升总局整体竞争力。

二是强化科技人才队伍培养。加强培养具有创新精神、科学头脑和国际化视野的优秀科技人才队伍，提高总局科技研发力量。发挥政策正向激励作用，激发科技人员创新活力；发挥首席专家引领和传帮带作用，建立首席专家结对培养机制；对科技人才探索实施“双聘制”，采取顾问指导、项目合作等方式，拓宽人才引进渠道；积极探索校企人才联合培养、订单式培养、“双元制”教育等长效机制。

3. 技能操作人才队伍

以提升职业素质和职业技能为重点，打造一支熟悉技术操作规程，熟练掌握现场操作、机械设备维护等技能，具备解决技术难题和技术创新的能力，能够吃苦耐劳、勤恳敬业的技能人才队伍。

一是着重引进与培养专业特色鲜明的高技能人才。以满足关键技术环节和特殊设备操作需要为出发点，以打造专业特色鲜明的高技能人才队伍为目标，大力推进技能人才职业化发展改革。引进与培养一批高级关键紧缺型工种人才。

二是加快建设高素质的班组长队伍。按照国务院国资委关于加强中央企业班组建设指导意见要求，加快培养一支生产管理水平高、现场执行能力强的班组长队伍。

（五）创新体制机制建设

围绕总局改革发展实际及国企“三项制度”改革要求，以人事、劳动和分配改革为突破口，完善制度、创新机制、强化管理。充分激发员工的活力与创造力，调动员工的积极性和主动性，增强企业活力。

1. 构建积极高效的选配机制

一是加强对人才引进工作的基础体系建设。优化组织架构体系，完善岗位分析、职位评价等基础性管理工作，合理确定用工总量与人员结构。建立和规范能力素质标准，建立符合总局战略要求和工作职责要求的人才标准体系。建设科学的人才测评体系，运用现代人才测评技术，提升人才引进的质量和效率。

二是全面推进企业用工市场化。完善新进员工的管理办法，健全公开平等、竞争、择优的市场化招聘制度，加快推进以劳动合同管理为关键、以岗位管理为基础的市场化用工。

三是积极培养和引进新业务领域成熟人才。通过总局重点工程项目、院士工作站等平台积极开展内部人才的培养、挖潜工作。发挥总局品牌影响力，制定特殊的引才政策，吸引、聚集各类高层次人才。面向高端人才市场实施更具开放性、融合性的人才引进；加大对新能源资源开发、生态与环境、现代农业地质技术服务等新业务领域紧缺高端人才的引进力度，实施更加开放和市场化的人才引进政策。

四是完善高端紧缺人才的引入机制。建立更有效的人才引进渠道，创新人才引进手段，不拘一格引进一批高层次紧缺专业人才；面向全球引智，充分利用国家海外高层次人才引进计划的优惠政策和交流平台引进人才；大力加强智力引进机制建设，通过专家顾问咨询等方式实现“借脑不增人”。通过柔性化人才引进及用工模式，在高端核心人才和国际化人才的示范效应带动下推进总局人才资源的整体性开发。制定有效的激励措施和职业发展机制，提高人才吸引力和保留度。

五是拓展校企合作，统筹做好毕业生招聘工作。严格毕业生招聘标准，完善毕业生统一招聘体系。拓宽校企合作渠道，针对重点院校和紧缺专业，提前锁定有接收意向的优秀学生，为总局储备丰富的优秀后备人才。

六是建立开放自由的内部人才流动机制。建立总局统一的职务职级体系，形成统一开放的人才开发环境，逐步打破区域、业务板块、部门等职业壁垒，增进全局人才合理有序流动。加强全局人才横向岗位轮换与上下交流，做到能上能下，真正实现人尽其才。

七是实施差异化政策引导，实现稳健退出。建立内部专家顾问或教练制度，建立以业绩、能力为导向建立竞争淘汰机制。完善退出机制和有效的配套机制，对于不同原因的“退”出岗位需要辅以不同的退出途径，以保障退出机制的有效实施。

2. 形成全面系统的培养机制

一是构建职业发展通道，优化员工成长机制。基于业务特征和管理需要建立职业发展通道，实现不同层级单位之间职业发展纵向贯通，实现经营类人才、专业技术类人才、技能操作类人才职业发展横向互通。基于组织需要和人才成长规律建立员工成长机制，将员工能力提升作为职业发展的手段和目的，引导员工通过学习提高能力、通过业绩证明能力，变被动成长为主动成长，以达到“人尽其用，各尽所长”的目标。加强对以应届生为主的新生代员工个性的研究，通过设置新生代员工职业生涯导师等多种模式，促进新生代员工快速成长。

二是健全团队学习机制，形成人才培养自驱力。倡导终身学习的理念，打造愿景驱动型组织，将“干中学、学中干”的要求转化成一套科学的培训方法，培养善于“超前思考、越位思考”的知识获取能力强，适应和变革能力强的“创新团队”。

三是开展重点人才培训项目，培养新领域业务人才。组织做好面向高层管理人员的重点人才培养计划，与知名院校加强合作交流，探索开展推动经营管理类博士、工程技术类博士等高层次学历学位的教育培训。做好新业务领域人才培养方案和组织实施工作，创新教育培训模式，探索开展研究式、案例式、模拟式教学以及网络培训。

四是完善“互联网+”培训体系，整合教育培训资源。基于移动互联时代学习“碎片化、移动化、社群化”的特点，进行培训思维、培训形式、培训考核的创新；基于大数据，为各类人才提供更具个性的培训服务；基于移动端，充分开发“微课堂”资源；基于总局对知识的整理，将沉淀于个人、部门的特殊知识和经验上升为企业的普遍性知识，为员工“碎片化”学习和检索提供服务。

五是提高教育培训的针对性和时效性，形成培训体系化建设。继续加强覆盖全体员工的教育培训体系建设，分层分类地制定培训方案，不断提高培训的针对性、有效性和科学化水平。统一规范教育培训项目，提高投入产出效率，提升培训的效率和质量。加强师资队伍建设，充分挖掘内部优秀师资力量，建立员工成长导师制度，发挥各类非管理职务专业资深人员的潜在价值，实现传帮带作用。更新教学内容，改善教学方法，积极开展研究式、案例式、模拟式、引导式等教学方式，促进理论与实践成果的相互转化。

3. 完善灵活高效的激励机制

一是完善工资决定机制改革，加强过程管控。坚持效率对标调节机制，严格预算刚性，加大考核分配联动，切实发挥工资总额对落实总局战略规划、稳增长的杠杆撬动作用。加强特殊工资事项清单动态管理，对不同功能定位、不同业务单位、不同发展阶段所属单位的工资总额实行分类管理，不断增强工资总额调控的针对性和有效性。进一步强化工资效益联动，聚焦企业经济效益、全员劳动生产率提升，加快健全内部工资决定和正常增长机制，持续完善内部人工成本动态监测预警机制。

二是着力强化绩效考核引领，充分激发活力动力。以目标管理为重点，不断改进工作方式方法，推进绩效考核工作上水平、更规范、更精准，广泛调动、充分发挥职工的积极性和创造性。不断健全激励约束机制，调整工资结构，逐步加大不同层级职工浮动工资占比，把考核与薪酬激励和干部任免紧密挂钩，严格兑现奖惩。合理确定绩效考核结果的分级比例，有效拉开同级单位负责人的收入差距，避免考核等级的平均化倾向。将企业发展战略与职工能力提升、职业发展规划有机结合，提供相关业务培训的条件保障以及完成考核目标的必要指导。

三是用足用好政策工具，强化关键岗位核心人才激励。着力创新体制机制，加快构建系统有效的中长期激励制度体系，促进核心人员利益与股东利益紧密关联。

灵活运用好各类政策工具，将中长期激励政策作为收入分配教育培训的工作重点。锚定创新驱动发展精准发力，鼓励科技型企业用好股权分红激励政策，鼓励建立科技成果转化收益分享机制。鼓励以价值创造为导向，聚焦关键岗位核心人才，建立超额利润分享机制。落实科研人员职务科技成果转化现金奖励等政策，激发广大科研人员干事创业热情。对高端人才、国际化人才、紧缺专业人才和关键岗位核心人才，积极采取市场价位实行协议薪酬、谈判制工资等灵活的分配办法。

四是持续完善职工福利保障体系，增强凝聚力。持续完善职工福利保障制度，加强企业年金建设，有效提高年金实施覆盖率。依法合规健全补充医疗保险等其他福利保障项目，逐步构建兼顾保障激励功能、与企业发展阶段和承受能力相适应的福利保障体系，不断增强企业凝聚力。

4. 深化“国企三年改革行动”

进一步落实“国企三年改革行动”政策要求，坚持优胜劣汰、能进能出的用人导向，促进全员劳动生产率不断提升；持续优化员工绩效管理体系，继续推行社会化市场选人用人，探索多种方式的激励措施；全面推行经理层成员任期制和契约化管理，强化经理层成员权责对等，实现“能者上、庸者下、平者让”。按照市场化选聘、契约化管理、差异化薪酬、市场化退出原则，加快推行职业经理人制度。

5. 推行经理层成员任期制和契约化管理

深化企业改革，坚持“党管干部”原则和发挥市场机制作用相结合，紧紧扭住经理层成员任期制和契约化管理这个“牛鼻子”，加快构建基于中国特色现代企业制度的新型经营责任制，有效激发企业活力和效率，推动总局高质量发展。结合单位实际，签订聘任协议和经营业绩责任书，按照约定严格考核、实施聘任或解聘、兑现薪酬，综合运用股权激励即分红、员工持股、超额利润分享、虚拟股权、跟投等中长期激励方式，不断丰富完善经理层成员的薪酬结构，最大限度调动经理层成员干事创业的积极性和主动性。

6. 推进退休人员社会化管理工作

按照党中央、国务院的部署和总体要求，加大工作力度，压实工作责任，进一步推进总局退休人员社会化管理工作。一是积极主动与属地对接沟通，根据属地的要求，进一步推进总局退休人员社会化管理移交工作。二是探索可复制、可推广的退休人员社会化移交工作经验，加强与地方政府联系沟通，及时了解相关政策，及时通报有关情况，积极探索并推广适合总局退休人员社会化移交的路径与方法，积极有序地做好总局退休人员社会化管理移交工作。

五、结语

本次研究对标总局“十四五”规划，聚焦服务和支撑总局主业建设，对总局人力资源现状做了全面分析，对近年来的人力资源工作做了系统总结，对人力资源结构做了科学分析，对存在的问题做了全面剖析，并从政策环境、市场环境、战略要求等维度，客观、全面分析了总局人力资源工作面临的机遇和挑战。

本次研究对人力资源战略顶层设计做了系统思考，明确了“加强党建引领、完善人力资源工作体系、构建科学的干部管理体系、统筹推进‘三支队伍’建设、创新体制机制建设”五个方面的具体措施，形成了推动人力资源战略实施的主要路径体系，为总局全面加强人力资源工作提供了基本思路、基础战略，为总局有效、科学地实施“十四五”规划提供了有力的人力资源保障。

成果创造单位：中国煤炭地质总局人力资源部

成果主要创造人：张　昊

成果创造人：王　健　李景辉　纪超文　王双杰

混合所有制企业管理创新研究

——“双百行动”在中煤长江集团的实践

中煤长江地质集团有限公司

本课题以中煤长江地质集团为例，认真梳理了过去十几年开展的混合所有制实践，分析了赣州金石源、中煤科瑞门窗、徐州环保新材料公司合资失败的原因，总结了山东南稀金石公司、江苏省徐州工勘院、生物科技公司、池州中桥、泰兴润华气体合资顺利推进的实践做法，并对池州中桥管理模式进行了提炼，总结“混得适度、混得规范、混出效果”的特点。

近年来，中煤长江地质集团混改企业一直按照“多管齐下、放大国资；制度为纲、规范运行；聚焦经营、强化激励；党建引领、法人治理”的原则推进。

本课题组站在总局的角度，为推进地勘单位混改提出了以下建议：

一是要明确混合所有制改革的内在动因。目前，适合总局所属各企业实施混改的主要方式包括增资扩股、股权转让、投资并购、新设企业四种方式。

二是要加强混合所有制改革的顶层设计，具体包括：①明确混改的重点企业范围：要选择条件相对成熟、缺少历史遗留问题的公司，建议普遍采取规范的合资新设、并购、股权转让，以及现有企业存量混改的方式。②明确混改的重点产业范围：总局应明确混改的重点产业范围，即着重在总局确定的重点产业领域（包括新矿产资源开发、生态环境修复、工业制造业、测量测绘等业务）内，发展市场前景广阔，具有可持续发展背景和广泛需求的产业。同时，总局范围内的高新技术企业也可以纳入混改范围。③明确混改的相关层级范围，建议重点在三级、四级企业中开展混合所有制改革。总局将二级单位作为利润中心和经营决策中心，对三级及以下层级的企业进行混改不会改变当年的管理模式。此外，出资新设、股权转让或者存量企业的增资扩股是目前总局系统内可以采用的混改模式。对于净资产较少的高新技术企业，宜于探索员工持股模式，能够较好地激励骨干人才、确保人才的稳定性。

三是加强混合所有制改革的操作管理，具体包括：慎重选择伙伴，严格合规程序，严谨章程制定，完善治理结构，重视党建审计，加强风险管控。

一、成果背景及研究方法

（一）研究背景及意义

1. 研究背景

各级国资委推动国有企业混改，其出发点是希望通过优势互补，引入民企灵活的市场机制和管理体制，激发国企活力和竞争能力，从而实现国有经济与非公有制经济的共同发展，国企改革则顺势实现从“管资产”到“管资本”的转变。

2. 研究意义

本课题的研究目的是通过系统归纳我国国企混改的发展历程和现状，分析国企混改所面临的问题，借助中煤长江地质集团实施混合所有制的改革实践，对总局系统内推进混合所有制改革提出政策建议。

（二）研究方法及思路

本课题所采用的研究方法有：

（1）文献分析法：搜集与国企混改相关的学术和实践文章，对我国国企混改历程进行总结。

（2）历史分析法：结合我国国企发展、民企发展以及混改的发展历程，总结特征性的混改模式。

（3）案例分析法：以中煤长江地质集团企业化改革中存在的混改案例为例，梳理经验及教训。

二、混合所有制改革概述

（一）混合所有制的内涵、意义和评价标准

混合所有制，是指根据相关制度的有关规定，实现企业经营和财产等属于不同经济所有制的所有者的企业制度。

国企混改的意义主要体现在以下六个方面：

（1）放大国有资本，提高资本运营效率；

（2）聚合产业资源，推进“供给侧”改革；

（3）回归市场主体，建立现代企业制度；

（4）优化治理模式，提高国有企业效率；

（5）完善激励机制，激发企业内部活力；

（6）参与国际竞争，实施“走出去”战略。

衡量国企混改是否成功，一是要考虑混改后的经济指标有没有改善，二是要考虑国有股权的权益有没有增加，三是要考虑混改后的企业活力是否得到提升。

（二）国企混改的特征

1. 优化机制是国企混改的根本目标

混合所有制改革融合了不同性质的产权，通过放大国有资本，使得混改企业获得发展资源；不同性质的企业相互融合，可以提升国有企业经营活力和市场竞争力。

2. 分类改革是国企混改的基本指针

混合所有制改革要结合不同类型的国企进行分类推进，比如公益性和商业性国企在混改的尺度上存在较大区别；关系国计民生的和充分竞争的行业也存在区别。

3. 分层推进是国企混改的具体做法

国家先后选取了三批试点单位，秉“一企一策”原则，不同层级的企业，混改要求也不同。

4. 引“狼”入室是混改的主要措施

混合所有制改革的表现形式是实现企业股东的多样性，允许民企参股国企甚至控股混改后的企业，即允许不同资本参与国企混改。

5. 实施员工持股是混改的升级举措

当前，国务院国资委对央企的管理模式通常有工资总额的限制，而减人不减资、增人不增资在某些行业或者上升期的企业并不适用。但在目前，国务院国资委对员工持股也提供了良好的政策许可环境。

（三）混合所有制改革的路径选择

归结来看，本课题根据产权制度的引导，将混合所有制的路径归纳为 6 种产权分割类型，将混改实践样本归纳为 12 种类型。

1. 产权分割类型

（1）企业上市。国有企业通过拿出核心资产或者优势资源用于上市，可以引入大量自然人股东或者民企股东，从而实现混合所有制改革的目的。

（2）股权转让。股权转让是目前国企混改采取的主要方式之一。也就是说，在不改变企业注册资本金的基础上，国企通过让渡一部分股权给民企，从而实现混改的目的。

（3）增资引入新股东。相对于股权转让，增资引入新股东更有利于混改后的企业发展。前者为股权转让，现有企业资源不变，原股东获得股权转让款；后者则是民营企业投入一定的资本，原股东并不获得股权转让款，民企借此参与公司决策的一种方式。

（4）开展员工持股。对一些高科技企业，采取员工持股可以保留一些优秀人力资源，通过让员工持股，实现利益捆绑，共同围绕企业效益目标努力，适用于一些高科技企业和规模小、非重资产的智力型企业。

（5）新设企业。不少企业都希望可以通过把新兴业务、种子业务的发展与混改机制结合起来，通过新设公司的形式开展改革工作。

（6）反向混改的国企投资。相对于正向混改而言，反向混改就是国有企业投资入股民营企业的混合所有制改革方式。

2. 混改实践样本

（1）中国建材：资本扩张模式。

（2）海螺集团：员工持股模式。

（3）中国石化：坐镇招股模式。

（4）云南白药：放弃控制模式。

（5）东航物流："脱马甲"模式。

（6）欧冶云商："链条突破"模式。

（7）中国联通：战略投资模式。

（8）晋煤集团：参股民企模式。

（9）中冶葫芦岛：有色重组退出模式。

（10）军工企业：资产证券化模式。

（11）江中制药：法人治理模式。

（12）PPP 模式。

（四）协议转让

中煤长江集团公司在实施股权多元化时面临类似问题，并解决了该项问题。

2020 年，中煤长江地质集团将所属二级企业江苏金石稀土有限公司通过协议转让方式将持有的山东南稀金石新材料有限公司 100% 股权中的一部分转让给中国南方稀土集团有限公司。

股权合作后仅半年，山东南稀金石稀土有限公司利润总额完成全年目标任务，改革优势充分体现。

三、“双百行动”在中煤长江地质集团的实践

（一）“双百行动”的内涵及理论依据

国企改革“双百行动”，是指在 2018 至 2020 年期间，由国务院国企改革领导小组办公室在央企子企业和地方国有企业中选取 400 余户具有较强代表性、较大发展潜力、较强改革意愿的企业，围绕“股权多元化和混合所有制改革、健全法人治理结构、市场化经营机制、健全激励约束机制、历史遗留问题”五个方面取得改革突破，打造国企改革尖兵。

习近平总书记关于国企改革与发展的一系列重要讲话和指示是国企改革的理论和实践的“指南针”“定盘星”，也是“双百行动”的主要理论依据。

（二）中煤长江地质集团践行“双百行动”及成效

中煤长江地质集团 2018 年被国务院国资委纳入“双百行动”企业，2019 年成立集团公司董事会。在国务院国资委领导下，围绕“五突破一加强”改革目标，全面落实国有企业改革“1 + N”政策体系及相关工作要求，以推动高质量发展为目标，制定权责清单推动企业董事会行权科学有效，聚焦治理机制、用人机制和激励机制，持续深化改革，企业内在活力和运营效率不断提升，“双百行动”“三年行动”一同发力，为中煤长江地质集团高质量发展提供了强大的内生动力。

1. 2018—2020 年“双百行动”开展情况

（1）完成情况。截至 2020 年 12 月，集团公司“双百行动”取得明显成效，2018—2020 年确定的改革目标全部完成，工作台账九项工作任务在 2020 年 12 月全部完成。2020 年实现经营收入同比增长 39.9%，实现利润总额同比增长 42.64%，经营收入、利润总额均超额完成总局下达的奋斗目标。

（2）主要工作进展。

①集团公司董事会建设工作。2019 年，经总局批复同意，任命 4 名外部董事，3 名内部董事（含职工董事 1 名），并召开首届董事会会议，董事会进入实质性运行。在制度建设方面，不断完善董事会组建制度，制定了《董事会议事规则》《总经理工作细则》《董事会秘书工作细则》以及战略与规划委员会工作细则、提名与薪酬考核委员会工作细则、审计与风险管控委员会工作细则等文件。

②实施企业混改和股权多元化。一是推进生物科技增资扩股混合所有制改革，引进内蒙古智农发农牧科技有限公司。在业务层面，在山东、江苏、河南等地拓展鸭养殖业务，实现了产业链延伸。二是对山东南稀金石新材料科技有限公司实施股权多元化改造，引进赣州南方稀土公司持股 45%。

③深化“三项制度”改革。一是规范集团公司人事档案管理工作；二是进一步建立健全领导班子和领导人员考核评价机制，印发《直属单位领导班子和领导人员综合考核评价办法》《职业经理人管理办法》《中煤长江地质集团经理层成员任期制和契约化管理工作方案》。

④加快处僵治困等历史遗留问题处理。处僵治困方面，2020 年 12 月，将集团公司持有 70% 股权的赣州金石源公司在上海联合产权交易所挂牌对外交易。“三供一业”分离移交方面，筹措资金 680 余万元，解决家属区供暖改造移交工作。2020 年 12 月，实现了供水、供电、供气、供暖以及物业移交。

⑤建立健全激励约束机制。完善经理层激励约束制度和全员绩效考核制度。印发《领导人员管理办法》《关于明确集团公司副总级岗位及薪酬的通知》《关于加强总部与基层单位年轻干部交流的通知》。建立规范有效的总部激励与约束机制，制定了《中煤长江集团总部工作人员绩效考核办法》《总部工作人员薪酬管理办法》。

⑥进一步加强党的建设。修订完善公司章程，确保党的领导落实到国有企业改革发展、重大决策的全过程。印发《直属单位党建工作责任制考核评价暂行办法》《关于加强混合所有制企业党建工作的指导意见》。

2. 2021—2022 年“双百行动”推进情况

（1）坚持总体要求，坚定不移完成首要任务。坚持把落实习近平总书记关于国有企业改革发展和党的建设的重要论述作为集团国企改革三年行动的首要任务，持续在学懂弄通做实上下功夫，最大限度凝聚改革共识。

（2）中国特色现代企业制度更加成熟，法人治理结构更趋完备。

一是坚持党的全面领导。所属 10 家全资子企业实现了“党建进章程”工作。

印发《治理主体权责清单》，明确了党委前置研究事项清单、董事会决策事项清单、经理层经营权限清单，健全了法人治理结构及企业运行机制。修订完善集团公司《“三重一大”决策制度实施办法》，把党的领导融入公司治理的各个环节。

二是加强董事会建设依法落实董事会职权。支持董事会依法行使权利，印发《董事会议事规则等6项工作制度》《董事会专门委员会工作制度》《落实董事会职权工作方案》，全面建立董事会决议跟踪落实及后评价机制，落实企业董事履职报告工作机制。集团所属合资企业全部建立董事会。

三是保障经理层依法行权履职。印发《董事会授权经理层及总经理工作制度》《经理层向董事会董事长工作报告制度》，确保经理层“谋经营、抓落实、强管理”职责有效落实。

四是夯实中国特色现代企业制度建设基础。完成了《集团总部决策事项审批清单》《“三重一大”决策审批事项清单》制定工作。持续推进企业法治建设，修订《合同管理办法》《法律纠纷案件管理暂行办法》，制定《全面风险管理办法》，加强审计工作，印发《内部审计工作流程指引》。

（3）产业布局结构持续优化，资源配置效能整体提升。

一是做强做优做精主业。制定了《中煤长江集团发展战略性新兴产业的实施方案》，强化对三级单位投资管控督导，严禁新增非主业投资。深化内部业务整合，提升核心竞争力。

二是持续推进“瘦身健体”。以“子改分”形式完成江苏华康物资公司整合重组工作，通过进场交易，完成赣州金石源新材料公司、中贻环境技术研究院的股权转让工作。推进历史遗留企业的清理，完成云南云江矿业公司吊销转注销工作，以及刚果（金）ICAM公司商务部注销工作。

三是引入民资放大国有资本。2021年引进中国南方稀土集团，引入外部资金1.35亿元；完成池州中桥新材料有限公司组建工作，联合民资、地方国企，拓展固废处理项目。

四是制定了集团公司“十四五”发展规划，推动国有资本向重要产业和关键领域集中。

五是不断提升企业自主创新能力。目前，集团公司共有7家高新技术企业，获批6家研发平台，其中部级中心1家、省级中心3家、市级中心2家。

六是全面完成剥离国有企业办社会职能，解决历史遗留问题。完成退休人员移交社区实行社会化管理，全力推进部分单位加入事业单位社保工作。

（4）混合所有制改革稳步推进，国有资本功能有效放大。

一是将发展混合所有制经济作为国有企业改革的突破口，以“混”促“改”增强国有企业活力。目前，公司所属混合所有制企业7家（含股权多元化1家），2022年稀土板块有望实现利润总额超5000万元；中煤长江生态建设公司利润总额超2000万元。

二是落实加强对混合所有制改革全过程的管理。做好混改“后半篇”文章，实施一企一策，激发混改企业活力，印发《控股（参股）公司管理办法》《参股企业管理制度》《混合所有制企业差异化管控指导意见》。

（5）深化“三能改革”激发活力，市场化经营机制更加健全。

一是推进管理人员能上能下，保持干部队伍始终充满激情。不拘一格选拔优秀领导人员，全面推行经理层成员任期制和契约化管理，印发《关于推行经理层成员任期制和契约化管理的实施办法》和《集团经理层成员任期制和契约化管理的工作方案》。推行末等调整和不胜任退出，出台《关于领导人员“能下”的管理办法》。

二是推进员工能进能出，保持员工队伍始终充满活力。

三是推进薪酬能增能减，保持员工队伍始终充满干劲。严格落实工资总额预算管理制度，建立起与单位经济效益和劳动生产率双挂钩的工资总额与人均工资决定机制。试点建立超额利润分享机制，印发了《超额利润分享制度实施办法》。

（6）国有企业党的领导全面加强，党建引领作用充分发挥。

一是推进党建工作与生产经营深度融合。

二是加强企业领导班子建设和人才队伍建设。推动企业领导人员交流，加大对优秀年轻企业领导人员培养力度，印发《关于加强和改进干部交流工作的实施办法》《关于加强总部与基层单位年轻干部交流的通知》。正确运用“三个区分开来”，印发了《关于为受到不实举报对象澄清正名的实施办法》《尽职合规免责事项清单》。

（三）混合所有制改革政策分析

1. 顶层设计

2015年9月，中共中央、国务院印发《关于深化国有企业改革的指导意见》，这是国企混改的一份纲领性文件。

2. 四梁八柱

随后，中共中央和国务院的22个配套文件相继出台，形成了“1＋N”政策体系（表1），形成了四梁八柱的政策框架。

表1 2017年以来国企改革顶层设计中形成的“1+N（22）”个顶层设计的政策文件

序号	改革内容	政策文件	备注
1	总体要求	《关于深化国有企业改革的指导意见》	中共中央、国务院
2	分类推进国企改革	《关于国有企业功能界定与分类的指导意见》	财政部、发展改革委、国务院国资委
		《关于完善中央企业功能分类考核的实施方案》（国资发综合〔2016〕252号）	国务院国资委、财政部
3	完善现代企业制度	《中央企业公司制改制实施方案》（国办发〔2017〕69号）	国务院
		《关于进一步完善国有企业公司制法人治理机构的指导意见》（国办发〔2017〕36号）	国务院
		《关于开展落实中央企业董事会职权试点改制的意见》	国务院
		《关于深化中央管理企业负责人薪酬制度改革的意见》	国务院
		《关于合理确定并严格规范中央企业负责人履职待遇、业务支出的意见》（中办发〔2014〕51号）	中共中央、国务院
4	完善国有资产管理体制	《关于改革和完善国有资产管理体制的若干意见》（国发〔2015〕63号）	国务院
		《国务院办公厅关于转发国务院国资委以管资本为主推进职能转变方案的通知》（国办发〔2017〕38号）	国务院
		《关于推进中央企业结构调整与重组的指导意见》（国办发〔2016〕56号）	国务院
5	发展混合所有制经济	《关于国有企业发展混合所有制经济的意见》（国发〔2015〕54号）	国务院
		《关于鼓励和规范国有企业投资项目引入非国有资本的指导意见》	发展改革委、财政部、人社部、国务院国资委
		《关于国有控股混合所有制企业开展员工持股试点的意见》（国资发改革〔2016〕133号）	财政部、国务院国资委、中国证监会
6	强化监督，防止国有资产流失	《关于加强和改进企业国有资产监督防止国有资产流失的意见》（国办发〔2015〕79号）	国务院
		《关于建立国有企业违规经营投资责任追究制度的指导意见》（国办发〔2016〕63号）	国务院
		《企业国有资产交易监督管理办法》（国资委、财政部第32号令）	国务院国资委、财政部

序号	改革内容	政策文件	备注
7	加强和改进党对国企的领导	《关于在深化国有企业改革中坚持党的领导加强党的建设的若干意见》	中共中央
8	为国企改革创造良好环境	《关于支持国有企业改革政策措施梳理及相关意见》	发展改革委
		《关于加快剥离办社会职能和解决历史遗留问题工作方案》（国发〔2016〕19号）	国务院
9	其他	《贯彻落实〈中共中央国务院关于深化国有企业改革的指导意见〉重点任务分工方案》	国务院
		《关于国有企业改革试点工作事项及分工的方案》	国务院国资委
		《贯彻落实〈中共中央国务院关于深化国有企业改革的指导意见〉改革举措工作计划》	国务院国资委

3. 重点政策

2019年10月31日，国务院国资委印发了《中央企业混合所有制改革操作指引》（下称《指引》）。这是央企混合所有制改革中最为重要的文件。

《指引》重点聚焦于三个方面：一是规范混合所有制改革操作流程；二是明确通过市场化方式推进混合所有制改革；三是推动混改企业切实转变运营机制。

（四）国有企业混改推进情况分析

最近几年，中央在我国基本经济制度上的理论突破加速了混改政策的出台。推进“双百行动”“国企改革三年行动”后，国企混改成为国企改革的热点和重点，力度也不断加大。

2016年至今，国家发展改革委已经推出了四批混改试点（图1），约有210家国有企业参与到试点中。

（1）上市公司为中央企业混合所有制改革的主要载体。目前，上市公司已经成为中央企业混合所有制改革的主要载体，各类投资者获得通过股票市场参与国有企业改革的机会。

（2）产权市场成为参与混合所有制改革的重要平台。此次央企混改新项目主要将通过在产权市场挂牌交易的方式实现引资。

（3）混改成为国有资本集中于关键行业及领域的重要手段。目前，中央企业超过80%资产已集中在石油石化、电力、军工、通信、运输、矿业、冶金和机械等国家重要行业。

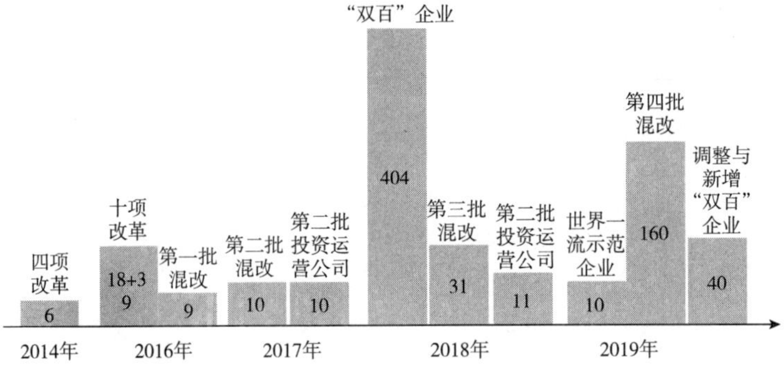

图1 2014—2019年国有企业改革推进数量①

在实施混改时，国有企业主要面临以下问题：思想顾虑多，历史遗留问题多，经济、司法纠纷多，产业集中度较低，混改成本较高。

（五）国有企业混合所有制改革趋势

混合所有制改革以增强微观主体活力为重点，向更大规模、更深层次发展，重心由混向改转变。

当前，国企混改或有如下趋势：

1. 互联互通，数字经济

央企与互联网企业的合作，是双方的相互需要，形成国有资本与民间资本协同发展的良好新局面。

2. 突破藩篱，步入深水

第四批混改试点正积极启动，前三批混改试点也正加速落地，"双百行动"企业、投资运营公司试点等将进一步深化，混改正向广度和深度拓展。铁总、国家电网的特高压直流工程，一些垄断领域的核心业务的混改正逐渐破题。

3. 授权经营，分类分层

对不同层级的混改进行不同级别的授权和管理。

4. 完善链条，融合发展

把一个国企改造为一条（多条）有机的产业链，把国资国企改造为开放的创新

① 截至2022年8月，"双百"企业已增至449家。

生态与经营平台，国资、民资以产业链条上的有机融合实现共同发展的契机成为趋势。

5. 激励约束，契约管理

推行经理层任期制和契约化管理，按照“市场化选聘、契约化管理、差异化薪酬、市场化退出”原则，建立职业经理人制度。加快工资总额管理制度改革，统筹用好员工持股计划、上市公司持股计划、科技型企业股权分红等中长期激励措施。

6. 提档加速，主动出击

此次央企混改项目主动招商，一方面可以向外界展现央企混改项目的优势，提高宣传力度。另一方面，能够主动吸引契合自己的投资者，快速实现混改落地。

对国有企业综合改革的总结和混改的推进情况可以看出，混改是国企深化改革的重要方向，也是地勘单位推进产业转型升级的发展方向之一。

（六）中煤长江地质集团推进混合所有制改革的实践

1. 现实意义

（1）推动地勘单位事企分离，回归市场主体地位。混改能够推动地勘单位的事企分离或全面转制进程，从而真正成为市场的主体。

（2）拓宽融资渠道，扩大国有资本影响力。通过混改拓宽融资渠道：一是利用合作对象的自有资金充实混改后公司的资本金；二是所有制混合后企业的资产、信用评级会有质的突破，可明显提高银行授信水平；三是合作对象或者战投本身就是产业基金或金融机构，利用其专业化能力和渠道，提高融资水平。

（3）引入战略投资者，优化产业结构。优化产业结构有两个方向：一是在原有产业链上下游延伸拓展，二是战略性的产业布局或新产业培育。传统地勘产业链延伸主要是以仅提供地勘技术服务向矿山方向延伸，技术服务方面多向支撑矿山日常生产的矿山地质、储量监测等方向发展；另外一个方向是转型为矿山开发或运营商，寻求持续性收益。在生态文明建设和以“大地质大资源大生态观”的思维指导地质业务转型的背景下，地勘单位寻求战略性转型，如战略性布局环境治理业务、地下工程日常性监测等业务。

（4）建立现代企业制度，提高管理治理效率。充分发挥“三会一层”管理作用，尽量避免行政化等管理弊端带来的影响。混改可以促进地勘单位建立行之有效的现代企业管理制度，提高管理治理效率。

（5）推动员工持股，健全激励机制。当前，大部分地勘单位是以薪酬激励为主的、较单一的、短期的激励方式。员工持股是单一薪酬激励方式的有益补充，且具有中长期的激励效应，是健全激励机制的重要方式。

2. 出师不利

（1）赣州金石源新材料有限公司。

赣州金石源新材料有限公司成立于2009年11月，其中中煤长江集团出资700万元，占股70%，自然人刘勇出资300万元，占股30%。

赣州金石源公司设立以来，受国家监管政策收紧及稀土市场行情持续低迷等因素的影响，自2012年起，公司生产经营严重受挫、持续亏损、扭亏无望，于2014年4月停止营业。2015年，被总局列为“关停并转”企业；2015年6月，启动内部清算程序。2021年，通过进场交易方式，将股权进行对外处置。

失败原因分析：一是合作方为自然人，以现有土地厂房评估出资，自有资金有限，无法按照股权比例同等出资；二是经营全部为江苏金石稀土有限公司派人经营，合资公司所需流动资金全部为我方股东提供，导致后续因稀土行情暴跌、公司未取得环评资质等原因，公司资不抵债，无法偿还江苏金石稀土有限公司欠款。江苏金石稀土有限公司全权管理不存在问题，但是所需资金应由双方同股同权同时提供，但是对方只类似财务投资，不承担后续经营风险。

（2）江苏中煤科瑞门窗有限公司。

江苏中煤科瑞门窗有限公司成立于2012年10月18日，注册资金500万元，股东为原中煤长江地质集团所属三级企业徐州华辰旅行社有限公司持股51%，自然人王允持股49%。其中，该自然人出资为设备出资，未按照中煤长江集团要求以现金出资。经过近3年运转，由于多种原因，公司没有达到预期目标，经公司股东会议商议，科瑞公司于2015年6月1日起停产歇业，压缩厂房，节省开支，9名职工待岗待安置。2017年11月，科瑞公司通过破产清算的方式完成清理处置工作。

失败原因分析：一是合作方为自然人，自有资金实力不足，无法同股同权提供资金支持；二是原股东中国煤炭地质总局普查队市场调研不足，涉足不太擅长的市场领域，市场竞争力较差；三是合作失败后，合作方极不配合公司注销工作，导致最后以法院强制注销方式，艰难完成“僵尸企业”处置任务。

（3）中煤长江徐州环保新材料有限公司。

中煤长江徐州环保新材料有限公司成立于2013年，注册资金1837万元。当时，中煤长江集团所属江苏金石稀土有限公司为了推动彭源机械厂转型升级，拓展稀土上下游产业链，经总局批准立项、专家评审通过，合资成立了中煤长江徐州环保新材料有限公司，专业生产脱硫脱硝催化剂产品。

公司注册资金 1837 万元，江苏金石稀土有限公司出资 937 万元，占全部股权的 51%；北京华元广和科技有限公司出资 300 万元，占 16.33%；自然人雷忠出资 600 万元，占 32.67%。

该项目于 2014 年 8 月正式投产，运行近 2 年。由于市场环境变化、产品毛利压缩、流动资金紧张等因素，经该公司股东协商一致，该项目于 2016 年 5 月 1 日停产。

失败原因：一是合作方为小型民营企业和自然人，资金实力较差，且部分出资以技术入股；二是公司管理全部依靠江苏金石稀土有限公司，包括公司运营所需流动资金；三是在公司运营失败后，由于合作方不配合，不得不采取法院强制注销方式完成“僵尸特困”压减任务。

3. 渐入佳境

（1）山东南稀金石新材料有限公司。

山东南稀金石新材料有限公司成立于 2019 年 9 月 17 日，注册资金 1 亿元。2021 年 5 月 26 日，通过股权协议转让方式，将 45% 股权转让给中国南方稀土集团有限公司。现有股权结构如下：中煤长江地质集团有限公司，持股 20%；江苏金石稀土有限公司，持股 35%；中国南方稀土集团有限公司，持股 45%。

2021 年，公司实现经营收入 24 亿元，利润总额 2600 万元。2022 年，公司实施二期扩产项目建设，预计实现经营收入 30 亿元，利润总额 4000 万元。

（2）江苏省徐州工程勘察院股份有限公司。

江苏省徐州工程勘察院股份有限公司成立于 2017 年 12 月 11 日，注册资金 1000 万元。股权结构如下：中煤长江地质集团出资 350 万元，占全部股权的 63.64%；北京高能时代环境修复有限公司出资 200 万元，占全部股权的 36.36%。

该公司 2019 年 4 月份召开第一届董事会后正式运营。2021 年，公司实现经营收入 889 万元，利润总额 35 万元。预计 2022 年实现经营收入 1000 万元，利润总额 50 万元。

（3）江苏中煤长江生物科技有限公司。

江苏中煤长江生物科技有限公司成立于 2005 年 2 月 28 日，注册资金 8500 万元。2020 年 10 月 22 日，通过增资扩股方式，引入内蒙古智农发农牧发展有限公司外部投资 4800 万元。目前股权结构如下：中煤长江地质集团有限公司，持股 51%；内蒙古智农发农牧发展有限公司，持股 49%。

中煤长江集团公司为保障生物科技公司的可持续发展开始尝试产业链的拓展，于2020年4月份开始涉足养殖领域，开展父母代种鸭养殖业务。后因受疫情等诸多因素影响，连续2年亏损。

（4）中煤长江生态建设发展有限公司。

中煤长江生态建设发展有限公司成立于2020年9月29日，注册资金5000万元。股权结构如下：中煤长江地质集团有限公司持股51%；杭州赢圆实业有限公司持股49%。

2020年，由于疫情因素，安徽、福建、浙江相关矿山治理项目未能如期推进，项目落实节点延后。

2021年，完成经营收入490万元，利润总额3万元。

2022年，预计实现经营收入1.5亿元，利润总额2000万元。

（5）中煤长江建设发展（江苏）有限公司。

中煤长江建设发展（江苏）有限公司成立于2019年10月14日，注册资金10000万元。股权结构如下：中煤长江地质集团有限公司持股51%；江苏瑞业股权投资基金管理有限公司持股49%。

2021年，实现经营收入2000万元，利润总额1万元。预计2022年实现经营收入1.5亿元，利润总额660万元。

（6）泰兴市润华气体资源开发利用有限公司。

泰兴市润华气体资源开发利用有限公司成立于2007年3月，注册资金2324.98万元，为中煤长江地质集团所属参股企业，持有股权比例25.6%。到2020年已收回全部投资。

2021年，公司实现经营收入7000万元，利润总额2800万元。当年分红1500万元，中煤长江地质集团获得分红384万元。

预计2022年实现经营收入8000万元，利润总额3000万元，按照股权比例可获得分红750万元。

（七）中煤长江地质集团混改企业管理“池州模式”

1. 池州中桥公司基本情况

（1）公司简介。

池州中桥环保新材料有限公司成立于2021年8月11日，主要从事池州神山固废处置项目。股权方面，池州金桥投资集团有限公司占股34%，中煤长江地质集团有限公司及所属中煤长江生态环境科技有限公司占股44%，安徽昱崇环保科技有限公司占股22%。注册资本5000万元，目前已实缴出资1500万元。

（2）管理机构。

董事会由5名人员组成：其中，中煤长江地质集团（长江环境公司）派出2名，池州金桥投资集团派出2名、安徽昱崇环保派出1名。董事长由池州金桥集团派出人员担任。

监事会由3名人员组成：中煤长江地质集团（长江环境公司）、池州金桥投资集团、安徽昱崇环保各派出1名。中煤长江地质集团（长江环境公司）派出人员担任监事会主席。

经理层由3名人员组成：中煤长江地质集团（长江环境公司）派出1名人员担任总经理；池州金桥投资集团、安徽昱崇环保各派出1名担任副总经理。另外，中煤长江地质集团（长江环境公司）派出现场管理人员担任经理助理兼综合办公室主任。

（3）交叉设置职能部门。

经理层下设办公室、财务部、经营部和工程技术部四个职能部门。中煤长江地质集团（长江环境公司）派出人员担任综合办公室主任，安徽昱崇环保派出人员担任经营部主任，池州金桥投资集团派出人员担任财务部和工程技术部主任。

每个部门由3名人员组成，原则上由3家股东各派出1人。

（4）组织管理。各家股东派出经理层人员与分管部门实行交叉管理，不允许出现同一家股东派出的经理层人员分管由本单位派出人员担任部门主任的情况。

（5）业务管理。财务管理方面，3家股东各派出1名人员，报销原则上3人都得签字审批。公司共有管理和技术人员15名左右，每天产销需3家股东派出人员确认，并发送至公司工作群。采购管理方面，重点管控大宗材料。工程设备长期租赁，采用市场价；柴油与当地中石化公司签订长期协议，每次加油前后过泵，加油金额拍照留存备查。

2. 池州中桥公司在混改推进的三个特点

（1）混得适度。中煤长江及所属环境公司在池州中桥公司持股比例为44%，遵循了“相对控股”“第一大股东”“三分之一多数”的基本前提。中煤长江集团持股44%，占第一大股东；池州金桥作为区政府平台公司，持股34%，保留了否决权，在合规经营上，与中煤长江集团形成了78%的控制力，有力保障公司运营符合国企规范；民企安徽昱崇持股22%，体现了其出资能力和公司权益相匹配。这种结构既能保障企业有负责任的股东参与管理，也能保证民企投资者的合理回报。

（2）混得规范。三方合作之初，均按照内部投资程序开展尽职调查、财务尽调等工作，保证投资程序操作透明、规范。在程序实施的各个阶段，有外部律所等中介机构的全程参与，同时制定实施细则，保障了操作规范。

（3）混出效果。池州中桥公司围绕提高运行质量和盈利能力，在董事会、经理层的架构以及各个部门的人员设置上，能够围绕控风险、增活力、出效益的目标，使得机构有效运转，为企业发展提供内在的动力。

（八）中煤长江地质集团混改企业管理改革

入选国企改革“双百企业”以来，中煤长江地质集团积极推进混合所有制改革，先后成立5家混合所有制企业，不断激发国有资本活力。加强混合所有制企业管理，保障企业健康运行。

1. 多管齐下，放大国资

通过混合所有制改革强化国有资本运作，推动国有资本从产业链、价值链低端向中高端转型，提高产业竞争力。

在推进国有企业混合所有制改革过程中，中煤长江地质集团积极探索运用多种资本市场工具实现多种资本有机融合。

一是引入战略投资者。比如，引入江苏瑞业股权投资管理基金管理有限公司，合资设立中煤长江建设发展（江苏）有限公司，对方股东投入约2000万元用于市场拓展和资质建设；引入杭州赢圆实业有限公司，合资设立中煤长江生态建设发展有限公司，双方共同拓展福建漳州矿山修复市场项目，2022年有望实现净利润1500万元；引入池州金桥投资集团有限公司、安徽昱崇环保科技有限公司合计1550万元，合资设立池州中桥环保新材料有限公司。

二是增资扩股存量企业。引入内蒙古智农发农牧科技有限公司对生物科技公司增资扩股，引入外部资本4800万元；山东南稀金石新材料有限公司通过增资扩股，引入外部资本1.35亿元；江苏省徐州工程勘察院股份有限公司引入北京高能时代环境科技有限公司，共同拓展生态修复市场。

2. 制度为纲，规范运行

一是建立混改企业管理机构，加强工作指导。集团公司主要领导深入安徽、浙江等地各混合所有制公司，加强调研指导。

二是增设管理机构。中煤长江地质集团设立混合所有制企业管理办公室，配强工作人员，指导混合所有制企业建设内控体系。

三是健全完善公司法人治理制度体系。修订公司章程和党建工作规则、完善“三重一大”决策制度。制定董事会议事规则、专委会工作规则等制度，为董事会建设及运行提供基本遵循。

四是不断完善基本管理制度，做好与董事会运行的制度衔接。高标准、严要求抓好制度构建与执行。从公司治理、经营、人力资源、财务资产、投资、法治风控、审计监督、纪检监察、党建、行政等12个方面，梳理适用于混合所有制企业执行的规章制度，并对需要结合实际修订的制度给予指导，形成一套完整的现代企业管理制度。

五是持续完善工作规范，确保董事会运行高效顺畅。制度规范先行，出台《控股参股企业章程指引》。建立健全以管资本为主的监管体制，印发集团《所属混合所有制企业差异化管控的指导意见》，明确集团公司、代管单位与混合所有制企业的权利和责任边界，激发企业发展活力。坚持按制度、按程序开展董事会工作，明确了董事会会议组织、议案管理、外部董事信息保障等工作制度，为董事依法合规履职提供充分保障。

3. 聚焦经营，强化激励

坚持“四同步”原则，实现混合所有制企业党组织和党的工作有效覆盖。按照“应建必建”原则，5家混改企业均建立了董事会、监事会、经理层，并依法落实职权。

法人治理结构不断完善。中煤长江地质集团采取差异化管控方式，对混改企业董事会进行授权放权，尊重经理层的合法经营权，将对经营层的考核权由董事会依法实施，进一步扩大了企业决策空间。

市场化激励机制逐步形成。中煤长江地质集团积极探索超额利润分享机制，明确混改企业在超出确定的净利润指标外，通过制定实施方案，按照一定比例对经营管理班子成员进行分红激励，激发了干事创业动力。

严格混改企业人员管理。完善混合所有制企业人员管理制度和市场化选人用人机制，印发了集团《混合所有制企业人员管理指导意见》。

4. 党建引领，法人治理

坚持党对国有企业的领导这一重大政治原则不动摇，明确和落实党组织在公司法人治理结构中的法定地位，印发《关于加强混合所有制企业党建工作的指导意见》，坚持和加强党对混合所有制企业的领导。

落实党建先行原则，在子公司董事会、监事会建设和成员结构优化中进一步完善“双向进入、交叉任职”的领导体制。健全党组织议事决策机制，明确党组织研究讨论是董事会、经理层决策重大问题的前置程序。

（九）探索员工持股

1. 适宜范围

我国传统地勘行业整体处于产能过剩状态，因此，不宜再通过混合所有制改革激发市场。

矿业开发、新能源开发、土壤修复、大气治理、水处理、固废处理、节能服务等业务适宜推进混改。原因是这些业务市场前景广阔，新业务需要外部资源支持。

地勘企业实行员工持股需要遵循“因企施策、试点先行、有序推进”的总体方针。宜从三级单位着手、宜从科技类企业选取，同时企业须是市场充分竞争主体，需具有较强盈利能力。

2. 持股原则

员工持股是一项系统性工程，需要从整体上谋划，在设计持股方案时，要遵循以下原则：坚持国有企业的绝对控股地位；遵循《中华人民共和国公司法》（下称《公司法》）及公司章程的基本规定；坚持自愿原则。

3. 方案建议

（1）建立持股方案的执行与管理机构。

为便于股权管理，地勘企业可设立股权改制小组作为持股方案执行管理机构。股权改制小组的职能主要包括以下三个方面：研究对拟持股员工的考核标准，组织考核工作并提出建议；研究和审查公司各层员工薪酬政策与方案，并制定股权激励方案的具体条款；定期对股权激励方案进行修改和完善，拥有股权激励方案的变更权和终止权。

（2）细化员工持股的具体要求。

基于“骨干持股”而非“全员持股”的要求，地勘企业持股原则上需要设定服务年限、具备一定级别或职称、绩效考核良好的骨干员工，其比例以全体员工的10%～20%为宜。在出资缴付方式上，考虑到员工筹资压力，持股员工的股份拟以货币形式一次性付清或分期付款，缴付年限由股权改制小组确定。对于持股比例，《试点意见》作出了“员工持股总量原则上不超过公司总股本的30%，个人员工持股总额比例原则上不能超过公司总股本的1%”的限制性规定，因此，地勘企业的员工持股比例也宜遵循这一规定。

（3）完善员工持股企业的监管方式。

在设计员工持股方案时，地勘企业还需在监管方式上进行考量。具体来说，对于监管方式，在企业内部和外部需做不同安排：内部监管，以信息公开为主，管理机构会定期公开持股事务，接待员工信息查询，保持信息的公开透明；外部监管，则通过实行财务垂直管控进行，所属子公司的财务总监及财务人员全部由母公司统一派出，其薪酬和考核均由母公司统一负责，保证母公司对子公司生产经营的监督和控制。

（4）确定股权管理及回购方式。

为保证持公司管理的稳定性，员工持有股份在职期间不能退股、不得转让、不可交易、不可继承。员工股东主动离职时，为防止同业竞争，其股份要在公司保存一定年限，期间支付银行同期利息，期满后经公司评定可退回其全部股权。被动离职的员工，经公司评定如存在对公司造成损失的情形，将扣留股份出资款一定年限，且不予支付利息，期满后，根据具体情况实施罚金，退还扣除罚金后的股份出资款。公司奖励股权的，其离职时，享有股权由原始股东自行收回。

在员工持股计划推行过程中，还需根据实际情况考虑以下问题：

一是保持股权动态调整。地勘企业员工流动性较强，员工的岗位不会固定不变，持有的股权也需要实行动态调整来适应员工岗位的调整。因此，管理机构可根据员工岗位变动情况和年度绩效考核结果，全面管理员工股权的“进、退、增、减”，每年调整一次，防止利益固化。

二是提前设立预留股权。地勘行业每年都会引进高素质人才，为发挥人才激励机制作用，应设置“预留股”激励未持股员工，以实现员工内部公平，避免“一刀切”。

三是持续进行增资扩股。中长期激励机制要求员工持股计划需要长期推进，因此公司也要根据发展规划和年度预算制定年度增资扩股计划，每年对新增股份进行分配，股份认购价格一般按上年度利润分配完毕后的每股净资产值计价。

四、推进地勘单位混合所有制改革的建议

（一）明确混合所有制改革的内在动因

按照混改的定义，目前适合总局所属各单位企业实施混改的主要方式包括增资扩股、股权转让、投资并购、新设企业四种方式，其中，后两种按照总局投资管理

办法实施，前两者要实施进场交易。

为什么要推进混改？以中煤长江地质集团为例，实施两次增资扩股的中煤长江生物科技有限公司是为了生存和可持续发展；其他通过新设企业方式混改的，则是意图借助民企的市场优势，新开辟一方市场。

（二）加强混合所有制改革的顶层设计

1. 明确混改的重点企业范围

目前，总局系统内从事传统地勘业务的单位多数仍然属于事业身份，不是按照《公司法》设立的有限责任公司形式，因此实施混改的企业应以已经产业转型的有限公司为主体，并且要选择条件相对成熟、缺少历史遗留问题的公司。此外，鉴于过去总局系统内实施“僵尸特困”企业处置的难点就在于过去不规范设立、不规范运营的合资企业，因此在实施混改时需要更加慎重。

混改的过程相对简单，但是混改后的运营是否顺利、是否体现效益增加，才是检验混改是否达到目标的标准。建议普遍采取规范的合资新设、并购、股权转让以及现有企业存量混改的方式，遵循《国务院关于国有企业发展混合所有制经济的意见》明确的“三因三宜三不”的推进原则，稳健推进混合所有制改革。

2. 明确混改的重点产业范围

着重在总局确定的重点产业领域（包括新矿产资源开发、生态环境修复、工业制造业、测量测绘等业务）内，发展市场前景广阔、具有可持续发展背景和需求的产业；同时，总局范围内的高新技术企业也可以纳入混改范围。

3. 明确混改的相关层级范围

建议重点在三级、四级企业开展混合所有制改革。总局将二级单位作为利润中心和经营决策中心，对三级及以下层级的企业进行混改，不会改变当前的管理模式。采取自上而下的混改，涉及的风险范围、资产范围、资金需求和人才相对较为固定，容易做好风险隔离和防范。

此外，出资新设、股权转让或者存量企业的增资扩股是目前总局系统内可以采用的混改模式，其中增资扩股方式有助于现有存量企业可持续发展。中煤长江地质集团在对生物科技公司、山东南稀金石的存量混改，就起到了风险共担、做强做大的目标。对于净资产较少的高新技术企业，宜探索员工持股模式，能够较好地激励骨干人才、确保人才稳定性。

（三）加强混合所有制改革的操作管理

1. 慎重选择伙伴

优先选择央企、国企，其次是实力较强的上市民营企业，谨慎选择实力较弱的民企，尽量不要选择自然人作为合作方。同时，要聘请有实力的中介机构，进行全方位的尽职调查，避免合作风险。

一是要选择企业化管理水平较高的企业作为混改标的。混改后，企业不宜再承担事业单位负担，或者事企分体运行较为彻底的企业；健全的管理制度是改制的机制保障。

二是职工思想观念的转变是改制的前提条件。职工队伍的思想观念和思想素质是企业改制顺利实施的基础。

三是企业股东的支持是改制的重要保证。企业股东或者实际管理者是否有较强意愿推进混合所有制改革，也是混改能否顺利推进的重要因素。

四是引入的战略投资者或者合作者是否具有较好的战略关联性，这是改制能否成功的关键所在。延伸产业链，才能真正实现资源共享、优势互补、做强做大。

2. 严格合规程序

规范流程包括以下主要内容：可行性研究、制定混改方案、内部决策审批流程、审计评估、引进外部投资者、推进企业经营机制改革等。

从实践看，上面的流程不是单一的，更通顺的是审批流程同步推进：先是在可行性研究报批之后，进行审计评估和尽职调查；出具结果之后，编制实施方案，报上级机关审批；审批同意之后，进场交易或者实施股权转让，再进行经营机制的改革。

3. 严谨章程制定

须高度重视公司章程的制定，要充分考虑合资公司退出的问题。

4. 完善治理结构

要明晰治理层与经营层权责，以权责分配表的形式，在治理层和经营层之间明确企业所有重大事项的权责，并对每一事项在董事会层面的决策程序与原则做出规定。全面放权经营层，为其承担经营责任创造条件。

董事会、监事会和经理层成员要按照国务院国资委相关规定，合理配置有专业背景、有话语权的人员参与。三级企业混改，要让二级企业中至少是中层及以上人员参与董事会、监事会和经理层，这样能够将合资企业的经营行为规范化，避免少数人说了算的现象。同时，对于在下级合资企业担任董事、监事和经理层人员的，要把合资企业的经营业绩和合规经营成效与非全职担任董事会、监事会、经理层的人员绩效进行挂钩，避免消极履职。

5. 重视党建审计

推进混合所有制企业党的建设是党中央的要求：一是要不折不扣地执行，二是给予国企规范和控制混合所有制企业的制度保障。

对于审计机构的选择，可以利用上级指定的审计评估机构库名单，并且与合作方商议确定，但不得进行变通。

6. 加强风险管控

过度信任民企，将经营权大部分交给民企是下一步要注重风险管控的重点。尤其是在合资企业对外并购方面，如果我方缺乏把控人员和把控能力，将融资风险全部由国企担保，将对国有资产带来较大挑战。

五、结语

中煤长江地质集团自2009年成立以来，从未停止过对改革创新的探索和实践。

自2018年入选国务院国资委“双百行动”企业以来，中煤长江地质集团围绕“五突破一加强”改革目标，全面落实国有企业改革“1＋N”政策体系及相关工作要求，为集团公司高质量发展提供了强大动力。

自2018年开展“双百行动”以来，中煤长江地质集团各项经营指标持续优化：2018—2020年，连续保持总局经营业绩考核A级；2019年、2020年，连续两年获得总局高质量发展奖。

2021年，集团公司改革发展再创新绩，实现了“十四五”良好开局。为此，2020年获评国务院国资委“双百行动”三项制度改革专项评估A级。

2020年，集团总部还被南京市政府认定为“南京市总部企业”。

2022年，被国务院国资委确定为国有企业公司治理示范企业。

成果创造单位：中煤长江地质集团有限公司

成果主要创造人：蔡卫明

成果创造人：陆云富　岳良运　王　波　周连荣　程　保

成果其他创造人：于媛媛

中煤江南融入粤港澳大湾区战略研究

中煤江南建设发展有限公司　中国煤炭地质总局粤港澳大湾区指挥部

按照《中国煤炭地质总局关于开展2020—2021年度总局政策与经济课题立项申报的通知》要求，2020年8月，中煤江南（广东局）做了“中煤江南融入粤港澳大湾区战略研究”立项申请。2020年10月，该课题正式立项，并提交了《立项任务书》。2022年2月，正式提交《中煤江南融入粤港澳大湾区战略研究》报告课题成果。

通过本课题研究，预计取得以下成果：

一是通过优化产业布局，提高经济运行质量，实现高质量发展。经营收入和利润每年实现20%左右的增幅，确保经济指标在“十四五”末比“十三五”末翻一番。至2025年，要实现经营收入不低于65亿元，实现利润不低于2.3亿元。

二是推进产业转型升级，提升市政公用工程总承包一级、环境工程一级、地灾甲级、测绘甲级资质，提高地勘及其延伸产业在经济总量中的比例。

三是推进技术创新、加强技术研发，推进知识产权和专利申报，获取专利50项以上，为粤港澳大湾区建设提供地下空间技和地质技术支撑。

四是履行央企责任，为国家多做贡献，2021—2025年，每年为国家创造税收8000万~15000万元，保持就业岗位1万~3万名。

五是开展资源、新能源勘查，为保障国家能源安全发挥央企担当。

对总局改革发展的启示与建议：①必须始终坚持党的领导，服务国家重大战略部署，从国家所需、地方所急、企业所能角度着手，深入融入地方，依靠政府。②必须培育提升企业市场核心竞争力。进一步加强地勘能力建设，打造头部企业。加强在矿山治理、环境修复、矿区采空区治理、浅层地温能等领域的研究，培育“杀手锏”和“王牌”领军企业。③必须集中优势资源。进一步加大对粤港澳大湾区资源整合，扶优扶强，对重点领域、重点专业、重点区域加大人、财、物支持力度。

2019 年 2 月 18 日，中共中央、国务院印发《粤港澳大湾区发展规划纲要》，把建设粤港澳大湾区定位为国家战略。在地理区位上，粤港澳大湾区包括珠三角九市和香港、澳门两个特别行政区，拥有 5.65 万平方千米的国土面积、近 7000 万人口和 13% 的全国经济总量，是我国开放程度最高、经济活力最强的区域之一，是世界第四大湾区，也是国家建设世界级城市群和参与全球竞争的重要空间载体。

本课题通过对粤港澳大湾区发展战略的全面系统研究，紧紧抓住大湾区发展战略机遇期，使中煤江南更加全面地融入大湾区发展之中，推动中煤江南做强做大做优。建立与大湾区政策相适应的体制机制，优化与大湾区建设相融合的市场和产业布局，推进中煤江南全方位融入大湾区建设之中，进而推动总局及其所属企业在大湾建设的国家战略中履行央企责任与担当，为把总局打造成具有行业引领力和核心竞争力的世界一流地质与生态建设特色企业集团并实现高质量发展，作出积极贡献。

一、粤港澳大湾区战略及机遇分析

目前，中建、中交、中铁等央企分部和二级企业总部纷纷入驻大湾区，南方电网、南方航空、招商局、华润集团、港中旅等央企总部均设在大湾区，中煤江南身处大湾区核心——广州市，各方面已经融入大湾区经济圈，但在融入的深度、广度上还存在很大的差距，如何全方位、多场景融入大湾区建设，是当前的一项重要任务。

（一）粤港澳大湾区优势分析

作为中国产业链最完整、市场最活跃的地区，从大湾区所涵盖的“9+2”城市群发展现状来看，区域发展整体优势突出。过去 10 年间，大湾区人口增长 2235 万人，在全国人口增量中占比 31%，是人口集聚能力最强的区域，可见其就业机会、自然环境、营商环境、户籍制度等因素对人口进驻的巨大吸引力。

表 1 为粤港澳大湾区与其他三大湾区主要发展指标对比。

表 1　粤港澳大湾区与其他三大湾区主要发展指标

	土地面积（平方千米）	人口规模（万）	GDP 总规模（万亿美元）	人均 GDP（万美元）	经济增速
粤港澳大湾区	5.59	6958	1.5	2.2	7.9%
纽约湾区	2.15	2032	1.7	8.5	3.5%
旧金山湾区	1.80	760	0.8	10.6	2.7%
东京湾区	1.36	4396	1.8	4.2	3.6%

（二）打造世界级城市群带来的重大市场机遇

《粤港澳大湾区发展规划纲要》提出，粤港澳大湾区要建设世界级城市群。提出着力建成全球重要综合交通枢纽，打造国际国内双循环换成中枢，加快形成“12312”交通圈，到2025年，广东省铁路运营里程达6500千米，其中，高快速铁路运营里程3600千米；高速公路通车里程达12500千米（图1）。在基础设施建设领域，规划总投资4.32万亿，实施时期规划投资1.74万亿。基础设施互联互通建设项目将为中煤江南乃至总局在地下工程建设等产业板块提供广阔的市场机遇，惠及的产业包括地基与基础工程、市政工程、工程勘察、城市地质、地下综合管廊、地下综合体、海绵城市、道路病害探测与防治、城市塌陷探测与治理等产业领域。重点领域规划有以下几个方面。

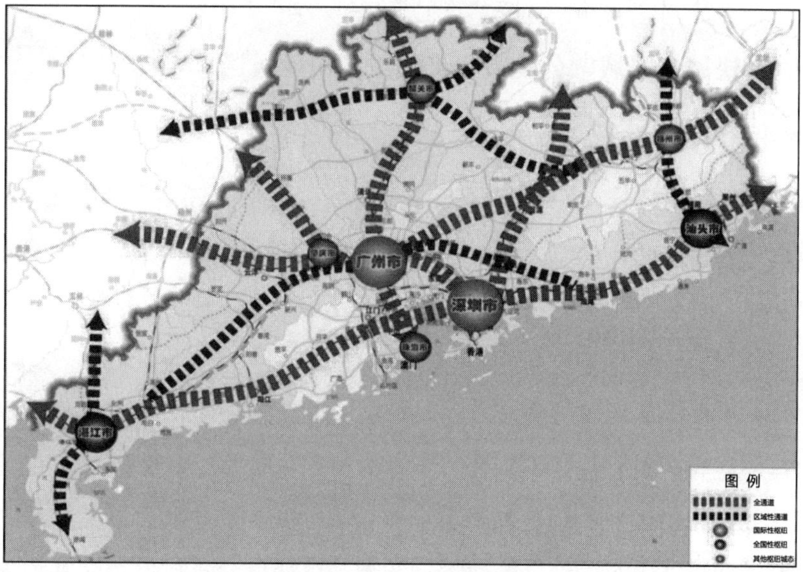

图1　广东省综合运输通道布局示意图

1. 加快大湾区世界级机场群建设

推进大湾区世界级机场群建设，实施广州、深圳、珠海、惠州等地机场改扩建，加快推进广州等临空经济示范区和深圳、珠海通用航空产业示范区机场建设工程，规划总投资1710亿元，“十四五”时期规划投资1390亿元，到2025年，民航旅客年吞吐能力达2.5亿人次，年货邮吞吐能力达650万吨。

2. 加快大湾区快速轨道交通建设

轨道交通规划总投资22300亿元，“十四五”时期规划投资8800亿元，到2025年，广东省铁路运营里程达6500千米，其中，高快速铁路运营里程3600千米。

3. 加快大湾区高速公路网建设

公路工程规划总投资16910亿元，“十四五”时期规划投资5990亿元，到2035年，完善内联外通的高速公路网络，推动形成“十二纵八横两环十六射”主骨架高速公路网络，达到15000千米。

4. 加快口岸基础设施建设和世界级港口群建设

港口航道规划总投资1050亿元，“十四五”时期规划投资600亿元，到2025年，广东省万吨级以上泊位超380个，港口年货物吞吐能力达21亿吨（其中，集装箱年吞吐能力7500万标准箱），高等级航道达到1445千米。

（三）加快城乡区域融合发展带来的重大市场机遇

1. 优化城乡区域融合协调发展

区域协调发展战略深入实施，“一核一带一区”区域发展格局渐次成形，城乡区域基础设施互联互通和基本公共服务均等化水平不断提升。2019年，广东省常住人口城镇化率达71.4%，4年提高2.7个百分点，累计实现1150万非户籍人口在城市落户。

2. 全面推进广东广清接合片区实施

城乡区域融合规划总投资3755亿元，“十四五”时期规划投资2265亿元。广清接合片区正处在大湾区“9+2”城市群与整个粤北交界的位置，既是广东省从珠三角经济核心区向粤北生态区过渡的地带，又是都市环境与乡村形态交互最为密切的地方。大湾区加强实施乡村振兴战略，将为中煤江南乃至总局在现代农业地质技术服务方面提供巨大市场，惠及产业包括美丽乡村建设，农村水利建设、土地资源调查与评价，土壤地球化学、土壤与地下水污染修复治理、土地整治，生物饲料，生物肥料，田园综合体、农业生态产业规划与建设等。

（四）推进生态文明建设带来的重大市场机遇

1. 发展低碳循环经济，建设美丽广东

粤港澳大湾区编制与实施生态文明建设生态环境专项规划。生态文明建设规划总投资4210亿元，“十四五”时期规划投资2830亿元。到2025年，高技术制造业增加值占规模以上工业增加值比重达到33%以上。现代水利建设总投资4635亿元，“十四五”时期规划投资2510亿元，其中，农村水利投资560亿元。广东省城镇新建建筑中绿色建筑面积占比达到100%，珠三角地区公共交通占机动化出行比例总体达到50%左右、粤东、粤西、粤北地区达到25%左右。

2. 推进生态系统保护与修复

强化山水林田湖草整体保护、系统修复，推进粤北部环形生态屏障、粤港澳大湾区外围生态屏障、蓝色海洋等生态保护修复重大工程，实施东江、西江、北江、韩江、鉴江等重要骨干河流生态保护修复工程。到2025年，建成碧道7800千米。有序开展历史遗留矿山石场治理复绿，加强矿产资源开发地区地质环境和生态修复。参与粤港澳大湾区生态文明建设，将为中煤江南乃至总局在生态与环境地质、灾害地质，矿山环境恢复治理、采煤沉陷区治理、矿山防治水、矿山应急救援、矿山地质公园建设，水环境修复治理、污水处理，固废资源化处理、煤炭清洁化利用，资源与环境承载力评价等方面带来重大市场机遇。

（五）建设国际科技创新中心带来的重大市场机遇

建设国际科技创新中心基础规划总投资7020亿元，“十四五”时期规划投资4390亿元；十大新兴产业规划总投资3680亿元，“十四五”时期规划投资3010亿元。“十四五”规划中，大湾区在新一代信息技术、高端装备制造、绿色低碳、生物医药、数字经济、新材料、海洋经济、现代种业与精准农业、现代工程技术等重点领域实施关键核心技术攻关，实施高新技术企业树标提质行动、新研发机构高质量发展计划。大湾区国际科技创新中心的建设将在以下方面为中煤江南乃至总局带来重大市场机遇，惠及产业包括遥感地质、遥感影像技术服务、测绘、精密工程测量、智慧矿山、智慧城市等，加速中煤江南实现集数据采集、数据加工处理、系统集成和智能化应用为一体的全产业链发展。

1. 加强基础研究能力，创建综合性国家科学中心

启动化工、海洋、能源、环境、农业等领域省级实验室建设，新启动的省级实验室建设将为中煤江南岩土实验室建设、地下空间技术研究院建设等带来机遇。

2. 打造高水平科技创新载体与平台

推进“广州—深圳—香港—澳门”科技创新走廊建设，打造深港科技创新合作，以及深港双方毗邻区域重点开展要素流动、财税政策、创业、产业监管、科技

法制等创新试点，其中，财税政策、资格互认等方面与中煤江南的产业发展息息相关。

3. 强化科技创新资金支持，建立科技创新金融支持平台

鼓励符合条件的创新企业在银行间市场发行超短期融资券、中期票据、项目收益债等进行直接融资，这为中煤江南进行科技创新与研发提供了融资渠道。

（六）“一带一路”战略升级带来的重大市场机遇

大湾区在对外开放合作中综合优势突出，在国际运输、高端产能及产品出口、投融资、债券发行、专业服务、数字技术、高端人才及国际经贸合作体制机制等多方面成为中国与沿线国家共建“一带一路”的重要平台和抓手。作为总局系统的大湾区平台公司，大湾区在国家“一带一路”战略升级中的重要角色对中煤江南公司的产业链拓展和升级提供了绝好的机遇。

二、中煤江南发展现状及优劣势分析

（一）中煤江南基本概况

1. 企业发展历程

中煤江南与广东煤炭地质局（以下简称“广东局”）实行“一套人马，两块牌子”方式运作，具有从事生产经营活动事业单位、国务院国资委管理的中央企业子公司、国有地质地勘单位三重身份，市场定位为“大企业、小事业”和“小局大公司”，属于国务院国有资产监督管理委员会管辖的中央企业的二级单位。

2. 企业组织架构

中煤江南建立了包含董事会、监事会、经理层的现代企业法人治理结构，中煤江南（广东局）党委书记、董事长（局长）由1人担任。公司（局）总部设有党政职能部门11个和大湾区地下空间研究院。直属单位23个，包括5个事业法人单位、4个企业法人单位、14个分公司。其中，地处大湾区（分）子公司16家。

3. 企业人力资源状况

总体人员情况：共有职工1123人，在岗职工平均年龄36.9岁。

学历结构：共有大专以上在岗职工905人，其中，博士2人、硕士34人、本科542人、大专327人，中专及以下218人。

职称结构：共有中级以上人员342人，其中，正高12人、副高104人、中级226人。初级及以下560人，拥有技能工人179人。

执业资格：共有各类执业资格证书人员94人，其中，一级建造师35人、二级建造师30人、土木工程师（岩土）8人、造价工程师5人、安全工程师11人、监理工程师5人。另有安全管理持证人员（ABC证）346人、施工员等“八大员”证持证人员323人。

4. 企业资质及主营业务

中煤江南确立五个产业板块：地下工程、市政工程、生态与环境工程、新能源资源开发、资源勘查。现拥有地基与基础工程专业承包一级、工程勘察综合类甲级、区域地质调查甲级、气体矿产勘查甲级、固体矿产勘查甲级、地球物理勘查甲级和地质钻探甲级、水工环地质调查乙级、地球化学勘查乙级、坑探乙级、测量乙级和地质灾害危险性评估、地质灾害治理工程设计、勘查、施工甲级、水利水电工程施工总承包三级等多项高、中级资质。经营范围涉及区域地质调查、矿产资源勘查、地球物理勘探、地质灾害、地热、工程勘察等地勘及其延伸业务。

5. 产业板块发展状况

中煤江南支柱产业是地下工程业务，占总业务的90%以上，各产业板块发展不平衡，地勘及延伸具有广阔的发展空间（表2，图2）。

表2　2018—2020年各产业板块主要指标

产业		2018年（万元）	2019年（万元）	2020年（万元）	年均增长率（%）
资源勘查	经营收入	5193.00	7031.00	4162.00	−12.73
	利润	443.60	366.25	480.00	33.14
新能源资源开发	经营收入	2968.00	4955.00	6000.00	57.10
	利润	148.40	247.75	300.00	57.10
生态与环境	经营收入	988.00	1510.00	2000.00	39.97
	利润	39.52	60.40	79.00	33.33
地理信息	经营收入	252.00	302.00	401.00	42.96
	利润	7.50	10.00	12.00	24.47
地下工程建设	经营收入	143044.00	185750.00	227138.00	17.26
	利润	4126.98	4062.60	4621.00	8.56
经营收入合计		153211.00	200092.00	240001.00	16.81
利润合计		4771.00	4786.00	5500.00	11.50

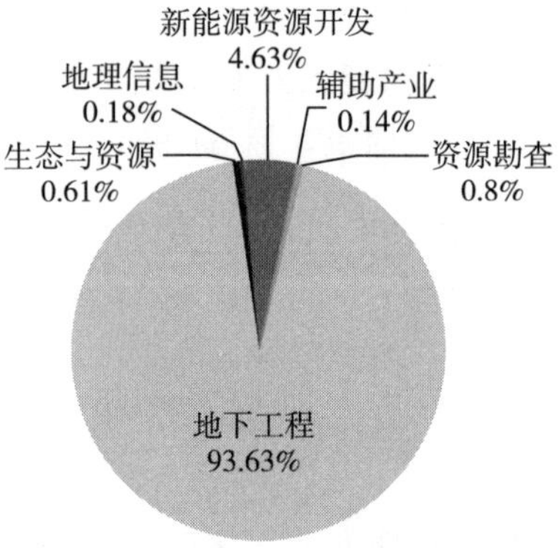

图2　中煤江南2020年各产业板块占比

（二）中煤江南融入粤港澳大湾区面临的问题

1. 产业结构单一，行业资质缺乏竞争力

中煤江南作为专业施工单位，竞争对手不仅只有同行业的专业承包单位，还有其他总承包施工单位、劳务分包单位及拥有设备的个体经营者，因此，与总承包施工单位竞争不具备投标策略优势，与个体经营者竞争没有成本优势，与专业分包单位竞争又没有核心竞争力，仅仅依靠自身去开拓市场很难取得突破。从价值链分析角度看，五大产业板块基本上都是地勘及其延伸业，处于产业链低端，且资质内涵不高，产业同质化竞争现象存在，创新链、产业链、供应链存在明显薄弱环节，承接业务、扩大市场受到制约，缺乏核心技术和竞争力，没有支柱产业，规模小、体量小，盈利能力差，抗风险能力差。

具体而言，"十三五"期间的主营业务收入90%以上来自地基与基础工程，一业独大局面凸显。虽然是地基与基础专业承包资质一级，但主要从事地面以下建设项目，同时地基基础工程施工板块刚起步就受到建设建筑总承包资质的制约，承接的项目大多是建设建筑分包项目，始终仍然停留在"打工经济"的层面，利润空间狭小。

市政产业板块于2020年起步，资质仅为市政二级，承接市政工程也受到很大的局限性。

环保专业承包资质为三级、测量资质为乙级，在开拓环保和测量测绘市场时也受到很大的制约。

资源勘察资质为甲级，承接的项目以钻探施工为主，也属于"打工经济"。

工程勘察设计资质为综合甲级，是放弃了25年后又重返的地勘行业，人员、技术、装备、市场等一切从头开始，举步维艰，业务少、量不大；加上受国家宏观调控，广东省区域地质调查项目不占优势，勘查资源贫乏，在做强做大做优上存在很多市场因素的制约，各产业转型升级已是迫在眉睫。

2. 市场布局不合理，同质化竞争激烈

中煤江南目前下属开发区分公司、佛山分公司、基础工程分公司、花都分公司、特种工程分公司、珠海分公司、湖北分公司、梅州分公司、勘查院、深圳分公司、清远分公司、浙江分公司、勘测设计公司、韶关分公司、地环公司等15家生产经营单位，其中，13家在广东省内，在广州市从事地基基础工程的有开发区分公司、基础工程分公司、花都分公司、特种工程分公司4家，其他市外单位也时而参与同一区域、同一业务、同一客户市场的瓜分，同质化竞争大。同时，由于从事产业单一，经营风险大、资金风险高等问题凸显。

3. 体制机制不活，内生动力不足

中煤江南属于中央二级企业，虽然建立了法人治理结构，但还存在董事会不完善、中国特色现代企业制度不健全、体制机制与市场存在差距等问题，还没有深入推进混合所有制改革和“三项制度”改革；同时，“一套人马，两块牌子”的运作方式有一种“事业不像事业，企业不像企业，政府机关不像政府机关”的问题，无法通过深化劳动人事分配制度改革，形成管理人员能上能下、员工能进能出、收入能增能减的市场化选人用人机制。难以建立面向市场的薪酬绩效考核机制，也就无法从根本上调动员工的积极性，以及吸引更多优秀人才加入。

4. 技术创新步伐不够快，核心技术不够突出

地下工程施工业务进入门槛较低，竞争较为激烈。中煤江南现有的资质、核心技术、生产装备无法与一些国内外大型企业同台竞争，体制机制上也无法与民营企业灵活多样的运营机制竞争，资质、核心技术、体制机制成了公司市场竞争的弱项。

5. 高素质专业技术人才队伍匮乏

伴随着煤炭地质勘探历史使命的逐步完成，尤其是中央地勘经费和任务的日益减少，公司长期处于转型升级的漫长过程中，加之工作环境艰苦、工资收入水平低，对人才的吸引力不大，职工队伍的规模在不断萎缩。随之而来的却是离退休人员规模日益增大，退休人员多于在职人员成为普遍现象；目前，离退休职工1779人，在职职工1400人。就中煤江南现有的体制机制来说，以市场为要素的用人制度、激励

机制还没有完全建立，引不进人才、留不住人才的情况依然存在，高端经营管理人才、专业技术人才不足，不能满足快速发展的需要。

6. 原始积累少，资金需求量大，有效融资较难

地勘单位没有资本积累，企业化资本金严重不足。探矿权是地勘单位生存发展和实现找矿突破的关键，地勘企业通过经营探矿权和资本运作，可以实现探矿权资产增值和资本投入产出的良性循环。然而，像广东这样煤炭资源禀赋受限的地质单位，就完全没有这样的条件。中煤江南产业板块基本上以地勘延伸业为主，多为劳动密集型施工业务，人工成本、原材料成本高，流动资金需求量大，垫支经营的情况长期存在，“两金”压降困难重重，资产负债率居高不下，如何有效融资以保持国有资本保值增值，需要深入研究。

（三）融入粤港澳大湾区竞争优势分析

中煤江南作为国内地下工程基建央企龙头，工程承揽规模持续稳健快速增长：2021 年上半年，项目承接同比增速 49.91%，其中，签订合同同比增长高达 65.97%。稳健快速增长的主业订单为公司未来业绩持续稳健增长奠定了坚实基础。在“做强做优做大央企”导向下，公司作为央企地下工程专业龙头之一，有望在业务领域扩张、订单规模提升、政策优惠、激励机制等领域获得更多支持，公司未来发展保障足、确定性高。

1. 竞争优势一：专业竞争实力位居国内前列，建立了良好的品牌效应和市场口碑

公司成立于 1986 年，作为二级央企，资信良好，稳定经营多年，社会上知名度高，品牌悠久，与众多从事工程建设的央企、地方国企、知名地产公司和当地银行有着长期良好的合作关系，已获得稳定的客户群和丰富的市场资源，具有其他性质企业无法比拟的市场信任度。

公司 2019—2020 年连续 2 年荣获“中国基础施工企业十强”称号，2018 年荣获“区域经济社会发展综合贡献奖”，连续 20 年荣获广东省“守合同重信用”企业。近 3 年来，累计缴纳企业所得税、增值税超 1 亿元，累计创造 10000 余个就业岗位，为地方经济建设发展作出了积极贡献。

2. 竞争优势二：具有传统地勘行业优势，融入地方适应性强

中煤江南（广东局）是传统地勘单位，在大湾区具有明显的地勘专业优势，在业内具有较高的社会知名度，与各级政府和各行业成为长期合作关系，具有相对稳

定的市场。作为驻粤中央企业，积极服务大湾区、粤北生态区建设，主动扛起地质灾害防治、生态文明建设主力军大旗。

3. 竞争优势三：技术领先持续加强，构筑长期核心竞争力

经过36年的发展积淀，中煤江南现已在基础工程绿色施工技术服务、复杂地质条件软基加固处理技术服务、深基坑支护设计及施工技术服务、各种地质条件桩基础施工技术服务、工程勘察与设计技术服务、灰岩地区溶洞处理技术服务等六大领域取得突破和关键技术创新，已获得2项发明专利、2部工法、24项实用新型技术，在广东省基础工程施工国企中排名位居前三。2016年，公司被认定为国家高新技术企业、高新培育企业；2018年，被认定为广州市企业研发机构。

加强科技人才及团队建设，建立公司专家库，评选出地勘类专家43人、地基与基础类专家114人，发挥“传帮带”作用。加大科技投入力度，“十三五”期间，累计科技投入达到3.06亿元，有力支撑了74项科研项目的顺利实施，科技奖项也获得了历史性新突破。

4. 竞争优势四：具有良好的办公生活条件优势，发展空间广阔

中国煤炭地质总局大湾区总部（广东局）办公楼项目于2021年3月正式开工。该项目是中国煤炭地质总局大湾区区域公司总部大楼及研发基地，承载总部、中煤江南（广东局）办公、科技研发和咨询服务等功能，配套建设职工住宅楼和员工宿舍楼，是广州市2021年重点项目及白云区“攻城拔寨”项目。项目落成后，除承载总部办公、科研等功能以外，将承接中国煤炭地质总局在大湾区中的大型会务交流、培训等工作，进一步在大湾区市场上开拓地下工程、市政工程、生态与环境工程、新能源资源开发、资源勘查、现代农业地质、地理信息等业务。下一步，参照中国船舶集团、宝武钢铁集团“双总部”模式，在广州设立中国煤炭地质总局驻粤港澳大湾区总部，进一步整合资源。

5. 竞争优势五：资源获取能力强，产业和市场布局清晰

营销体系方面，在大湾区9市及粤东、粤北、粤西市场布局已经成型。地处大湾区（分）子公司16家。中煤江南作为二级央企，在内部资源整合和重组方面，能够通过统一协调使分公司之间进行人、财、物之间的合作，提升承接大型项目的能力；各子公司之间能够共享信息资源，实现上下联动，实现产业链互补。在混合所有制改革及外部资源整合方面，公司拥有较大的客户群体，完善的劳务分包及材料供应体系，能够满足项目所需的资金、材料、设备、人员及管理需求，拥有较完

善的法人治理结构、制度体系，深化改革后企业活力强劲，按照高质量发展方案，正积极推进混改，反响较好；具有较完备的上下游产业链，外部资源整合能力进一步增强。在盘活存量方面，目前，中煤江南共有自有土地1000多亩，要充分利用政策，分级分类分步加大开发力度，做好经济测算、制定开发方案，盘活土地资源，为可持续发展提供支撑。同时，要做好闲置资产的合理处理与优化配置，做到资源的最优化配置。

三、融入粤港澳大湾区重点领域及任务目标

为进一步落实国家战略，准确把握企业发展方向和自身定位，中煤江南需要抓住大湾区发展的机遇，积极深度融入打造具有行业引领力和核心竞争力的地下工程与地质生态建设特色企业集团，走“特色化、区域化、多元化、集团化”的发展道路，实现高质量发展。具体而言：

一是要解决政策融通问题，为企业在投身大湾区建设中扫除政策性障碍；

二是要解决信息畅通问题，以中煤江南为纽带，建立与地方政府信息沟通机制，以信息畅通带动产业合作；

三是要解决资本融通问题，充分利用大湾区金融创新政策，破解融资难题；

四是要解决技术融合问题，加大地下空间研究创新，推动产业转型升级，建立产学研为一体的高新技术企业，提升核心竞争力；

五是要解决高层次人才培养和引进问题，完善高层次领军人才培养体制机制，打破人才瓶颈问题，建立与大湾区人才政策相一致制度机制；

六是要解决战略融合问题，建立起与大湾区战略相适应的发展路径和战略愿景。

（一）推动与地方政府对接，实现央地产业融合发展

中煤江南充分利用事业单位体制优势，积极与地方政府开展工作交流，选派干部到地方政府相关部门挂职，进一步强化地企合作。同时，高层领导通过参与广东省委省政府历届全会，为大湾区发展建言献策，履行央企职责、发挥央企担当，扩大央企影响力。中煤江南已与广东省分管地勘业务的省领导建立定期走访机制，与相关产业职能部门搭建了合作交流平台，实现产业互联、信息互通。

1. 推进战略融合发展及重点领域

中煤江南将通过与地方政府及相关职能部门与粤港澳大湾区研究院的对接，积极参与《广东省推动粤港澳大湾区建设三年行动计划》和《广东省“十四五”重点

专项规划》，把中煤江南的发展战略自觉融入大湾区发展规划和广东省重点专项规划之中，实现融合发展。

2. 推进产业集群与新兴产业集群对接发展及重点领域

广东省确立了“十四五”战略性产业集群，中煤江南加大与相关产业集群的对接，重点对接领域为：绿色石化产业集群、现代农业与食品产业集群、新能源产业集群、安全应急与环保产业集群、软件与信息服务产业集群。根据总局发展需要，对接新一代电子信息产业集群、智能机器人产业集群、汽车产业集群、生物医药与健康产业集群等。

3. 推进与重大建设项目对接发展及重点领域

广东省制定了“十四五”规划重大建设项目及投资计划，中煤江南将加快与相关产业的对接，以此为契机，推动产业转型升级，更好地融入大湾区建设。重点对接领域和项目包括：综合交通运输领域（轨道交通工程、公路工程、机场工程、港口航道网、综合交通枢纽及一体化设施项目）、现代水利领域（防洪提升工程、供水保障工程、农村水利建设）、现代能源领域、新型城镇化与区域融合发展领域、农业农村领域、生态文明建设领域、民生保障领域等。

（二）融入粤港澳大湾区主要发展目标

1. 产业优化整合目标

面对市场竞争的加剧，要做好市场布局，优化产业结构。自1962年成立以来，广东局不断调整产业结构，转换经营机制，开展多种经营，当前主要任务是推进地勘产业稳步发展；积极培育生态与环境工程：以“地质+”产业体系建设为依托，加快生态文明建设产业谋篇布局；做强做优做大地下工程主业；迅猛发展地理信息产业；挖掘并加速推进城市地下勘查、新型能源矿产与战略性矿产资源勘查业（表3）。

表3　产业优化整合目标

产业板块	主要业务	整合重组现有企业
矿山技术服务	矿产资源评估、矿山治理与修复、绿色矿产、矿山救援、地质勘查咨询、矿山数据监测（智慧矿山）等	以“三队一院”为龙头，打造矿山技术服务全产业链、全体系专业地勘企业
生态环保服务	低碳减排及节能服务、水污染治理及利用、生态修复、土壤修复、水工环报告编写、地质灾害治理、城市和农村水环境综合整治、黑臭水体治理及河道整治等	以地环公司为龙头，合并勘查院托管的生态公司，组建广东生态科技环保技术有限公司

续表

产业板块	主要业务	整合重组现有企业
地理信息技术	测绘地理信息技术服务、地下管网安全运维保障技术服务、智慧城市建设运营服务、空间信息大数据综合应用、数字测绘、遥感应用、物探、地理信息系统集成等	借助中煤数科资源，整合勘查院物探中心，组建中煤信息技术股份有限公司，以控股形式，谋求上市
工程地质技术服务	工程咨询、工程勘察、工程设计、工程抢险、应急救援、质量检测与检查、工程监理及技术服务，岩土工程、建筑项目环境影响评价、竣工环境保护验收、地下水治理、建筑垃圾（污水、淤泥）综合利用等	以勘查设计公司为龙头，打造工程地质技术服务全产业链，全体系工程技术服务供应商
资源、新能源勘探	战略性矿产资源开发、煤层气、页岩气、致密砂岩气、天然气水合物等勘探开发、地热资源开发等	成立大湾区碳中和研究院，以勘查院为龙头，推进资源勘探、新能源勘探技术升级
市政及地下工程	市政工程、地基基础工程、桩基础工程、深基坑工程等	推进广州分公司和岩土分公司整合重组，组建基础工程公司；推进特种分公司和开发区分公司整合重组优化，组建市政工程公司和特种工程公司

2. 经济发展目标

中煤江南作为总局骨干企业，履行好政治责任、经济责任和社会责任，借大湾区发展快速发展的大趋势，中煤江南也要加快经济发展，到 2025 年，经营收入在“十三五”末的基础上翻一番，达到 50 亿元以上，利润总额达到 1.5 亿元以上。到“十五五”末，经营收入在“十四五”末基础上再翻一番，达到 100 亿元以上，利润总额 3 亿元以上，拥有 5 个混改企业，培育 1 ~2 家经营规模达到 20 亿元以上、4 家经营规模达到 10 亿元以上的子公司，培育一家上市子公司，全面实现“总局排头”、行业领先的目标，进入大湾区驻粤中央企业“十强”企业名单，成为大湾区行业领跑者。中煤江南“十四五”期间经济及产业发展目标如表 4 所示。

表 4　中煤江南“十四五”期间经济及产业发展指标

年　　度	2020 年	2021 年	2022 年	2023 年	2024 年	2025 年	年均增长%
主营业务收入（万元）	250000	280000	330000	400000	470000	500000	18%
利润总额（万元）	5500	8500	10000	12000	14000	16000	18%
净利润（万元）	4700	6800	8000	9500	11000	13000	18%
资产总额（万元）	180000	210000	240000	280000	320000	370000	15%
在岗职工（人）	1229	1300	1350	1400	1500	1600	5.33%

续表

年　度	2020 年	2021 年	2022 年	2023 年	2024 年	2025 年	年均增长%
总资产报酬率（%）	4.1	4.23	4.4	4.2	4.3	4.32	0.53%
净资产收益率（%）	9.1	8.1	8.15	8.2	8.22	8.22	0.37%
资产负债率（%）	73.4	75%	74%	73%	72%	72%	-1.02%
固定资产投资总额（万元）	2707	3620	3365	4205	4310	4490	5.53%
年度科技支出总额（万元）	9000	10000	12000	14000	16000	20000	18%
技术投入比率（%）	3.9%	3.60%	3.60%	3.60%	3.60%	3.60%	/

3. 推动科技创新与地方融合发展目标

以中煤江南大湾区地下空间研究院为中心开展技术研发，重点推动地下空间探测与绿色施工技术、综合性地质技术服务技术、生态环保研究设计与施工技术、地理信息技术、资源新能源勘查技术等科技研发；推动安全应急监测预警设备、救援特种装备、公共卫生等突发事件应急物资、高效节能电气设备、绿色建材、环境保护监测处理设备、固体废物（建筑垃圾等）综合利用、污水治理、双碳研究、智能化施工、安全应急与节能环保服务等跨行业、多领域协同发展；同时联合院士、高校开展科研工作。“十四五”期间，预计申报国家科技进步奖 1 项、鲁班奖 1 项、省部级科技进步奖 10 项，获得国家专利 150 项，申请省级重点实验室 1 个，拥有 5 家国家级高新技术企业和 5 个省级研发中心平台。

4. 推动人才融合发展，打造一支高素质专业人才队伍

实施“十百千”人才计划，到“十四五”末，培养与引进 10 名以上国家级专家或同等水平科学技术带头人，100 名以上省部级专家或同等水平高级专业人才，1000 名以上具有高级职称或相应专业水平的高级经营管理人员和专业技术骨干，着力打造一支高素质、高技能企业人才队伍，培育一批科技创新、产品研发、管理创新骨干队伍团队，打造企业人才战略核心。

5. 推动资本融合发展目标

贯彻新发展理念，关注新产业、新业态、新模式，优化国有资本布局，促进产业转型升级，完善现代企业制度，疏通融资渠道，孵化培育新型产业，构建新发展格局。到 2025 年，通过引入大湾区科技扶持资金、股份制改造、混合所有制改革和银行贷款、授信等，融资额至少续期 50 亿元以上。

四、融入粤港澳大湾区建设策略

围绕总局产业板块，通过整合资源，不断优化在资源勘查产业、新能源资源开发产业、生态与环境产业、地理信息产业、地下工程建设产业、现代农业地质技术服务、市政工程等产业布局，加大地质科技及装备投入力度，促进资源勘查手段和方法创新，着力推动深地探测、深海探测、深空对地观测和土地工程技术为主要内容的“三深一土”科技创新，推动产业向科技型方向转变。加大科技研发投入力度，坚持以科研和新技术引领产业发展。创新商业模式，坚持以产业投资、PPP、合同能源管理等模式拓展业务。加大投资力度，促进地热资源开发业快速做大做强。本部分为中煤江南公司融入大湾区建设、激发内生活力提出了具体策略，包括优化产业布局、推动产业转型升级、推进混合所有制改革、推进科技创新、优化人才机制、完善管理体系、健全法人治理结构、疏通融资渠道等方面。

（一）优化产业布局，开展产业整合重组

1. 变更公司注册地址，搭上白云区发展快车道

广州市白云区“十四五”规划生产总值年均增长6.5%左右，工业总产值年均增长8%以上。未来5年，白云区要聚焦产业发展新生态，实施“强二优三、三产融合”产业发展路径，实施重点产业链“链长制”，全面构建“6+6”现代产业体系，包括夯实美丽健康、现代都市农业、航空运输与现代物流、现代都市消费、轨道交通、建筑业等六大千亿级支柱型优势产业集群；打造智能汽车、激光等离子体、新能源、新一代信息技术、设计、文化旅游创意六大百亿级战略性新兴产业集群。推动重大平台和重点项目形成规模化产出，“十四五”期间，重大工程项目完成投资7000亿元以上。未来几年，白云区将进入高速发展阶段，对注册企业在税收、产业发展、教育、医疗、子女上学等方面将给予较大政策支持。

中煤江南总部大楼位于广州市白云区，但注册地在广州市越秀区。如果将现注册地从越秀区迁到白云区，可享受白云区对企业总部的各项政策支持，同时获得参与轨道交通、建筑业两大产业的优势，搭上白云区发展的快车道。

2. 推进粤港澳一体化运作，优化市场布局

为优化布局粤港澳大湾区9市2区市场，目前，中煤江南已注册完成成立深圳分公司、珠海分公司、东莞分公司，下一步还要成立香港分公司、澳门分公司，推进粤港澳一体化运作，协同发展，做强做大做优大湾区市场。积极贯彻落实“走出

去战略”，充分利用国家实施大湾区发展机遇，努力拓展境外市场。

3. 拓展国内市场，打造核心竞争力区域公司

以大湾区为原点，建立辐射全国市场的市场网点：注册成立中煤江南海南公司，开拓海南市场；成立湖北区域公司，开拓华中市场；注册海南区域公司，开拓华南市场；注册成立浙江区域公司，开拓华东市场；注册成立陕西区域公司，开拓西北市场；注册成立河北区域公司，开拓华北市场。到2022年，计划把海南分公司、湖北分公司、浙江分公司三家分公司打造成具备核心竞争力的区域公司。

4. 开展产业整合重组，优化国有资本布局

整合重组同区域分子公司。已整合重组的同区域子分公司有：152勘探队和梅州分公司，201勘探队和清远分公司。下一步，需要将同区域的202勘探队和韶关分公司、花都分公司整合重组为能源勘查公司，实现人员互补、业务互补，减少管理成本，提高产业效能。

整合重组同区域同质化分公司：一是推进广州分公司和岩土分公司整合重组，组建基础工程公司；二是推进特种分公司和开发区分公司整合重组优化，组建市政工程公司和特种工程公司；三是推进地环分公司和生态环境公司重组，组建生态环保科技公司。

（二）推动产业转型升级，打造全过程产业链

1. 做强地下工程施工板块，做大市政工程板块，打造工程地质全过程产业链

中煤江南地下工程、市政工程、工程地质产业要加速提升资质等级、拓展资质种类，打造勘察、研发、咨询、设计、施工、项目管理、监理、检验检测等全过程产业链；补强资质，地下工程、市政工程升级到总承包资质；补齐研发、咨询、设计、监理、检验检测资质，打造全过程产业链。到2023年，争取进入广东省300家专业领域龙头骨干企业行列。

（1）做强地下工程施工板块。目前，中煤江南拥有住房和城乡建设部首批核定的地基与基础工程专业施工一级资质，下属3家企业拥有地基与基础工程专业施工二级资质，需将资质提升到地基与基础工程专业施工一级，并整合重组同质化、同区域地基与基础施工分公司，打造区域子公司和专业化子公司。新中煤江南各分公司借力潜心经营了30多年的地下工程传统产业优势，利用成熟的岩土工程勘察及基础工程施工领域的技术优势、品牌优势、市场优势和管理优势，大力拓展地下工程

产业。采用工程承包和技术服务两种模式，做大做强地基与基础工程施工和地下综合管廊、城市物探、地下管线与地下空间探测工程；充分使用好工程勘察综合甲级资质，引进技术带头人才，以勘察设计技术为引领，继续加强与广州地铁集团有限公司的合作，加强与与西部战区和南部战区空军设计院以及海军南海工程设计院、民航设计院的合作，为城市建设、军用机场、通用机场、舰艇码头和海军基地建设提供岩土工程勘察技术服务和地基基础工程施工业务，开展城市地质、军事地质、海洋地质服务工作，做强做精岩土工程勘察业务，带动地基基础工程施工。

（2）做大市政工程板块。以混合所有制方式获取市政公用工程施工总承包一级资质，以粤港澳大湾区发展完善城市群和城镇发展体系、基础设施互联互通为契机，伴随经济快速发展和城市化进程，大力拓展市政工程业务，实现由专业施工向总承包施工转型。

（3）打造工程地质全过程产业链。勘测公司为全国342家勘查综合甲级单位中的一家子公司，资质条件优越，但目前还未能完全发挥出其优势，需要打造工程地质全过程产业链，完善从工程勘察设计、研究到施工、检测的全过程产业链，补齐岩土试验室各种CMA参数、做大监测板块、补全检测相关资质和CMA参数、补全测绘资质，拓展城市地质、城市物探、岩土检测、水资源检测、基础工程检测、道路桥梁检测等业务。

2. 补齐补强生态环保产业短板，打造生态环保工程全过程产业链

坚持“山水林田湖草是一个生命共同体”的系统思想，“跳出地矿看地矿”，及时把工作方向和重点调整到服务自然资源整个系统中来。抢抓大湾区发展机遇，服务于水环境的改善、土壤的修复治理、矿山修复治理、地灾防治监测预警及治理等。同时，提升环保产业资质、补齐补全环保产业链条，推进环保产业升级；打造生态环境评价、不良地质调查、污水调查、土壤评估、土壤修复、美丽乡村建设、污水和垃圾处理回收利用等全过程生态环保产业链；开展海洋地质调查、海洋生态保护修复工程，改善海洋生态环境，实现潮间带生态系统重建，维护海洋生态安全全过程产业链，进一步增强粤港澳大湾区城市韧性。

3. 补齐补强地质灾害治理短板，打造地质灾害治理全过程产业链

打造矿山环境恢复治理、采煤沉陷区治理、矿山防治水、矿山应急救援、矿山地质公园建设全产业链；补齐补强地质灾害评估、设计、治理资质，打造地质灾害评估、预防、监测、设计、治理、检验检测全过程产业链。

4. 补齐补强地理信息产业短板，打造地理信息全过程产业链

近年来，城市道路塌陷、城市积水等问题时有发生，城市地质灾害评价治理市场需求日益突出。围绕美丽城市、智慧城市、平安城市建设，要建立健全城市地质灾害评价治理产业链，补齐补强资质，打造道路病害探测与防治、城市塌陷探测与治理岩、城市物探（三维地震）、城市地质评价、研发咨询、城市地质灾害治理、地下空间设计施工、检验检测全过程产业链。

5. 补全推动资源勘查产业短板，推进资源勘查产业升级

依托大湾区和海南岛丰富的干热岩能源等地热资源优势，积极开发地热资源，继续拓展煤系三气等新能源资源开发。满足市场需求，逐步调整重点勘查矿种，满足航空航天、信息通信技术、新能源汽车等领域的发展对锂矿、晶质石墨、稀土矿等矿产不断增长的需求。做精做优地质勘查业，加大科技创新力度，积极为粤港澳大湾区城市地质、农业地质、旅游地质提供优质的专业服务；继续拓展煤系三气等新能源地质勘查业务。同时，推动资源勘查由传统钻探施工型向技术服务型转变，开展区域地质调查、整装勘查、储量评估、资源能源勘查、勘探技术服务全过程产业链，提高勘查技术服务质量，提升资源勘查附加值。

（三）推进混合所有制改革，激发国有资本运营质量

按照“完善治理、强化激励、突出主业、提高效率”的总体要求，以产业板块为目标，开展优质资产混改，一企一策，成熟一个推进一个。到 2030 年前，完成 5 家子公司混改，1 家混改子公司上市。

1. 推动中煤江南设计公司混改，打造一体化全过程工程勘测公司

广东中煤江南工程勘测设计有限公司是中煤江南下属的具有勘察综甲、CMA 认证证书等资质，集勘察设计、工程监测、检验检测为一体的子公司，发展前景广阔，但是产业链不完整。以勘察资质做岩土设计，没有工程设计资质、工程检测资质，在重大项目投标中就会导致资质受限，往往需要以联合体方式参与竞标，而且要依附于联合体的设计单位。未来，拟通过混改，吸收合并具有工程设计资质、工程检测资质的民企，把勘测设计公司打造成为集勘察、设计、施工、监测、检验检测为一体的全过程工程勘测公司。

2. 推动中煤地质环境工程公司混改，打造完整现代企业管理制度

广东中煤地质环境工程有限公司是中煤江南下属的以环境保护、乡村振兴为目

标而建立的子公司，拥有环保工程资质、市政工程资质、基础工程专业资质、劳务资质，但缺乏关键的技术与设备，缺少专业运作管理团队，融资授信不足。未来，拟通过混改解决技术、人才、资金难题，通过技术研发、改良与市场运营一体化的方式提升市场竞争力，引进战略投资，深度融入乡村振兴产业。

3. 推动浙江、深圳等分公司混改，打造地方行业龙头企业

浙江分公司、基础工程分公司、深圳分公司、珠海分公司发展空间较大，发展速度较快，市场竞争能力显著增强，已经具备了形成地方基础工程行业龙头企业的条件，如果通过引进社会资本或者与当地基础行业的优势民企进行混改，能够快速增强实力，通过转变机制，提高管理创效，快速达到在基础行业区域市场排名靠前的目标。

（四）推进科技创新，提升核心竞争力

1. 建立完善科技创新激励机制，激发创新动力

一是完善配套措施，激发科技创新活力。进一步优化科技工作绩效考核办法，对科技投入、重大课题研究、成果转化指标等方面做具体要求，切实发挥考核的导向作用；为调动科技工作人员的积极性和创造性，鼓励广大职工在科技创新中作出贡献，促进单位科技创新工作持续发展。

二是进一步健全科技投入机制。进一步增加科技投入，改变科技资金使用模式，集约化使用科研资金，重点支持重大科技创新项目的实施和成果推广，多渠道争取科研资金来源，积极申报国家和地方政府科技创新项目。

三是建立科研揭榜挂帅制度，完善首席专家管理政策，推行科技入股制度、科技成果分成制度、科技人员晋升与考核制度、高端科技人员引进制度、科技投入长效制度、科研容错纠错制度等，在企业内部形成一种良好的科技创新土壤和环境。

2. 校企、跨界企业强强联合，共同攻坚核心技术

联合知名高校、院士和国家/省级重点实验室，建立博士工作站，结合中煤江南的传统优势产业，共同攻克核心技术。比如，依托总局地下空间团队和高层次人才聚集优势，与中山大学等重点院校开展合作，重点在不良地质灾害体（道路病害探测、采空区、岩溶、孤石、深厚淤泥、流沙层等）勘察和监测方面进行技术攻关，为粤港澳大湾区建设过程中急需解决的地质问题、其他灾害问题以及工程建设问题提供技术支撑。联合地铁、地调局、机械研发中心、智能研发中心等企业，共同攻克地下空间的难题和核心技术。

3. 对接粤港澳产业集群与新兴产业，推动绿色、安全、节能环保服务

对接市场，对接广东省“十四五”产业集群与新兴产业集群，重点推动地下空间探测与绿色施工技术、综合性地质服务技术、生态环保研究设计与施工技术、地理信息技术、资源新能源勘查技术等科技研发，推动安全应急监测预警设备、救援特种装备、公共卫生等突发事件应急物资、高效节能电气设备、绿色建材、环境保护监测处理设备、固体废物（建筑垃圾等）综合利用、污水治理、“双碳”研究、智能化施工、安全应急与节能环保服务等方面的科技应用，让科技创新富有生命力。同时，紧跟国家发展方向，抓好“碳达峰、碳中和”战略机遇，培育新兴产业。

（五）优化人才机制，激发内生活力

深度融入粤港澳大湾区建设，必须实施与大湾区人才规划相匹配、更加开放的创新人才政策。要立足大湾区市场机制和产业基础优势，瞄准世界科技发展前沿和产业技术变革方向，聚焦中煤江南五大板块和战略领域，关注重点产业人才，面向全球引才聚才，同时强化人才支撑，营造“近悦远来、拴心留才”的创新创业人才发展环境，建立中煤江南创新人才高地，从而充分发挥企业创新主体作用，加快科技成果转化应用，打造核心竞争力，推动实现高质量发展。

1. 实施创新人才战略，引进和培养创新型高端人才

到“十四五”末，培养造就一大批具有国际水平的战略科技人才、科技领军人才、创新型职业经理人和高水平创新团队；引进和培养一批高级专家和创新型高端人才，包括至少10名以上国家级专家或同等水平科学技术带头人，100名以上省部级专家或同等水平高级专业人才，1000名以上具有高级职称或相等专业水平的高级经营管理人员和专业技术骨干，拥有10名以上国家级专家或同等水平专业技术带头人；培养1000名高学历、知识技术全面和具备熟练实操能力的岗位技术能手及新型产业工人；引进培养100名年轻有活力、具备创新精神、具有开拓市场的胆识魄力、综合素质高的市场化职业经理人团队；建立并完善高端、高技能人才的引进、培养、管理、使用机制体制，重点支持核心产业、新兴产业所急需人员，设立大师工作室、劳模和工匠人才创新工作室、职工创新工作室、青创先锋工作室等。

2. 建立创新人才培育机制，构建企业人才金字塔

制定创新人才强企建设系列制度，积极与粤港澳大湾区的人才协同发展和交流合作机制接轨。加大外部招聘和内部培养力度，坚持市场化选聘，加强自主培养。依托“广东特支计划”“珠江人才计划”等人才工程和高等院校、科研院所、科技

基础设施、实验室等载体平台，合作建立高层次人才长期稳定支持机制。设立高级人才专项培育基金和计划，实施高技能人才、创新型产业工人等人才培养工程，为企业各个关键机构和岗位提供人才保障。

3. 利用好大湾区人才政策，整合内部人力资源

充分研究、利用好大湾区系列人才扶持政策，利用大湾区税收、户籍、住房、社会保险、医疗、子女就学、现金奖励、中长期激励计划等福利待遇政策，破除人才流动障碍的机制体制，多渠道引进人才；运用好大湾区人才综合服务保障体系，使用“人才优粤卡”制度，参与高层次人才安居工程；利用大湾区人才创新规范的科研经费使用和审计制度，扩大创新人才科研活动自主权，拓宽融资渠道，推动科技成果转化，加强知识产权保护，为留住人才、激励人才提供完善的保障机制。

4. 充分发掘和配置人才资源优势，营造良好干事创业环境

利用好自有土地资源优势，在建设好粤港澳大湾区总部大楼和职工住宅的基础上，为高端人才提供住房、宿舍和优质办公条件等硬件设置，让人才安居乐业毫无后顾之忧；加强在人才及配偶子女入户、社保公积金缴纳、养老、补充医疗保障和企业年金等方面的保障；充分发扬中煤江南优良企业文化，提供风清气正和公正高效的干事创业环境。

（六）完善管理体系，提升“四化”管理水平

1. 加强精细化管理，推进新型工程组织管理模式产业化

加强精细化管理，降本增效，提升企业盈利能力。一是加强项目成本管理，落实项目经理责任制。二是加强集中招采管理，堵塞漏洞，降低采购成本。三是加强财务集中核算管理，提高会计核算和财务管理水平。推进降杠杆、减负债工作，增强“造血”能力。加强“两金”压控工作，确保资金周转。四是推进项目“六大管理模式”，不断提高项目管理质量和效益。五是加强全面风险管理和内部控制体系建设，防范各类风险，促进经济稳定健康发展。六是加强对标管理，不断改善和提升管理水平。

2. 加强公司综合管理平台系统应用，推动项目管理信息化

实现办公自动化和项目信息化管理，提高管理效率、管理质量，及时为决策提供依据，进一步提高管理水平。在公司层面上，积极推进中煤江南建设发展有限公司（广东煤炭地质局）综合管理平台信息系统的应用，实现信息、文件无纸化传

输、信息及时共享和交流，规范内部运作管理流程，提高办公效率。在项目管理层面上，推动智慧工地、智慧项目、智慧云、数字孪生的运用，加大运用BIM、互联网、物联网、大数据、云计算、人工智能、区块链等新技术在施工建造全过程的集成应用力度。大力推行精益建造、数字建造、绿色建造、装配式建造等四种新型建造方式，逐步在房屋建筑和市政基础设施工程等重点领域推广应用。

3. 探索新一代人工智能技术，推动场景运用智能化

探索人工智能AI技术、BIM技术在施工图审查领域的应用，加强智能建造、“机器代人”等应用场景建设，推行工程质量潜在缺陷保险、工程质量担保和安全生产责任保险，防范和化解工程质量安全风险，推进“智慧工地”“平安工地”建设。

4. 开展绿色环保产品研究，推进全过程生产绿色化

开展绿色建材、绿色建筑与绿色生产认证协同发展研究以及装配式建筑认证研究。推进既有民用建筑绿色化改造，对于新建民用建筑，全面执行绿色建筑标准。加快推进绿色建材产品认证及生产应用，利用建筑废弃物生产建筑材料。

（七）完善法人治理结构，建立中国特色企业制度

1. 加强企业文化建设，打造中煤江南品牌

大力塑造和传播集团公司形象，着力打造“中煤江南”和“广东煤地”品牌，立足粤港澳大湾区，在投身粤港澳大湾区和深圳先行示范区“双区”建设、总局“三个地球”建设中充分发挥央企的责任和担当，打造具有核心竞争力的世界一流地质与生态文明建设企业集团。重视企业战略文化，始终秉承“勤于创业、勇于创新、敢于创造”的企业精神，坚持“诚信守法、优质安全、绿色环保、追求卓越”的企业方针，坚持“以人为本、诚信经营、立足主业、全面发展”的经营理念，坚持“质量为本、顾客至上、持续改进、打造精品”的品牌服务意识，充分发挥地质人“三光荣、四特别”的奉献精神，努力使经济发展与社会人文要求保持同步。

2. 坚持党的领导，发挥国有企业独特优势

将党的领导融入公司治理各环节，把企业党组织内嵌到公司治理结构之中，明确和落实党组织在公司法人治理结构中的法定地位，充分发挥好基层党组织的战斗堡垒作用和党员的先锋模范带头作用，将党的建设和公司治理紧密结合，形成以高质量党建引领企业高质量发展的良好局面。

3. 完善法人治理结构，优化企业治理结构

进一步把党的领导与完善公司法人治理统一起来；进一步引进外部董事，实现董事会外部董事多于内部董事；进一步细化党委会、董事会、经理层的权限职责，制定权力清单和责任清单，做到企业党委把方向、管大局、促落实，董事会定战略、作决策、防风险，经理层谋经营、抓落实、强管理。同时，进一步完善子公司的法人治理结构，开展年经营收入5亿元以上的子公司建立董事会，5亿元以下的子公司设执行董事；子公司董事长（执行董事）兼任党组织书记；中煤江南下设的分公司逐步改为子公司。

4. 党的领导融入公司治理，建立中国特色现代企业制度

把党的领导融入公司治理各环节实现制度化、规范化、程序化，进一步修订“三重一大”决策制度，制定本企业党委前置研究讨论重大经营管理事项清单；建立董事会规范运作办法，董事会、董事评价办法，外部董事选聘、管理、履职责任等制度；建立经理层任期制、契约化管理制度，董事会向经理层授权管理制度，总经理向董事会负责、向董事会报告工作机制等。

（八）疏通融资渠道，推进国有资本有效运营

1. 利用宏观调控经济手段，引领社会资本投入

通过直接投资、股权投资、矿业权投资等运营手段，稳妥有序建立投融资平台，增强投资实力和资本运作能力。充分发挥中央财政资金的宏观调控功能，地方财政可设立地质勘查专项资金，增加基础性、公益性地质工作的投入，引领社会资本投入。在与建行、工行、广发银行、中国银行、南洋银行等加强合作的同时，进一步提高资信等级，在多家银行信用等级评级评定中保持“AA+级”。开展以供应链保理业务、应收账款权益为基础资产的资产证券化业务，打通产业链资金融通渠道，从资本市场融入资金，进一步降低资金成本。

2. 全面强化战略管控，实现资本运作

拓宽融资渠道，依托各产业板块推动融资结构调整，使中煤江南资产负债结构进一步优化，建立多层次投融资运营体系，服务于中煤江南多元化产业发展，打造产融结合新模式，利用资本杠杆放大自有资本效益，激发企业发展动力，实现核心业务稳定布局以及资产规模和经营收入的跨越式发展。积极利用企业分立、对外投资、企业兼并、吸收合并、组建集团、引入战略投资者、要素合作、托管经营、股

权转让、上市等资本运营工具，加快资本的集聚和资源整合。

3. 寻求上市途径，破解发展困境

积极引入其他国有资本或各类非国有资本，实现股权多元化，大力推动国有企业改制上市。地勘行业可通过上市建立融资平台，规范法人治理结构，提升管理水平，实现跨越式发展。采取核心业务资产分板块上市的途径，并以此为平台，逐步将所属优质资产注入上市公司。

五、发展展望

中煤江南将立足新发展阶段，构建新发展格局，不忘初心，砥砺前行，不断深化改革，激发内生动力，积极履行央企三大责任，致力于服务国家战略，努力把中煤江南打造成具有行业引领力和核心竞争力的地下工程与地质生态建设特色企业集团。争取在未来 10 年，把中煤江南打造成年营业额达到 100 亿元以上、利润总额 3 亿元以上、拥有 1 个以上上市公司的集团公司；关键技术取得突破，在双轮铣施工技术、两墙合一的连续墙施工技术、扩大头锚索施工技术、深厚淤泥层工程桩施工技术、超深桩施工技术、高强度花岗岩中桩基础施工技术、地铁保护区内超大直径桩施工技术、深厚淤泥层止水技术、城市矿山采空区勘察和监测技术、复杂地层钻探工艺、城市采空区的灾害评价等方面的重点研究取得突破，把中煤江南打造成以资源开发、环境保护、地下工程为支柱产业的国际一流综合性企业集团。

成果创造单位：中煤江南建设发展有限公司
中国煤炭地质总局粤港澳大湾区指挥部
成果主要创造人：武岳彪
成果创造人：张德高　廖瑞奇　刘金森　夏　闯　张守玺
成果其他创造人：李兴林　黄士文　刘金玉　韦燊燊　陈　健　叶志锋

基于“三个地球”愿景
优化国有地勘企业多元化产业结构路径研究

中煤地第二勘探局集团有限公司

改革开放以来，一些国有地勘单位依托办社会职能开展多种经营，形成了多元化的产业结构。进入新发展阶段，这类企业转型升级困难凸显。“三个地球”建设战略愿景的提出，丰富了国有地勘企业主业内涵。以这一战略愿景为指导，选取一家代表性企业，探讨其产业结构优化路径，可为总局乃至全国同类型地勘企业的产业发展规划提供理论指导和参考。

本课题以总局所属二勘局集团为研究对象，将“三个地球”建设战略愿景作为产业结构优化的指导思想，剖析行业发展现状和趋势，分析具有多元化产业结构的地勘单位存在的问题，提出“三个地球”建设战略愿景对国有地勘企业产业结构优化的指导意义。随后利用SWOT矩阵分析法分析二勘局集团产业发展面临的内外部环境及优势、劣势，通过策略组合列举产业结构优化的备选路径，并采用“战略路径分析法”对备选路径进行定性、定量评价，对产业结构调整的可行路径形成判断，通过总结归纳，提出“聚主筑核、转型强存、择优布新”的产业结构优化思路。在此基础上，结合二勘局集团所属企业实际，对其产业结构优化路径的实现方式进行谋划。最后，从五个方面对同类型企业提出了政策建议。

一、成果背景及研究方法

地质工作是经济社会发展重要的先行性、基础性工作。中华人民共和国成立以来，国有地勘单位一直是地勘事业的主力军，为我国工业体系的建立提供了能源矿产资源保障。改革开放以来，国内地勘单位逐步走向市场，为谋求生存发展，依托矿产地质勘查产业基础，布局水工环地质、农业地质、海洋地质、城市地质、灾害地质、测绘地理信息、地质技术装备、工程建设等产业，形成了围绕主业的“大地质”产业体系。也有一些地勘单位依托后勤服务职能和自身特点，开展多种经营，涉足消费服务等领域，培育发展了物业开发管理、餐饮酒店、旅游业、生物医药、农副业、贸易金融等产业，形成了多元化的产业结构。

进入新发展阶段，在新的政策导向和向市场需求下，国有地勘企业产业多元化程度越高，转型升级面临的困难也越突出。如何发挥企业自身优势，推动传统产业转型升级，融入地质与生态文明建设产业大格局，成为这类企业面临的一项重要课题。

长期以来，由于各类国有地勘企业被归入煤炭、冶金、核工业、油气等行业部门管理，作为各行业产业链前端的基础性、从属性业务，地勘产业受社会关注程度较低，研究机构组织开展的关于地勘行业高水平的战略研究工作有所不足。另外，随着国资监管部门近年来更加强调聚焦主责主业，“多元化发展”模式正被大多数国有企业定义为高质量发展的障碍而摒弃。由地勘企业自主开展的战略研究极少涉及“产业多元化”这一命题，相当一部分国有地勘企业在多元化产业取舍、产业转型等问题上缺乏理论参考和操作依据。

中国煤炭地质总局作为国内规模最大、业务范围最广、技术力量最强的综合性地质勘查与生态文明建设企业集团，作为煤炭、化工资源勘查的行业管理机构，立足于新时代国有地勘企业面临的形势任务、承担的历史使命，以新发展理念为指导，提出了“透明地球”“数字地球”“美丽地球”建设战略愿景（下称“三个地球”建设战略愿景），极大地拓展了国有地勘企业主业范围的内涵，为各大行业、各种类型的国有地勘企业产业发展提供了一个具有借鉴意义的战略方案，对具有产业多元化特点的国有地勘企业的产业结构调整具有较强的指导意义。

当前正值各类国有企业制定“十四五”规划的重要阶段，在“十四五”规划框架下，制定产业发展路径规划，具有指明企业发展方向、确定业务领域和范围、引导和约束投资方向、促进资源优化配置等多方面的作用。针对产业多元化的一类国有地勘企业，选取一家具有代表性的企业作为研究对象，摸清其产业结构现状，对其内部因素和外部环境进行分析，提出产业结构优化视角下的战略目标，对其产业发展的战略选择形成总体研判，在此基础上，将“三个地球”建设战略愿景作为产业发展的指导思想，探讨多元化的国有地勘企业产业优化的实施路径，可为同类型国有地勘企业的产业发展规划提供理论指导和参考，对产业多元化的国有地勘企业下一阶段的改革发展具有一定的理论价值和现实意义。

二、研究思路

截至2019年，全国共有地勘单位2397家，其中由中央或地方管理的国有地勘企业451家，中煤地第二勘探局集团有限责任公司（以下简称“二勘局集团”）是上述企业中在产业多元化发展方面较为典型的一家。

本课题以中国煤炭地质总局所属二勘局集团为研究对象，将“三个地球”建设战略愿景作为产业发展的指导思想，探究具有产业多元化特点的国有地勘企业在“十四五”期间和未来一个较长时期的产业发展路径问题，为全国各行业、各地区同类型国有地勘企业的产业发展寻找可行方案和路径。

首先，本课题剖析了国有地勘企业的发展现状和趋势。其次，本课题聚焦具有多元化产业结构的国有地勘企业，分析了其在发展过程中存在的问题，并在此基础上，提出了“三个地球”建设战略愿景对国有地勘企业产业结构优化的指导意义。再次，本课题对二勘局集团产业的发展现状进行分析，利用SWOT矩阵分析法梳理二勘局集团各产业发展所面临的内外部环境以及产业发展的优势和劣势，得到产业结构优化的备选路径，并采用“战略路径分析法”对备选方案进行分析定性、定量评价，对产业发展战略形成总体研判。在此基础上，尤其是在“三个地球”建设战略愿景的指导下，对二勘局集团产业优化路径的实现方式进行阐述，以确保二勘局集团各产业与“三个地球”建设战略愿景的有效对接。最后，本课题从五个方面对同类型的国有地勘企业的产业发展提出了政策建议。

三、研究内容

（一）国有地勘企业发展现状及发展趋势

1. 地勘行业形势分析

当前，我国地勘行业高质量发展面临着诸多挑战。在国家层面持续深化供给侧结构性改革的大背景下，能源矿产行业深刻调整，国家对地质工作的投入呈整体下降趋势，国有地勘企业出现了效益下滑、人才流失等问题，同时面临较大的转型压力。

（1）资金投入和资金投向。

国内地勘市场资金投放力度缩小，行业发展趋势逐渐走低。从近5年来的国内市场数据中可以看到，在非油气地质勘查领域，勘查投入和勘查项目的数量均呈现逐年下降趋势。根据自然资源部发布的《中国矿产资源报告》提供的数据，非油气勘查投入从2016年的247.29亿元下降到2020年的161.61亿元，下降了35%左右（图1）。非油气勘查项目数量由2016年的7944下降到2020年的3368次，下降了57.6%（图2）。从地质勘查投入资金来源分析可知，中央财政资金及地方财政资金投入仍占多数，社会资金投入下滑明显（图3），说明地勘市场活跃度呈现进一步下降态势。从资金流向各地质勘查专业来看，矿产勘查投入占比逐步降低。生态文明建设被纳入中国特色社会主义事业总体布局，我国坚持节约资源与保护环境的基本国策，加大了自然生态系统和环境保护的力度，进一步压缩了地勘单位传统工作区域，这就让地勘单位传统粗放的工作方式受到了严格的限制。同时，我国还加大了在水文地质、生态环境地质及地质灾害调查等领域的部署，相关领域的投入占比逐年上升（图4）。可以判断，随着生态文明建设的深入推进、“碳达峰、碳中和”行动的实施，未来资金投向将更加侧重于生态治理、地质灾害防治、民生地质等领域，上述领域的资金投入将保持持续增长势头。

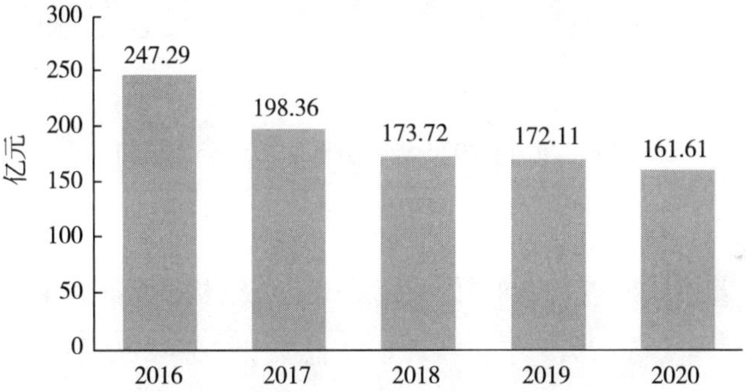

图1　2016—2020年我国地质勘查投入情况

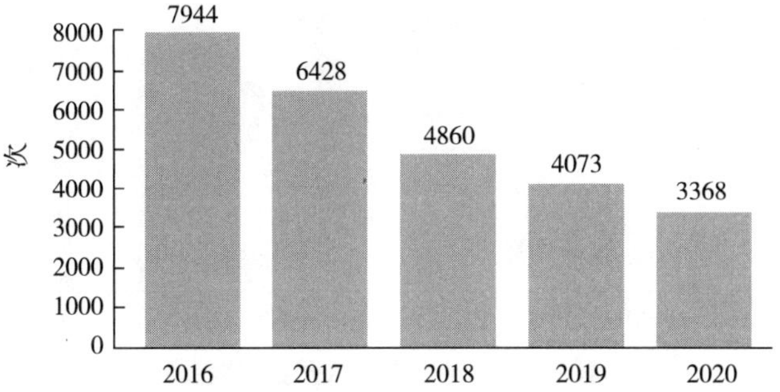

图2　2006—2020年中国地质勘查项目数量

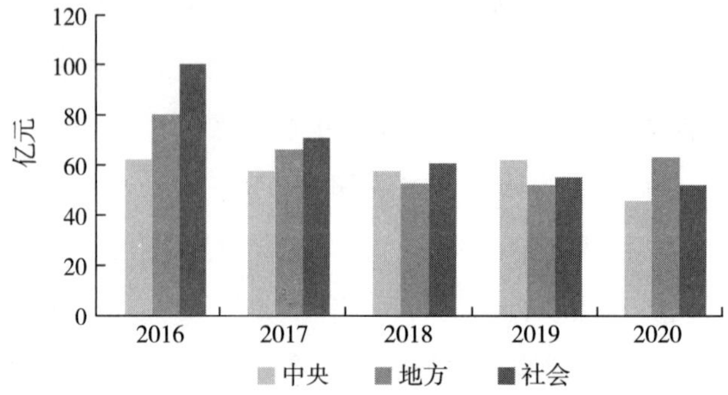

图3 2016—2020 年中国地质勘查投入资金来源

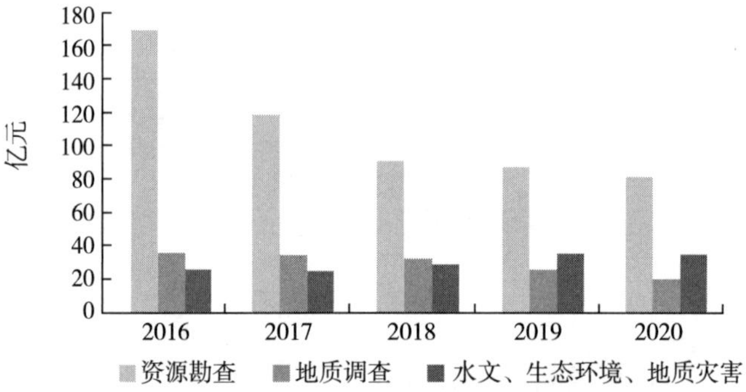

图4 2016—2020 年中国地质勘查资金投向

（2）从业人员情况。

近年来，随着地质勘查行业的转型发展和人员结构调整的不断深化，地勘单位人员流失越来越严重。到 2019 年，在职职工总数为 16. 42 万人，相较于 2013 年的 25. 34 万人减少了 24. 7%（图 5）。

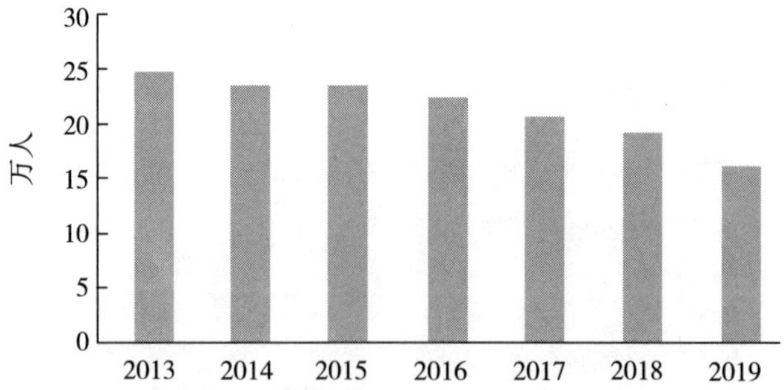

图5 全国地勘单位人员数量变化

受人才结构等因素制约，部分地勘企业劳动生产率长年在低位徘徊并且难以改善，成为地勘企业转型和持续发展的瓶颈。一方面，专业技术人才结构失衡。由于过去长期具有事业经费补贴，地勘单位历史上人员精简压力不足，导致人员队伍比较庞大，接近退休或已退休人员占比大，富余人员较多。近年来，市场需求发生了重大变化，传统地勘市场大幅萎缩，国有地勘企业历史形成的人才和技术优势逐渐削弱，现有人员的专业结构已经很难适应新形势下的市场变化和专业化需求，转型发展所需的专业人才极为稀缺。另一方面，在行业低谷期间，国有地勘单位不能为人才提供与经济社会发展水平相适应的薪酬待遇和发展机会，优秀人才流失较多，一些国有地勘企业在一定程度上出现了“能者走、庸者留”的局面，未来国有地勘企业人力资源状况存在进一步恶化的可能。

（3）企业化改革情况。

我国地勘单位历经40年改革探索后，进入“事企分离改革”阶段。目前，全国大多数省属地勘单位分类改革已基本完成：以陕西省、辽宁省、内蒙古自治区等地为代表的国有地勘单位实现了全面的“事转企”改制；广东省、宁夏回族自治区明确了地勘队伍的整体公益属性，确定地勘单位为公益性事业单位；安徽、山东、湖南、江西等省明确地质勘查工作以公益性取向为主，组建省级局、院，同时剥离部分产业，组建集团公司，实现了事企分离。在改革过程中，一些属地化管理的地勘企事业单位实现了区域性跨行业整合，综合实力大幅提升。同时，一部分已完成转企的地勘单位长期在事业体制下运营，其企业化、市场化经营管理能力不足，相互之间同质化竞争严重，全面转企后，失去了财政经费来源，面临效益下滑、发展后劲不足等困难。此外，一些归类为事业单位的地勘单位出现了公益性职能定位不清、作用发挥不到位等问题。综合国有地勘队伍的人员规模、当前国家和各省市区财政经费投入情况、地勘行业竞争等因素可以判断，国有地勘企事业单位仍有较大的改革空间。

2. 地勘行业发展趋势分析

（1）地质勘探标准向绿色低碳转变。

党的十八大以来，生态文明建设被纳入“五位一体”总体布局。近年来，“碳达峰、碳中和”目标的提出又为新时代地质勘查产业树立了新的导向和准则。这就要求地质勘查行业以新发展理念为指导，运用高效环保的方法、技术、设备等，在地质勘查各环节和全过程中避免、减少或控制对生态环境的影响，实现地质勘查目的和生态环境保护协同兼顾的新模式，在为国家能源安全和资源保障提供地质技术服务的同时，确保地质勘查活动在资源环境承载范围之内，促使人与自然协调共处。

2018年，原国土资源部（现自然资源部）等六部委联合印发《关于加快建设绿色矿山的实施意见》，明确要求实施百个绿色勘查示范项目，建立标准体系，将绿色发展理念贯穿矿业发展全过程。2021 年 6 月，自然资源部发布《绿色地质勘查工作规范》，明确了陆域地质勘查工作中勘查施工、环境修复、道路修建和场地平整、驻地建设与管理等方面生态环境保护的基本要求，由此将引发地质勘查行业的重大变革，地质勘查行业的传统落后工作模式将受到更加严格的限制，围绕能源矿产全生命周期绿色、安全、低碳生产的地质勘查服务将迎来更快发展。

（2）地勘行业发展模式向多样化转变。

随着事业单位改革、地勘单位改革、国有企业改革的持续推进，全国地勘产业的市场化程度在逐步深化。地勘资质审批取消后，进一步降低了地勘市场准入门槛。各地勘企业的工作范畴相互渗透和融合。同时，经过地勘单位整合重组，地勘队伍由各行业分门类管理的行业格局和系统壁垒逐渐打破，国有地勘企业的服务对象更加多元。另外，探矿权由国有地质勘查单位垄断的局面已经不复存在，由过去政府独家投资为主转变为多主体之间联合投资、合资、合作等多种方式并存，矿产勘查投资主体多元化格局已经初步形成。

技术层面，新一轮科技革命和产业变革兴起，物联网、云计算、5G、大数据、人工智能、3S 等新技术与地质勘查技术交叉融合，数字化、智能化技术和高科技装备研发应用催生了一系列技术创新成果，为地质勘查工作提供了丰富的技术手段。地勘行业属于技术密集型行业，在产业数字化趋势影响的带动下，地质勘查工作的精度、深度、功能、效率与以往相比大幅提升，能够解决更多地质问题，提供更全面、更精准、更可靠的地质保障，新科技衍生出一系列新的技术方法，为地质勘查技术创造了新的应用场景，相应的，地质勘查工作的应用范围也得到拓展。

（3）传统地勘业务向“大地质”工作转变。

国家层面的自然资源管理工作由分类管理向综合性管理转变，资源矿产及山水林田湖草沙等自然资源管理趋向一体化。地质工作已经不再是传统意义上的地质勘查找矿工作，而转化成一种具有较宽服务领域、较大工作范围、多类参与主体、多种技术手段综合应用，以及社会化的地质资料共享的多维活动，形成了以“地球系统科学”为核心内容的现代“大地质”工作理念，多学科交叉推动地质工作领域不断扩展。与传统地质勘查以资源保障为主有所区别，“大地质”向资源、环境、灾害防治并重的多目标、多功能的地质工作改变。国家重大区域发展战略的出台实施，经济带、城市群的发展，新型城镇化，城市地下空间科学开发利用，乡村振兴、能源资源安全保障、海洋强国、美丽中国建设等重大国家战略，催生了一系列地质业务新增量，客观上要求地质勘查企业摆脱以找矿为主的业务模式，拓展地质工作范围，对接“大地质”市场的多维度需求。

（二）地勘行业多元化产业结构存在的问题

根据产业专业化率和相关度对企业多元化程度进行分类，可将企业划分为单一业务型、主导业务型、相关多元化型和非相关多元化型。其中，非相关多元化型的国有地勘企业在产业结构方面存在显著劣势，是本课题的研究重点。

国有地勘企业布局非相关多元化产业起始于20世纪80年代末，是改革开放和市场经济发展过程中的产物，也是国有地勘企业在特定历史条件下求生存、谋发展的选择，曾在一定程度上消除了计划经济时期企业发展的行业限制，缓解了地勘行业波动带来的生存压力，解决了富余人员就业等问题。但是，在新形势下，该类企业发展的弊端也越来越明显。

国有地勘企业自成立以来一直以提供技术服务为主要经营模式，在能源矿产行业产业链中始终处于“打工者”的弱势地位。因此，绝大多数国有地勘企业历史积累有限，这就决定了国有地勘企业难以通过大额资本投入推动非相关产业发展。一直以来，各类辅助产业的主要作用仅仅体现在维持企业的存量资产运营、解决富余职工就业等方面，很难通过经营积累来反哺主要产业。因此，多年以来，国有地勘企业的辅助产业始终处于小、散、弱的状态，鲜有发展壮大的典型案例。在这种情况下，长期维持或者进一步巩固现有的多元化产业形态，有悖于国有地勘企业的职责使命和发展目标。

地勘行业属于技术密集型行业，具有一定的行业门槛，人才、设备、技术均需要长期积累。产业过度多元化将导致企业有限的资源要素被进一步摊薄，造成资源分散、主业弱化，不利于集中优质资源培育核心技术、打造主业优势，不利于企业的可持续发展。同时，国有地勘企业过度发展非相关的多元化业务，将导致企业原有的产业发展目标被打破，一些企业投入较多资源盲目布局完全不相关产业，产业结构杂乱、离散，产业之间缺乏协调性，主要产业与辅助产业分别独立运营，相互之间难以形成有效的带动或支撑作用，与主业突出、产业相关性较强的国有地勘企业相比，存在显而易见的缺陷。

（三）“三个地球”愿景对国有地勘企业的普遍性指导意义

1. “三个地球”战略愿景的内涵

面对地勘行业出现的诸多新挑战、新问题，为了实现地勘单位的健康可持续发展，探索一条适用于新时期国有地勘企业的创新发展之路，中国煤炭地质总局站在地勘行业高质量发展、自然资源综合性管理、人与自然和谐共处的战略高度，从地球系统科学的角度，提出了“透明地球”“数字地球”“美丽地球”（简称“三个地球”）建设战略愿景。

“透明地球”建设主要依托一系列先进的地质勘查以及信息技术手段，对地下空间进行全面的结构可视化。其目标是构建一个包含地质空间信息和属性信息的地质模型，实现对地质体特征的全解析。

“数字地球”建设是利用遥感、GIS、全球定位系统、虚拟现实、计算机网络、大数据等技术和方法，将采集到的地质资料、自然资源、人类活动和环境的时空变化信息数据化，集成于信息系统中，促进人类对自然资源调查、地质灾害、生态环境的监测、规划、管理。

“美丽地球”建设的核心是开展生态地质勘查工作，通过多种技术手段的应用，系统性、整体性地实施山水林田湖草沙的勘查、评价和修复，在确保生态安全的原则下，科学、合理利用自然资源，实现人类活动、地质工作和生态系统的动态平衡。

该战略愿景围绕地质与生态文明建设这一命题展开。近年来，中国煤炭地质总局相关研究人员借助最新理论、技术研发成果和大量实践案例对该战略愿景进行了充分的研究论证，其理论体系不断成熟和完善，公开发布后，得到社会各界的高度评价。在这一战略愿景中，建设“透明地球”“数字地球”“美丽地球”三者互为依托、相互关联、相辅相成，将地球科学的重要课题与地勘产业发展目标统一起来，拓宽了传统意义上的地勘产业固有边界，丰富和拓展了地勘产业的内涵，从较高层次搭建了新时代地勘产业发展的体系框架。依据这一战略愿景，地勘产业可与国民经济其他行业门类寻找到更多的合作领域和产业结合点。

2. “三个地球”建设战略愿景对于地勘行业产业发展的指导意义

地勘行业，特别是广大国有地勘企业，当前普遍面临产业取舍、结构调整、布局优化的问题。一方面，传统地质勘查产业需求有限，仅依靠地勘主业难以维持企业生存和发展；另一方面，产业结构调整过程需要科学理论的指导和规划引领，避免出现主导产业削弱、产业关联度降低、有限资源过度分散等问题。

当前，地质工作正在随着科技进步和国民经济社会发展需求的变化而发生重大变革，工作对象由过去的单一矿种向大宗多类型矿产、跨区域成矿带的统筹勘查开发演变，业务范围由单一的资源勘查向资源、环境、空间、防灾等行业延伸，理论体系也由传统的地质学向地学—计算科学—环境系统科学转变，并与新一代信息技术紧密结合，地勘产业手段更多，应用场景更丰富，发挥的作用也更多元。由于地勘行业一直从属于各工业部门，未在国家层面将地勘产业作为单独产业进行统一的、整体性的规划，因此，各地勘企业及其上级主管部门往往从单一工业门类的角度制定地勘企业的产业发展规划，具有一定的局限性。

中国煤炭地质总局的地勘产业横跨煤炭、化工两大行业，是全国性的地质勘查单位，因此能够打破地域和行业门类局限，并从国家地勘产业的整体视角更加系统地审视和把握产业发展问题。以“三个地球”建设战略愿景为指导，将赋予国有地勘企业更大的产业发展纵深和拓展空间，在确保国有地勘企业聚焦地质与生态文明建设主责主业的基础上，为其提供更为丰富的战略选择。该战略愿景的提出，为新时期国有地勘企业应对新常态新挑战、解决自身转型升级问题、承担国民经济发展和生态文明建设使命提供了理论依据，同时也提供了产业路径规划的方法论。

（四）研究对象的产业分析

1. 二勘局集团产业现状

中国煤炭地质总局于2001年迁往北京后，2006年，以涿州基地为基础，组建了中国煤炭地质总局第二勘探局（简称二勘局）。为推进企业化改革，2010年，在二勘局基础上成立中煤地第二勘探局有限责任公司，后更名为中煤地第二勘探局集团有限责任公司（简称二勘局集团）。由于历史原因，该企业从成立之初就形成了包含多项辅助产业的多元化结构。2017年，一七三勘探队成建制划入，为二勘局集团布局地勘主业提供了契机。

“十三五”期间，二勘局集团一面巩固既有产业，一面加快新产业布局，形成了地质勘查、地理信息（数字印刷）、节能环保、智慧物流、汽车销售服务、物业管理、新能源开发、餐饮、住宿、教育培训等多项产业并存的发展格局。虽然展开业务多，涉及领域广，但该集团多元化产业结构整体规划有待完善，各项业务板块核心竞争力均有所不足，地勘延伸产业发展不理想，严重制约着其高质量发展。

根据市场形势和国家产业发展导向，结合自身资源特点和产业基础，二勘局集团提出了“一主五核”的产业体系建设目标，拟聚焦主责主业，重点发展五项核心业务，包括地质勘查、地理信息、节能环保、地下工程和地勘装备。同时，根据产业现状，推动汽车服务、智慧物流等产业转型发展。在近年来的产业发展过程中，二勘局集团通过投资新设企业丰富了经营范围，但在传统产业转型方面一直未能实现突破。2020—2021 年，二勘局集团各产业经营收入份额如图 6 所示。

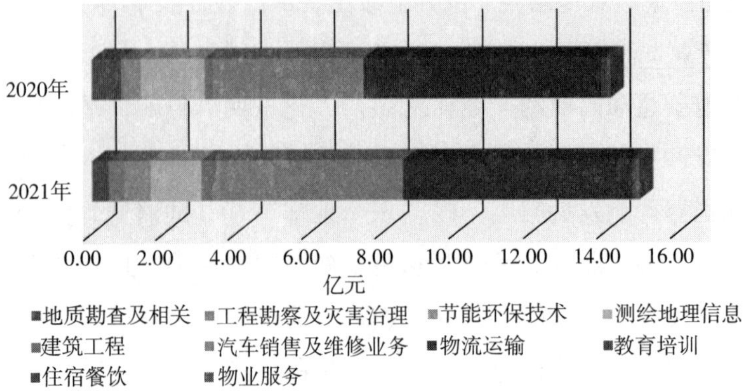

图 6　二勘局集团 2020—2021 年各产业经营收入构成图

2. 二勘局集团产业多元化发展带来的问题

一是地质与生态文明建设产业份额过低。二勘局集团的资源勘查、生态治理、工程勘察、节能环保等产业在经营收入中的比重仅为 20% 左右，主业集中度远远低于行业平均水平，地质与生态文明建设产业在产业结构中处于边缘地位，与其国有地勘企业的属性不相符。

二是辅助产业过于小、散、弱。辅助产业多达 6 项，相较于二勘局集团的经营规模，辅助产业过多，建筑工程、餐饮酒店、物业服务、教育培训 4 项产业经营收入不足经营总收入的 5%，且各产业关联性较低，协同性较差，难以相互支撑，从而难以形成发展合力。

三是各项产业发展不均衡。虽然二勘局在地理信息（数字印刷）、节能环保、智慧物流等产业积累了一定的发展优势，但其他各项产业在行业或区域内均未达到优秀水平。同时，受近年来经济下行压力和新冠肺炎疫情的冲击，部分企业遭遇发展困境。

3. 二勘局集团产业发展存在的障碍

一是地勘主业发展难度较大。当前，全国范围内的地勘产能相对过剩，市场竞争激烈，地勘企业同质化竞争现象比较普遍，行业整体利润率较低。同时，地勘延伸产业和新兴领域尚不足以消化富余产能。二勘局集团在地质与生态文明建设产业方面起步较晚，在资质、业绩、专业技术积累、人才储备、装备建设等方面均无优势，在地勘产业领域的拓展能力有限，辅助产业全面转向地质与生态文明建设产业的条件尚不成熟。

二是辅助产业转型的限制性因素较多。就二勘局集团而言，各项辅助产业在经营收入中占据较大份额，近年来，各级国资监管部门为引导国有企业聚焦主责、做强主业，对非主业法人户数、非主业投资融资等实施严格控制，非主业产业的发展受到越来越严格的政策性限制。同时，二勘局现有的辅助产业与传统意义上的地质勘查产业相关性较弱，产业转型难度较大。

三是产业结构调整的方向不明确。当前的政策导向和二勘局的现实条件存在一定矛盾，在国有地勘企业产业转型和结构调整的多重限制下，辅助产业的取舍较难抉择。如果二勘局集团完全剥离具备发展潜力的非主业产业，全面加大地勘产业布局力度，意味着放弃原有的产业基础和发展优势，在主业产业完全成长起来之前，将面临经营业绩大幅下滑、职工就业岗位大幅减少等问题；而如果继续发展非主业产业，将导致主业份额进一步压缩，产业结构进一步失衡，错失主业发展机遇。

在实施产业结构优化调整的过程中，需要根据二勘局集团产业现状，兼顾集团整体和所属企业利益，统筹发展质量和经济效益，综合短期工作和中长期战略，在多维度综合分析的基础上，采取创新性策略加以解决。

4. 基于 SWOT 矩阵的二勘局集团产业结构分析

为全面列举二勘局集团可行的产业结构优化路径，需要借助 SWOT 矩阵分析工具对该集团内外部条件进行分析，从优势、劣势、机会、威胁等四个方面厘清二勘局集团发展现状。

（1）优势。

①拥有中央企业资信优势，作为中国煤炭地质总局的全资子企业，享有中国煤炭地质总局的品牌、平台、市场信誉、行业影响力等无形资产。

②多项产业符合生态文明建设理念，在绿色生产、绿色制造方面布局较早，在绿色地勘装备研制、节能环保技术方面有一定优势。

③二勘局集团通过自身市场化经营的积累，在混合所有制企业组建、运营方面具有一定经验。

④部分所属企业在行业、区域内具有一定的影响力和知名度。

⑤二勘局集团拥有大量闲置土地资源，尚未体现在资产中，具有较高的潜在价值。

⑥二勘局集团相关产业在京、冀多地已有布局，产业发展具有较好的区位优势。

⑦保留事业单位身份，享有一定的财政经费补贴。

（2）劣势。

①由于二勘局集团成立时间较短，地勘产业形成时间不足5年，其传统地勘产业基础薄弱，地勘延伸业务发展不成熟，地勘技术装备成果转化能力不足。主业不突出，支柱产业尚未形成。

②业务结构不合理，业务转型升级未达预期。产业布局较为分散，彼此之间缺乏相关度，产业资源未能充分共享。多项产业处于红海市场，且企业自身核心竞争力不足，抗风险能力弱，缺乏市场话语权。

③体制机制存在一定障碍。二勘局集团虽然是独立的经济组织，但同时具有事业单位属性，所属企业大量职工仍然保留有事业身份，存在事企混合运行的问题。

④二勘局集团作为中央地勘企业，缺乏政府层面的产业扶持，自身无探矿权、采矿权，未能像部分地方所属地勘企业一样享受矿权转让及矿业开发收益，资本积累不足。

⑤职工队伍年龄结构、学历结构、专业结构不合理，专业技术人才储备不足，高层次人才缺口较大。

⑥历史遗留问题复杂、企业负担较为沉重。

（3）机会。

①全球范围内矿产资源需求旺盛，长期来看，矿业发展预期良好，地勘行业在国民经济中的基础性、先行性作用无可替代，地勘产业发展具有坚实基础。

②随着中国经济的持续发展，社会对于地质工作的需求保持稳定增长趋势。新材料、新产业、新业态的发展不断催生新的地质需求，国有地勘企业转型发展前景广阔。

③国家对于生态文明建设重要性的认识在持续提升，随着“碳达峰、碳中和”目标的提出，国有地勘企业在新能源开发、碳捕集、碳利用、碳封存等方面具备先天优势，有望迎来重大机遇。

④如果能够利用好区位优势，对接京津冀协同发展、雄安新区建设等国家重大区域发展战略，有望打破当前各产业的地域局限，开辟新的发展空间。

⑤“国企改革三年行动”深入推进，内部管理工作趋于规范化，体制机制障碍有望进一步消除。

（4）威胁。

①近年来全国范围内大规模的能源、资源勘查工作基本完成，传统能源、资源勘查领域产能过剩，同质化竞争较为严重。

②地勘行业整体在各工业门类中仍处于弱势地位，近期国际国内大宗商品价格上涨，能源和战略性矿产资源供给趋紧等因素并未给地勘行业带来促进性影响。

③随着事业单位改革、地勘行业改革的持续深化，各地区国有地勘企业实现跨行业整合重组，实现了快速发展，年经营收入普遍达到数十亿乃至近百亿的规模，而二勘局集团从人才队伍、技术实力、装备建设水平等方面与省属大型国有地勘企业相比均有较大差距。

④由于国家取消地勘资质审批制度，大批中小民营企业进入地勘行业，进一步加剧了地勘市场竞争。

⑤国资监管部门强调聚焦主责主业，严控非主业投资，国有企业多元化产业结构面临优化调整压力。

⑥国内经济需求收缩、供给冲击、预期转弱、增速放缓，下行压力加大，新冠肺炎疫情影响较为明显，传统能源勘查工作受到环境保护等政策限制。

⑦中央地勘单位财政经费逐渐压缩，有进一步减少趋势。

（5）SWOT 矩阵的策略组合。

根据 SWOT 分析法分析，二堪局集团形成了 SO、WO、ST 和 WT 四种策略组合（表 1）。

表 1　二勘局集团 SWOT 策略组合

优势/劣势 机会/威胁	优势（S）	劣势（W）
	S_1：拥有中央企业资信优势和中国煤炭地质总局信用背书 S_2：多项产业符合生态文明建设理念，在绿色生产、绿色制造方面布局较早，在绿色地勘装备研制、节能环保技术方面有一定优势 S_3：在混合所有制企业运营方面具有一定经验 S_4：部分企业在行业、区域内具有一定的影响力和知名度 S_5：闲置土地资源具有较高潜在价值 S_6：拥有独特的区位优势 S_7：保留有中央财政经费补贴	W_1：传统地勘产业基础薄弱，地勘延伸业务发展不成熟 W_2：业务结构不合理，部分产业竞争力较弱 W_3：事业单位体制机制长期存在带来不利影响 W_4：缺乏产业扶持，历史积累不足 W_5：人员结构不合理，核心人才缺口大 W_6：历史遗留问题、企业负担较为复杂沉重

续表

机会（O）	SO 策略	WO 策略
O_1：全球矿产资源需求持续增长，长期来看，地勘行业发展预期良好 O_2：经济社会发展不断催生新的地质需求，行业转型空间较大 O_3：“双碳”目标的提出对于地勘企业是重大机遇 O_4：京津冀协同发展、雄安新区建设等国家战略有利于发挥区位优势 O_5：国企改革持续深化，内部管理趋于规范，体制机制障碍有望进一步消除	SO_1：充分利用总局系统平台和资源，加快新兴地质勘查领域布局 SO_2：发挥区位优势，对接国家重大区域战略，优化现有产业的区域布局 SO_3：以现有产业为基础，加大产业绿色化、低碳化发展力度 SO_4：把握区域发展机遇，进一步盘活土地资源 SO_5：发挥绿色地勘装备研制、节能环保技术优势，把握生态文明建设机遇，促进成果转化，打造地质与生态文明建设新产业	WO_1：把握行业动向和新兴市场，在地勘延伸产业领域加快布局 WO_2：利用资信、区位和企业管理等有利条件克服产业结构问题带来的不利影响 WO_3：在企业改革过程中解决事业单位体制机制障碍问题 WO_4：积极运用改革手段，激发企业内部活力，改善企业经营状况
威胁（O）	**ST 策略**	**WT 策略**
T_1：国内大规模地质勘查基本完成，传统能源、资源勘查领域产能过剩 T_2：地勘工作在各工业门类中普遍处于弱势地位，利润率低，企业生存难度较大 T_3：各地区国有地勘企业实现跨行业整合重组，取得快速发展，二勘局集团综合实力不足 T_4：地勘资质审批制度取消，大批中小企业进入地勘行业，市场竞争加剧 T_5：国资监管部门强调聚焦主责主业国有企业多元化产业结构面临优化调整压力 T_6：国内经济下行压力、疫情影响、产业政策等因素 T_7：财政经费逐渐压缩，有进一步减少趋势	ST_1：规避地勘行业同质化竞争，适度发展不相关多元化产业 ST_2：依托现有资源条件打造产业链孵化平台，培育产业链“链长”企业，占据市场主导权 ST_3：针对主管部门和上级关于聚焦主责主业的工作要求，整合辅助产业，化“多辅”为“一主”，打造新主业 ST_4：通过土地资源的有效盘活积累资本，壮大二勘局集团经济实力，增强抗风险能力 ST_5：通过股权融资等手段吸纳社会资本、技术等资源 ST_6：将非主业产业整体性转型为与其相关联的主业产业	WT_1：综合考虑产业方向、市场容量、企业竞争力等因素，杜绝不切实际的聚焦主责主业 WT_2：加强产业结构优化，谨慎布局不相关产业 WT_3：加快非主业领域落后产能转型升级步伐，加强亏损治理，培育核心竞争力，避免重要产业被列入压减、剥离企业范围 WT_4：保存实力，避免过度扩张

对比以上 4 种策略组合，经综合分析可以做出以下判断：

①WO 策略：当前面临的外部机遇集中在宏观层面，内部劣势较为具体，各方面机遇与企业劣势之间相关性较弱。因此可判断：外部机遇不足以弥补内部劣势，WO 策略可行性较差。

②WT 策略：外部威胁多为宏观尺度下的国民经济、行业形势、政策风险等不可抗力因素；同时，消除内部劣势需要大量资金、人力、时间投入。在现有条件下，

短期内难以见到明显成效，WT 策略可行性较差。

③SO 策略和 ST 策略：二者能够充分利用内部优势，把握外部机遇，应对威胁。通过上述策略组合，经归纳，可以得到关于二勘局集团产业结构优化的 10 条备选路径：

路径 1：充分利用总局系统平台和资源，加快新兴地质勘查领域布局；

路径 2：发挥区位优势，对接国家重大区域战略，优化现有产业的区域布局；

路径 3：以现有产业为基础，加大产业绿色化、低碳化发展力度；

路径 4：把握区域发展机遇，进一步盘活土地资源，壮大经济实力，为加大地质与生态文明建设产业投入积累资本；

路径 5：发挥绿色地勘装备研制、节能环保技术优势，把握生态文明建设机遇，促进成果转化，打造地质与生态文明建设新产业；

路径 6：规避地勘行业同质化竞争，适度发展不相关多元化产业；

路径 7：依托现有资源条件，打造产业链孵化平台，培育产业链"链长"企业，占据市场主导权；

路径 8：针对国资监管部门和上级关于聚焦主责主业的工作要求，整合辅助产业，化"多辅"为"一主"，打造新主业；

路径 9：通过多种形式的合资合作，吸纳社会资本、技术等资源，提升综合竞争力；

路径 10：将非主业产业整体性转型为与其相关联的主业产业。

（五）实现研究对象产业结构优化的路径选择

在 SWOT 分析的基础上，采用"战略路径分析法"，对备选路径进行分析评价，可筛选出产业结构优化的可行路径（图 7）。

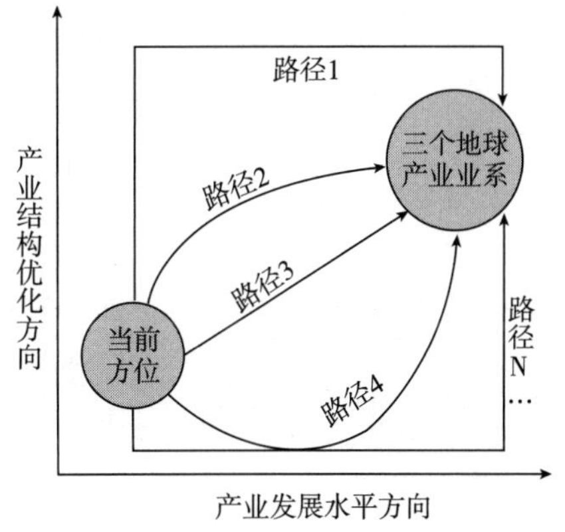

图 7　二勘局集团战略路径分析逻辑图

该方法从二勘局集团产业结构、产业发展水平两个维度分析达成目标的可行路径。

1. 明确二勘局集团的产业发展目标

根据二勘局集团制定的“十四五”经营目标，“十四五”末，二勘局各板块经营收入、利润总额结构如图8、图9所示。

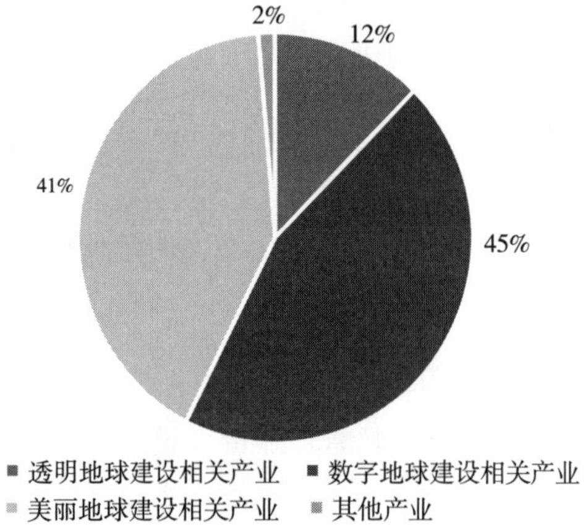

图8　二勘局集团“十四五”末各产业板块经营收入构成

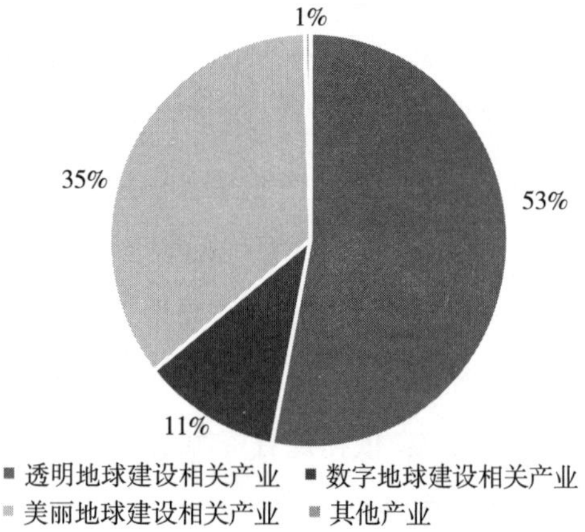

图9　二勘局集团“十四五”末各产业板块利润总额构成

2. 备选路径的可行性分析

结合二勘局集团的产业发展目标，采取定量和定性相结合的方式，对10条备选路径进行可行性分析评价，评价标准见表2、表3。

表2　产业结构优化路径评价标准

定性评价 / 分值 / 指标	很大	较大	一般	较小	很小	指标解释
实施难度	1	3	5	7	9	发展路径可能遇到的障碍和所需资源投入数量
对目标的达成作用	9	7	5	3	1	对产业结构优化目标达成作用的影响
实施风险	1	2	3	4	5	达成目标的不确定性和可能产生的负面效果

表3　产业结构优化备选路径分析评价表

序号	备选路径	实施难度	对目标达成的作用	实施风险	综合得分	分析结论
1	充分利用总局系统平台和资源，加快新兴地质勘查领域布局	很大	很大	较大	12	有条件实施

续表

序号	备选路径	实施难度	对目标达成的作用	实施风险	综合得分	分析结论
2	发挥区位优势，对接国家重大区域战略，优化现有产业的区域布局	很大	很大	一般	13	有条件实施
3	以现有产业为基础，加大产业绿色化、低碳化发展力度	一般	较大	一般	15	优先实施
4	把握区域发展机遇，进一步盘活土地资源，壮大经济实力，为加大地质与生态文明建设产业投入积累资本	一般	较大	较大	14	有条件实施
5	发挥绿色地勘装备研制、节能环保技术优势，把握生态文明建设机遇，促进成果转化，打造地质与生态文明建设新产业	较大	很大	一般	15	优先实施
6	规避地勘行业同质化竞争，适度发展不相关多元化产业	一般	很小	较小	10	谨慎实施
7	依托现有资源条件，打造产业链孵化平台，培育产业链“链长”企业，占据市场主导权	较大	很大	一般	15	优先实施
8	针对主管部门和上级关于聚焦主责主业的工作要求，整合辅助产业，化“多辅”为“一主”，打造新主业	较大	较大	一般	13	有条件实施
9	通过多种形式的合资合作，吸纳社会资本、技术等资源	一般	很大	较大	16	优先实施
10	将非主业产业整体性转型为与其相关联的主业产业	很大	较大	较大	10	谨慎实施

3. 基于备选路径的产业结构优化战略

根据二勘局集团“十四五”产业发展目标，结合产业优化路径分析，以“三个地球”建设战略愿景为指导，将二勘局产业结构优化基本思路概括为“聚主筑核、转型强存、择优布新”。

（1）聚主筑核：聚焦主业方向，筑牢核心产业根基。

围绕“三个地球”建设战略愿景，推动二勘局集团所属从事地质勘查、地理信息、节能环保行业相关企业及地勘装备研制单位聚焦总局主业，深化体制机制改革、优化资源配置、实施创新驱动，努力构建地质业务全产业链覆盖、矿产开发全生命周期服务、生态环境一体化建设的核心产业格局。

（2）转型强存：推动辅助产业转型，做强存量产业。

二勘局集团地勘非相关产业多处于高竞争性、低附加值行业，企业缺乏核心竞争力，转型升级空间有限。针对存量产业现状，强化“三个地球”建设目标导向，依托现有基础和优势，挖掘存量资源潜力，积极运用现代信息技术手段，加强新技术、新模式、新业态探索，加快各产业绿色、低碳转型步伐，把握“数字地球”和“美丽地球”建设两个方向，促进传统落后产能改造提升，打造发展新引擎。

（3）择优布新：关注新兴产业，培育新的经济增长点。

聚焦科技含量高、市场潜力大、带动能力强、综合效益好的战略性新兴产业，从地质综合技术服务、节能环保、新一代信息技术、高端装备制造、新能源、新材料等与现有产业相关联的行业入手，以新产业引领新发展，推动产业数字化转型、高水平迭代和结构整体优化，培育新的产业支撑点和经济增长点。深化对外合作，挖掘合作领域，扩大合作范围，引入高质量的战略合作伙伴，集合多方面的资本、技术、资源，通过多方式的合资合作打造竞争优势，培育现代化优质企业。

（六）研究对象产业结构优化路径的实现方式

1. 围绕“透明地球”建设，依托技术创新，加快地质勘查、绿色勘查装备、多领域地质服务和地下工程等产业发展

一是依托一七三队公司和北京地质勘查分公司、北京工程勘察分公司，在巩固传统煤炭地质勘查产业的基础上，加快向新能源、矿产资源勘查、灾害防治等领域延伸，推动资源勘查向国家急需的新能源、新材料和战略性矿产资源勘查领域转变，由能源资源保障向“资源全生命周期”地质保障转变，不断提高服务国家能源安全保障的能力。

二是以混改的方式推动所属建筑公司向“地下工程”领域转型，增加岩土工程、地下工程等新领域业务。

三是培育地勘绿色装备研制产业。绿色勘查技术装备研究院进一步拓展系列声频环保钻机和矿山救援相关技术装备研发力度，择机组建公司制企业，推动研发成果转化，实现产业化和市场化。

2. 围绕“数字地球”建设，推动传统产业数字化转型，强化现代信息技术应用，进一步壮大地理信息（数字印刷）、智慧物流等优势产业

一是以拓展创新链、延长产业链、提升价值链、提升产业控制力为目标，由中煤印务公司为主导，以中煤地信息科技产业园平台为依托，积极引入行业优质资产，打造现代产业链“链长”，形成具有较大规模、较强竞争力的印刷信息文创特色产业集群。

二是智慧物流产业，加快向“数字地球”领域拓展，运用TMS系统、GIS、全球定位系统、云计算、无线移动通信、物联网技术，实现物流供需双方的信息交互共享和资源的集约利用，与地理信息产业融合发展。

3. 围绕“美丽地球”建设，投身蓝天保卫战，拓宽节能与废气治理、绿色勘查装备、新能源开发利用、绿色出行和新能源汽车综合服务等产业的应用领域和范围，为总局“美丽地球”建设领域填补产业空白、提供战略支撑，助力总局构建全方位、多维度的“美丽地球”建设新格局

一是规避地勘行业的同质化竞争，瞄准国有地勘企业地质与生态文明建设的空白领域，依托所属企业，积极投身冶金节能环保产业，将生态治理产业范围从传统的固体、液体，拓展到大气治理领域。同时，借助在冶金领域的节能环保技术，向煤炭、电力等行业拓展，打造跨行业的节能环保技术服务商。

二是依托一七三勘探队、北京地质勘查分公司、北京工程勘察分公司以及绿色勘查装备研究院等单位，全面拓展生态地质、环境地质、农业地质、矿山修复、区域治理等相关业务。

三是以中煤印务公司作为国家级绿色工厂、出版物印刷服务首都核心功能重点保障企业及其绿色数字印刷体系为基础，进一步跟踪绿色数字印刷系统、环保技术、环保材料等行业方向，提升绿色印刷保障能力和区域市场占有率。

四是借助参股企业陕西中煤新能源公司浅层地热能开发的技术优势，加快新能源领域业务布局，带动地勘产业业务拓展。

五是华谊亨达汽车公司对接“美丽地球”建设的相关需求，把握国家能源结构调整机遇，加快在新能源汽车领域布局，探索新能源汽车充电桩、绿色出行服务、废旧机动车拆解等产业，推动实现汽车销售服务产业转型升级。

4. 非“三个地球”建设领域

针对难以纳入“三个地球”建设范畴的辅助产业，引入资产运营管理机制，通过组建资产运营公司，整合物业、酒店、所属事业单位，吸收部分富余人员和闲置土地资源，以综合性平台托管困难企业、处置不良资产、理顺土地产权、推进企事业单位改制、吸纳职工就业，解决相关企业经营发展问题和历史负担，促进相关产业走上良性发展轨道。同时，强化资源驱动能力，结合国家区域发展战略、产业用地政策和城市规划，创新开发运营模式，将土地、房产资源的盘活、利用与对产业发展的赋能聚合相联系，以新理念新模式推动资源盘活，理顺资源资产化、资产资

本化、资本证券化的发展链条，放大资源价值，为主业建设和新产业投资布局积累资本。对于不具备发展潜力的“两非”“两资”，尽快剥离、出清。

以“三个地球”建设战略愿景中的“透明地球”“数字地球”“美丽地球”作为产业分类依据，对二勘局集团所属企业的主要产业进行梳理，能够更加科学、系统地把握其产业结构特点，可将二勘局集团大部分辅助产业与中国煤炭地质总局产业体系建立对应关系，有利于将二勘局集团弱相关产业归纳到较为完备的产业体系中。以这一体系作为二勘局集团产业结构优化调整的框架，可从体系内部挖掘产业横向拓展和纵向延伸的发展方向，促进分属不同工业门类的产业打破行业壁垒，实现多产业跨行业融合和协同发展（图10）。

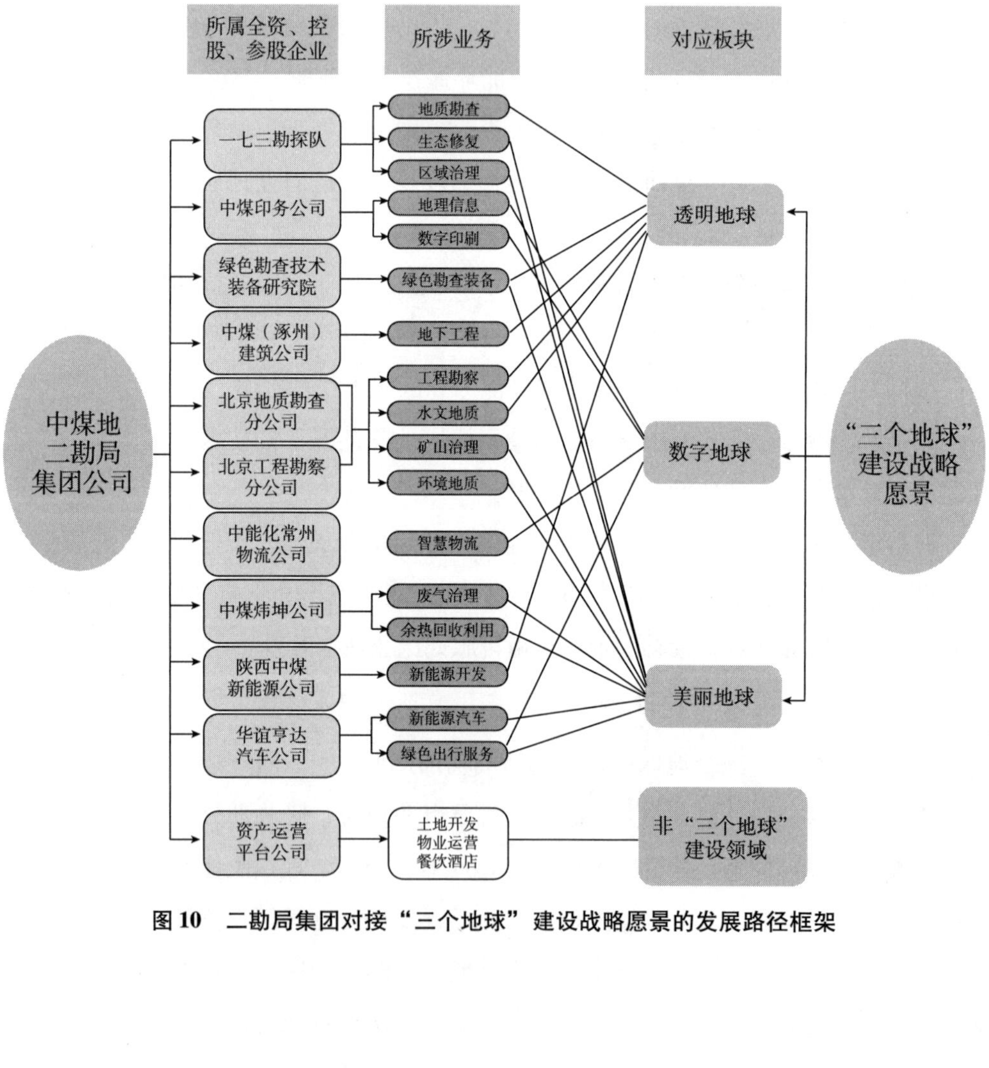

图10　二勘局集团对接“三个地球”建设战略愿景的发展路径框架

（七）对于国有地勘企业多元化产业优化的建议

1. 聚焦主责，夯实地勘主业基础

地勘产业是国有地勘企业的支柱性产业，在国民经济中具有基础性、先行性作用，国有地勘企业承担国家能源矿产保障重任，应坚定不移地聚焦地勘主业。特别是在发展战略规划中，应重视企业主营业务定位，建立以地勘业为主导的产业结构，确保产业体系始终围绕地勘主业构建。在资金投向、资源配置上应保证地勘主业份额，避免因辅助产业过度发展而造成资源分散和主业投入不足等问题。

2. 以产业协同为目标，围绕主业构建相关多元化产业体系

目前，国内地勘行业产能过剩的情况比较严重，国有地勘企业承担着大量职工就业的任务，需要围绕地勘主业布局高相关性的延伸产业，以应对激烈的市场竞争和经营风险。工程地质、生态地质、农业地质、水文地质，以及能源、资源勘查开发等均属于广义的地勘产业范畴，可作为主业拓展的重点方向。在拓展新业务时，需要注意与主营业务的战略融合和业务协同，发挥各产业的相互支撑作用，最终形成完整的产业链或产业体系。同时，在适度发展相关多元化产业的进程中，应遵循产业结构演变规律，确保资金合理投入和资源优化配置，提升产业集中度，增强主业专业化水平，避免出现内部同质化竞争等问题，以构建主营业务突出、相关产业协同的产业结构作为产业结构优化目标。

3. 适度拓展地勘产业范围，打破行业门类限制

随着新一轮科技革命和产业变革的兴起，一方面，社会分工趋于精细化，同时，固有的行业壁垒被进一步打破，多学科、多专业交叉融合将是各工业领域新的发展趋势。如果仅仅局限于在原有的工作领域内布局地勘延伸业务，会难以覆盖地勘行业外延领域，将导致出现产业、技术空白。国有地勘企业应在聚焦国家能源资源保障和生态安全两大主题的基础上，对地勘行业主业范围进行广义性理解，跨行业、多维度布局地勘相关领域，在一定程度上适当拓宽地勘行业的产业范围，依托技术优势和主业能力，在更多的国民经济领域成为引领者和主力军。

4. 充分考虑企业特点，制定符合实际的产业结构调整方案

长期来看，国有地勘企业剥离、退出不具备发展优势的辅助产业是必然趋势。不过，在当前视角下判断为不合理的产业结构都有其历史成因，在发展过程中具有一定的合理性。对于非主业份额较大的国有地勘企业，在产业结构调整过程中，应

充分衡量其自身资源条件、地勘行业的市场容量、转型的资金成本、职工队伍结构、历史遗留问题、职工意愿等因素。应坚持先立后破原则，通过新设优质企业来化解落后产能，吸收富余人员，确保产业结构调整过程中职工队伍稳定。

5. 注重创新驱动，着力培育核心竞争力

当前，国内地勘行业低水平供给过剩与高技术领域供给不足并存，随着我国产业结构、能源结构调整，经济发展对新的地质技术手段的需要将越来越旺盛。作为技术密集型行业，国有地勘企业要注重科技研发对高质量发展的促进作用，培育和营造有利于科技创新的管理体制、科技人员培养机制、成果转化和引进的环境和条件，注重技术研发和装备更新改造，注重新技术和新方法的引进和消化，全面提升科技对产业发展的支撑能力，培育专精特新及单项冠军技术，提升地勘主业差异化竞争实力，防止地勘产业陷入打工地位或低水平同质化竞争的局面。

成果创造单位：中煤地第二勘探局集团有限公司
成果主要创造人：刘勤学
成果创造人：曹　雨　岳　民　张海滨　贾　彦　赵　越
成果其他创造人：王　丹　吴哲瑜　田　源

中国煤炭地质总局高质量发展的路径研究

中能化信息与发展战略研究中心

在我国经济转向高质量发展阶段的宏观形势下，国企已成为中国特色社会主义的重要物质基础和政治基础。为谋求生存与发展，客观要求总局对高质量发展的内涵、特征和路径进行深度研究。

国有地勘企业高质量发展的内涵是：追求高水平、高层次、高效率的经济价值和社会价值创造，由要素投入驱动转变为创新驱动，以实现可持续发展和不断创新的新发展范式。

新时代国有地勘企业的高质量发展应具有七方面特征：强调创新驱动，保障国家资源安全、生态文明建设主力军的使命驱动以及企业家精神驱动，形成高层次的内生型发展动力；强调全要素生产率、高水平的综合性产出效率；强调提供高质量的技术服务和高标准完成工程项目；强调对战略性资源的前瞻布局、主责主业的集中度和国际化布局，形成高适配的引领型业务布局；强调公司治理的现代化、资本及人力资源配置的市场化、企业管理的科学化，形成高契合的市场化运营机制；强调社会公众认可国有地勘企业在资源保障、生态环境保护、民生发展等方面提供的基础性服务质量，更加重视品牌的认知度和对地勘行业美誉度的塑造。

基于以上发展范式和特征，课题组构建了由7个维度、18个一级指标、40个二级指标组成的高质量发展评价指标体系。对总局的实证分析显示，营运盈利能力、发展驱动力以及主营业务的优化对提升地勘企业的高质量发展具有重要意义，而韧性、社会声誉和机制对地勘企业的高质量发展影响相对更为间接，或需要经历一个较为漫长的过程。研究提出，从六个方面推进总局的高质量发展：一是推进内外部资源整合，提高资源配置能力；二是加大重点产业建设和重点企业资源支持力度，推动形成高适配的引领型业务布局；三是加强科技创新主体能力建设，培育高层次内生型发展动力；四是构建“产融投一体化”模式，赋能实体企业，打造高能动的自适应韧性组织；五是主动营造行业协同共生环境，获得高认同的共益型社会声誉；六是以强化董事会建设为抓手，提高公司治理能力，形成高契合的市场化运营机制。

一、成果背景及研究方法

（一）研究背景及意义

1. 研究背景

在我国经济转向高质量发展阶段的宏观形势下，国企已成为中国特色社会主义的重要物质基础和政治基础。为谋求生存与发展，客观要求总局对高质量发展的内涵、特征和路径进行深度研究。

2. 研究意义

研究的理论意义：构建地勘企业高质量发展定量评价体系，以期填补地勘企业高质量发展的定量评价空白，完善地勘行业高质量发展的评价体系。

研究的现实意义：企业的高质量发展是行业和全局经济高质量发展的基础。对企业高质量发展的评价是推动企业改革创新、实现可持续发展的重要参考和导向。

构建地勘企业高质量发展的量化评价体系，有利于寻找企业发展过程中的关键影响因素，在此基础上提出的对策建议更具可靠性和针对性。

3. 研究评述

围绕“总局高质量发展的路径”这一研究课题，课题组对高质量发展的内涵、高质量发展测度与评价、高质量发展的影响因素与地勘行业及企业高质量发展等领域的相关文献进行了梳理与归纳，主要得到以下几点启示：

第一，“高质量发展”的概念一经提出，就引起了学术界的高度关注，相关研究主要集中在内涵界定、评价体系、影响因素等方面。在关于高质量发展内涵的理解和界定上，学者们的研究视角不同：有学者从马克思主义政治经济学中寻找理论支撑，有学者从新发展理念及现阶段我国社会基本矛盾出发，在中国现实语境下认识高质量发展，目前尚未形成统一的观点。此外，“高质量发展”的提出缘起于宏观层面，学术界的关注焦点也集中于此，较少有微观层面的探究，这是现有研究的不足之处，使本课题的研究缺乏借鉴。企业是中观产业发展的基本组织、宏观经济发展的微观主体，经济的高质量发展离不开企业的主体性作用，企业高质量发展是经济高质量发展的题中应有之义。忽视微观层面的研究，会导致其理论缺乏微观基础的支撑，因此有必要对企业高质量发展进行深入研究。

第二，在高质量发展成为总体战略和根本要求的背景之下，亟须科学、合理地测度高质量发展水平，以期找出高质量发展存在的问题。因此，开展量化研究具有重大而迫切的现实意义。从现有研究成果来看，主要包括单一指标法和构建评价指标体系两种思路。有学者采用全要素生产率、劳动生产率等单一指标进行衡量，然而，这种方法的缺陷在于无法反映经济发展质量水平的全貌。有鉴于此，有学者转而探索高质量发展评价指标体系的构建，力求反映高质量发展的丰富内涵。目前，相关研究尚处于起步阶段，且“质量”本身是规范性的概念，不同学者对“质量”“高质量发展”等概念的内涵与外延的理解存在差异，导致学术界缺少一致性分析框架，且研究成果较多地着眼于宏观层面，未来应重点关注如何兼顾宏观和微观层面，科学合理地评价高质量发展。

第三，在“高质量发展”概念提出之前，学术界对发展水平、竞争力等问题进行了探索，概念提出之后则多聚焦于理论研究，实证分析相对较少，尤其是少有学者对地勘企业高质量发展的影响因素进行深入研究，以某一地勘企业为研究对象的定量评价研究基本空白。随着高质量发展逐渐成为地方政府、行业及企业的具体要求，今后，微观企业的高质量发展评价的研究成果将逐步应用于企业的实际考核评价。

（二）研究思路及研究方法

1. 研究思路

本课题报告共分为五章，具体思路如下：

第一章，绪论。阐述项目的提出背景和研究意义，对项目研究进行研究评述、提出研究内容及方法，介绍创新点及实施情况等。

第二章，国有地勘企业高质量发展的内涵、特征及问题。从企业、国有企业高质量发展的内涵和特征引出国有地勘企业高质量发展的内涵，从国有企业高质量发展的七方面特征提出地勘企业面临的主要问题，分析总结地勘企业高质量发展的评价现状和存在问题。

第三章，国有地勘行业高质量发展的评价体系构建。在理顺高质量发展的深层次内涵条件下，将高质量发展引入地勘行业，在对总局系统内外地勘单位为典型企业进行充分调研的基础上，结合地勘行业的特征、业务特点及发展状态，构建适用于地勘行业的高质量发展评价指标体系，介绍评价的数据处理、指标赋权、综合评价方法的选择。

第四章，总局高质量发展评价。根据第三章建立的地勘行业高质量发展的评价指标体系，以总局为对象进行实证定量对标评价，以《企业绩效评价标准值 2020》及冶金地质总局的部分发展指标进行对标评述；以总局所属典型二级地勘企业为对象进行高质量发展的定量相对评价，并进行结果解释和原因分析。

第五章，总局高质量发展的路径。以前文的对标评述和定量评价结果引出的六个维度上的关键指标为重点，提出总局高质量发展的具体路径及建议。

2. 研究方法

本文采用的研究方法主要包括：

（1）文献分析法与理论分析法。围绕“企业高质量发展”这一研究选题，在查阅和深入分析相关文献资料的基础上，对企业高质量发展、国有企业高质量发展和地勘企业高质量发展等概念进行界定，明确研究对象的范围，并探究企业高质量发展的理论渊源，奠定论文研究基础。

（2）定量分析法与定性分析法。为了全面把握总局高质量发展状况，通过从财务系统调阅数据库、统计年鉴、发展报告等方式，获取相关数据资料，对系统内企业发展现状进行定量分析，并构建综合指标体系，基于主客观组合赋权法确定权重后进行定量测度。在相关定量分析基础上，对总局高质量发展面临的新形势和发展现状进行定性研判，并对其优势与不足进行阐释。

（三）研究创新点

创新点 1：提出地勘企业高质量发展的定量评价指标体系。

创新点 2：对总局系统内典型企业进行地勘企业高质量发展评价的定量实证评价，对结果进行解读和原因分析，并据此找出关键影响因素，对实施路径提出了相应建议。

二、国有地勘企业高质量发展的内涵及特征

（一）国有地勘企业高质量发展的内涵和特征

1. 国有地勘企业高质量发展的内涵

地勘企业的高质量发展是地勘行业高质量发展的基础。本文综合分析了黄速建

(2018)、肖红军（2020）提出的国有企业高质量发展的内涵和张志敏等（2020）提出的地勘行业高质量发展的内涵、特征及任务，根据地勘行业的发展现状，将国有地勘企业高质量发展的内涵界定为：地勘企业追求高水平、高层次、高效率的经济价值和社会价值创造，由要素投入驱动转变为创新驱动，以实现可持续发展和不断创新的一种新的发展范式。

2. 国有地勘企业高质量发展的特征

新时代国有地勘企业的高质量发展，可以从动力、效率、治理、布局、韧性、机制和声誉等七个维度予以刻画，即国有地勘企业的高质量发展应具有以下特征：从动力来看，具有创新能力强、以保障国家资源安全和服务经济发展为使命内生型发展动力，企业领导者具有敏锐市场机遇观察能力并能够促成企业实现价值创造；从效率来看，具有行业内较高的全要素生产率、盈利能力指标数据，综合性产出效率高；从质量来看，向国家提供关键性、紧缺性、战略性矿产的重大勘查发现，提供高认可高质量的生态文明建设工程服务；从布局来看，具有国家战略性矿产的前瞻性产业布局，如在国内外进行了紧缺、战略性矿种的优质勘查项目储备和国际化布局，形成高适配的引领型业务布局；从韧性来看，业务成长性好、负债率低，具有良好的抗风险能力和可持续发展能力；从机制来看，具备现代化的公司治理水平和资源配置能力，董事会和经理层执行效率较好；从声誉来看，具有良好的社会和行业上下游利益相关方共同形成的高认同共益型社会声誉，如地勘企业职工对企业的高认同和归属感，业内知名、领先的品牌声誉、地质技术或工程服务对区域民生产生较大经济贡献或生态价值等。

（二）国有地勘企业高质量发展面临的问题

根据上文对国有地勘企业高质量发展的内涵界定和特征刻画，以下围绕这七个方面的特征对国有企业高质量发展面临的问题展开讨论。

1. 动力

当前，国有地勘企业的发展动力主要还是依赖资金、人力等传统要素投入，创新作为发展的第一动力尚不突出。我国地勘行业创新能力较其他行业偏弱，主要体现在整体的研发投入比例偏低，缺乏鼓励技术创新的组织体系、激励和管理制度体系。其中，组织体系缺失表现为大部分一线地勘院队（公司）没有自己的研发机构，在管理体系上更难言将创新作为管理目标和对象，进而无法将分配激励机制和员工的创新业绩紧密联系。

2. 效率

根据国务院国资委考核分配局编制的《企业绩效评价标准值2020》，国有地勘行业企业与信息咨询服务、公共设施管理、科研设计企业等均属于社会服务业部分，将国有地勘行业企业与社会服务业国有企业进行比较（表1）可知，国有地勘企业在表征企业经济效益指标的盈利能力状况、经营增长状况部分的指标值［如净资产收益率、总资产报酬率、销售（营业）利润率、销售（营业）增长率、成本费用利润率、资本收益率、资本保值增值率、销售（营业）利润增长率、总资产增长率、技术投入比率等重要指标的平均值］等方面，均低于社会服务业国有企业和全国国有企业平均值，国有地勘企业的经营效率尚有较大提升空间。

表1 国有地勘行业企业与社会服务业国有企业绩效对比

国有企业类型	地勘平均值	社会服务业平均值	全国平均值
一、盈利能力状况			
净资产收益率（%）	3.7	4.1	5.8
总资产报酬率（%）	2.3	2.7	3.8
销售（营业）利润率（%）	3.5	6.7	5.8
盈余现金保障倍数	0.9	0.9	1.7
成本费用利润率（%）	4.1	8.2	6.0
资本收益率（%）	4.6	4.8	6.6
二、资产质量状况			
总资产周转率（次）	0.5	0.5	0.5
应收账款周转率（次）	4.8	4.3	7.7
不良资产比率（%）	5.5	2.0	2.5
流动资产周转率（次）	0.8	0.8	1.1
资产现金回收率（%）	1.5	2.0	2.9
三、债务风险状况			
资产负债率（%）	63.6	63.6	63.6
已获利息倍数	2.2	2.9	2.9
速动比率（%）	89.1	100.5	75.0
现金流动负债比率（%）	3.4	5.9	6.6
带息负债比率（%）	35.3	52.8	47.3
或有负债比率（%）	4.6	5.5	4.8
四、经营增长状况			
销售（营业）增长率（%）	2.4	6.8	6.9
资本保值增值率（%）	102.7	103.7	104.9

续表

国有企业类型	地勘平均值	社会服务业平均值	全国平均值
销售（营业）利润增长率（%）	0.3	5.4	6.0
总资产增长率（%）	4.6	8.0	9.5
技术投入比率（%）	0.5	4.1	2.1
五、补充资料			
存货周转率（次）	4.3	2.5	4.5
“两金”占流动资产比重（%）	37.1	41.7	40.4
成本费用占营业总收入比重（%）	96.7	93.3	95.0
经济增加值率（%）	0.8	1.1	0.5
EBTDA 率（%）	6.1	11.2	7.4
资本积累率（%）	9.3	6.7	8.1

3. 质量

长期以来，国有地勘企业在保障国家资源能源安全方面发挥作出了巨大贡献，但受资源禀赋、技术投入不足、国家资金投入下滑等因素的制约，国有地勘企业还需要持续加强关键性、紧缺性、战略性矿产勘查的资源勘查力度。国有地勘企业普遍将生态修复、环境保护修复作为转型升级的重要方向，而一些传统工程行业企业、环保企业也在该领域进行布局，相对地勘企业，其在资质、资金、人才储备方面具有一定优势，因此，生态保护修复、生态工程建设领域的竞争基本处于白热化状态。大部分国有地勘企业在业务转型中存在技术门槛低、缺乏核心技术、业务不够聚焦、资金成本高等问题，承担的重大工程、示范项目占比较低，转型速度及质量均不及预期。

4. 布局

本课题从业务布局和国内外业务布局两方面展开分析。

从产业布局来看，20 世纪 90 年代以来，大部分国有地勘企业通过走多元化道路实现生存和发展，产业转型升级持续推进，但具有相对优势的业务仍是以地质勘查技术为核心的地质勘查、工程勘察与施工（地质工程、地下工程、生态修复工程、地灾工程等）、矿业开发、矿业权运作。其中，地勘单位探采一体化道路转型为矿业开发企业探索较早，但收效甚微，矿业开发在地勘单位整体业务营收中的占比呈下降趋势（图 1）；地质勘查需求颓势持续；工程勘察与施工属于完全竞争性业务；矿业权运作与开发的风险较大，加之受资源禀赋约束、国际化业务能力弱、运作资金缺乏等现状制约，地勘单位在国家紧缺性、战略性矿产的矿权运作、储备方面成绩较少。整体上，国有地勘单位尚未形成具有领先优势和前瞻引领性的业务布局。

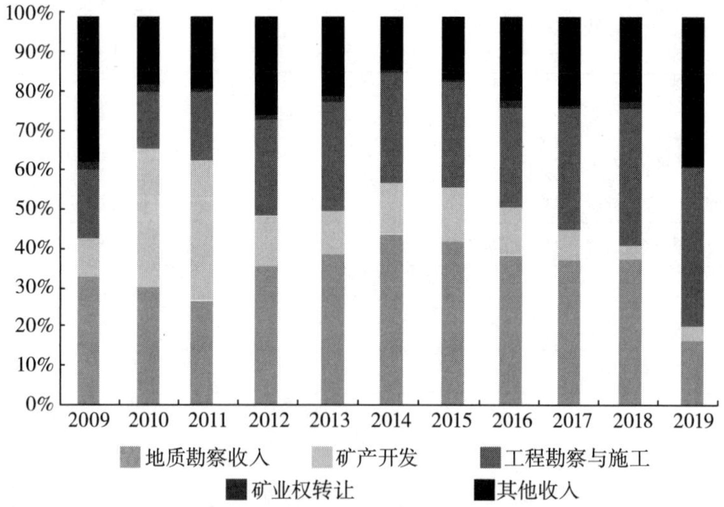

图1　2009—2019年全国地勘单位收入构成变化

5. 韧性

韧性包括可持续发展能力和抗风险能力。国有地勘企业核心地质勘查业务受累于国家对传统地勘业务投资下滑的影响，在2013—2018年逐年下降，至2019年后达到基本稳定状态，业务增长能力弱。虽然近年来对环境地质、城市地质、民生地质等领域投入的增加弥补了传统地勘业务的下滑，但是队伍多、项目少、经费来源不稳定的状态使国有地勘企业间的竞争加剧，国有地勘企业的可持续发展能力总体不强。业务增长的疲软凸显了国有地勘企业的经营风险，业务量的增长难以覆盖现有机制下难以压缩的经营成本，业务地位弱带来的应收账款压力也会导致企业资产负债率提高，部分国有地勘企业的资产负债率、应收账款占用的资金和存货占用的资金比例甚至高于中央和地方国资委规定的警戒线。国有地勘企业的可持续发展能力弱、抗风险能力差，共同导致其发展韧性不足。

6. 机制

本课题从公司治理体系和资源配置能力两方面描述机制。

资源配置能力主要是指资金、人力、技术要素的配置水平。地勘单位的改革探索已近40年，在此期间，陕西省、辽宁省、内蒙古自治区的地勘单位通过重组建立了大型企业集团，实现了比较彻底的转企改制。但除此之外，大多数省份还没有改变长期以来事企混行的局面。

按中央国有事业单位分类改革时间表，到2020年底，虽然全国大部分省（自治区、直辖市）国有地勘单位已完成了分类，但与中央提出的“系统化、整体重塑、功能再造”等要求还存在差距：两家整建制的中央地勘企业——中国煤炭地质总局和中国冶金地质总局集团本级仍为事业单位；虽然二级单位及以下基本实现了企业化运作，但董事会建设、党委、董事会、经理层职责和工作程序、法人治理结构尚处于推动初期，距离公司治理现代化的差距较大。国有地勘企业平均保值增值率均低于社会服务业和国有企业平均水平，资本配置效率较低；加之地勘企业普遍存在的事企混合运行体制，三项制度改革推进也较为滞后，激励机制尚不健全，其他科技型企业的全员劳动生产率差距较大，整体上来看，人力资本配置效率存在很大提升空间；国有地勘企业技术资源的配置能力较低，主要体现为投入比例低和科技成果转化能力较弱（以2020年为例，技术投入比例仅为0.5%，远低于社会服务业的4.1%和国有企业的2.1%的平均投入比例，而科技收入占整体营收的比例仅为约2%）。

7. 声誉

本课题从国有地勘企业的上下游供应链关系、职工归属感、安全合规、品牌影响力和市场地位等方面描述声誉。

整体来看，国有地勘企业在诚信经营和企业信用方面相对较好，但近年来，由于主营的技术和工程服务业务基本处于各产业上游且竞争较为激烈，国有地勘企业的业务地位相对处于弱势，导致下游将资金等压力传导至国有地勘企业本身及供应商，供应链关系有趋紧态势。在物质条件、工作环境日益优越的今天，地勘行业集齐了苦、累、脏、险等职业特点，且整体收入水平低于其他信息、金融、制造业等行业，职工归属感和对行业的坚守信念相对弱化。我国国有地勘企业体量相对较小，经济影响力、社会关注度和知名度相对较低。近年来，虽然国有地勘企业在重大生态修复工程、提供绿色低碳能源与关键矿产资源安全保障、服务地质灾害防治与矿山抢险救灾工作、保障城市基础设施建设等方面做出了许多成绩，但宣传力度不够大，行业形象塑造有待提升。

（三）国有地勘企业高质量发展评价现状及问题

1. 地勘企业的高质量发展评价指标体系研究较少

通过梳理现有文献（表2）可发现，目前对高质量发展绩效评价体系的研究不足，与地勘企业相关的高质量发展绩效评价研究更少。地勘行业作为我国经济建设的重要基础性行业，其发展水平间接影响着经济发展的质量和安全。因此，构建地勘企业高质量发展绩效评价体系，量化地勘企业在高质量发展过程中的表现，有利于寻找发展过程中的问题，推动地勘企业往高质量方向发展。

表2反映的问题主要有：①目前我国对高质量发展水平的衡量主要体现在宏观层面［如吕薇（2018）、刘惟蓝（2018）等］，中观层面的高质量发展指标体系构建的研究涉及较少，且相关文献中集中于农业、制造行业、煤炭生产行业［如张文会（2018）、任保平（2018）等］。②地勘企业的高质量发展评价指标体系研究较少，少有的文献研究也主要集中于单位竞争能力、人才水平评价、单位发展能力以及核心竞争力等单一或综合层面评价的研究上。③在现有的评价体系中，有些指标过于繁琐，数据收集难，不利于实际操作［如任保平（2018）提到的市场竞争力指标、生产能力指标等］。

表2 国内相关文献中的地勘单位（行业）高质量发展评价指标汇总

序号	作者	年份	指标体系
1	吕薇	2018	经济结构和效率、生产质量和幸福感、经济活力
2	刘惟蓝	2018	产出效益、结构优化、科技创新、开放合作、绿色生态
3	师博	2018	经济发展、改革开放、城乡建设、生态环境、人民生活
4	李金昌	2019	经济活力、创新效率、绿色发展、人民生活、社会和谐
5	丁涛	2018	创新、协调、绿色、开放、共享
6	李崇茂	2018	安全开采、绿色开采、环境治理
7	张文会	2018	创新驱动、结构优化、速度效益、要素效率、品质品牌、融合发展、绿色发展
8	鲁继通	2018	微观层面（动力变革、指标变革、效率变革）；中观层面（产业升级、结构优化、区域协调）；宏观层面（经济发展、社会进步、生态文明）
9	任保平	2018	生产能力质量、财务绩效质量、市场竞争力质量、社会履责质量、可持续发展质量
10	中企研	2021	效益发展、创新发展、市场发展、绿色发展、社会责任
11	陈婧	2020	持续创新能力、运营能力、保障能力
12	黎精明	2021	社会价值驱动、资源能力、产品服务、透明开放、管理机制、综合绩效、社会声誉

2. 评价指标特质性较弱

地勘行业面临行业供给侧改革、事业单位改革、国企改革三重改革压力，在此基础上提出地勘企业高质量发展，难点在于业内人士及学术界尚未建立统一的科学评价指标。从现有实际来看，目前对地勘企业发展状态的主要评价依据为国务院国资委考核分配局编制的《企业绩效评价标准值2020》，相关指标集中于盈利能力、资产质量、债务风险、经营增长等财务方面，指标的特质性较弱，没有紧密围绕“高质量发展”的主题，也不能反映地勘企业高质量发展的特性。

3. 评价方法主观性强且缺乏实证定量研究

通过对现有学者的研究统计发现，在指标体系的构建过程以及构建完成后的运用过程中，存在的问题是导向性、定性指标较多，而定量化的实证研究处于空白状态。比如，某些指标对权重的赋值存在一定的主观性：采用专家打分法，需要结合专家的专业水平、知识背景；采用AHP法，需要邀请领域内的相关专家进行权重判断（如果邀请的专家过多，容易造成信息混乱，增加决策难度；如果邀请的专家过少，又容易导致主观性太强，不具有说服力）；采用因子分析法，通过修正指标数值确定指标权重，可能会造成一定的偏差，导致指标归类不准确，影响最终结果。

三、国有地勘企业高质量发展评价体系构建

（一）构建指标体系的目标、原则及依据

1. 构建目标

国有地勘企业高质量发展评价指标体系的构建目标为：①便于全方位反映地勘企业（总局）的高质量发展状况；②能够将定性指标定量化。通过量化地勘企业高质量发展的状况，便于在地勘行业企业间、系统内企业间进行横向和纵向对比，可促进经营管理部门掌握全局，客观认识发展水平和行业地位，为优化内部考核导向提供参考。

2. 构建原则

高质量发展核心是提高地勘企业的全要素生产率，基本要求是协调发展，根本目的实现经济、环境、社会的共赢。这就要求在构建高质量发展评价指标体系时，应充分考虑指标评价体系的全面性、特质性、科学性、通用性等。因此，应当遵循科学、定量、可操作、简明、典型等原则。

3. 指标体系的构建依据

（1）《国务院国资委企业绩效评价标准值2020》。

（2）《企业高质量发展评价指标》（T/CERDS 1—2021）团体标准（中国企业改

革与发展研究会批准发布）。

（3）《中央企业高质量发展报告（2021）》。

（4）《中国煤炭地质总局关于推动高质量发展的指导意见》。

（5）《中国煤炭地质总局关于印发〈高质量发展奖考评办法〉（试行）的通知》。

（二）维度分析与确定

基于国务院国资委“两利四率”的考核要求及地勘行业、企业团体发展评价指标体系的理解和借鉴，结合本文对国有地勘企业高质量发展的理解，国有地勘企业的高质量发展可从以下七个维度评价：动力、效率、质量、布局、韧性、机制和社会声誉。每个维度都包括一些具体指标与衡量，具体指标时应综合考虑数据的可得性和科学性，主要通过对现有文献的统计和梳理，从众多指标体系构建依据中筛选出现频率高的作为最终指标。结合总局等中央地质勘查和生态文明建设企业的管理特点和生产经营实际，设置国有地勘企业高质量发展指标（表3）。

四、总局高质量发展分析

（一）总局产业发展概况与存在问题分析

1. 三大板块总体发展情况

总局构建了新的“三大板块”体系，致力于形成“地质业务全产业链覆盖、矿产开发全周期服务、生态环境一体化建设”的产业新格局。

第一类：地质勘查与矿产开发，包括：①地质勘查；②矿产开发；③地理信息。

第二类：地质环境与生态建设，包括：①地质环境；②生态建设。

第三类：地质工程与技术服务，包括：①地质工程；②地质技术服务。

2017—2020年，总局各产业板块的经营收入和利润总额汇总结果见表4。

表3　国有地勘企业高质量发展指标体系表

维度	一级指标	二级指标	说明	公式	数据来源/部门
动力	创新驱动	研发经费投入强度	反映企业在科技研发方面的投入	研发投入费用/营收	经营简报
		万名员工有效专利数量	反映企业的人均专利数量和知识产权意识	有效专利产权累计授权数量/员工人数	科技地质部
		省部级及以上科技创新平台数量	反映企业科技创新组织体系建设	——	科技地质部
	使命驱动	承担现有科技计划体系内项目的数量[1. 国家自然科学基金;2. 国家科技重大专项;3. 国家重点研发计划;4. 技术创新引导专项(基金);5. 基地和人才专项]	反映企业在国家科技创新体系中的地位	——	科技地质部
		承担国家和地方财政出资行动专项数量	反映企业在国家能源资源保障方面发挥的作用	——	科技地质部
		煤炭、化工主要矿种新增资源储量占全国该矿种新增储量的比重	反映企业地质勘查贡献水平	Σ(各矿种新增储量/全国新增量)	科技地质部、年度矿产资源报告
	责任驱动	社会贡献总额	企业为国家或社会创造或支付的价值总额(包括工资、劳保退休统筹、其他社会福利支出、利息支出、应交增值税、应交销售税金及附加、应交所得税、关税、其他税收、净利润和企业对外捐赠等)	——	资产财务部
		资产纳税率	反映企业的单位资产纳税能力	当年纳税总额/资产总额	财务快报
效率	盈利能力	净利润率	反映企业盈利能力	净利润/营业收入	财务快报
		净资产收益率	反映企业的单位资产创造利润的能力	净利润/平均净资产	资产财务部
	营运能力	全员劳动生产率	反映劳动力要素的投入产出效率	产业增加值/企业平均全部人数	经营快报

续表

维度	一级指标	二级指标	说明	公式	数据来源/部门
效率	营运能力	总资产周转率（次）	反映企业资产经营质量和利用效率	营收总额/平均资产总额	财务快报
		流动资金周转率（次）	反映流动资金的周转速度	流动资金周转额/流动资金平均占用额	资产财务部
		成本费用利润率	反映企业的正常的营业活动获利能力	成本费用总额/利润总额	财务快报
质量	工程质量	获省部级及以上奖项的项目占比	反映企业承担项目的实施质量	获奖项目数/总项目数	科技地质部、 年度矿产资源报告
布局	主责主业	主营业务营收占比	反映企业主责主业的发展地位	主营业务收入/总营收	经营管理部
		主营业务利润占比	反映企业主责主业的发展质量	当年主营业务利润/利润总额	经营管理部
	产业链优化	新兴业务资质获取（升级）数量	反映企业业务布局的能力	——	经营部
	国际化	国际化业务营收增长率	反映企业国际化业务发展速度	当年企业海外业务营收/上年海外业务营收 -1	经营管理部
		国际化业务营收占比	反映国际化业务在企业的地位	企业海外业务营收/总营收	经营管理部
韧性	可持续发展能力	主营业务收入增长率	反映企业主营业务的增长能力	本年新签合同/上年合同总额 -1	经营快报
		运营类项目营收/利润占比	反映企业业务来源的稳定性	运营类项目营收/总营收	经营快报
	抗风险能力	资产负债率	反映企业资产中由债权人提供的资产比重	负债总额/资产总额	财务快报
		短期借款占全部借款的比例	反映企业的资金链风险	短期借款金额/期末负债总额	资产财务部
		流动比率	反映企业流动资产在短期债务到期以前可变为现金用于偿还负债的能力	流动资产总额/流动负债总额	资产财务部

续表

维度	一级指标	二级指标	说明	公式	数据来源/部门
机制	公司治理现代化	股权制衡	反映股权多元化企业制衡状态	第二至第五大股东持股比例之和除以第一大股东持股比例	规划发展部
		独董比例	反映企业防止内部人控制方面的制约机制	董事会中独立董事数/董事总数	规划发展部
		专业委员会数量	反映公司治理结构的完善程度	（投资/薪酬/战略/审计/提名）	规划发展部
		董事会与监事会行权工作量	反映董事会/监事会实质性发挥治理作用	董事会/股东会/监事会会议召开次数之和	办公室
	资源配置市场化	末等调整（不胜任退出）比例	反映市场化配置人力资源中人员能进能出	末等调整人数/总职工人数	人力资源部
		同层级收入差距倍数	反映市场化调节收入分配	同职级员工最高收入/最低收入	人力资源部
		国有资产保值增值率	反映市场化配置资本的成效	年末所有者权益/年初所有者权益	规划发展部
		技术收入	反映技术资源的市场化转化能力	每万名职工平均的技术成果转化金额	科技地质部（拟）
社会声誉	供应链关系	应付账款周转率（次）	反映企业和上游供应商的关系	主营业务成本净额/平均应付账款余额	资产财务部
	职工归属感	员工收入增长率	反映员工收入的增长水平	本年度工资收入总和/上年度工资收入总和－1	人力资源部
	安全合规	近五年违法违规违纪行为发生次数	反映企业安全生产和合规运营水平	近五年发生违法违规违纪行为（含质量安全、环境污染、安全生产、公共卫生等事件）次数	纪委、科技地质部
	行业地位	主持、参与制定的行标数量	反映企业在行业中的引领地位	——	科技地质部
	品牌表现	品牌价值	反映企业的品牌价值	品牌价值＝（营业利润－资本×5%）×强度倍数	党委宣传部（拟）

表4　2017—2020年总局各产业板块经营收入、利润总额及比重

	年份	全局（万元）	三大板块（万元）	地质勘查与矿产开发		地质环境与生态建设		地质工程与技术服务	
				金额（万元）	比重	金额（万元）	比重	金额（万元）	比重
经营收入	2017	1600000	1151891	633191	39.6%	33887	2.1%	484813	30.3%
	2018	1967895	1462893	700758	35.6%	47465	2.4%	714670	36.3%
	2019	2119008	1538313	548841	25.9%	166127	7.8%	871700	41.1%
	2020	2497070	2244412	556349	22.3%	213499	8.5%	1474564	59.1%
利润总额	2017	38500	33723	18805	48.8%	1192	3.1%	13727	35.7%
	2018	49085	36704	22210	45.2%	1470	3.0%	13025	26.5%
	2019	58576	43028	12763	21.8%	6809	11.6%	23456	40.0%
	2020	69041	59124	19581	28.4%	12168	17.6%	27375	39.7%

根据统计，2017—2020年，总局三大板块经营收入以年均24.89%的速度增长，利润总额以年均20.59%的速度增长；2017年，全局三大板块经营收入占全局比重为71.99%，利润总额占全局比重为87.59%；2018年，全局三大板块经营收入占全局比重为74.34%，利润总额占全局比重为74.78%；2019年，全局三大板块经营收入占全局比重为72.60%，利润总额占全局比重为73.46%；2020年，全局三大板块经营收入占全局比重为89.88%，利润总额占全局比重为85.64%（图2、图3）。

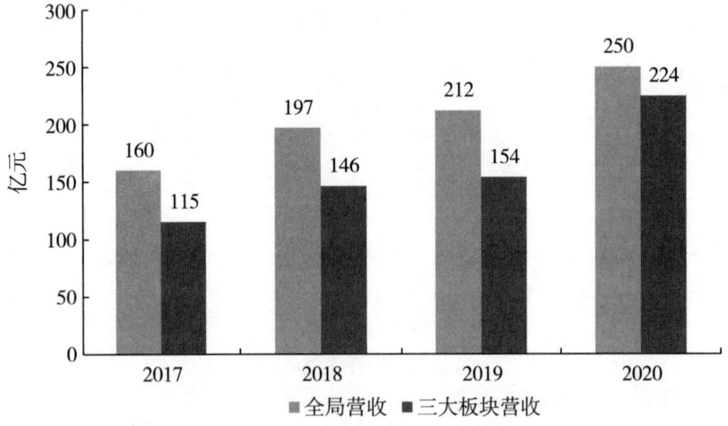

图2　2017—2020年三大板块经营收入与全局经营收入对比图

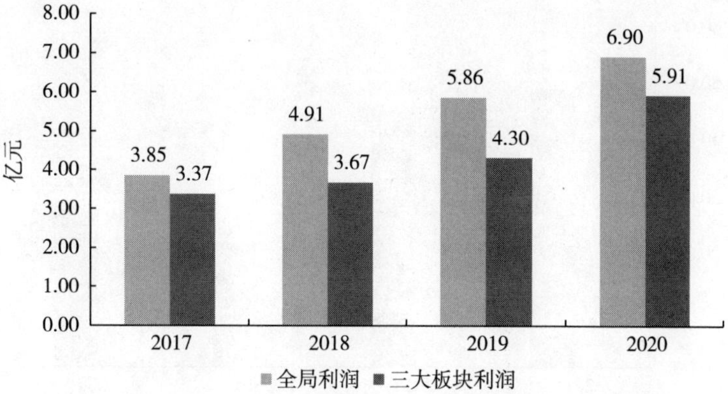

图 3　2017—2020 年三大板块利润总额与全局利润总额对比图

2. 产业发展特征

通过以上数据分析可知，总局产业发展呈现以下特征：一是三大板块占全局经济总量的比重较高，并呈现较快的增长趋势，2020 年表现更为抢眼，经营收入和利润总额的比重分别达到 89. 88% 和 85. 64%；二是地质工程与技术服务板块表现最为强势，经营收入逐年增加，2020 年该板块经营收入和利润总额的比重分别达到 59. 1% 和 39. 7%，显示了总局“地质及地质技术”的优势得到充分拓展；三是地质环境与生态建设板块呈现较好的发展态势（图 4），该产业的经营收入和利润总额占全局比重呈稳定增长态势，且利润总额比重相对经营收入比重增长速度更高，这说明该板块业务含金量和附加值得到了提升，是总局三大板块的最大亮点。四是地质勘查与矿产开发板块呈现较快下降的趋势（图 5），经营收入比重由 2017 年的 39. 6% 逐年下降至 2020 年的 22. 3%，利润总额比重由 2017 年和 2018 年的 45% 以上下降至 2019 年的 21. 8% 和 2020 年的 28. 4%，这符合全国地质勘查投入下降的趋势，但降幅过大，建议总局高度关注。

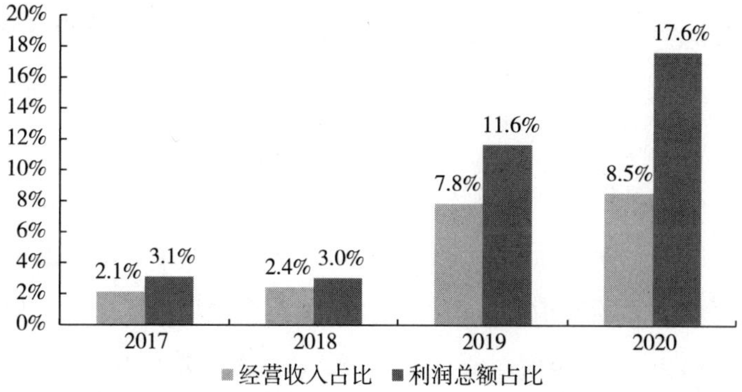

图 4　地质环境与生态建设板块经营收入和利润总额比重

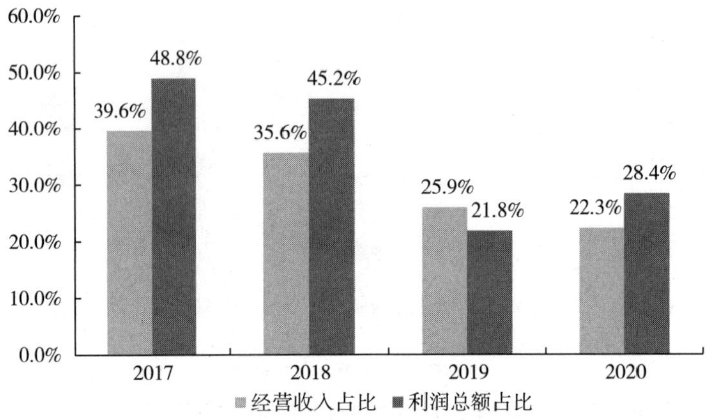

图5　地质勘查与矿产开发板块经营收入和利润总额比重

（二）总局高质量发展现状评述

本节基于国有地勘企业高质量发展指标体系表（表3）对2020年总局高质量发展状况进行评价。根据总局当前的发展现状和高质量发展的目标定位，秉承国有地勘企业高质量发展指标体系应遵循的科学性、可操作性、简明性、典型性原则，本课题组尽最大可能从财务、科技、经营部门搜集统计数据，与表3对比后，将部分缺乏统计口径或数据质量没有保障的指标予以剔除，或以相近指标予以替代，并最终做出评价。

以“动力维度—责任驱动—社会贡献总额”为例，由于难以搜集到总局系统内所有二级单位的相关指标数据，因此换用年度决算中连续性较好的“社会贡献率”替代“社会贡献总额”，以对总局系统内成员单位承担社会责任的情况进行评价；为更好地体现总局的煤炭、化工资源勘查特色，在“动力维度—创新驱动—煤炭、化工主要矿种新增资源储量占全国该矿种新增储量的比重”中选取煤炭、磷矿等总局优势矿种，以其占全国新增储量的比例说明总局履行“地勘中央军”职责的情况；对“机制维度—公司治理现代化”和“机制维度—资源配置市场化”两个指标进行调整，最终从各个维度上形成了对总局的高质量发展情况进行定量评价的指标体系（表5）。

本节对总局高质量发展进行评述的参考指标主要为《中央企业高质量发展报告（2021）》《企业绩效评价标准值2020》所提出的地质勘查业相关盈利、资产质量、债务风险、经营增长等绩效指标数值，以及其他同业中央企业的指标值。

相关数据来源为2020年度企业发展年报、OA系统公开发布的科技简报和财务快报、财务决算数据以及科技地质部、经营管理部等提供的数据。

表5　总局高质量发展评价相关指标

维度	一级指标	二级指标	数据来源	2020年
动力	创新驱动	研发经费投入强度（%）	科技简报	2.50
		新增专利（件）	科技简报	519
		自科基金及参与重大专项课题（项）	科技地质部	5
		各类科技奖励（项）	科技简报	137
		承担各类科研项目（项）	科技简报	248
		科技论文（篇）	科技简报	757
		省级及以上研发平台数（家）	科技地质部	9
	使命驱动	总局勘查煤炭占全国新增储量的比例（%）	企业年报	19.56
		总局勘查磷矿占全国新增储量的比例（%）	企业年报	73.40
		地勘项目数量（地质报告/件）	企业年报	632
		资源勘查产业营收（万元）	产业规划	154308.00
	责任驱动	社会贡献率（%）	财务决算	19.26
		纳税额（万元）	企业年报	84847.83
效率	盈利能力	净资产收益率（%）	财务决算	5.58
		国有资本保值增值率（%）	财务决算	106.43
	营运能力	全员劳动生产率（元/人）	财务决算	239945.04
		总资产周转率（次）	财务决算	0.96
		总资产报酬率（%）	财务决算	3.52
		存货周转率（次）	财务决算	4.04
		成本费用利润率（%）	财务决算	2.64
质量	工程质量	地质项目优秀率（%）	企业年报	37
布局	主责主业	主业营收占比（%）	产业规划	89.88
		主业利润总额占比（%）	产业规划	85.64
	产业链优化	新获资质（包括换证）数量（件）	全局资质汇总表	160
	国际化	营收（万元）	企业年报	51383.05
		利润总额（万元）	企业年报	1098.00
韧性	可持续发展能力	新签合同金额（亿元）	企业年报	499.00
		资产负债率（%）	财务决算	63.97
	抗风险能力	现金流动负债比率（%）	财务决算	4.55
		应收账款周转率（次）	财务决算	3.13
		短期借款占全部借款的比率（%）	财务决算	48.14
		流动比率	财务决算	1.31

续表

维度	一级指标	二级指标	数据来源	2020
机制	公司治理	外部董事占多数的企业占建成董事会企业的比例（%）	企业年报	27.66
	资源配置	经济增加值（万元）	企业年报	41894.59
		科技收入（万元）	企业年报	57190.21
社会声誉	供应链关系	应付账款占流动负债比例（%）	企业年报	51.04
	职工归属感	在岗职工人均年收入（万元）	企业年报	11.08
	合规安全	违法违规违纪行为发生次数（次）	企业年报	20
		全局重大风险事项（战略、法律、运营、财务风险及安全事故）（项）	企业年报	159

1. 动力

总局2016年的研发投入强度仅为1.06%，远低于中央企业2.26%的平均水平。近几年，总局持续增强研发投入，2020年的研发经费投入强度为2.5%，低于中央企业2020年2.79%的平均水平，但与中央企业平均水平的差距较2016年显著缩小。

近年来，总局专利成果数量迅速增加，特别是2020年，总局的发明专利授权和申请在同行业、同规模央企中提升迅速。2020年当年，总局发明专利授权在央企中的排名为60名，较2019年提高了17个位次，89.1%的专利为近三年获得，全局的知识产权意识和科技成果产出能力大幅提升。从横向对比看，2020年，总局万名员工有效专利数量为1016项，与同业同类的科技型央企中煤科工的1122项、矿冶科技集团的2854项均存在较大差距。从参与现有科技计划体系5类项目情况来看，总局近年来在自然基金申报上有所突破：2020年，总局在研参与的自然科学基金（包括青年基金和合作）为3项，获批2项；未参与国家科技重大专项，仅承担2项国家重点研发计划中课题级任务；二级企业中没有国家级重点实验室等研发机构，这一现状反映了总局在国家科技创新体系中地位微弱。总局在承担科技项目、科技奖励情况、科技论文发表和科技平台建设方面增长迅速，但从结构上来看，总局所获国家级奖励、发表高水平论文和高层次平台建设成果较少，科技创新能力提升空间较大。可见，虽然科技创新驱动企业发展的作用已得到进一步增强，但其作为总局内生型发展动力的核心作用仍有不足。

总局2020年提交新增煤炭资源储量2.4亿吨，占全国（119.64亿吨）的比例为1.96%；提交新增磷矿资源储量7098.81万吨，占全国（9667.5万吨）的比例为73.4%；新增铁矿资源量923.22万吨，占全国（0.99亿吨）的比例为9%。总局在煤炭、化工矿产方面较好地履行了“地勘中央军”的职责，完成了保障国家煤炭资源安全和化工资源安全的使命。

2017—2020 年，总局资源勘查产业经营收入为 15.43 亿元，利润总额为 0.72 亿元，营收和利润总额占全局的比重均呈下降态势，经营收入占全局经营收入的比重从 10.27% 降至 6.18%；利润总额占全局利润总额的比重由 31.87% 下降至 10.54%。虽然这符合国家资源勘查投入逐年下降的实际情况，但总局下降幅度过大、速度过快，应高度关注。总局纳税额度逐年增加，2020 年纳税额为 8.49 亿元，同比增长 28.2%，社会贡献率为 19.26%，总局履行社会责任的能力不断上升。

2. 效率

从盈利能力指标看，近三年，总局的净资产收益率保持在 5% 以上且持续小幅提升；2020 年，总局净资产收益率为 5.58%，在同行业国企中介于平均和良好之间；总局资本保值增值率达 106.43%，达到地勘国有企业的良好水平（表6），说明总局近年来盈利能力持续提升。

从 2020 年的营运能力指标看，总局全员劳动生产率为 24 万元/人，不及中央企业 59.4 万元/人的一半；成本费用利润率为 2.64%，在地勘行业国企中处于较低水平，大幅低于中央企业的平均值 6.12%；总局的总资产周转率、总资产报酬率、存货周转率均介于地勘行业平均与良好值之间。

表 6　总局与地质勘查业国有企业盈利和营运能力指标对比

指标项	总局	优秀值	良好值	平均值	较低值	较差值
净资产收益率（%）	5.58	16.9	10.4	3.7	1.1	-3.6
资本保值增值率（%）	106.43	111.6	106.6	102.7	101.1	96.9
总资产周转率（次）	0.96	1.8	1.0	0.5	0.3	0.1
总资产报酬率（%）	3.52	8.8	6.3	2.3	0.6	-2.2
存货周转率（次）	4.04	20.3	12.3	4.3	1.3	0.3
成本费用利润率（%）	2.64	10.4	6.8	4.1	2.6	0.7

从 2018 年开始，总局选取冶金地质总局作为对标企业。2020 年，总局在营业收入、利润总额、净利润等总量指标上的增长均已超过标杆企业（表 7），且在央企效益综合排名中，本年度总投资超过对标企业，排名 76 位（冶金地质总局排名 80 位）。但在效率指标（如应收利率和净利润率等）方面，依然与标杆企业存在差距。

表7　总局与对标企业部分经济指标对比

指标	年份	单位	本企业	国内对标	国际对标
				冶金地质总局	
营业收入	2020年	亿元	269.8	166.9	——
	2019年	亿元	242.0	170.8	——
利润	2020年	亿元	6.9	6.6	——
	2019年	亿元	5.9	6.5	——
净利润	2020年	亿元	5.7	5.2	——
	2019年	亿元	4.5	4.8	——

综合总局的盈利能力和营运能力指标数值可知，总局的发展速度和规模增长较快。从纵向对比来看，总局的发展效率有持续小幅提升；但从横向对比来看，总局的盈利能力和营运能力在地勘行业中基本介于平均和良好之间，距离良好水平的差距较大，与其他中央企业的差距则更加显著，且高质量发展的效率较发展的规模和速度有一定差距。

3. 质量

质量水平以国家地质调查项目设计质量评分为标准。国家地质调查项目设计质量评分目标值85分，基准值85分，指标权重35%，实际完成85.1平均分/项。总局2020年地质项目质量检查结果显示，当年获得优秀级别项目43个，优秀率为37%，传统地勘项目实施质量较好。总局实施的工程项目质量评价权在业主方，系统内没有统一的评价定量结果。从近年来各下属单位对各类工程的宣传及所获奖项数量、企业质量体系建设及专业技术人员访谈相关情况进行定性描述，可以认为工程项目质量平均水平大致在良好等级。

4. 布局

总局的布局质量从聚焦主责主业、产业链优化和国际化展开评价。2020年，总局三大板块营收和利润总额占全局的比重分别为89.88%和85.64%，主责主业集中度明显提高，但从2020年总局三大主营业务板块收入、利润占比来看，地质勘查与矿产开发板块的收入、利润占比分别为22.3%和28.4%，地质环境与生态建设板块的收入、利润占比分别为8.5%和17.6%，地质工程与技术服务板块营收和利润总额占比分别为59.1%和39.7%。可见，总局地质工程与技术服务板块的收入、利润占比仍然偏高，产业结构仍需向生态文明建设、保障能源资源安全、地质灾害防治、自然资源综合管理等进一步优化调整。

总局主业领域新获资质和资质升级，能够有效提高市场开拓能力和业务竞争力。2020年，总局新获（含资质升级）资质160项，且集中于环境保护、地灾防治等“十四五”期间总局的重点布局业务，增强了产业结构调整的动能，有利于优化调整产业链布局。从资质等级结构看，截至2020年，总局拥有资质单位19家，拥有各类资质805项，其中，各类甲级资质共142项，占比17.6%；除去已被原国土资源部取消的地质勘查类资质111项（其中甲级50项），共有有效资质694项，甲级资质占比为13.3%；从资质业务领域看，有效资质中地灾类资质（设计、勘察、施工、评估、监理）127项，其中，甲级占比40%，环境类资质58项、测绘类资质49项、工程勘察类资质68项、工程总承包资质7项。可见，总局在地质勘查、地质防治、工程勘察领域的资质具有相对优势，而与“十四五”期间大力发展的生态建设板块相关的环境工程、生态修复相关资质的提升空间较大。

矿产资源的自然禀赋规律决定了矿产资源配置的国际化，加之国际化经营能力和水平一定程度上彰显了地勘企业的高质量发展水平，故选择国际化业务的营收和利润总额作为衡量总局布局能力的指标。2020年，总局国际化业务营收和利润总额分别为5.14亿元和1098万元，占比为2%和1.6%。截至2020年年末，总局境外直接投资企业14家，涉及子公司12家、联营公司1家、分支机构1家，但处于经营状态的子公司仅8家，占比2/3，主要业务为工程技术和地理信息技术服务，而境外矿权运作等资源配置业务进展迟滞。总局推进国际化业务仍处于探索起步期，国际化布局能力较弱。

5. 韧性

国有地勘企业韧性评价包括可持续发展能力和抗风险能力。衡量可持续发展能力指标中设置了运营类项目占比，但由于总局业务统计口径原因，此项数据难以获得，仅能选择“新签合同金额”和“资本积累率”指标表征可持续发展能力。衡量抗风险能力，则可选择资产负债率、现金流动负债比率、应收账款周转率、短期借款占全部借款的比率、流动速比五项指标。

2020年，总局新签合同金额499亿元，为完成2021年营收305亿元的基本目标奠定了坚实基础，显示总局现有业务规模能够保持一定增长态势；而总局2020年的资本积累率为15.48%，仅介于地勘业平均值至良好值之间，显示总局业务盈利空间有限，可持续发展质量受到一定制约。2020年，总局资产负债率为63.97%（表8），短期借款占全部借款的比率高达48.14%，显示日常生产经营中的资金链安全存在一定风险；现金流动负债比率为4.55%，高于地勘行业平均水平；应收账款周转率为3.13%，为国有地勘企业较低值，显示营运资金过多呆滞在应收账款上，资金周转及偿债能力较差。

表8　总局与地质勘查业国有企业抗风险能力指标对比

指标项	总局	优秀值	良好值	平均值	较低值	较差值
资产负债率（%）	63.97	53.6	58.6	63.6	73.6	88.6
现金流动负债比率（%）	4.55	20.1	13.1	3.4	-8.3	-15.4
应收账款周转率（次）	3.13	13.0	7.9	4.8	3.1	0.3
短期借款占全部借款的比率（%）	48.14	/	/	/	/	/
资本积累率（%）	15.48	40.3	25.9	9.3	0.8	-14.0

6. 机制

国有地勘企业的机制评价包括公司治理的现代化水平和资源配置能力两个方面，每个方面又包含若干二级指标。但是，由于受数据来源限制，衡量总局系统的公司治理水平，可选取的指标为“外部董事占多数的企业占比”；衡量资源配置水平，可选取的指标为“经济增加值”；衡量技术配置水平，可选取的指标为“科技收入”；衡量人力资源配置水平，可选取的指标为“人均创利率”。

2020年，总局已全部完成直属22家企业董事会、监事会的规范化运行，直属企业中外部董事占多数的企业占比为27.66%，与国务院国资委要求的全覆盖还有较大差距，在董事会实质化运作、“四会一层”有效运作方面尚处于探索期，公司治理的现代化水平提升空间较大。近三年来，总局经济增加值持续上升：2020年，经济增加值为4.2亿元，显示总局的资本配置能力逐步提高；2020年，总局科技收入为57190.21万元，占比仅为2.1%，显示总局科技成果转化创收的能力较低，技术资源的配置水平不高；2020年，总局人均创利2.94万元，远低于中央企业人均创利14.8万元的平均值，人力资源的配置水平较低。

7. 声誉

国有地勘企业的声誉评价分为供应链关系、职工归属感和安全合规水平等方面。

供应链关系，可选用与上游供应商之间的应付账款占流动负债的比例来表征：2020年，总局应付账款占流动负债的比例为51.04%，显示企业受业务量增大或盈利能力降低等影响，导致偿债风险增大，给总局供应链上的商誉带来了一定程度的消极影响。

职工归属感，可选用在岗职工人均年收入来表征。2020年，总局在职职工平均年收入11.08万元，较全国非油气地勘行业职工平均年收入10.71万元高出

11.07%，但较中央地勘企业职工平均年收入的12.06万元低11.17%。

安全合规水平，可选用违法违规违纪行为发生次数和全局重大风险事项（战略、法律、运营、财务及安全风险）两项指标来表征。2020年，总局系统内违法违规违纪行为事项为20项，重大风险事项159件，风险敞口30.71亿元（战略风险5件，涉及金额0.22亿元；运营风险12件，涉及金额7.56亿元；法律风险125件，涉及金额20.83亿元；财务风险17件，涉及金额2.10亿元），较2019年略有下降。

对总局高质量发展现状评述的不足在于：大部分国有地勘企业所做的信息披露较少，仅能通过某些主要经济指标（如效率部分的营收、利润等）与少数同业企业开展对标评价，故未能对本节构建的指标体系进行总体评价，也未能开展科学性和有效性验证评价，因此，本节指标体系的构建意义主要在于分维度评述总局在行业内的发展现状，为后续进行总局系统内典型二级企业的实证定量评价奠定基础，以及对后文提出的总局高质量发展建议构建一个清晰框架。

（三）总局系统内典型二级企业高质量发展实证评价

1. 构建指标体系和模型设定

（1）构建指标体系。

根据地勘企业高质量发展要求，基于全面性、可比性、科学性、可获得性等原则（由于未能得到表征总局系统内二级企业质量维度的指标数据，因此删除了质量维度），从动力、效率、布局、韧性、机制、社会声誉等6个维度以及15个一级指标、30个二级指标，本文构建了总局系统内典型二级企业间相对发展质量的评价指标体系（表9）。

表9 总局系统内典型二级企业评价指标体系

维度	一级指标	二级指标	指标单位	指标属性
动力	创新驱动	新增专利	件	正向
		科技支出总额	万元	正向
		研发（R&D）经费投入强度	%	正向
		市级及以上研发平台数	个	正向
	使命驱动	地质勘查与资源开发产业营收	万元	正向
		地质勘查与资源开发产业占比	%	正向
	责任驱动	社会贡献率	%	正向
		纳税额	万元	正向

续表

维度	一级指标	二级指标	指标单位	指标属性
效率	盈利能力	净资产收益率	%	正向
		成本费用利润率	%	负向
		国有资本保值增值率	%	正向
	营运能力	全员劳动生产率	元/人	正向
		总资产报酬率	%	正向
		成本费用占营收比重	%	负向
		总资产周转率	%	正向
		存货周转率	次	正向
布局	主责主业	主业营收占比	%	正向
	产业链优化	新获资质（包括换证）数量	件	正向
	国际化	国际化业务营收	万元	正向
韧性	可持续发展能力	新签合同金额	亿元	正向
	抗风险能力	应收账款周转率	次	正向
		资产负债率	%	负向
		流动比率	%	正向
机制	公司治理	董事会	/	正向
		外部董事占多数	/	正向
		是否成立专业委员会	/	正向
社会声誉	供应链关系	应收账款增长率	%	正向
	职工归属感	人均职工薪酬	元/人	正向
	安全合规	违法违规违纪行为发生次数	次	负向
	产业地位	营业收入	亿元	正向

（2）模型选择。

TOPSIS模型是由Hwang和Yoon提出的一种对评价对象与最优解、最劣解之间的距离进行排序的评价方法，而改进的熵权TOPSIS方法有效克服了传统TOPSIS方法无法反映变量之间的相关性和重要性的缺点。本次评价采用的是熵权TOPSIS模型。该模型的求解步骤如下：

①建立初始矩阵。

根据原始数据建立初始矩阵X

$$A = [A_{ij}]_{m\times n}$$

其中，$i = 1,\cdots,n$；$j = 1,\cdots,m$。

②建立标准化矩阵。

各指标的原始值按 min-max 法计算①。

其中，对指标属性为正的数据，做如下处理：

$$A'_{ij} = \frac{A_{ij} - min\ (A_{ij})}{\max(A_{ij}) - min\ (A_{ij})}$$

对指标属性为负的数据，做如下处理：

$$A'_{ij} = \frac{\max(A_{ij}) - A_{ij}}{\max(A_{ij}) - min\ (A_{ij})}$$

根据处理后的数据，建立标准化矩阵：

$$A' = [A'_{ij}]_{m\times n}$$

③计算权重。

对于每一个对象不同的指标，通过熵权法计算每个指标 j 的权重系数 w_j：

$$w_j = \frac{d_j}{\sum_{j=1}^{m} d_j} = \frac{1 - e_j}{\sum_{j=1}^{m}(1 - e_j)}$$

$$e_j = -k\sum_{j=1}^{m}(y_{ij} \times ln\, y_{ij})$$

其中，e_j 表示第 i 个对象中第 j 个指标的比重；信息熵 e_j 表示信息的无序度，信息熵越大，表示该属性指标对评价体系的贡献越小，反之，信息熵越小，表示该属性指标对评价体系的贡献越大；d_j 则表示信息熵的冗余度（即信息的有效度），d_j 越大，表示该属性指标对评价体系的贡献越多；k 为 lnn；y_{ij} 表示第 i 个对象中第 j 个指标的值占 j 指标总数的比值。

④构建加权标准化矩阵。

通过权重和标准化矩阵建立加权标准化矩阵：

$$X = A'W_i = (x_{ij})_{m\times n}$$

其中，x_{ij} 表示第 i 个对象的第 j 个指标的值。

⑤计算评价对象的正理想解与负理想解。

正理想解 x_{ij}^{+} 是 x_{ij} 中的最大值，负理想解 x_{ij}^{-} 是 x_{ij} 中的最小值，得到下式：

$$\begin{cases} x_{ij}^{+} = max\ (x_{ij}) \\ x_{ij}^{-} = min\ (x_{ij}) \end{cases}, 1 \leqslant i \leqslant n, j = 1,2,3,\cdots,m$$

---

① min-max 法是多属性决策中常用的一种方法，该方法将正型指标与负型指标进行处理，使不同类型的指标在评价中发挥一致的作用。

⑥计算距离。

分别计算正理想解和负理想解的欧氏距离 D_j^+ 和 D_j^- ：

$$D_j^+ = \sqrt{\sum_{j=1}^{n} (x_{ij} - x_{ij}^+)^2}$$

$$D_j^- = \sqrt{\sum_{j=1}^{n} (x_{ij} - x_{ij}^-)^2}$$

⑦计算相对趋近度。

计算各评价对象和理想方案的相对趋近度：

$$C_i = \frac{D_j^-}{D_j^- + D_j^+},$$

其中, $0 \leqslant C_i \leqslant 1$ ，根据 C_i 的大小进行排序：数值越大，则表明越接近最优水平。

2. 实证评价

根据上述公式，对原始数据进行标准化处理并计算指标权重（表10）；再根据计算得出的各指标的相对趋近度的排序，得出评价对象的高质量发展评价结果（表11，图6）。

表10 总局系统内典型二级企业高质量发展指标权重

维度	一级指标	二级指标	二级指标权重	一级指标权重	维度权重
动力	创新驱动	新增专利	0.0177	0.0886	0.1861
		科技支出总额	0.0338		
		研发（R&D）经费投入强度	0.0155		
		市级及以上研发平台数	0.0215		
	使命驱动	地质勘查与资源开发产业营收	0.0220	0.0592	
		地质勘查与资源开发产业占比	0.0372		
	责任驱动	社会贡献率	0.0116	0.0384	
		纳税额	0.0268		
效率	盈利能力	净资产收益率	0.0260	0.0685	0.2914
		成本费用利润率	0.0105		
		国有资本保值增值率	0.0320		
	营运能力	全员劳动生产率	0.0280	0.2229	
		总资产报酬率	0.0209		
		成本费用占营收比重	0.1201		
		总资产周转率	0.0258		
		存货周转率	0.0281		

续表

维度	一级指标	二级指标	二级指标权重	一级指标权重	维度权重
布局	主责主业	主业营收占比	0.0201	0.0201	0.2192
	产业链优化	新获资质（包括换证）数量	0.0341	0.0341	
	国际化	国际化业务营收	——	——	
韧性	可持续发展能力	新签合同金额	0.0270	0.0270	0.1092
	抗风险能力	应收账款周转率	0.0447	0.0822	
		资产负债率	0.0134		
		流动比率	0.0241		
机制	公司治理	董事会	0.0079	0.0932	0.0932
		外部董事占多数	0.0686		
		是否成立专业委员会	0.0167		
社会声誉	供应链关系	应收账款增长率	0.0311	0.0311	0.1009
	职工归属感	人均职工薪酬	0.0198	0.0198	
	安全合规	违法违规违纪行为发生次数	0.0112	0.0112	
	产业地位	营业收入	0.0389	0.0389	

表11　总局系统内典型二级企业相对趋近度以及排序

二级单位	最优解	最劣解	相对趋近度	排序
湖北局	0.213448629	0.100589	0.320309	4
江苏局	0.132182681	0.200918	0.603175	1
水文局	0.217330050	0.069580	0.242515	7
一局	0.243054534	0.037567	0.133871	10
浙江局	0.217294779	0.080606	0.270580	6
中化	0.202137232	0.114380	0.361371	3
广东局	0.218816863	0.100522	0.314781	5
地质集团	0.226682051	0.051622	0.185488	9
航测局	0.233091653	0.054650	0.189928	8
青海局	0.209412730	0.137159	0.395760	2

（1）指标权重分析。

由表10可知，首先，在各维度指标中，效率、布局和动力的权重位列前三，分别达到了0.2914、0.2192和0.1861，显著高于机制、韧性和社会声誉，这说明企业的运营效率、业务布局以及发展驱动力对提升地勘企业高质量发展的具有显著意义，而韧性、社会声誉和机制对地勘企业高质量发展的影响是一个漫长的过程。其次，

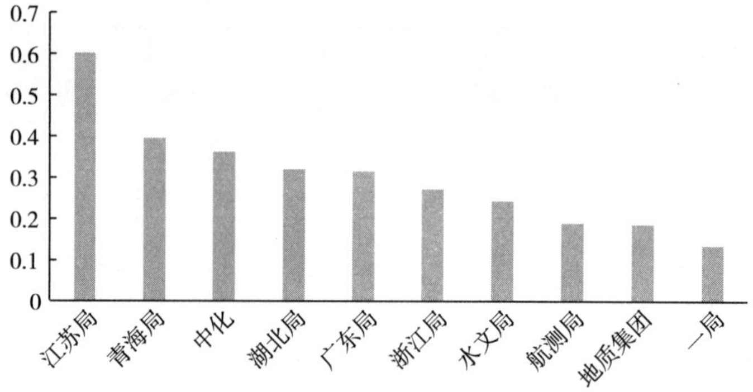

图6　总局系统内典型二级企业高质量发展水平

在各一级指标中，由企业的劳动生产率、成本控制以及资金周转情况等构成的营运能力指标权重达到了0.2229，远高于权重排序为第二至第四的公司治理、创新驱动和抗风险能力（权重分别为0.0932、0.0886、0.0822），是衡量高质量发展的关键指标，充分说明提高全员劳动生产率、成本控制能力及资金周转效率对各二级单位推进高质量发展具有重要意义；公司治理水平、创新驱动力和抗风险能力是影响各地勘企业高质量发展的重要因素，说明提升公司治理水平、创新驱动和风险控制对高质量发展具有重大作用。最后，在各二级指标中，权重排序占前1/3的指标分别是成本费用占营收比重、外部董事占多数、应收账款周转率、营业收入、地质勘查与资源开发产业占比、新获资质（包括换证）数量、科技支出总额、国有资本保值增值率，主要为效率、布局和动力三个维度的指标，这为各二级地勘企业推进高质量发展提明了具体的指标导向。

以上权重分析清晰呈现了影响总局二级地勘企业高质量发展的关键、重要因素，为后文提出的加强成本管控、加快推进董事会建设、聚焦主责主业、加强资质获取、加大科技投入和提高投资管理能力等发展路径和实施建议奠定了定量分析基础。

（2）评价结果分析。

根据表11和图5，地勘企业的高质量发展水平均值排序依次为江苏局、青海局、中化、湖北局、广东局、水文局、航测局、地质集团以及一局。其中，江苏局的高质量发展水平遥遥领先其他局，其平均得分达到0.6031；之后的青海局、中化、湖北局和广东局的平局得分均在0.3以上；浙江局、水文局的平均得分在0.2以上；航测局、地质集团以及一局的平均得分则不足0.2。该结果与总局对各二级单位的考核结果和现实中的定性认识基本匹配，说明指标体系和评价模型具有一定的科学性和有效性。

从样本的得分构成来看，江苏局获得较高评分的原因主要在于其国际化业务营收、科研投入、地质勘查与主营营收较高，即其在布局、效率、动力这三个维度的表现较好；青海局排名第二的突出优势是其成本利用率较高，即其在效率方面的表现较好；中化获得高分的主要原因是其主业营收占比、全员劳动生产率较高，即其在布局和效率方面的表现较优；湖北局的亮点在于其存货周转率次数较多，即其在效率维度的表现较优；广东局在五个维度上的表现都比较均衡。

（三）小结

本节基于高质量发展视角对国有地勘企业进行了剖析，构建了涵盖 7 个维度、40 个指标的国有企业高质量发展评价指标体系。受数据来源限制，在实证分析部分，我们只筛选出 6 个维度、共计 30 个指标构成评价指标体系及评价模型，以 2020 年度总局所属 10 家典型二级单位为研究样本，对评价模型做了实证检验，并得出以下结论：①做好国有地勘企业发展质量评价，必须立足于宏观经济高质量发展的时代背景，其指标体系应涵盖动力、效率、质量、布局、韧性、机制、声誉等 7 个维度；②在国有地勘企业高质量发展构成体系中，效率、布局和动力的权重位列前三，说明企业的营运盈利能力、发展驱动力、主营业务的优化及国际化发展对提升地勘企业的高质量发展具有重要意义，而韧性、社会声誉和机制对地勘企业的高质量发展影响相对更为间接或需要经历漫长的过程；③本文所构建的评价模型在总局系统所属重点国有地勘企业中的应用情况与现实对应较好，说明该指标体系和评价模型具有一定的科学性和有效性，在扎实的定量分析基础上提出的相应路径和建议对总局推动高质量发展具有一定的借鉴及参考价值。

五、总局高质量发展的路径建议

企业高质量发展的路径建议以企业高质量发展的目标状态为导向，但侧重于企业发展过程范式的优化。基于此逻辑，本小节对总局高质量发展提出的路径建议与六个维度指标体系的构建逻辑相对应，同时，为了突出重点路径、避免大而全，在对各维度提出的具体建议中，本文聚焦于权重较高的二级或三级指标。在此基础上，本文对总局系统内典型二级企业高质量发展实证分析中的维度、一级指标、二级指标的权重进行排序，根据指标权重排序的先后顺序，主要从效率、布局、动力三个方面提出了总局高质量发展的路径建议。

（一）推进内部资源整合，提高资源配置能力

针对总局下属单位分布地域广、资源相对分散的现状，根据发展战略的需要，将总局的队伍、资质、装备、资金、市场、存量资源进行优化配置和整合利用，加快推进并重点培育业务领域的专业化公司建设和以产业链一体化为目标的区域集团公司建设，实现资源盘活和激活，解决同业无序竞争问题。

在专业化公司建设方面，建议总局在生态建设、新能源开发、矿山应急救援、农业地质及技术服务、装备研发设计制造等方向，以培育"专精特新"为目标导向，将产业相对聚焦的公司（如航测、水文局、江苏地研院、生态公司、物探院、中煤江南等直属单位）转型为专业化公司，同时明确其下属公司的差异化业务发展方向，着力打造专业化服务和协作配套的能力。对总局拟培育的"专精特新"重点产业名录内的重点方向，优先审批投资事项，优先立项科技创新专项，加大改革政策工具包支持，如优先探索实施职工岗位分工、项目分红、超额利润分享、员工持股等激励制度等，对重点支持方向的核心依托企业加大激励力度，如增加工资总额、提高业绩考核加权分及各类评优评先奖励等。

对于产业多元化、产业基础扎实且在属地影响力较大或区域定位清晰的二级单位（如地质集团、中煤长江、湖北公司、青海公司、一局公司等），建议向区域公司方向转型，积极整合属地优势资源，充分发挥其在补链强链中的引领作用。同时，要重组整合区域内的下属单位，明确各下属公司的业务定位，对同类业务实施横向整合，以增强实力、扩大优势、减少内部竞争，打造具有核心竞争力和市场影响力的区域级专业化公司。

对于所属相关企业在各自依托相关资源进入同一新业务领域时，从总局层面，建议由相关企业联合出资成立新的股份制公司，形成利益共享体，避免重复建设和系统内耗。

（二）重视前瞻性业务布局，推动形成高适配的引领型业务布局

重视前沿科技动态情报分析工作，深入分析关注领域科技创新的发展趋势及前沿热点，结合自身发展，明确定位、发展目标、发展方向和科技创新发展战略等。总局除在煤基固废处理及地面减沉一体化、矿井水减排及水环境治理、地热能开发与利用、浅层地下空间探测等领域加强研发外，还应加强科技创新评估，及时跟踪颠覆性高科技的动态，布局未来市场的技术储备工作，如在碳中和技术图谱中与总局相关的地热能开发利用、碳捕获封存及利用（CCUS）等技术方向开展科技创新

评估，以较好支撑布局决策及主要研发投入方向等。同时，要紧紧围绕客户需求和应用场景，开展深入细致的市场应用场景分析和研究工作，主动寻找市场缝隙，完善科技创新成果的市场应用场景，培育新产业。

（三）完善科技创新体系建设，培育高层次内生型发展动力

首先，要完善总局科技创新的组织建设，总局应着力构建完善以总局直属科研机构（勘研总院、江苏研究院）为主体，以二级单位或专业分公司下属研发机构为特色技术研发、新技术应用与推广及生产技术支撑的多层次、跨专业协作的科研组织架构，为总局的内部科技创新协同及产业化奠定基础。

其次，要加强科技创新的制度建设，建立科学技术委员会以及科技规划和计划检查、评估制度，制定专项的鼓励和奖励办法，定期推行重大科技成果、优秀科技工作者评选、表彰制度，优化、完善科技人才管理制度，持续推进科学的人才激励制度，建立与重大科技政策、任务、平台、人才培养等工作相关的广泛的意见征集制度。

第三，要发挥重大科技创新项目的引领作用。根据以科技创新带动发展活力、产业转型升级原则，以两家总局科研机构为实施主体或牵头单位，聚焦重大技术项目的关键需求和关键技术研发，着力在关键共性技术、前沿引领技术、现代工程技术、颠覆性技术创新等方面取得新突破，带动系统内其他单位的科技应用协同创新，从而提升总局的整体科技创新能力。

第四，要加强以科技园区建设为现阶段目标的科技基础平台建设。针对当前总局在国家级科技基础平台建设上相对薄弱的现实，建议以总局二级单位为实施主体，在具备条件的地区建设具有“双创”功能的技术园区和研发集成科技园区，为拥有原创性技术的科研人员或科创企业提供孵化平台，有助于总局对非传统领域业务的超前、低成本布局。

成果创造单位：中能化信息与发展战略研究中心

成果主要创造人：李　培

成果创造人：王　磊　张　宏　杨　帆　李　敏　高天扬

中国煤炭地质总局治理体系与治理能力现代化研究

中能化信息与发展战略研究中心

本项研究通过对国内外国有企业治理体系结构的梳理及治理能力提高路径进行典型案例分析，借鉴央企先进做法，回顾总局的历史沿革，分析现实面临的挑战，提出以完善中国特色现代企业制度为指导，构建总局治理体系这一核心内容。从总局所属行业的特点、发展战略、发展阶段、企业规模、管理能力等因素出发，在既定的管控模式下，明确总部的功能定位及管控模式；提出符合总局管控模式要求的整体组织结构的建议方案；总结当前总局混合所有制企业的特征及发展中面临的主要问题，找出影响治理能力的关键因素，并指出相应的提升方向，对总局其他企业的混改方案提出优化意见。本报告从总局总部现行情况、科研类企业、施工类企业、文化类企业、平台类院所等几个方面提出了治理能力提升的建议。

一、现代企业治理体系

公司治理就是保证利益相关者权益的一整套制度安排。现代公司制度最核心的内容就是治理结构，以及理顺各方面的关系。在我国国有独资企业法人治理结构中，党委会、董事会、监事会、经理层是基本构成要素，而在国有独资企业中，不设股东会，由国有资产监督管理机构行使股东权利。因总局属于国有独资，故股东会在本报告中不作重点阐述。

党的领导是中国特色现代国有企业制度的独特优势，党组织特有的先进性和领导性能够确保党组织在治理体系中对党和国家方针政策的贯彻执行，支持各个机构或部门依法行使职权，参与企业重大问题的决策等，以确保企业健康持续发展，保障国企发挥作为国民经济主导力量的作用。

董事会是公司治理的中心。董事会是公司治理的常设机构，处于公司决策系统和执行系统的交叉点，代表股东执行公司业务，负责经营决策和日常经营管理工作。

监事会是公司内部的监察机构，负责检查、监督公司经营管理活动。监事会直接对股东大会负责，与董事会具有平行的法律地位。

经理层是集团的执行机构，其作用是“谋经营、抓落实、强管理”，由董事会聘任或解聘，接受董事会管理和监事会监督。经理层对董事会负责，核心职责是落实和执行董事会决议，接受和完成董事会制定的绩效考核综合目标，主持并负责日常经营管理各项事宜，同时依规享有相应职权。经理层的职权范围来自董事会的授权，在董事会或董事长授权范围内对外代表集团。

二、企业改革模式范例分析

世界各国根据自身政治经济社会发展需要，都会通过国家直接投资经营，来调节社会经济结构和运行，比较典型的就是出资开办国有企业。西方国家为了避免国家政府对经济的过度干预，对大型国有企业采取了包括股权结构改革在内的多种企业治理体制机制改革，以提高其绩效，以达到提高经营活力、增强企业市场竞争力的目的。

本研究通过选择具有代表性的国内外国有企业改革模式，分析其采用的改革路径、改革模式特点及改革经验，为提升总局治理能力和管理水平提供有益的借鉴。

（一）国际上三种典型的国有企业治理模式

1. 美国国有企业改革模式

美国政府改革国有企业的主要方式集中在政府职能的转变和国有企业经营市场化改造两个方面。

（1）政府职能的转变。

转变政府职能，主要采取两种办法：一种办法是出售国有资产，即联邦政府分期分批出售其控制的国有财产，重点是出售联邦政府的国有财产，让政府退出相关领域，以便私人企业来接管。另一种办法是政府继续给国有企业部门提供财政补助，但把大部分国有项目交由私人企业承包或进行经营管理。这种做法实质上是所有权与经营权的分离，即国有民营。政府会通过合同条款对这一类企业实施监控，特别是进行成本分析和财务分析。

（2）国有企业经营的市场化。

美国政府放松了对国有企业的市场管制，以提高国有经济的市场活力。在放松市场管制中，重点是取消对国有通信行业和公共汽车业的政府管制计划，让私人企业与国有企业展开竞争。

2. 德国国有企业改革模式

德国公司治理的特点是“双重董事会制度”和“全能银行”的核心地位。德国公司治理模式的特点：

（1）“双重董事会”的法人治理结构。

“双重董事会”即既有董事会又有监事会。监事会是权力监督机构，是德国国有企业的最高领导和决策者，由股东代表和职工代表组成。董事会（或理事会）是执行监事会决议、负责日常经营的执行机构。监事会有权对董事会工作提出意见和建议，但不能干预董事会工作。

（2）职工参与的民主化管理。

职工参与决策制度是德国监控机制的一个重要特征。德国《共同决定法》规定，本企业的职工与产业工会的代表有权在公司监事会中占有一定席位并参与决策，监督法规执行情况，在社会福利方面有与资方对等的表决权，对企业生产经营状况享有知情权和质询权。

（3）双层董事会的监控机制。

德国公司的业务执行职能和监督职能分离，成立了两种管理机构，即执行董事会和监督董事会。监督董事会是公司股东、职工利益的代表机构和监督机构，是大股东行使控制和监督权力的机构。由于大公司股权十分集中，使得大股东有足够动力去监控经理阶层。由于银行本身持有大量的投票权和股票代理权，这就使银行在德国的公司治理结构中的作用非常突出。

（4）银行处于公司治理的核心地位。

从公司治理的角度看，德国银行是公司的大股东。银行不仅直接持有公司股份（持有一家公司多少股份并没有法律上的限制），而且作为大量分散股票的“保管银行”代表小股东行使表决权。从具体功能上看，德国的银行是“全能银行”，既可以向企业提供各种贷款，又可以经营证券业务，还可以间接持有公司股票和从事保险业务。银行既是债权人，又是大股东，掌握了控制公司的大部分权力，成为公司治理中的关键角色。

3. 日本国有企业改革模式

日本国有企业改革模式的核心是调整国家经济职能，基本思路是充分发挥市场机制的作用，尽量减少政府的限制，努力扩大国有企业的自主权，以增强企业活力，促进企业行为的合理化和效率的提高。具体措施如下：

（1）减少国家对企业经营的干预，扩大企业自主权。

日本政府对一些没有实行股权多元化改造的特殊国有企业，通过人事及组织管理制度的改革，使其成为具有相对独立法人特征的企业，由此充分发挥市场机制的作用，实现企业的市场化经营，提高国有企业活力。

（2）改革国家所有权，把国有企业转换为股份公司。

民营化的股份公司改制取得了巨大经济效益，提高了企业的经营能力，扭转了经营颓势。

（3）对不同类型的国有企业实行不同的管理模式。

对于政府部门直属企业，实行国有国营，由政府部门直接经营管理，企业自主权最小；对国家参股公私合营的股份制企业，实行民营化管理，企业自主权较大；对特殊法人企业，依据企业的不同性质实行不同模式的管理，企业自主权介于上述两类公司之间。

（4）实行国会监督下的归口管理监管体制。

在国会监督下，由政府有关部门对不同类型的国有企业实行差异化分类归口管理：对国家直接经营的企业，采取直接和最为严格的监管；对国家间接经营的企业，由主管大臣对其进行监督、命令；对股份制经营企业，给予较大的经营自主权，采取较为灵活的经营方式。采用监察人专门监督和一般监督相结合的方式，将经营者的监督制约权限程度不等地赋予多个公司法律关系主体，是日本企业监督体制的特点。

（5）健全法制，引入竞争。

日本国会众议院通过制定相关的改革方案，取消了私有企业进入的限制，打破了铁路、电信等行业独家垄断的局面，鼓励充分竞争。

4. 小结

根据以上对美国、德国、日本公司治理模式的总结，可以发现：

美国公司治理模式借助于发达的证券市场，通过兼并收购和公司控制权的争夺，对经营者构成持续威胁，充分体现了外部机制的约束作用。同时，借助股票市场的流动性和信息的公开性，能够比较准确地反映公司的经营业绩和现金分红情况。

德国公司治理模式和日本公司治理模式均重视银行在公司治理中的作用，银行作为股东和债权人参与公司治理，对公司治理结构的改善起到了积极的作用，从而提高了公司经营业绩。

日本公司治理模式股权高度集中，以银行为中心的治理机制可以充分发挥银行的监管作用，使公司在决策时能够立足于公司的长远稳定发展，在资金面临流动性困难时可以避免痛苦的金融衰退，在经营业绩不佳时可以避免昂贵且有破坏性的敌意接管。企业间交叉持股，形成紧密型利益共同体是它们的特征，外部监督力弱。

5. 国际典型国有企业治理模式对我国国有企业治理发展的启示

各国国有企业处于不同的政治、经济、文化背景及差异化的市场机制和制度安排之下，在经营和改革过程中采用了不同的治理结构模式和改革方式，积累了丰富经验。我们可以从中吸取成功的经验并受启于前车之鉴，更好地设计符合我国国情的国有企业治理结构，更好地赋能国有企业改革。

（1）推进产权改革，优化产权结构。

不能以产权的私有化改革代替国有企业的优化治理，将公司制应用到国有企业，企业组织形式公司化、股权结构社会化是各国国有企业实现产权清晰、责权明确、政企分开和管理科学的有效途径。产权改革和产权结构的多元化本身不是国有企业改革的目的，是打破垄断、激励竞争、强化监督、提高盈利能力的重要手段。

（2）以市场化方式推进国有企业治理结构的改善。

国有企业改革应因企制宜，国有资本可以根据需要采取绝对控股、相对控股、参股等形式发展混合所有制，激发国有企业活力，有效放大国有资本的带动力，发挥影响力。

（3）注重有利于内部治理和外部治理相结合的制度环境建设。

企业内部治理需要制度健全，以保证各利益相关者参与公司治理时的权利和义务。重视多边治理和职工在国有企业治理结构中的作用和地位，增加职工代表在董事会的名额，从制度上确定对董事会决议的有效表决，在一定程度上保障了员工对公司的民主管理权，能够较好地保障员工的利益。提高国有企业信息披露的透明度，构建国有企业信息公开披露与透明度机制是改善国有企业治理和运行效率的必要途径。

（4）推进国有企业的功能定位动态调整和分类管理。

这种推进体现在提供公共产品或公共服务，引导产业升级，培育支柱产业和创新，经济调节和控制功能定位，发挥国有企业在社会、政治、文化方面的特定功能及其他方面的作用。进一步深化国有企业分类改革，需要更加明确不同类别国有企业的功能目标、国有股权比重、考核与薪酬管理等方面的要求。

（5）动态调整优化国资管理体制。

在建立国有企业经营者的问责机制方面，使国有企业高管的责任、权利和义务对等，建立合理的经营者激励机制，仍是现阶段国有企业发展混合所有制的重要内容。

（二）国内地方国企的改革模式成效分析

本课题通过分析国内辽宁、山东、陕西等省份地勘单位的改革模式和做法，总结了其取得的成功经验。

1. 辽宁地勘单位改革的成效

改革力度比较大，相对激进，政策上缺少缓冲，造成职工意见大，有一定的社会负面效应。

2. 山东地勘单位改革的成效

改革具有探索空间，三年过渡期缺少科学依据，三年过渡期后的政策不明确，改革成效不明显。

3. 陕西地勘单位改革的成效

改革具有合理性，但依然存在事业编人员企业化管理问题，值得再研究。

（三）国务院国资委所属企业改革范例

1. 三峡集团改革模式

（1）以子企业混改为突破口推进治理机制改革。

三峡集团以股权结构优化带动市场化机制的加快形成，鼓励具备条件的子企业积极探索，推动三项制度改革和完善市场化经营机制取得积极进展。

（2）改革管控模式，优化管理流程。

优化完成“战略＋运行”的管控模式，持续优化调整部门设置，强化核心职能、整合交叉职能、下放微观管理职能等，加快打造价值创造型总部。

（3）积极探索从“管企业”向“管资本”转变。

随着一系列改革举措得到落实，三峡集团总部“机关化”问题得到有效整改，子企业市场主体地位得到有效落实，权责清晰、精简高效、运行协调的管控模式逐步形成，国有资产监督更加科学有效，国有资产保值增值责任得到有效落实。

（4）实施岗位分红。

岗位分红激励机制丰富了公司以“岗位绩效工资制”为主的相对单一的薪酬激

励模式，建立了一种适合高新技术企业及转制院发展、符合科技人员岗位特点的长效激励机制，充分激发了核心骨干人才的积极性和创新活力，引导员工从创造价值、业绩发展的增量中分享激励，提升企业经营效益与核心竞争力。

2. 东方电气改革模式

（1）资产重组整体上市，提高资源配置效率。

通过上市公司之间资产与资源的交易，制定了“股改＋定向增发＋换股要约”的整体上市方案，在资本市场上创造了一个经典的资产重组“东电模式”。

（2）建立现代企业制度，完善法人治理结构体系。

董事会成员的组成结构发生改变，外部董事的加入解决了国有企业“一把手”说了算、内部人控制等老问题，提升了整体决策能力；通过对企业进行个性化的考核、管理和战略控制，打通了国务院国资委履行出资人职责的通道，使董事会能够真正代表出资人发挥作用。

（3）推动混合所有制改革，促进产业转型升级。

东方电气与中央企业、外资企业、民营企业广泛携手，推动混合所有制和产业结构升级调整，做强做优做大东方电气。

3. 西南铝业实业总公司改革模式

分步走，有利于推动厂办大集体改革。西南铝业集团采取产权集中管理、整合与注销、公司制改革等分步走的方式，在保持集体资产和集体职工身份的情况下，通过转换现有管控模式，赋予集体企业更多财务、人事、业务等方面的经营自主权，逐步实现集体企业与主办国有企业的分离，确保干部队伍稳定、职工群众得到实惠，保证了厂办大集体改革的平稳推进。

通过对三峡集团、东方电气、西南铝业改革模式的总结，可以发现：

三峡集团从优化组织体系、精简审批事项、优化工作流程、改进文风会风、转变工作方式、打造高素质人才队伍等六个方面推进整改。

东方电气通过规范上市公司来进一步强化公司治理和规范管理，实现资金、技术、人才等各类优质资源向主业板块集中，形成精干高效的战略管控和投资中心，提高了资源配置效率。

西南铝业在产权集中管理后，实行“同类项合并”，关闭、注销、整合企业，对下属企业进行公司制改革，大幅压缩企业数量，整合产业核心板块，压减管理层级，大幅减少管理人。

以上这些成功改革案例都是总局下一步学习借鉴的样板。

三、总局企业治理体系与治理能力现代化建设分析

（一）总局现有治理架构与管控模式

总局在国务院国资委分类管理单位中属公益二类，是国务院国资委直接监管的两家公益类地勘事业单位之一。总局行政工作实行局长负责制，党务工作由党委集体决策。“三重一大”事项由党委会议前置讨论研究，局长办公会审定落实；总局按照现代企业集团化管理要求，全面深化企业改革，积极探索企业化管理模式，实施总部机构改革，加快推进内部资源重组整合，初步构建起了事业与企业分体运行的管理体系，基本形成了总局总部战略管控中心、二级企业利润中心和三级企业成本中心的管控架构。实施以党委会为领导与决策核心，局长办公会为责任落实机制，事业单位企业化管理的运行模式。

2020 年 5 月，总局党委为规范总局总部的科学管理，适应总局改革发展需求，制定了《中国煤炭地质总局总部各部室和专责机构职能及主要工作事项》（中煤地党发组织〔2020〕21 号），对总部内设机构进行了调整，明确了部门职能及主要工作事项。

总局总部依规按照事业单位管理部门设置，内设部门类似于政府机关，而非企业管理架构。

截至 2020 年年末，总局及下属企事业单位共有 219 家，其中，事业单位 121 家，企业 98 家。总局下属二级事业单位 24 家、二级企业 12 家。多数二级单位是“一套人马、两块牌子”的管理模式，资产分列在事业和企业，业务以企业为主体展开。总局下辖中化明达地质矿业有限公司、中煤长江地质集团有限公司、湖北中煤地质矿业有限公司（湖北煤炭地质局）、中煤地质工程有限公司（总局特种技术勘探中心）等二级企事业单位，分布在全国的 22 个省、市、自治区。除近年来新成立的公司、研究院外，各二级单位党委会配置基本完整，董事会建设、监事会建设、经理层建设等还需进一步完善。

（二）总局现有治理架构与管控模式优缺点

1. 现有治理架构与管控模式的成就和优势

（1）现有治理架构与管控模式是在近 70 年来的实际工作中总结出的与时代发

展需要和历史条件相符合的管理方法和制度措施，是历史发展与传承的结果。党的十九大以来，总局治理架构与管控模式现代化改革不断深化与完善，二级单位治理体制和治理机制现代化改革全面启动，取得了良好进展，现代化企业治理架构与管控模式初步形成。现有治理架构与管控模式是总局随着我国社会经济发展和新时期建设中国特色社会主义市场经济体制的总体要求逐步完善、逐渐形成的，对于为我国的社会经济发展提供能源、资源保障起到了突出作用。

（2）在特定的历史条件下，在近 70 年的风雨历程中，总局为国家能源决策、煤炭工业规划、化工矿山开发提供了基础资料和科学依据，保证了我国国民经济发展对资源的需求；同时也为国家生态文明建设积极贡献力量。特别是党的十九大以来，总局在各方面取得了巨大成就，连续 5 年在生产总值和利润值上实现了两位数的增长，高于国务院国资委系统内央企平均值。

（3）总局成立于 1953 年，是国务院国资委管理的近百家中央企业之一，是国内能源化工领域规模最大、业务范围最广、技术力量最强的专业性地矿地质勘查企业集团。目前，总局的主要业务板块涉及地质勘查与矿产开发、地质环境与生态建设、地质工程与技术服务等，对进一步推进总局产业结构调整和聚焦主责主业具有重要的意义。总局作为地勘行业龙头企业，在绿色、清洁、低碳发展的大背景下，未来发展有较大潜力。

2. 总局事业单位治理架构、管控模式很难适应市场经济体制

为顺应我国新时期建设中国特色社会主义市场经济体制的要求，特别是十九大以来，中央对国有企业治理体制和治理机制现代化提出了新的要求，由于总局事业单位的属性所限，原有的治理架构与管控模式急需进行现代化改革，以适应治理体制和治理机制现代化的要求，事业单位的体制机制对总局的创新发展已经形成制约。

（1）总局事业单位的属性，影响总局层面建立权力制衡的现代企业治理结构，对实现依法治企、职责明确、协调运转、有效制衡的治理目标有所拖累。

（2）总局层面没有成为独立的市场主体，无法参与市场竞争，不利于提高国有企业竞争力，对发挥国有经济主导作用，不断增强国有经济活力、控制力、影响力，发展战略性和前瞻性产业有所掣肘。

（3）由于总局事业单位的性质，难以从总部层面解决融资问题，同时事业单位身份在全球化竞争环境下易遭遇诸多市场准入壁垒，对走出国门参与市场竞争、实现快速扩张，做强做优做大有较大影响。

（4）事业单位性质不具备市场投资的基本主体要求，不能实施股权多元化，不

能有效放大国有资本的功能，在打造具有核心竞争力的世界一流地质与生态文明建设企业集团的进程中，存在先天性缺陷。

（5）缺少权力制衡制度性设计，容易产生“一把手经济”现象。国有资产所有权与经营权不能有效分离，各层面的事业干部身份与企业市场身份存在差异，职能定位出现错位，思维定式不利于市场化经营，不利于实现从管资产到管资本的职能转换。

（三）总局构建现代企业法人治理体系存在的问题与难点

1. 上下级“三会一层”建设不同步造成相互间对接错位

（1）在事业单位的性质不做根本性转变前，“三会一层”无从谈起，总部管理方式难有大的变化，“官本位”思想会一直存在，运转灵活、有效制衡及市场化运行机制很难有效实施。

（2）二级单位董事会建设不健全，事企不分，部分二级单位未建立完善的现代企业法人治理结构，尤其是外部董事配置不到位，监督职能未能有效落实，多数企业只有形式上的“三会一层”建设，没有实质性运行，尚处于纸面架构。“一套班子、两块牌子”能够解决生存问题，但解决不了发展问题，一定程度上成了阻碍企业法人治理建设的重要因素。

（3）总局层面没能完成“三会一层”建设，各下属单位即使完成了“三会一层”建设，也很难在人员聘用、薪酬兑现、管理方式上特立独行。从体制上，要求下属单位的组织架构需要与上级对接，而从机制上，则要求下属单位与市场对接——不同的要求决定了导向的“错位”，下级单位始终存在着两种导向、两边应付的局面，因为上级单位没有建立完善企业法人治理结构，下级单位的“三会一层”建设形式大于实际。

（4）总部层面的决策机制缺少有效制衡，客观上存在决策与监督间的隔离，不利于对企业运行结果的客观评价与过程纠偏。

2. 地勘单位特殊性给企业化改革带来更多痛点

（1）地勘单位整体发展实力不强。地勘单位数量多、体量小、分布面广，长期以来多是以事企混合的体制运行，无法真正成为市场竞争主体。而公益二类地勘事业单位因财政经费和政府项目不足，无法满足自身生存和发展需求，只能通过提供市场化服务解决经费缺口，从而造成市场同质化恶性竞争。

（2）历史包袱制约地勘单位的转企改制。长期以来，地勘单位凭借“打工经济”加财政拨款而生存，自身没有资本积累，加上组织机构行政化、职工依赖思想严重，单位又不完全是独立市场主体，转企改制从政策推动到资本条件和员工思想上都存在短板。

（3）中央地勘单位专业人才流失严重。近年来，地勘市场的不断萎缩造成行业职工收入增长缓慢，不少中央地勘单位甚至出现普通离退休人员工资高于在职职工收入的现象，部分职工提前退休意愿较强。同时，因体制约束、机制僵化，行业人才特别是高层次人才流失严重，一些大型地质调查项目及课题甚至出现无人领军的情况。

（4）地勘单位的发展动能不足，从人才、设备、资金和运营能力等发展要素看，中央地勘单位同国际先进资源勘探企业存在较大差距，在国际市场竞争领域处于被动局面，影响总局在全球能源及矿产资源战略中的布局及实施。

（5）中央地勘单位的转企改制还缺少顶层设计与政策配套。由于没有地勘事业单位改革的顶层设计指导，各省（区、市）事企分类改革方案差别较大。国务院国资委系统的两家地勘单位如何改革，依然没有政策依据。个别地方政府从维护自身利益的角度出发，垄断所在地方的矿业权分配与矿业开发，导致中央地勘单位获取矿权难、转让难、延续难、开采难。因此，地勘单位在改革改制、实现可持续发展方面，仍存在诸多现实难点。

3. 事业经费成为企业发展的主要支撑

根据总局目前经营状况，财政拨付的事业经费是支撑总局发展的主要基础。从总局近几年的经营情况来看，经营收入和利润都保持了稳定增长，但相对于财政拨款而言，净利润仍然是一个小数额。在地勘市场化机制尚未完善、总局经济效益没有大幅增长的情况下，还不能脱离政府的财政支持而生存。再加上转企改制涉及人员安置成本、资产评估成本、土地成本以及各种隐形成本等，如果没有政策支持，总局改革要想实现“五突破”，具有相当的难度。因此，由于总局经营性资产积累不足、人才短缺、历史遗留问题较多、长期处于差额拨款状态，难以在短时间内成为完全的市场主体，治理体系与治理能力现代化建设需要较大推动力和成本支出。

4. 事业社保变企业社保带来的矛盾冲突

改革改制需要考虑的一个重要方面，就是建立健全适应事业单位人员养老保险的衔接措施，这是改革改制中必须妥善处理的重要问题。要尽可能让转制对职工退休后的收入影响降到最低，如果这个问题处理不好，企业就会缺乏改革的内生动力。

2014年机关事业单位养老保险制度改革以来，各省区配套政策落实进度差别很大，现在虽然大部分地区已经完成养老金并轨，事业单位也开始缴纳养老金，缴费比例、退休时养老金的计算方式、上涨方式和企业相同，但仍然难以弥补企业退休与事业退休之间的差距，同职级的事业社保普遍高于企业社保待遇。

在单位经济效益没有大幅提升的条件下，总局事业身份人员必然会担心将事业社保转入企业社保后导致个人收入下滑。解决总局改革改制过程中的社保衔接问题，需要国家相关部委和各地方政府进行协调、沟通，出台相关政策予以保障。

5. 地区性政策差异制约改革一体化进程

总局系统4万余职工，下属121家事业单位、98家企业，分布在全国22个省、市、自治区，都具有独立法人资格，因此改革改制工作存在诸多难点。所属各单位的社保实行属地化管理，因各单位基础条件不同、历届管理者对社保的认知不同，使得不同单位职工在社保利益方面存在较大落差，甚至出现“同城不同利”的现象。同时，地区经济条件的差异造成的地方政策的差异，客观上也形成了对不同历史遗留问题处理上的不同和职工幸福指数的不同，这些因素也掣肘改革发展。

（四）总局治理体系和治理能力现代化的主要内容

1. 结构要求

权责明确、协调运转、有效制衡。重点是保证党委会的领导核心作用，董事会与监事会的独立作用。

2. 主体要求

引入多元社会力量，成为独立市场竞争主体。重点是实现政企分离，强化企业治理权威；员工参与治理，保护职工权益；混合所有制企业下，优化投票制度，保护各方股东利益。

3. 制度要求

建立产权清晰、权责明确、政企分开、管理科学的现代企业制度。重点是实现国有资产监管制度现代化和企业治理法治化。

4. 手段要求

在现代化治理体系下，采用科学的方式方法进行有效治理，重点是实现法治化、透明化和民主化。

（1）法制化：依法治企，建立公开公正、廉洁高效、守法诚信的法治国企。

（2）透明化：公开信息，保证透明，更好地实现外部监督和内部监督。

（3）民主化：公司民主、股东民主、董事民主和职工民主，实现民主决策和民主监督。

5. 目标要求

通过建立适应市场竞争的企业治理体系，提高国有企业竞争力，发挥国有经济主导作用，不断增强国有经济活力、控制力、影响力，培育具有全球竞争力的世界一流企业。

6. 衡量标准

（1）市场化：使国有企业成为自主经营、自负盈亏、自担风险、自我约束、自我发展的独立市场主体。

（2）阳光化：全面建立国有企业信息披露制度，打造“阳光国企”。

（3）法治化：实现国有资产监管法治化和内部管理法治化。

（4）国际化：建设具有核心竞争力的世界一流国有企业。

（五）实现总局企业治理体系与能力现代化的有效途径

实现总局企业治理体系与能力现代化，应结合总局的历史传承、现实状况、战略目标、国家需求、主要问题以及社会责任等多方面综合考量：实现治理体系现代化，需要遵循《中华人民共和国公司法》等硬性要求；实现治理能力现代化，要充分剖析现有管理制度以及管理流程的优缺点，扬长避短，守正创新，在组织体系、审批流程、工作方式、监督机制、评价机制等方面推进改革，着重实施战略管理、资本管理、人力资源配置三大管理职能。

1. 提高总局企业治理水平及加快企业治理现代化进程的理论基础

（1）在宏观层面，遵守国家法律规范和政策规范。作为市场经济的重要组成部分，国有企业必须受法律约束和保障，需系统构建起中国特色社会主义国有经济治理体系。

（2）在中观层面，实现集团层面成为市场主体。实行所有权和经营权相对分开，建立有效制衡的企业法人治理制度，建立内部竞争激励机制。

（3）在微观层面，构建适应市场运行的国有企业法人治理制度。要建立完善有利于公司市场化竞争的配套制度，其中“三项制度”改革是重点。在制度约束框架内，更好地发挥广大职工的积极性与主动性，增强国有企业的市场能动力、控制力和影响力，为企业在社会主义市场经济条件下独立提高竞争能力建立所需要的制度保障。

2. 落实党委会的核心领导作用以及董事会框架下的总经理负责制与监事会职责的实现

（1）落实党建工作进章程，明确党组织在公司治理中的核心领导作用，建立以董事会为中心纽带，在战略决策、经理层选聘与管理、风险防控等方面发挥主导作用。

（2）落实监事会对企业决策、干部任命、决策执行和成效评价等重要环节的监督职能，促进各治理主体协调运转，有效制衡。

（3）落实经理层执行董事会决策的职能。经理层是公司治理架构中的执行机构，根据董事会的经营发展目标，制订年度经营与实施工作计划，落实目标责任，对公司改革发展起主要支撑作用，并就重要执行计划向党委会汇报。

3. 加强公司法人治理结构有效制衡与灵活高效市场化经营机制间的相互融合

集团公司要积极推进二三级公司在满足条件的情况下实施混改，支持下级单位在不同层面引入社会各类投资者，实现股权多元化，充分发挥社会资本的杠杆作用；要积极支持和推动各级公司实施市场化选聘职业经理人工作，探索建立职业经理人制度，建立完善市场化聘用、契约化管理、差异化薪酬、市场化退出机制；要建立完善法人治理机制，规范各级董事会建设，落实董事会职权，规范外部董事管理制度，建立董事选聘管理和评价机制，使董事会真正成为企业的决策主体；要进一步深化企业“三项制度”改革，建立健全与劳动力市场基本适应、与企业经济效益和劳动生产率挂钩的工资决定和正常增长机制，推动企业内部管理人员“三能”实施。

五、总局治理体系与治理能力现代化改革总体思路

（一）建立现代企业治理体系的总体思路

1. 核心管控内容

集团总部定位为战略规划和投资决策中心，职能定位为“决策、监控、服务”，对下属各二级企业的发展战略、投资方向、人事配备进行决策，对经营业

绩进行考核审计，对内部关键资源进行统一调配管理。具体实施管控内容有以下几个方面：

（1）治理结构控制。依据公司章程设置的董事会下属各委员会可以对公司战略、投资、干部任用等进行把控，在重大问题上起到决定性作用，有效保障公司利益。

（2）组织控制。各部门实行合理有效的职能分工，确保公司各项政策制度得到全面贯彻执行，公司实行定期工作汇报制度，建立健全员工参与机制，增强团队凝聚力和战斗力，督促各项工作高效完成。

（3）人事任免。公司建立完备的人事任免制度，对干部招聘录用工作进行统一管理，审核招聘计划，订立劳动合同，组织岗前培训等。对不能胜任的，可以根据程序进行解聘，选择能够适应公司岗位工作的干部上岗。

（4）权限控制。为满足公司管理及经营需要，强化公司对各部门及分公司的统一集中管理，达到集中决策与适当分权的合理平衡，各部门及相关工作人员在公司授权的范围内依法进行经营管理活动，对外投资、重大资产处置、合同担保等重要事项均由集团授权，实现对子公司的管理。

（5）业绩控制。公司建立完善的业绩评价体系，依照程序，通过定性与量化指标促使子公司目标与总公司目标达成一致，既能提高企业运作效率，也能作为衡量子企业工作成效的一个重要指标。集团可以依据各公司实际情况，对相关业绩进行合理调整。

（6）财务控制。对财务人员管理、制度管理、账户管理等，制定出财务工作基本流程，系统地对各项基础性工作制定出具有可操作性和基础性的规范，达到降低财务风险的目的。

（7）审计控制。收集各种经济信息，审议公司各项（财务）信息的真实性、合规性，指导和调整单位的经济活动，促使公司的经济活动健康发展，提高经济效益，保证经济目标顺利进行。

（8）信息控制。建立完备的信息管理体系，对部门的生产计划与进度、经营回款等情况进行实时监测，确保相关工作反馈的及时性和正确性。通过比较，分析实际工作情况与计划工作内容，及时总结经验与不足，灵活调整工作计划，确保各项工作顺利高效推进。

集团总部各部门要根据新的职能定位进行业务流程设计，以放权、授权、监督、指导为宗旨，持续优化上传下达的渠道，加快信息反馈节奏，定量工作以数字为重点，定性工作实施填充式模板化管理，有效实现集团总部管理方式的转变。

2. 治理现代化改革整体思路

深入落实国家“五位一体”总体布局和“四个全面”战略布局，牢固树立“创新、协调、绿色、开放、共享”五大发展理念，贯彻实施总局“11463”总体发展战略，围绕“一个目标”（打造具有核心竞争力的世界一流地质与生态文明建设企业集团），坚持“一个理念”（以市场为导向，以客户为中心，以科技创新为引领），确立“四商定位”（地质及地理信息技术服务商、新型能源化工矿产开发商、建设工程承包商、生态建设运营商），实施“六大举措”（突出创新驱动，深化改革改制，优化资源配置，强化经营管理，推进资本运营，推动合作共赢），强化“三项保障”（党的建设、文化凝聚、机制导向），不断做强做优做大，实现可持续高质量发展。

（1）组织集团化。

总局层面组建集团公司（中国地质经济发展集团），在公司的统领下，加快组建（整合）区域性专业化公司。依据国家政策导向和区域经济发展需要，通过新设立（或整合）公司，在总局没有下属单位的地域布局设点，使之成为总局在各省市的窗口和立足点，担负开拓市场和占领所在省区市场的重任；对外整合社会资源、资本，实施产业和资本高效扩张，必要时可横向重组整合中央企业所属的地勘企业或收购其他关联产业单位，推动向集团化、市场化、产业化转型发展。

（2）运作市场化。

加快内部资源市场化配置，以股权出资取代资产划转，集中资源、形成合力，减少内部无序竞争和同质化经营，稳妥推进专业整合；鼓励企业围绕发展战略，进行市场化运作，实施人才市场化引进，资源市场化配置，以获取关键技术、核心资源、知名品牌、市场渠道为重点，积极开展对地方国企、民企并购重组，提高产业集中度，提升质量品牌水平。

（3）经营专业化。

坚持资源要素具有互补性和能够实现产业协同原则，实现从“重组整合”向“产业聚合”的方式发展。集团公司推动属地及相邻有关企业，共同出资组建股份制专业化平台企业，加大新技术、新产品、新市场联合开发力度，减少集团内部无序竞争，提升集团内部资源配置效率。

（4）产业一体化。

积极推进业务向上下游延伸，完善产业链布局。通过吸纳社会公共资源，融合社会相关产业，减少同质竞争，逐步完善集团的产业链打造，多方式多渠道加强产业链管理运营人才培养，促使集团具备真正的一体化产业运营服务能力，实现集团产业一体化。

（二）各二级经营性单位机构设置完成情况

1. 二级经营性单位改革进展情况

（1）配套政策或制度制定进展较好。根据国务院国资委相关要求，截至2021年6月30日，93项改革举措中，涉及制度建设的有近40项，已完成近80%，改革配套政策不断完善，起到了引领、规范、保障的作用。总局各业务部门对照改革清单，继续加大制度制定或修订，巩固既有改革成果。要把改革重点工作纳入公司章程，对经理层任职期限和契约化管理、职业经理人制度、末等调整和不胜任退出等，要充分调研，抓紧制定或修订相关制度。

（2）基本建立党委前置研究讨论事项清单，实现重大事项党委前置研究。总局及各单位通过印发会议制度、议事规则和事项清单的方式实现了把党的领导融入公司治理的要求。党委前置研究事项清单是“国企改革三年行动”的重要内容和必备要求，没有完成的单位将进一步予以完善。

（3）董事会建设进展较快，二级单位外部董事占多数即将完成。按照国务院国资委“应建”董事会标准，全局应建董事会企业114户，截至2021年6月底已完成近90%，仅有10余家未完成。总局直属23家二级企业中，87.5%的董事会实现了外部董事占多数。许多二级单位采用建立外部董事人才库和外部董事管理办法的方式，充实外部董事资源，规范外部董事管理。各单位加快推动所属三级企业实施改革，力争早日完成该项工作。

2. 二级单位在公司治理中需要重点关注的事项

一是董事会要按照《中华人民共和国公司法》相关要求规范设立董事会；规模小、决策事项少的企业和一些壳公司等可以设置执行董事。属于全资子企业的，要实现外部董事占多数；不符合“应建”标准且确实不必要建的，可以不建。本企业应结合自身管控模式和相关子企业的实际情况，做出科学合理的调整优化。

二是经理层成员任期制和契约化管理存在落实力度不够、质量不高的问题。有些企业虽然在形式上与经理层签订了契约，但仍存在考核指标单一、业绩目标值挑战性不够、固定薪酬占比较高、岗位退出不刚性等问题，对经理层的激励和约束力度不足。对于经理层成员任期制和契约化管理，要加大力度、加快推进，更要扎实有效、高质量地推进改革。

三管理人员末等调整、不胜任退出等无明显进展的问题是“三项制度”改革的重要内容，要加大力度推进此项改革，通过明确固定任期、到期重聘、签订并严格履约、刚性考核和兑现等方式，强化经理层成员权责对等，干得好就激励，干得不好就调整，实现“能者上、庸者下、平者让”。

四是将改革重点任务、推进公司治理过程中加强党的领导纳入公司章程，探索建立非全资企业（包括绝对控股、相对控股）特别是混合所有制企业公司章程及差异化管理举措，出台混合所有制企业党的建设指导意见。

（三）契合总局发展的公司管理模式

有效的管控模式是以战略为导向，以组织结构为静态框架，以流程和制度为动态依托，以控制系统为核心的动态系统。按照集权、分权程度的不同，一般可将管控模式划分为财务管控型、战略管控型和运营管控型三种基本模式。

1. 财务管控型

采用财务控制型管控模式的集团，其总部作为投资决策中心，以追求资本价值最大化为目标，管理方式以财务指标考核、控制为主。主要特点是母公司将注意力集中于财务管理和领导的功能。财务控制型的管控模式基本上是母公司通过投资入股子公司，成为子公司的股东，母子公司之间更类似于投资者与被投资者的关系。

2. 战略控制型

采用战略控制型管控模式的企业集团，总部作为战略决策和投资决策中心，以追求集团公司总体战略控制和协同效应的培育为目标。管理方式通过战略规划和业务计划体系进行。战略控制型的管控模式是指母公司通过控股子公司，利用股东会和董事会使子公司的经营活动服从于母公司的总体战略规划。

3. 运营控制型

采用此种管控模式的集团，其总部作为经营决策中心和生产指标管理中心，追求集团主要经营活动的统一和优化。该种模式的常见管控做法是统一战略规划、统一采购、统一分配、统一销售、统一调度、统一人事管理。在该种模式下，集团总部高度集权。

要想建立现代企业制度，完善管理流程，实施集约化、市场化、产业化的改造，根据国务院国资委对总局“两非”“两资”的要求，需要对二级单位及以下企业进行适当的整合，借鉴国务院国资委所属其他央企及子公司的先进做法（如东方电气、西南铝业、三峡集团等成功案例），可对长期亏损企业、同区域同质化竞争企业、无资质企业、主业不明确企业进行合并、转型、核销，以增强市场竞争力，提高经营效率，实现国有资产的保值增值。

结论：从管控模式上来说，战略管控型更适合于总局现有企业运行现状。

六、建立公司法人治理结构与组织架构

（一）总局层面建立集团公司

公司名称：中国地质经济发展集团有限公司。

公司性质：国有独资公司。

公司职能：承担国家能源、化工地质勘查行业发展战略、中长期发展规划；承担能源、化工地质勘查和生态建设领域技术研发及应用；负责煤炭、化工资源动态管理、地质勘查报告审查、地质项目工程监理，以及全国煤炭、化工地质资料成果管理和信息资源管理与开发；负责全国煤炭、化工地质协会相关工作；牵头完成煤炭、化工地质单位国内外经济技术合作与交流；牵头制订与修订行业地质勘查有关规范、规程和技术标准等工作。

经营范围：能源矿产、化工矿产及金属矿产等勘查与开发，民生地质、航测遥感、地理信息、建筑施工、地下管廊、装备制造、稀土冶炼、旅业服务，以及新能源开发、地热能在新型特色城镇的应用，产业基金及PPP项目实施，智慧城市及智慧矿山建设，地灾评估与治理及土壤修复治理等（以市场监督管理机关核定的经营范围为准）。

企业性质：中国地质经济发展集团有限公司为国务院国资委直接监管的国有独资公司，列入中央大型公益类企业名录，按照科技类企业进行管理。

出资人：国务院国有资产监督管理委员会。

资金来源：中国煤炭地质总局所属企事业单位现有资产。

注册资本：100亿元人民币。

内设部门：公司内设部门包括党政办公室、规划发展部、人力资源部、资产财务部、经营管理部、科技地质部（安全环保部）、纪检监察部、党委宣传部（企业文化部、统战部、工会）、风险管控部、矿业事业部、海外事业部、对外联络部、机关事业部等。

派出机构：京津冀指挥部、粤港澳大湾区指挥部、新疆指挥部、长江经济带指

挥部、安徽区域公司筹备组（后期需要适当精减）。

二级公司：中化明达、中煤长江、中煤江南、中煤浙江、广西中煤、中煤湖北、青海中煤、中煤华盛、一勘局、中煤航测、地质集团、二勘局、中煤矿业、中煤国际、中煤建工、中能化建设、中煤国地、中能化创投、中煤地生态、中煤东方、地下空间、江苏院、物探院、勘研总院、中能化研究中心（后期需要适当整合）。

中国地质经济发展集团有限公司组织架构图如图 1 所示。

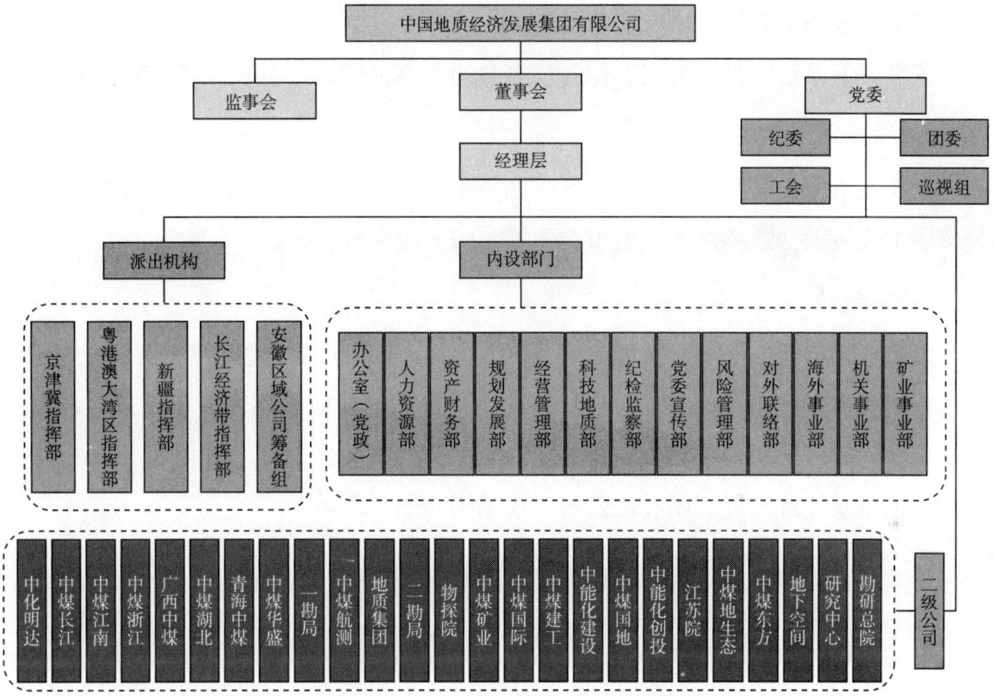

图 1　中国地质经济发展集团有限公司组织架构图

（二）完善公司法人治理结构

1. 公司设立党委

党委设书记 1 名，党委副书记 1 名，其他党委成员根据工作需要设定。董事长、党委书记由一人担任，符合条件的党委成员可以通过法定程序进入董事会、监事会、经理层，董事会、监事会、经理层成员中符合条件的党员可以依照有关规定和程序进入党委。党组织是企业法人治理结构的有机组成部分。

2. 董事会

董事会由7～9人组成，设董事长1名，可设副董事长1名；董事会成员由国务院国资委委派，其中外部董事过半。董事会成员中有一名职工代表，职工代表通过职工代表大会选举产生。董事长是公司的法定代表人，由国务院国资委从董事会成员中指定。董事会设常务委员会，负责董事会闭会期间董事会授权的日常工作。

董事会设立战略与规划委员会、提名与薪酬考核委员会、审计与风险管控委员会、科学技术委员会等4个专业委员会。

董事会下设董事会办公室，作为董事会的办事机构，董事长提名董事会秘书。

3. 监事会

由5人组成，监事会成员由国务院国资委委派，但监事会成员中的职工代表由公司职工代表大会选举产生，监事会主席由国务院国资委指定。

4. 经理层

由董事会聘任或解聘，接受董事会管理和监事会监督。总经理对董事会负责，依法行使管理生产经营、组织实施董事会决议等职权，向董事会报告工作。董事会闭会期间，经理层向董事长报告工作。

中国地质经济发展集团有限公司治理结构如图2所示。

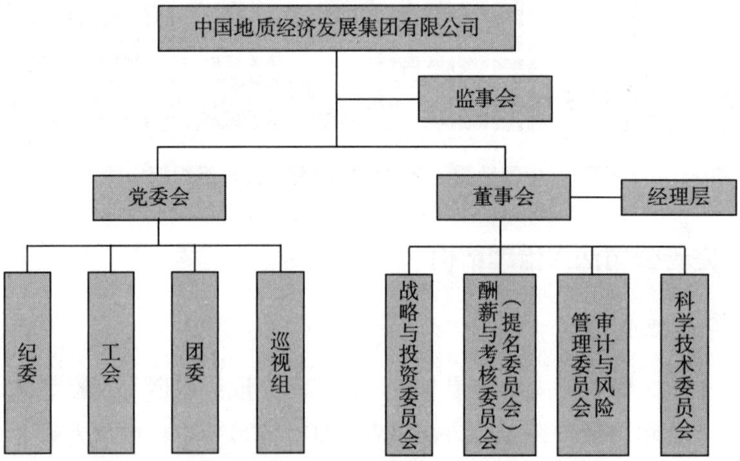

图2　中国地质经济发展集团有限公司治理结构图

（三）建议

1. 总局总部及公司（院）

针对总局总部及公司（院）现实情况，建议如下：

建议一：总局总部去机关化。基于总部机关充分授权放权，着重于监督、评价的功能定位，可以大量减少文件下发、项目审批、会议召开和细节管理，着重于规划、监督与指导；成立机关事业部，承担总局由事业转企业的善后事宜，对接上级部委；成立对外联络部，着重于在业务上对接国家部委、相关行业协会、地方政府与兄弟央企，谋求在大地质、大客户、大市场上的开发，使集团总部的高层营销能够真正落地生根，从而实现事业机关管理向市场化运行机制转变的职能重塑。

建议二：科研类企业市场化。以勘研总院、江苏院、物探院为代表，这 3 家单位应全部成立具有现代法人治理结构的有限公司，以科研成果转化、财政项目研究以及地质技术服务三大功能为主导，走企业化道路，统一实施工作业绩考核；同时，摒弃二三级单位的概念，针对这 3 家研究单位的不同专业特点，实施系统内的专业整合，凝聚研究力，以提升市场核心竞争力。

建议三：施工类企业专业化。对非主业、同质化严重的长期亏损或经营不善企业进行深度研究，从项目承接能力、技术服务能力、人才设备和财务现状等多方面综合考量：能转型的，实施转型发展；能整合到其他发展比较好的同类公司的，实施整合处理；无法转型又不能被重组的，建议按照国务院国资委对“两资”要求，及时进行关闭清算，直至核销。要打破总局对二级单位“刑不上大夫”的惯例——深化改革，如果没有壮士断臂的勇气，则很难有所突破，“两资”企业如不及时解决，有可能会对总局形成长期拖累。

建议四：文化类企业集团化。把现有的研究中心、《中煤地质报》报社、《中国煤炭地质》《化工矿产地质》杂志社和总局档案馆等整合为一个具有独特行业知识内涵的融媒体中心，实施统一管理，充分发挥政策与经济研究能力、发挥地质资料二次供给能力以及报刊凝聚力和传导力，为总局的战略规划、品牌建设和地质成果转化起到积极助推作用。为有效提升专业质量及行业内的影响力，可以适时引进专业团队或外部资本，实行混合所有制改造，逐步实现市场化运营。

建议五：平台类院部实体化。完善平台建设，做实新兴实体。近年来，总局成立了“中能化战略研究中心”“碳中和研究院”和“安全应急研究院”等研究单位以及长三角指挥部、新疆指挥部、粤港澳大湾区指挥部等区域指挥部，这些单位的成立无疑对总局产业扩张、目标落地、对接国家战略等起着重要作用。但从实际情况看，无论从班子建设、未来发展规划还是基于发展需求进行的人员配备与培养以及考核、评价机制，都没有做实的基础条件，离做优做强做大还存在较大的差距。用做实体的标准建设平台，健全组织机构，配备相应人才，让研究院能研究、真研究，让指挥部能指挥、真指挥、起实效是后期需重点关注并落实解决的问题。

2. 三家科研单位（勘研总院、江苏设计院、物探院）

针对三家科研单位的现实情况，建议如下：

建议一：三家科研单位应建立健全现代法人治理结构，完善董事会建设，各自专注于专业特长，在其所擅长的领域深耕，实行市场化运营机制，积极参与市场竞争，在市场磨炼中发展壮大。

建议二：三家单位具有科研能力强、市场覆盖面小、经营能力薄弱的共性，应该以相同考核要求对其进行考核，以消除业绩考核上的差异，提高彼此之间在管理竞争力上的可比性。

建议三：依据现有科研资源，从技术特点和历史过程看，勘研总院与总局各产业板块间具有更紧密的联系，与中化矿山总局的地质研究院在专业上具有高度重合性，建议将勘研总院与中化矿山总局地质研究院实施整合，凝聚专业技术力量，重新调整管理岗位，在内部形成竞争机制，以市场化方式促进科研、服务走上正轨，真正为煤炭地质勘查和矿山地质勘查企业起到对总局技术引领的作用。

建议四：各科研企业应以解决国家或行业内卡脖子问题为重点研究目标，建立以科研团队解决重大科研任务、市场团队解决生存任务、机关团队解决后勤服务任务为框架的管理模式，着重于对重大科研项目完成能力的考核。

建议五：建立健全科研成果评价体系。建立健全科研成果评价体系，并严格按体系标准来验收，才能不断提升科研成果质量与研发队伍的创新能力，尤其要增加“专新特精”项目的评价分值。高标准严要求是科研成果高质量发展的重要保障，走过场、象征性的成果验收是造成项目成果质量差的重要因素，而研究成果质量差又会拖累相关企业的发展。为此，必须坚持严选课题研究方向，严格科研经费使用，严肃质量评判标准。

成果创造单位：中能化信息与发展战略研究中心

成果主要创造人：张　宏

成果创造人：王　磊　李　培　李　敏　杨　帆

中国煤炭地质总局推行安全生产责任保险社会化可行性研究

中国煤炭地质总局科技地质部（安全环保部）
中能化信息与发展战略研究中心
中化地质矿山总局

本项目研究了国内外安全风险管理的主要方式，对比了总局现有的安全风险抵押金制度与目前国际上广泛使用的安全生产责任保险社会化制度的优劣，在分析研究我国安全风险管理制度和总局安全管理现状的基础上，提出了适合总局发展的安全生产风险抵押金制度，对参保范围、保险责任、保险费率、理赔流程的具体实施提出了合理建议，并对地勘单位推行安全生产责任保险社会化提出了一系列工作建议。

总局目前施行的全员风险抵押金制是一种结果考核机制，针对是否发生事故以及事故的大小来进行奖惩，对提高安全管理水平作用有限。安全生产责任保险具有预防安全事故发生和事后损失补偿的双重功能，企业以缴纳保险费为代价，将风险进行有效转嫁，保险公司承担企业安全生产事故损失风险，而安全生产责任保险同时具有损失补偿和事故预防的功能，不仅能有效协助政府化解社会矛盾，协助政府进行风险监控，减轻政府负担，还能提高企业的质量意识，转移企业经营风险，维持企业的正常生产经营。

安全生产责任保险与工伤保险及其他相关险种相比，覆盖群体范围更广、保障更充分、赔偿更及时、预防服务更到位。如果企业属于高危行业，安全生产责任保险能给公司带来一道坚固的安全保障，生产经营企业值得考虑投保。

通过对安全生产责任保险社会化制度的研究与应用分析，建议总局鼓励企业积极投保安全生产责任保险，逐步代替内部风险抵押金制度。下一步，建议总局对投保安全生产责任保险的可行性进行调研与研究，通过发文、会议宣导等形式鼓励下属企业投保安全生产责任保险。

根据总局下属企业经营重点的不同，建议各地选取1~2家代表性企业作为试点——在建工领域，建议先以中煤建工集团有限公司、广东煤炭地质局为试点；在化肥生产领域，建议以中化总局下属广西南宁远东化肥有限公司为试点。在1~4年内，在全局系统内逐步推动安全生产责任险投保落地。

一、成果背景及研究方法

（一）研究背景

目前，我国对重大公共安全事故的应急处理和损失赔付基本上是以政府为主，特别是经营者因经济能力有限或有意逃避责任，在发生重大事故后常常躲藏逃匿，把善后处理工作全部推给政府，使得政府不得不扮演事故赔偿“兜底人”角色，这极大地增加了政府的财政压力，同时弱化了其他主体参与风险补偿的动力。近几年，我国安全生产领域涌现出了多重安全保险险种，现存的各类保险险种在维护国家生产安全、减轻企业负担、发挥保险的经济补偿功能方面都起到了一定的作用，但是保障力度还不够。部分此类保险产品在保障范围上同质性强，费率和赔付标准不统一，导致它们在安全生产领域应发挥的作用受到严重限制。

2017年12月，国家安全监管总局、原保监会、财政部印发了《安全生产责任保险实施办法》（安监总办〔2017〕140号），详细规定了实施办法的立法目的，安全生产责任保险的内涵特征、实施原则、保费来源、实施范围，以及安全生产责任保险与工伤保险及其他险种的关系和调整方式等内容。下一步，安全生产责任保险将进入全面实施阶段。

（二）研究意义

1. 推行安全生产责任保险制度是国家维护生产安全的需要

目前，就我国来看，工伤保险、人身意外伤害保险和雇主责任保险等与安全生产责任保险类似的保险险种广泛存在，但其覆盖面偏小、保障程度很低，无法在维护生产安全方面发挥应有的作用。

（1）工伤保险。我国工伤保险的主管部门是劳动和社会保障部，管理模式是属地管理、地市级统筹、共担风险。其基金管理“以支定收，收支平衡”，按无过失责任原则支付，包括工伤医疗费、伤残抚恤金、护理费、伤残补助费、残疾器具费、丧葬费、工亡补助金和遗属抚恤金等 8 个项目，另外还有职业康复、事业费支出、宣传培训和安全奖励等支出项目。工伤保险作为社会保障制度的一部分，为投保企业和职工提供了最基本的保障。

（2）意外伤害保险。从总体上看，意外伤害保险为风险损失提供了一定的保障，但在实践过程中，各试点地区对于保险费率、保险赔付标准以及保险责任范围的设定存在较大的差异，其费率相差超过 2 倍，保险赔偿责任范围也各不相同。从投保人角度看，企业主动购买意外伤害保险的意识不强，私营企业的从业人员参保率更低；从保险人角度看，由于赔付率较高，很多保险公司对此望而却步，严重影响了保险的风险保障力度。

（3）雇主责任保险。雇主责任险在转嫁企业风险、保障雇员权益方面有着重要的作用。从政府的角度看，将雇主责任保险引入安全生产领域，可以帮助政府解决安全事故发生后经济上的后顾之忧，使政府走出“企业挣钱，政府发丧”的怪圈；从企业的角度，投保雇主责任险，能够转嫁安全事故中的经济赔偿责任与压力，使得事故发生后能够迅速恢复正常生产；从雇员的角度看，不会增加自己的经济负担，权益保障得到了体现。

（4）公众责任保险。对于发生重大事故时可能产生的第三方赔偿责任和公众赔偿责任，可以采用投保公众责任保险来转移，从而提供超出自身风险抵抗能力的保障。不过，时至今日，公众责任保险的发展仍然较为缓慢，总体规模较小，其功能和作用未能得到充分有效的发挥。

（5）环境损害赔偿责任保险。通过投保环境损害赔偿责任保险，可以使环境事故多发的企业避免因污染损害事故自担高额的经济赔偿责任。然而，我国现行的环境责任保险运行体系尚不健全，法律法规不完善、企业投保意识不强、市场各方准备不足，这就制约了环境污染责任保险在我国的推广，也限制了环境责任保险在维护生产安全方面能够发挥的作用。

（6）其他保险（意外险、雇主险种的变形险种）。在对雇主责任类保险产品进行改造的基础上，一些保险公司推出了安全生产责任保险制度，承诺在保险期间内，被保险人如果发生安全生产责任事故，保险人根据事故的严重程度向被保险人支付责任事故处理补助金。

由此可见，现行存在的各类保险险种在维护国家生产安全、发挥保险的经济补偿功能方面都起到了一定的作用，但是保障力度仍然不够。部分此类保险产品在保障范围上同质性强，费率和赔付标准不统一，导致它们在生产安全领域应发挥的作用受到严重限制。因此，开展责任保险，首先应该明确这是一条维护国家生产安全、维护社会稳定、保障经营主体和公民生命财产安全的必要途径。

2. 强制推行安全生产责任保险制度可以更好地维护国家生产安全

安全生产责任保险的事故处理制度是直接体现保险保障和补偿，发挥协同应急和善后功能的重要制度。根据国家应急救援和善后处理的有关原则和要求，建立安全生产责任保险的事故处理管理制度，并配合应急救援，可以充分发挥责任保险的事故救援功能。

发挥责任保险的保险保障功能，保证受损企业及时恢复生产。保险保障功能主要体现在分散风险，弥补事故发生后的经济损失，保障受损企业及时恢复生产和经营等方面。由于责任保险制度对受害第三人具有重要保障作用，从而扩大了受害人的保护范围，实现损害赔偿社会化，因而责任保险在促进安全生产、维护公共安全中有着重要的作用。责任保险的引入，使得在保险合同约定的事故发生后，被保险人可以及时获得保险人提供的保障，及时解决民事赔偿纠纷，为企业的持续经营和发展提供了保证。

同时，为了减少赔偿支出、降低保险成本，保险公司需要做好防灾防损工作，有重点、有针对性地对投保企业进行安全监督检查。对事故隐患严重的企业，保险公司将提出改进安全生产工作的措施，积极推广安全性能可靠的新技术和新工艺，促使企业提高安全水平。在经营状况允许的情况下，保险公司可以拿出一部分资金进行安全生产宣传、教育和安全文化建设，力争增强从业人员和社会公众的安全意识，从而减少事故、降低赔付，实现商业保险机构的经济效益与社会效益的统一。

3. 推行安全生产责任险是行业平稳发展的需要

责任保险将集中于企业乃至行业的风险分散给社会大众，有助于维护行业稳定和社会安定。同时，责任保险的强制推行有利于预防和化解社会矛盾，减轻政府在事故发生后的救助负担。责任保险对于维护人民群众的利益、促进经济健康运行、保障社会安定也具有十分重要的意义。国外的经验和国内的现实情况均表明，商业责任保险与安全生产工作相结合是一种解决事故预防、灾害处置、利益保障等安全生产问题的有效机制。

责任保险满足转移责任的需求是保证稳定发展的重要前提。责任保险凭借其分散责任风险的功能优势经受住了社会发展的考验，显示了其存在和发展的必然性。随着我国经济发展水平的提高，累积在地勘行业内部的责任风险也日益增加。同时，伴随着我国法律制度的日臻完善，侵权责任风险增加的概率也在加大。责任保险的强制推行，有助于扩大参保范围，可在发展过程中运用保障手段满足转移责任风险的需要，必将为维护企业的发展和稳定起到重要作用。

4. 推行安全生产责任险是企业分散责任风险的需要

经济补偿是保险的主要功能，也是企业接受保险进入安全生产领域的主要原因。伤亡事故发生后，企业可以利用保险公司的经济资源及时进行经济补偿，借助责任保险使企业的责任风险和损失得以化解，从而保证企业经营持续进行，维护正常经济秩序。

引入责任保险，更为企业的应急管理工作提供了强大的经济支持和技术支持。通过安保互动建立的超前预防费和安全基金，可以利用市场的经济力量保证救援的顺利进行。

在社会政治、经济、文化急剧变动的今天，民事责任制度的发展趋势也朝着有利于保护受害人的方向发展。这种趋势反过来会导致侵害人的民事责任加重，即责任风险加大。而责任保险的出现和发展，使得加害人可以利用责任保险来分散责任风险及其承担的经济损失，较好地实现了加害人和受害人之间的利益均衡。

（三）国内外情况介绍

1. 企业安全风险抵押金缴纳方式与管理效果

2006 年 8 月 1 日，财政部、安全监管总局、人民银行联合制定下发了《企业安全生产风险抵押金管理暂行办法》，其目的是强化企业安全生产意识，落实安全生产责任，保证生产安全事故抢险、救灾工作的顺利进行。2017 年 6 月 12 日，财政部、安全监管总局、人民银行下发《关于取消企业安全生产风险抵押金制度的通知》（财建〔2017〕237 号）。简而言之，企业安全风险抵押金是由企业向政府缴纳的用于事故抢险、救灾的抵押金。

总局目前施行的“全员安全风险抵押金”制度，实质为带有抵押金性质的安全奖惩，目的是落实安全生产责任制，提高全员安全生产意识，使干部职工在工作中能够自觉履行自身职责，严格执行安全标准。根据不同层级，缴纳不同标准的抵押金。对于考核期内未发生安全事故的，安全生产奖励金额标准等同于本人缴纳的风险抵押金额标准；考核期内发生安全事故的，根据安全生产考核情况决定。考核周期一般为一年，依据全年的安全生产、安全台账和安全检查情况进行考核。考核结果经单位审批后，由财务部门组织兑现。这就要求制定明确的考核及奖励标准，根据考核期内是否按照要求落实各项安全管理制度、是否发生安全事故、事故大小和产生的后果确定奖惩。最高奖励和最高惩罚都为风险抵押金本金的100%。通过以上一系列的措施，真正形成了“全员参与、共担风险、共保安全、共享利益”的安全管理机制。

从缴纳形式看，企业安全风险抵押金与总局实施的安全风险抵押金暂行办法是两个完全不同的概念。前者为企业设立的本企业资金专户存储资金，后者是单位员工向单位缴纳的抵押金，仅名称相同而已。总局的“安全风险抵押金”实质为带有抵押金性质的安全奖惩，其实施以来，对促进总局安全管理形式逐步好转、安全责任制进一步落实、全员安全生产意识的不断提高起到了很大的作用。

2. 安全生产责任保险缴纳方式与管理效果

安全生产责任保险是以被保险企业在生产经营过程中发生的生产安全事故造成从业人员、第三者人身伤亡或财产损失时依法应当承担的经济赔偿责任为保险标的，按照保险合同约定进行赔偿的一系列责任保险险种，主要包括雇主责任保险和公众责任保险。安全生产责任保险的主要作用为赔偿事故造成的从业人员、第三者人身伤亡或财产损失，保证生产安全事故发生后补偿损失的资金来源，减轻政府的负担。其他关于“促进安全防范措施的落实，降低生产安全事故的发生概率的社会管理功能”和“形成企业安全生产自我约束机制，提高企业员工的安全意识”的作用，因安全生产责任保险刚开始推行，具体效果尚未彰显。安全生产责任保险与总局“全员安全风险抵押金”对比分析情况如表1所示。

表1　安全生产责任保险与总局“全员安全风险抵押金”对比分析

对比项	安全生产责任保险	总局“全员安全风险抵押金”
缴纳主体	企业法人	全体职工
用途	赔偿事故造成的从业人员、第三者人身伤亡或财产损失	全员安全抵押，安全绩效考核奖惩
缴纳标准	根据营业性质及参保人数对应所选择不同的赔偿限额计收	个人岗位安全风险大小
计提与列支	按照合同的约定负责赔偿	在单位安全经费中列支
考核周期	保险周期	一年考核周期后重新缴纳
目的	保证生产安全事故发生后补偿损失的资金来源，减轻政府的负担	落实安全生产责任制，提高全员安全生产意识
效果	社会管理功能；形成企业安全生产自我约束机制；保证生产安全事故发生后补偿损失的资金来源，减轻政府的负担	形成“共担风险、共保安全、共享利益”的安全管理机制

3. 国外安全保险使用现状

发达国家的保险市场中并没有明确的安全生产责任保险，而是以工伤保险、公众责任保险形式存在。其中，工伤保险对应安全生产责任保险中的人员伤亡；公众责任保险对应安全事故导致第三者的人员伤亡。尽管不同的发达国家创设的险种制度及规范有所差异，但是其特点、做法有相似之处。

4. 国内安全保险使用现状

近年来，我国的安全生产责任保险主要由政府进行推动，然后由商业保险机构进行专业化的运营。2017 年颁布的《安全生产责任保险实施办法》代表了目前国家顶层设计对安全生产责任保险的最高规定，对安全生产责任保险领域的若干问题进行了明确，并于 2018 年 1 月 1 日开始施行。2019 年，国内首个《安全生产责任保险风险研究报告（2019）》发布，研究的重点首先集中在 9 个“应当投保”的高危行业中社会影响最广泛、投保覆盖最全面、企业规模最大、从业人数最多的建筑施工、危险化学品和煤矿三个子行业，旨在制定保险服务的统一标准、建立行业风险指引、提高企业安全生产综合治理能力，为我国安全生产责任保险的全面铺开扫清障碍、保驾护航。

自 2017 年起，全国的安全生产责任保险试点工作陆续展开，具体类型如下：一是按招标方式划分，包括成立市委联席会议并由安监部门牵头评估、比选、招标的政府型“北京模式”，由江泰保险经纪公司等保险经纪公司牵头比选共保体的市场型“湖南模式”；二是按统筹层次划分，包括由地方险企支公司组成共保体的安全生产责任保险市级统保“德州模式”，由险企分公司组建安全生产责任保险项目共保体的省级统保“海南模式”，比选成立多个安全生产责任保险省公司共保体并按地级市分组区域统保的“广西模式”；三是按第三方服务创新划分，包括由当地高危行业协会牵头风险评估的“上海模式”，由安监局等政府部门支持执法检查协保的“山东模式”，以大数据为核心、平台化共享安全生产责任保险服务资源、“互联网 + 保险 + 服务 + 科技”一体化的“温州模式”，结合统一环境责任保险、安全生产责任保险保障范围的“安环险”创新型“衢州模式”。

二、安全生产责任保险社会化制度的研究与应用

（一）安全生产责任保险的基本特征

1. 安全生产责任保险的功能与作用

安全生产责任保险具有预防安全事故发生和事后损失补偿的双重功能。企业以

缴纳保险费为代价，将风险有效转嫁，保险公司承担企业安全生产事故损失风险，一方面可通过有效履行其预防功能，减少安全事故对个人、企业、社会的风险；另一方面，通过对事故造成的经济损失进行补偿，可促进企业尽快恢复生产，保障受伤人员的人身权益。由于企业风险管理水平不均衡，高危行业风险系数高、企业抗风险能力弱，一旦发生安全事故，往往超出企业的承受能力，这时候，就需要通过保险来转移企业的经营风险。安全生产责任保险不仅能有效协助政府化解社会矛盾、进行风险监控，减轻政府负担，还能提高企业的质量意识、转移企业经营风险，维持企业的正常生产经营。所以，安全生产责任保险能有效解决社会影响大、事故损失大、政府兜底压力大的痛点。

2. 安全生产责任保险的担保责任

安全生产责任保险主要保障雇主、第三者、救援费用、法律费用等方面的责任。

（1）对雇主来说，在保险期间内，被保险人在保险单载明的场所内从事生产、经营等活动过程中，因发生生产安全事故而导致从业人员人身伤亡，依照中华人民共和国法律（不包括港、澳、台地区）应由被保险人承担的经济赔偿责任，可由保险人按照保险合同的约定负责赔偿。

（2）对第三者来说，在保险期间内，被保险人在保险单载明的场所内依法从事生产、经营等活动过程中，因发生生产安全事故造成第三者人身伤亡，依照中华人民共和国法律（不包括港、澳、台地区）应由被保险人承担的经济赔偿责任，可由保险人按照保险合同的约定负责赔偿。

（3）对救援费用来说，在保险期间内，被保险人在保险单载明的工作场所内发生生产安全事故，导致被保险人的从业人员或第三者发生意外，应由被保险人负担的因采取紧急抢险救援措施而支出的必要、合理的救援费用，保险人按照保险合同约定，负责赔偿抢险救援人员的劳务费用，救援器材、设备的租赁、使用费用和生产安全事故现场发生的医疗抢救费用。

（4）对于法律费用来说，事故发生后，被保险人因保险事故而被提起仲裁或者诉讼的，对应由被保险人支付的仲裁或诉讼费用以及事先经保险人书面同意支付的其他必要、合理的费用，保险人按照保险合同约定负责赔偿。

3. 安全生产责任保险的产品特点

按照险种类型划分，安全生产责任保险属于政保类业务，也是民生类的保障。其对应的政府部门是应急管理部和住建部，因此，各家公司若要拓展安全生产责任保险业务，需要与这两个政府部门加强联系与沟通。

保费资金来源，一是安全生产企业自有资金，二是由安全生产企业的风险押金转换而来，三是财政补贴。

安全生产责任保险具有保障范围广、保障额度高、理赔速度快、服务内容全等特点。安全生产责任保险不仅可承保企业在生产经营过程中发生安全生产事故造成的人身伤亡，还可承保医疗费用、第三者财产损失及事故应急救援和善后处理费用，覆盖风险范围远远大于工伤保险。

安全生产责任保险作为商业保险，其各项保险责任限额可以根据客户需求量身定制，充分保障因重/特大事故可能造成的巨额损失，满足高风险行业的高保障需求。安全生产责任保险由保险公司提供专业理赔服务，可以直接向事故伤亡人员先行赔付。此外，保险公司可以调动资源参与应急救援，在客户索赔资料完备的情况下，能够快速完成赔款支付。

安全生产责任保险涵盖事故预防服务，保险公司制定专业事故预防服务标准后，由政府部门和专业机构进行监督。企业投保安全生产责任保险后，可以免费获得安全隐患排查、安全培训、风险识别等服务。

与工伤保险及其他相关险种相比，安全生产责任保险覆盖群体范围更广、保障更充分、赔偿更及时、预防服务更到位（表2）。

表2　安全生产责任保险与相关险种的对比

险种	保险责任	财务成本	风险转嫁效果	风险防范机制
安全生产责任保险	可覆盖保险责任更全，企业对员工、第三者的经济赔偿责任、施救费用、法律费用	财务成本更优，可免交安全生产风险抵押金，且可税前列支	风险转嫁效果更佳，全面转嫁企业赔偿责任以及事故处理中发生的相关费用	根据要求，要建立风险防范机制，提供事故预防和应急救援服务，帮助企业提升风险管理水平
工伤保险	覆盖员工符合工伤情形的伤残、死亡及医疗费用	企业员工工资总额的2%，税前列支	仅能保障基本赔偿，尚有部分赔偿需要企业自付	仅提供事故赔偿
雇主责任险	覆盖企业对员工的经济赔偿责任、法律费用	可税前列支	仅负责员工的人身伤亡风险	仅提供事故赔偿
意外险	覆盖员工因意外产生的伤残、死亡、医疗费用	为税后列支	仅负责员工的人身伤亡风险，被保险人在获得意外补偿后，还可向企业索要赔偿	仅提供事故赔偿

4. 安全生产责任保险的保险费率

安全生产责任保险的保险费率是以安全生产的事故数据为基础厘定的，根据不同行业属性、不同企业性质、不同企业整体风险规模、企业的安全等级、地域差异等安全管理要素进行细化分类，利用经验费率厘定法设定费率调整系数，费率调整系数的浮动直接与企业的安全管理表现挂钩，衡量标准通常以企业上一年的事故理赔频率或者赔付情况来确定：对安全管理好的企业，逐年降低保险费；对事故频发的企业，逐年提高保险费。下面以总局下属中煤建工集团、广东煤炭地质局（中煤江南建设发展集团有限公司）为例，根据当地安全生产责任险监管要求及各地政策进行初步测算之后，具体保险费测算情况详见表3、表4。

表3　中煤建工集团安全生产责任保险费测算情况

所属省份	合同金额（万元）	保费预计（万元）
安徽	71516.00	85.82
澳门	55990.00	67.19
北京	7591.00	22.81
甘肃	8800.00	10.56
广东	68932.00	82.72
广西	10000.00	12.00
贵州	92644.00	111.17
海南	71600.00	85.92
河北	140286.00	70.14
河南	3133.00	35.35
黑龙江	14183.00	20.66
湖北	5760.00	9.94
湖南	74141.00	88.97
江苏	8969.00	5.96
辽宁	1300.00	1.56
内蒙古	1682.00	2.02
山东	15640.00	10.17
山西	34000.00	40.80
陕西	35926.00	43.11
上海	50000.00	60.00
四川	25000.00	57.50
香港	40503.00	48.60
新疆	21651.00	25.98

续表

所属省份	合同金额（万元）	保费预计（万元）
浙江	49180.00	59.02
总计	908427.00	1057.96

表 4　中煤江南建设发展集团有限公司安全生产责任保险保费测算情况

所属省份	合同金额（万元）	保费预计（万元）
安徽	2324.00	3.00
澳门	50.00	0.00
北京	15.00	0.00
福建	3073.00	4.00
广东	90969.00	181.94
广西	10926.00	25.00
贵州	5968.00	7.00
海南	2336.00	3.00
河南	1715.00	2.00
湖北	32899.00	49.00
湖南	30524.00	37.00
江西	471.00	1.00
青海	0.00	0.00
山东	4054.00	5.00
山西	24544.00	29.00
陕西	19.00	0.00
四川	1135.00	1.00
西藏	1958.00	2.00
云南	26708.00	187.00
浙江	19570.00	27.00
总计	259258.00	564.00

备注：

（1）项目比较集中的大省，根据当地政策逐个测算费率；其他地区的项目，按照预计费率估算。

（2）项目涉及的防灾防损、渠道费用，需按照当地情况逐一再落实。

（3）由于各地要求的保险方案不同，其费率存在差异。

（4）某些地区涉及安全生产责任保险的共保体（如海南、广州等），需后续落实当地情况。

（5）以上保费报价仅供参考，涉及业务内部信息，请注意保密。

5. 安全生产责任保险保险费率测算标准

保险公司通常根据被保险企业的安全生产基础设施条件、技术管理水平及安全生产风险状况、风险事故发生频率、风险损失幅度等实行差异化费率和浮动费率。

以建筑施工行业为例，有三种收费方式，列示如下：

（1）按照工程造价收费。收费公式：

保险费 = 工程造价 × 费率

（2）按照被保险人企业施工人数收费。收费公式：

保险费 = 被保险企业施工人数 × 费率

（3）按照拆除施工面积收费。收费公式：

保险费 = 拆除施工面积 × 费率

以上公式中，费率均根据上述风险状况确定。

（二）安全生产责任保险社会化制度的推行基础

1. 推行安全生产责任保险制度的政策基础

《中华人民共和国宪法》第四十二条规定："中华人民共和国公民有劳动的权利和义务。""国家通过各种途径，创造劳动就业条件，加强劳动保护，改善劳动条件，并在发展生产的基础上，提高劳动报酬和福利待遇。"宪法是我国的根本大法，其保障劳动者权益的理念为推行安全生产责任保险制度提供了法理基础。

2006 年，国家安全监管总局首次研究将商业保险机制引入安全生产领域。2009 年，国家安全监管总局出台了《关于在高危行业推进安全生产责任保险的指导意见》。2016 年，中共中央国务院发布《关于推进安全生产领域改革发展的意见》，确立了八大高危行业领域强制投保安全生产责任保险制度。2021 年 9 月，新修正的《中华人民共和国安全生产法》颁布，高危行业领域强制投保安全生产责任保险正式入法。在各项法律法规的指导下，我国各地政府陆续出台了关于实施安全生产责任保险的文件，并促成了安全生产责任保险制度在多个地区和企业得以推行。

2. 推行安全生产责任保险制度的经济基础

国家综合经济实力的增强为强制推行安全生产责任保险制度奠定了经济基础。目前，我国责任保险市场正面临重要的发展机遇，这是由责任保险市场供求关系及外部环境的变化所决定的。我国经济的持续增长不仅是产生责任保险需求的根本原因，也为其发展提供了经济支持。

风险预防和转移的资金投入为强制推行安全生产责任保险制度提供了潜在资源。当前，国内成熟的保险产品对保险事故的施救费用、清理费用等相关费用都能给予保障，已经投保财产保险、责任保险的企业涉及安全生产事故的抢险、救灾、善后等费用已经可以通过保险机制进行风险转移。因此，建议通过适当方法将安全生产风险抵押金转换为保费，以部分解决投保责任保险的保费来源问题。

目前，已经有部分省份出台规定，将安全生产责任保险费用列入安全生产费用。因此，可以通过对企业安全生产费用的整合，从安全经费中安排出适当的比例用于支付责任保险保费，从而在不增加企业财务负担的情况下解决安全生产的风险管理及事后补偿问题。

企业生产效率的提高和企业利润的增长为强制推行安全生产责任保险制度积累了经济资源。我国工业企业利润连续多年保持增长，企业利润自主增长的内在驱动力正在逐步增强。随着科技的进步，生产效率进一步提高，企业产量进一步增加，其带来的财富与利润积累必然可为企业强制责任保险的推行提供经济支持。

3. 推行安全生产责任保险制度的社会基础

健全社会保障体系的社会目标为推行安全生产责任保险制度开拓了发展空间。当前，我国初步建立了城镇企业职工基本养老保险制度、基本医疗保险制度、失业保险制度和城市居民最低生活保障制度，社会保险体系的基本框架已经形成，但还很不完善。但是，只建立基本的社会保险体系是不够的，特别是在基本保障未能全部覆盖的领域，大力推广责任保险，对于弥补和完善社会保障体系具有重要意义。

履行社会责任的企业精神为推行安全生产责任保险制度提供了发展动力。社会责任的兴起是经济全球化深入发展的产物，它代表各国政府、企业和其他所有机构在全球化中实现经济社会协调发展的共同认同的价值观、通行的语言和行为准则。在构建和谐社会的理念指导下，经济利润已经不再是考核企业的唯一指标。

4. 推行安全生产责任保险制度的技术基础

企业风险管理技术的进步提高了运用保险方式转移责任风险的可行性。如何化解和减少风险是企业经营者必须进行研究的。对风险的处理，除了企业自身要加强风险防范意识、进行科学管理和科学决策、建立相应的风险管理制度外，更直接、有效的方式是通过保险来转移风险。将保险手段纳入企业的风险管理体系，为企业提供了管理责任风险的有效解决方案。

商业保险技术的进步为责任保险的产品设计和业务运作提供了技术支持。从保险原理看，风险是完全可以通过一般的保险技术来化解的。商业保险公司承保水平和承保能力的提高，使得其在责任保险产品设计和业务运作上有充足的力量。

（三）安全生产责任保险社会化制度的实施应用

1. 安全生产责任保险社会化的实施方式

实施安全生产责任保险，首先需要明确该保险的实施方式。从执行情况看，安全生产责任保险开展比较好的省份有广东、湖南、湖北、江苏、浙江、山西、内蒙古等。各省对安全生产责任保险社会化制度的执行也为总局提供了可供借鉴的模式和经验。参考世界各国相关保险制度实施情况及各省市相关保险制度实施情况，可供地勘单位选择的安全生产责任保险实施方式有四种，即市场化运作方式、政策引导方式、政府推动方式和立法强制方式。

（1）市场化运作方式。

市场化运作方式是指以市场为导向、以竞争为手段、以服务为基点，完全按市场竞争法则实施地勘单位安全生产责任保险的运作方式。地勘单位的生产经营单位可以自由选择是否购买，购买哪家保险公司的何种产品，以及购买哪种责任保险。保险公司可以自由设计产品，在市场上展开充分竞争。作为市场监管者的政府部门仅负责制定竞争的基本规则，而不直接参与市场运营和管理。

（2）政策引导方式。

政策引导方式是指政府通过出台具体政策对地勘单位的责任保险加以引导，但仍不直接参与地勘单位责任保险市场运营和管理的实施方式。政策引导方式的优点是政府的政策导向可以引导部分地勘单位的生产和经营单位购买相应保险，有利于扩大保险覆盖面，提高安全生产和保险意识。

（3）政府推动方式。

政府推动方式是指政府部门主导和参与地勘单位安全生产责任保险的实施及运营管理工作，由政府主管部门凭借公信力和强制力，出台部门规章，组织、沟通与协调保险公司、服务机构和地勘单位的生产经营单位，设计适合行业和地方需要的安全生产责任保险产品，建立健全事故预防等服务体系，积极推进制度实施。其中包括由政府部门委托具体的组织管理机构在全国或局部地区负责实施，并统一确定投保规范、统一确定承保机构、统一执行标准的具体模式。

（4）立法强制方式。

立法强制方式是指通过立法的形式强制所有符合条件的地勘单位生产经营单位全部参加安全生产责任保险，并对参与各方的责任与义务、奖励与惩罚机制进行详细规范。与其他实施方式相比，立法强制方式是最为规范、最能充分反映国家意志和强制性、最具有普遍性和程序性的方式，是制度实施的最高形式。先建立、后立法的形式更加符合建立安全生产强制责任保险制度的迫切需要，符合“务实、高效”的原则。同时，也便于在实践中不断调整和改进，保证立法依据的完善、准确和立法过程的顺畅。

通过认真分析，本课题研究团队认为应选择采取政府推动、立法强制、市场化运营方式实施地勘单位安全生产责任保险制度。

2. 安全生产责任保险运行机制设计

在地勘单位推行安全生产责任保险，包括四方面运行机制：强制投保及事故预防机制、事故处理机制、安全生产责任保险与安全生产抵押金的转换机制和评价校正机制。

（1）强制投保及事故预防机制设计。

①强制投保机制设计。

强制投保机制是在地勘单位实施安全生产责任保险的基本措施，包含五方面内容：一是在现行安全生产管理法律法规的基础上，将高危企业投保安全生产责任险列为其履行安全生产管理职责的法定义务，出台强制投保的实施政策；二是以法规制度的方式明确高危企业强制投保安全生产责任保险的规范；三是根据安全生产管理的总体需要和工作要求，规范参与安全生产责任保险运营的保险机构承保行为，向地勘单位全面提供保险保障；四是制定和统一强制保险的执行标准和实务规范，以保证安全生产责任保险制度的贯彻落实；五是强化安监执法部门对安全生产责任保险强制投保的监督检查。

第一，强制投保实施政策的内容。强制投保实施政策包括：出台强制投保政策、建立强制安全生产责任保险标牌的公示制度、建立安全生产许可证换发年审的安全生产责任保险强制投保审核制度。

第二，企业的投保规范。高危企业应以领取安全生产许可证或经营许可证的生产经营单位为投保人及被保险人，投保安全生产责任保险。企业应积极配合保险公司开展风险调查，并按照保险公司的投保规范真实填写投保单、风险调查表，提供有关投保资料，不得虚报、瞒报相关的事故风险数据。续保时，应该提供上一年安全生产责任保险的保险单；企业应根据保险机构的风险调查反馈意见适时进行整改，并将整改情况反馈给安全监督管理部门及保险公司；企业（包括中央管理企业及所属单位）应按照属地原则向经省级安全生产监督管理部门指定的所在地（市、县和市辖区）保险公司的分支机构办理投保手续；新设立的企业应于正式批准设立以后的2个月内进行投保，此后应于每年保险单到期日前20个工作日办理续保；依照有关政策规定，高危企业在生产期内必须保证按年度连续投保高危行业安全生产责任保险，并且不得因变更企业法定代表人或合伙人、停产整顿等情况进行延迟续保、退保。高危企业终止营业或被吊销《安全生产经营许可证》时可以退保；新设立的高危企业，按照有关部门核定的工业产量和产值，依照费率标准核定首年保险费；经营性高危企业，参照同等规模高危企业的平均产值，依照费率标准核定首年保险费；高危企业投保以后，应在生产经营场所的明显位置悬挂或张贴由保险公司提供的“安全生产责任保险标牌”。

第三，保险机构的承保规范。保险公司开展安全生产责任保险的承保工作，必须履行对高危企业进行现场风险和安全调查的职责。保险公司专职人员应在接到投保申请后3日内赴企业营业场所实地开展调查工作，按照规定的程序和内容如实、完整、详细记录企业的基本情况和风险状况，并据此提出安全风险调查结论和整改意见，形成书面调查报告。保险公司应以风险调查的结果为依据进行承保，其中对风险隐患突出且风险调查结果不符合承保要求的企业，应在企业进行整改后并经复查合格后予以承保。承保时，保险公司可根据企业以往及上一承保年度的事故发生情况、受到安全监督管理部门处罚情况及风险变更情况等，严格按照保险费率调整当期保险费率。保险公司的安全生产责任保险业务应当与其他保险业务分开管理，单独核算。

第四，强制保险的实施规范。煤矿开采企业、非煤矿山开采企业、危化品生产经营单位和烟花爆竹生产经营单位必须投保安全生产责任保险。地勘单位的生产经营单位投保安全生产责任保险以后，可以停止投保其他各类涉及安全生产责任事故相关的雇主责任保险、意外伤害保险和公众责任保险等商业保险。企业投保安全生产责任保险，应于签订保险合同时一次性支付全部保险费。企业可以选择任何一家获得安全生产责任保险运营资格的保险公司投保安全生产责任保险，保险公司不得拒绝或拖延承保。在实施安全生产责任保险的过程中，保险公司可以结合本地区高危企业正常生产经营期间的规模大小、风险程度、安全管理状况等具体情况，在合理范围内调整具体执行的保险费率标准。确定调整后的保险费率执行标准，保险公司须向保险监管部门备案。

第五，监督检查措施。各级安全生产监督管理部门应将安全生产责任保险的实施工作列为日常安全生产管理的工作内容之一，并全面掌握各地高危企业安全生产责任保险的投保情况、风险汇总情况和保险赔付情况。在高危企业申请办理和更换安全生产许可证或经营许可证时，有效核查安全生产责任保险的保险单和相关凭证。安全生产监督管理部门及有关机构可以对保险公司的安全生产责任保险的业务单证进行调阅，可以要求保险公司定期提供安全生产责任保险承保数据、财务数据和安全风险调查数据。

②安全管理和事故预防机制设计。

安全管理和事故预防机制是在地勘单位实施安全生产强制责任保险的核心内容之一，主要表现在三个方面：一是通过安全生产责任保险机制的保险费率杠杆、费率厘定方式，引导企业主动加强安全管理，降低安全事故，从而起到促进生产安全事故预防的作用；二是整合保险行业的安全管理资源，引入保险机构和专业风险人员直接参与安全管理，辅助政府主管部门开展安全管理；三是从保险费用中计提专项安全管理预防费用，专门用于地勘单位的安全投入，包括安全设备、安全奖励、安全教育和培训等。

（2）事故处理机制设计。

地勘单位责任保险的事故处理机制可直接体现安全生产责任保险的保险保障和补偿，由安全生产责任保险的承保保险公司进行保险赔付，并根据国家应急救援和善后处理的有关原则和要求，配合事故处理应急预案，提供配套的保险事故理赔服务。具体内容包括：

①设立应急处理机构。

保险公司总部成立应急处理管理中心。地勘单位应设立生产事故应急处理小组，或保证拥有专门负责地勘单位生产事故的应急处理机构。保险公司的应急处理机构主要承担辅助救援职能，工作内容包括了解情况、反馈信息、进行事故原因调查、评估损失情况、协助善后处理等。同时，根据实际救援需要，在救援费用赔偿限额之内，及时预付救灾资金。

②建立应急预付救援费用机制。

应急预付救援费用与安全预防费用不同，是当事故责任明确、事故损失重大时，为保证及时、有效实施抢险救援，保险公司必须保证以不低于事故救援预算费用50%的比例向高危企业垫付事故救援费用。各级保险公司应根据应急救援的需要，在事故处理指挥中心的调度下，在救援费用赔偿限额内预付应急救援费用。预付救援费用的项目范围包括：救援人员劳务费用；救援器材、设备的租赁、使用费用；单价低于200元的救援工具的购置费用；生产安全事故现场发生的医疗抢救费用。

③建立预付赔款制度。

保险公司应根据应急救援和善后处理的需要，在保险责任清楚的前提下，根据事故救援和善后处理的总体安排，按一定比例向投保企业预付赔款。预付赔款的赔偿范围包括死亡补偿金、事故救援费用等。

（3）安全生产责任保险与安全生产抵押金的转换机制设计。

安全生产责任保险与安全生产抵押金的转换是指施行安全生产责任保险制度以后，安全生产责任保险与安全生产抵押金可以进行转换替代，作为对安全生产抵押金制度的一种补充。这是因为安全生产责任保险与安全生产风险抵押金的主要目的和作用一致。安全生产责任保险通过资金共享和统筹机制，能够提高事故处理和救援的保障金额。转换处理的基本形式：企业投保安全生产责任保险以后，持安全生产责任保险的保险单正本向企业所在地安监部门进行备案，备案后，企业可以结转安全抵押金资金专户的安全抵押金，存储金额可以为零。具体结转手续由各地安监部门规定。

（4）评价校正机制设计。

安全生产责任保险的评价校正机制是指在政府主管部门的监督管理下，对安全生产责任保险的实施和运营进行监督和评价，不断改进和完善相关制度体系。

地勘单位安全生产责任保险作为强制投保的政策性业务，其保险产品属于公益性服务的范畴。依据《中华人民共和国保险法》和《财产保险公司保险条款和保险费率管理办法》有关规定，地勘单位安全生产责任保险的保险条款和费率厘定应满足维护社会公众利益和防止不正当竞争的原则，且不危及保险公司的偿付能力。由于地勘单位安全生产责任保险产品及按照相关标准确定的数据基础尚不齐全和准确，实施机制和方式的合理性有待实证，因此有必要通过试行和研究不断积累数据，总结经验。

从社会效益角度考察，可从以下方面对高危行业安全生产责任保险制度进行宏观评价：

①安全生产责任保险的整体赔付水平和赔付效果。考察安全生产责任保险的事故补偿效果，内容包括：占全国生产安全事故的损失赔偿和事故救援费用的比重；对发生事故企业的恢复再生产和事故处理的资金支持力度和企业受惠程度；对于稳定社会、保证生产事故涉及受害人员的足额赔付和安抚效果等。

②安全生产责任保险的实施对于促进安全生产管理的效果。考察保险公司参与风险管理整体效果，内容包括：生产安全事故发生的概率和损失程度；保险机构参与和促进安全生产管理的工作形式和效果；安全生产责任保险的安全投入费用情况等。

③安全生产责任保险的营运情况。考察安全生产责任保险的营动情况，内容包括：盈利水平；企业的财务承受能力；不同行业、不同地区的差异化的适用性和调整效果。

3. 安全生产责任保险理赔案例

（1）经营场所第三者意外事故。

2015年6月2日，北京某美食城投保了安全生产责任保险，保费3960元，获得累计500万元的保障。2015年7月1日，一对夫妇带着3岁的儿子在该餐厅就餐时，不慎将空啤酒瓶打碎，工作人员对现场进行了及时清扫，但3岁男孩还是在随后的玩耍过程中被玻璃扎伤脚后跟。事故发生后，男孩立刻被送入医院接受治疗。当日，承保这家餐饮企业安全生产责任保险的保险公司工作人员及时与这对夫妇联系，协助美食城对受伤顾客进行及时赔付。9月8日，孩子家人将相关票据递交给保险公司；9月9日，孩子父母就拿到了6763.84元的保险理赔金。

（2）从业人员意外受伤事故。

2015年12月4日，北京某烤鸭店投保了安全生产责任保险，保费1500元，获得累计500万元的保险保障。2016年1月26日，该公司员工在工作中不慎将右手无名指切伤。事故发生后，该员工立刻被送入医院治疗，医院诊断需将该员工手指感染部位切除。保险公司在接到报案后，第一时间派出查勘人员赴医院了解伤者情况，积极进行保险理赔。最终，该员工获得了2万元的医疗费赔偿和3万元的伤残赔偿金。

（3）佛山机械加工厂气体爆炸事故。

佛山某机械加工厂投保了安全生产责任保险，获得了累计责任限额500万元，雇员每人死亡伤残30万元的保险保障。2014年12月，该企业发生一起气体爆炸事故，共造成17人死亡，33人受伤，其中3人有生命危险，16人重伤，其余14人为中轻度伤。事故发生后，保险公司第一时间赶赴现场进行保险善后工作，协助企业进行保险理赔，并于事故发生3小时后向企业预付了50万元的赔偿金。

（4）河南环保池沼气中毒事件。

2015年5月31日，河南省周口市扶沟县某企业在进行环保池清淤时，由于沼气未排空，造成一名女工晕倒在池中，上面的12名工人下去营救，却全部遇险。这起沼气中毒事故造成4人死亡、9人中毒。由于该企业事先投保了安全生产责任保险，最终获得了190余万元的保险赔付。

（5）河北省衡水市冀州区建筑工程事故。

2015年9月26日，河北省衡水市冀州区某小区建筑工地施工现场，指挥员张某往塔吊所吊灰罐内装好灰后，将灰罐挂好，然后通知塔吊司机魏某吊起向11号楼运送。当塔吊由南向北转动至地下车库施工现场上方时，灰罐突然坠落，砸在正在给地下车库拧钢筋的工人刘某身上，造成刘某当场死亡。事故发生后，投保了安全生产责任保险的施工方获得了40万元的保险赔付。

以上理赔案例，有以下几个特点。一是在频发、易发的雇员伤害事件处理过程中，企业通过投保安全生产责任保险，能够有效转嫁经营风险，有效获得保险公司的及时赔付。企业通过投保安全生产责任保险，在获得保险公司提供的保险保障的同时，也充分体现了诚信企业的社会责任。二是事故发生后，保险公司直接参与事故的善后赔付，直接与事故受伤人员无缝对接，提供理赔服务，省去了中间环节，避免了企业在事故受伤人员和保险公司之间来回跑。三是企业不仅能够充分转嫁企业的经营风险，更能够树立企业良好的社会形象。四是有力证明了投保安全生产责任保险，不仅可以让企业在发生保险事故后获得经济赔偿，更可以使保险公司与企业建立共同防范风险、风险预防的机制。保险公司的事故预防服务是传统保险服务业的一次重大革新，可协助企业进行日常风险管理，切实提升企业的安全管理水平。

三、总局推行安全生产责任保险社会化的相关建议

建议总局对投保安全生产责任保险的可行性进行调研与研究，通过发文、会议宣贯等形式鼓励下属企业投保安全生产责任险，并以投保安全生产责任险取代内部风险抵押金制度，强化风险管理事前预防、监督导向，加大下属企业对安全生产的重视程度，完善下属企业的各类安全监管体系。

根据总局下属企业不同的经营重点，建议各地选取1～2家代表性企业作为试点——在建工领域，建议先以中煤建工集团有限公司、广东煤炭地质局为试点；在化肥生产领域，建议以中化总局下属广西南宁远东化肥有限公司为试点。在1～4年内，在全局系统内逐步推动安全生产责任险投保落地。

在具体落实时，可采取以下措施：

一是建立顺畅的运行机制。坚持采取“政策引导，总局推动，市场化运营”的基本方式建立健全安全生产责任险制度，明确总局推动工作和保险服务机构运营服务工作的界限，依法依规运行。其中，总局要把握推进工作的总方向，履行安全生产责任保险制度的组织推动、规范和监督等重要职责，着重加强安全生产责任保险制度建设，不断研究和改进建立安全生产责任保险制度的政策措施，加强监督评议考核，保证制度建设的正确方向，不承担、不代行保险服务机构的市场化运营。

二是完善配套的制度体系。加强制度建设，出台《全面推行安全生产责任保险制度工作的实施意见》，明确总局全面推行安全生产责任险制度工作的总体思路和工作目标；修订《安全生产费用提取使用办法》，将安全生产责任保险费用纳入安全生产费用，规范经费管理，提高经费使用效益。

三是构建科学的管理机制。总局安全生产委员会统一领导安全生产责任险制度在总局系统内的推行工作，充分发挥安全生产责任险制度工作联席会议的统筹协调作用，及时研究解决推行中存在的问题，不断完善相关政策。保险服务机构要建立配套的管理服务平台，强化运营服务中心的枢纽作用，出台运营服务实施细则，制定工作手册，明确保险服务规范和监督评议考核办法，统一保险条款和产品方案，建立安全生产责任保险信息管理系统，构建合理的运营组织架构。形成各司其职，齐抓共管的管理机制，推动总局安全生产责任保险制度化、规范化、标准化运行。

四是突出双重保障功能。充分发挥安全生产责任保险制度的事前预防和事后保障作用，通过加强和固化对参保企业的安全风险评估和安全隐患排查服务，鼓励保险服务机构开展事故预防相关技术的研发推广应用，积极开展安全培训、安全知识竞赛等活动，强化安全生产责任保险制度的事前预防机制，提高风险辨识管控和隐患排查治理水平，帮助参保企业有效降低风险。注重发挥安全生产责任保险“小投入，大保障”作用，规范理赔服务标准，建立事故应急救援的预付赔款和伤亡人员紧急医疗费用垫付机制，通过及时有效的保险理赔服务切实减轻企业负担，缓解社会矛盾。

五是发挥双重考核作用。落实各级企业工作任务，将安全生产责任保险制度推行工作作为对各二级单位年度安全生产综合考核的重要内容，保证工作推动的力度。加大对以保险经纪机构为主的运营服务中心的工作考核力度；依托经纪公司对承保公司进行考核，要将监督评议考核结果作为各类保险服务机构准入和退出总局安全生产责任保险制度推行工作的主要依据。要通过发挥双重考核机制的激励约束作用，提高各单位工作的主动性和积极性，形成工作合力。

六是加大事故预防工作力度。将安全生产责任保险制度的事故预防功能纳入整体安全生产事故预防工作体系统筹安排。制定总局《安全生产事故预防费用提取使用办法》，结合实际风险和盈利情况，明确事故预防费用比例，把事故预防费用作为对企业安全生产费用投入的有益补充。各保险服务机构应在事故预防费用中单独设立隐患排查专项资金，每年为参保企业提供一次专项现场隐患排查服务，做好重点隐患的整改复查和信息登记工作。发现重大安全隐患的，应向属地安全生产监管部门反映，并按有关规定上报总局安全监管部门。

七是强化事后理赔服务工作。监督保险服务机构强化安全生产责任保险理赔工作的服务效率、简化工作流程，保证及时查勘、有效沟通、快速赔付处理保险报案，保证事故伤亡人员的权益；要主动参与事故应急救援和善后处理，依照保险理赔服务规范，明确理赔服务标准，严格事故责任认定程序，积极采集事故证据材料，加强与参保企业和赔付对象的沟通，保证理赔时效；要进一步落实事故快报制度，规范信息报送的形式、途径、对象等主要内容。总局有关安全监管部门要协调保险服务机构在合理范围内参与和配合生产安全事故的善后处理，并通过属地安全事故调查部门获取有关的现场查勘证据材料。

八是完善保险服务机构的奖惩措施。要建立完善的保险服务监督评议考核办法，明确对保险服务机构的奖惩措施。各保险服务机构要严格管理措施，对服务不规范、未达标及投诉举报属实等情况，明确对分支机构和人员的处理措施和处罚方式；总局安全监管部门应根据各保险服务机构的处理情况，综合日常的组织管理工作、承保服务、理赔服务、事故预防服务、宣传培训、客户投诉等要素指标，对保险服务机构进行综合考核，明确奖优罚劣措施；对年度考核不合格、发生违背服务承诺等情况的保险服务机构，取消参与安全生产责任保险制度建设的资格。

九是发挥各级企业主导宣传的作用。各级单位要将安全生产责任保险制度的宣传工作纳入本单位重点宣传内容之中，以组织召开安全生产责任保险宣导会为主要形式，并通过文件、安全生产大检查、隐患排查治理、安全生产月活动、各类专项行动等途径，以及微信、微博等新媒体形式进行重点宣传。

十是加快建设功能完善的总局安全生产责任保险信息系统。以方便企业投保、查询、理赔为目标，不断完善信息系统的各项功能，实现参保企业的数据集中和交互，使参保企业能够实现在线投保、保险状况查询、安全隐患排查信息查询等功能，使行业主管部门、保险服务机构能够按照用户权限，按照行业、地区、险种等多个维度进行数据查询。

十一是加强组织领导。各级安全生产委员会要统一领导本单位安全生产责任保险制度的推行工作，成立领导组织机构，明确负责组织实施的相关部门，健全工作机制，统筹协调政府有关部门，密切配合，开展经常性的工作交流和联合检查，推动企业投保安全生产责任保险；完善考核制度，落实工作责任，将推行参保工作作为对所属单位年度考核的重要内容。

十二是强化实施保障。各级单位要制定全面推行安全生产责任保险制度的工作方案，明确具体工作举措。涉及矿山、危险化学品、建筑施工、民用爆炸物品、金属冶炼等高危行业的单位，要制定强制实施的具体办法，未投保安全生产责任保险的，要依据有关法律法规责令限期改正或处以罚款。人员密集场所，要结合本行业领域的实际情况，对重点推行工作做出具体安排，要制定有效的工作措施，实现重点突破。其他行业领域的单位，要积极配合属地安全生产监管部门，通过印发文件、召开宣导会等形式动员所属企业积极投保安全生产责任保险。

十三是推动工作融合。各级安全生产管理部门要加强与行业主管部门的联系和合作，建立沟通和协调机制，发挥各自优势，履行各自的权利义务，通过相互配合、相互支持，共同抓好安全生产责任保险制度的推进工作。在推进过程中，要主动做到在承保服务上与社会监督相融合，在事故预防上与“双控”相融合，在理赔服务上与事故处理相融合，在信息化手段上与政府数据相融合，在宣传内容上与整体宣传要求相融合。

四、结论

综上所述，本文通过分析国内地勘单位安全生产责任风险管理的现状及中国煤炭地质总局系统内相关单位现状，研究了“安全生产责任保险制度”的基本特征和实行情况，论证了安全生产责任保险在总局实施的必要性和可行性。同时，基于总局的实际发展情况设计了安全生产责任保险制度的具体保险产品形式和运行机制，对总局实施安全生产责任保险制度提出了方案和工作建议，并对在地勘单位推行安全生产责任保险拟订了相应的实施方式和管理制度。

通过全面分析研究，研究团队认为：

第一，总局安全生产责任保险社会化是未来趋势。全员风险抵押金制度是一种结果考核，针对是否发生事故以及事故的大小来进行奖惩，对提高安全管理水平作用有限。安全生产责任保险既有结果考核作用，又有事故预防作用，能够促进各单位安全管理水平的提高，有助于促进总局以更高质量安全发展。

第二，总局安全生产责任保险社会化应分类推进。按照《中华人民共和国安全生产法》的规定，应投保安全生产责任保险的高危行业单位包括建筑施工企业、煤矿企业等到。投保安全生产责任保险后，可取消风险抵押金制度。

第三，总局安全生产责任保险社会化应试点启动。系统内可按照不同行业或下属企业的不同经营重点，选取1~2个代表性企业逐步推开。

第四，总局安全生产责任保险社会化推行时间节点。一类安全风险单位应尽快制定投保安全生产责任险计划，在 1 ~2 年内逐步取消安全生产风险抵押金制度。二类及以上安全风险单位应在 3 ~4 年内逐步投保安全生产责任险，直至总局所有单位全部投保安全生产责任险。

成 果 创 造 单 位：中国煤炭地质总局科技地质部（安全环保部）
中能化信息与发展战略研究中心
中化地质矿山总局
成果主要创造人：李　竞
成 果 创 造 人：张　才　胡立俊　张　宏　李　正　韩贝贝
成果其他创造人：孟君仪

构建中国煤炭地质总局协同管理效应体系研究

中能化信息与发展战略研究中心

当前，持续深化改革、提高整体效益和提高企业管理水平等都要求总局提高价值创造能力，真正做到“全局一盘棋”，所属企业（单位）协调联动，最大限度实现资源互补，发挥协同效应。

目前，总局在协同管理中存在的主要问题表现在11个方面：总局战略层面对协同的认知还有欠缺；管控模式较为单一；协同文化的氛围还不够深厚；缺少统一的信息汇总共享平台；缺少管理协同方面的相关考核机制和利益分配机制；总局总部工作职能在协同发展方面有待提高；客户资源共享问题无实质性进展；内部企业间存在无序竞争现象；业务协同的信息化系统欠缺；员工缺乏业务协作意识；总局内部有限资源未得到充分利用。

总局在协同管理方面存在问题的原因主要表现在7个方面：总局管理体制存在特殊性、复杂性；所属企业存在本位主义；总局内部资源过于分散，资源整合能力较弱；管理制度和激励措施不够完善；协同成本相对过高，易发生负协同效应；技术手段支持力度较弱；协同理念和意识不强。

基于以上对总局在协同管理中存在的问题及其原因的分析，按照协同管理的相关理论，本研究提出从业务协同能力创新、组织协作能力强化、关键资源统筹（整合）能力提升三个方面来构建总局协同管理模式。一在业务协同能力创新方面，建立反不正当竞争协调机制、项目备案在先协调机制、划分市场竞争区域协调机制；二在组织协作能力强化方面，提升战略统领力、增强内部管控能力、提高机制创新能力、提高数字和信息化技术支撑能力、建立总局协同文化；三在关键资源统筹（整合）能力提升方面，重点关注人力资源协同、财务资源协同、品牌资源协同、科技资源协同、营销流程协同，利用专业化建设推进资源统筹。本研究还提出了构建总局协同管理体系的保障措施，分别是：制度体系保障、员工动力保障、运行设计保障和业绩考核保障。

一、成果背景及研究方法

经过近70年的发展，中国煤炭地质总局已成为国务院国资委直接管理的大型中央地勘集团。总局起源于地质勘查业务，在事业单位的基础上逐渐演变成集团公司，面临着企业改革还未完全到位，与现代企业制度的要求还有较大差距，亟待持续深化改革、提升现代企业管理水平、实现做强做优的现实问题，也面临着与大型集团相比整体实力弱小、资源不集中的问题。总局有必要引入协同管理的思维和理念，深度挖掘发展潜力，有效提升发展质量，逐步实现总局整体价值最大化和可持续发展。

（一）研究背景

当前，总局面临的发展环境正在经历前所未有的变化：人工智能技术迅速渗透各领域，新的商业模式层出不穷，“黑天鹅”和“灰犀牛”事件频出。这一系列变化都需要企业管理者做出相应的改变，而在众多管理实践中，提高效率是企业管理中最核心的命题。

1. 管理理论的演变过程重视协同管理的作用

自从管理学家泰勒提出科学管理分工开始，组织为了提高效率，不断强化分工的效能，于是，分工成为最主要的组织管理方法。分工促使劳动效率最大化得以实现，分权使组织获得了最大化的效率，分利则让个人效率得以最大化地实现。

实际上，“分工、分权、分利”只解决了组织内部个体和小群体的效率，而组织绩效和整体效率并没有完全得到释放。正是由于分工才导致产业价值链条上出现了各个环节，需要依靠协同以及信息交换与共享才能使其效率最大化。

2. 从总局发展的历程看协同管理的意义

当前，总局正在积极践行“绿水青山就是金山银山”理念，服务的业务领域不断拓展，新发展动能正在形成。总局正将“地质勘查技术”这一核心武器应用于更多业务领域，利用更多跨行业技术（多学科跨界）、互联网与平台思维等多种因素共同推动总局做强做优做大，初步具备了集团型地勘公司的规模和实力。总局所属地勘企业（队伍）大小规模并存，在业务管理和决策上缺乏统筹协调，仍然保持着“一局多队（公司、院）”的格局。各局所属地勘队在业务上呈现出“分散经营，遍地开花”的局面，在技术、装备、资质、人才等各类资源上还不能形成系统合力，各二级单位的专业化优势和业务特点还不突出，总局总部在管控职能加强和业务协调能力提升上还需要多做思考。同时，地勘单位纷纷转型发展，在新进入的业务领域，同质竞争现象也较严重。由此看出，总局缺乏统一管理共同发展的运营模式，各类资源难以形成合力，不利于提高整体市场竞争力。

综上所述，虽然总局（集团）发展迅猛，但总局（集团）的协同管理效应尚不突出。本研究拟在前期调研的基础上，整合思路，借助相关成功经验，提出总局构建协同管理体系的相关建议和保障措施。

（二）研究目的与意义

1. 有利于总局持续深化改革

持续深化改革的可选方式有很多，而以协同的思路进行深化改革，有利于重塑总局发展定位，加快推进规模化、专业化建设。在协同思想的指引下探寻适合的投资模式与运营模式，能够进一步调动各子企业的积极性和主动性，进一步完善以激励机制为代表的各项制度建设，并带动绩效考核和分配机制优化。

2. 有利于提高总局整体效益

构建协同管理体系的重点之一是注重发挥各子公司、各关键流程在协同效应过程中的作用发挥，以达到运营情况改善、经营成本下降、企业整体效益提升的目的。同时，协同效应还能促使各类生产要素得以合理配置，促进企业整体运营水平的提高，增强总局的市场竞争力，提高总局的整体效益。

3. 有利于总局提高企业管理水平

协同效应管理体系的构建方式主要是通过对不同管理层级、不同业务版块进行职责划分，以达到工作程序优化、合理减少机构设置和管理程序设置、消除管理瓶颈的目的，提高总局的整体管理水平。

4. 构建协同效应管理体系具有较强的现实指导意义

本研究针对总局协同管理的相关问题进行了深入思考，提出以总局产业协同、关键资源协同、组织协同为基本内容，构建总局协同管理体系，是对地勘企业协同管理问题所做的一次积极探索。

二、企业集团协同管理理论及相关综述

（一）基本理论

概括来说，管理学角度的协同，主要指的是协调两个或两个以上的不同资源或

者个体，协同一致地完成某一目标的过程。与合作相比，协同更加强调在这一过程中不同资源和个体之间的利益共享或者风险共担机制。因此，协同并不是简单的“合作”。

1. 协同学的起源

主流观点认为，协同学主要来源于1971年德国科学家哈肯提出的“系统协同学”理论。他认为：无论是自然界还是人类社会，各种事物均普遍存在这样或那样的有序或者无序现象，并且如果条件成熟，这两种现象还会进行互换。所谓的“无序”就是混沌，“有序”就是协同，这也是目前得到公认的普遍规律。协同现象并不是孤立存在的，甚至可以说它存在于宇宙间的一切领域。可以说，人类的一切生存、发展以及社会的前进，都要依赖协同才能得以实现，反之就会陷入一个互相拆台甚至无序的状态。但是，一旦进入协同的状态，各种子系统之间就能进行很好的配合，多种力量就会汇聚成一个总的力量，整体的功能得以极大地增强。

2. 协同学理论在组织中的应用

协同学理论认为，在组织系统中，不同部门之间相互配合、相互竞争。系统图的整体功能会受到各子系统互相配合作用的影响：如果各子系统配合得好，整个系统就能有序运转；但是，如果各子系统之间产生矛盾、冲突，就会导致整个系统陷入一种混乱的状态，从而影响整体作用的发挥。协同思想认为，组织作用的发挥不仅需要依靠内部资源的优化配置和合理利用，组织外部的资源同样需要进行充分利用。影响组织管理的因素有很多，其中起决定作用的因素叫作序参量，只要能把握好序参量，就能管理整个系统的发展方向。从这个角度来说，组织只要做好内部资源和外部资源的合理配置，并严格把握好序参量，基本就能使整个系统稳定、有序运行。

3. 企业协同关系的类型及其特征

不同时期存在不同的企业协同关系类型，这是一个不断演变的过程。目前，企业协同关系类型主要包括合资、股权参与、集成供应链、战略联盟等。企业在运行的过程中，外部环境和内部环境处于一个不断变化的过程中，为了使得自身能够适应这种环境的变化，企业不断与其他企业进行协同，以保持自身的优势不被取代，并获取发展的综合竞争力。但是，企业的本质是一种逐利的组织，在协同中很难避免道德风险、机会主义的产生，因而就会导致协同失败。在这种情况下，由于集成供应链、战略联盟具有一定的稳定性，逐渐成为企业协同关系的主要类型。

4. 企业集团协同的相关理论

企业集团协同主要是通过集团内各公司之间的有效协作，实现集团整体绩效大于各子公司绩效的简单加总，即实现集团整体战略上的“1+1>2”的协同效应。

（1）企业集团战略协同。

企业集团战略协同，一般指的是两个以上的公司在长期的战略管理过程中，经过协同，实现公司整体业绩提升的一种行为。通俗来讲，即所谓的“1+1>2”。

（2）企业集团资源协同。

从整体角度出发，企业的资源指的是一切对企业发展有利的因素，这些因素既可以来自企业内部，也可以来自企业外部。

根据资源基础理论，从资源涵盖的范围来说，企业的资源通常有广义和狭义之分：狭义的企业资源，主要指企业拥有可控制的有用的要素存量；广义的企业资源，是把能力也当成企业的一种资源。企业集团资源协同，主要是指将企业之间原本彼此独立、互不干涉的资源，在协同管理的运作下有序流动起来，并进行合理配置，以实现企业整体效益的提升。

（二）国内外研究概况、水平和发展趋势

对企业集团协同管理，国内外研究情况如表1、表2所示。

表1　企业集团协同管理国外研究情况

作者	主要研究观点	国外研究评述
罗伯特·巴泽尔和布拉德·利盖尔	协同包括企业共享资源、共享活动、市场营销、开发支出的外部效应、企业的相似性共享和企业形象的共享，来实现股东盈利	国外对协同管理理论和应用方法的研究大多围绕某一方面的分支展开，总体看来具有一定的局限性，对协同管理理论在具体企业中的应用研究较少。国外强调合作和协作问题，并直接探索对协同管理的创新和绩效产生影响的机制、模型、框架
坎特	协同是多元化企业存在的唯一理由，销售协同、产品协同、技能协同、市场协同都是协同的重要方面	
迈克尔·古尔德和安德鲁·坎贝尔	协同可分为技术知识协同、战略协同、有形资源协同、组织协同、业务协同等五种形式	

表 2　企业集团协同管理国内研究情况

作者	主要观点	国内研究评述
郑刚，等	C3IS 五阶段协同过程模型：实现协同管理，一般要经过沟通、竞争、合作、整合、协同等五个阶段	国内对于协同的相关理论研究大多是方法的论述或者是侧重某一具体方向的研究，缺少对协同管理方法应用在特定企业的研究
翟耘锋	管理协同可以让企业自身得以高效运行，并能迅速调整，根据市场环境以及政策环境建立起最适合自己的生存模式	
张新，等	业务协同能使企业的业务高效运行、协调运转，提高业务管理效率，并整合、共享集团资源，节约人、财、物	
王吉鹏	集团企业对子公司的管理方式不能单一化考虑和执行	
江孔辉	企业集团战略协同主要分为整合层面和管控层面的两大协同	
陈萍萍	不仅从战略协同系统视角展开研究，还构建了企业集团的战略协同系统	
冯武峰，等	战略协同的管控模式可分为资本型、平台型、行政型和参与型	
王长	战略协同的管控模式有财务型、战略型和经营型	
陈春花	“管理整体论”：企业获得绩效的核心是把企业看成一个“整体”	
徐晓冬	商业组织的协同治理体系是共同价值、战略、制度等一系列要素所形成的匹配共振，即“10S”模型	

三、总局协同管理的现状、问题与动因分析

（一）总局协同管理的现状

在内部管控方面，总局十分重视内部管理的协调和有序运转。早在 2010 年，总局就提出了“三级管理架构”，明确了总局总部、二级单位、三级单位各自的职能分工。在总部部门建设方面，总局也不断调整优化部门职责和权限，努力提高总部部门职能的效率，不断强化管控职能，比如成立资金结算中心、招标采购中心、启动全局 OA 办公系统等。

在资源整合方面，总局重视有限资源的利用，在重大项目组织实施、专业化队伍打造等方面取得了显著成绩。如在青海木里治理项目中，总局建立了重大项目形成和协同推进机制，项目建设取得社会各界广泛赞扬。2015 年，总局针对建筑施工企业资源相对分散等问题，进行建筑类资源的集约化整合和有效利用，组建成立了中煤建工集团，打造专业化的建筑企业。总局明确勘查研究总院、江苏地质矿产设计研究院为专业研发单位，加强重点实验室和研发平台建设，有效集约研究资源。

特色盈利模式成果突出，总局产业链建设成效明显：中化明达成功收购新疆金川集团49%的股权，实现了总局“地质+矿业开发”一体化发展，矿业开发取得突破。一勘探局公司在精耕细作传统勘查领域的同时，创新“投资+业务”经营模式，介入山西土地整治市场，采用“委托代建”模式承揽山西省广灵县望狐乡土地综合整治项目，实现了由单一的施工商向项目总承包转型。

在经营方式上，总局不断强化二次经营理念，倡导规模经济和范围经济的管理思想，通过突出协调和协作追求经济活动整体的经济性。总局拥有大量专业技术人员、先进的专用设备、丰富的专业理论与技能，对这些固有资源与能力的重复使用，可以有效降低生产成本，提高经济效益。

在总局不断重视协同管理的努力下，各单位在市场导向结合、关键资源统一配置、盈利模式创新等方面大胆尝试，全局经营收入及利润率逐年提升，净资产收益率逐年提高，经济发展质量明显改善。

（二）总局协同管理中存在的问题

（1）战略层面对协同的认知还有欠缺。对于在战略层面突出总局整体价值，重视程度还不够高，实行“协同管理”、实现“协同发展”、发挥“协同效应”的意识不突出。

（2）管控模式种类较少，较为单一。在总局快速发展的过程中，市场覆盖区域、业务服务领域不断扩大，总局的规模越来越大，相应地，在管理上也变得越来越复杂。总局对下属企业应进行分类管理，需要有不同的、可复制的管控模式，单一的管控方式则会使得经营效率不断降低，同时交易成本却不断增加，原有的优势也会逐渐削弱。

（3）协同文化的氛围还不够深厚。总局的业务种类很多，组织结构也比较复杂，各子公司所处的位置并不对称，企业的资源并不是平均地在各子公司之间进行配置。因此，为了使自己的利益最大化，各子公司往往会互相追逐，进行资源的竞争，因而可能产生一定的负面效应，难以达到协同的目的，易产生“玻璃门”等隐形障碍。

（4）缺少统一的信息汇总共享平台。目前，OA功能主要是体现在公文流转、请示批复、工作审核等行政办公范围，但在客户资源、项目信息、合作伙伴等方面，还没有进行数据采集、汇总和管理；总局相关职能部门都有各自的信息来源渠道或系统，还没有对接总局总部的信息入口，各子公司之间的信息交流和业务交流也没有共享，总局上下的信息资源没有流动起来、利用起来，导致信息多且分散，拖长了决策时间，影响工作效率。

（5）缺少管理协同方面的相关考核机制和利益分配机制。绩效考核指标中没有明确协同考核的内容：体现在职工个人身上，是缺乏相应的奖惩和激励制度；体现在子公司身上，则会导致业绩管理能力弱，甚至出现互相推诿的现象。

（6）总局总部工作职能在协同发展方面有待提高。目前，在总局总部工作职能的设计中，还没有充分考虑协同发展的问题。

（7）客户资源共享问题无实质性进展。就客户资源管理来看，总局还没有构建起一整套相应的客户关系管理系统。

（8）内部企业间存在无序竞争现象。子公司主要考虑的还是发展自身的业务，不考虑集团的整体目标，严重时还出现过总局内部为了抢夺项目而争夺客户以及有关信息的现象，甚至相互压价和恶意竞争。尽管存在部分合作的情况，一般也是偶尔的、局部的、依赖关系的，并没有形成统一规范、长期稳定的协同共赢机制。

（9）业务协同的信息化系统欠缺。目前，总局在业务协同信息化系统上有所缺失，往往直到业务公司参加招投标，需要总局提供资质和盖公章时，总局才能被动地了解一些业务信息，对于业务协同管理带来的好处，没有有力的数据支撑。

（10）员工缺乏业务协作意识。总局总部的各职能部门和员工之间缺乏业务协作的意识，各职能部门的员工偶尔存在不配合、不来往、不沟通的现象。访谈过程中，有部分员工提出总局各层级、各部门之间存在互相推诿或扯皮的现象。

（11）总局内部有限资源未得到充分利用。如在人力资源方面，由于总局所属企业的某些项目具有同质化性质，因此企业间需要进行专业人才调配，以实现总局系统人力资源的共享。

（三）总局协同管理中存在问题的原因分析

（1）总局管理体制存在特殊性、复杂性。总局起源于事业单位，事业单位投资成立了企业，部分企业又成立了新的企业。在由事业向企业改革的过程中，有些改革不够彻底，传承了一些事业单位的老问题，也承接了国有企业管理体制的某些弊端，主动求变与创新发展的意识不够强，存在管理跨度大、层级多，权责不够明确，把问题和矛盾焦点都集中到总局总部等问题；同时，全局人员构成总量大、结构不合理，易造成全局管理效率低下，协同效应难以发挥。

（2）所属企业存在本位主义。由于部分子公司过于追求独立性，导致总局内部资源的协同管理无法真正落实，并且由于各子公司之间存在不同程度的绩效考核任务，面临不同程度的生存竞争压力，为了追逐利益、获取更高的经济效益，因此更加愿意选择各自为政，只注重自身的利益。在没有激励导向的情况下，各子公司对总局整体利益关心不够，站在各自利益角度思考问题，不愿分享自己拥有的资源，缺乏大局意识和长远观念，只考虑眼前利益、短期利益。

（3）总局内部资源过于分散，资源整合能力较弱。总局下属各单位的发展缺乏明确的差异化定位，也缺乏有力的专业化整合，导致各单位之间存在业务类型或者市场方向相似、趋同乃至于重合的问题；同时，各条业务线闭门造车，缺乏协同沟通机制与资源共享机制，难以产生协同发展效果。

（4）管理制度和激励措施不够完善。基础管理制度还有待加强，特别是业绩评价体系、约束机制尚不健全；市场化进程还要加快，激励和约束保障机制不健全，责、权、利机制配套不完善；在考核和激励上，缺乏调动所属企业积极性和创造性的有效激励手段和措施。

（5）协同成本相对过高，易发生负协同效应。企业在运营的过程中，需要不断加强内部资源的协同性，而这一目标的完成往往意味着需要投入更多的资金。协同成本过高是总局构建协同管理体系时必须面对的问题，也是亟须思考、亟待解决的难题。就目前的现实情况来看，总局所从事项目的体量和利润有限，很多时候，由于协同环节的成本过高，容易导致总局所属企业的协同积极性被削弱。

（6）技术手段支持力度较弱。总局是从传统地勘事业单位转型发展而来，思想认识相对封闭和落后，对促进和强化管理的先进技术方法和手段运用不够，特别是没有利用技术平台建立一个资源统一共享平台和内部协同管理系统。

（7）协同理念和意识不强。总局提升现代企业管理水平的意识不够强烈，没有充分认识到协同管理的迫切性，对如何建立协同管理模式研究不够，各级领导对协同管理不够重视，基于提升协同效率的各类决策和部署不多。

四、协同管理典型案例分析

本部分利用腾讯、微软、京东、中国建材、中信集团、中国中化的案例，从不同角度、不同思路和不同方法来分析企业如何实现协同管理。

（一）腾讯：企业需要做出组织结构有效调整以实现协同

在腾讯内部，曾经有一种管理模式是“赛马机制”，即团队之间相互竞争，将资源向优质团队倾斜，这种机制使得优秀产品频出，比如微信。该机制能高效率地催生出现象级产品，在解决某些问题上具有重大突击力与创新力，但也造成了大量资源冗余与浪费。如果项目没有取得很好的成果，也会造成“赛马者”出现心理创伤，影响后续工作。该机制还会形成“信息孤岛”“知识孤岛”和“资源孤岛”，使得各团队之间出现信息隔离。

2018 年底，腾讯宣布放弃“赛马机制”，将原来的不同团队融合在一起，形成发展合力。很多企业的实践也得出结论：在今天，核心不是竞争，而是协同。只有通过不断地协同，进行相应的资源分享，才更容易产生价值。

（二）微软：重塑新的绩效体系，构建企业协同文化

微软之前在绩效管理上采取“强制等级排名”，这严重影响了协同效果，导致成员之间无法形成开放和合作的氛围，面对环境变化，企业无法做出有效的回应。因此，微软进行了绩效变革，重塑新的绩效体系，强调三个维度，即促进合作、帮助成长、奖励价值。同时，在微软新的价值体系中，取消了绩效管理评价，更加关注员工的学习、发展和创造的价值。在这个新的绩效体系下，员工只要真正做出了价值创造，就会得到奖励。

微软的实践表明：新的激励系统可以帮助组织内实现协同管理，而通过这样的激励系统，既能增加员工幸福感，也能带来组织的高绩效。从更深层次来看，构建企业协同文化对企业的发展至关重要，这也是企业管理的高境界。

（三）京东：技术革命和数字化发展为协同管理提供了实施路径

京东的数字化转型是以市场趋势为根本，以创新为驱动，以精细化管理为抓手，启动全新运营模式，并通过数据分析和行为分析精准满足客户需求。

（1）矩阵式任务平台。2017 年，京东进行了一场有革命意义的组织体系改革，在整个集团内，形成了小前台、大中台、后台的整体创新。一开始，京东前移了授权，允许市场一线员工进行决策，从而更高效地获取并满足客户的想法，具体做法是：以前台为主，后台、中台根据前台反馈的需求快速响应，满足客户需求。但经过实践的检验，却产生了沟通成本直线上升的问题。因此，京东再次创新机制，构建任务平台，将前台的需求分解成不同类型的任务，而员工则以业务线为抓手，灵活配合，完成任务。

（2）“积木”理论。为满足客户更加丰富多元的需求，京东根据过去的经验，总结出了“积木”理论。京东对过去积攒的人才管理经验进行了细致分析，并形成

了基础性模块。这些模块可以随意地组合排列，不同的员工也可以随意组合，形成有目标、有凝聚力的团队。“积木理论”的实施也是不断调整的：京东会对各大业务线的实施情况进行检验，人力资源部门会每年分析实践数据，关注该组织的活力、创新力、执行力等关键指数，开展人才识别，激发组织积极性，提升整体战斗力，完善人才管理的“积木”体系。

（四）中国建材：创新经营模式，从价格与销量的关系出发为业务协同提供思路

在经营过程中，中国建材创造性地提出了“价本利”的营销策略，既要将价格稳定在合理水平，也要寻求多种方式降低成本、获取利润，也就是以价格为龙头、以成本为基础、以利润为目标。其具体做法主要有三点：一是倡导实行以“行业利益为本”的价值观，即企业利益的获取要以行业利益的获取为基础，重视行业整体利益的取得；二是集团内部要稳定价格、保证销量、降低成本（如果销售价格低于制造成本，就停止生产，如果亏损，就停止销售），在价格和销量之间找到最佳平衡点；三是坚持“质量上上，价格中上”八字定价原则（在生产产品的过程中，把质量做得“高一点”，价格则保持中等偏上即可，以营造良好的销售策略，提高品牌声誉，获得长远发展）和“五优”经营路线（实行“优质、优技、优服、优价、优利”的经营路线）。

（五）中信集团：多元化催生协同战略，形成六大协同模式

经过30多年的发展，中信集团已经形成了综合经营的独特优势，其复杂、综合的业务要求其必须开展灵活的协同管理，具体特点是：以集团整体目标为导向，灵活地进行资源整合配置，从而凝聚力量，提升自身竞争力。在协同管理上，中信集团已经形成了六大成功的协同模式。

一是“走出去”协同。在向海外发展方面，中信强调海外工程项目的协同。长期以来，在亚非拉地区的国际工程承包业务中，中信的市场份额快速增长，同时，中信还协同发展了自身的金融、能源业务，为工程承包业务提供支持。融合性的协同发展使得中信的海外业务遍地开花，凝心聚力，良性循环。

二是客户与渠道协同。多年以来的业务积累使得中信拥有大量的客户和丰富的渠道。比如，在其他兄弟公司的支持下，中信出版社出品了“云书馆”“中信选书”等多种服务品牌。各子公司之间的互动支持，在中信已经成为一种新常态。

三是产业链协同。复杂的业务体系使得中信体系内的不少子公司形成了上下游

产业链关系，使得中信能够开展一条龙业务。久而久之，产业链中的各子公司也形成了互相合作、相互支持的关系，从而形成凝聚力，推动了整体产业的升级与转型，从而激发新的合作，加深合作的深度。

四是区域业务和专题协同。中信的业务涵盖海内外，在不同区域内，各子公司能够互相配合，形成合力，争夺资源，获取竞争优势。同时，中信集团也能形成合力，将各子公司紧紧聚集在重大战略方向、战略专题上，协同推进落实，从而取得非凡成就。

五是综合金融服务协同。金融产业是中信的重要业务，近年来，其已经形成了“商行＋投行＋信托”的成熟资本管理运作模式。同时，各子公司联合创新产业，联合开拓销售渠道。

六是战略合作协同。在内部协同之外，中信更注重与其他外部战略伙伴的合作，即在集团层面统一确定战略方向、配置资源、开拓业务。

（六）中国中化：内部企业的协同是集团管理的重要抓手

为推动中国中化内部企业之间深入合作，最大限度创造“协同价值”，总结可复制推广的经验模式，2021 年 7 月 29 日，中国中化整合协同部组织召开贵州水晶协同项目阶段性复盘研讨会，新材料公司、中国金茂、中化环境和中化保理公司等参与该协同项目的各方关键成员参加了团队学习研讨，公司财务部派员参会，中化创新管理研修院协助组织引导。

贵州水晶是新材料公司管理的停产企业，2016 年被列入国务院国资委挂牌督导的“僵尸企业”名单。在“两化”协同及加强合作的大背景下，自 2018 年 7 月起，新材料公司与中国金茂就贵州水晶土地盘活项目进行接触，共同探索土地盘活的解决方案。随后，新材料公司与中化环境进行接触，共同研究土壤修复的方案。2021 年 6 月 30 日，新材料公司与金茂西南公司及贵州水晶联合签署《金茂水晶智慧新城项目联合开发协议》。2021 年 7 月 7 日，土壤修复治理施工单位——中化环境控股的上海圣珑环境修复技术有限公司等联合体、工程监理单位、环境监理单位及效果评价单位均已进场工作，这标志着该项目正式进入施工阶段。

复盘会上，与会各方围绕项目背景、协同目标、合作模式、协同价值测算、工作难点和下一阶段工作推动等问题广泛开展了研讨。下一步，整合协同部将继续对贵州水晶项目的协同经验进行总结提炼，做好协同项目平台共建共享、工作体制机制优化、经验模式推广等相关工作，推动公司内部企业深入合作、创造协同价值，并在更大范围取得实效。

五、构建总局协同效应管理体系

构建总局协同效应管理体系的根本目的是产生整体协同效益，产生“1+1>2”的效果。项目组根据专家访谈的意见，结合相关案例的经验，经过归纳提炼，一致认为构建总局协同效应管理体系应从业务协同能力创新、组织协作能力强化、关键资源统筹（整合）能力提升三个方面来破题。

（一）业务协同能力创新

要突破企业间业务的不当竞争，建立业务协调的监督管理机制，提升总局的基础管理水平和制度建设，努力营造对外有较大竞争优势、对内实现总局整体利益最大化的业务格局。总局总部明确专门部门从事业务协同工作，负责二级企业的项目备案管理、受理和处理投诉、计划管理等职责，并建立反不正当竞争（上策）、先发措施（中策）、划片竞争（下策）三方面业务协同机制。三方面业务协同机制由总部专门负责业务协同的部门承担不同的管理职责（表3）。

表3　业务协同机制与总部主要管理职责

构建业务协同机制		总部主要管理职责
第一种（上策）	反不正当竞争	受理和处理投诉
第二种（中策）	项目备案在先（先发措施）	项目备案管理
第三种（下策）	划分市场竞争区域（划片竞争）	市场计划管理

1. 建立反不正当竞争协调机制

总局总部相关部门负责受理投诉、进行调查，并对恶意竞争企业进行处罚。总局总部在这一环节上主要承担的任务是建立机制，通过对相关反不正当竞争政策的研究，制定相关政策措施，维护内部竞争秩序的稳定。这种业务协调机制是上策，兼顾了内外部市场竞争原则。该工作协调机制要求适用范围、行为认定、责任追究必须要有详细的总局规章制度，特别是对定额标准和相关项目的成本预算、报价体系应有相应制度支撑，短期内大范围推广难度大。

2. 建立项目备案在先协调机制

在这一机制的指引下，总局需要在平台建设上进行完善。平台建设完成后，根据优先原则，项目先备案的企业享受优先跟踪、优先签订合同的权利，为了避免不正当竞争其他企业则需要自动回避，并予以协助保障。项目备案成功后，备案企业应主动跟踪项目；合同签订后，企业要及时向总局报备。项目备案周期一般以 6 个月为宜，超过 6 个月，则可重新进行备案。

总局建立项目备案在先工作协调机制属于中策，实施难点主要是建立项目备案的评价体系时，要对项目备案的来源及可靠性、对接方人员职级和项目的决策能力等出台详细的文件规定；同时，对备案项目在什么情况下可取消备案以及什么项目不能备案，要有相关业务流程和可操作的文件。

3. 建立划分市场竞争区域协调机制

总局可根据各子企业的相关业务在某区域的经营业绩或企业所在地进行市场划分，比如，为了避免出现过度的市场竞争，对某一地区的某一业务，总局可以指令 1 ~2 家企业对该地市场进行开发。从操作层面上来讲，这一机制难度小且易于实施，但是需要总局具备较强的市场管理能力，并在安排的过程中综合考虑业务特点以及相关企业的工程业绩、技术特点和办公地点，最终根据上述指标进行合理安排。这种协调机制不利于企业更好地开拓市场、增强与外部企业竞争的能力，属于下策。

对于总局来说，上述三种方法是避免内部企业恶性竞争的主要措施。由于参与协同的企业是不同的利益主体，市场地位平等，但市场目标和定位不同，因此进行业务协同管理需要政策支持。这三种措施都要求有配套的制度做保障，需要总局的相关制度不断完善，管理手段和方式不断创新。而在总局设计业务协同管理相关制度时，需要综合考虑相关业务的业务模式、所处竞争环境、组织结构等多种要素，以促进协同管理。

（二）组织协作能力强化

组织协作能力的重点是解决总局总部部门之间的横向沟通与配合、总局和所属企业间的权限分配问题，合理选择总局管控机制，建立一套完整的组织架构，建立子企业间的协调机制，都是总局内部提高协作能力的重要方面。

1. 提升战略统领力

对“协同管理”“协同发展”“发挥协同效应”等协同事项，要从总局战略规划上做出部署，把“协同”上升到战略高度。需要明确的前提是，总局在战略管控上的重点并不是创造所属单位的具体优势，而是在这一过程中在不同业务单位之间实现更好的协同，要不断完善母子公司体制，强化集团公司的总体战略规划、重大投融资决策、重要人事任免、预算管理与财务政策、风险管控、内部资源协调、企业总体形象维护等方面的职能，逐步提升集团公司的控制能力。

2. 增强内部管控能力

根据总局“十四五”发展规划，需要适时对总局总部职能部门的设置和职能进行改革优化，实现高效协同运转。在管理体制上，基于业务建设的需要，建议总局可以主责主业（或核心业务）建设为主线，在企业控制模式上，从整体思路出发，强调对核心业务的有效控制；对非核心业务，则可以采取相对松散的控制体系。

（1）对重要核心业务，建议总局采用直接参与业务运作管理的控制体系（管理最严格）。由总局制定战略规划并分解，制订经营计划及相应预算，决定直属企业管理人员的任免及薪酬考评体系，实行投资管理并融资。直属企业则负责落实和实施。（相关企业极少）

（2）对于观察业务及管理相对成熟的业务，总局应采用战略调控（管理相对严格）为主的控制体系，不直接参与业务的运作管理。由总局总部组织直属企业制定战略规划，审批经营计划及预算，决定业务单元高层管理人员的任免及薪酬考评体系，审批所有的投资项目，并参与重大项目的管理；而直属企业则负责制定各项规划，上报总局总部审批并执行。（适合大多数企业）

（3）对于问题业务，总局可采取财务控制（管理相对自由）为主的控制体系，只对直属企业提出财务投资的回报要求，不参与业务的运作管理。由总局总部设定财务回报目标，提供完成该目标所需的资金，审查战略规划，并只对高层管理人员的任免及薪酬进行决策；而直属企业则负责自行制定、实施各项战略规划及运作计划。（相关企业较少）

通过上述措施，总局组织管理架构得以重新设计组织，业务流程得以优化，信息化建设得以加强，总局的管理能够做到扁平高效、机构严密、信息畅通、上下管理顺畅、执行到位，使专业公司与区域公司紧密结合、相互依存、共同发展。

3. 提高机制创新能力

组织协同管理是一项复杂的系统工程。提升总局系统内不同企业间的协同管理水平，要求必须是总局日常运营中各业务链和业务流程中要素（如战略、组织、文化、制度、技术、市场等）的全方位协同，其中，信用是基础，利益分配、绩效评价、风险防范是关键问题。

（1）构建信赖根基。在总局对所属企业进行协同管理的过程中，各子公司间必须建立良好的信任关系，才能够在交易方式上做到精简高效，使交易成本得以节约，让协同效率和效益得以大大提高。信任不应该仅依赖于血缘、亲缘、学缘，更应该依赖于核心的价值观以及心与心的连接。人们拥有了对称的信息，才能感受到安全和被信任，才会激发出主动性与创造性。

（2）构建绩效考核机制。总局要进行协同管理，要能对协同管理绩效进行公正评价，并为协同企业之间的利益分配制定合理的配套机制。在进行利益分配时，要坚持友好协商、公平平等的原则，综合考虑协同企业各方对协同绩效的贡献程度、各企业投入的资源和成本、承担的风险水平等因素，实现合理分配。

（3）构建风险分摊机制。总局开展协同管理，既有协同成本，即在市场开拓过程中可能面临系统性问题等宏观层面的风险，也可能面临技术、管理、资金、人才等微观层面的风险。因此，做好协同管理，必须注重对风险的管理，要建立风险分摊机制，确定分摊原则和模型，考虑参与协同管理的各方的主体条件、责任和权利，在各风险主体之间进行合理分配，做到风险共担、互利共赢。

4. 提高数字和信息化技术支撑的能力

当前，数字经济在科技革命、产业变革以及全球经济结构重塑方面正发挥着越来越重要的作用。要用数字技术把企业内外部的所有相关资源支撑起来，让数字技术与总局内外部的相关资源充分融合，跨界联动，更好地创造价值。

（1）继续推进国资在线监管平台建设。对项目投资、资金管理、风险管控、“三重一大”等进行综合管理，构建实时在线的监管体系，深入推进国资监管信息化与智能化建设，努力实现从管企业向管资本转变，通过科学化、智能化的工具加强事中、事后监管，对不同层级的企业实现全面管控。

（2）继续推进安全生产管理平台建设。以企业安全生产为主要抓手，依托大数据、云计算、物联网等技术的运用，改造升级安全生产信息化系统，以工程项目安全为主导，重点建设风险分级管控，以 GIS 信息为基础进行风险的网格化管理和风险地图展示分析等；建立健全隐患检查标准库，形成从隐患检查计划的制订、录入到整改、复查等环节的闭环管理。

（3）继续推进合同管理系统管理平台。合同管理信息化建设涵盖项目管理、项目预算、合同起草、审批、签署等环节，以及从收付款的合同履行监控到合同评价的全部管理模块。

（4）继续推进人力资源管理平台建设。该管理平台要求电子人力资源系统与人事管控融合统一，并以此为主线，在满足日常事务性业务管理需求的前提下，还能通过管控模块实现对报表进行统计分析和辅助决策，推进人力资源各项业务协同发展与应用集成，不断提升人力资源信息系统的实用性。

（5）继续推进各类研究项目管理平台建设。通过该平台，可高效、实时、动态掌握各项目的进展和取得的主要成果，为总局及相关单位提供项目的基础数据，促进总局完善和提高项目质量管理水平、生产施工技术水平、科技成果应用转化水平，实现高质量发展。

（6）继续推进审计信息管理平台建设。通过建设审计信息系统，对现有的业务及财务数据进行分析、审查，及时识别、确认潜在的问题，将审计关口前移、事先介入，实现审计工作的标准化、流程化、可视化和智能化，提高审计工作效率和成果效能。

（7）继续推进电子采购平台建设。加快推进采购工作中涉及不同业务的客户、采购价格、质量、供货渠道、仓储、运输等方面的综合协同。建立覆盖总局系统内各级法人单位的电子采购系统，加强对采购、招投标等业务的过程管控，推动招标采购从线下到线上，实现全层级单位应用，推进招标采购的信息化、透明化、便捷化。

（8）建立市场营销信息平台，建立能够体现总局整体实力的资源平台，包括但不限于各企业的主营或优势业务、主要资质证书、关键设备或仪器、主要业绩或奖项、专业或持证人员、成熟市场区域或客户等，让总局所属企业相互了解、寻求合作，共同开发市场。

5. 建立总局协同文化

协同管理的动力源泉即为文化协同，文化软实力是总局提升自身核心竞争力的内在保障。因此，在推动协同管理运营的同时，总局更应着手构建符合社会发展、符合自身需求、符合自身业务特征的独有的企业文化体系，形成良好的文化底蕴，从内凝心聚力，守正创新。为此，建议引导子公司从全局角度入手，站在总局整体利益最大化的高度来看待问题，做到令行禁止，推动总局资源协同的无缝融合，真正实现内部资源的有效共享，进而获取更高的经济效益，真正激发每一位员工的工作热情，打造总局发展的软实力。

（三）关键资源统筹（整合）能力提升

总局要增强全局关键资源的统筹能力，发挥全局各类要素优势，推动各类资源在总局内部有效流动和优化配置，实现协同效应；同时，还要坚持以市场化导向为原则，兼顾企业投入产出比，优化流程，将控制和支配的资源向高性价比的产业和业务倾斜，以管理高效、协同最优、效益最大为目标，持续为各子企业运营效率和经济效益的提升提供支持，从而获取整体的经营协同优势。

1. 人力资源协同

继续完善人才流动机制，逐步打破区域、业务板块、部门等壁垒，加强企业内人才的横向岗位轮换与上下交流。以任期制为抓手，全面梳理工作岗位，对超编富余人员采取交流、降薪、辞退等手段，切实杜绝“人浮于事”，畅通“上、下”通道，推动内部良性竞争。

继续完善和实施全局人员名单管理，逐步解决总局内部人才分布不平衡的问题，改变总局系统由项目流转向人才灵活流动转变，在人才的合理使用和调配上不断完善——比如，可以按照岗位的具体需求进行科学合理配置，科学调配总局所属企业（单位）的班子成员、技术干部、业务骨干和经营管理人才，实现总局内部人才的自由流动。

2. 财务资源协同

总局一体化的财务管理方式主要包括：建立全面预算管理体系、制定财务集中核算制度、采用资金集中管理模式，并在资金配置的充足性上保证运营效率较高的子公司的资金配置充足。确保财务资源的利用率，加强内部协调管理，对实物资源进行统筹，使其利用更加高效、科学，保证实物资源的周转效率，充分发挥其应用价值。

3. 品牌资源协同

在地勘企业同质化越来越严重、产能越来越过剩的背景下，品牌是突出不同企业、不同服务最明显的标志。总局要更加关注和提升品牌价值，加强统一管理和推广，进一步提升总局品牌价值。做好品牌管理，主要可以从营销推广与经营维护两方面入手。

（1）进一步增强品牌意识。总局要制定统一的品牌发展战略，尤其是要在协同管理体系指导下研究制定品牌发展战略和品牌建设方案，强化和突出品牌的地位和作用，推动各直属企业树立自己的品牌。

（2）进一步提高产品和服务的质量。构筑“质量是品牌之母”的观念，不断完善管理体系，引进先进质量管理办法；避免因品牌管理不当造成短视行为，避免因眼前短期的利益而牺牲总局形象。通过加强品牌统一管理培训，提升全体职工的品牌战略意识，提升一线职工的品牌生产意识和技能水平，在绩效考核中增加质量因素的比重。

（3）不断丰富总局品牌文化的内涵。总局在品牌文化的建设过程中，要传承好“三光荣、四特别”等精神文化，用厚重的历史及人文底蕴铸造品牌的灵魂，同时既要体现时代性，也要考虑可行性，使丰富后的品牌文化内涵有相应的实施基础。在品牌统一和创建过程中，应扬长避短，努力挖掘和发挥好文化内涵，共同推动总局协同管理向高层次迈进。

（4）不断扩大品牌认知度和美誉度。通过做好企业标识，让客户对品牌有更深的记忆；通过优质报告、成果奖项、技术比武等品牌荣誉，提升总局及所属企业在同行业的美誉度，塑造良好的品牌形象，形成品牌优势；通过广告宣传、公益活动、热点事件、软文推介等方式，扩大总局的影响力，推动品牌向名牌发展。

4. 科技资源协同

总局的持续发展需要科技力量的持续支撑，而重视技术资源的利用则是提高总局核心竞争力的关键，因此，总局要在科学技术的攻关、研发、转化、应用上持续发力，推动科技协同效应得以更好地发挥，进而提高总局的运营能力。从总局科技研发组成来说，整个体系由总局勘查研究总院、江苏地质矿产设计院（以下简称“两院”）及各直属企业的研发团队共同组成，科技资源协同的本质是“两院”与各直属企业研发团队的分工更加明确。

（1）明确“两院”的定位和职责。明确由“两院”主导2年以上中长期基础性、共性技术研究，为总局的中长期发展提供核心技术、扩大新技术应用，为总局提供方向性建议和技术支持。“两院”协调总局所属企业进行技术转移，支援各直属企业攻关核心技术，统筹总局研发体系的服务、支持、共享等工作。

（2）构建总局研发网络。“两院”承担的研发任务包括技术平台（各基础研究的学科）、创新平台（工程技术组合、技术跨界应用）和实施总局科技项目三大部分；为避免“两院”与总局所属研究机构出现重复研究，应协调双方分享研究成果，互通研究进度，最大限度发挥研究资源价值，形成研发网络。

（3）切实提升自主创新能力。将科技研发与企业生产紧密结合，解决企业生产经营过程中遇到的技术难题，集中力量在重点领域和关键环节上积极开展技术攻关，创建一支理论水平高、研发能力强且由长期专职研究人员与集智攻关的短期研发人员相结合的科研创新队伍；加快推进总局重点实验室和院士工作站建设，积极与总局外部研发资源对接，提升技术组合和集成应用能力，实现与外部资源的开放式协同。

5. 营销流程协同

所谓的市场营销，主要是指从市场需求出发，产品开发要以市场需求为导向，拉近与顾客之间的距离，与顾客形成良好的互动关系，从而增加顾客价值。在市场营销中，“市场”“需求”“产品”“价值”“关系”这5个关键词缺一不可。因此，要提高总局的市场营销水平，必须更加关注营销流程的协同。

（1）企业经营离不开市场营销。从项目实施全过程分析，营销工作离不开单位多个部门的支持；对于营销人员来说，只有了解项目关键节点的相关情况，将“市场”“需求”“产品”“价值”“关系”进行有效衔接，才能成为一名合格的市场营销人员。

（2）企业管理离不开市场营销。开展营销工作，需要借助计划、组织、领导、控制职能进行管理，在分析市场和需求的基础上做出预测和决策，制订具体的营销工作计划，通过相应的组织架构配备相应的人员，构建营销工作体系，借助一定的工作机制组织实施，利用有效的激励机制和特定的领导与沟通方式，协调各种关系和利益，通过评估和监测，达到对营销全过程的控制和管理，从而提高营销效率。

（3）全面重视技术在营销中的作用。营销与技术之间是一种辩证关系，在市场经济高度发展的今天，只重视技术发展或者是只重视营销流程的改善，都会导致企业在发展过程中面临不同的问题。在这一语境下，需要重视技术与营销之间的关系，即营销是技术发展的导向，同时，技术的发展也能促进营销创新，保障营销策略的实现。由此可见，营销工作的开展离不开技术的支持，技术发挥的作用越大，产品获取的市场也就更大，营销工作才能取得更大的成功。

6. 利用专业化建设推进资源统筹

总局对所属企业进行专业化整合是总局统筹关键资源的硬手段，也是总局从根本上消除内部竞争的长期策略。

（1）坚持价值导向。科学高效配置和开发利用资源，突出强项，及时补齐短板，追求资源配置整体效益最大化。根据发展战略的需要，将总局的队伍、资质、装备、资金、市场、存量资源进行优化配置和整合利用，实现资源的盘活和激活。

（2）推进产业链建设。相关业务要围绕产业链建设，坚持资源要素互补和实现产业协同原则，加快专业化队伍的重组整合，积极引导地勘企业在专业化的基础上以产业链建设为发展方向，加快建设集约化规模经济企业，以相关产业链的部分环节业务为起点，向产业链的上下游延伸，全面打通探采一体化、节能环保、工程建设开发，推进地勘企业向有利于形成集约规模经济的方向发展。

（3）推进内部投资合作。总局鼓励所属企业之间以获得互补性资源为目标，共同出资组建股份制专业化平台企业，避免重复投资，共同分享技术、市场、资质等优质资源，对外建立规模经济和整体竞争优势，加大新技术、新产品、新市场联合开发力度，减少无序竞争，提升资源配置效率。

六、总局协同效应管理体系的保障措施

（一）制度体系保障

根据目前总局协同管理的基础工作和运作机制，最紧迫、最核心的问题是加强协同管理的规章制度建设。总局总部各部门应在规定的时间内全面检查所涉及的协同工作职能，并对其进行系统化的评估，以做出适当的修正与改进，实现对管理职能的系统完善。在协同制度建设上，相关部门要关注总局的整体利益，尽量避免出现部门利益的视角和短视行为，确保制度建设长期健康发展。在建立规章制度的过程中，要考虑的是一项规章制度形成制度不仅是一个单体的文件，而是要明确其与其他规章制度应该全面统一、互相联系，形成制度体系；同时，还必须坚持以规章制度的制定与实施为依据，系统地研究制定总局内部规章制度，实现各项规章制度之间的衔接。

（二）员工动力保障

在协同管理体系的构建中，总局要善于激发员工内在的动力。“现代管理学之父”德鲁克说过，管理的本质是激发善意和潜能，企业和员工之间要建立紧密的协同关系，满足员工的多样化需求，构建多样化的激励方式。企业和员工之间以共同价值为核心，使得企业中的各个环节能够按照最优的原则相互协作、配合及互动。

总局要对不同层面的人才进行培训，使全局职工对协同管理形成共识，确保协同管理目标清晰，能够让职工站在全局的视角思考问题，而非仍然站在局部或某家企业的视角来思考问题，从而形成价值链协同管理的意识和理念，通过增强协同的认知，形成执行协同管理的氛围和动力，实现人人参与协同建设的目标。

（三）运行设计保障

总局进行协同管理的相关建设是一个长期、不断优化的推进过程，涉及总局总部、所属企业和全局生产经营的方方面面，需要将战略、组织结构、相关业务、不

同层级的组织管理功能定位、各类关键资源等系统地进行整合。为此，必须结合总局发展现状和战略需要，做好统筹安排，分步有序推进。在具体的推进过程中，可全面铺开，从业务协同、组织协同、关键资源统筹整合三方面同时发力，大刀阔斧地全力推进协同工作落地；也可先从某类协同或协同的某项工作入手，由点到线，小步快跑，逐步推进；亦可先抓首要问题，重点突破，再全面渗透，把握好协同管理建设的节奏和进度。

（四）业绩考核保障

建立新型的以协同管理提升为管理目标的业绩考核制度，并将其嵌入企业、部门、职工年度考核目标，围绕协同管理设计业绩考核指标，建立总局总部与所属企业、各子公司之间的直接关联和协同考核机制。总局总部业务协同管理部门可按照协同工作的贡献情况为相关部门和单位酌情加分。总局对直属企业领导班子进行年度绩效考核时，也可引进业务协同的评分标准。

针对一些需要在产业链内部协同的重大考核任务，尤其是重要的对外合作和投资项目，总局考核部门要将相关专业化公司绑定在同一考核任务上，以各专业单位的业务定位为基础，以业务流程为抓手，梳理各环节主要工作内容及接口要求，明确各专业单位的考核责任，以及“共同进退，奖惩联动”的计分规则，以避免协作单位内部之间扯皮。

七、结论与主要建议

（一）结论

1. 本研究全面总结了总局在协同管理方面取得的长足进步，查找出了存在的主要问题，深入分析研究了问题产生的根源

本研究从内部管控、资源整合、特色盈利模式、经营方式等 4 个维度总结了总局在协同管理方面取得的成效，推动了总局经营收入利润率逐年提升、净资产收益率逐年提高，经济发展质量明显改善，找出了总局在协同管理方面存在的 11 个方面的问题，并总结了 7 个方面的问题根源。

2. 本研究提出了从业务协同能力创新、组织协作能力强化、关键资源统筹（整合）能力提升三方面来构建总局协同管理体系

（1）业务协同能力创新。建议总局总部要明确专门部门负责业务协同发展的管理工作，建立反不正当竞争、项目备案在先、业务划片竞争的业务监督协调工作机制。三个方面的监督协调工作机制要同时发力，这是总局短期内有效解决内部过度竞争的可行性方案，也是有效提升业务盈利能力的重要措施。

（2）组织协作能力强化。组织协作能力主要可以提升总局内部运转效能，即先通过总局战略层面对协同管理的支撑来推动组织架构的调整、管控机制的优化及关键管理流程的进一步畅通，实现主动沟通、相互交流、信息共享的工作氛围，提高决策效率。组织协作能力强化主要包括提升战略统领能力、增强内部管控能力、提高机制创新能力、提高数字和信息化技术支撑的能力、建立总局协同文化等五方面的重点内容。

（3）关键资源统筹（整合）能力提升。主要包括人力资源协同、财务资源协同、品牌资源协同、科技资源协同、营销流程协同、利用专业化建设推进资源统筹等。其中，前五项是总局集团资源协同的重要组成要素。总局要坚持市场化导向，兼顾投入产出比，使总局控制和支配的资源向高性价比的产业和业务倾斜，以管理高效、协同最优、效益最大为目标，提高总局所属企业的运营效率和经济效益，以获得整体的经营协同优势。第六项则解决了总局专业化整合的问题，列出了坚持价值导向、推进产业链建设、推进内部投资合作等三种不同思路。只有通过专业整合，才能让各子公司的业务各有特点、相对独立、在细分市场上不出现重叠竞争，彻底解决了总局业务内部过度竞争的问题。不过，需要长期努力才能实现这一目标。

3. 本研究制定了制度体系、员工动力、运行设计、业绩考核等四方面的具体保障措施

（1）制度体系保障。协同制度先行是构建并实施协同制度的基础和关键。比如，在预算管理方面，总局应当形成具备协同特征的预算标准与管理措施；又比如，在优化组织结构时，必须从协同的角度考虑总局与各子公司的权限划分；再比如，在构建信息化管理系统时，必须构建协同可调配的信息化管理机制。而这一切都必须要依靠制度的保障、制度的落实。因此，总局必须通过卓有成效的建章立制，为整体的协同效应管理体系提供保障和力量。

（2）员工动力保障。构建协同效应管理体系，要对员工激励到位，建立一套科学的管理机制，创造一个能够激励协作的环境，让员工融入一种奋发向上、忘我工作的状态。这是企业成功的基础，因为提高员工价值，就是增强企业的生命力。

（3）运行设计保障。建设总局协同管理体系需要总体设计，既要兼顾近期与长

远目标，也要处理改革与发展的相关问题，更要考虑避免协同成本过高、产生负面效应，这就需要总局应用好协同学相关理论，在方案设计中，要结合总局发展历程、管理现状和发展战略进行全面考量、统筹谋划，方能取得实实在在的效果。

（4）考核机制保障。围绕业务协同管理建立一系列与业绩相匹配的考核指标体系，以全新视野来考核各分/子公司给自身及总局带来的有形价值和无形价值。根据考核机制的设计，总局的业务协同管理部门可以根据业务公司的贡献情况下为其酌情加分，总局对子公司领导班子的年度绩效考核也应该引进与业务协同相关的评分标准，通过考核机制调动全体职工的工作积极性和主动性，增强各层级人员的责任感。

4. 本研究在梳理相关理论文献的基础上，对协同管理的相关案例进行分析，为构建总局协同效应管理体系提供了支撑和借鉴

在第四小节中，本研究对腾讯、微软、京东、中国建材、中信集团、中国中化的案例做了详细分析，案例中涉及的“赛马机制”“强制等级排名”等不利于企业协同的现象，在总局也或多或少存在；如何打破“部门墙”，避免出现“信息孤岛”“知识孤岛”“资源孤岛”的相关举措，对构建总局协同效应管理体系提供了值得参考的经验。中国建材、中国中化这两家大型央企对协同管理十分重视，案例中提出的问题和解决问题的方式很有代表性，也应是总局推动协同管理的动力。中国建材集团从“量体利”到“价本利”的思路，有效解决了企业内部同质化产品的价格战问题，并成功倡导了“行业利益为本”的理念，值得深入思考和学习；中国中化的案例是以内部存量资源即“土地”开发为研究对象，其内部四家企业在集团协同管理部的指挥下，通过长达3年多的努力，终于使项目开发取得了阶段性成果，真正做到集团一盘棋，各子/分公司协调联动，最大限度实现资源互补，确保集团整体价值最大化。

（二）主要建议

构建总局协同管理体系是一个长期过程，其中，制度是基础，更是关键，需要全局上下共同努力。在协同管理体系的建设过程中，总局总部发挥着核心作用，要秉持经济性与有利性的原则，在协同机制的制定和完善过程中稳步推进，促进总局内部资源得到高效利用和有效配置，促进资源价值得以最大限度地发挥，减少资源的浪费，达到资源共享的目的，为总局的运营与发展持续注入动力。一是设定初级目标，解决内部市场恶性竞争的问题，加快信息化建设，提升管理水平；二是设定

中级目标，做好总局的协同管理，建立良好的生产运营协同体系，优化内部资源配置，将内部资源的协同作为一个重要要素，加快实施组织结构调整、专业化整合与重组的工作；三是设定高级目标，在全局系统的形成协同管理的企业文化。

成果创造单位：中能化信息与发展战略研究中心

成果主要创造人：王　磊

成果创造人：李　培　张　宏　侯卓见　杨　帆　高天扬

资源型地区全域土地综合整治项目市场前景与模式推广

中化地质矿山总局　中煤地第一勘探局有限责任公司

依托中化局马兰峪全域项目，本研究总结了全域项目在立项、设计、实施过程中的经验，为中国煤炭地质总局参与资源型地区全域土地综合整治模式项目提供经验借鉴。

本研究利用层次分析法探索了未来五年资源型地区全域土地综合整治项目的重点分布区域和规模，形成了资源型地区全域土地综合整治重点分布领域布局图。

全域项目具有涉及面较广、周期较长、资金投入量较大的特点以及经营的无利性和微利性特征。其中，资金问题最为关键。建议立项之初，应研判项目性质，将全域项目的各子项目划分为经营性子项目及非经营性子项目，选取适当的融资方式，解决资金问题。

在全域项目的建设、运营管理过程中，可以通过政府委托企业的方式对全域项目进行市场化运作。根据政府采取的委托方式的不同，可将其分为以下三种类型：一是直接委托地方政府融资平台全权操控；二是由央企、地方国有企业、私营企业等与当地政府通过竞争性磋商委托或招标等方式确定代建主体；三是新型农业经营主体运营模式。

中国煤炭地质总局作为央企，有国家资产作为信用背书，其融资能力和融资成本上的优势是地方国企和民营企业无法企及的；总局在勘查、设计、测绘、矿山环境恢复治理、土地整治、地质灾害评估、资源与环境承载力评价等业务领域拥有技术与人才优势，同时，属地地勘单位与各地方自然资源主管部门业务联系紧密，拥有较强影响力及良好口碑；地勘企业从业人员在知识结构与专业能力方面与相关领域特别是资源型地区的全域土地综合整治内容高度契合。

非经营性子项目的最终资金来源为财政资金。因此，在其立项之初，要对当地政府的财政情况进行调研，确定其财政收入与负债情况，确保财政资金不被截留或挪用。对于经营性子项目，总局需要提前确定经营性收入途径是否畅通，加大对运营周期、资金回笼等相关数据的预测。总局可以以全域土地综合整治项目为重要抓手，参与乡村振兴，助推共同富裕和三次分配的重要实践。同时，还可以大力发挥在资源、品牌、技术、人才等方面的优势，在初步筛选出的潜力区域开展全域土地综合整治，为助力乡村振兴作出新的贡献。

一、全域土地综合整治项目政策分析研究

（一）乡村振兴战略相关政策分析

1. 乡村振兴战略提出的背景和意义

习近平同志在党的十九大报告中提出："三农"问题是关系国计民生的根本性问题，必须始终把解决好"三农"问题作为全党工作的重中之重，实施乡村振兴战略。实施乡村振兴战略的重要意义如图1所示。

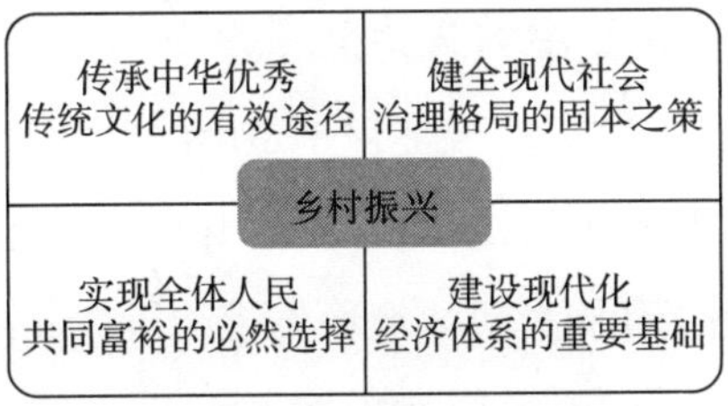

图1　乡村振兴战略的重要意义

2. 目标任务

按照我国提出的乡村振兴战略，各阶段目标任务如图2所示。

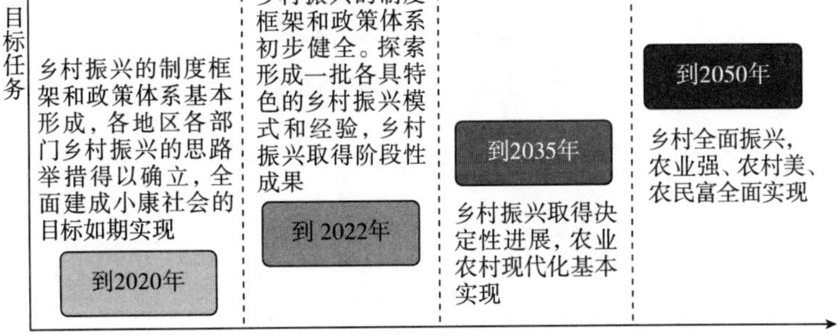

图2　乡村振兴战略各阶段的发展目标

3. 相关文件及条例

为了实施与推进乡村振兴战略，本研究从政策支持、法律支持、财政支持等三个方面，对相关政策文件做了归纳（图3）。

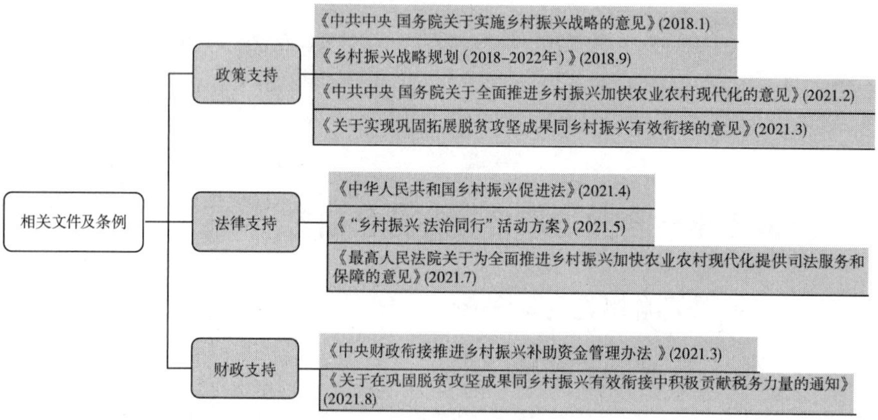

图3　乡村振兴战略相关文件与条例汇总

（二）全域土地综合整治相关政策分析

1. 开展全域土地综合整治的提出背景和意义

首先，"千村示范、万村整治"工程于2018年9月在联合国获得地球卫士奖。其次，自然资源部于2019年12月发布《关于开展全域土地综合整治试点工作的通知》，全域土地综合整治工作自此进入全面推进阶段，其准备工作如图4所示。

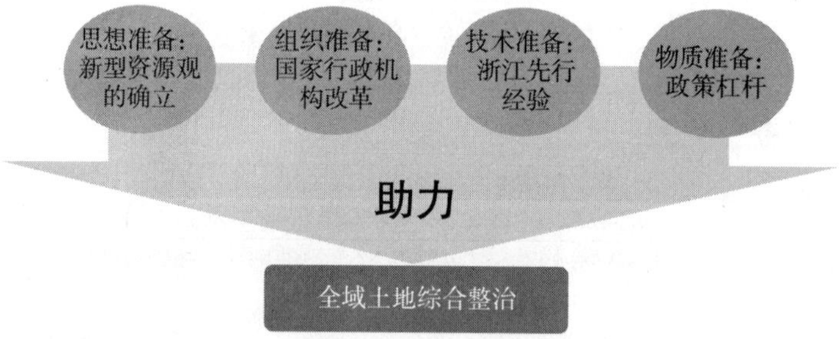

图4　全域土地综合整治准备工作汇总

从严格意义上讲，全域土地综合整治可被称为"土地整治5.0升级版"，其重要意义如图5所示。

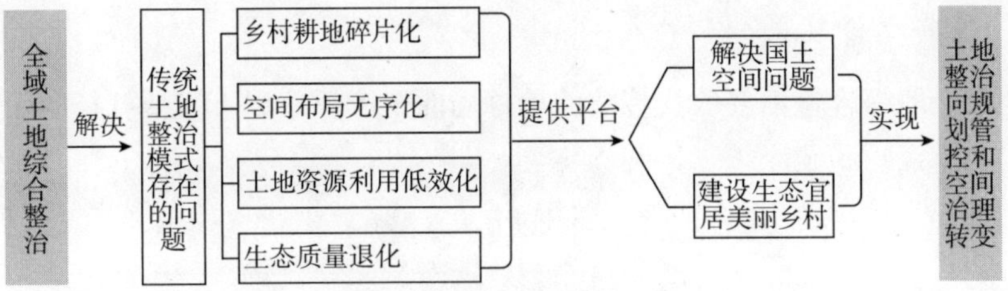

图5　全域土地综合整治的重要意义

2. 目标任务

全域土地综合整治目标任务如图6所示。

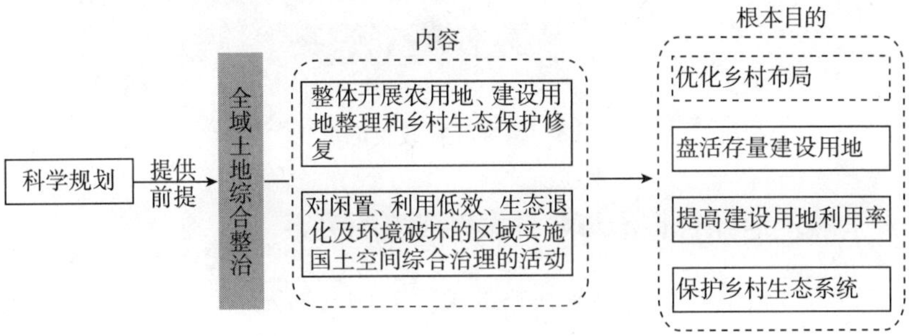

图6　全域土地综合整治的目标任务

3. 涉及相关文件及条例

土地综合整治已经持续开展多年，涉及的相关政策文件也相对较多。该部分政策汇总如图7所示。

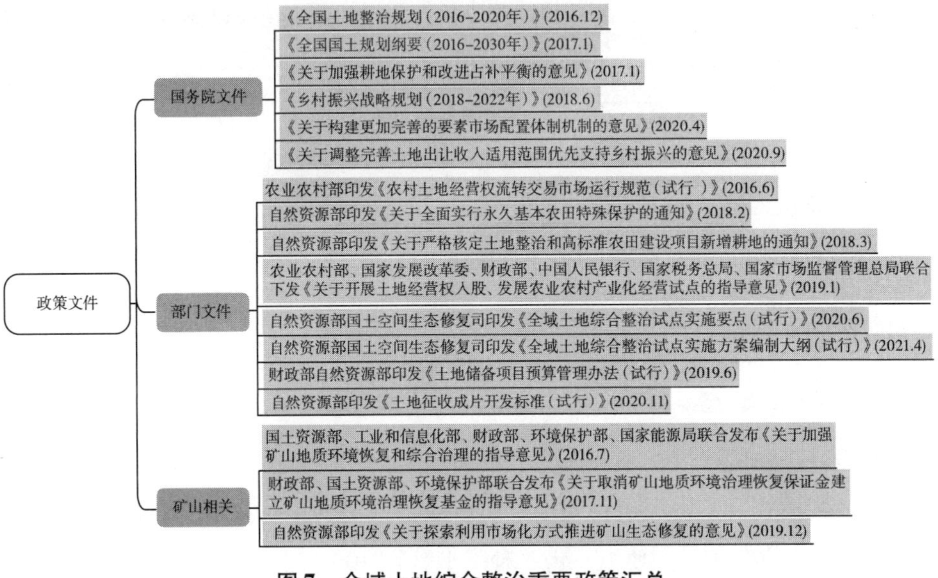

图7　全域土地综合整治重要政策汇总

4. 重要杠杆政策

全域土地综合整治要改变传统的单打局面，应抓住以下重要杠杆政策（图8）。

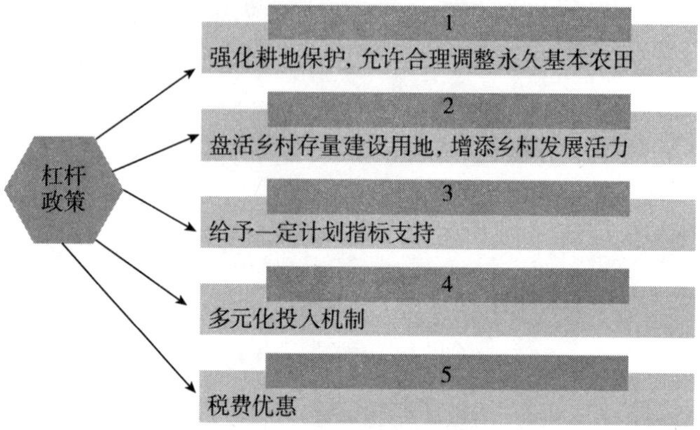

图8　重要杠杆政策汇总

（三）全域土地综合整治与乡村振兴战略的关系

全域土地综合整治与乡村振兴战略的关系如图9所示。

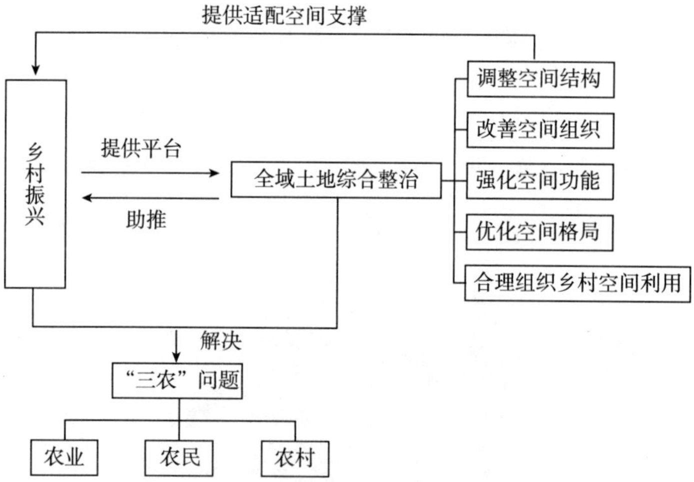

图9　全域土地综合整治与乡村振兴战略关系

（四）已开展试点的解析

1. 主要模式路径

乡村振兴工作的开展离不开人力、物力、财力的投入，全域土地综合整治也需要采取合适的模式及筹资渠道去逐步落实。从已开展的工作来看，目前已经探索出“全域整治+”的模式，主要汇总为3种类型（图10）。

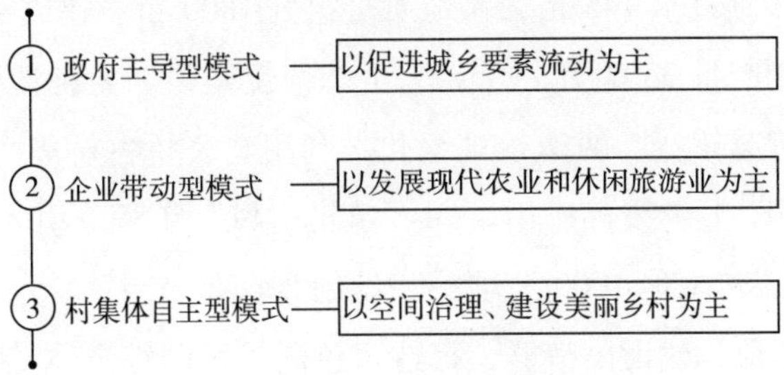

图10　全域土地综合整治模式类型

2. 各地开展情况

数据资料显示，2020年，全域土地综合整治已建设300个试点，2022年要扩大到1000个。截至本文发稿时，全国已批准全域土地综合整治试点446个，部分省份也已经启动了省级试点。浙江、江西、湖北、广东、河南、海南等地率先出台了省级重要支持性政策，其中，浙江、安徽、广西、江西等省份公开了全域土地综合整治试点项目计划。各地区全域土地综合整治重点发展类型如图11所示。

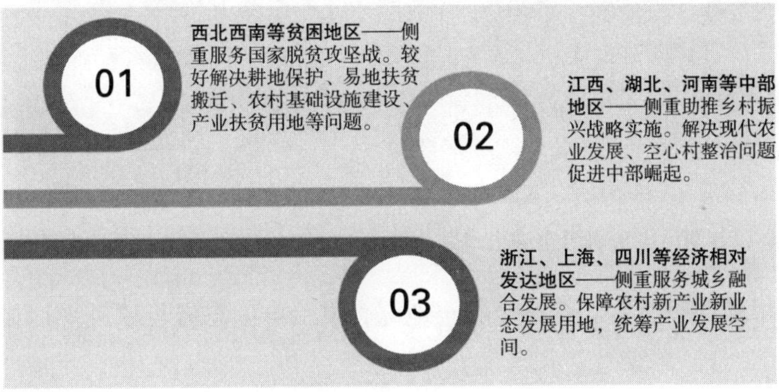

图11　各地区全域土地综合整治发展类型

3. 典型案例剖析

（1）同弓乡金川源全域土地综合整治与生态修复项目。

项目概况：项目概算总投资25.79亿元，总规划面积约2.9万亩，政府投资9.8亿元，按EPC模式实施。本项目利用城郊地理优势，引入社会资本14.5亿元，由“浙江绿投”投资建设，打造创意农业、文旅休闲和大健康等产业。另外，政府投资11.29亿元，对项目区内的河道、土地、村庄及配套农旅设施进行整治、美化和完善，全力打造金色田园综合体，形成近郊休闲观光旅游新线路（图12）。

项目特色：①宋诗田园建设。土地整治项目实施后，新增耕地3675亩，旱改水

1920公顷，农村建设用地复垦145亩，耕地质量提升1800亩，建成4395公顷高标准基本农田，新增粮食产量3307万公斤。②生态修复建设。龙绕溪综合治理8千米，修建生态堤防、河道拓宽、两岸景观绿化，利用鸡公桥古桥等兴建景观节点，生态修复8个废弃矿洞、1个废弃矿山。③“筑巢引凤”工程。引入“浙江绿投”集团投资14.5亿元，流转土地1000公顷，建设创意农业公园、特色种养殖等，整体提升打造彤弓山村形象，建设民宿群，打造金色同弓田园综合体。④壮大村集体收益、提高农民收入。各村通过土地租金、管理费、工作经费等项目实现收入达840余万元，抱团入股投资特色种养殖产业，逐步壮大村级集体经济。同时，举办“首届农民丰收节”“传统晒秋文化节”“琼奴与苕郎爱情文化节”等系列活动，吸引游客入村消费，实现村集体“消薄”、农民增收致富。

图12　同弓乡金川源全域土地综合整治与生态修复项目产业规划效果图

（2）辉埠镇路里坑等6个村全域土地综合整治与生态修复项目（以矿山生态修复为主）。

项目概况：项目总面积5.319万亩，工程总投资8.98亿元，建设工期三年。其中，土地整治2160亩，可获得新增耕地735亩，旱改水180亩，建设用地增减挂钩指标1245亩。整个项目关停的石灰立窑、石灰钙加工生产线及轻钙企业分别为89孔、201条和16家，生态修复矿山面积达2895亩；矿地综合利用670亩，可开采矿石1500万吨；宋畈村夏家自然村整体搬迁，涉及农户110余户；并对境内碱性水及三衢山景区入口环境进行整治和提升。项目实施后，将实现“重整山河、凤凰涅槃”的目标（图13）。

项目特色：①集中连片的建设用地复垦项目。农村建设用地复垦项目的特点是地块零散、面积小，复垦为水田的面积更少。而辉埠镇全域整治项目在拆除了大片生产工艺落后的轻钙和水泥企业后，石灰钙园区连片面积达400余亩，其中后社片区占160余亩。②生态修复成效突出。经过前期的三轮整治，134条石灰钙生产线、2个轻钙厂、60余孔立窑全部关停，拆除附房及钢棚20处、清理煤渣100万吨、迁移坟墓6穴。并通过工程措施，对547亩开采后的陡边坡进行生态复绿，让寸草不生的岩壁变为花草丛生的绿墙。③矿地综合利用效益显著。后社2号片区有剩余矿石储量1500万吨，开采后的遗留矿山严重影响区域面貌，按现有的政策已无法审批开采，但包装进全域整治项目后，根据全域整治政策红利，可获得矿石开采资质审批，既削平了难看的矿山包，还能开采矿石，又能将其复垦为耕地，改善环境，一举多得。④整村搬迁利于民。夏家自然村位于后社矿山开采影响区，多年来一直深受粉尘困扰，村庄布局也没有整体规划，基础配套设施落后。2号片区获得采矿审批权后，夏家自然村必须在开采前整村搬迁，目前已初步选定安置区，并提供进城上楼、集镇安置等多种选择。搬迁后，原址复垦为耕地，可新增耕地58亩。⑤节点景观改造项目提升整体环境。通过对境内碱性水进行整治，以及完成三衢山景区入口环境提升、改造农村公厕、实施农民饮用水提升工程、建设村文化礼堂及村庄节点景观建设等，全面改善区域环境，让这片尘霾满天的土地真正变为三衢蓝天。⑥利用国投公司实现资金良性循环。为解决县财政资金压力大的问题，该项目委托县农投集团作为业主向银行融资8亿元。项目实施完成后，通过补充耕地和增减挂钩节余指标调剂、矿地综合利用收益，在偿还融资本息后，还有数亿元的纯收益，可

a)整治前

b)规划效果图

图13　辉埠镇全域土地综合整治与生态修复项目整治前和规划效果图

以再投入乡村振兴建设，反哺农村。

（3）马兰峪镇全域土地综合整治（尚未实施）。

项目概况：本项目位于河北省唐山市遵化市西北部，范围为马兰峪镇全域，面积为52.017平方千米。项目将开展农用地整治101.61公顷，工矿用地土地复垦127.34公顷，矿山地质环境治理13.26公顷，魏进河、马兰河河道整治17千米，上关水库水源地保护项目40公顷。预计新增补充耕地67.78公顷，占原有耕地面积的9.17%；新建旅游公路1条，占用农用地约2.67公顷；预计占用永久基本农田1.36公顷，补划永久基本农田1.43公顷。

本项目总投资额为36682.61万元。其中，新增耕地指标收益约25520.40万元，申请专项资金6610万元，引进社会投资约4552.21万元。

项目特色：项目以全域土地综合整治为抓手，主要以全域资源环境保护、农村人居环境整治、统筹山水林田湖草系统治理为目标，在实施土地整治项目的基础上，开展美丽乡村建设、保护古村古镇及发展当地旅游业。项目实施后，将提高项目区农田灌溉能力，提高农村建设用地集约利用化水平，调节项目区土地利用结构，改善生态环境质量，改善农民生产、生活条件，增加农民收入、促进社会安定，补齐农业农村现代化突出“短板”，提升当地皇家纯手工金银器加工产业和皇家文化旅游产业发展的外部条件，打造美丽乡村。

4. 中煤相关案例分析

（1）项目介绍。

一斗泉项目：共涉及17个行政村，工程内容为：土地平整工程、灌溉与排水工程、田间道路工程、农田保护与生态环境保持工程、生态修复工程等。建设规模2771.47公顷，新增耕地691.37公顷，变更后的预算总投资为23676.76万元。合同总价15380.77万元，预付合同价款总额的25%；竣工验收后，支付最终审定价款的95%，工程质保金为5%，质保期为1年。项目于2019年3月15日正式开工建设，历时144天，于2019年8月通过竣工验收。

望狐项目：该项目以望狐村为核心，以壶流河望狐村段为轴线，对沿线周边农村农用地进行综合整治，共涉及望狐、梁庄两乡十一村。项目“以增加耕地数量为基础，以提高耕地质量为重点，以委托代建为模式，以建设生态美丽乡村为核心，以精准扶贫为目的”主导实施。区内以沟道和河漫滩为主，沟道纵横交错，水土流失严重。按照工程主体功能，可将项目建设内容划分为三部分，分别是：以沟道治理为重点的生态文明建设工程，以乡村振兴为重点的桥梁建设工程，以精准扶贫为重点的土地综合整治工程。2019 年 8 月，广灵县自然资源局批准立项并完成项目初步设计及预算编制，2019 年 9 月 6 日正式开工建设。批准建设规模为 45909. 68 亩，预算总投资达 18325. 6231 万元，提质改造面积 23090. 63 亩，新增耕地 7563. 56 亩。2019 年 12 月 10 日，项目顺利通过验收。

（2）项目评价。

在总局“透明地球 美丽地球 数字地球”建设理念的指引下，中煤某局于 2018 年敏锐捕捉到山西省鼓励社会资本参与土地整治政策带来的发展机遇，创新运用“投资 + 业务”模式，联合山西省国资系统主体企业和关系紧密的金融机构共同发起设立大地“土地整治 +”基金项目，投资山西转型综改示范区大地“土地整治 +”子基金项目，积极融入地方发展战略，逐步打造出了一支集投资、施工、管理为一体的地质勘探国家队和生态文明建设先行军队伍。新模式的运行时间虽然不长，但实施效果明显，为公司创造了较好的经济效益和社会效益。

（3）项目经验总结。

①基金项目是一个整体运作的过程，为项目提供资本经营服务，并承担着资金筹措、工程施工、基金管理等综合运营成本，在保障实现投资固定分红收益的前提下，施工利润空间进一步被压缩。

②受工作思路不清、工作方法不当的影响，“标准化、表单化、流程化、规范化”的运行管理机制尚未完全建立，丧失了一次快速发展的契机。

③中煤某局山西分公司第一次涉足土地整治业务，无成熟的技术骨干人才，在项目的实施过程当中，依靠外协力量实现“传帮带”的效果尚未显现出来，技术创新明显不足。

（4）资金情况。

中煤某局联合山西省国资系统主体企业和关系紧密的金融机构共同发起设立大地“土地整治 +”基金。中煤某局作为基金的施工方战略投资者，积极参与到基金下设项目平台公司的工程业务中来。通过项目平台公司的力量，不仅给公司持续稳定地带来了一批土地整治业务，同时给项目的正常实施带来了充沛的资金支持，也为项目结算回款的及时性提供了保障。截至项目评价日，项目回款率约 95%。剩余未结算款项为项目质保金。

在资金支付管理方面，中煤某局山西分公司做了以下工作：一是充分利用基金业务平台，积极参与投资项目，为项目的正常运作、及时回款做足保障；二是强化资金预算，量入为出，建立资金周报机制，保证资金计划的严格执行；三是在公司现有资金严重不足的情形下，对资金进行集约、高效利用，使花出去的每一分钱起到事半功倍的效果；四是严格履行党支部前置研究、经理办公会决策相关程序，遵守资金支付管理规定。

（5）经营管理评价。

①借力实施，形成协同联动的工作机制。土地综合整治项目具有资金投入大、整治范围广、涉及人员多、工程类型多样、控制环节多、专业性强等特点，中煤某局山西分公司借力实施，通过聘用技术顾问、合署办公、协作分工等形式，将当地土整中心编制人员、测量设计人员、技术管理人员，地方国土、林业、水利等部门人员，以及乡、村、派出所等社会协调督察人员进行有效整合，全部编入项目部，构建起一个政府主导、项目部负责的内外齐抓共管网络，保障项目有序推进。

②倒排工期，全面管控，量化管理，以时间节点倒排各施工环节。在每个施工环节，以时间和工作量确定需要投入的机械量与人员，并借助信息化管理平台汇总工作数据，细化到每天，确保项目实时、量化管控到位。

（6）项目对策建议。

①中煤某局山西分公司成立时间较短，无资金原始积累。在项目施工过程中，如果进一步为其提供资金投入，可以提高项目利润，预计可获得相当于资金投入10%的利润回报，为企业的持续经营提供资金积累。

②转变观念：市场需要什么，就学习什么，求真务实，扬长避短。通过多途径、多渠道的学习及培养方式，创造激发活力、催生动力、传递压力、赋予能力的团队建设路径，为公司的转型发展培养管理及技术人才。

③中煤某局山西分公司经营规模上亿元、工程类型复杂、工期要求紧张，在自身资金不足的情况下，可以借助中煤某局下属内部单位的政策，分包部分项目给关联单位，为总局整体盘积累施工利润。

（7）项目技术水平评价。

创新智慧管理平台，积淀施工工艺技术。一是实施全过程测绘跟踪技术服务，确保施工范围和施工内容的准确、施工标准的统一、施工质量的优良、施工进度的管控。二是实施项目全过程信息化管理，开发和应用土地综合整治全过程管理平台，顺利实现施工流程的标准化管理和施工资料的规划化和统一化管理，大大提高工作效率、节约人力成本，利用多源技术打造出了一个“空天地一体化”的项目信息化管理模式。三是不断进行技术总结，总结出一套形象直观的地方俚语实施法，即“逛观园、上刀山、下油锅、二人转、座山雕、擀面皮、磨豆腐、泥腿子、摊煎饼、包饺子”，逐步积淀生产技术经验，稳步提升项目管理水平。

5. 存在问题总结

对已开展的项目与当下的市场环境进行总结之后，发现仍存在一些突出的问题（图 14）。

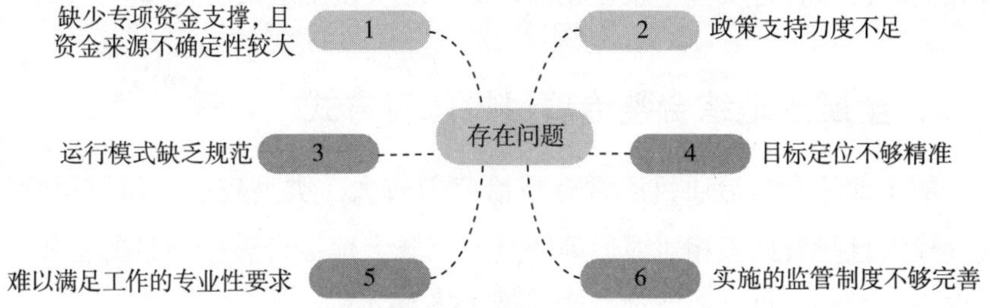

图 14　存在问题汇总

（五）一些相关问题

1. 关于土地指标

全域土地综合整治试点项目中的土地整理与增减挂钩是针对不同用地来说的，二者通过基础设施连通，实现项目之间的衔接。批准立项暂未实施的增减挂钩和土地整理项目，如果没有录入农村土地综合监测系统，则不列入正在实施的项目。整治后的指标由自然资源部门统一调节使用，可以用于项目区，也可以用于省域内的其他地方。对于工矿废弃地复垦产生的指标能否包含新增建设用地指标，要按照现行工矿废弃地复垦管理规定执行。

2. 关于资金投入

目前，全域土地综合整治试点暂无专项资金及中央补助资金，参照各省的经验，资金主要来源为地方自筹。部分省份在研究省级配套资金的支持政策，包括财政直补、差额奖补或指标交易补充等，具体政策尚未出台。

（六）涉及矿山修复内容的试点申报要点

试点申报时，可以先整镇全域申报，后进行区域规划，分期分批实施，且必须在试点期内全面完成建设任务。在全域土地综合整治实施方案的编制中，要将公共基础设施建设及生态修复具体方案写入实施方案，后续还要进一步开展详细规划。

项目区以前未编制工矿废弃地实施规划的，可以实施。部分区县乡镇废弃工矿用地较多，权属证明仅有国有土地证，可以将其纳入全域土地整治项目（挂钩项目），但地类的认定、调整需按相关规定办理。

通过矿山生态修复工程进行农用地整理。在建设用地整理后，如果产生的新增耕地达到基本农田划定标准，可以补划为基本农田。

已完成土地增减挂钩项目和土地整理项目的村镇如果与试点项目村重叠，可能出现相关的区域、地块和申报立项的区域、地块重复申报的问题。

二、全域土地综合整治项目投融资方式

全域土地综合整治项目通常有整治范围较大、类型较多、建设运营周期较长、投资规模大且投资回报相对滞后等特点。全域土地综合整治项目的主要融资途径有财政资金、市场化投融资两种方式（图15，表1）。

按照试点的投资规模估算，预计每期全域土地综合整治的市场规模将达到万亿规模。

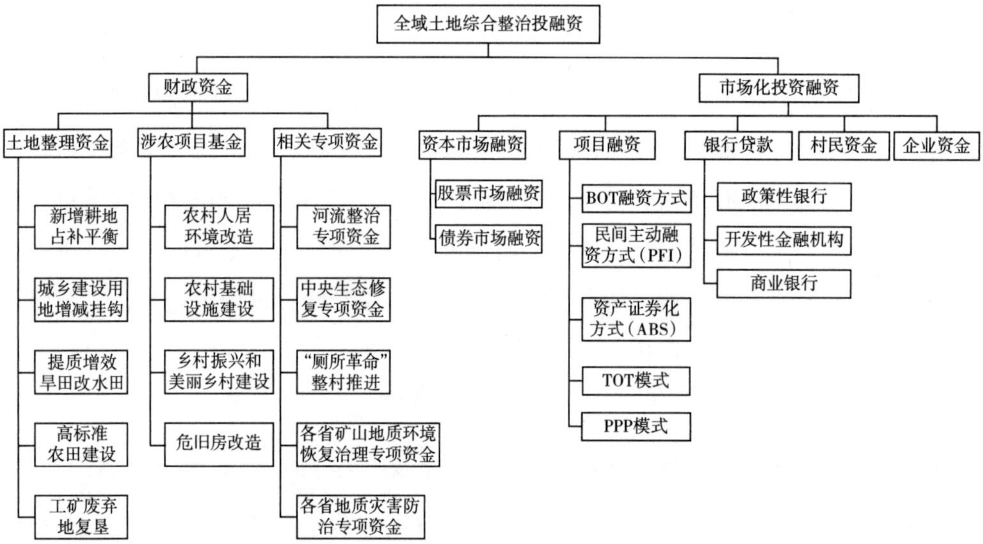

图15　全域土地综合整治项目投融资分析图

表1　全域土地综合整治项目类型及资金归口

项目类型	项目名称	资金类型	资金来源
农用地整理	高标准农田建设项目	财政资金	土地整治专项资金
	宜耕后备耕地资源开发	土地整治指标收益	土地整治专项收益
	提质改造工程	财政资金	土地整治专项资金
	旱改水	土地整治指标收益	土地整治专项收益

续表

项目类型	项目名称	资金类型	资金来源
建设用地整理	闲置低效建设用地整治	土地整治指标收益	土地整治指标收益
	工矿废弃地复垦	土地整治指标收益	土地整治指标收益
	农村宅基地整理	土地整治指标收益	土地整治指标收益
	增加挂钩项目	土地整治指标收益	土地整治指标收益
	其他建设用地整理	土地整治指标收益	土地整治指标收益
乡村生态保护修复	山水林田湖草保护修复项目	专项资金＋社会资本	中央生态修复专项资金＋社会资本
	矿山生态修复	专项资金＋社会资本	各省矿山地质环境恢复治理专项资金＋社会资本
	地质灾害防治项目	专项资金	各省地质灾害防治专项资金
	农村人居环境整治	财政资金	中共中央办公厅、国务院办公厅印发《农村人居环境整治三年行动方案》
	污水处理和水环境修复	专项奖补资金＋市场化治理	
	乡村国土绿化美化项目	财政资金＋社会投资	
乡村风貌提升	乡村历史文化遗迹保护	财政资金＋社会投资	
	乡村文化景观保护与重塑	财政资金＋社会投资	
	乡村文化旅游设施建设	财政资金＋社会投资	
	农村“厕所革命”整村推进	财政资金	中央财政农村“厕所革命”整村推进财政奖补
	乡村道路整治工程	财政资金	市级财政投资
	危旧房改造	财政资金	农民自筹为主、中央和地方政府补助为辅
其他相关项目	公共设施	财政资金	市级财政投资

（一）财政资金

通过分析研究，可以发现可用于全域土地综合整治项目的财政资金有三类（图16），其中，政府财政资金是全域土地综合整治项目在资金筹措过程中最重要的渠道。

（二）市场化投融资方式

随着全域土地综合整治项目的推进，单纯依靠财政投资无法满足全域土地综合整治项目的资金缺口。市场化投融资方式无疑是打破资金短缺瓶颈的有效途径。市场化投融资方式主要包括：

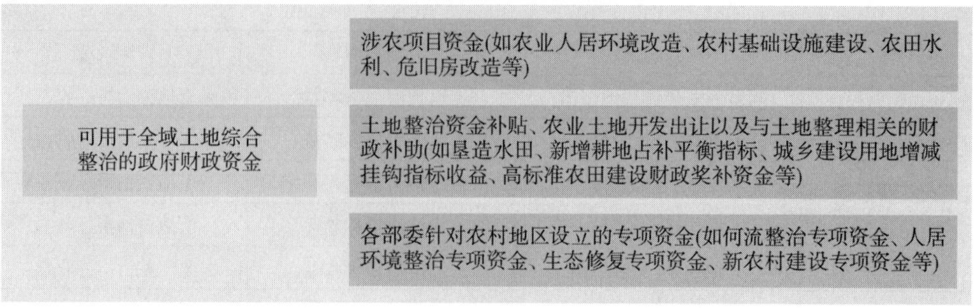

图16　全域土地综合整治中的政府财政资金类型

1. 资本市场融资

资本市场融资主要包括股票市场融资、债券融资两种方式。股票市场融资通过证券市场增资配股，可为全域子项目筹集资金。但是，由于全域土地综合整治项目的非经营性子项目较多，其经营收益远低于其他竞争性行业，会导致全域土地综合整治项目通过股票市场融资难度较大，因而通过股票进行融资的全域土地综合整治项目数量较少。

相比而言，债券融资具有成本低、股权不易被人为控制的优点。但是，由于部分地方政府的隐形债务较高，造成政府债务偿还能力不一，因此，实施主体通过债券融资也会受到一定限制。

2. 项目融资

项目融资主要有5种模式（图17），分别是：

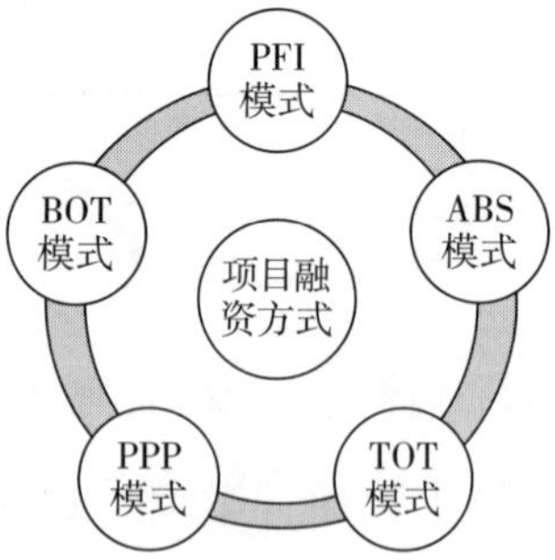

图17　项目融资方式示意图

（1）BOT模式：在1998－2014年间，BOT模式主要是通过地方融资平台承接银行贷款，以财政性资金作为还款保障，由金融机构采用财政兜底、委托企业代建、政府补足差额的方式支持地方土地开发整理、土地储备和旧城区改造等相关项目的实施。但是，在全域土地综合整治项目中，已不再采用该模式。

（2）PFI 模式：PFI 模式相当于政府购买服务。但是，目前的全域土地综合整治项目往往缺乏相关配套资金，因此 PFI 模式主要适用于全域土地综合整治项目中不收费的公益性子项目。

（3）ABS 模式：ABS 模式的资金筹集成本低于在商业银行获得贷款的成本。但是，当前我国的法律框架、信用基础等条件尚不能满足 ABS 模式的开展，因此全域土地综合整治项目通过 ABS 模式融资的可操作性较差。

（4）TOT 模式：TOT 模式要求项目本身有较为固定的收益，与全域土地综合整治项目的匹配度不高。

（5）PPP 模式：PPP 模式即政府与民间企业双方合作的模式。然而，2019 年，国家发文对 PPP 模式进行严格限制，收紧了可操作空间。此外，中央先后出台了多项政策文件，严格遏制新增隐形债务，造成地方政府推行 PPP 模式的积极性减弱。因此，利用 PPP 模式开展全域土地综合整治项目的空间有限。

3. 银行贷款

根据其性质的不同，银行可分为政策性银行、开发性金融机构以及商业银行。目前，在我国全域土地综合整治项目的建设运营过程中，该模式是最主要的融资方式。在利率、贷款期限上，不同性质的银行略有不同。其中，从政策性银行贷款可以享受国家政策扶持，具有贷款利率较低、贷款期较长、抵押率、资本金比例低的优势，金融普惠程度高，并且利息的支付可以在税前抵扣，可降低项目成本。

4. 企业资金

企业是最活跃的投资主体。当前，有关政策鼓励企业与当地农民建立合作关系，企业可借助自身的生产经营优势及组织特点提升农户的生产经营能力及组织化程度。农民也可通过与企业合作，使产业链增值，提升自身收益，让企业和农民共享发展成果。企业资金是全域土地综合整治项目市场化融资的重要来源。

5. 村民资金

村民是全域土地综合整治项目的受益人，可通过政府对其进行组织和协调，由企业策划一些项目，吸引村集体经济组织和村民参与建设和效益分红。例如，可组织农民组建土地股份合作社或集体资产管理公司，由村集体经济组织负责对项目资金的投入与运转进行监管。

（三）几种融资方式的综合评价

全域土地综合整治项目具有涉及面较广、周期较长、资金投入量较大的特点，其经营具有无利或微利性特征。其中，资金问题最为关键。建议在立项之初，应研判项目性质，将全域土地综合整治项目划分为经营性子项目及非经营性子项目。其中，市场化主体承担经营性子项目投资，采取符合市场规律的融资方式（比如权益性及债务性融资工具）；而对非经营性子项目来说，政府是最终的投资主体，主要以财政融资方式解决资金问题，以银行借贷以及发行债券等作为辅助方式；对于介于二者之间的子项目，可以通过政府与市场主体联合经营的模式，选取适当的融资方式解决资金问题（表2）。

表2　各种融资方式的综合评价结果

融资类型	融资方式	融资难易	融资额度	资金成本	融资风险	政府应采用的政策措施
股票市场融资	股票	较难	一般	一般	一般	适度发展
债券市场融资	中央政府债券	容易	很大	低	很小	适度发展
	地方政府债券	容易	很大	低	很小	不鼓励
	企业债券	一般	灵活	一般	较高	适度发展
项目融资方式	BOT	难	大	一般	高	适度发展
	PFI	一般	大	一般	一般	适度发展
	ABS	难	大	低	较高	尚未开展
	TOT	难	大	一般	较高	适度发展
	PPP	难	大	一般	高	适度发展
银行贷款	政策性银行贷款	一般	较大	低	小	鼓励
	商业性银行贷款	一般	很大	较高	较小	鼓励
企业资金	企业自筹	一般	灵活	一般	较高	鼓励
村民资金	村民自筹、土地入股	一般	灵活	低	较小	鼓励

三、全域土地综合整治运营模式分析

在全域土地综合整治项目的建设、运营、管理过程中，可以通过政府委托企业的方式对全域土地综合整治项目进行市场化运作。按照政府采取的委托方式的不同，可将其分为三种类型：一是地方政府投融资平台主导型模式，即直接委托地方政府融资平台全权操控；二是企业参与模式，即由央企、地方国有企业、私营企业等与当地政府通过竞争性磋商委托或招标等方式确定代建主体；三是新型农业经营主体运营模式。

（一）地方政府投融资平台主导型模式

在地方政府投融资平台主导型模式中，地方政府投融资平台成为当地全域土地综合整治项目的建设、运营及管理主体。平台公司拿到贷款后，以公开招标或者合作的形式设立项目公司，由地方政府融资平台获得项目收益（图18）。

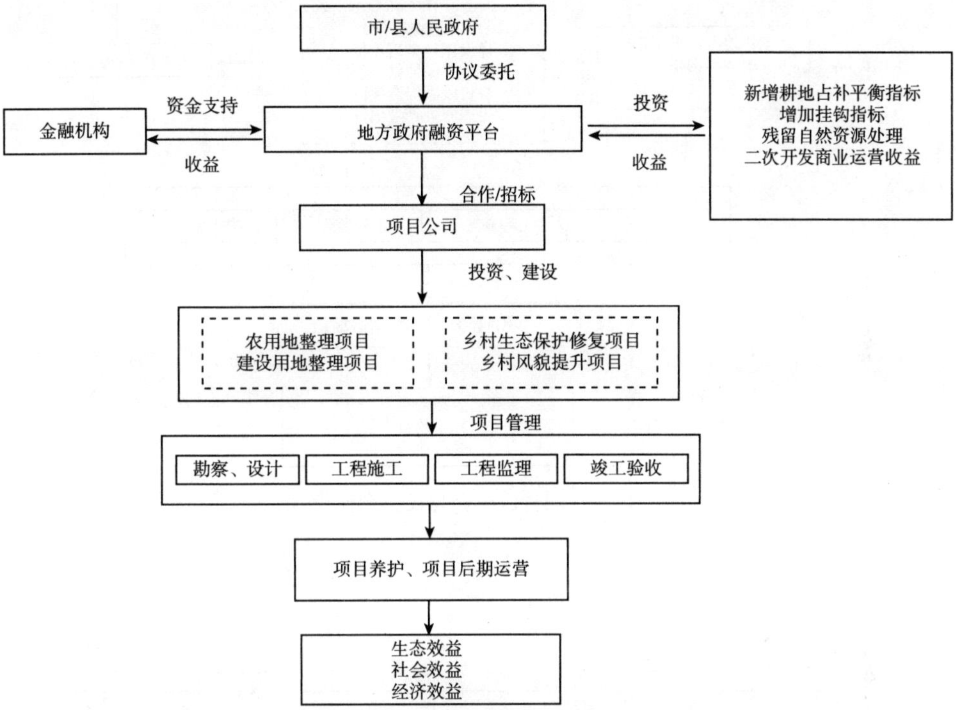

图18　全域土地综合整治项目地方政府投融资平台主导型模式

（二）企业参与模式

由企业主导的全域土地综合整治方式，按照企业性质，代建主体可分为央企、国有企业、民营企业等。此时，企业作为建设、运营及管理主体，类似于“EPC + F”模式，即企业负责设计、采购、施工、试运行等全过程，并在此基础上衍生出了融资功能。当地政府采用竞争性磋商或者招标等方式委托央企、国企、民企、上市公司以合作或者独资的身份作为运营主体。利用信贷资金承揽的全域土地综合整治项目，待项目验收合格后，运营主体可以拿到返还的收入，在银行进行结算后返还贷款。

值得注意的是，不同企业的承贷资质有所不同：一般来说，国企弱于央企，在贷款条件上会有所不同；上市企业主要通过证券市场进行融资；民营企业作为运营主体时，如果其具有雄厚的资金实力、现金流充足，银行可以将其与央企、国企等企业一视同仁，予以贷款支持。但是，因为企业性质的不同，贷款条件有所差别（图19，图20，图21）。

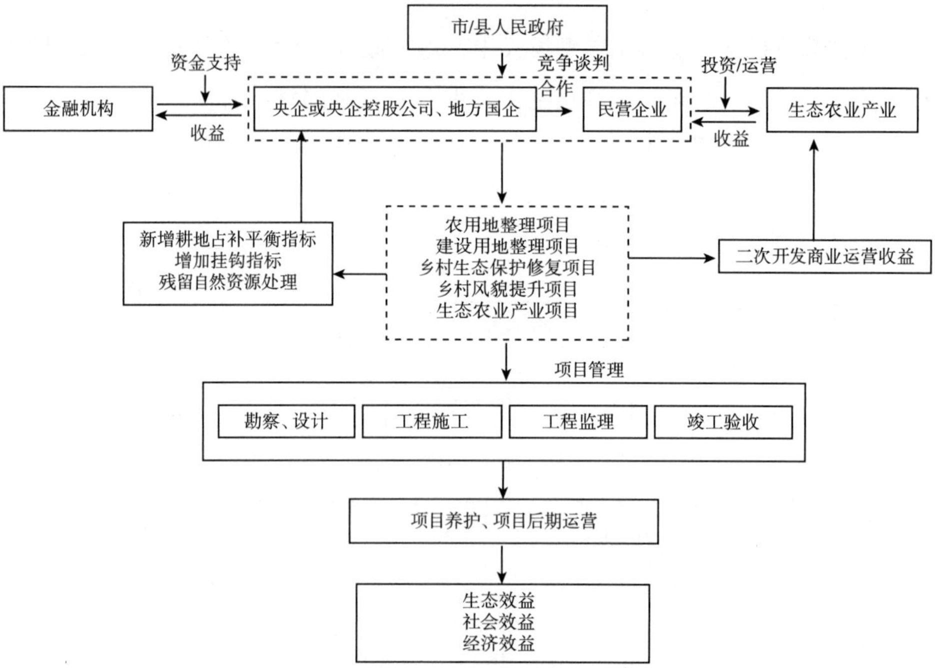

图19　国企、央企与民企合作模式

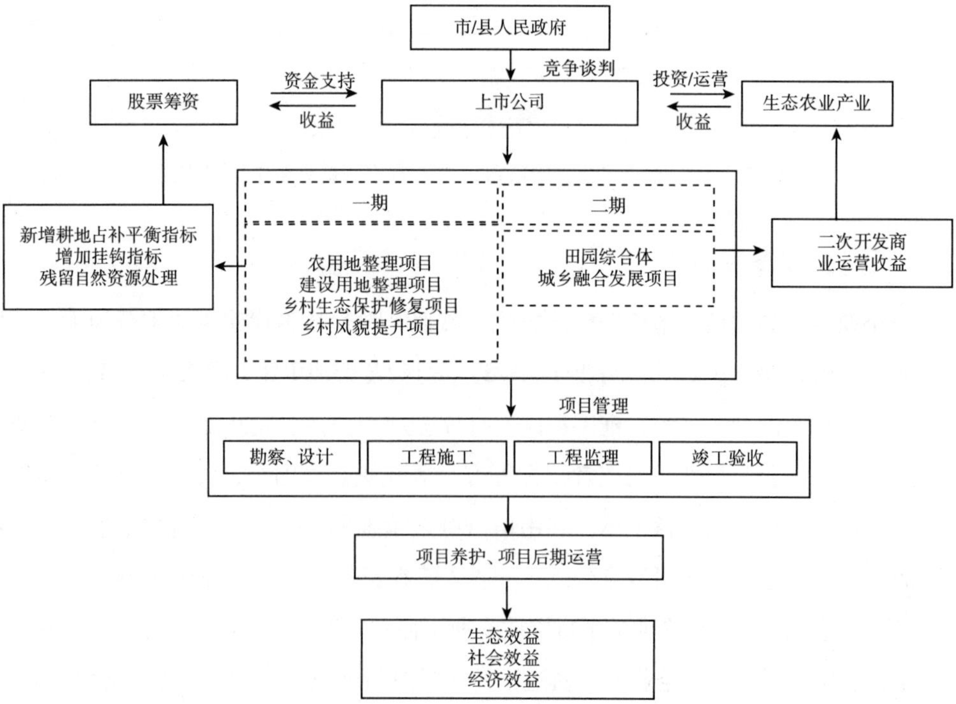

图20　上市公司主导模式

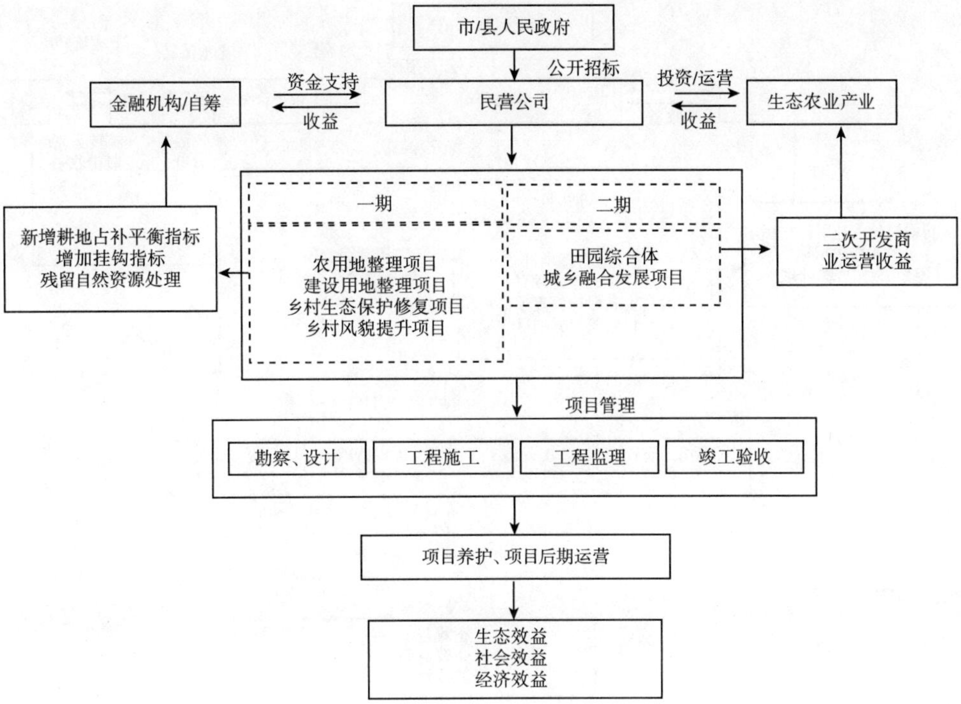

图 21　民营企业运营模式

（三）新型农业经营主体运营模式

新型农业经营主体主要由企业和村集体经济组织组建合资公司，由村集体组织作为广大农户的代言人，负责项目资金的投入与运转。企业主要负责项目建设、乡村振兴产业、城乡融合发展项目的运营、管理，利用企业自身的生产经营优势及组织特点提升农户的生产经营能力及组织化程度；农户通过与企业合作，实现产业链增值，提升自身收益。采用这样的运营模式，现金流相对充足、合理，银行可以将新型农业经营主体与国企、央企、上市企业一视同仁，予以贷款支持。如此一来，企业的融资瓶颈被打破，有助于项目落地；农民亦可以分享全域土地综合整治项目带来的效益（图 22）。

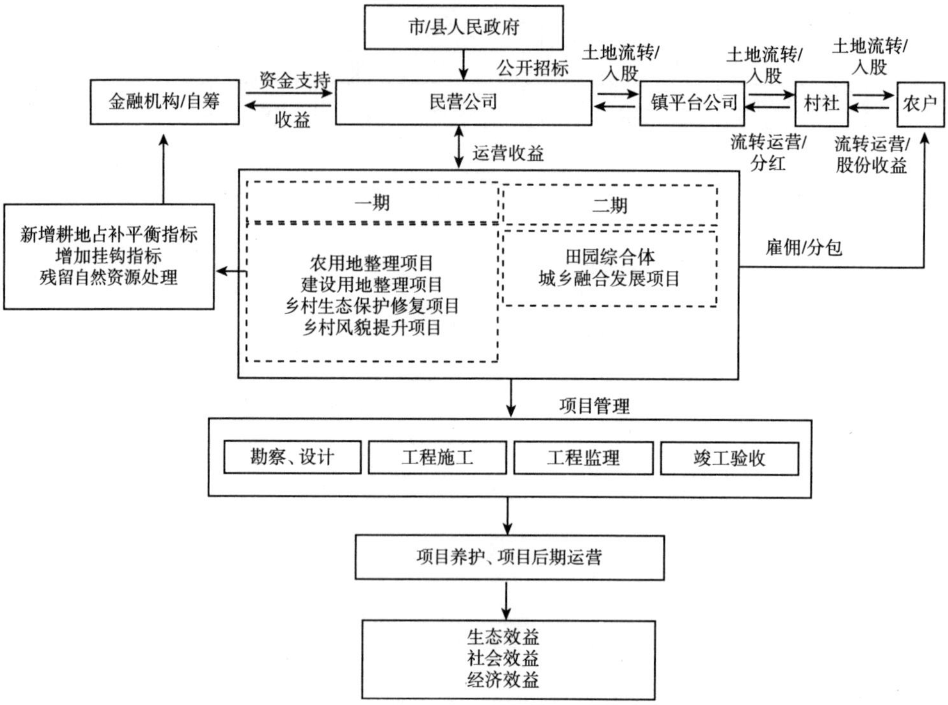

图 22　新型农业经营主体运营模式

四、全域土地综合整治项目工作区域布局研究

（一）研究方法

本研究采用层次分析法，深入分析了对实施全域土地综合整治项目有影响的因素，并将相关影响因素按照不同属性分为三个层次，即目标层、准则层、指标层。其中，目标层即为资源型地区全域土地综合整治项目潜力布局；依据性质的不同，准则层分为经济、社会、政策三个因素；在准则层的三个因素之下，设有指标层。

假设某个集合由 n 个大于 0 的部分构成：a_1，$a_2 \cdots a_n$，用 a_{ij}（$1 \leqslant i \leqslant n$，$1 \leqslant j \leqslant n$）表示第 i 个部分相对于整体 a 而言比第 j 部分重要的倍数，可以得到判断矩阵 A：

$$A = \begin{bmatrix} a_{11} & a_{12} & \cdots & a_{1n} \\ a_{21} & a_{22} & \cdots & a_{2n} \\ \cdots & \cdots & \cdots & \cdots \\ a_{n1} & a_{n2} & \cdots & a_{nn} \end{bmatrix}$$

其中，$a_{ij} > 0$，$a_{ij} = 1/a_{ij}$，$a_{ii} = 1$。

A 具有唯一非零特征值，即权重向量。

对于 a_{ij}，可根据不同的标度原则确定。本研究采用重要性标度原则确定 A 中各元素的值。指数标度的标度值和含义见表 3。

表 3　指数标度的标度值和含义

类别	标度值
a_i 与 a_j 相比同等重要	1
a_i 与 a_j 相比稍微重要	3
a_i 与 a_j 相比相当重要	5
a_i 与 a_j 相比强烈重要	7
a_i 与 a_j 相比极端重要	9
a_i 与 a_j 的重要性在上述描述之间	2、4、6、8
a_i 与 a_j 相比不重要	相应标度值的倒数

采用“和法”方式对矩阵 A 求解，得出其特征向量，具体步骤如下。

（1）将 A 的每一列向量归一化处理后得到 w_{ij}：

$$w_{ij} = a_{ij}/\sum_{i=1}^{n} a_{ij} \qquad \text{公式（1）}$$

（2）对 w_{ij} 按行求和得到 w_i：

$$w_i = \sum_{j=1}^{n} w_{ij} \qquad \text{公式（2）}$$

（3）将 wi 归一化得到 Wi：

$$W_i = w_i/\sum_{i=1}^{n} w_i \qquad \text{公式（3）}$$

$W =$（W_1，W_2，$\cdots W_n$），作为近似特征向量，各分量即可表示为各部分的权重。

已知特征向量，则可由公式（4）求解特征值 λ。

$$\lambda = \sum_{i=1}^{n} \frac{(AW)_i}{nW_i} \qquad \text{公式（4）}$$

式中，AW——倍的特征向量，即 $\lambda \cdot W$，

（AW）i——该向量的第 i 个分量。

（AW）i——该向量的第 i 个分量。

矩阵 A 是否符合一致性要求，可以根据一致性指标（CI）随机一致性比率（CR）来确定，两个指标的计算式如下：

$$CI = (\lambda_{max} - n)/(n - 1) \qquad \text{公式（5）}$$

$$CR = CI/RI \qquad \text{公式（6）}$$

由公式可知，*RI* 作为对应指数标度的随机一致性比率，其值见表4。

表4　指数标度的随机一致性比率

矩阵阶数	*RI*	矩阵阶数	*RI*
1	0	8	1.41
2	0	9	1.46
3	0.52	10	1.49
4	0.89	11	1.52
5	1.12	12	1.54
6	1.26	13	1.56
7	1.36		

若 $CR<0.1$，则矩阵 A 满足一致性要求。

（二）资源枯竭城市全域土地综合整治项目潜力分析

1. 评价体系

筛选后的资源型地区全域土地整治潜力评价指标体系详见表5。

表5　资源型地区全域土地综合整治潜力评估体系

目标层 A	准则层 B	指标层 C
资源型地区全域土地综合整治潜力	经济因素 B_1	国内生产总值 C_1
		地方政府负债率 C_2
	社会因素 B_2	人口自然增长率 C_3
		城镇化率 C_4
	政策因素 B_3	国家战略城市 C_5
		民众接受度 C_6

2. 权重分析

通过查阅相关文献资料，并向相关专家发放专家建议表，可综合确定各指标的重要程度，最终确定权重向量（具体数值见表6）。

表6　目标层 A 的判断矩阵及各指标权重

土地整治潜力	经济因素	社会因素	政策因素	*Wi*
经济因素 B_1	1	5	4	0.6651
社会因素 B_2	0.2	1	0.3333	0.1038
政策因素 B_3	0.25	3	1	0.2311

经验证，准则层的各项指标均满足一致性要求，最终可确定指标层 C 的综合权重（表7）。

表7 指标层C综合权重

目标层A	准则层及权重B	指标层C及权重	指标层C的综合权重
资源型地区全域土地综合整治潜力	B_1（0.6651）	C_1（0.5542）	0.3686
		C_2（0.1108）	0.0737
	B_2（0.1038）	C_3（0.0260）	0.0027
		C_4（0.0779）	0.0081
	B_3（0.2311）	C_5（0.1733）	0.0400
		C_6（0.0578）	0.0134

4. 评估结果

通过对各地区全域土地综合整治潜力评估指标进行归一化处理，按照各地区开展全域土地综合整治项目的潜力作用效果，可以将其分为正效用指标和负效用指标：正效用指标的指标值越大，该区域开展全域土地综合整治项目的潜力越大；而负效用指标值越大，该区域开展全域土地综合整治项目的潜力越小。为了使研究目标更加明晰，本次研究未选用负效应指标进行评价。

下面，本次研究将126个资源型地区的6个评估指标归一化，根据综合权重和各项指标归一化后的数值，最终确定了每个地区的全域土地综合整治最终得分，并采用自然断点法对其进行分级（表8）。

表8 126个资源型地区全域土地综合整治潜力分级表

潜力级别	城市名称	排名
一级潜力城市	徐州市	1
	唐山市	2
	洛阳市	3
	临沂市	4
	榆林市	5
	鄂尔多斯市	6
	淄博市	7
	南阳市	8
	济宁市	9
	赣州市	10
	邯郸市	11
	莱芜市	12
	湖州市	13
	曲靖市	14
	衡阳市	15

续表

潜力级别	城市名称	排名
一级潜力城市	包头市	16
	东营市	17
二级潜力城市	宿迁市	18
	凉山彝族自治州	19
	滁州市	20
	南充市	21
	毕节市	22
	泸州市	23
	达州市	24
	宜春市	25
	咸阳市	26
	马鞍山市	27
	亳州市	28
	枣庄市	29
	渭南市	30
	宝鸡市	31
	黔南布依族苗族自治州	32
	平顶山市	33
	邢台市	34
	宿州市	35
	郴州市	36
	邵阳市	37
	濮阳市	38
	娄底市	39
	黔西南布依族苗族自治州	40
	楚雄彝族自治州	41
	泰安市	42
	运城市	43
	自贡市	44
	延安市	45
	六盘水市	46
	百色市	47
	广安市	48
	张家口市	49

续表

潜力级别	城市名称	排名
三级潜力城市	昭通市	50
	赤峰市	51
	承德市	52
	宣城市	53
	黄石市	54
	长治市	55
	吕梁市	56
	临汾市	57
	大同市	58
	晋中市	59
	焦作市	60
	韶关市	61
	保山市	62
	三门峡市	63
	广元市	64
	云浮市	65
	晋城市	66
	普洱市	67
	安顺市	68
	攀枝花市	69
	巴音郭楞蒙古自治州	70
	克拉玛依市	71
	龙岩市	72
	临沧市	73
	呼伦贝尔市	74
	淮南市	75
	河池市	76
	新余市	77
	大庆市	78
四级潜力城市	铜陵市	79
	庆阳市	80
	鄂州市	81
	忻州市	82
	鞍山市	83

续表

潜力级别	城市名称	排名
四级潜力城市	三明市	84
	石嘴山市	85
	淮北市	86
	贺州市	87
	雅安市	88
	朔州市	89
	萍乡市	90
	南平市	91
	乌海市	92
	海西蒙古族藏族自治州	93
	池州市	94
	阿坝藏族羌族自治州	95
	景德镇市	96
	鹤壁市	97
	陇南市	98
	武威市	99
	吉林市	100
	平凉市	101
	丽江市	102
	盘锦市	103
	铜川市	104
	张掖市	105
	金昌市	106
	阿勒泰地区	107
	阳泉市	108
五级潜力城市	抚顺市	109
	本溪市	110
	松原市	111
	牡丹江市	112
	延边朝鲜族自治州	113
	白山市	114
	葫芦岛市	115
	鸡西市	116
	通化市	117

续表

潜力级别	城市名称	排名
五级潜力城市	鹤岗市	118
	双鸭山市	119
	黑河市	120
	白银市	121
	阜新市	122
	辽源市	123
	伊春市	124
	大兴安岭地区	125
	七台河市	126

经测算，一级潜力城市主要分布在徐州市等17个市级行政辖区；二级潜力城市主要分布在宿迁市等32个市级行政辖区；三级潜力城市主要分布在昭通市等29个市级行政辖区；四级潜力城市主要分布在铜陵市等30个市级行政辖区；五级潜力城市主要分布在抚顺市等18个市级行政辖区。

五、全域土地综合整治项目操作技术流程研究

全域土地综合整治项目一般分为三个阶段：立项审批、项目实施以及规划评价。

实施全域土地综合整治是国土空间规划成果得以落实的有力抓手，全域土地综合整治项目各子项的整治方向、整治内容要与地方国土空间规划及各类专项规划、其他规划相衔接，其中国土空间规划起主导作用（图23）。

2019年，自然资源部下发开展试点的通知后，全国范围内每年可申报300个试点。

（一）全域土地综合整治项目立项审批阶段

该阶段主要对拟申请试点的乡镇开展深入的摸底调查，通过资料整理和实地踏勘相结合的方式，对乡镇的土地利用情况、土地权属情况等进行分析，分析探索土地利用结构不合理、闲置低效用地等问题，结合项目区的国土空间规划，针对现存问题进行规划设计，并融入生态修复和美丽乡村建设等相关要素，形成申报材料，由县级人民政府向省级自然资源厅报送。随后，省级自然资源厅将组织专家进行审查核验，审查通过后报省厅审批和申请入库，最终由自然资源部备案，试点得以确定。

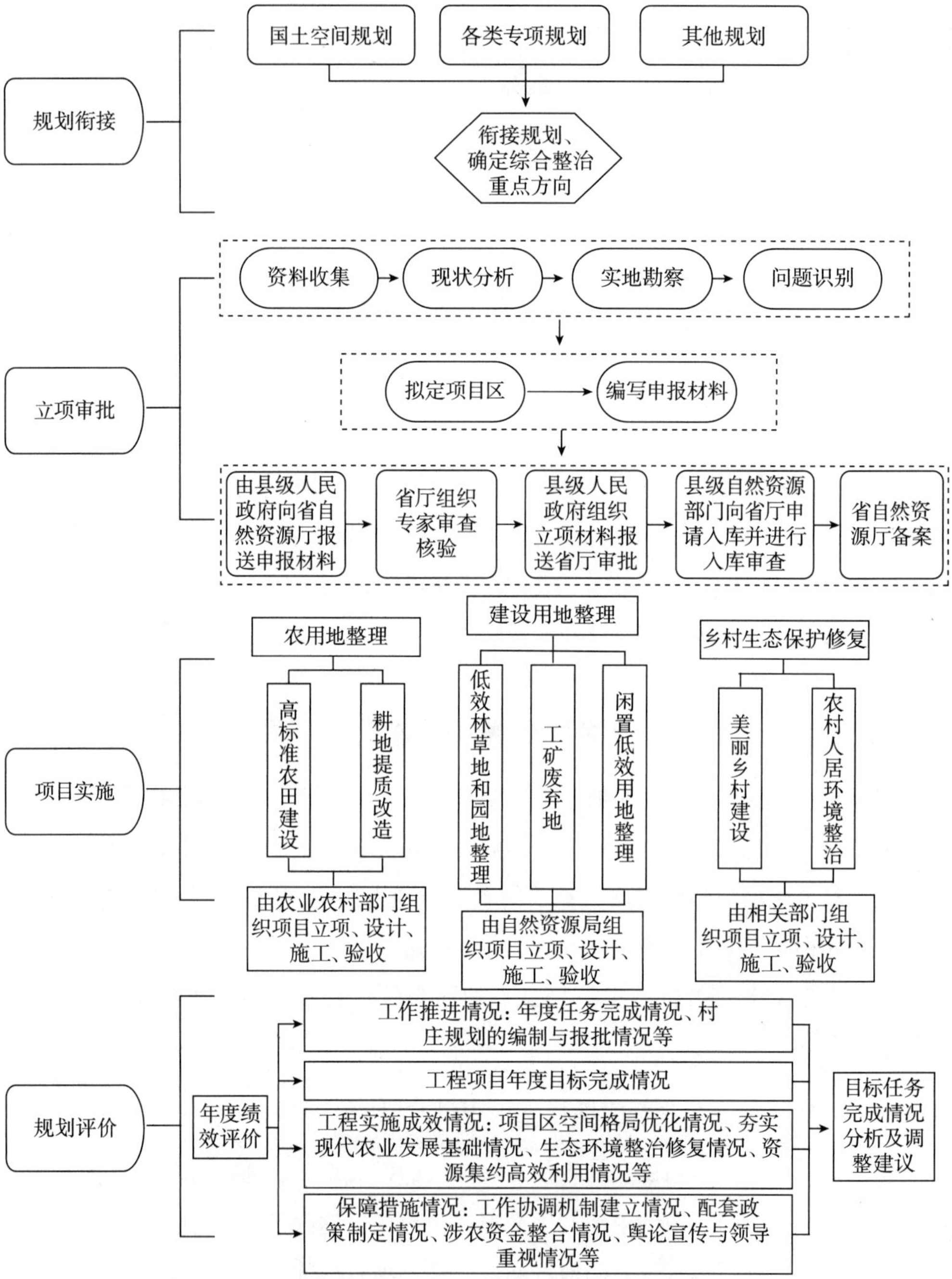

图23　全域土地综合整治项目流程图

（二）全域土地综合整治项目实施阶段

社会合作方参与全域土地综合整治项目实施步骤：

（1）确定代建单位或实施主体。

（2）双方签订合作框架协议。

（3）政府公开招标，通过社会合作方招标，确定合作方的合法地位。

（4）成立合资公司（明确平台公司及社会合作方的股权比例）。

（5）合资公司根据项目进行子项目立项、设计、施工、验收相关工作。

（6）在全域土地综合整治打包项目的实施过程中，需要对其子项目单独立项。其中，农用地整理类型的项目（如高标准农田建设项目、耕地提质改造项目等），应由农业农村部门组织项目立项、设计、施工、验收的相关工作；建设用地整理类项目（如低效林草地和园地整理、工矿废弃地整理复垦、闲置低效用地整理等），应由自然资源局相关部门组织项目立项、设计、施工、验收的相关工作；乡村生态保护修复类项目（如美丽乡村建设项目、农村人居环境整治项目等），应由相关主管部门组织项目立项、设计、施工、验收的相关工作。

（三）全域土地综合整治项目规划评价

全域土地综合整治项目规划期一般为 3 年，应按照单个年度对规划进行绩效评价，评价内容包括但不限于：工作推进情况、工程项目年度目标完成情况、工程实施成效情况、保障措施情况等。最终，根据考核结果对规划目标及任务进行调整，并给出调整建议。

项目验收：由市级自然资源主管部门组织相关部门对整个工程进行初验；初验通过后，交由省级国土资源部门进行竣工验收；随后，由省级自然资源部门组织进行项目绩效评价，将最终的竣工验收报告及评估报告提交自然资源部进行备案。

项目管护：管护期限为 3 年规划期以后，保修期内由施工单位承担维修责任，管护期满后移交村集体。

六、全域土地综合整治项目的保障措施研究

全域土地综合整治项目的保障措施主要涉及组织管理保障措施、监管保障措施、技术保障措施、资金保障措施和公众参与等方面（图 24）。

（一）全域土地综合整治项目的组织管理保障措施

全域土地综合整治项目试点申报成功后，市/县政府主要领导作为全域土地综合整治项目组长，由自然资源和规划局、财政局、农业农村局、交通局、水利局、乡镇政府等相关部门主要负责人组成全域土地综合整治试点项目工作领导小组，定期

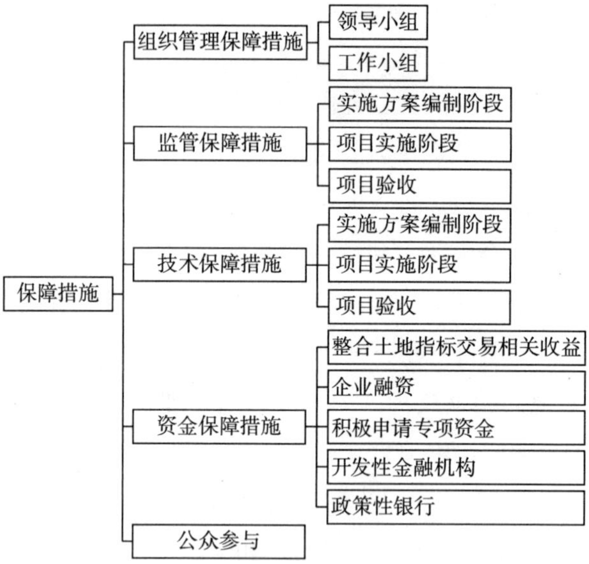

图24　全域土地综合整治项目的保障措施结构图

召开领导小组会议，对重大问题进行决策，协调各部门专项资金用于试点项目，推动项目开展。

同时，应成立由自然资源和规划局牵头、其他相关部门参与的工作小组，自然资源和规划局主要领导任组长，建立部门协调联动机制，协调各部门工作，负责组织项目实施方案的编制、评审，具体项目设计、施工等工作。

（二）全域土地综合整治项目的监管保障措施

1. 全域土地综合整治项目实施方案编制阶段

本阶段由自然资源和规划局负责组织编制单位，协调各单位收集资料，组织方案评审、备案等；同时，开展乡镇规划和村庄规划，做好实施方案与空间规划的衔接。

另外，加强片区谋划和项目策划。明确不同片区的功能定位，如历史风貌提升、生态环境治理、产业转型升级、老旧住区改造等，设计不同类型的整治路径。在项目谋划时，应结合片区发展定位，统筹谋划收益性项目、无收益项目，统一立项实施，实现资金平衡。

2. 全域土地综合整治项目实施阶段

首先，自然资源和规划局对土地整治项目设计、施工进行招标，确定施工单位，开展土地复垦工作。待项目通过验收后，剩余指标可进行流转，指标流转收益到达政府财政后，政府协调相关部门对各部门负责的相关业务进行招标，确定设计施工单位，用指标收益开展建设工程。同时，政府要求各部门根据项目区涉及的项目积极申请专项资金，并负责组织本部门所负责的相关项目的招标、采购事宜。

3. 全域土地综合整治项目验收

全域土地整治工程建设完工后，相关子项目按照有关法律、法规和行业技术标准、规程的要求实行工程验收。验收内容通常包括：项目规划设计文本及图件是否齐全、预算执行情况、项目开工率及施工情况、项目工程建设质量情况、完成工程数量情况、资金使用情况、项目竣工结算、工程管护措施、土地权属管理、档案资料管理等。

（三）全域土地综合整治项目的技术保障措施

1. 全域土地综合整治项目实施方案编制阶段

全域土地综合整治项目实施方案编制工作由自然资源和规划局通过公开招标或者邀标等方式，选定具有土地规划资质或开展过山水林田湖草、生态修复、土地整理等相关业务的单位承担方案编制工作；聘请土地整治、村庄规划、生态修复、土地复垦等方面的专家组成专家组，对方案编制工作进行全程把关。

2. 全域土地综合整治项目实施阶段

根据实施方案，将全域土地综合整治项目分为各子项目，并确定招标项目。根据全域土地综合整治项目类型，由各子项目分管单位负责各子项目的招标工作，在项目设计资质和施工资质上采用高标准并择优选择承担单位，以保证全域土地综合整治项目实现高标准设计、高质量施工，确保工程质量按高标准要求完成。

3. 全域土地综合整治项目的验收

全域土地整治工程建设完工后，相关子项目按照有关法律、法规和行业技术标准、规程的要求实行工程验收。验收内容主要包括：项目规划设计文本及图件是否齐全、预算执行情况、项目开工率及施工情况、项目工程建设质量情况、完成工程数量情况、资金使用情况、工程管护措施、项目竣工结算、土地权属管理、档案资料管理等。

（四）全域土地综合整治项目的资金保障措施

为保证全域土地综合整治各类子项目顺利实施，试点镇将建立多元化的资金投入方式。

1. 整合土地指标交易相关收益

政府通过整合使用新增建设用地土地有偿使用费、土地复垦费、耕地开垦费、土地出让收益、有关指标收益等，加大对全域土地综合整治试点的投入。

2. 拓展社会资本投资渠道

制定奖励措施，吸引企业和个人投资。加大招商引资力度，积极拓展社会资本参与全域土地综合整治的投资渠道。

在全域土地综合整治项目立项之初，与社会参与方提前约定收益来源（即解决资金缺口），同时给政府和社会参与方吃下“定心丸”，满足双方需求，实现乡村振兴。社会参与方的收益来源主要包括以下几项：

（1）投入资本金和自有资金按8%的固定年化收益计入总成本；

（2）对外融资成本据实计入项目成本（含第三方融资服务费不超过12%）；

（3）按年度完成一次性投资额的8%作为全域土地综合整治项目投资管理费，计入总成本；

（4）合资公司的全部运营费用计入全域土地综合整治项目总成本；

（5）项目建安工程总包施工利润；

（6）后续导入产业的运营收益；

（7）企业参与生态修复、乡村振兴为企业带来的正面宣传效应。

以上收益均从项目自身产出中核算安排，不依赖政府财政实力，不新增政府负债。

3. 积极申请专项资金

积极申请国家、省、市三级全域土地综合整治专项资金，强化专项资金使用管理，专项资金专项使用，扩大资金池。

4. 创新金融资本投入机制

与开发性金融机构、政策性银行协商，创新贷款模式及业务（比如，向商业性银行贷款时，可利用质押土地综合整治产生的节余指标进行融资）。充分发挥开发性金融机构、政策性银行等对土地综合整治的支持作用，建立多元化投入机制，解决资金来源问题。

（五）全域土地综合整治项目的公众参与

全域土地综合整治项目的确定、规划、选址、各子项目内容必须符合广大群众的要求，决不能违背群众的意愿，损害群众利益。在拟定项目之初，全域土地综合整治项目的主管部门应广泛征求专家和相关部门的意见，把握全域土地综合整治项目实施区域的社会经济现状和未来发展趋势，结合可持续发展的客观要求，确保政策和决策的科学性及可实施性。还可以通过填写公众调查问卷、召开座谈会的形式，听取广大群众的意见。对于全域土地综合整治项目中的子项目内容，应该进行公示。

七、结论与建议

通过综合分析，可以得出开展全域土地综合整治项目的收益主要包括五个方面：①城乡建设用地增减挂钩指标收益；②新增耕地占补平衡指标收益；③提质增效旱田改水田收益；④高标准农田建设财政奖补资金及相关专项资金；⑤相关经营性子项目产生的经营性收益。

按照试点的投资规模估算，预计每期投资规模将达到万亿规模。为了解决资金缺口，建议当地政府根据全域土地综合整治项目的自身特点，确定运营主体，采用市场化的方式解决融资问题。建议运营主体在立项之初研判全域项目性质，将全域土地综合整治项目划分为经营性子项目及非经营性子项目：①对于经营性子项目，由市场化主体承担投资，采取符合市场规律的融资方式。同时，总局需要提前确定经营性收入途径是否畅通，并加大对运营周期、资金回笼等相关数据的预测。②对于非经营性子项目，政府是最终的投资主体，主要以财政手段解决资金问题，因此在立项之初要对当地政府的财政情况进行调研，确定其财政收入与负债情况，确保财政资金不被截留或挪用。对于非经营性子项目所需投资的不足部分，则采取银行借贷及发行债券等辅助方式筹资。③对于介于二者之间的子项目，可以采取政府与市场主体联合经营的方式，并选取适当的融资方式解决资金问题。

在全域土地综合整治项目的建设、运营、管理过程中，可以通过政府委托企业的方式对项目进行市场化运作。因政府采取的委托方式不同，可将其分为三种类型：一是直接委托地方政府融资平台全权操控；二是由央企、地方国有企业、私营企业等与当地政府通过竞争性磋商委托或招标等方式确定代建主体；三是新型农业经营主体运营模式。

中国煤炭地质总局作为央企，有国家资产作为信用背书，其融资能力和融资成本上的优势为地方国企和民营企业所无法企及；总局在勘查、设计、测绘、矿山环境恢复治理、土地整治、地质灾害评估、资源与环境承载力评价等业务领域拥有技术与人才优势，同时其属地地勘单位与各地方自然资源主管部门的业务联系紧密，拥有较高影响力及良好口碑；地勘企业的人员在知识结构与专业能力上与相关领域（特别是资源型地区全域土地综合整治项目）的要求高度契合。

本研究通过对全国资源型地区全域土地综合整治项目进行潜力分析，筛选出徐州市等17个一级潜力地区及宿迁市等32个二级潜力地区，这49个地区可以作为总局开展全域土地综合整治项目的优选区域。

奋进新时代，建功新征程。中国煤炭地质总局作为国资央企，肩负着重大使命，承担着重要任务。未来，中国煤炭地质总局大力发挥在资源、品牌、技术、人才等方面的优势，在初步筛选出的潜力地区，以全域土地综合整治项目为重要抓手，为助力乡村振兴作出新的贡献，并助推共同富裕和三次分配的重要实践。

成果创造单位：中化地质矿山总局
中煤地第一勘探局有限责任公司
成果主要创造人：鞠林雪
成果创造人：位蓓蕾　柴森瑞　鲁　陶　王永明　刘金凯
成果其他创造人：陈一成　吴颖慧　王占文　赵振国　肖洪林　赵鹏明
眭亚波

城市地下空间（地面塌陷）灾害预防与治理现状和发展趋势研究

中煤地质集团有限公司

近年来，城市地面塌陷灾害频发，造成车辆损毁、人员伤亡，给城市建设、经济发展和人民安全带来了严重威胁。城市地面塌陷是典型的城市环境地质灾害之一，由多种因素共同作用所致。从地面塌陷的成因分析，由于管线的破坏造成的地面塌陷占到了72.18%，因此，该类地面塌陷可作为我们开展预防和治理的重点领域。

“十三五”期间，各地政府纷纷投入资金开展城市地下空间（地面塌陷）灾害预防与治理工作，国内从事管线和城市地下病害探测、管线修复等相关业务的企业得以快速发展。同时，从事相关仪器及装备制造的企业也快速发展，特别是国外的三维地质雷达等高端装备制造商的销售业绩斐然。

未来，我国城市地面塌陷灾害预防与治理工作将逐步转变为常态化、规范化和精细化，对行业上下游企业提出了更高要求。建议总局开展城市地质灾害综合勘查防治技术体系及高端装备研究工作，向产业的中上游发展，进一步提高我局在该领域市场的竞争能力。同时，还要做好人才、装备、技术及业绩等相关方面的储备，迎接下一轮全国城市道路塌陷隐患探测及治理的高峰。

一、城市地面塌陷的概念及其特点

改革开放以来，我国城市发展与建设进展迅速。城市的快速发展离不开基础工程施工、地下排水设施的大量建设，地下管道管线、地下隧道、基础工程施工、道路地基开挖回填、供水排水管路等工程数量成倍增加。当前发生的城市地面塌陷与地下工程、地下管线等建设及维护管理关系十分密切。如果这些工作的某些节点稍有瑕疵，就会带来许多安全隐患，其中对城市影响较大的就是地面塌陷的灾害频繁发生。

（一）城市地面塌陷的概念

城市地面塌陷是指发生在城市范围内的地面塌陷，一般是指地表岩土体在自然或人为因素作用下陷落，并在地面形成塌陷坑（洞）或地表凹陷变形的一种动力地质现象。城市地面塌陷可以分为自然地面塌陷和人为地面塌陷。根据塌陷或变形面积，可以将其分为巨型地面塌陷、大型地面塌陷、中型地面塌陷和小型地面塌陷。根据地面塌陷是否与岩溶有关，可将其分为岩溶地面塌陷和非岩溶地面塌陷。

（二）地面塌陷灾害事故的特点

1. 具有隐蔽性、突发性和随机性

城市地面塌陷在空间上具有隐蔽性，灾害发生前通常看不出塌陷要发生的征兆，但其实路基下的空洞已经悄悄地形成，而且通过常规方法很难检测出来。地面塌陷在时间上具有突发性，其发生时间不确定，可能发生在任何时间点。地面塌陷发生点也不确定，可能发生在城市道路、居民生活区，还可能发生在建筑施工工地等地，具有随机性。

2. 易造成严重后果

大部分城市地面塌陷事前都没有明显征兆，往往突然发生，而且过程极其短暂，人员和车辆不知所措，还没有反应过来，就被塌陷吞噬，自救困难。因此，城市地面塌陷对人身和财产安全构成了严重威胁。城市地面塌陷极有可能造成地下管线损毁，特别是城市燃气、电力等地下管线损坏，将造成更加严重的后果。2020 年 1 月 13 日，西宁市突发地面塌陷，1 辆公交车坠入，造成 10 人遇难，17 人受伤。2019 年 12 月，厦门发生路面塌陷，2 辆汽车坠入。2018 年，广东佛山发生路面塌陷，面积有 2 个篮球场大，11 人死亡，1 人失联。

3. 易造成较大的负面影响

现在的网络发达，各类新闻信息传播迅速，而城市地面塌陷事故灾害通常都在群众身边发生，一般都能通过网络快速传播，并引起社会的高度关注。并且该类事故造成的交通中断、财物损失及人员伤亡极易引起群众的恐慌，给社会带来较大负面影响。比如，2019 年 12 月 1 日，广东省广州市天河区某立交桥下发生道路地面塌陷，当地政府调集 1100 多人和 190 多辆车辆开展救援工作，造成该区域交通中断、地铁停工等不良后果，最后时隔 1 个多月才寻找到 1 名遇难者遗体。该事故微博阅读量达到惊人的 1.7 亿人次，引起社会广泛关注。

4. 易引发次生灾害

城市地面塌陷灾害事故发生时，地面的变形开裂、快速沉降及不均匀沉降极易造成地面损毁地下管线破裂、地下工程毁坏、附近房屋倾斜倒塌等不良后果。地面损毁会造成车辆、行人不能正常通行，导致交通拥堵甚至瘫痪。地下管线破裂主要包括两种情况：一是燃气管线破裂，极易导致燃烧、爆炸等事故，严重威胁公共安全；二是自来水管道断裂，水流冲刷带着土体，可能导致二次塌陷，进一步加大坍塌范围。

近年来，城市地面塌陷灾害频发，造成了车辆损毁、人员伤亡，给城市建设、经济发展和人民安全带来了严重威胁。其具有空间的隐蔽性、时间的突发性和发生地点的随机性等特点，极易造成车毁人亡事故及较大的社会负面影响，对安全与应急救援工作提出了更高的要求。社会各界，特别是地方政府及管理部门，要高度重视该类事故灾害的预防和应急救援工作，进一步推进“城市体检”工作，抓好相关建设和管理工作，加强该类事故灾害的隐患排查治理和应急演练，减少、杜绝城市地面塌陷事故灾害的发生，积极践行“人民至上，生命至上”理念，确保人民群众生命财产安全。

二、我国城市地面塌陷概况

近年来，城市地面塌陷灾害事故不断发生，已严重危害到国家和人民生命财产安全，给人民群众的生产、出行和生活等带来了很大影响，做好预防治理工作刻不容缓。为此，有必要对这些年来的地面塌陷事故进行分类统计、分析，找出其中的规律，为预防与治理提供科学决策的依据。

（一）地面塌陷事故的发生频率与趋势

经过对公开的相关资料进行整理，我们对国内 34 个省（自治区、直辖市）范围内 2018 年 4 月至 2020 年 12 月期间发生的 2209 起地面塌陷事件进行了统计分析。结果表明：

（1）在纳入统计的 33 个月的时间跨度内，全国平均每月要发生 67 起城市地面塌陷事故。其中，2019 年是个低谷，至 2019 年 9 月见底后，地面塌陷事故呈逐月攀升的态势。2020 年 7 月以后均维持在 110 次以上，最高达到了 150 次（图 1）。

（2）在不足 2 年时间内，累计塌陷事故超过 100 次的地区有（图 2）：河北省、山东

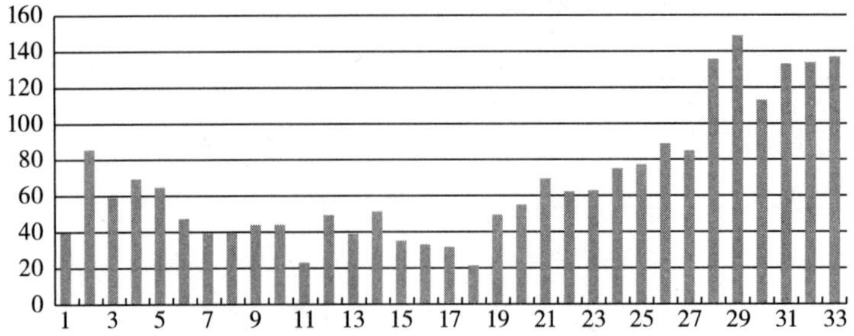

图1　2018 年 4 月至 2020 年底全国地面塌陷事故走势

省、江苏省、浙江省、河南省、广东省、四川省和陕西省；排名前五的地区是：河南省（200 次）、广东省（165 次）、山东省（161 次）、河北省（124 次）和陕西省（115 次）。

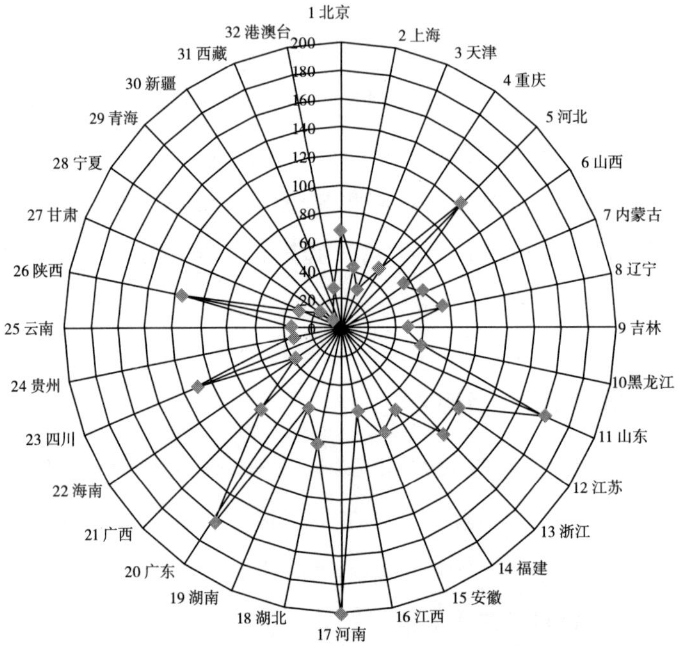

图2　2018 年 4 月至 2020 年底地面塌陷事故各省区分布星状图

（3）事故造成的人员死伤情况分析：全国 33 个月间，总计因地面塌陷死亡人员 220 人，平均每月致死约 6.67 人；总计因地面塌陷受伤人员 536 人，平均每月致伤约 16.24 人。平均每 10 起地面塌陷事故就会造成 1 人死亡，近 3 人受伤（图 3）。由此可见，地面塌陷对国家和人民造成损失的程度是很大的。

（4）地面塌陷成因分析：管线破坏造成的地面塌陷占比最高，为 72.18%；其次是坍塌事故，约占 22%；再次是城市洪涝灾害，约占 2%。七类主要致灾因素之外的其他致灾因素造成的地面塌陷仅占 3.66%，影响比较有限。由此可见，管线破

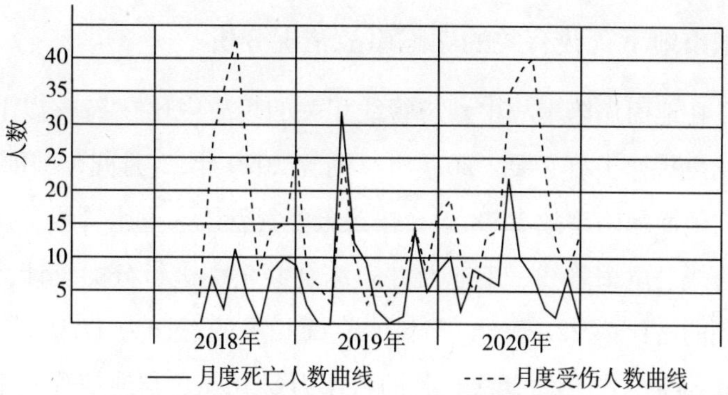

图 3　2018 年 4 月至 2020 年 12 月地面塌陷造成死伤情况分布图

坏和坍塌事故引起的地面塌陷约占 95%，这也是我们预防和治理地面塌陷的重点。

（二）地面塌陷事故的发生地点

我们可以将地面塌陷事故的发生地点分为 4 类，分别是城市道路、城市居民生活区、建筑施工工地及其他。2018 年 4 月至 2020 年 12 月间，在国内 34 个省（自治区、直辖市）范围内发生的地面塌陷事件中，发生在城市道路上的事故占比大致在 70.09% 上下波动，但 2019 年明显较低；发生在城市居民生活区的事故数长期在月均 20 起以下，虽略有逐年增加的势头，但占比一般不超过 30%；发生在建筑施工工地的事故长期在月均 20 起以下，但有逐年下降趋势；发生在其他地点的事故占比 13.679%（但在 2020 年 3 月以后，因所有非城市道路事故都被统计在这一范围内，故这期间的城市居民生活区和建筑施工工地的趋势曲线有所失真）。总的情况是，城市道路地面塌陷事故长期占比在七成以上；发生在城市居民生活区和建筑施工工地的事故数量基本相当，大部分时间维持在 10% 以上，其他事故则不足 10%（图 4）。

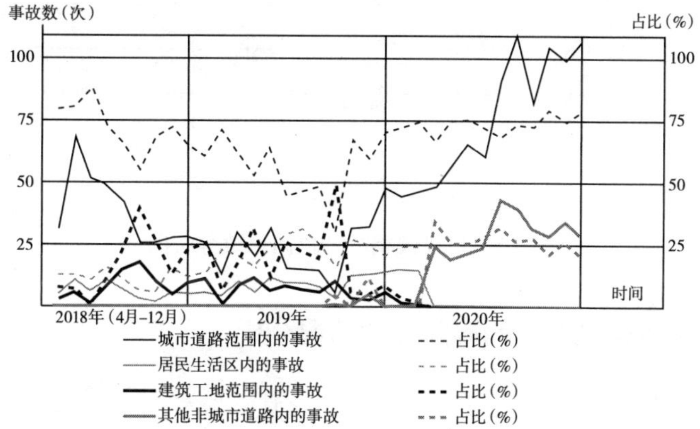

图 4　地面塌陷发生位置统计分析示意图

（三）与城市地下管线有关的塌陷事故情况分析

前文提到，在地面塌陷事故中，与管线相关的事故占比在72%以上，因此，研究此类事故的发生规律很有必要。2018 年 4 月至 2020 年 12 月间，国内 32 个地区发生与管线相关的地面塌陷事故 1598 起。按照天然气管线、供水管线、排水管线、热力管线、通信管线、电力管线、工业及井盖综合共 7 类进行分类统计，结果为：与天然气管线相关的占比为 22. 90% ，与供水管线相关的占比为 47. 0% ，与排水管线相关的占比为 8. 64% ，与热力管线相关的占比为 8. 70% ，与通信管线相关的占比为 2. 50% ，与电力管线相关的占比为 6. 63% ，与工业及井盖综合类相关的占比为 2. 0% 。

与供水管线相关的事故数量呈逐年攀升态势，占近一半，成为出现事故最多的领域；与供气管线相关的事故也逐年增多，占比较高；与排水管线相关的事故多年来发生不多，月均在个位数且长期稳定，占比较低；与热力管线相关的事故也呈逐年增多趋势，且多发生在深秋和冬季；与通信管线相关的事故长期保持在月均低于 5 起的水平；值得注意的是，与电力管线相关的事故明显呈逐年增多之势(图 5)。

总之，与供水管线、天然气管线相关的事故最为常见，占比最大，是预防和治理最重要的领域；与排水管线、热力管线和电力管线相关的事故基本相当，但也不容忽视；与其他因素相关的事故总体占比很低，不属于主要治理的领域。

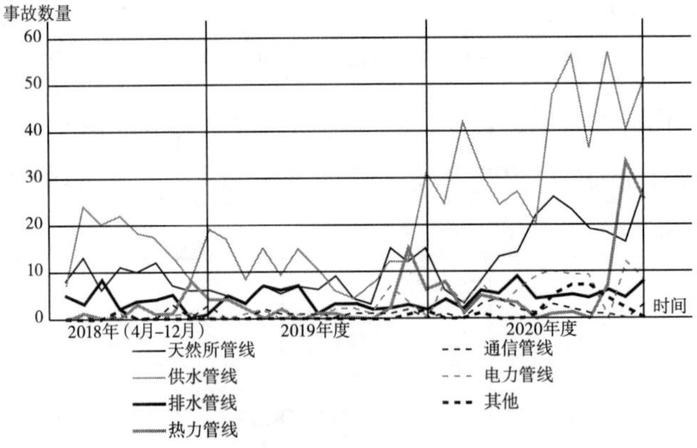

图 5　与管线相关的塌陷事故分析图

（四）与地下管线有关的塌陷事故情况分析

对于与地下管线有关的地面塌陷事故，很有必要对其起因进行分析。因目前收集的资料还明显不足，故下面仅举例说明。

2018 年 5 月，因地下管线破坏造成的 49 起地面塌陷事故中，事故原因所占比例为：自身结构性隐患占 51.02%，第三方施工破坏占 32.65%，管理缺陷占 8.16%，使用不当占 4.08%，环境因素占 4.08%（图 6）。

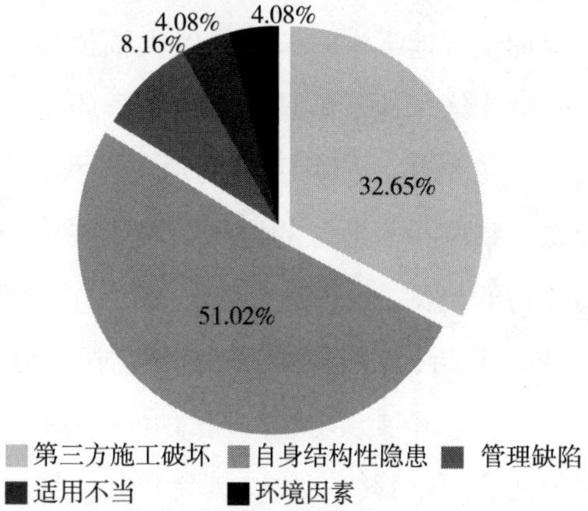

图 6　地下管线破坏事故原因分布图（2018 年 5 月）

2020 年 12 月，因地下管线破坏造成的 123 起地面塌陷事故中，事故原因所占比例为：自身结构性隐患占 52.85%，第三方施工破坏占 38.21%，管理缺陷占 2.44%，环境因素占 1.63%，其他占 4.88%（图 7）。

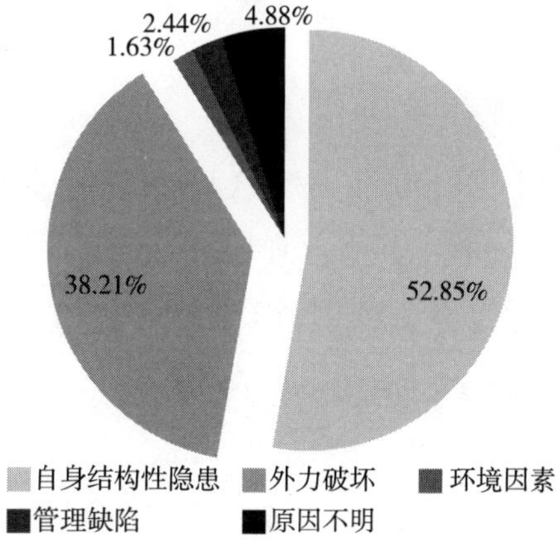

图 7　地下管线破坏事故原因分布图（2020 年 12 月）

因此，地下管线中自身结构性隐患占比大于 50%，是事故多发的最主要原因；其次就是建设施工过程中的人为破坏，占比在 30% 以上；另外，环境因素和管理缺陷也应引起注意。

（五）小结

我国城市发展可分为1949—1978年、1978—2001年、2002—2012年和2013—2021年四个时期。其中，改革开放以来的三个时期，城市发展与建设进展迅速，特别是近年来城市化进程加快，地下空间开发力度大幅提高，地下工程和隐蔽工程急速增加，主要是地下管道管线、地下隧道、基础工程施工、道路地基开挖回填、供水排水管路等工程数量成倍增加。如此巨量的地下工程，如果某些节点稍有瑕疵，就会带来许多安全隐患，致使相关地区的地质环境出现脆弱性、复杂性、空间差异性的变化，一旦遇到合适的诱因（多变的气象条件等），地面塌陷灾害事故便随即发生。从地面塌陷的成因分析，由于管线的破坏造成的地面塌陷占到了72.18%，因此该类地面塌陷可作为我们开展预防和治理的重点领域。

根据中国城市规划协会地下管线专业委员会和北京地下管线综合管理研究中心合作完成的《2020年全国地下管线事故统计分析报告》，2020年，由城市地下管线破损导致的城市道路塌陷灾害事故共263起，造成23人死亡，48人受伤。该类灾害事故较2019年增加157起，增长率为148.11%。

三、与城市地面塌陷相关的政策法规

（一）基本情况

全国（不含香港、澳门、台湾）31个省（自治区、直辖市）、181个设区市和2个县都制定了地下管线政策法规。其中，河北省、山西省太原市等16个省（自治区、直辖市）、设区市出台了地方条例，沈阳市、苏州市等74个设区市出台了政府规章；吉林省、天津市等125省（自治区、直辖市）、设区市及2个县出台了规范性文件。

在全国各地出台的政策法规中，44个城市明确了地下管线综合管理部门，其中24个城市设置了地下管线专门管理机构，如北京市、上海市、广州市、合肥市等。地下管线综合管理部门负责地下管线的统筹协调和综合管理职责，其他职能部门按照职责分工开展工作。在地下管线实际管理过程中，设置地下管线专门管理机构的城市综合管理思路清晰，管理工作科学、系统，各部门工作职责明确，为地下管线综合管理提供了保障。但是，截至目前，全国大部分城市还未设置地下管线专门管理机构，地下管线综合管理工作有待加强。

（二）规划管理

1. 规划编制环节

管线规划编制是地下管线建设管理源头把控的重要一环，各地出台的政策法规均要求编制地下管线综合规划、专项规划，理论上力求规划编制体系的完整性，实践中注重规划的时效性。经调研了解，一些城市已完成地下管线综合规划或专项规划编制，而大部分城市尚未编制相关管线规划。例如，广州、杭州、苏州等城市地下管线综合规划已经完成编制，但是重庆、合肥、银川等城市虽然在条例或者办法中已经做了明确要求，但管线综合规划编制工作仍未开展。另外，很多城市的部分管线专项规划仍未编制，特别是弱电、通讯类管线。

2. 规划许可环节

有无“用地需求”是规划许可证办理的一个重要条件，规划审批视“用地需求”可以分为两大类。

第一类：有用地需求。实践过程中，需要办理建设项目选址意见书、建设用地规划许可证和建设工程规划许可证。比如电力高压走廊、长距离的输水、输气管线等。

第二类：没有单独用地需求。实践过程中，随道路等主体工程同步建设的地下管线工程（纳入道路投资的管线，如排水、电力等，下同），办理建设工程规划许可证；依附于道路建设的地下管线工程（未纳入道路投资的管线，如供水、燃气、热力、弱电等，下同），大都没有单独办理规划许可手续。

3. 规划监管环节

规划监督管理是针对规划实施全过程的监督检查管理，具体为地下管线定位放线、规划验线、竣工测量、规划核实和规划验收等工作。在我们调研的城市中，重庆、绍兴等城市的规划验线、竣工测量和规划核实工作已经开展。有些城市在竣工测量阶段形成了好的经验和做法，如合肥等城市通过多方式管控，推动在地下管线覆土前开展竣工测量。有些城市在落实管线工程规划许可、施工许可制度方面存在问题，没有完善的竣工测量制度，导致竣工测量工作的落实相对较差。由于我国在地下管线方面没有产权登记制度，加之地下管线的隐蔽性强，很多城市在工程竣工规划核实方面执行力度弱、实施困难，运行机制未建立，地下管线规划管理工作未能形成闭环。

（三）建设管理

1. 年度建设计划

青岛、淄博、杭州、无锡、长沙、银川、上海等城市都已经开展了地下管线年度建设计划编制，并组织实施。具体来说，是在年底之前，各管线权属单位结合道路建设计划，提出地下管线年度建设计划，地下管线行政主管部门在下一年年初开会研究确定地下管线年度建设计划。部分省市还印发相关文件，进一步加强制定地下管线年度建设计划，合理安排地下管线和道路的建设时序。例如，江苏省住建厅联合江苏省自然资源厅等 5 部门印发《关于加强城市地下管线规划建设和安全运行管理的通知》等。但大部分城市仍未开展地下管线年度建设计划。

2. 设计审查制度

地下管线综合设计及审查通常包括管线综合方案设计、管线综合初步设计和管线施工图设计及审查。目前，仅有极少数城市开展了地下管线综合设计及审查工作，例如，合肥全面开展了地下管线综合方案设计、初步设计和施工图设计及审查，并将“地下管线综合设计”审查意见纳入施工图审查合格书；也有一些城市（如重庆市）只开展了政府投资项目的初步设计审查工作。

根据每个城市管理部门职责的不同，不同阶段的设计审查工作一般也会设在不同部门。例如，合肥市的地下管线综合方案设计审查设在建设行政主管部门，地下管线综合初步设计审查设在发展改革部门，施工图设计文件审查由施工图审查机构负责；长沙市的地下管线方案设计审查由规划主管部门负责，地下管线综合初步设计审查由建设主管部门组织实施，施工图设计文件审查由施工图审查机构负责。另外，关于专业管线施工图的设计审查，很多城市存在的问题是其施工图审查机构没有能力对电力、燃气等专业管线进行专业审查。

3. 施工许可管理

各地出台的相关政策法规均明确要求地下管线建设应当履行基本建设程序。但是，在我们调研的城市里，普遍存在因地下管线工程涉及民生或者工期紧张等原因而提前施工、不履行基本建设程序、不办理施工许可证的情况。在大部分城市，随道路等主体工程同步建设的管线施工许可证均随主体工程一并办理，其他管线施工许可证则未办理。有一些城市先行先试，给其他城市提供了新的思路。比如，在合肥市、长沙市等少数城市，随道路等主体建设的管线与道路施工许可证一并办理，依附于道路建设的管线则单独办理地下管线、杆线等设施建设许可证，规范了地下管线建设行为，提高了地下管线建设水平。

4. 施工过程管理

在既有管线区域内进行施工管理，会涉及以下几个方面的问题：在开工前，建设单位应当与既有管线权属单位签订保护协议。涉及危险化学品管道施工，应当制定施工方案，明确安全责任；在施工过程中，应核实既有管线现状资料，按照施工方案和保护协议施工，发现未查明的地下管线或者对既有地下管线造成了损坏，应当立即停止施工，采取相应的保护措施，配合做好地下管线相关测量工作和工程监理工作；在埋设地下管线时，同步敷设金属标识和示踪线；在非开挖施工时，绘制地下管线轨迹图，标注地下管线的穿越起点和终点坐标、轨迹、走向以及埋深等详细信息；在施工现场，制订安全防护措施、应急预案等。

哈尔滨、南京、淄博等城市形成了相关管理模式，以规范施工过程管理。其通过明确地下管线管理机构、建设单位、管线权属单位、施工单位、监理单位职责，确保既有管线的保护，同时对发现不明地下管线、施工有损坏的，做出保护措施。

5. 竣工测量和竣工验收备案管理

合肥、银川、上海浦东等城市在建设阶段所做的竣工测量工作非常扎实，从施工许可到竣工验收备案，出台了一系列规范性文件，在建设阶段实现了管理闭环，保障了地下管线的覆土前竣工测量。部分城市的竣工测量执行效果并不理想，有的城市甚至因无法收集地下管线竣工资料，导致花费巨额资金完成的地下管线普查数据无法正常更新，在短短三五年内，普查成果就失去了使用价值。

（四）运行维护

关于地下管线运行维护的规定内容较少，主要是各管线产权（管理）单位进行日常巡查和维护、定期检测维修、制定应急预案和开展应急演练等。各城市开展的相关工作主要集中在燃气、供水、排水和热力管线的巡查维护工作上。例如，上海市每年由市住建委和各区政府联合举行燃气管道泄漏爆燃应急处置综合演练，组织开展燃气专业应急抢险队伍防汛应急专题培训等；河北省在管线运行维护管理方面规定设区的市、县（市）人民政府城市地下管线行业主管部门及其权属单位应设立统一的专线服务平台，接受单位和个人对城市地下管线或者附属设施发生损坏、缺失以及存在安全隐患的举报等。也有部分城市会常态化开展安全隐患排查，并形成了一定的经验。比如，苏州市于2020年7月发布地下管线设施和隐患排查报表，对苏州下辖的各县（市）、区的13.6万千米管线进行排查，发现重大安全隐患5处，整改4处；一般隐患311处，整改266处。

（五）小结

城市地下管线作为地面塌陷事故灾害发生的主要因素，其量大面广、种类繁多，管理体制和权属复杂，有中央的（电力、通讯），有地方的（供排水、燃气、热力），有市管的（排水），有区管的（排水），有合同委托管理的。地下管线管理各自为政、条块分割、分散管理、多头管理、无序建设的现象非常严重。党中央、国务院高度重视地下管线管理工作，近年来下发多个文件，对地下管线工作提出了具体要求。各地认真贯彻落实党中央、国务院关于加强地下管线建设管理、推进地下综合管廊的决策部署，纷纷出台地下管线相关地方性条例或办法，加大统筹力度，并取得积极进展。但由于地下管线的特殊性和历史原因，目前仍然存在地下管线建设管理体制不健全、统筹协调机制未建立、数据信息收集难共享、管线事故难避免、数据信息应用受限、政策法规执行不到位、违法处罚难落实等问题。建议加强以下城市地下管线管理工作：加强顶层设计，发挥政府主导作用；严格进行源头管控，规范管线建设行为；进一步加强地下管线普查工作；规范地下管线测量行为，确保数据质量；进一步推进地下管线信息数据共享共用。

四、城市地面塌陷灾害预防及治理情况

地面塌陷的实质是塌陷力与抗塌陷力综合作用的结果：塌陷力大于抗塌陷力时，塌陷将随之发生；反之，上部硬壳层仍能保持平衡。城市地面塌陷（不含天然形成或人工开凿的原有地下洞室诱发的塌陷）的成因可分为水力管线周围土体渗透变形诱发塌陷、高压水力管线突然爆裂造成水土流失诱发塌陷、（地铁、基坑等）施工中短时涌/突水诱发塌陷、回填土体水土流失诱发塌陷4类；城市地面塌陷还可分为潜蚀型塌陷、冲爆型塌陷、真空吸蚀型塌陷、松散土体型塌陷4种。

（一）城市道路病害探测与处置

1. 城市道路病害探测

（1）三维探地雷达。

二维探地雷达是常用的城市道路病害探测技术方法。与二维探地雷达探测技术相比，近年来发展起来的三维探地雷达探测技术有着巨大的技术优势，得到了广泛

的推广应用。

三维探地雷达是指采用阵列天线激发、接收技术，通过对某区域进行探测，能够形成高密度三维立体电磁波数据的一种探地雷达（图8）。

图8　三维探地雷达探测形成三维电磁波数据体

相对二维探地雷达来说，三维探地雷达具有“三高”的特点，即高分辨率、高精度和高工作效率，可以采用三维数据特有的处理、解释手段，实践表明，用其开展城市道路病害探测，能够取得较好效果。其缺点是探测深度较浅：在南方潮湿地区，探测深度一般为1.5～2米；在北方干燥地区，探测深度一般为2.5～3.5米。

通过对三维探地雷达采集到的数据进行处理、解释，可以确定道路空洞（脱空）的平面位置、空间形态，预估空腔体积，并依据相关规定对病害体进行风险等级评定，为下一步道路空洞（脱空）的处置提供资料。

（2）其他探测技术。

虽然采用三维探地雷达技术开展道路病害探测取得了很好的效果，得到了广泛的推广和应用，但其也存在一定缺陷。因此，在重点道路（如地铁沿线），或者在道路塌陷抢险救援探测时，通常采用综合探测技术方法：在浅部，采用探地雷达技术；在深部，采用瞬变电磁、高密度电法、综合地震技术方法等。

2. 城市道路空洞（脱空）处治

城市道路空洞（脱空）处治主要有开挖处治技术和非开挖处治技术。

（1）开挖处治。

开挖处治时，需要将道路基层、底基层、面层一起挖除，造价高、施工工期长、对交通干扰大、污染环境。所以，如果不是非常必要，应首先采用非开挖处治。

（2）非开挖处治。

非开挖处治是对路面结构病害部位注射多组分高聚物材料，利用高聚物材料发生聚合反应后体积迅速膨胀并固化的特性，实现对空洞和裂隙的快速填充和对土体的黏结挤密，从而达到加固和修复路面结构的目的。

当道路脱空病害的脱空体积不大于0.05立方米时，宜采用高分子材料注浆处治方案；当道路脱空病害的脱空体积大于0.05立方米时，宜采用非拌合高分子混凝土处治方案。

当采用高分子材料注浆方案处治脱空病害时，应采用微孔进行处治，微孔的直径宜为10～16毫米。同时设计两个微孔：一个微孔作为注射孔，另一个微孔作为排气孔，注射孔的最下部应达到脱空病害的底部，排气孔底部宜达到脱空病害的中部。

当采用非拌合高分子混凝土方案处治脱空病害时，处治孔应分别设计大孔（石料输送孔）和微孔，大孔的直径宜为80～120毫米，大孔最下部应达到脱空病害的底部。大孔的数量应由脱空腔体的形状确定：当脱空腔体的形状相对规则，级配碎石易于流动时，可设计为一个大孔；当脱空腔体的形状不规则，级配碎石不易流动时，易增加大孔的数量。微孔应以中心大孔为中心向外散开，呈等边三角形布置。

非开挖处治技术开创了道路病害处治的新途径，并已在河南、河北、安徽、山西、山东、湖北、广东、深圳、上海等29个省、直辖市、自治区200多项道路空洞处治和道路维修工程中得到推广。

（二）城市道路塌陷预防管理

由于我国城市道路塌陷事故发生数量越来越多、影响越来越大，当地政府和管理部门也越来越重视。深圳、北京、兰州、厦门、西安、杭州、西宁、郑州等地出台了很多相关通知、预案等，并采取了预防管理措施，主要包括三个方面的措施。

1. 城市道路塌陷事故预防

坚持“预防为主、预防与应急处置相结合”的原则，将道路塌陷事故的预防工作贯穿于城市建设施工、维护管理、日常工作等各个环节，统筹兼顾和综合运用各方面的资源和力量，提高城市的综合防灾减灾能力，预防和减少道路塌陷事故的发生，控制、减轻和消除道路塌陷事故引起的社会危害。在轨道、基坑等地下工程建设过程中，应加强对地下排水管渠、燃气、电缆等管线的保护措施，避免损坏管网设施，引发道路塌陷事故。

组织专业机构进行探查，全面排查新区存在的隐患点；根据探查的情况，对隐患点进行重点诊断和对症下药，将道路塌陷隐患消灭在萌芽状态；通过有奖举报等方式，充分发动市民积极参与道路塌陷防治工作，建立群防群治的工作机制。结合城市更新，加大对道路塌陷隐患的治理：通过统筹城市更新与道路塌陷防治工作，在城市更新项目中加大对道路塌陷隐患的治理力度，一步到位治理好道路塌陷安全隐患；同时，涉及道路塌陷安全隐患的片区，符合城市更新条件的，应优先纳入更新计划，并在城市更新政策方面给予适当支持。

2. 城市道路塌陷事故监测

建立道路塌陷群测群防体系，相关预防、监测责任人要对道路塌陷重点防范区进行日常巡查，充分发挥物业管理人员、城市信息采集员、绿化养护人员、清扫保洁人员、保（治）安员等工作人员的力量，鼓励其在日常工作中发现道路塌陷隐患时，及时报送灾情（隐患）信息。组织开展道路塌陷调查、评估，在汛前、汛后对道路塌陷隐患点进行定期和不定期的检查，加强对道路塌陷重点地区的监测和防范。对于工程建设可能引发的道路塌陷，建设单位、产权人应加强道路塌陷监测，并及时将监测情况报告道路塌陷防治主管部门。

3. 城市道路塌陷事故预警

在突发性道路塌陷处治各环节中，要依据自己的职责，快速向相关政府主管部门报告处置动态。信息报告要及时、真实、规范。对于有人员伤亡的突发性道路塌陷，必须立即报告事件主要情况，并书面报告详细情况。建立科学的预警支持系统，及时科学分析和预测，提出一般处治或启动应急预案的建议。发现道路塌陷前兆（如地面大面积凹陷、新的裂纹发育等）及发生灾情时，涉及险情或灾情的单位和个人应迅速通过110特服电话或各级主管部门的值班电话进行报告。发生灾害性天气预报时，各相关主管部门要严格执行汛期24小时值班制度，建立健全灾情速报制度，保障突发性道路塌陷信息报送渠道畅通。

（三）典型案例

1. 西宁市城北区道路病害体应急探测

西宁市城北区采用三维探地雷达对道路空洞进行探测，共完成257.6千米三维探地雷达测线束，复测异常点138处，钻探验证异常点45个，验证空洞、脱空异常44个，空洞、脱空验证率高达90%以上。全区共探测到地下病害体136个(表1)，发现净深40厘米以上空洞6处，平面面积大于10平方米的空洞1处。发现的空洞中，平面面积最小的仅0.6平方米。

表1　测区道路探测病害体成果统计表

病害体类型	空洞	脱空	疏松		被埋铁器	
			严重疏松	一般疏松	井盖	铁板
数目	28	16	49	41	1	1
合计	136					

2. 成都市青白江道路空洞探测

成都市青白江区成南路、大同路顶管施工路段区域进行了全覆盖扫描探测，对运用三维探地雷达设备并确定了探测出的地下病害位置及范围。探测工作主要工作区在地下顶管中心上方4~5米范围内。根据现场情况，共完成三维探地雷达测线束20350.5米。三维探地雷达现场作业示意图见图9。

图9　三维探地雷达现场作业示意图

成南路共探测地下病害体70个，空洞病害（空腔净深≥0.2米）22个，脱空病害（空腔净深<0.2米）15个，疏松病害33个；大同路共探测地下病害体27个，空洞病害（空腔净深≥0.2米）1个，脱空病害（空腔净深<0.2米）4个，疏松病害22个。空洞灌浆回填作业示意图见图10。

图 10　空洞灌浆回填作业示意图

3. 成安县排水管道上方空洞探测

该勘探区位于邯郸市成安县。由于暴雨影响，排水管道上方出现道路沉降现象，存在道路塌陷风险，成安县住房和城乡建设局委托水文物测队利用三维地质雷达探测技术对迎宾大道、凤凰路、雪涛路、向阳路、寇公路、青云大街、新兴路、育才路开展普查工作，对上述路段开展地下空洞等不良地质体探测工作，为后期安全治理工作提供依据。根据现场情况，共完成三维地质雷达探测道路里程 24953 米。

经过对解释的初步异常进行现场定位、复测、打钻验证，共确定脱空 19 处、空洞 42 处、疏松 2 处。成安县地下病害位置见图 11。

图 11　成安县地下病害位置示意图

4. 深圳市坪山区三维地质雷达探测项目

该探测区位于深圳市坪山区，利用三维地质雷达探测技术对坪山大道和东纵路的部分路段开展普查工作，其中必须涵盖区政府段、学校和医院所在地、岩溶发育区、地铁沿线施工重点区域等重点路段。要求对上述路段开展地下空洞等不良地质体探测工作，为后期安全治理工作提供依据。根据现场情况，共完成三维地质雷达探测道路里程 13.526 千米，车道长度 86.127 千米。

经过对解释的初步异常进行现场定位、复测、打钻验证，共确定脱空 10 处、空洞 18 处、严重疏松 3 处、一般疏松 29 处。净深大于 0.5 米的空洞 4 处，其中 PS-DD-KD-10 病害体面积 11.7 平方米，顶深 0.7 米，净深 1.24 米，初步估计其体积约 13.89 立方米。

（四）小结

本部分对城市地面塌陷灾害预防与治理技术情况进行了介绍及分析。目前，城市道路病害探测主要采用探地雷达为主、其他方法为辅的方式。三维地质雷达较二维地质雷达有着较为明显的优势，并且逐步得到应用和推广。城市道路病害处置方法可以分为开挖处治和非开挖处治两种方法：对于空洞面积较小的病害体，优先采用非开挖方法进行处治；开挖处治方法则适用于面积较大的病害体。

五、城市地面塌陷灾害预防与治理产业链解析

（一）产业链结构

方式一：按事前、事中、事后的方式，可将城市地面塌陷灾害预防与治理产业链划分为城市地面塌陷灾害预防、监测预警、应急救援处置和治理等环节。其中，城市地面塌陷灾害预防主要是从事管线探测、城市地下病害探测等业务；监测预警主要是为城市提供监测预警地理信息系统等软件及日常服务；应急救援处置和治理主要是灾害的治理、相关城市基础设施的建设及改造等内容。

方式二：按照产业上、中、下游的方式，可将城市地面塌陷灾害预防与治理产业链划分为原材料、基础元器件、零部件、整机及服务等环节。城市地面塌陷灾害预防与治理产业的最终产品形态包括探测仪器仪表及分析软件、用于治理的重型装备及化工产品、用于监测预警的软件系统等，其上、中、下游基本涵盖了我国国民经济大部分的行业门类，是一个综合性、集成性的行业。

（二）产业链分析

1. 产业链上游

上游产业主要包括制造城市地面塌陷灾害预防与治理仪器及装备所需要的原材料产业、电子元器件产业、相关软件产业、机械零部件产业等。其中，生产性服务业主要是为下游生产提供各类服务的行业，包括研发设计、产品信息化服务、产业金融等。

信息化方面：近年来，受下游仪器仪表及装备智能化、无人化、网联化需求影响，对于5G通信类、操作控制类软硬件的服务需求越来越多。在新一代信息技术的支撑下，新产品得以研发、制造，传统产品得以改造、升级。上游原材料需求主要包括功能性新材料和轻量化材料等。

机械零部件和电子元器件方面：虽然我国在各类液压件、密封件、电子软硬件上取得了一定的进步，但是产业链短板还比较突出，关键零部件只能说“顶得上”，但部分高端零部件仍然依赖进口，国产零部件离“用得好”还有差距，突出表现为缺少高端传感器、高端芯片。

2. 产业链中游

产业链中游主要为各类仪器仪表及装备的制造环节，主要包括管线探测仪器、三维地质雷达、管线修复设备等。目前，在产业链中游，还存在一些亟待解决的问题：一是自动化产品实战能力不足；二是专业化水平不够，人机结合水平不高；三是产品模块化进展缓慢；四是成套化产品依然较少，针对城市地面塌陷事故灾害而设计的全流程成套化设备不足；五是缺少行业标准，标准的缺失造成设备为多国制造，互联互通就成了难题。

3. 产业链下游

产业链下游主要是从事管线和城市地下病害探测、管线修复及相关城市地下工程施工的企业。

在产业链下游，也存在一些亟待解决的问题，主要表现为人装结合不足和人机磨合不够，设备功效得不到充分发挥。原因是多方面的：一是缺少一线技术人员；二是智能化、自动化要求提升，信息化装备增多，对从业人员的业务水平提出了更高的要求；三是国产化步伐需要进一步加快。

（三）龙头企业及主要优势单位

上游企业都属于国家工业基础支撑行业，本节不做过多的介绍。本节主要介绍中、下游企业，也就是相关仪器设备制造商和工程服务商。

1. 中游企业单位

当前，道路、管线及道路空洞探测地质雷达产品的主流开始向多通道、多频率、似三维和三维观测方向发展。

据不完全统计，国内和国外的相关厂商在中国约有十几家代理商，其中具备4通道以上及三维地质雷达的厂家有6家。国外探地雷达产品的主要厂商有美国劳雷工业公司、瑞典玛拉公司、意大利IDS公司、美国欧美大地公司等；国内厂商则有大连中睿科技发展有限公司、信息产业部电子第二十二研究所青岛分所。这些厂商的产品均有各自的特点，在中国公路、建筑体等探测项目中均有较好的实例和业绩。

本节重点选择目前技术上较先进、市场业绩较好的4家中外公司研发的地质雷达产品进行介绍。

（1）大连中睿科技发展有限公司（Zoroy）。

大连中睿科技发展有限公司（简称“中睿公司”）的主要地质雷达产品是ZRY-ZD，根据通道数，又分为ZRY-TD5200（图12，52通道）、ZRY-TD3600（36通道），主要应用于城市道路的快速、大幅面探测，查找和预报道路下方空洞可能引起的塌陷等地质灾害。

图12　ZRY-TD5200三维探地雷达示意图

该系统集成了RTK精确坐标定位系统和高清视频、图像采集系统。以车载方式为平台，集成了5个子系统：探地雷达子系统、激光线扫描相机子系统、激光断面仪子系统、红外视频摄像机子系统、RTK和DMI坐标定位与测距子系统。

主要设备构成：雷达天线阵分成前后二排，前面一排用 TM 极化方式排列，天线不占空间，采集的数据密度大，后面一排是 TE 极化的排列方式。天线有 4 个盒子，前面 2 个，后面 2 个。前面 2 个，盒子内部的天线排列方式一样，每个盒子里有 19 根天线，9 发 10 收，18 个通道；后面 2 个盒子内部的天线排列方式也一样，每个盒子 9 根天线，4 发 5 收，8 通道，2 个盒子组合起来就是 8 发 10 收，16 通道。4 个天线盒子都可以单独工作，也可以组合工作。正常的车道宽是 3.5 米，1 排 2 个天线，一次性可以测完一个车道；遇到较窄的路，可以只用 1 个天线盒子。

在采用连续 RTK 定位技术和 DMI（车轮测距）技术的情况下，对道路下目标体的定位精度误差小于 5 厘米。

该设备安装了 4 个红外高清摄像机，分别对应车辆行驶的前后、左右四个方向，集成了一架激光线扫描工业照相机，可以连续获取道路表面的高清照片。该设备还具备优秀的夜视功能，即便在黑夜里，依然能够实现高清晰成像。

该设备的优点包括：①探测宽度较大，可一次性完成一个车道的扫描，作业效率高。②可同时探测不同深度的目标体。③灾害病害体的位置坐标定位自动化、精度较高。④在探地的同时，可获取全方位的人文、道路设备、路面状态等信息，为预警提供辅助资料。

（2）美国 3D-Radar 公司。

挪威 3D-Radar 公司成立于 2001 年，2014 年被美国雷迪公司收购，改名为美国 3D-Radar 公司，其天线阵由美国雷迪公司在美国生产，软件开发由挪威 3D-Radar 公司承担。3D-Radar 公司的中国独家总代理为欧美大地仪器设备中国有限公司。目前，其最新产品是 GeoSeope MK-Ⅳ型，属于第四代产品（图 13）。

该型地质雷达主要应用于公路结构厚度检测、地下病害探测、地下管线探测、桥梁面板检测、机场跑道检测、铁路路基检测、考古应用、地雷/未爆炸物探测。

设备特点：①先进的数字化步进频率波形激发技术；②GeoSeope MK-Ⅳ能以一定的频率阶梯增加式发射一系列正弦波，并以频域方式接收相应的电磁波数据，发射频带宽为 50 ~ 3050 MHz，可根据需要调整发射频率范围，同时在 GeoSeope 主机内通过逆傅立叶变换，将频域数据转换为时域断面数据，并实时显示；③三维探地雷达多通道天线阵采用多通道蝶形天线阵子，极化方式为纵向，一次可采集多个通道数据，设置后可获得 7.5 m×7.5 m 三维雷达网格数据，探测 3m 以下的浅深度目标体时具有较高的精度；④可采用内置 GPS 或外置 GPS，以应用 RTK 连续定位和 DMI（车轮测距）技术；⑤天线阵体积小，一套天线阵可满足多频率要求。⑥第三

图13　GeoSeope 地质雷达探测作业示意图

代产品采用空气耦合型天线，第四代产品采用地面耦合型天线；⑦配置实时三维采集软件（RT3D）和三维雷达数据处理分析软件3dr-Examiner快速处理软件，其中，RT3D可实现快速观察扫测断面、监控通道数据内容以及测距设置等，3dr-Examiner可导入地图或带有地理信息的图片，具备定位处理功能；⑧可将解释目标数据以文本格式导出。

该设备的优点包括：①天线通道数最多达41个，且可以自行设定；②发射频带宽为50～3050MHz，且可根据需要设定频带范围，探测分辨率高。③一次性探测宽度较大，探测效率较高。④可一次性探测不同深度目标体。⑤主机轻便，天线阵体的体积小。⑥在国内有部分用户还在使用。

该设备的缺点包括：①天线子阵间距固定组装为一个箱体，不可分割或灵活组合。②解释软件功能仅限于自动追踪、水平切片、断面显示等，在管线探测解释方面略显不足。③频率阶梯式增加发射模式，在高频成分增多的情况下，可能带来较大的噪声，反而会降低信噪比。④配置技术要求高，总体价格较高。

（3）瑞典MALA（玛拉）公司。

瑞典MALA公司是世界上首次把三维雷达技术用于商用的公司。该公司的第一台三维雷达系统于1998年问世，2008年推出新一代三维雷达产品并正式投放市场。目前，其最新产品是2020年3月4日发布的第五代探地雷达系统，中国总代理商为北京中瑞地科地球物理技术有限公司。

MIRA雷达产品是采用MALA公司独有的专利技术生产制造的，并提供从三维雷达数据采集、质量分析/质量控制到定位、解释和输出报告等无缝衔接的软件包，用户使用起来非常方便（图14）。

图14　MIRA 雷达系统作业示意图

该型地质雷达主要应用于大面积的现场评估、管线探测、公路结构厚度检测、地下病害探测、桥梁面板检测、机场跑道检测、铁路路基检测、混凝土及结构检测、考古应用、地雷/未爆炸物探测。

设备特点：①世界上第一个符合三维观测方式（4个特征）的三维雷达系统；②发射与接收天线子阵呈蝶形排布，通道数831个，极化方式为纵向；③目前，其天线发射频率能提供200 MH、400 MHz、1300 MHz三种天线频率；④支持高精度定位系统（GPS、自动跟踪全站仪）；⑤采用地面耦合天线，提高了浅层分辨率；⑥配有实时采集控制、数据处理、解释以及输出报告一体化系统；⑦可采用车拖或人工推拉方式，探测效率较高；⑧产品已形成系列化，针对不同要求或地形条件，有多种型号可供选择。

该设备的优点包括：①天线发射与接收方式按三维探测技术指标设计，属真三维观测方式，成果精度高；②产品系列化应用范围广；③天线阵列宽度较大、探测效率较高；④拥有配套齐全的采集、数据处理、质量监控、资料解释以及输出报告的软件系统；⑤主机和天线阵体的体积较小；⑥国内用户使用较多。

该设备的缺点包括：①天线阵列间距固定组装为一个箱体，不可分割或灵活组合。②天线发射频率固定不变，需要配置多套发射天线，增加了设备配置量。③MIRA 雷达系统的天线发射频率仅有200 MHz、400 MHz和1300 MHz三种，可选择范围小。④连续定位设备（如GPS仪）需要另配。⑤总体价格较高。

（4）意大利IDS公司。

意大利IDS（INGEGNERIA DEI SISTEMI）公司是第一个推出天线阵产品的雷达厂商，生产地质雷达产品的历史已达30多年。目前，其三维地质雷达产品为由STREAM-EM天线和RIS ASTWAVE多通道主机形成的三维雷达系统。该公司在中国的代理商为北京博泰克仪器设备有限公司。STREAM-EM天线阵列示意图可见图15。

图15　STREAM-EM天线阵列示意图

该型地质雷达主要应用于中深部管线或管网探测、公路路基检测、道路地下灾害探测、混凝土结构探测、考古等。

设备特点：①STREAM-EM天线阵模块为“一对一”发射与接收，极化方式以横向为主；②天线阵模块有2050个，可以根据需要进行组合，并且是串联式传输，可减少传输线的数量，传输方式简洁。相邻天线模块的最小间距可达6厘米。40个天线阵组扫描一次可获得宽达2米的断面；③天线发射频带宽有200 MHz、400 MHz、600 MHz、900 MHz四种，常用的为200 MHz和400 MHz。天线阵一般排列成2~3排，前、后排天线阵选用相同的发射频率（如200 MHz），前排天线阵模块位置与前后排天线阵模块位置呈交错状排布；有中排时，中排天线阵模块改换第二种频率（如600 MHz），且中排极化方式为纵向。采用这种排列和频率变换方式的目的是兼顾不同深度目标体的探测；④每一排天线组用一台主机组合，体现了一定的灵活性；⑤可配 GPS 连续定位系统；⑥配置现场采集控制、处理和解释软件。其中，解释软件有自动追踪功能、成果设有输出三维 CAD 的功能等。

该设备的优点包括：①主机与天线阵子集成为模块化，探测宽度可根据需要更改，体现了一定的灵活性；②探测效率较高，通过更换不同频率的天线组合，可一次性探测不同深度的目标体；③有较好的处理、解释及输出成果功能；④探测深度约 3.5 米。

该设备的缺点包括：①发射频率固定，需要配置不同发射频率的天线与主机集成模块；②天线系统以开放型为主，整体紧凑性偏差；③国内用户很少。

2. 下游企业单位

当前，全国城市道路塌陷灾害进入集中爆发的高峰期，给人民的生命财产造成了巨大的损失，引起了各级政府主管部门的重视。由于城市道路塌陷灾害防治工程项目大量增加，从事城市地下病害探测及城市地下工程施工的企业也不断增加。本次重点选择目前实力比较强、业绩较好的四家公司进行介绍。

（1）中煤（西安）地下空间科技发展有限公司。

中煤（西安）地下空间科技发展有限公司是中国煤炭地质总局的直属二级企业。该公司致力于提供地下空间规划、勘察、设计、治理、运维于一体的全产业链综合服务，专注于打造一支技术先进、设备优良、管理高效、服务灵活的地下空间技术服务团队，致力于为各类用户提供先进合理、科学精准、周到灵活的城市地下安全防治、地下管线及地下空间信息化技术和服务解决方案。公司道路检测事业部以探地雷达等综合物探技术及地理信息系统技术为核心，为城市道路、高速公路、隧道、桥梁、堤坝等的安全提供全面、精准而系统的解决方案。

（2）中路高科交通检验检测认证有限公司。

中路高科交通检测检验认证有限公司于 2017 年 1 月注册成立，为中路高科交通科技集团有限公司的全资子公司，实际控制人为交通运输部公路科学研究院。公司整合了交通运输部公路科学研究院在道路工程、桥梁工程、隧道工程、交安设施、机电工程、数字工程等专业领域的试验、检测及相关科研力量与资源，致力于交通基础设施的试验检测和科技开发。其主营业务包括工程检测、工程监测、产品检测与认证、工地试验室、信息化服务及其他技术咨询服务。该公司拥有 3000 余套高端、完备的试验检测设备，其中三维探地雷达 2 套、便携式二维探地雷达 20 余套。此外，公司还配备有齐全的高密度电法设备、瞬变电磁仪、地震映射系统、微动仪、管道潜望镜、管线仪等物探及管线设备。

（3）北京市勘察设计研究院有限公司。

北京市勘察设计研究院有限公司成立于1955年，是一家由原北京市勘察设计研究院全部工程勘察设计咨询与研发业务和专业技术人员整建制企业化，于2007年10月设立的高新技术企业。近几年完成的道路检测项目主要有《2019年北京市市管城市道路雷达空洞检测项目（道路2标段）》《2019年北京市市管城市道路专项空洞检测项目》《杭州市2021年道路检测项目》《2021年嘉兴市区市管城市道路塌陷隐患探测项目》等，总计3000多千米。

（4）河南省航空物探遥感中心。

河南省航空物探遥感中心（原河南省地矿局地球物理勘查队）是河南省唯一从事航空物探和国土资源遥感技术应用、研究、开发的高科技队伍，也是国家首批甲级地质勘查单位。该中心拥有法国产428XL地震仪，408UL高分辨率数字地震仪，美国产震源车和Geo4100地震资料处理系统，加拿大产CG-5高精度重力仪和EH-4电法仪，加拿大产V8多功能电法工作站、大功率激电仪、高精度质子磁力仪、三维探地雷达系统、管线探测仪、综合测井工作站等一大批先进的物探和地质装备。该中心所做的城市地下管网普查起步于20世纪90年代末。20多年来，公司先后承接了厦门、杭州、成都、深圳、广州、大连、包头、北京、武汉、长沙、兰州等40余座城市的管网普查项目，均受到业内的肯定和好评。

（四）小结

本部分从产业链的角度对城市地面塌陷灾害预防与治理行业进行了分析，并采用两种方式对产业结构进行了解析。

方式一：按照事前、事中、事后的方式划分，相关产业链主要包括城市地面塌陷灾害预防、监测预警、应急救援处置和治理等环节。

方式二：按照产业上、中、下游的方式划分，相关产业链主要包括原材料、基础元器件、零部件、整机及服务等环节。首先分析了上、中、下游产业的特点以及亟须解决的问题，又详细介绍了中、下游领域的优秀企业，以期从产业链的角度，为总局如何做强做精城市地面塌陷灾害预防与治理业务提供依据。

六、结论及建议

（一）结论

第一，随着我国城市高速发展，城市地面塌陷灾害事故不断发生，已严重危害到国家和人民的生命财产安全，给人民群众的生产、出行和生活带来了很大困难，做好城市地面塌陷灾害事故预防治理工作刻不容缓。我国有关部门对做好城市地面塌陷灾害事故预防治理工作十分重视，相继出台了多个相关政策、法规、文件及措施，起到了很好的效果，大大减少了城市地面塌陷灾害事故的发生。

第二，城市地面塌陷灾害事故以预防为主。首先是采用有效的探测方法，将可能引起地面塌陷灾害事故的空洞探测出来，然后按相关要求进行注浆治理，避免塌陷事故。目前，主要采用三维探地雷达技术进行城市道路病害探测，局部配合电法及地震技术方法。城市道路空洞（脱空）处治方法主要有开挖处治技术和非开挖处治技术。

第三，管线破坏是导致城市地面塌陷的重要原因，虽然各地政府加强了地下管线的建设管理等工作，但由于地下管线的特殊性和历史原因，目前仍然存在地下管线建设管理体制不健全、统筹协调机制未建立、数据信息收集难共享、管线事故难避免、数据信息应用受限、政策法规执行不到位、违法处罚难落实等问题。

第四，我国城市地面塌陷灾害预防与治理工作正朝着常态化、规范化和精细化方向发展。排水管道的定期检测、清淤与修复，道路病害的定期、不定期探测及重点区域精细化探测以及道路安全预警系统的研发与动态维护，城市道路安全群测群防，城市地下空间地质调查等将是我国城市地面塌陷灾害预防与治理工作的重点。

（二）建议

为提高总局在城市道路安全运营和地质保障领域的技术装备水平，进一步拓宽市场，增加总局在该领域的经济增长点，建议总局着力开展以下工作：

一是开展城市地质灾害综合勘查防治技术体系及高端装备研究工作，向产业中、上游发展，提高市场竞争能力。重点开展：浅层、高效、高分辨率的主/被动源地震技术研究及装备研发，浅层高精度快速电法勘探技术及装备优化升级，浅层地下空间水平定向钻井勘察技术与工艺研究，浅层地下空间智能监测与立体网络数据信息平台开发，城市地质灾害勘查技术试验基地建设。

二是鉴于住房城乡建设部正在组织实施“十四五”国家重点研发计划项目——“城市道路塌陷隐患探测与预警关键技术研究与应用”，并计划在“十四五”期间推广相关技术，开展城市道路塌陷隐患探测工作，预计未来三到五年，城市道路塌陷隐患探测工作量将剧增，建议总局做好相关的人才、装备、技术及业绩储备，抢占市场先机。

三是采购城市排水管道修复装备，开展修复技术及材料研究，填补总局系统在该领域的空白，做到排水管道安全运营一条龙服务，建立智慧排水管网系统，进一步拓展该项业务服务范围，提高服务水平，从而提高市场占有率开拓经济增长点。开展其他重要管道（如燃气、供水、电力等）安全运营的技术保障研究工作，进一步拓宽服务领域，开拓新的经济增长点。

四是组织开展城市地下空间安全监测运营中心（118 一呼通平台）的建设研究与推广应用工作，以地下空间安全科技为支撑，融合物联网、云计算、大数据、移动互联等现代信息技术，构建城市地下空间安全监测运营中心，实现城市地下空间运行发展的全面感知、实时监测、预测预警和有效处置，为政府、应急、环境、市政、交通、供排水、燃气等相关部门和相关建设单位提供实时、定期和不定期的地下空间安全运行监测信息，全面提升城市整体抵御和应对各类地下空间灾害事故的能力，实现健康持续发展。

成 果 创 造 单 位：中煤地质集团有限公司

成果主要创造人：周　兢

成 果 创 造 人：赵　镨　刘会忠　程　彦　王晓东　郑文青

成果其他创造人：金光辉　杜博野　曹文文

混合所有制企业法人治理结构研究

中煤地质集团有限公司

改革开放后，从宏观层面来讲，我国的经济制度逐渐从公有制经济转轨为公有制占主体、多种所有制经济共同发展。当前，各种性质的社会资本交叉持股、彼此融通的混合所有制经济已经形成；从微观层面来讲，混合所有制经济是经济联合体、“三资”企业、股份制企业和混合所有制企业逐步出现、发展的结果。

综上所述，我国的混合所有制经济是与中国市场经济发展进程同步发展起来的，是我国经济发展的必然产物：一方面是因为国家经济政策的实施，另一方面也是企业自身为了适应经济转轨而自发产生的。

一、混合所有制公司基本理论

（一）我国混合所有制的基本形式

我国当前的混合所有制公司基本上可以总结为三种类型：一是股份制公司，主要是财产上混合的公司；二是合作制公司，主要是劳务上混合的公司；三是股份合作制公司，主要是财产与劳务共同混合的公司。

股份制主要是指资产所有权人将各自的财产和所支配的财产性资源集中起来使用和经营，按所出资的比例或者按共同约定的比例承担义务，享有收益的一种组织形式，其主要的特征就是所有权与使用权相对独立。

合作制主要是指个人将各自的劳务按照一定的约定组合起来，在各自占有的财产和资源的基础上共同使用这些生产资源的一种组织形式，合作加入者对于合作组织的经营和管理享受相同的权利并承担相应的义务，其主要特征就是保留资源的所有权，但所有参与合作人员可以共同占有和使用这些财产。

股份合作制是指投资者将财产性资源和劳务等生产资料按照一定的约定折算成相应的股份进行集中经营和管理，实行按劳分配与按比例分红相结合的一种经济组织形式。股份合作制属于股份制与合作制的结合形式，兼有两者的特点。

（二）混合所有制公司的定义

本文所定义的混合所有制公司，是指形式上由大宗国有资本同大宗境内非国有资本共同组成的股份制公司，且这些持有大宗股份的股东并不追求在证券交易所进行短期交易以获取价差来盈利为目的，且大宗股份的比例应当在5%以上，实质上具备有效的法人治理结构，能发挥现代企业的作用。在形式上，要把国内现存的中外合资、中外合作企业排除在外。

二、我国混合所有制企业法人治理结构现状、存在问题和措施建议

（一）我国混合所有制公司法人治理结构现状、存在问题和原因探析

1. 股权结构不明确

在混合所有制公司中，国有公司股东和非国有公司股东因为对利益的追求方式有所不同，为了保护公司自身的权益并且达到各自权益的最优化，两者可能会在公司董事会和监事会成员的选举任命上，在企业的经营投资决策上以及利润分配上明争暗斗，甚至抢夺公司的经营管理权，最终可能作出错误的经营决定，从而致使公司蒙受重大的权益风险。

2. 股东与经营者的利益冲突

现代公司管理制度也是混合所有制公司建立的基础，其一大特征是将公司所有者和管理者双方的角色分开了，即二权分离制，这就使得公司所有者和管理者之间出现了代理关系。怎样让管理者和企业的总体经营目标保持一致，更合理地鼓励和制约管理者，使其在追求最高效益的同时使公司价值最大化，也是混合所有制企业经营管理的关键所在。

3. 员工激励与约束机制不健全

在激励职工上，由于国有企业与私营企业采用了不同的管理模式与办法，因此在国有资本企业引进非国有投资者后，将会导致混合所有制公司中出现同工不同酬的现象，部分职工极易出现不满的心态。另一方面，大多数的混合所有制公司的前

身是国有企业，在混合所有制公司中，曾经的国有企业员工能够维持原有身份不变，而新入人员不能得到国有企业职工身份，也会造成新员工消极懈怠，降低公司收益。所以，建立适当有效的企业职工奖励约束制度已经刻不容缓。

（二）关于健全混合所有制企业管理制度的措施建议

1. 优化股权结构

股东的互相制衡是非常关键的。控制权的多元化与互相控制，既可以防止国家股东持股过多而采取行政手段干涉公司的运作控制，又可以防止民营投资公司持股过多而侵占国有资本，同时又有助于控制经营者的持股比例，防止出现“内部人控制”的情况。

2. 激励约束经理人

我国混合所有制企业的经理人激励机制应分类开展，具体如下：

（1）公益性混合所有制公司：要把成本管理和公众满意当成管理者的重要考评目标，而非盈利。管理者的激励机制一般源于政治地位的提升，而非由于工资待遇的增加。

（2）战略性混合所有制公司：对管理人员采取半市场化、半行政化的奖励政策，将管理人员对公司成本的有效管理、社会公众对公司的满意程度以及社会各界的反馈评价等作为重点评价指标，但同时也必须充分考虑公司的盈利能力。

（3）竞争性混合所有制公司：根据市场经济状况、公司运作情况和管理人员对公司绩效的具体贡献状况，确定管理人员的薪酬及其报酬激励。

3. 员工持股制度

基于我国特殊的国情，我国混合所有制的企业员工持股制应分类开展，具体如下：

（1）非竞争领域的国有企业：不需要实行职工持股制度。

（2）中小型国有企业：逐步实施普惠性的职工持股制度。

（3）大中型企业：实施管理层持股制度。

（4）国家控股上市公司：在增发新股过程中，通过规定一定比例的职工股，激励员工认购。

三、有效发挥企业党组织在法人治理结构中的作用

围绕企业生产经营开展工作，发挥党组织的政治核心作用，是党对基层党组织

的明确定位。企业党组织的政治核心作用，既是《中华人民共和国公司法》明确的治理定位，也是《中国共产党章程》赋予国有企业做强做优做大，不断增强国有经济活力、控制力、影响力、抗风险能力的必然要求。在新的历史起点上，在建立现代企业制度的新形势下，积极探索企业党组织参与重大问题决策的途径，对于加强新时期国有企业党的建设、促进国有企业实现又好又快发展，有着重大的现实意义。

与此同时，许多企业在按照产权清晰、责权明确、政企分开、管理科学的要求实施公司制改造以后，新的情况、新的问题、新的要求也大量涌现，国有企业党的建设面临越来越多的新课题。其中，把党组织参与企业重大问题决策工作落到实处，充分发挥国企党组织的政治核心作用这一重大的现实问题，受到了包括企业党组织领导成员在内的广大党务工作者的普遍重视。

（一）国企党组织参与重大问题决策时存在的明显问题

1. 对国企党的政治核心作用认识模糊

有观点认为，随着社会主义市场经济的出现，谋求利润最大化将成为公司的生存宗旨，国企不应当存有“经济建设的中心”和“党组织的政治核心”之说，突出“核心”，势必影响“中心”。

另有观点认为，并不产生效益的政治工作与“经济建设的中心”有矛盾，可以“适度”减并政工部门，以减少政工力量。

2. 国企党组织参与重要决策没有必要的运行机制

在具体实践工作中有这样的现象：国企的党组织能不能较好地积极参与公司的经营建设，在较大程度上取决于企业党委主要领导人员的本身素质，缺乏必要的制度规范和办事程序，仅靠个人来决定参与程度。这表明企业管理制度构建的任务还较重，也表明企业本身的素质建设还需要继续加强。

（二）国企党组织无法有效参加企业重要事项决策的危害性

国企党组织在企业中政治核心作用的充分发挥，在较大程度上有赖于它对企业重要事项的有效介入程度。如果没有党对国企重要事项的有效介入，其功能的充分发挥就必然存在较大的局限，政治主导流变成表面文章，组织主导流变为旁观建议，思想主导流变为被动参与。在这种情况下，党的地位与功能就成为可轻可重甚至可有可无，严重威胁着执政党在国有经济中政治功能的充分发挥。

因此，在具体参加决策的工作流程中，也会经常产生不易于参加甚至不敢于参加、不善于参加的情况。所谓“不易于参加”，就是党、政、工的职能权力在公司内部还不能在体制上得到规范，“新老三会”的相关问题还未能处理，介入的方法、渠道以及决策程序还不完善；所谓“不敢于参加”，表现为党委、纪委领导班子与企业法人的管理架构关系还未理顺，又或者领导班子架构不合理，以及民主集中制原则落实得还不够好，有些领导者怕参加得太多而被批评为越权越位；所谓“不善于参加”，则是指对参加的重点、方法和渠道都没有掌握好，或者党委、纪委班子成员的市场观念、业务素质等还不大适应决策要求。

（三）国企党组织参与重大事项决策的有效途径

1. 明确认识，摆正位置

《中华人民共和国公司法》第十九条明确规定：“在公司中，根据中国共产党章程的规定，设立中国共产党的组织，开展党的活动。公司应当为党组织的活动提供必要条件。”这表明，党章所规范的基层党组织八项基本任务同样适用于各类企业，更适用于国有企业。

当前，国企党组织需要认真地利用各类技术手段和各种渠道，开展经常性的政治思想教育，认真克服党组织在参与企业重要事项决策上认知不到位、思路不统一的实际问题，以进一步提高中国国企党组织参加决策的主动性、自觉性和效率。

2. 确定参与方向，规范参与内容

（1）在公司的经营方针和发展策略问题上参与决策。

（2）在影响企业长期生存与发展的重要问题上参与决策。

（3）在公司的用人选人上参与决策。

（4）在关系公司员工切身利益的重大事件上参与决策。

3. 强化参与主体，培育参与能力

强化参与主体，就要通过完善党组织领导班子建设和党员队伍建设，不断提高党组织的整体素质，持续加强党组织参与重大问题决策的能力和水平。

（四）讲究参与方法，拓宽参与途径

在做好企业“硬”的条件下，公司党组织还需要在扩大活动渠道上下功夫。经验表明，做好下面四点，将对公司党组织的管理工作起到很好的促进作用。

（1）党组班子成员会议：为国家重要课题决策提供意见和建议。

（2）党政工团联席会议：党政工团互相汇报情况，统筹安排工作。

（3）列席参与公司经营生产的各类会议：代表党组织提出观点和意见。

（4）情感参与：通过平时的交流，将党政双方的看法与主张渗透到政治决策的思维当中。

四、推进章程在混合所有制企业法人治理结构中的统领

公司章程被称为一个公司的宪法，对企业的意义如同宪法对国家的意义，对一家企业的发展与有序运行具有关键的、无法取代的重要作用。其重要意义主要表现在如下方面：

首先，公司章程是一家企业建立的行为条件。

其次，公司章程是企业产生和活动的基础依据，是企业活动的基本规范。

再次，公司章程是企业外部的信誉证明文件。

最后，公司章程又是企业内部管理制度的基础。

（一）公司章程在公司治理中存在的困境

1. 董事会职能的实践与公司章程记载不一致

章程通常都会对董事会的构成以及职责、议事规则等作出具体规范。董事会所行使的职责与章程内容应该一致，但在企业实际中，常常存在由于董事会不能依法履行义务而导致不一致的情形；董事会和章程之间关联的复杂性和特殊性，也会造成董事会职责的现实情况和章程记载不相符；制度设置的不健全、不合理，缺乏完善的董事会考核激励机制以及长效激励机制等，都会阻碍董事们依据章程履行自己的职责。

2. 监事会及监事履行监督职能不积极

监事会和监事是股份制企业必要的法律监管机构，是现代公司体制下对企业董事会及其行政管理系统拥有监察职权的一种内部组织。《中华人民共和国公司法》中对监事会的职权进行了约定，但对于具体的工作明细，却缺乏更加细化的说明，对相应的奖惩措施等也并未特别明确，这就会导致监事会和监事在履行监管职责时不够积极。

（1）监事会身份依赖的关系，导致无法积极有效地起到监管效果。

（2）经费的不独立，直接导致工作积极性不高。

（3）监事的任职范围过于片面，无法有效地起到监管效果。

（二）优化董事的提名与选聘机制

董事会是由公司股东会通过推举若干股东代表所构成的。这就让董事会与公司股东之间形成了一种代理关系。公司章程中对董事会的提名和选择机制，具体包括以下内容：

（1）候选人推荐的途径、范围以及候选人的个人资历（包括学历、能力、道德等）应当在公司章程中有明确规定的条款。

（2）在章程中，应明确采用累积投票制选举方法，以保护中小股东权益。

（3）由各种专业背景的董事组成的董事会，可以在企业管理、规范公司运营等方面发挥更好效果。

五、推进实施投资主体多元化

近年来股份制改革蓬勃发展，已成为国企改革的潮流，并获得了相当大的成功。然而，在实践中，国有企业股权结构设计经常不够合理，“一股独大”，使得国有企业的市场活力进一步减弱，严重影响了国有企业的进一步壮大与发展。想要彻底改变这一困局，国有企业走向股份多样化路线势在必行。

（一）我国国有企业的发展现状、问题及出路

1. 国有企业的现状和问题

通过不断深化改革和机构转换，国有企业逐步成长为市场竞争主体，其现状如下：

（1）基本形成了比较明确的产权制度，完成了对国有企业的政企分离。

（2）基本上完善了国有企业的现代法人治理体系，完成了向现代企业法人治理体系的过渡。

（3）健全了公司的人事制度，健全了公司内部的激励体系。

（4）基本实现了对国有企业的股份制改造，增加了对经营性国有资产的可支配范围。

（5）国有企业的利润分配问题获得了相当程度的解决。

（6）国有企业创新达到了一定程度。

（7）国有资本的监管力量得到强化。

（8）实现了部分国家企业的上市，增加了国有企业的资金来源。

上述情况表明，国有企业改制以来取得了重要进展。不过，在长期的改制历程

中，也产生并积聚着许多问题。其中，最关键的问题是权责问题，即政府部门与企业之间互相制约互相干涉。另一个重要问题是国企股“一股独大”，为企业高效的管理组织的建设带来了巨大阻碍。

2. 国有企业的未来出路

国有企业的股权多元化极大提高了社会经济活力，促进了新投入的国有资本的投资积极性，从而提高了国有经济在国民经济中的主导作用，也促进了整个国民经济的发展活力。

股权多元化可以使公司充分地吸纳社会各方资本，加强公司的融资能力，减少运营风险。与此同时，公司股东还会互相制衡，使公司在民主的基础上提升了决策水平，减少了决策失误，加强了公司内部的监督与制约，减少了公司内部腐败，保护了大部分股东和公司的权益。股权多元化下，员工有机会变成公司股东，可以使职工积极参与管理，充分调动其主观能动性。所以，改善国有企业中“一股独大”的现状，必须走股权多元化的路线。

（二）股权结构多元化对我国国有企业的影响

公司股权结构多样化是现代市场经济的客观需要，尤其是在我国调整国有企业股份结构的前提下，更有着重大的现实意义。

1. 股权多元化改革面临的主要问题

（1）政府的控制与非适度干涉。

（2）对科技的关注还不够，尚未有技术形式入股。

（3）传统观点没有根本变化，变革意识不强烈。

（4）配套改革政策尚未跟上，在具体操作面临着一些困难。

（5）富余人才分流较难。

（6）缺乏实现股权多元化改造和发展壮大所需要的真正的人力资源。

2. 股权多元化改革的实施方法

（1）出台国有企业股权多元化改造的总体策略，培育优势行业、支柱公司和知名产品，从总体上搞活国有经济。

（2）转换政府职能，使政企真正分离。明确政府角色，减少体制和政策的阻力，为公司改制提供良好的外部环境和法律保障、监督和支持。

（3）完善各种配套改革措施，为国有企业股权多元化改制提供一个更加完善的外部条件。

（4）通过多种形式进行国有企业股权的多元化改造，多渠道筹集资金，支持地方国有企业的发展壮大。

（5）培育复合型领导人才，为企业进行股权多元化改制提供必要的人力资源。

（6）向符合条件的各类非公有制经营主体流转国企股权。

（7）向社会公开发行股票并挂牌交易。

3. 股权多元化改革的战略意义

（1）股权多元化可以优化国有经济布局，促进市场经济建设，加强国有经济的控制能力，扩大国有资产的整体功能，进而带动国民经济的发展。

（2）股权多元化还有助于构建更加规范的企业治理结构，从而实施现代公司管理制度。

（三）结论

国有企业和国有控股公司股权结构的调整涉及社会各方面的共同利益，因此应当积极而谨慎地进行处理，一定要建立严格的市场秩序与规范，并充分利用市场的力量，尽可能避免国有资产流失。

（1）积极转变思想，充分认识股权结构多元化政策的重要性。

（2）大胆引进非国有股权，大力培育多样化的市场主体。

（3）股权多元化改革应与市场体制有机结合：

①改变政府职能，为公司股权改制创造良好的外部环境。政府部门只履行监管功能。

②健全社保体系，以妥善解决员工的生存问题。

六、完善董事会、监事会、经营层有效制衡机制

（一）存在问题

（1）董事会和管理层职责不明晰，企业法人治理结构还不完善。

（2）独立董事和监事会制度流于形式，内外部监督机制有待提升。

（二）健全董事会、监事会、经营层有效制衡机制

1. 进一步明晰职能定位，完善领导机制建设，确保管理主体职责清晰、高效履职

以公司职能定位为基础，进一步完善以公司章程为核心的公司制度体系构建，

进一步发挥公司章程在公司治理中的基础功能。同时，依据相关法律和条例，严格规范公司董事会、监事会、经营层的职权，强调权责对等，确保公司董事会、监事会、经营层各司其职、高效履职，进一步提高国有企业的工作效能。

2. 理顺工作关系，加强沟通联系，以工作关系为纽带促进协调运转

党组织是公司治理的重要组织机构，在公司中发挥着领导核心和政治核心作用。董事会、监事会、经营层要正确处理与党组织的关系，做好沟通联络，恪尽义务，各司其职，努力做到尽责不越权、落实不越岗，确保各项工作有序运行。

3. 健全问责机制，对违规违纪违法和决策失误等行为严格落实责任

建立健全国有企业重大政策失误和失职、渎职责任追究与倒查制度，完善和健全企业重要政策研究、决定事项和重大政策失误判定规则等相关管理制度，完善对重要国有资产的监管问责体系，严肃追究相关人员责任。

4. 规范决策程序，确保重大问题决策科学、方向正确、有利于企业改革发展

（1）国有企业党委会议前置讨论研究董事会的决策问题，是我国社会主义特色现代国有企业机制的重大创新，是促进科学决策、保证国有企业改革发展正确方向、维护国家整体利益的重大举措。国有企业必须确定由党组织前置议事研究重要决策问题的重点内容，并严格决策程序，坚决落实党组织参与企业重要问题决策。

（2）建立有效制衡的治理机制。由于国有股权“一股独大”的现象依然存在，混合所有制改造应在继续引进企业战略投资人的基础上，完善股份结构，减少国有股权比重，明确“所有者身份”，以实现各种所有制资本交叉持股和相互整合。

七、建立健全经营层激励约束机制

随着改革开放和国有企业混合所有制改革的逐步深化，在开展公司经营管理的探索过程中，更多企业也意识到了公司管理层激励机制的重要意义。

（一）激励机制是增强公司生命力和效益的力量来源，是关键

长期以来，薪酬激励是企业激励体系中最基础、最核心的部分，也是企业激励员工的主要方式。受体制机制、分配制度等多方面因素的影响，国有企业薪酬激励体系存在如下问题，造成众多国有企业缺乏活力：一是激励机制模式单一，长期激

励机制缺失；二是激励机制不能随着公司发展进行调整，无法根据公司经营和职工要求而变动。

（二）激励与约束并重

激励与约束制度是对立统一的有机体，对企业人员的行为起着引导和抑制作用：激励离不开制约，缺乏了制约的鼓励，就好像缺乏了管理的力量；制约又离不开激励，脱离了激励的制约，会使得企业发展没有动力，其直接后果就是企业业绩下降。因此，在构建激励与约束制度时，需要理顺激励与约束之间的关系，以激励为主、约束为辅，凸显激励的正向作用。

（三）国有企业激励体系的构建

国有企业激励体系主要由固定薪酬、企业福利、浮动薪酬、中长期激励等构成。

1. 固定薪酬

固定薪酬是公司员工最基本的收入报酬，给公司员工提供了基本的生存保证，是员工工作稳定的基础和员工安全感的保证。

2. 企业福利

企业福利是指公司在工资性收入以外，向员工提供的一系列报酬和保障，以全面提升员工的归属感、幸福感、获得感。

3. 浮动薪酬

浮动薪酬是指相对于固定工资来说带有风险性的薪酬，是指公司内部按照员工工作业绩以及公司管理绩效而开出的浮动工资，保证员工在企业发展中有更多获得感，在一定程度上克服了工资分配中的平均主义现象。

4. 中长期激励

中长期激励是基于企业可持续发展的需要，与员工的中长期工作绩效和企业长期业绩目标挂钩的激励性收入。中长期激励有利于员工与企业形成利益共同体，鼓励员工更多关注企业的长期持续发展，避免短期化行为。

中长期激励工具包括股权激励、科技成果转化持股激励、分红激励、跟投激励、精神激励和晋升激励。其中，精神激励是通过非物质方式满足员工的精神需求，提高员工的工作积极性、主动性和创造性，以激励员工更好地发展；晋升激励是给予表现优异或者绩效达到一定标准的员工以职位上的晋升。

（四）国有企业激励体系建设之路

一方面，从一般的薪酬分配到出台激励手段，由传统激励到职工持股、分配奖励、高额收益共享、虚拟股权、核心人才跟投等各类中长期激励机制，国有企业强化激励的实践渐次深入、日臻完善。

另一方面，国企激励体系还需要引入员工目标责任制、绩效考核制度等一系列配套制度，才能发挥激励约束作用。其中，对目标责任制的正确执行是企业激励机制得以实行的前提条件与基础，而缺乏了对目标责任准确的绩效考核，对职工的奖励和约束也就没有了科学的理论基础。

八、实践案例分析及运用

为落实好总局“美丽地球”建设战略愿景，发展壮大地质集团“生态建设”主业板块，经过调研与分析，2020 年 8 月，以中煤（海南）环保科技有限公司（下称中煤环保）为实施主体，通过收购和增资，获得了中煤嘉沣（湖南）环保科技有限责任公司（下称中煤嘉沣）60% 的股权。本次研究以中煤嘉沣为样本，运用研究成果，为该公司建立有效的法人治理结构提出了建议。

（一）中煤嘉沣简介

中煤嘉沣（湖南）环保科技有限责任公司是地质集团所属全资子公司中煤（海南）环保科技有限公司并购的混合所有制企业。公司拥有完备的环境污染治理资质，是环保工程专业承包壹级企业、环境工程专项设计（污染修复工程、水污染防治工程、固体废物处理处置工程、物理污染防治工程）企业、市政公用工程施工总承包企业、工程设计市政行业排水工程企业、高新技术企业、湖南省守合同重信用单位、长沙市守合同重信用单位、工商信用等级 AAA 级单位、环保类信用等级 AAA 级单位。其业务范围包括：土壤修复（污染场地修复、矿山修复、农田修复）、水环境治理（生活污水治理、工业废水治理、流域治理、水生态治理）、农村环境综合整治、场地调查、固体废物处理、环保设备生产和销售、第三方环保服务等。

（二）切实发挥党组织在中煤嘉沣法人治理结构中的作用

坚持党对国有企业的领导是重大政治原则，必须一以贯之；建立现代企业制度是国有企业改革的方向，也必须一以贯之。

1. 明确了党组织在中煤嘉沣法人治理结构中的重要法律地位

国有企业必须将企业内部强化党组织领导与健全企业治理统一起来，把组织思想内嵌在公司治理结构之中，确定党组织在企业法人治理结构中的合法地位，把党的建设纳入公司章程。

中煤嘉沣把企业党建工作列入《中煤嘉沣（湖南）环保科技有限责任公司章程》，并确定了党组织在中煤嘉沣法人治理结构中的法律地位。

2. 明确了党组织在中煤嘉沣法人治理结构中的领导机制

中煤嘉沣积极推动“双向进入、交叉任职”领导体制落地。具体体现在：

（1）党委（党组）书记、董事长由一人担任。

党委一把手作为企业的“核心”，主要负责实现管理公平；行政一把手作为企业的“中心”，主要负责提高效率、创造效益。党委一把手、行政一把手合二为一，有利于“中心”“核心”一条心，为解决企业管理中“效率与公平”这一永恒的矛盾做出了有益的尝试，实现了公平、效率双提升，有力地提高了企业领导班子的决策力和领导力。

（2）党委成员通过法定程序分别进入董事会、监事会和经营层，董事会、监事会、经营层中的党员依照有关规定进入党委会。双向进入、交叉任职的机制与党管干部原则和经营管理者依法行使用人权力实现了高度统一，为确保将最合适的人放在最合适的岗位提供了机制保证。同时，交叉任职也拓宽了干部“跨界”提升的通道。

3. 明确了党组织在中煤嘉沣法人治理结构中的参与决策权

党组织在企业中政治核心作用的发挥，在很大程度上取决于它在企业重大事项上参与决策的程度。党中央一再强调，确立企业党组织的政治核心地位是当前和今后改革发展的需要，同时也是由企业的社会主义性质和党的工人阶级先锋队性质所决定的。而企业党组织在企业重大事项上参与决策，是党组织发挥政治核心作用的必要保证。换言之，确保企业党组织的政治核心作用，充分参与企业决策，这并不是“有所为，有所不为”的事，而是一项关乎国有经济健康发展、关乎中国共产党执政地位永不动摇的大事。

坚持党对中煤嘉沣的政治领导，充分发挥党组织的政治核心作用，保证企业的社会主义性质，保证党组织在企业执行国家方针政策时充分行使监督权，在企业重大决策上发挥参与和保证作用，强化党组织的监督保证职能。

（1）凡涉及重大决策事项，均需经党组织决策。

凡涉及企业改革发展稳定、重大经营管理、关系职工切身利益，具有全局性、方向性和战略性的重大问题，均需经党组织决策，确保企业合法经营，确保国有资产的保值增值，确保企业文化建设的社会主义方向，确保社会效益和经济效益的高度统一。

（2）凡涉及重要人事任免事项，均需经党组织决策。

凡涉及公司直接管理的干部职务、职权调整，均需经党组织决策。党管干部是我国干部管理的一项基本原则，是党的领导的具体体现。自并购以来，凡涉及推荐董事会、监事会成员，聘任总经理、副总经理、财务负责人等高级管理人员，领导班子分工，中层管理人员选拔等重要人事任免事项，全部经党组织决策，从而建设了一支思想政治素质好、敢于经营管理、熟悉本行业务、遵纪守法、廉洁自律的经营管理者队伍。

（3）凡涉及重大项目安排事项，均需经党组织决策。

凡涉及对公司资产规模、资本结构、盈利能力以及生产装备、技术状况等产生重要影响的项目的设立和安排，均需经党组织决策。通过党组织的把关，保证重大项目安排始终围绕中心、服务大局、拓宽领域，实现资产规模、资本结构、盈利能力等的良性发展。

（4）凡涉及大额度资金运作事项，均需经党组织决策。

在资金的调动和使用上，凡超过公司所规定的资金限额的，均需经党组织决策。通过党组织的严格把关，有效地杜绝了因大额度资金运作不规范造成相关人员违反规定获取不正当经济利益，避免了国有资产的流失。

通过落实科学发展观，坚持不懈地努力探索，创造性地开展工作，持之以恒地搞好自身建设，党组织在参与中煤嘉沣重大事项决策过程中的作用越来越突出，党的政治核心作用越来越明显，党组织的凝聚力、吸引力和战斗力不断增强，企业的改革、发展、稳定更有保证。

（三）有效发挥公司章程在中煤嘉沣法人治理结构中的统领作用

公司章程是公司存在和活动的基本依据，是公司行为的根本准则。它既是公司成立的行为要件，也是公司对外的信用证明，还是公司对内管理的依据。

1. 中煤嘉沣公司章程的法定性

中煤嘉沣公司章程是根据国家法律法规并结合公司实际而制定和修订的。根据

《中华人民共和国公司法》，中煤嘉沣在设立初期制定了公司章程，这是公司设立的必要条件之一。经营过程中，中煤嘉沣依据《中华人民共和国公司法》的最新规定对公司章程做了修订，并经登记机关登记而产生效力。

综上所述，中煤嘉沣公司章程实际上是《中华人民共和国公司法》在公司治理层面的体现。公司法从总体框架上对公司治理进行引导，公司章程从实施细则上对公司治理进行规定，并具体落实公司治理策略。因此，中煤嘉沣公司章程从制定起就具有法定性。

2. 中煤嘉沣董事会的组成与职权

中煤嘉沣公司章程第二十二条规定：公司设董事会，董事会成员为 5 人，由中煤（海南）环保科技有限公司委派 3 人，湖南金旅环保股份有限公司委派 2 人，其中董事长 1 人，由董事会选举产生，任期每届 3 年，任期届满，可连选连任。在董事会表决中，过半数董事同意即为通过。

第二十三条规定：董事会对股东会负责，行使下列职权：①召集股东会会议，并向股东会报告工作；②执行股东会的决议；③决定公司的经营计划和投资方案；④制订公司的年度财务预算方案、决算方案；⑤制订公司的利润分配方案和弥补亏损方案；⑥制订公司增加或者减少注册资本以及发行公司债券的方案；⑦制订公司合并、分立、解散或者变更公司形式的方案；⑧决定公司内部管理机构的设置；⑨决定聘任或者解聘公司经理及其报酬事项，并根据经理的提名决定聘任或者解聘公司副经理、财务负责人及其报酬事项；⑩制定公司的基本管理制度；⑪公司章程规定的其他职权。

综上所述，中煤嘉沣公司章程对董事会的组成、议事规则和相关职能做了明确的规定。

3. 董事会职能的实践与公司章程记载的一致性

董事会职能的实践与公司章程记载的一致性可体现在以下方面：

（1）股东层面：从职责上来看，董事会对股东会负责；从产生方式上来看，董事会成员均由股东委派。因此，董事会和股东之间就形成了一种天然的第一层次的委托代理关系。因股东可对董事的产生起到决定性的作用，由此对董事按公司章程履行职责具有强大的约束作用。对于破坏章程规定、与章程记载相违背、不履行对股东会的责任的董事，股东可及时提出更换，从而保证了董事会职能实践与公司章程记载的一致性。

（2）党组织层面：一方面，党组织的政治核心作用有助于保障董事会履职方式的科学性、履职程序的合规性；另一方面，党委（党组）书记、董事长由一人担任，党委成员和董事会双向进入、交叉任职，可实现党组织的政治核心作用与董事会治理的有机结合。因此，董事会的领导作用和履职能力得到了巨大的提升。

（3）董事会层面：董事会成员的组成是根据股东所占股权的比例决定的。中煤嘉沣的股权结构为：中煤环保占比 60%，金旅环保占比 40%，在这一股权结构下，股东之间实现了相互制衡。这种制衡关系通过委派规则进一步延伸至董事会，形成了董事成员之间的制衡。这种制衡关系形成了董事会内部约束机制，一方面可避免某方突破章程规定，损害其他方的利益；另一方面可杜绝董事不按要求履行职责，不作为。

（4）监事会层面：监事会在公司经营中扮演着监督和制约的角色。不同于其他企业，中煤嘉沣的监事会成员大多为外部监事，他们身份独立，对公司的依赖性低，不易受到董事和公司高层的干扰和制约，能够顺畅地践行监督职能，对董事会按章程规定履行职能起到了重要作用。

（四）推进中煤嘉沣股权结构的多元化

1. 中煤嘉沣目前的股权结构

目前，中煤环保占有中煤嘉沣 60% 的股份，金旅环保占有中煤嘉沣 40% 的股份。

在这一股权结构下，国有资本中煤环保处于绝对控股地位，同时也为非国有资本金旅环保保留了足够的股权份额，保障了其话语权、投票权和合理利益，实现了国有资本和非国有资本之间的相互制衡，避免了国有股东持股过多而采取行政手段干预企业的经营管理，也避免了非国间有股东持股过多而侵蚀国有资本。

2. 中煤嘉沣下一阶段的股权改革方案

在现有的股权结构下，中煤嘉沣积极探索核心管理团队股权激励机制，着力推动核心管理团队自发地参与公司治理。

根据股权改革方案，公司拟搭建管理层持股平台，由核心管理团队从金旅环保收购不超过 10% 的新公司股权，注入持股平台进行统一管理。引入持股平台后，在公司股权结构中，中煤环保占比 60%，金旅环保占比 30%，管理层持股平台占比 10%。这就可以使企业的业绩与核心管理团队的直接红利挂钩，激励核心管理团队积极为企业工作，从公司主人翁的角度为公司发展出谋划策，同时也可以杜绝管理层形成“内部人控制”的局面，减少侵害企业利益的事情发生，形成劳动者与公司所有者共建共享的经营管理机制。

中煤嘉沣股权结构的多元化避免了企业决策中的“一言堂”，在股东之间，所有者与经营者之间建立起了一种休戚与共、相互制衡的机制，使公司治理结构更加合理。企业真正成为自主经营、自负盈亏、自我发展、自我约束的法人实体和市场主体。中煤嘉沣走上股权多元化道路，形成了众多的股东，不同的股东之间以及股东和经营者之间既有共同利益又有不同利益，真正实现了股东之间、股东和经营者之间的相互制衡，从而建立起了相互制衡的公司法人治理结构，建立了现代企业制度。

（五）完善中煤嘉沣董事会、监事会、经营层的有效制衡机制

对公司而言，其基本框架有股东大会、董事会、监事会、经理层等，公司通过这些机构的互相制衡实现对企业的经营管理。不同的人员所掌握的核心权利不同，发挥的作用也不同。如何协调好人员之间的关系，充分发挥他们的作用，让他们为公司的前进作出重要的贡献，是公司可持续经营与发展的重要保障。中煤嘉沣结合董事会、监事会、经营管理层在公司治理中的定位进行研究分析，并结合自身实际情况，做出了可行的改进，完善了董事会、经理层、监事会的有效制衡机制，确保公司正常健康地运行下去。

1. 明确主体权责

以公司章程为核心进行企业制度体系建设，充分发挥公司章程在企业治理中的基础作用，依照法律法规和公司章程，严格规范董事会、经营层和监事会的权责，强化权利、责任对等，保障董事会、经营层和监事会各司其职、有效履职。根据中煤嘉沣公司章程的规定，各层级机构分别行驶下列职权：

（1）董事会。董事会是公司的决策机构，对股东会负责，执行股东会决定，依照法定程序和公司章程授权决定公司重大事项，接受股东会、监事会的监督，履行决策把关、内部管理、防范风险、深化改革等职责。

（2）经营层。经营层是公司的执行机构，依法由董事会聘任或解聘，接受董事会管理和监事会的监督。经营层实行总经理负责制。总经理对董事会负责，向董事会报告工作。经营层依法履行管理生产经营、组织实施董事会决议等职责。

（3）监事会。监事会是公司的监督机构，依照有关法律法规和公司章程检查企业财务，对董事会、经理层成员的职务行为进行监督，不参与、不干预企业经营管

理活动。公司董事、经理、副经理、财务负责人不得兼任公司监事。

中煤嘉沣董事会、经营层、监事会都有明确的职权设置，突出了股东会对董事会的制衡、董事会对经营层的制衡、监事会对董事会和经营层的制衡。同时，在多元化股权结构下，股东之间和董事之间同样存在着互相制衡的关系。层层制衡的关系构建起了中煤嘉沣有效的制衡机制。

2. 明确决策机制

（1）党组织前置决策。坚持党的领导，切实发挥国企党组织领导核心和政治核心作用，凡涉及“三重一大”事项，均需经党组织前置审议，严格落实“两个一以贯之”，把党的领导和公司治理统一起来，充分发挥党组织对重大事项的前置把关作用，做到把方向、管大局、促落实。

（2）集体决策原则。中煤嘉沣要求董事会、经营层按照相应的职责、权限和议事规则集体作出决策，排除个人专断行为，发挥群体决策优势。每个成员都有同等的发言权和表决权。各方面纵横交织，相互联系，彼此制约，有利于全面分析问题，贯彻决策科学化、民主化原则，更好地实现决策目的。

（3）民主决策原则。对涉及职工群众切身利益的重大事项，充分发扬民主，引导职工积极参与，让职工充分表达自己的意见，保证决策的民主性。同时，广大职工参与决策，可防止董事会、经营层为了自身的利益而牺牲集体和职工的利益，形成相应的制衡效果。

（4）第三方决策建议。中煤嘉沣为专业性较强事项的决策开通了第三方建议通道。公司邀请专业机构和人士对具体事项提供专业的分析和建议，供决策层参考，提升科学决策水平。

3. 完善监督机制

（1）党风廉政和纪检监察监督。党风廉政和纪检监察监督已融入中煤嘉沣企业运行的全过程。通过开展综合监督检查、专项监督检查、跟踪监督检查、定期监督检查等，达到了全层级、全方位的监督效果。

（2）外部监事监督。中煤嘉沣监事会引进了外部监事，他们身份独立，对公司的依赖性低，不易受到董事和公司高层的干扰和制约，能够顺畅地践行监督职能，对董事会和经营层按公司章程规定履行职能起到了重要的监督和制衡作用。

（3）同级互相监督。中煤嘉沣董事会和经营层同级之间在权责和诉求上存在相应的冲突，这就为开展同级制衡和监督提供了基础。只有确保在规则范围内达成一致意见，才可以顺利行使相关职权。

（4）职工监督。职工是公司事务的一线参与者，也处在发现问题的第一线、监督公司运行的第一线。中煤嘉沣通过信箱、邮件、热线和约谈等多种渠道收集职工意见，对董事会、经营层形成了强大的威慑，约束其合规履职。

（六）建立健全中煤嘉沣经营层激励约束机制

随着企业改革的深入，现代企业制度逐步建立和完善，企业的竞争一定程度上成为经营管理人才之间的竞争。一方面，企业经营者的积极性决定了企业的经营管理水平，直接影响着企业的生存和发展；另一方面，对企业经营者的有效约束是国有企业改革的有力保证。在公司治理中，经营者激励与约束机制的构建与完善是关系企业组织效率的重要问题，如何构建一个合理、科学的激励与约束机制已成为国有企业迫切需要解决的问题。

为更好推进中煤嘉沣并购后的经营工作，有效激活企业活力，按照《中央企业混合所有制改革操作指引》（国资产权〔2019〕653 号）、《“双百企业”推行职业经理人制度操作指引》（国企改办发〔2020〕2 号）、《中国煤炭地质总局关于推进所属企业开展市场化选聘高级管理人员的指导意见》（中煤地发人事〔2019〕424 号）等要求，根据地质集团党委会和中煤环保执行董事办公会议审议通过的《中煤嘉沣公司职业经理人管理工作实施方案》及相关配套制度，结合实际，制定了中煤嘉沣公司职业经理人选聘工作方案。

1. 实施对象

（1）由原中煤嘉沣公司负责人担任总经理，对总经理及其他经理层成员实行职业经理人制度。

（2）由原股东及原中煤嘉沣公司总经理推荐，确定中煤嘉沣公司总经理以外进入经理层实施职业经理人制度的人选。

2. 主要内容

（1）根据前期地质集团和中煤环保通过的职业经理人方案，结合拟定的中煤嘉沣职业经理人人选，并经中煤嘉沣董事会通过后，进入下一工作程序。

（2）以固定任期和契约关系为基础，依法依规建立契约关系，明确任期期限、岗位职责、权利义务、业绩目标、薪酬待遇、退出规定、责任追究等内容。由董事会授权董事长与职业经理人签订聘任协议书，职业经理人与公司签订劳动合同。

（3）根据聘任协议，董事会与总经理签订（年度和任期）经营业绩责任书。董事会授权总经理与其他职业经理人签订（年度和任期）经营业绩责任书。

（4）出台职业经理人薪酬绩效、激励机制、薪酬兑现等管理配套制度。

（5）严格按照契约约定开展年度和任期经营业绩考核，强化刚性考核，并依据年度和任期经营业绩考核结果，结合综合评价结果等确定薪酬、决定聘任（或解聘），强化刚性兑现。

3. 工作要求

（1）坚持党管干部原则。党管干部原则是实现党对国有企业领导的根本保证。中煤嘉沣将党管干部原则与市场化选聘职业经理人机制进行有机统一，并使党组织在激励中发挥确定标准、规范程序、参与考察等作用。

（2）严格规范操作和强化并行。坚持依法依规加强企业内部管理，健全激励机制操作规则，明确职业经理人的职责、工作分工和任职资格，合理划分权责范围，规范董事会与职业经理人之间的权责关系，严格执行国务院国资委、总局有关职业经理人的各项规定。

中煤嘉沣以市场为推手，突出贡献和回报的关系，杜绝不作为、懒作为的现象，在兑现考核结果不合格时，对相关责任人予以解聘并同时解除劳动关系。挖掘管理团队的最大潜能，拉满管理人员的活力值和贡献值，从深层次上为企业的高质量发展激活内生动力。

（七）打造中煤嘉沣极富竞争力的本部人员薪酬和绩效考核体系

为吸引优秀人才、激活人力资源，全面客观分析、评价公司员工履职情况和工作效率，使员工能够分享公司发展所带来的收益，中煤嘉沣将短期收益、中期收益与长期收益有效结合起来，以支持公司战略目标的实现。同时，为充分体现工作人员的岗位价值，发挥薪酬对工作绩效的激励作用，根据国家相关法律法规，结合公司实际，中煤嘉沣制定了《本部人员薪酬和绩效考核管理办法》，打造极富竞争力的本部人员薪酬和绩效考核体系。

中煤嘉沣根据科学的探索，结合公司实际，将员工岗位分为总助级、中层（部门经理/主任，副经理/主任）、主管（高级主管、主管）、主办（高级主办、主办）、助理等层级，在薪酬体系上，根据岗位层级执行与岗位工作业绩相关的行政管理序列工资。同时，根据湖南省环保行业的平均薪酬水平，综合考虑公司历史薪酬水平、当期经济效益及可持续发展状况、市场化人才队伍建设需求，确定公司各层级岗位薪酬水平。通过工资差别反映员工的岗位责任、工作业绩和技能水平，以鼓励员工提高能力、承担工作责任。

1. 薪酬结构

中煤嘉沣采用岗位绩效工资制的工资结构，由固定部分、浮动部分和福利部分组成。其中，固定部分包括岗位工资、年功工资和专项津/补贴；浮动部分包括绩效工资、效益奖金、专项奖金。福利包括法定福利和公司福利。

（1）固定工资。

①岗位工资：根据员工所在岗位确定的工资标准，体现不同岗位的专业价值差异以及同一岗位不同任职者的能力差异，是公司工资的最基础部分，是为保障员工基本生活水平按月固定发放的稳定性报酬。

②年功工资：年功工资是对员工逐年劳动贡献积累以及连续服务年限的一种激励，尊重历史贡献，鼓励员工为公司长期服务。

③专项津/补贴：专项津/补贴主要指按照国家、地质集团及中煤环保和本公司按月固定发放的各类津/补贴，具体以公司相关管理制度为准。

（2）浮动工资。

①绩效工资：绩效工资是根据岗位价值确定的工作业绩相关的工资标准，与个人在年度绩效考核周期内的绩效考核结果挂钩，是岗位绩效工资结构中的变动部分。绩效工资实行月度预发、年终结算的发放方式。

②效益奖金：公司年度利润完成率超过100%以上，对于超额利润部分，公司将在地质集团和中煤环保允许的范围内按一定比例提取效益奖金。效益奖金的发放根据各部门、各岗位的价值贡献进行统一分配，作为超额利润奖。

③专项奖金：专项奖金指根据公司管理创新情况，党支部和公司内部的管理创新指标、党建工作指标以及其他专项活动指标的完成情况而设立的专项奖励基金。专项奖金分为三类，分别是针对特定项目的专项奖金、针对特定个人的专项奖金和年度推优专项奖金。

（3）福利。

①法定福利：法定福利是指按照国家和湖南省长沙市的有关规定为员工缴纳的各种社会保险和住房公积金。

②公司福利：公司福利是指公司根据经营状况和员工需求确定的福利项目，体现了公司对员工的人文关怀，能够满足员工的多元需求，主要包括交通补贴、餐费补贴、通信补贴、防暑费、防寒费等。

2. 薪酬调整

（1）薪酬普调。

薪酬普调是指公司根据国家政策、物价水平等宏观因素的变化，行业及地区竞争状况和公司发展战略的变化以及公司整体效益情况所做的薪酬调整，包括薪酬水平和薪酬结构调整。

（2）职位变动调薪。

员工职位晋升，薪酬从职位调整的次月，调整到新职位对应职级的最低档工资。

员工职位降低，薪酬从职位调整的次月，按首次套级套档的受聘人员进行定档。

员工职位变动，但职位等级不发生变化的，维持原有薪档水平。

（3）考核调薪。

连续2年考核综合评定等级为优秀者，或连续3年考核综合评为良好者，工资等级在本职级内晋升一档；连续2年综合评定等级为优秀者，列为优先考虑晋升对象。

当年考核综合评定等级为不合格者，工资降一档、分管领导对其谈心谈话，并进行岗位培训。

连续2年考核综合评定等级为不合格者，分管领导对其谈心谈话，确定是否进行岗位培训、降级或待岗等处理。

3. 薪酬和绩效考核体系的竞争力

中煤嘉沣在激励体系建设过程中，紧密围绕企业总体发展战略，以激发人力资源效能和推动企业高质量发展为目标，综合运用各项正向激励工具，满足不同类型和层次的人才对激励的需求，增强核心员工对激励的获得感，引导和规范核心员工的行为，使其与企业发展战略相一致。

（1）岗位工资、绩效工资由岗位薪级和薪档确定，与员工个人的贡献、能力和责任紧密相关，从而激励员工不断进步、持续奉献业绩，提升能力，承担责任，实现公司高质量发展和个人能力提升双赢的局面。

（2）强化年度绩效的考核：通过工作绩效、工作能力、工作态度、优化创新四部分的考核，确定年度考核结果。一方面，考核结果直接影响年终绩效考核系数，同时，各绩效考核等级设置了严格的人数占比；另一方面，年度绩效考核是员工晋升和薪档调整的重要参考因素。双管齐下，保证年度绩效考核与员工切身利益息息相关，从而激励员工在工作绩效、工作能力、工作态度、优化创新四部分全面发展，引导员工争优争先，全力以赴，跻身优秀的行列，争创年度绩效最优，推动公司健康发展。

（3）岗位岗级与工龄挂钩，提高核心人才的忠诚度和稳定性，鼓励核心人才长期服务公司。公司重视人才、爱惜人才，通过工龄与岗级的捆绑，解决了人才对未知职业生涯前景的担忧，实现了核心人才与公司分享公司中长期收益，稳定的人员结构为公司战略目标的实现夯实了基础。

（4）年功工资体现对老员工的尊重，是给予老员工的心理激励。公司根据员工工龄计算员工年功工资。虽然年功工资占工资总额的比例不高，但体现了公司对员工长期服务的尊重和感激，给予了员工超越年功工资本身的尊重，让员工获得了认同感、归属感，增强了企业和团队的凝聚力。

通过打造有竞争力的本部人员薪酬和绩效考核体系，中煤嘉沣展现出了前所未有的战斗力。员工的主动性与日俱增，企业的凝聚力显著提高，公司不但能留住核心人才，也能吸引更多优秀人才，为公司的高质量发展提供了坚实的人才保障。

九、总　结

本研究在构建混合所有制企业公司治理理论分析框架的基础上，从混合所有制企业公司治理主体利益冲突的视角研究了如何改善混合所有制企业的公司治理。首先，阐述了混合所有制企业法人治理结构研究的背景和意义，混合所有制的内涵、作用及混合所有制企业的基本形式，揭示了混合所有制企业公司治理主体之间的利益冲突。其次，构造了股东之间利益冲突的治理模型，分析了股东与经营者利益冲突治理的核心问题。在此基础上，以有效发挥企业党组织在法人治理结构中的作用，推进公司章程在混合所有制企业法人治理结构中实现统领，推进实施投资主体多元化，完善董事会、监事会、经营层有效制衡机制，建立健全经营层激励约束机制等角度为切入点，提出了解决混合所有制各层级、各方面利益冲突的相关建议措施。最后，以中煤（海南）环保科技有限公司控股子公司中煤嘉沣（湖南）环保科技有限责任公司为案例，研究了混合所有制企业的法人治理结构，具有重要的现实意义。

本研究通过将党的领导融入混合所有制企业公司治理各环节，强化了公司章程作为公司治理制度体系的统领作用，建立了企业章程引领下的管控体系和制度体系以及决策机制和工作流程，建立了经理层职业经理人制度，打造了中煤嘉沣极富竞争力的本部人员薪酬和绩效考核体系，提升了混合所有制企业治理体系和治理能力现代化水平，切实提高了总局体系内混合所有制现代企业的治理能力。

本研究以地质集团所属全资子公司中煤（海南）环保科技有限公司并购的中煤嘉沣（湖南）环保科技有限责任公司为案例，开展建立职业经理人制度试点，形成激励机制，有效激发了企业内生活力和动力。同时，与地质集团企业管理实践相结合，完成企业法人治理结构初步试点工作，将本次研究成果与该企业实际相结合，有利于切实提高总局体系内混合所有制现代企业的治理能力，是一次重要的模式创新与管理创新。

成果创造单位：中煤地质集团有限公司

成果主要创造人：许　领

成果创造人：林中湘　许　莉　朱其富　辛士勇

中国煤炭地质总局融入海南自贸港建设发展战略研究

中煤地质集团有限公司

海南自由贸易港是按照中央部署，在海南全岛建设的自由贸易试验区和中国特色自由贸易港，是党中央着眼于国际国内发展大局，深入研究、统筹考虑、科学谋划做出的重大决策。海南自由贸易港是引领我国新时代对外开放的鲜明旗帜和重要开放门户。本报告在充分分析海南自由贸易港建设历史和现状的基础上，通过资料收集、走访调查和SWOT分析法，分析了中国煤炭地质总局融入海南自由贸易港建设的优势与劣势，描画了总局在海南的总体布局，为总局在海南开展新能源勘查、应急救援队伍建设、贸易与金融、环保工程建设、民生地质五个方面工作提出了具体的措施、建议，并在研究海南自贸港相关政策及总局各单位特点的基础上，提出总局融入海南自贸港建设的战略规划，为总局决策提供参考，为总局所属单位深度融入海南自贸港建设提供具有实际意义的指导方案。

海南自由贸易港是按照中央部署，在海南全岛建设的自由贸易试验区和中国特色自由贸易港，是新阶段推动海南实现高质量发展的重大方针、政策，也是引领我国新时代新发展格局下对外开放的重大战略。本报告在充分分析海南自由贸易港建设历史和现状的基础上，通过资料收集、走访调查和SWOT分析法，以中国煤炭地质总局为例，分析总局融入海南自由贸易港建设的可行性与重要性，描画了中国煤炭地质总局在海南的总体布局，为总局在海南开展新能源勘查、应急救援队伍建设、贸易与金融、环保工程建设、民生地质五个方面工作提出了具体的措施建议，助力总局深度融入海南自由贸易港的开发建设。在研究海南自贸港相关政策及总局各单位特点的基础上，本报告提出了总局提出融入海南自贸港建设的战略规划，为总局决策提供参考，为总局所属单位深度融入海南自贸港建设提供具有实际意义的指导方案。

2018 年 4 月 13 日，习近平总书记出席庆祝海南建省办经济特区 30 周年大会，并宣布党中央决定支持海南全岛建设自由贸易试验区，支持海南逐步探索、稳步推进中国特色自由贸易港建设。次日，《中共中央 国务院关于支持海南全面深化改革开放的指导意见》正式对外发布，明确指出要在海南全域分两步走建设自贸试验区、自由贸易港。10 月 16 日，国务院发布《关于同意设立中国（海南）自由贸易试验区的批复》和《关于印发中国（海南）自由贸易试验区总体方案的通知》，海南全省正式升格为自由贸易试验区。至此，中国自贸试验区又添一员，形成了“1 +3 +7 +1”的战略布局。

前三批批准成立的 11 个自贸区的总面积为 1300 多平方千米，而海南自贸区为 3 万多平方千米，相当于前三批 11 个自贸试验区面积总和的 27 倍。海南建设自贸区、探索中国特色自贸港，这是在中国改革开放 40 周年的关键节点，扩大对外开放、积极推进全球化的重大举措。

海南自贸区是目前唯一一个在全省范围内建立的自贸区。海南省位于中国的最南端，陆地总面积 3. 54 万平方千米，全省常住人口 925. 76 万人。根据 2018 年 4 月 14 日印发的《中共中央 国务院关于支持海南全面深化改革开放的指导意见》（以下简称《指导意见》），海南的对外开放将实行“两步走”：第一步，在海南全境建设自由贸易试验区；第二步，探索实行符合海南发展定位的自由贸易港政策。《指导意见》还明确了海南自贸区发展的具体时间表：到 2020 年，自由贸易试验区建设取得重要进展，国际开放度显著提高；到 2025 年，自由贸易港制度初步建立，营商环境达到国内一流水平；到 2035 年，自由贸易港的制度体系和运作模式更加成熟，营商环境跻身全球前列；到 21 世纪中叶，率先实现社会主义现代化，形成高度市场化、国际化、法治化、现代化的制度体系，成为综合竞争力和文化影响力领先的地区。

根据《中国（海南）自由贸易试验区总体方案》，海南自贸区的战略定位可以概括为“三区一中心”：全面深化改革开放试验区、国家生态文明试验区、国家重大战略服务保障区和国际旅游消费中心。其中，全面深化改革开放试验区这一定位是与其他 11 个自贸区相同的，而另外的“两区一中心”的定位是海南独有的特色。新发展格局下的海南自贸港建设与发展，既是海南贯彻新发展理念、步入高质量发展阶段的崭新征途，又是首次建设中国特色社会主义自贸港的伟大实践，更是中国为统筹中华民族伟大复兴战略全局和世界大变局做出的战略回应。为实现建成“开放层级更高、营商环境更优、辐射作用更强”的世界一流自贸港的战略目标，需要从战略全局的高度出发，以服务好“双循环”新发展格局为前提，深刻认识海南自贸港建设与发展的内外部环境，尽快明确新发展格局下海南自贸港建设与发展的战略目标和任务，精准分析海南自贸港建设与发展中的困难和瓶颈，牢牢把握海南自贸港建设与发展的战略着力点，从而实现新发展格局下高水平高层次的对外开放，从容应对国际大变局，主动迎接新挑战。

一、海南自贸港建设与发展的重大意义

海南自由贸易港建设是习近平总书记亲自谋划、亲自部署、亲自推动的重大国家战略，是彰显新时代我国全面深化改革开放决心的重大举措。海南自由贸易港在世界处于百年未有之大变局、“加快构建以国内大循环为主体，国内国际双循环相互促进的新发展格局”以及我国进入新发展阶段的时代背景下应运而生。从一定意义上讲，海南自由贸易港建设具有国内大市场依托、生态资源、政策优势、土地资源丰富等诸多有利条件，是海南实现产业结构转型升级和经济社会跨越式发展不可多得的重大机遇。海南自由贸易港的建设是党中央着眼国内国际两个大局，是为推动中国特色社会主义创新发展作出的一项重大战略决策，也是我国新时代改革开放进程中的一件大事，具有重大的现实意义和深远的战略意义。

一是建立开放型经济新体制的根本要求。在海南建设自由贸易港，引领我国对外开放向纵深推进，可以为全国更高水平的改革开放探索新路径、积累新经验。

二是打造市场化法治化国际化营商环境的迫切需要。在海南建设自由贸易港，要深入推进商品和要素流动型开放，加快推动规则、规制、管理和标准制度型开放，就是要以高水平开放带动深层次改革，从而营造国际一流的营商环境。

三是推动高质量发展的战略选择。引进国际先进技术、经营理念和管理经验，打造包括资本、知识、技术、管理、人才在内的全球优质生产要素集聚区，形成具有海南特色的现代产业体系，为全国经济高质量发展提供典型示范。

四是构建人类命运共同体的实际行动。在海南建设自由贸易港，就是用实际行动向世界表明，中国开放的大门不会关闭，只会越开越大，中国将一以贯之地扎实推动贸易投资自由化便利化，打造全球开放合作的典范，引领经济全球化进程，为我国深度参与全球经济治理和国际经贸规则制定提供重要平台，为构建人类命运共同体提供中国方案、贡献中国智慧。

二、央企参与自贸港建设概况

央企已成为在政策实践、产业引领、园区建设、营收税收贡献等方面支持海南自贸港建设的重要力量（表1）。2018年4月以来，在国务院国资委支持下，已有40家央企与海南建立全面战略合作关系。仅2020年就有国机海南发展有限公司、华电集团海南有限公司等31家央企区域总部或业务子公司在琼注册设立。中免集团（海南）运营总部有限公司、中石油海南销售有限公司等10家在琼央企已被认定为区域总部。

海南省国资委初步统计显示，2018年4月以来在琼新设的98家央企子公司在2020年共贡献营业收入近1300亿元，在2018年营业收入50亿元、2019年营业收入800亿元基础上继续保持快速增长。目前，13家央企已在海口江东新区和三亚总部经济区投资建设总部大楼，成为支持当地总部经济发展的重要力量，其中，2020年就有10个总部基地项目开工建设。此外，2020年，各大央企有23个项目纳入海南省重点项目，总投资1421亿元，2020年完成投资近270亿元，占全省重点项目完成额近三分之一。

税收方面，央企贡献同样显著：新设央企子公司2020年的税收贡献已超13亿元，相比2018年的不到5亿元，增长明显。2020年，海南还通过央企引入外资8.15亿美元，因此，央企在海南引进外资工作中也发挥了积极作用。

表1　部分央企参与自贸港建设情况表

1	中交联合体参与建设海南省环岛旅游公路工程
2	南方电网加快推进海南自贸港智能电网建设
3	中国能建葛洲坝集团助力海南迈湾水利枢纽主体工程建设
4	中国石化海南炼化建成投产百万吨芳烃项目
5	中电建建筑集团有限公司参建海南省保亭县城污水收集管网配套工程（二期）
6	兖矿集团、华能集团和国电投集团联合发起设立海南国际能源交易中心
7	中化学建设（海南）有限公司在海口揭牌成立

三、中国煤炭地质总局融入自贸港建设的战略目标及意义

（一）中国煤炭地质总局融入自贸港建设的战略目标

作为南海的核心区域，凭借其四面环海的相对独立的地理单元优势和狭长的海

岸线优势，海南岛具备强大的辐射力，能够辐射周边区域性人流、物流、商流、资金流和信息流，从而推动周边国际经济环境的改善，促进地区之间的交流、互动与合作。中国煤炭地质总局可以利用海南自贸港的地理优势，借助央企平台，发展海外业务。

海南自贸区集全面深化改革开放试验区、国家生态文明试验区、国际旅游消费中心、国家重大战略服务保障区于一体，能够充分发挥海南岛的优势，具有十分广阔的发展和投资前景，总体预期良好。中国煤炭地质总局在生态文明建设领域具有优势，可以参与海南自贸港发展建设。

建省30余年来，良好的生态环境已成为海南发展的最大“本钱”，在一定程度上能够促进区域创新发展。生态环境优势也是海南吸引人才的重要砝码，海南省发展改革委发布的《海南人才吸引与培养情况大数据分析报告》的研究结果表明，在人才吸引方面，生态环境等优势可以持续提升海南对人才的吸引力。其次，生态环境优势是吸引全国乃至全球高新技术企业落户海南的有利条件。中国煤炭地质总局可以利用海南自贸港的政策优势，完善人才梯队建设。

建议大力发展核心主业，稳固发展辅助产业，推动传统产业转型升级，通过并购或投资创办，在海南自贸港加快布局新兴产业。到“十四五”末，形成以六大核心产业为支撑，辅助产业为补充，各产业相互促进、协调发展的产业格局。

（二）战略意义

以改革促进开放，以开放倒逼改革，已成为我国社会主义建设事业大踏步向前的重要途径之一，海南自由贸易港建设既是深化国内改革的重要尝试，也是我国扩大开放的必然之举。党的十八大以来，党中央就把全面深化国内体制机制改革和提升对外开放水平作为我国经济发展的“双翼”，并在十八大报告中做出了全面深化经济体制改革、实施创新驱动发展战略、推进经济结构战略性调整、推动城乡发展一体化、全面提高开放型经济水平等战略性安排。党的十九大以来，我国改革开放事业进入新时代，贯彻新发展理念、建设现代化经济体系是促进我国新时代高质量发展的必由之路。党的十九大对促进我国新时代高质量发展做出了如下安排：深化供给侧结构性改革、加快建设创新型国家、实施乡村振兴战略、实施区域协调发展战略、加快完善社会主义市场经济体制、推动形成全面开放新格局。同时，党的十九大报告明确指出要“赋予自由贸易试验区更大改革自主权，探索建设自由贸易港”。

当前，新时代改革开放面临一系列新形势、新情况、新挑战，概括起来，主要包括两个方面的内容。一方面，从国际视角来看，当今世界正处于大发展、大变革、大调整时期，世界多极化、经济全球化深入发展，新一轮科技革命方兴未艾。与此同时，全球治理体系和国际秩序变革加速演进，单边主义、贸易保护主义、“逆全球化”思想甚嚣尘上，我国发展面临的外部环境正发生深刻变化，不确定性增加，改革发展稳定也面临前所未有的新情况、新问题、新挑战。另一方面，从国内视角来看，我国正处于转变发展方式、优化经济结构、转换增长动能的过渡期，经济下行压力加大，全面深化改革进入攻坚期，亟待通过扩大开放倒逼改革，实现开放与改革的良性互动。

海南因改革开放而生，因改革开放而兴。全岛经济特区、全岛自由贸易试验区、全岛自由贸易港是海南建省 30 多年来的主要身份变化。从自由贸易试验区到探索建设自由贸易港，对外开放逐步升级，必将有力推动形成更高层次的开放型经济和现代化经济体系，为中国经济汇聚发展新动能、开辟发展新局面。中国煤炭地质总局利用好海南自贸港制度的高成熟度及优越性的有利契机，可以快速融入海南自贸港发展建设的浪潮中。

海南自贸港建设是我国在新时代历史条件下的重大战略决策，对于提升我国对外开放水平、畅通国际国内经济双循环具有重要意义。中国煤炭地质总局作为中央直属大型地质与生态文明建设企业集团，为海南自贸港建设提供国土空间规划、应急救援、工程建设、环境治理、矿产资源及矿业权交易场所建设、海洋资源开发与海洋生态保护等服务和支撑，是央企履行社会责任的重要举措，对海南自贸港建设和中国煤炭地质总局的发展具有重要意义。

四、海南自贸港建设与发展面临的困难和瓶颈

（一）发展机遇

中共中央、国务院提出，要将海南自贸区打造成为全面深化改革开放试验区、国家生态文明试验区、国际旅游消费中心、国家重大战略服务保障区。在海南经济特区建设过程中，国家层面的规划使得海南岛“改革开放取得重要突破，在农垦体制改革、‘多规合一’改革、省直管市县的行政管理体制改革、航权开放等方面走在全国前列”。突出表现在：

从内部环境来看，近年来，海南省的国际化水平不断攀升，已经成功举办 18 届

博鳌亚洲论坛年会，人民生活质量明显改善，使海南从改革开放之初的穷僻小岛变为富饶美丽的“新大陆”，成为彰显我国改革开放取得巨大成就的重要窗口和经验示范基地。如今，海南由经济特区转型为自贸港，党中央、国务院将会进一步加大力度支持海南发展，为自贸港建设提供更加坚实的政策保障和创造更具优势的发展机遇。

从外部环境来看，经济全球化进程也在加快。自2001年加入世贸组织后，我国开始在世界经济的发展中拥有更多的话语权和自主权。同一时期，世界经济全球化进程快速推进，尤其是在当前全球经济治理体系和规则面临重大调整的情况下，世界各国都在加快融入全球经济体系，以便在更好地应对外部经济风险、维护国家经济安全等挑战的同时，获得尽可能多的发展机遇。

为利用好国内国际两个市场、两种资源，我国实行更加积极的开放战略，推进“一带一路”建设、加快实施“走出去”战略、加快加工贸易的转型升级和自贸区建设、倡议构建“人类命运共同体”，有助于我国更好地适应经济全球化，进而走向世界舞台。海南自贸区正是在这一背景下设立的，既具有无限的机遇，也担负着重大使命。海南自贸港的建设正如火如荼地开展，抓住机遇，积极融入自贸港建设正当其时。

1. 关于海南自由贸易港的相关政策

（1）财政部、国家税务总局：《关于海南自由贸易港高端紧缺人才个人所得税政策的通知》（2020年6月23日）。

（2）财政部、国家税务总局：《关于海南自由贸易港企业所得税优惠政策的通知》（2020年6月23日）。

（3）财政部、海关总署、国家税务总局：《关于海南自由贸易港原辅料“零关税”政策的通知》（2020年11月11日）。

（4）海南省政府：《海南自由贸易港外籍“高精尖缺”人才认定标准（2020—2024年试行）》（2020年9月16日）。

（5）海南省委办公厅、省政府办公厅：《海南自由贸易港高层次人才认定办法》（2020年9月23日）。

（6）海南省委人才发展局等部门：《吸引留住高校毕业生建设海南自由贸易港的若干政策措施》（2020年6月19日）。

（7）商务部等二十部门：《关于推进海南自由贸易港贸易自由化便利化若干措施的通知》（2021年4月19日）。

（8）商务部：《海南省服务业扩大开放综合试点总体方案》（2021 年 4 月 21 日）。

（9）国家发展改革委、商务部：《关于支持海南自由贸易港建设放宽市场准入若干特别措施的意见》（2021 年 4 月 7 日）。

（10）国家发展改革委：《重大区域发展战略建设（推进海南全面深化改革开放方向）中央预算内投资专项管理办法》（2021 年 1 月 27 日）。

（11）海南省政府办公厅：《海南自由贸易港投资新政三年行动方案（2021—2023 年）》（2021 年 5 月 10 日）。

（12）中国人民银行等四部门：《关于金融支持海南全面深化改革开放的意见》（2021 年 3 月 30 日）。

2. 海南自由贸易港政策

（1）人才个人所得税，最高 15%。

（2）鼓励类企业，实施 15% 企业所得税。

（3）企业进口自用生产设备，免征进口关税、进口环节增值税和消费税。

（4）进口营运用交通工具及游艇，免征进口关税、进口环节增值税和消费税。

（5）进口生产原辅料，免征进口关税、进口环节增值税和消费税。

（6）岛内居民购买的进境商品，免征进口关税、进口环节增值税和消费税。

（7）离岛免税购物额度调高至每年每人 10 万元，并增加品种。

（8）旅游业、现代服务业、高新技术产业企业 2025 年前新增境外直接投资所得，免征企业所得税。

（9）企业资本性支出，可一次性税前扣除或加速折旧和摊销。

（10）展会境外展品进口和销售免税。

（11）对原产于海南或含进口料件加工增值超过 30% 的货物进入内地，免征进口关税。

（12）允许进出海南岛航班加注保税航油。

（13）对在“中国洋浦港”登记，并从事国际运输的境内建造船舶，给予出口退税。

（14）以“中国洋浦港”为中转港从事内外贸同船运输的境内船舶，允许加注保税油。

（15）建设“中国洋浦港”国际船籍港。

（16）经“中国洋浦港”中转离境的货物，试行启运港退税。

（17）在洋浦保税港区等地，实行“一线”放开、“二线”管住的进出口管理制度。

（18）允许境外理、工、农、医类大学及职业院校在海南独立办学。

（19）建设海南国际教育创新岛。

（20）构建多功能自由贸易账户体系。

（21）跨境贸易和新型国际贸易银行真实性审核从事前审查转为事后核查。

（22）实行海南自由贸易港跨境服务贸易负面清单。

（23）实施市场准入承诺即入制。

（24）实行海南自由贸易港市场准入特别清单。

（25）实行海南自由贸易港外商投资准入负面清单。

（26）政府采购对内外资企业一视同仁。

（27）实施更加便利的免签入境政策。

（28）以薪酬水平为主要指标评估人力资源类别。

（29）对外籍人员工作许可实行负面清单管理。

（30）允许境外人员担任法定机构、事业单位、国有企业的法定代表人。

（31）取消船舶和飞机境外融资限制。

（32）企业发行外债备案登记制管理权下放海南。

（33）扩大跨境资产转让范围。

（34）优先支持企业境外上市。

（35）企业境外上市外汇登记直接到银行办理。

（36）建设海南国际知识产权交易所。

（37）支持境外证券基金期货经营机构设立独资或合资金融机构。

（38）支持设立财产险、人身险、再保险公司以及相互保险组织和自保公司。

（39）支持与境外机构合作开发跨境医疗保险产品。

（40）建设国际能源、航运、产权、股权等交易场所。

（41）非居民可以参与交易场所的交易和资金结算。

（42）发展场外衍生品业务。

（43）开展跨境资产管理业务。

（44）面向全球发行海南地方政府债券。

（45）开放增值电信业务。

（46）开展在线数据处理与交易处理等业务。

（47）安全有序开放基础电信业务。

（48）开展国际互联网数据交互试点。

（49）扩大包括第五、第七航权在内的航权开放。

（50）建设国际航空枢纽。

（51）建设西部陆海新通道国际航运枢纽。

（52）建设区域医疗中心。

（53）建设国家区块链技术和产业创新发展基地。

（54）建设邮轮旅游试验区。

（55）设立游艇产业改革发展创新试验区。

（56）建设海南国际设计岛。

（57）建设国家对外文化贸易基地。

（58）授权海南对耕地、永久基本农田、林地、建设用地布局调整进行审批。

（59）赋予行业组织更大自主权。

（60）立足自由贸易港建设实际，自主制定法规。

（二）面临挑战

由于自然、历史的原因，海南岛经济发展极度不平衡，岛内交流、互动程度较低：中部落后、环海地区发达的发展不均衡现状短期内还难以改变。同时，海南岛四周环海，可谓“孤悬”在南海中，即使最北部与广东省的雷州半岛仅相隔一道浅窄的琼州海峡，但受资金、技术、政策等方面的限制，目前仍没有跨海大桥或过海隧道连接两岸，不具备联通大陆腹地的区位优势。要跨过海峡实现两地的交流，只能通过轮渡实现小规模的互通，使得两地的陆上贸易成本加大。此外，海南地区自然条件恶劣、气候多变，台风、暴雨、大雾天气频繁，使得海南与大陆的交流频率降低，风险和成本加大，不利于对外招商引资。

产业规划及定位出现偏差。海南工业基础十分薄弱，一直缺乏甚至不具备形成强大支柱性产业的先决条件。在成为经济特区之后，海南岛激流勇进，一度大力发展大工业、大港口和高科技产业，意图在短期内建成工业强省，但这是不太现实的。在自贸港的建设过程中，必须坚决避免出现产业规划不清晰的潜在威胁，合理定位自贸港的功能和战略方向。

外部环境稳定性威胁。海南岛处于地缘政治较为敏感的南海地区，由于历史的、政治的、地理的因素，使得南海地区互信机制不够健全、合作层次不够深入。南海地区存在的领土主权、海洋权利和资源方面的争端和纠纷，客观上对自贸区的建设产生着重要影响。实践证明，一个地区的经济要发展，不仅需要正确的规划和政策支持，更需要一个稳定的政治环境、营商环境和投资环境。如何营造这样一个发展前提，是建设海南自贸港必须重视的问题。

人才资源匮乏。由于地处偏远，使得海南地区的经济和教育历来落后，本地民众的文化、技术素质普遍偏低，难以支撑自贸港的良性发展。直到现在，整个海南也尚未建立起一所优质的高等学府，在人才的培养上存在短板。此外，虽然海南拥有大量海外华人、华侨及港澳台同胞，但囿于经济发展的现状及对未来投资的预期，导致一时难以提升其返乡创业的热情。对海南的领导干部而言，新一轮的对外开放会更考验其能力和智慧。如何消除人才资源匮乏的威胁，已经成为自贸港建设必须认真审视的问题。

与北美自贸区、欧盟等大型自贸区相比，我国自贸区的建设历程还比较短，严格意义上说尚处于探索阶段，经验依旧缺乏。尤其是新设立的海南自贸港，无论是在地理位置上，还是经济环境和地缘政治上，都有不同于我国已有的其他几个自贸区的特点。这就决定了今后海南自贸港的建设方向和路径选择都不能盲目地模仿其他几个自贸区，必须因地制宜、实事求是地采取探索和实践并重的发展方式。

五、总局融入海南自贸港建设的现状

中国煤炭地质总局坚持“以市场为导向，以客户为中心，以科技创新为引领”的发展理念，以“大格局、大地质、大经营、大客户”为出发点，按照“地质及地理信息技术服务商，新型能源矿业开发商，建设工程承包商，城市建设运营商”四商发展定位，构建了资源勘查、新能源资源开发、生态与环境、地理信息、地下工程建设、现代农业地质技术服务及辅助产业的“6 +1”产业发展格局（图1）。

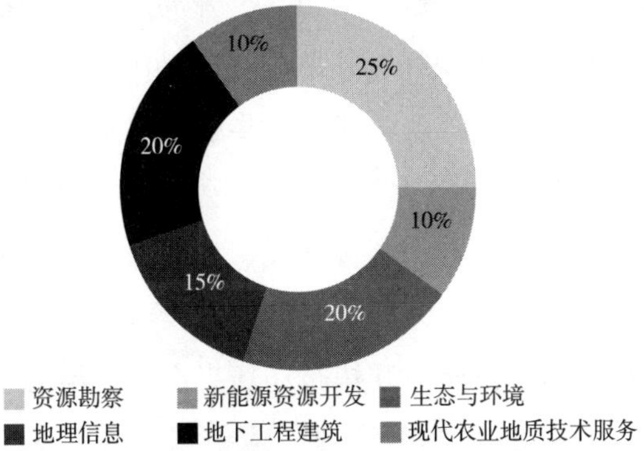

图1　总局六大核心业务

总局所属单位纷纷进驻海南。比如，地质集团根据自身优势，围绕海南自贸港的战略定位和需求，在布局海南方面做了大量工作。2020 年 1 月，中煤（海南）环保科技有限公司（下称中煤环保）注册成立，与广州海洋地质调查局就双方共同建设海南基地达成了一致意向。地质集团与海南省金融局、自然资源厅、海口市政府、三亚市政府、海发控集团等部门和企业进行了多次深入交流，就矿业权交易场所设立、城市水处理、国土空间规划、海洋地质调查、海岸带环境修复保护、海岛保护等进行了调研，为下一步开展项目合作和实施打下了基础。

为落实好总局和地质集团在乡村振兴领域的战略规划，中煤环保及控股公司在生态环境修复、分布式污水处理、土地整治、人居环境改善等方面开展了大量实践工作，取得了一定成效。

中煤环保及合作方拟在项目所在地成立项目公司，项目公司作为项目的投融资建设主体，采用“EPC + F + O”模式。考虑到总体项目体量较大，中煤环保拟选择其中试点进行合作，并已向海南省农垦集团提交了《关于参与海南省农垦投资控股集团全域土地整理项目的申请报告》。目前，农垦集团正在编制与第三方社会资本的合作方案。

2022 年海洋生态保护修复资金重点支持各地政府从系统工程到全局角度全方位、全海域、全过程地开展海洋生态保护修复工程，改善海洋生态环境治理，提高海洋生态系统碳汇能力。中煤环保联合天津海域海岛研究院，主要从海洋生态保护、修复治理和入海污染物治理等几个方面开展试点，对重点海域、海岛、海岸带等区域的生态系统进行保护和修复，提升生态功能和减灾功能。

六、总局融入海南自贸港建设的思路及总体战略布局

探索融入海南自贸港建设，是“十四五”开局之年总局在海南自贸港部署发展“11463”总体发展战略的重大抉择，是总局在新时代推动产业转型升级的新机遇和新挑战。总局以创新、协调、绿色、开放、共享五大发展理念为指引，以“11463”发展战略为统领，以“大格局、大地质、大经营、大客户”为出发点，聚焦“四商”定位，强化资源勘查、新能源资源开发、生态与环境、地理信息、地下工程建设以及现代农业地质技术服务六大核心主业，以投资、购并为抓手，促进资源向核心产业聚集，优化提升传统产业，开拓布局新兴产业，精心培育核心竞争力，着力推进科技创新、模式创新和管理创新，形成特色鲜明、优势突出、集约高效的产业新格局，力争将总局打造成为世界一流的地质与生态文明建设企业集团。

（一）建设思路

以项目为抓手，全方位推动落实矿业权交易场所设立、资源勘查、城市水处理、国土空间规划、海洋地质调查、海岸带环境修复保护、海岛保护等领域的工程实施和落地，为集团融入海南自贸港发展夯实基础。目前，中煤（海南）环保科技公司已落实了具体项目，在生态环保领域开拓了市场；湖北煤田局等单位也落实了项目，为推动总局融入海南自贸港建设打下了基础。

坚持科技创新，加大科技研发投入力度，坚持以科研和新技术引领产业发展，加强与大专院校、科研院所和医疗机构的合作，加快科技成果转化和成果落地，将科技成果应用于海南市场，增强市场竞争力，助力海南市场发展。可以通过“产学研用”相结合的方式，与海南大学、地调局、中国科学院深海科学与工程研究所等单位联合攻关，在海洋地质勘查与可燃冰开发等领域取得突破，为海南能源安全提供支撑。

人才是融入自贸港发展的关键。强化改革创新，不断深化体制机制改革，聚焦科技创新发展和人才队伍建设需要，以总局融入海南自贸港发展需求为导向，有计划地引进一批专业技术人才。特别是要利用好海南自贸港在个人所得税等方面的政策优势，筑巢引凤，建立一支适合海南自贸港建设要求的人才队伍。

（二）建设原则

秉持绿色发展原则，紧抓国家大力进行生态文明建设的机会，拓展山、水、林、田、湖、草生态保护与修复领域，致力于为海南自贸港经济发展提供绿色清洁能源和战略性矿产资源，聚焦智慧城市、美好城市建设与安全，为现代农业特色技术服务，为融入海南自贸港发展履行新时代中央企业担当。

在充分发挥自身主业优势和区位优势前提下，进行产业布局，打造差异化竞争优势。积极融入海南自贸港经济发展，将产业布局与国家战略、产业政策以及区域发展战略紧密融合，为海南自贸港经济发展做出贡献。

转变思想观念，创新商业模式，着眼于大地质、大市场，不断拓展服务领域，积极布局战略性新兴产业，培育新的经济增长点。

贯彻“五大”发展理念，着眼于国家长远发展战略，围绕绿色、清洁、智慧三个主题进行产业布局，实现经济效益、社会效益、生态效益的和谐统一。

（三）战略布局

树立大地质格局，聚焦主责主业，充分发挥总局在资源勘查、新能源资源开发、生态与环境、地理信息、地下工程建设、现代农业地质技术服务领域的龙头企业带头作用，以此为契机，大力开拓海南自贸港市场，根据海南自贸港发展战略方向，布局建筑工程、市政工程、生物制药、现代物流、机械制造、投融资与贸易等辅助产业，将“6+1”产业发展格局深度融入海南自贸港建设中。

1. 资源勘查产业

相关政策：《海南“十四五”规划和2035年远景目标的建议》。

加大天然气水合物、油气等海洋资源勘探开发力度。建设澄迈海上油田生产服务基地，建设海南陵水“海洋经济”发展示范区，积极推进海洋强省建设。发展海洋科技，推进“智慧海洋”建设。加快建设海上救援基地，健全海上搜救应急反应体系。扎实推进南海开发服务保障基地建设，加快三沙市建设发展。

战略布局：在资源型地质勘查投入持续下滑的大背景下，推动资源勘查向满足战略性新兴产业发展和满足我国全面建成小康社会需求的新能源矿产、新材料、稀有矿产和新功能等矿产转变，主要包括：①“三稀矿产”：稀土、钨、钼、钽、铌、锆、铟、锗、镓、钴、锂、钛等；②贵金属：金、银、铂族元素；③非金属矿产：氟、硫、磷、硅、硼、石墨、高岭石、金刚石等；④新能源：煤层气、页岩气、致密砂岩气、天然气水合物等。推动传统地质技术服务向矿山全生命周期地质技术服务、绿色矿山建设地质技术服务等领域转变。在资源勘查区域格局上，重点向深部以及海洋地质等方向转移。

重点支持中化明达和地质集团加快资源勘查领域的技术创新、勘查能力建设和人才队伍建设，打造全矿种地质勘查团队，为总局承担国家能源资源和粮食安全提供支撑与保障。

重点支持一勘局公司大力拓展矿山生产以及绿色矿山建设领域的地质技术服务范围，将服务范围拓展到海南自贸港市场，为矿业企业提供矿山全生命周期地质技术服务。鼓励各二级单位以大地质、大市场为出发点，不断拓宽地质技术服务领域，大力拓展海南自贸港资源勘查业务。

2. 新能源资源开发产业

相关政策：《关于加强自由贸易试验区生态环境保护推动高质量发展的指导意见》。

打造先进绿色制造业。加快提高自贸试验区制造业的绿色化水平，大力发展新能源、新材料、节能环保等战略性新兴产业，建设国际一流的绿色再制造基地。

战略布局：

（1）地热资源开发。

大力推进地热资源开发领域的科技创新，积极开展地热资源勘查评价以及地热能井下换热技术、热泵技术以及地热能系统与其他能源系统融合技术等重大课题研究，以科技创新带动产业发展，将地热资源开发打造成为国内技术领先、装备精良，在新能源领域具有核心竞争力的特色产业板块。重点支持水文局公司和江苏长江加快地热能开发领域的技术创新步伐，推动地热资源开发产业快速发展。鼓励各二级单位结合自身优势和地域优势，抓住国家能源结构调整的有利时机，努力在海南自贸港拓展地热资源开发业务。

（2）新能源开发。

以“煤系气”（煤层气、页岩气、致密砂岩气）以及可燃冰等为重点突破方向，推动新能源领域的勘探开发工作，推动“煤系气”资源开发实现新的突破。

（3）战略性矿产资源开发。

重点支持中化明达打造战略性矿产开发产业发展平台公司，积极开展国家急需的战略性矿产资源的地质找矿工作，加大投资力度，采用购并、合资合作等方式加快布局氟石矿等战略性矿产开发布局，力争在3～5年内在战略性矿业开发上有新的突破。

重点支持中煤矿业加大投资力度，采用购并、合资合作等方式。

加快布局矿产资源开发产业。鼓励各二级单位以战略性矿产为目标，积极开展地质找矿活动，推动探矿权运作或探采一体化，加快推进战略性矿产资源开发产业。

3. 生态与环境产业

相关政策：《海南“十四五”规划和2035年远景目标的建议》。

生态文明建设形成海南样板。生态文明制度体系更加完善，国土空间开发保护格局得到优化，生态环境基础设施建设全面加强，“清洁能源岛”建设加快推进，城乡人居环境明显改善，生态环境质量继续保持全国领先水平。

战略布局：抓住国家推进生态文明建设、生态与环境产业快速增长的有利时机，大力发展生态与环境产业。重点支持湖北公司发挥地域优势，大力发展固体废弃物处理以及水环境污染修复治理业务。水文局公司发挥技术优势，大力发展污水处理、水环境修复治理等业务。浙江公司发挥市场优势，大力发展矿山环境恢复治理业务。江苏长江联合勘查研究总院大力发展场地污染修复治理及采煤塌陷区治理业务。中煤国地控股有限公司发挥市场优势，大力拓展区域环境综合整治、矿山地质公园建设等业务。青海公司发挥地域优势，大力拓展地质灾害治理及环境修复业务。中煤环境科技有限公司大力发展生活垃圾无害化处理、资源化利用业务。

以上各单位应充分发挥地域优势和自身资源优势，着力推动科技创新，积极探索采用 PPP 模式拓展业务，形成集技术服务、工程承包及投资、建设、运营为一体的发展模式。鼓励各二级单位依托地域市场需求，结合自身资源优势，积极在海南自贸港拓展生态与环境技术服务及工程承包业务。

4. 数字经济与地理信息产业

相关政策：《海南省土地资源利用和保护“十四五”规划（2021—2025 年）》。

推进土地资源信息化工程。一是深化“多规合一”信息管理应用，实现全业务全流程的信息化管理，构建科学高效的监管、分析和决策辅助应用体系。二是推进自然资源和规划“一张图”建设，建立包含测绘数据、国土现状数据、规划管控数据、业务管理数据和其他相关数据，地上地下、陆海相连的自然资源和规划三维“一张图”数据库。三是构建土地等自然资源全要素调查监测评价应用体系。建立“空天地海”一体化监测技术手段，通过遥感影像、5G 技术、“互联网 +”等方式，实现对各类自然资源的调查和动态监测评价，推进应用“国土调查云”，统筹各类遥感影像资源，推进自然资源省级卫星应用技术体系建设。四是构建“互联网 + 政务服务”应用体系。健全完善“互联网 + 不动产登记”、行政审批、土地资源网上交易、信息公开、“互联网 + 外业核查”等政务服务技术手段，建设土地资源管理便民利企政务服务平台，实现与省政务服务平台的共享应用，提升土地资源政务服务能力。

战略布局：习近平总书记指出，数字经济健康发展，有利于推动建设现代化经济体系。数字经济具有高创新性、强渗透性、广覆盖性，可推动各类资源要素快捷流动、各类市场主体加速融合、时空限制被全方位全领域全天候打破，既为经济增长提供动能，也是发展为了人民、发展依靠人民、发展成果由人民共享的具体体现。要加快建设共同富裕现代化基本单元，打造城乡智慧化宜居环境。

总局可以参与海南新型基础设施建设，提升数字经济承载能力。参与建设“高速泛在、天地一体、云网融合、智能敏捷、绿色低碳、安全可控”的智能化综合性数字信息基础设施，打通经济社会发展的信息“大动脉”。突出重点，加快推动 5G 网络部署，优化升级光纤宽带网络，一体化布局建设绿色数据中心，不断提升信息基础设施支撑能力。超前部署协同、先进、开放、高效的创新基础设施，因地制宜发展融合基础设施，推进传统基础设施“数字 +”“智能 +”升级。发挥总局在

“数字地球”方面的优势，大力推进数字乡村建设，加速乡村网络基础设施、信息消费服务均等化，积极做好“互联网＋”生态农业、乡村旅游等文章，推动农村生态资源价值化。不断加大智能产品供给，通过各种智能终端、智慧便捷服务、智慧应用场景，满足人民群众对美好生活的向往。持续推进信息无障碍和适老化改造，消除“数字鸿沟”，切实增强人民群众的获得感、幸福感、安全感。

抓住数字化、信息化、网络化、智能化高速发展的有利时机，大力发展以“数字国土”“智慧国土”为核心的地理信息产业，发展数字经济。重点支持航测局打造以数字测绘、遥感应用、地理信息系统集成、智慧矿山、智慧国土、智慧农业、智慧城市、高端地图集编制、智能化生态环境及地质灾害监测、预警等为主要业务，集地理信息技术服务及投资、建设、运营为一体的平台公司。重点支持二勘局着力推动数字印刷领域的技术创新，不断提升装备水平，精心打造数字印刷特色品牌。鼓励各二级单位结合自身优势积极开拓海南市场，开展测绘、工程测量等地理信息业务。

5. 地下工程建设产业

相关政策：《海南“十四五”规划和2035年远景目标的建议》。

加强基础设施建设系统化。谋划实施自由贸易港建设需要的控制性、基础性、先导性基础设施项目。以规划保障“五网”基础设施建设，落实用地、用海、用林等要素前提条件，实施一批重大基础设施工程，超前布局新型基础设施，打造系统完备、高效实用、智能绿色、安全可靠的现代化基础设施体系。推进海口美兰国际机场三期工程、三亚新机场、儋州机场建设，推进“田”字形高铁、“海澄文定”综合经济圈和“大三亚”旅游经济圈城际轨道交通、“丰”字形高速路网、环岛高速公路扩容和国省干线公路提级改造，加快“四方五港”基础设施建设，提升海口港运载能力和效率，加快公共型通航机场建设。建设海岛型综合立体绿色智慧水网，完善城乡供水、防洪、水生态保护修复体系，增强水安全保障能力。建立智能电网体系。推进“气化海南”建设，建成“田”字形供气主干管网和环岛天然气管网复线工程，推进燃气下乡“气代柴薪”，在重点区域建设分布式天然气能源站。加快全省5G网络广域低频覆盖。推进移动物联网、工业互联网和数据中心等新型信息基础设施建设。

战略布局：重点支持中煤建工集团发挥“中煤建工”品牌优势，采用工程承包和PPP等模式，大力拓展地下空间开发、“海绵城市”等地下工程建设业务。重点支持江苏长江中煤江南分别发挥地处长三角、球三角的地域优势，积极拓展基坑支护、地基与基础等地下工程建设业务。重点支持中化河南局发挥在岩土工程勘察、设计、施工及监理领域的技术优势和市场优势，大力发展岩土工程相关业务。鼓励各二级单位依托地域优势和自身优势，采用技术服务、工程承包等模式，在海南自贸港大力拓展地下工程建设产业。

6. 现代农业地质技术服务

相关政策：《海南省土地资源利用和保护“十四五”规划（2021—2025 年）》。

盘活存量，加大存量和低效用地挖潜力度。创新土地用途改变、土地转让盘活、土地整合开发、土地复合利用实施机制和鼓励政策，健全城市更新用地政策体系；坚持以村庄规划为引领，统筹运用城乡建设用地增减挂钩政策、全域土地综合整治、农村土地制度改革等政策工具，大力盘活农村闲置和低效建设用地，提高农村土地利用效率。

促进乡村振兴战略全面实施。推进巩固拓展脱贫攻坚成果同乡村振兴土地支持政策有效衔接。完善支持农村第一产业、第二产业、第三产业融合发展的用地政策。完善土地出让收入分配制度，稳步提高用于农业农村的比例，集中支持乡村振兴。

实施全域土地综合整治。以国土空间规划为引导，突出生态目标和效益，通过高起点全域规划、高标准整体设计，开展农用地、建设用地整理和乡村生态保护修复，对闲置、利用低效、生态退化及环境破坏的区域实施国土空间综合治理。完善全域土地综合整治工程管理规则，加强工程实施管理。在合理调整永久基本农田、城乡建设用地增减挂钩、土地增值收益分配机制、垦地一体化协调发展、农垦及集体经济组织和农民参与方式等方面加大政策支持。废弃土地、废弃工矿用地可因地制宜复垦为林地、草地等生态用地，提升土地生态服务功能。建立全域土地综合整治项目储备库，制定年度实施计划，稳步推进全域土地综合整治 20 个国家级试点和一批省级试点，引导和规范社会资本参与全域土地整治项目建设。

推进山水林田湖草沙系统修复。编制实施省和市县国土空间生态修复规划，建立健全山水林田湖草沙系统修复和综合治理机制。实施天然林保护、重要流域综合治理和生态修复、水土流失综合防治、沿海防护林体系建设等重要生态系统保护和修复重大工程，加强重点流域、重点区域、重点生态功能区、重点开发区等生态保护修复，加大历史遗留矿山生态修复力度。实施红树林生态修复，提升红树林生态系统质量和功能，加强湿地生态保护治理。争取国家生态修复专项资金支持，统筹集中使用全省国土空间生态修复专项资金，规范专项资金使用，完善专项资金监督机制。

战略布局：重点支持矿产地质设计研究院（中国煤炭地质总局徐州检测中心）发挥在土壤地球化学领域的技术优势，大力开展土地质量调查与评价、测土配方精准施肥、特色农业地质技术服务、农作物墒情及疫情监测预警、智慧农业业务。重点支持一勘探公司与山西大地控股土地开发有限公司合作投资设立“土地整治＋”子基金项目，以投资基金为契机，大力拓展土地整治、高标准农田建设等业务。重点支持中化浙江院发挥在土壤地球化学领域的技术优势，大力开展土地质量调查与评价、测土配方精准施肥、特色农业地质技术服务等业务。鼓励各二级单位结合自身优势积极开拓海南市场，开展土地质量地质调查、土壤地球化学调查评价、土地整治、土壤及地下水污染调查评价与修复治理等与土地工程相关的业务。

成果创造单位：中煤地质集团有限公司

成果主要创造人：郭衍游

成果创造人：林中湘　吴　岑　许　领　郝晓红　朱泽斌

成果其他创造人：梁　敏　徐　军　殷栋法

新形势下推动地勘单位数字化转型研究

中煤地质集团有限公司

在新形势下的经济市场中，地勘单位面对新技术新产业的冲击，如何求生存、谋发展？这就迫切需要转变企业发展理念，不断引入现代管理新思路新方法，积极寻求适应国家战略和社会经济发展的新模式。只有主动适应时代的发展和进步，才不会被时代所淘汰。经过“十三五”信息化建设，总局在信息系统应用、安全加固条件建设等方面已取得了较大的进步，所属航测局建设的“煤航大数据中心”于2020年7月建成并投入使用，为能源、生态、国土、城建、交通等领域提供信息化、智能化、数字化服务。浙江局中煤勘测设计公司启动“金华智慧勘察系统”，助力工程勘察“互联网+”智慧工地建设。中煤建工集团建设了基于VR的建筑安全体验平台，模拟安全生产体验，提高安全防范水平和应对能力。但是，整体来看，我们在信息化管理、信息系统建设、网络防护及网络安全能力建设、“两化”融合等方面还存在较大的差距和不足。总局想要在竞争激烈的数字社会中保持自身的优势，提升自身的竞争实力，就应当重视数字化建设。

数字化转型是全新的事业发展方向，没有可以直接照搬的成功模式，只能在不断摸索实践中前行。而地勘单位要进行数字化转型，需要在改变体制的前提下，转变企业观念、组织机构、运营模式等，可以通过应用构建智慧地勘、智慧矿山、应急救援装备大数据平台等数字技术，不断加快适应行业需求的科学技术的实践应用以及提高业务工作的效率，发挥数字技术的创新引领作用，提升数字化治理能力，加快数字化转型的进度，进一步在能源勘探领域有所作为，为总局高质量发展发挥引擎作用。

要着力推进数字化、智能化、网络化建设，提升产业信息化水平。紧紧围绕“11463”总体发展战略，发挥总局综合勘查技术优势，运用遥感、物探、地面调查、监测等技术手段，融合云计算、大数据、人工智能、物联网、互联网、区块链等技术，实现产业信息化与工程信息化的集成，促进信息化与主营业务的有效结合，为总局经营发展、管理提升、技术创新等提供有力的支撑。目前，总局的数字化转型正处于从信息化向数字化转型过渡的阶段，应当制定合适的原则，支撑数字化转型工作。

一、国有企业数字化发展现状分析

（一）国有企业数字化发展现状

近年来，随着企业数字化转型深入推进，越来越多的国有企业将数字化转型作为企业发展战略的重要组成部分，将数据驱动的理念、方法和机制根植于发展战略全局。

目前看来，我国国有企业数字化转型整体水平相对较高，作为国民经济发展的中坚力量，国有企业对加速我国从工业经济向数字经济转换发挥了引领作用。未来，国有企业应加速推进新技术创新、新产品培育、新模式扩散和新业态发展，全面提高产业链国内外统筹布局能力，开拓经济增长新空间，在数字经济建设中发挥更大的作用。尤其是在新冠肺炎疫情尚未完全消散的背景下，国企应该更加深刻认识到加快数字化转型的迫切性，认识到数字化转型是提升管理水平、改善服务能力、促进高质量发展的内在要求，更是新时期国企培育新的增长点、打开崭新局面的强大引擎。

（二）地勘单位数字化发展现状

目前，地质勘探工作大多采用传统的串行方法和手段。野外作业手段传统，勘探过程长，地勘信息反馈滞后，部分数据和成果仍然以纸质形式存放于档案馆。虽然也有部分数据和成果存储于信息系统中，但数据较为分散、数据类型多样、数据规模较大，难以得到有效利用。中国地质调查局系统已经建立了各种比例的数字地质图空间数据库以及全国矿产地数据库、全国区域地球化学数据库以及全国石油、煤炭、铁矿和钾盐矿产资源潜力数据库等大大小小几十个数据库，存储了大量全国性地质资料。但是，这些数据库大多由各个不同的主管部门建设，分布较为散落，未形成统一的管理平台。在已经运行的数据库中，部分数据库仅限于在单位内部或国土资源系统内部共享，尚未对公众开放。

许多国家级公益地质调查机构及地质资料情报研究机构已经开始研究如何运用大数据来促进地质勘查业务的信息化转型发展与提质增效，从而快速精准实现找矿突破，并已经在数据的收集存储、分析和利用等方面取得了丰硕的研究成果。应当推进公益科研机构与商业勘探力量的结合，选取运营成熟的矿业企业作为试点，依托矿业企业在手优势项目资源，强强联合，将理论基础转化为强劲的生产力，让实践经验持续推动理论研究，形成行业良性循环机制，不断提升地勘业务水平。

目前，整个地勘行业刚开始实施数字化转型，大部分单位的数字化建设依然处于初级水平（例如，不少单位只引进了 OA 等管理系统）。近几年，地勘单位逐渐开始重视对 GPS 和建模等典型技术。然而，由于各种因素的影响，这些技术目前依然无法得到全面应用。目前，只有少数单位在地勘工作中应用了 GPS 和建模等现代技术。

地勘单位能否正确认识数字化转型，决定了其能否向着正确的数字化转型方向发展。数字化转型主要包含数字业务、数字平台、数字服务和人才建设等内容。不同性质的地勘单位对数字化转型有着不同的认知（图 1）：一些地勘单位为了提升自身的竞争优势和生产经营规模，很重视建设数字化管理系统；另一些地勘单位属于事业单位，只能够参与少数的市场竞争，所以更倾向于打造数字化技术；还有一些国有地勘单位和其他类型的地勘单位认为，在管理、服务和各项业务领域全面应用数字化技术，可以有效提升数字化建设的水平。

然而，在大部分单位看来，数字化转型就是构建数字化综合管理系统、提供数字化服务和使用数字技术。

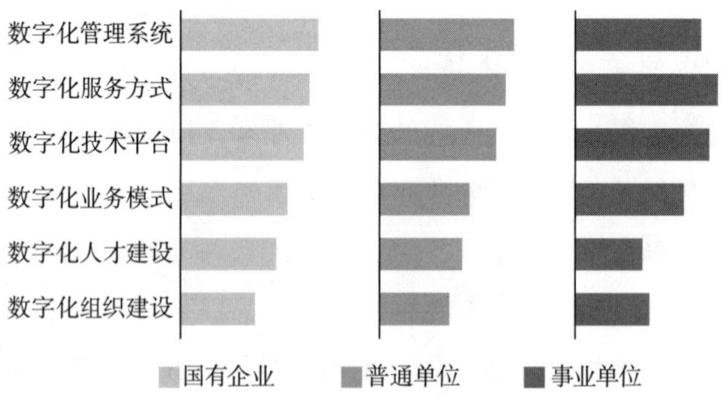

图 1　地勘单位对数字化转型的不同认知

目前，地勘单位的发展速度有所减缓，利润越来越低，各单位必须进行转型升级。在疫情的影响下，各单位逐渐认识到了数字化转型的重要意义。不断发展的

5G、物联网和与计算机等技术改变了各单位的服务场景和专业技术应用。以往的生产经营和运营管理机制已经无法满足新时代的要求，地勘单位必须进行数字化转型，创新经营管理模式。

如图 2 所示，大部分国有地勘单位和普通地勘单位是为了解决经营管理问题而进行数字化转型，而事业单位则是为了更好地应对不断变化的外部市场环境而进行数字化转型。

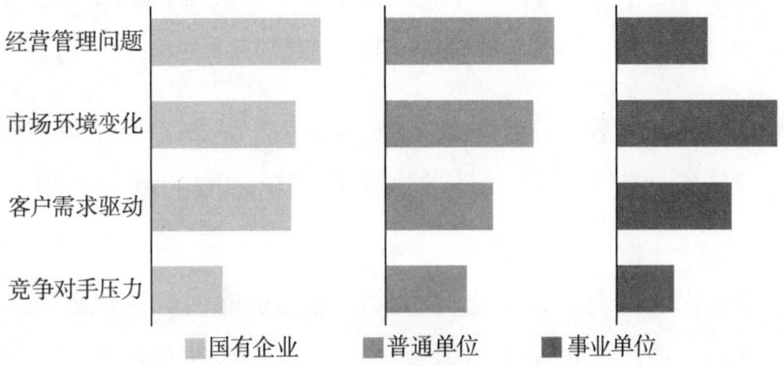

图 2　地勘单位数字化转型驱动力

以往，地勘单位大多会凭借自身积累的经验开展各项工作，且需要用到大量的文档资料，无法准确把握和总结数据价值。在我国不断完善大数据和物联网等技术的背景下，各单位纷纷以数字技术为基础，开始了数字化转型工作。

大数据技术可以为地勘单位的数字化转型提供良好的保障。大数据的主要特点是容量大、速度快、多样化和高价值，可以实现对数据资料的量化、衡量、对比和评估。通过构建数字信息管理平台，能够更加便于搜集、分析和重复利用大数据，这有助于地勘单位开展更具广度和深度的项目作业和管理工作，借助有效数据提升项目价值。

整体而言，地勘单位目前的数字化建设水平仍然过低，没有达到理想的数据应用效果，大多数地勘单位目前更重视应用大数据技术（图 3）。

数字化转型已成为大多数企业的重要经营战略，地勘企业需要做的工作还有很多：

一是必须进一步提高思想认识，着力增强战略统筹规划，构建新型组织领导方式，创新工作机制方法，推动企业创新发展。

二是要大力提升对企业数字化转型的认识。不断加深对地勘行业数字化转型艰巨性、重要性、长期性和系统性的认识，进一步强化数字化转型理念，将地勘行业数字化转型转变为员工的现实行动，激发广大职工群众的创新活力。

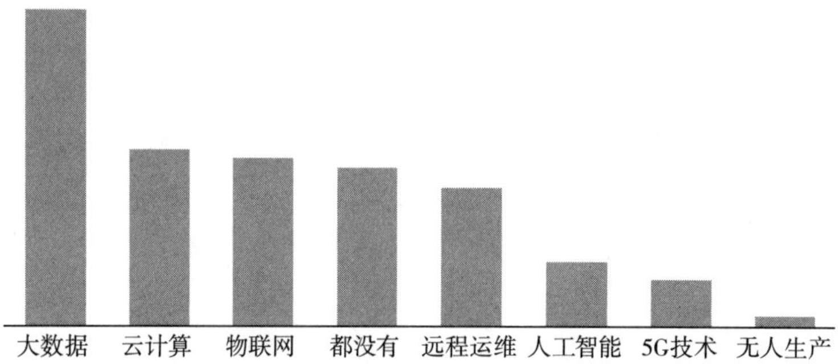

图3　地勘单位数字化转型技术的应用情况

三是要做好地勘企业数字化转型顶层规划设计。将数字化转型全面融入企业战略，明确方向、目标和重点工作，科学搭建数字化转型的框架，制定分阶段实施路线。

四是要着力强化地勘企业数字化转型的综合管理能力。这包括：强化数字化转型的统筹、管控和管理，促进发挥整体效应；加快数据综合治理库建设；积极推动地勘企业实现多资源共享和协作；把握好自主和合作的关系，内部创新管理机制，同时加强外部合作，加强与各个行业的协同发展，形成促进地勘企业数字化转型的关键合力。

五是要夯实技术基础，加快突破转型关键核心技术，加快各种数据库及各项野外数据平台建设，强化各项安全保障，打造地勘企业信息技术创新体系。

六是要融合大数据，打造现代化企业数字、数据技术平台。加快建设5G、工业互联网、云计算、北斗通信等与原有设备相结合的新一代数字技术基础设施，提升核心研发水平，探索“数据中台”等新模式，着力提升网络平台服务能力，以数据平台推动企业转型创新。

七是要加强地勘企业数字化转型安全保障体系建设。持续强化技术防护能力，学习应用最新的安全技术，赋能整体防护。建立健全安全管理制度，加快推进转型所需硬件、软件等安全可靠产品的部署应用，提升基础设施的本质安全水平。

八是要加强协同，实现数字化转型的良性发展。结合地勘企业业务实际、行业禀赋和转型需要，加强资源整合优化，创新体制机制，打造高水平的数字化转型技术团队。

（三）总局数字化建设综述分析

目前看来，总局系统内的数字化建设情况如下：

1. 基础支撑体系基本形成

二级单位及三级单位全部搭建了硬件设施环境，购置了服务器、存储系统、交换机、防火墙等设备，建立了网络屏蔽机房、网络监控系统、入侵检测系统等，接入了国际互联网并建设了本单位内网，并做好了网络信息安全防护，为企业进行业务应用提供了重要支撑。

2. 信息化管理体系日渐完善

部分企业结合业务流程信息化及办公自动化等需求，制定了信息化管理制度及技术规范，开展了日常操作、业务管理的标准化，初步建成了由信息化队伍体系、标准体系与安全体系等组成的信息化管理体系，有效支撑了信息化规划、设计、建设、运维等管理要求。

3. 信息系统建设逐步推进

部分二级、三级单位对于信息系统建设的积极性、主动性明显提高，除日常OA 系统、财务系统、专业化软件外，还建设了项目管理系统、合同管理系统、人力资源系统等平台及地理数据库、地勘项目数据库、矿权信息数据库、地质数据库、地质资料数据库等资源库，有效支撑了经营生产管理需要。

4. 信息资源开发和应用逐步深入

在 OA 系统的基础上，总局系统内建设了地质科技管理系统，开发了地理信息系统及其他信息产品，推进了基于云计算的地质数据资源整合与数据计算，信息资源初步得到了整合和价值再发掘，初步开展了基于 GIS/GPS 的地理信息集成应用，部分开展了智慧产业规划与智慧应用实践。

（四）总局内数字化转型调研情况报告

为了解总局内各单位人员对地勘企业数字化转型现状、进程以及对数字化转型的认识，本研究组特在各下属二、三级单位开展了地勘单位关于数字化转型的问卷调查。

本次问卷调查共计 157 人参与，分布在总局系统内的各级单位。其中，三级实体单位参与人数达到 78. 34% 。

通过调查发现，在参与调查的人员所属单位中，已有 64. 33% 的单位设置了信息化部门，有 73. 25% 的单位已开始了数字化转型，但是仅有 0. 64% 的单位已经建立成熟清晰的数字化转型战略，有 49. 68% 的单位没有清晰的数字化转型战略。其中，对数字化转型有所了解的人员仅有7.01%，大部分参与调查人员对数字化转型并不太了解。结合实际工作，并以现有知识作为参考，参与调查人员认为数字化转型是信息化与智慧化的广泛应用，是业务与信息化手段的深度融合，是业务与流程的深刻变革；而地勘行业的数字化转型是指数字地质、智慧矿山、智慧工程、数字工厂。

大部分参与调查人员认为，在数字化转型过程中，即将或已经面临的困难主要有5项：一是数字化相关人才不足；二是缺少数字化转型的技术赋能和支持；三是不知道怎么做数字化转型；四是缺少战略和顶层设计；五是缺少数字化转型相关服务机构。

虽然在数字化转型的过程中会面临许多潜在风险（比如员工原有的知识结构和技能不再适用，企业后续投入压力大，数字化产品或服务试错成本较高等），但参与调查人员仍然认为数字化转型能给所属单位带来许多益处，比如优化管理（财务、人力、行政）流程、提高运营（生产运营、服务运营等）效率、降低企业运营成本等。而55.41%的参与调查人员认为在最近1～3年，其所属单位愿意实施数字化，并正在积极探索中。

综上，由于总局数字化转型还处于起步阶段，大部分参与调查人员所属单位在管理层面还未有专门的人员/组织负责推动在单位内部数字化转型活动（比如建立数字化平台等），究其原因，大部分参与调查人员认为在于所属单位缺乏相关IT技术人才、公司规模太小以及缺乏成功应用案例等。

（五）地勘企业数字化转型存在的问题

1. 思想认知层面

数字化转型对传统的IT部门、自动化部门、厂商及数字化人是一个相当大的挑战，原因是数字化转型的基础是对企业的认知、对行业的认知、对中国经济的认知，而这些往往被专注于技术的数字化人所忽视，导致很多企业在数字化转型中付出了高昂的机会成本和沉没成本。

各级企业管理者对数字化的理解往往也不统一，且不够深入。他们虽已认识到数字化转型的重要性，但在实际推进过程中仍习惯于固守传统思维模式和管理理念，不愿做出改变。在领导层的认知里，转型即为企业运用数字化办公软件进行办公。然而，数字化转型的目标是创造新的价值、实现业务变革，数字技术只是实现目标的手段。大部分企业（特别是传统型的企业）并没有数字化人才储备以及数字化运营经验，可能会受到误导，把大量资金投入到华而不实、不适合自身企业的技术当中。在很多企业购置的数字化软件中，有60%的功能是不会用到的，这也造成了企业的资金浪费以及成本的提高。

企业高层管理者“犹豫不决”，方向不明。不少大型传统企业的管理者面对数字化转型浪潮时，会产生几分无力感。相比初创企业和互联网企业，传统企业摸索和开展数字化转型更为艰难。在“转型找死、不转型等死”的基调下，地勘行业开展的数字化尝试往往比较“肤浅”，比如开发几款App、部署几个数据管理平台等。而这些数字化的尝试对于企业的传统业务、核心业务流程触动不大，很难推动企业真正进行数字化转型。麦肯锡指出：任何一项数字化转型都应包括价值主张、人员、流程、技术等业务生命线在内，如果缺少了这些核心部分，转型就可能变成昙花一现。作为传统企业数字化转型成功的典范，通用电气前CEO杰夫·伊梅尔特证实了企业的数字化转型需要由上而下推动，高层管理者是转型的直接领导者和推动者。地勘行业高层管理者对转型犹豫不决，意味着数字化这列“快车”的行驶方向不明确。研究表明，高层之所以对数字化转型态度不明，主要是认为数字化是一个长期的投资，短期业绩很难显现，甚至在转型过程中会影响当前业务的发展。企业员工也经常缺乏数字化思维，“动力”不足。对于数字化转型，在很多员工甚至部分管理者中会出现两种声音：有人提出“数字化无用论”，认为数字化投资完全是浪费资源，业务增长和提升市场份额才是当前的主要任务；有人虽然认可数字化转型有必要，但认为这只是IT技术部门的工作，跟业务部门无关，缺乏数字化思维，导致数字化这列“快车”的动力不足。数字化不仅仅是一项IT系统平台优化的工作，更是一项企业全方位业务战略升级的变革。数字化不只是提供实时数据的工具，而是推动业务模式、产品创新、客户体验的重要利器。

2. 战略引领层面

有一个准确的规划，意味着可以带来一个想要的结果，是一种相对安全的做事方式。做好数字化转型，需要对企业的各个环节进行全部改造，要求企业明确数字化转型愿景，找到需要实现的核心目标，并认识到完成目标需要的能力。缺乏准确的规划，可能导致更高的花费而带来更小的成果，使得企业在转型道路上的收获不大，还影响了企业的正常运营；而决定一个企业数字化转型是否可以取得成功的关键因素之一，就是能否制定一个与企业自身发展相契合的数字化转型方案。

对企业来说，数字化转型是在其战略引领下对资产、业务和组织进行的深度适应性调整：战略，涉及方向、执行与节奏；资产，涉及数据与能力；业务，涉及价值链条、产品、商业模式、生态合作与日常运营；组织，涉及架构、机制、人才与文化等。总之，数字化牵一发而动全身，“一把手”的意志与推动不可或缺。从这一点上来说，无论是10年前凭借数字化实现行业引领的“第一波”力量，还是近年来以数字化实现行业赶超的“第二波”力量，莫不如是。

目前，在众多企业数字化转型案例中，一致存在的问题就是缺乏顶层设计和战略规划。有一些企业虽然建立了顶层设计和战略规划，但由于在战略目标与实现路径设定中缺乏清晰的目标，因此没有设置与企业适应的方案。调查结果显示，在推进数字化转型的企业中，34.39%的参与调查人员认为缺少明确的转型战略是企业数字化转型过程中的难点，49.68%的参与调查人员认为自身企业还未建立清晰的数字化转型战略方案。

3. *人才紧缺层面*

推进数字化转型，人才和队伍至关重要，只有加快建设一支推动信息技术开发应用的专业技术技能人才队伍，用专业的人，做专业的事，才能进一步加快企业数字化转型进程。同时，人才的培养也至关重要，可以通过与高等院校、科研院所开展技术合作，并购数据化公司和电商平台等手段，培养、引进所需的高层次、年轻化人才，特别是对特殊人才和尖端人才，要大胆引进，破格录用。此外，数字化人才的收入待遇普遍较高，而相较于互联网和高科技企业，传统国有企业在数字化人才收入待遇方面也处于劣势。

根据全球领先的Alexander Mann Solutions提供的数据，有78%的企业在数字化转型中会失败，其中很重要的一个原因是企业的人力资源还没有具备数字化转型的能力，包括人员的理念、专业技能、通用性软技能等；理想的情况下，企业在治理层面制定数转战略后，人力资源部门需要制定满足企业数字化转型战略的人才战略，明确需求。为了满足此需求，还要制定各种对内、对外的人力资源战术。但是，现实情况中，大多数企业并没有数字化人才胜任力模型，甚至不清楚自己到底需要什么样的数字化人才，更谈不上外部人才购买、内部如何培养了。

数字化转型是一个动态的工作流，涉及计划、构建、执行、驱动、管理工作领域，其工作内容涉及企业自身的愿景、战略、产品、服务、业务运营、系统、员工、客户等，这就要求从事数字化转型官及团队成员具有非常全面的能力。因此，细化岗位能力要求至关重要，以便进行人员的甄选和衡量。参照国际数字化转型官的能力标准，本研究制订了数字化转型关键岗位核心能力框架（图4）。

在数字化转型过程中，人才储备方面的问题主要表现为相关培训缺失，包含专

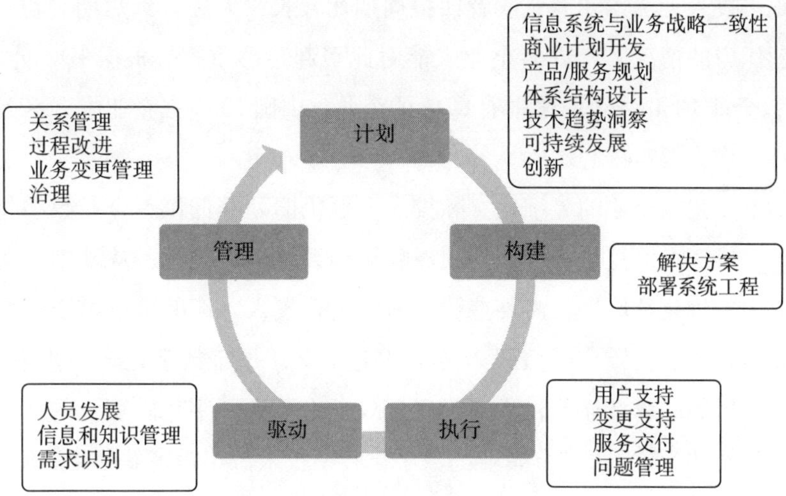

图4　数字化转型关键岗位核心能力框架

业层面的培训和认知层面的培训。在专业层面，从国内制造行业人才梯队的角度来看，传统领域的人才较多，但数字专业领域的人才相对较少，且大部分企业内部的培训体系和课程内容相对传统，对数字知识涉及较少。数字专业化人才培育能力弱，造成企业数字化转型支持人才的缺乏，难以将新一代数字技术与企业生产、经营、创新等各个环节深度融合，极大影响了企业的数字化建设。因此，缺乏高素质的数字复合型人才对企业数字化转型构成了重要制约。

数字化不仅是技术更新，而且是理念、战略等的全面变革。在组织情境下，受惯性递增报酬影响，当组织认为改变带来的收益不能超过当前的收益时，就会对当前路径产生自我强化，并进一步弱化对其他备选路径的好感，加强对当前路径的依赖。在这一层面，缺乏领导支持、员工抵制变革都可被认为是组织内部的人员（领导和员工）对当前路径的依赖，本质是有关人员认知层面的培训缺失，进一步而言，也就是对企业进行数字化转型可能带来的综合效益认识不足。

实现制造企业的数字化转型，关键在于促成组织内部人员在思维与认知上发生革命，使其形成更准确、客观的现实判断。企业的数字化转型，最根本的是人的转型。此外，变化和无常是数字时代越发深邃的“底色”，如何有效地追赶变化、灵活地适应环境和提升人才质量，支持企业的数字化转型和进一步实现高质量发展目标，是企业必须应对的时代性经营与管理难题。

4. 资金投入层面

数字化转型是一项庞大、复杂的工程，需要持续的资金投入，且资金投入需求较大，很多投入无法预知成效或者回报周期比较长，无法看到短期利益——尤其在面对经营压力的情况下，许多企业未能对此引起足够重视。根据 IDC 公司的调查，2018 年，全球1000 强企业之中有67% 的企业、中国1000 强企业中有50% 的企业将数字化转型作为战略核心。

实际上，我国企业的数字化实际投入金额仍旧处在低位。企业数字化转型是一项周期长、投资大的复杂工程，从硬件购买到系统运行实施，从基础设备更新换代到组织人力的优化及培训，需要持续不断的资金投入。地勘单位由于受事业单位性质的限制，在数字化转型经费投入方面相对不足，每年数字化转型投入占比较低。据京东数科所做的统计显示，我国仅有 14% 的企业在数字化转型上的资金投入超过企业年销售额的 5%，大部分企业的数字化转型投入占年销售额的比例低于 3%。

此外，新冠肺炎疫情给不少企业带来了巨大的冲击，但对企业数字化转型也起到了一定的催化作用，推动了一些企业进行优化升级。比如，疫情期间，在线教育、在线医疗、远程办公、网络直播等“云办公”“云课堂”“非接触式服务”模式进一步加强了很多传统制造企业数字化转型的决心，将数字化转型作为重要战略：对内，实现降本增效，提升企业的快速应变能力；对外，充分利用居家隔离催生出来的“宅经济”，实现企业业务模式的创新。

5. 技术储备层面

地勘类资质取消后，国有地勘单位市场竞争力明显减弱，对大地质前沿领域的技术攻关有所滞后。目前，地勘领域的关键技术基本被科技型企业所掌控，特别是控制系统、平台数据采集、开发工具以及其他领域的技术。地勘单位的数字化转型主要借助于信息数字化基础设施和相关技术在生产经营中的运用，但存在关键技术与信息数字化基础设施水平不高的情况。

调查数据显示，有 43.95% 的参与调查人员认为缺乏相关 IT 技术人才是阻碍企业数字化转型的主要原因；有 52.23% 的参与调查人员认为在地勘单位数字化转型过程中，急需解决的难点问题是相关技术以及人才储备不足。这也表明，在数字化转型过程中，地勘单位在科技和人才储备方面还比较薄弱，特别是在解决地勘单位转型发展中急需攻坚的难题上的技术储备还不够，缺乏关键核心技术已成为阻碍企业数字化转型的绊脚石。

数据集成程度差，信息孤岛现象仍严重。随着大量信息系统的建立，地勘单位产生的数据量倍增，传统企业信息化基础设施已不能满足数字化升级和转型的需求，而多数地勘单位尚未建立新型信息化基础设施，形成了“信息孤岛”“数据烟囱”。

此外，新技术更新迭代速度较快，始终无法实现“投资一步到位”，不断迭代新技术会造成投资浪费，但迭代产生的新价值却并不显著。特别是很多地勘单位由于技术储备、人才基础、系统配套等原因，尚未构建出成熟可靠的应用场景，使投资无法取得实效。

6. 网络安全层面

在企业享受数字化转型带来的技术进步红利的同时，海量数据、复杂信息、高度互联化背后的数据安全、信息安全、网络安全等一系列安全问题开始显现。如果没有可靠的网络安全体系，数字化转型就如同一座缺少加固钢筋的上层建筑。如何保证人、物、场安全的前提下生产生活，建立更细化的安全框架体系，就成了网络安全部门必须思考的问题。现如今，全球安全产业规模增长放缓，国内安全产业规模则持续高速增长。基于这一情况，各个国家和地区的网络安全政策在持续优化，美国、欧盟、俄罗斯、韩国等纷纷发布相关网络安全政策，增加网络安全投入，聚焦新兴科技领域，不断完善安全支撑机制。与此同时，我国的网络安全政策及相关法律法规也在不断出台，引导着网络安全与新技术融合应用的发展方向，网络安全行业正在经历深刻变革。整个网络安全产业需要让政策、技术、产业和人才等要素实现良性互动，不断迭代，从而为不同主体提供更为科学化、精细化、定制化的安全服务。

数据资源利用效率有待提升。一是集团公司的生产监控、人力资源、财务管理、信息化考勤系统都是相对独立的，不同专业、不同系统、不同单位之间的信息、数据等资源的利用效率有待提高，一定程度上存在“信息孤岛”和“数据孤岛”等问题。二是有些部门对信息化互联互通的重要性认识不够，人为设置障碍，本位主义严重。生产经营数据的分析应用、价值创造还有不足。数据信息在支撑集团公司决策上还有不足。三是信息化竞争实力亟待提升。信息化系统不同程度地存在功能重复、业务重叠的问题。部分单位缺乏大局观念和整体意识，倾向于新上系统，各自为战，一味追求标新立异。云计算、大数据产业应用模式、服务能力和运营水平还有不足。研发体系还不够完善，技术积累不够扎实，营销力量比较薄弱，缺乏具有竞争优势的产品。四是信息安全管控存有漏洞。经过大规模建设，集团公司信息数量成倍增加，信息系统运行、企业经营决策、公共数据管理等领域的安全风险不断增加。部分单位信息安全意识薄弱，可能在无意间导致信息泄露。信息发布、新闻采访、宣传报道等需要统一管理、统一口径。这些问题和不足必须引起高度重视，认真加以整改，切实抓出成效。

（六）国内数字化转型发展的政策研究分析

近年来，数字经济在世界范围内蓬勃发展，表现出快速迭代、深度融合、加速扩散等主要特征，对经济增长、生产生活方式及国际生产格局产生了重要影响。数字化转型已成为各国高度关注的重要问题。我国正处于从经济高速增长向高质量发展转变的历史关键时期，数字经济对推动产业转型升级和培育增长新动能具有重要作用。中国的数字化发展可以分为4个阶段：信息化阶段、网络化阶段、数字化阶段、智慧化阶段。

1. 信息化阶段

1987年1月24日，国家经济信息中心正式成立。1988年1月22日，邓小平同志亲笔题名“国家信息中心”。1990年，43个部委信息中心成立，标志着中国电子政务信息化阶段从零散的“办公自动化”建设进入“正规作战”。从1987年到2002年的信息化阶段，我国陆续完成了组织结构建设、“三金工程”、政府上网工程等。

2. 网络化阶段

以网上办事服务建设为主，网络化阶段的标志性事件是2002年8月的《中共中央办公厅、国务院办公厅关于转发〈国家信息化领导小组关于我国电子政务建设指导意见〉的通知》（中办发〔2002〕17号）。这是首次以中办、国办名义印发的电子政务全局性指导文件，其中规划的“两网一站四库十二金”成为后续一段时间重点建设的信息化工程：“两网”，是指政务内网和政务外网；“一站”，是指政府门户网站；“四库”，即建立人口、法人单位、空间地理和自然资源、宏观经济等四个基础数据库；“十二金”，则是要重点推进办公业务资源系统等十二个业务系统。“两网一站四库十二金”覆盖了我国电子政务亟须建设的各个方面，涉及信息资源开发、信息基础设施建设与整合、信息技术应用等领域，其特点各异，又相互渗透和交融，初步构成了我国电子政务建设的基本框架。网络化阶段建设的重点是“应用”，涌现出一批在线政务应用系统，当然，我国也在这个阶段完成了基础建设（包括网络、基础数据库等），为后面的数字化阶段奠定了良好的基础。

3. 数字化阶段

2006年，中国首次提出国家信息化发展战略，自那时起，它就成为我国许多信息技术发展政策的基础。数字化阶段起点的标志性事件是2015年8月国务院发布《促进大数据发展行动纲要》，为我国大数据发展进行了顶层设计，对未来10年内中国的信息技术发展进行了规范和指导，比如提倡加快IT发展，信息驱动现代化建设，以及构建网络大国，以大数据技术为支撑，进行大变革、大转型、大融合和大创新。2016 年 1 月 7 日，国家发展改革委印发《关于组织实施促进大数据发展重大工程的通知》（发改办高技〔2016〕42 号），重点支持大数据示范应用、共享开放、基础设施建设。为信息化的发展提供了政策、技术等各方面的保障。信息化、智能化、数字化已成为互联网时代最鲜明的特征。

数字化阶段包含的内容比较多，譬如：政府机制变化（整体政府）、数据责任（部门“三定”职责的扩大化）、解决“三跨”难题（跨部门、跨层级、跨区域）、数据资产和数据资本、数字经济、数字社会、数据立法（数据所有权、使用权）、数据交易等。在数字化阶段我国依托云计算、大数据、区块链等技术建设起了新时代的基础设施，其技术领先性也为网络化阶段无法解决的问题找到了办法。

4. 智慧化阶段

以上一阶段的数字化与智能化为基础，进行改造和创新，不断演进。

目前，我国正处于数字化阶段。习近平总书记多次对推动数字经济和实体经济融合发展工作提出重要指示。2015 年至今，《关于积极推进“互联网 +”行动的指导意见》《国家信息化发展战略纲要》《“十三五”国家战略性新兴产业发展规划》《“十三五”国家信息化规划》《促进大数据发展行动纲要》等文件先后出台。2015 年 12 月 16 日，习近平总书记在第二届世界互联网大会开幕式上的讲话中，明确提出要“促进世界范围内投资和贸易发展，推动全球数字经济发展”。随后，我国加快了数字经济的推进力度，从中央部委到地方，频频出台支持举措，发展数字经济新引擎。

2016 年，国务院开展促进“互联网 + 政务服务”的联合行动，并启动了 80 个试点城市，计划通过 2 年左右时间，实现“一号一窗一网”的目标，以便推进政府部门之间电子证照和公共服务信息的跨区域共享。

2019 年，国家发展改革委发布数字经济新型基础设施课题。与此同时，《国家数字经济创新发展试验区实施方案》发布，确定了河北（雄安新区）、浙江、福建、广东、重庆、四川等 6 个试验区。

2020 年 3 月 23 日，国新办就深化“放管服”改革、推进“互联网 +”行动、促进“双创”支持扩大就业有关情况举行发布会。在回答《经济日报》记者提问的时候，国家发展改革委高技术司司长伍浩明确了数字经济的经济增长重要引擎地位。2020 年 8 月，国务院国资委印发《关于加快推进国有企业数字化转型工作的通知》，这是新时期国企数字化改革重要的支撑性文件，开启了国有企业数字化转型新篇章。

通知指出：要加强对标，着力夯实数字化转型基础；运用5G、云计算、区块链、人工智能、数字孪生、北斗通信等新一代信息技术，建设敏捷高效可复用的新一代数字技术基础设施，为业务数字化创新提供高效数据及一体化服务支撑；加快企业内网建设，稳妥推动内网与互联网的互联互通；优化数据中心布局，提升服务能力，加快企业上云步伐。

2021年3月5日发布的《中华人民共和国国民经济和社会发展第十四个五年规划和2035年远景目标纲要（草案）》明确指出："十四五"期间，要加快数字化发展，建设数字中国，将打造数字经济新优势、坚持新发展理念、营造良好数字生态列为"十四五"时期目标任务之一。这一目标与先前国务院国资委印发的《关于加快推进国有企业数字化转型工作的通知》中提出的"践行新发展理念，促进数字经济和实体经济融合发展，构建新发展格局"的总定位高度契合。

工业和信息化部印发的《"十四五"信息化和工业化深度融合发展规划》明确，到2025年，信息化和工业化在更广范围、更深程度、更高水平上实现融合发展，新一代信息技术向制造业各领域加速渗透，制造业数字化转型步伐明显加快，全国两化融合发展指数达到105，企业经营管理数字化普及率达80%，数字化研发设计工具普及率达85%，关键工序数控化率达68%，工业互联网平台普及率达45%。该规划还提出，必须推进行业领域数字化转型：在原材料产业，面向石化化工、钢铁、有色、建材、能源等行业，推进生产过程数字化监控及管理，加速业务系统互联互通和工业数据集成共享，实现生产管控一体化；支持构建行业生产全流程运行数据模型，基于数据分析实现工艺改进、运行优化和质量管控，提升全要素生产率；建设和推广行业工业互联网平台，推动关键设备上云、上平台，聚焦能源管理、预测性维护、安环预警等重点环节，培育和推广一批流程管理工业App和解决方案。

在地勘单位数字化转型期间，更重视单项工作的数字化建设，例如管理工作和服务模式等。大部分单位已经引入了数字化办公系统，而地勘单位想要提升数字化建设的水平，就应当将数字技术全面应用到生产经营和地质勘测等环节。

二、地勘企业数字化转型的经验启示

随着经济下行压力加大、矿业经济持续低迷，地勘市场陷入低潮已是不争事实。将地质优势资源与互联网思维进行有机结合，依托国家及地方政策的扶持，结合企业的人才、技术、成果、装备等优势，完成产业转型升级尤为重要。习近平总书记强调，"世界经济数字化转型是大势所趋"。国家"十四五"规划强调，"数字经济”是未来推动经济发展的重要手段，并提出加快数字化发展，建设数字中国。然而，地勘单位数字化转型不是简单的“数字化+地勘单位”，更不是简单的“1+1”，而是利用5G、大数据和互联网平台等高新技术手段，与地勘单位的相关业务有机结合，创造高效、便捷的经营模式。

（一）地勘单位数字化转型是当前经济形势发展的迫切需要

随着中国特色社会主义进入新时代，社会主要矛盾已经转化为人民日益增长的美好生活需要和不平衡不充分的发展之间的矛盾。新冠肺炎疫情作为一个巨大的“黑天鹅”事件，使得人们意识到了物理世界的局限性，而数字世界的优势凸显，加速数字化转型已迫在眉睫。

近年来，地勘单位可谓“寒流”不断：资金投入一再缩减，市场萎缩，生存发展面临巨大挑战。地质工作正处于一个大转型、大变革的时代背景中，生态文明建设纳入总体布局，“创新、协调、绿色、开放、共享”五大发展理念正在深入贯彻。受全球矿业经济低迷的影响，政府财政和社会资金对矿产勘查的投入大幅缩减，地勘基金项目数量锐减，商业性地质市场萎靡不振，矿业权难以流动，地勘经济持续下滑，地勘单位的生存发展面临巨大挑战。

数字化转型的真正力量来自基于技术和信息快速创造价值的能力。地质勘查行业必须更加自觉地通过科技创新寻求找矿突破，通过技术进步高效利用资源；更加主动地适应新常态形成的新需求，及时调整勘探开发布局，积极拓展多元化服务领域；更加积极地利用两个市场、两种资源，在立足国内市场的同时，着眼于全球矿业市场，拓展发展新空间。

（二）地勘单位数字化转型是地勘行业经济发展的迫切需要

当前，随着“数字中国”“互联网强国”和“新基建”等国家重要战略相继部署，地质勘查行业将推动“数字+”向更大范围更广领域更深层次发展。国务院国资委印发的《关于加快推进国有企业数字化转型工作的通知》提出，要“践行新发展理念，促进数字经济和实体经济融合发展，构建新发展格局”，指明了国企现代数字化转型的重要基础、发展方向、要点和措施，为国企现代数字化转型发展带来了重大历史机遇；国务院国资委在《学习时报》头版头条发文，明确要求“国有企业要做推动数字化智能化升级的排头兵”。但是，当今世界经济变幻莫测，新冠肺炎疫情危害持久且重大，同时面临全球化和逆全球化交织的国际贸易环境变化和第三次工业革命重新洗牌，全球环境将更加复杂多变，全球宏观经济面临重大衰退，未知与不稳定因素增加，我国经济下行压力加大。作为国有经济蓬勃发展的支柱和支撑国民经济稳定发展的基石，国有企业应主动担起提升我国数字经济能力的使命，抢抓数字化转型机遇，以适应国际国内的巨大挑战，形成企业数字化竞争创新优势，实现高质量快速健康发展。

（三）地勘单位数字化转型是企业高质量发展的迫切需要

在新一轮科技革命和行业转型形势下，地勘单位通过数字化转型，能够有效提高全要素过程效率，提高单位价值生产率，降低研发、生产、管理、交易成本；通过把以物质经营为主的经营管理体系转化为以数字经营为主的经营管理体系，将数字资源、数字技术、数字能力等转化为服务，可建立起以数据驱动的信息技术产品、信息服务等新型产业，从而让国有资产实现新的价值创造和指数级效率提升。然而，在当前的市场环境下，大多数国有企业的主营业务为传统产业，面临较大的经营压力，企业数字化转型发展动力不足，数字化转型“形似”而“神不似”，地勘单位数字化转型道路依然漫长。

“十四五”时期是我国经济及产业数字化转型发展的重要战略机遇期。国有企业是我国经济发展的骨干力量，应将数字化转型作为国企深化改革的重要方针。数字化转型是个循环渐进、动态变化的过程，不是一蹴而就、一成不变的，应遵循“先管理、后技术”的发展路径，首先确定转变前必须克服的问题及转变后的发展走向，然后再思考在转型过程中如何引入相关的数字信息技术，助力管理方式转变，使管理方式的变革和采用的技术手段能够更好地匹配和融合。

三、推动中国煤炭地质总局数字化转型的思路与对策

（一）推动总局数字化建设的基本原则

1. 整体规划原则

数字化转型是一项长期的、系统化的工程，是企业整体架构、运营体系的全面转型。做好转型的总体设计、整体规划是数字化转型的基础。因此，做好数字化转型的总体设计、制定科学的转型规划和终极愿景，为数字化转型的具体实施提供纲领性指导，将有效避免企业在转型过程中走弯路。

2. 精准定位原则

基于现有的能力框架与评估量表，对当前的数字化水平、能力进行全面、准确

评估，依据能力框架，形成与现有能力框架相适应的数字化转型定位，将数字化转型把握在企业可实现的范围之内，避免不切实际、难以实现的定位。

3. 明确方向原则

在正确理解数字化能力的基本面后，结合数字化愿景，设立中长期目标，明确方向，制订具体的实施路线图和落地执行计划，并由上至下坚决宣传贯彻执行。

4. 全力追赶原则

遵循以点带线、以线带面的思路，集中优势资源，全力推进数字化转型，无须担忧当前的落后现状。即便目前的数字化能力较为落后，在目标明确的基础上，转型仍将大大加速。

5. 争取速赢原则

以业务为核心，着眼消除业务痛点，格外关注价值点，通过多样、灵活的工作组合实现早期成功，加速形成多个数字化转型价值闭环，打造数字化转型的样板单位，帮助管理层和更广泛的员工队伍建立信心，凝聚动力，引发更多数字化转型的成功。

（二）聚焦主责主业，推动总局信息化转型高速发展

1. 积极发展“数字地勘”

由于地勘单位以往的思维和管理模式过于滞后，地勘单位领导，尤其是部分负责人没有正确、科学地认识数字经济和数字化发展的内涵及意义，没有重视数字技术可以为传统行业的发展提供良好的保障。一些干部认为，数字化建设只是采用一些信息化的办公系统，数据只是简单的素材统计等，没有紧迫感和危机感，也不重视顶层设计和统一规划，导致各单位的数字化建设水平不够均衡。所以，必须加强对“数字地勘”概念的认识。

数字地勘是将工作中涉及的所有三维空间和所有数据用数字概述出来，并应用在实际工作中，主要基于 GIS 技术的各种地质类模型为广大地质工作者提供了更快捷、更广泛、更深入、更直观的信息，以达到快速决策、有效勘查的目的，使地勘工作取得高效益。同时，数字地勘能用统计方法对定向靶区内的资源潜力作出较为准确的评估，对整体方案进行优化。

当前，地勘企业处于大数据时代，整体行业需要建立关于数据、数字化和核心数据的思维方式。目前，数字地勘的基本内容主要包括以下几个方面：工程对象的数字化，数字建模，现场可视化，数据相互关联。

数字地勘主要指的是整体地勘行业中数据信息技术应用的过程体现，当前我国数字地勘工作现状可从以下几个方面进行概述：一是目前信息技术在地勘行业的应用方面较差；二是至今为止尚未有一套合适的软件适用于整体地勘行业。目前包括“RMS”和“Petrel”在内的大多数地质软件都是针对某些具体问题研发应用的，系统性较差。

数字地勘技术如果能在地勘工作中得到推广与应用，对于我国地勘事业的发展将具有极为重要的意义，在缓解我国资源紧张问题上将会发生重要作用，特别是在帮助治理危矿工作方面发挥的作用更大。

2. 深入建设“智慧矿山”

智慧矿山是将矿山建设及矿山开发治理进行数字化、信息化的工程，对矿山生产开发、矿山修复治理、施工人员职业健康与安全、矿山技术支持与服务后勤保障等进行全方位感知、数据自动分析，以最终实现安全矿山、无人矿山、高效矿山、清洁矿山为目标的全方位建设。

矿山的数字化建设离不开创新思维，需要联合各领域的专家和技术人员，所以，在数字化转型期间，应当重视在传统产业中全面应用IT技术。地勘单位长期负责地质勘察等传统业务，大部分单位缺乏充足的IT人才，只是在系统开发和技术运维等少数岗位安排了IT人员，缺乏掌握云计算、大数据等技术的人才，尤其需要具有技术能力、业务能力和数字化技能的复合型人才。

（1）网络平台。

网络平台是智慧矿山的快速传递纽带，将承担大数据传输任务，起到快速实现信息共享的作用，并可决定智慧矿山系统的整体性能。因此，智慧矿山的网络平台必须具有定位精准、上下统管、综合管控与地理信息一体化的特点。

（2）大数据处理及人工智能技术。

智慧矿山的核心技术是大数据。大量测量传感器的应用将产生完善的数据库，这给存储、管理分析带来了巨大挑战。需要利用人工智能技术对其进行定义和完善处理，为安全生产、管理决策及时提供依据。

（3）云计算技术。

智慧矿山网络建立起了业务的广泛连接，对这些大数据中有价值的数据的提取、利用，需要依托网络云计算技术来支撑。对于复杂模型，需要依托云计算技术进行分析。

（4）5G技术。

随着煤矿生产智能化程度的提高，无人机、“全景眼镜”等设备将大量采用，以便能够对现场进行及时巡查，对设备故障进行远程会诊。无论是无人机数据，还是“全景眼镜”设备数据，都需要快速的信息反馈和实时的状态控制。

(5) VR/AR 技术。

虚拟现实（VR）与增强现实（AR）在有些非煤矿山的应用已有初步设备形成。

3. 着力打造“应急救援装备大数据平台”

应急救援在保障人民生命及财产安全中起着举足轻重的作用，在重大安全事故及自然灾害面前，应急救援装备更是有着十分重要的作用。“国家矿山应急救援大地特勘队”是由国家安全生产监督管理总局正式批准成立的一支矿山（隧道）应急救援队伍，也是总局的特色亮点队伍。在数字化的发展过程中，这支队伍同样面临着数字化转型发展的问题，只有依靠更高程度的数字化、智能化，我们的应急抢险救援水平才能有效提高。基于以上原因，应急救援装备大数据平台建设对于系统梳理国内外先进救援装备、全面提高救援队装备建设质量水平、分析研判装备建设瓶颈短板、有效推动装备建设质量水平提升，意义十分重大。

经调研，以救援队现有设备为基础，基于 IoT 技术与大数据相结合的应用模式，利用“互联网 +”的便利性，经过有效的数据采集，通过大数据分析平台，把相应机构、单位及个人所拥有的应急救援装备进行管理汇总，同时把具备操作相应救援装备的人员通过最新的 AI 技术进行适配，以达到应急救援动员时“召之即来、来之即用”的高效动员目的。同时，通过大数据平台，针对救援周边的可用资源进行有效的分析，能快速部署并调遣使用。

首先，在突发性应急事故救援工作中，救援机构及队伍、应急预案、救援演练等都与人息息相关。在重大灾害或事故动员中，专业装备或大型装备的调遣相对应急救援人员的动员更难，怎样才能保证在最短时间内把最有效的装备派遣到现场尤为重要。其次，由于应急救援装备平时不用，很多机构和单位疏于管理，其装备的应急可使用性堪忧，日常的保养维护也不够完善，往往出现应急时不能用或不好用的情况。目前，作为应急指挥系统中重要的一环，应急救援装备管理是零散的，亟待有一个统一的、专业的大数据平台进行管理。

应急救援装备数据平台为 SASS 方式部署，基于 JAVA 技术开发，Hadoop 大数据平台架构，其采集及注册终端向市场上常用的移动设备开放，通过移动互联实现数据收集，并做好相关技术适配，系统平台和现有的应急 GIS 平台相结合，通过 IoT 技术与系统平台进行数据交换。作为应急救援指挥中心的一部分，应急救援装备数据平台在救援工作中起到应有的作用。

4. 强强联合，优势互补，共同建设“产学研用”深度融合

地勘行业数字化转型发展期面临巨大的机遇和挑战，根据目前总局的整体发展现状来看，应联合优质学院（校），充分发挥各自优势，进一步推进地勘类领域的“产学研”合作，拓展卫星、遥感技术在生态修复、生态环境治理等方面的应用，助推企业进行技术攻关和创新，促进职工技能培训等。

总局内各个单位要以与学院（校）进行深度技术交流为契机，推动多方面资源共享，优势互补，加强沟通交流，扩大合作领域，在科研攻关、项目共建、人才培养等方面深化务实合作，借助学院（校）的科研平台，以总局下的各个重要项目为抓手，开展“产学研用”合作和学生、职工技能培训，充分发挥双方的优势，加快创新型、复合型和应用型人才培养，推动科技与产业融合、科技成果转化，努力将“产学研”基地建设成为高等院校和地勘研究单位合作的典范，不断开创“产学研”融合发展新局面。在助力各个单位数字化转型，积极探索学院应用型人才培养新模式的同时，真正实现企业、职工、学校、学生的多赢局面。

四、地勘单位数字化转型保障措施

（一）统一思想认识

行为取决于思想，只有保证每一个干部都具有数字化思维，并且主动开展数字化工作，才能够顺利完成数字化转型战略。

首先，地勘单位应当树立“请进来、走出去”等原则，开展培训班等活动，为相关负责人和管理者提供专业的培训，保证他们可以正确认识数字化转型，并且可以开展数字化工作。

其次，应当在内部加强宣传数字素养和数字经济，共同研讨如何开展数字化转型工作，保证思维的统一性，采用研讨的方式加强干部的认同感，形成上下一体，保障数字化转型的顺利实施。

（二）加强组织领导

数字化转型属于长期任务，取决于领导的能力以及单位规划的长远性和执行力，也与单位的数字化持续开发能力有关。地勘单位应当提升内部的组织领导力度，构建“一把手”工程，组建专业的领导机构，并做好对数字化转型的统筹规划。同时，应当提升战略领导力度，重视顶层设计，确定整个行动的计划安排和问题解决

方案等，并将其作为“十四五”规划的重要内容。此外，地勘单位还应当联合专家，共同打造信息库，征求专家的相关建议，大力研究数字化转型升级的有效策略。政府部门应当结合地勘单位的具体情况，在条件优越的单位中开展试点工作。

（三）完善地勘业务转型的保障措施

地勘单位应当快速完成信息管理平台的搭建，保证内部项目运行、风险控制和安全管理等工作的协同开展，采用综合化的形式管理地勘业务，优化相关的决策方案，并加强整个单位的业务管理能力。

同时，还要加快完善人才结构。地勘单位现有的人才主要来自地质勘查、勘察施工和矿产开发等专业，在大数据背景下，数据采集和可视化数据等工作的建设都离不开科技人才。如果人才专业背景过于单一，就无法为地勘单位的转型发展提供有效支持。企业应当重视引进、培养和使用人才，引进具有计算机专业、地理信息专业和大数据专业等知识的复合型地质勘察人才，打造一支具有适当规模、合理结构、可以满足各层次需求、兼具信息化管理能力和专业技术的管理团队。同时，应当为管理人员和业务人员提供专业的信息技术培训和智能技术培训等，保证他们可以形成大数据思维，且具有良好的信息化应用水平。

（四）将大数据公益研究成果引入地勘单位

地勘工作需要以数据为基础，以地质信息的获取、分析和预测为重点，判断资源的最终位置，应当采用全面、精确的数据，和有效的数据分析预测技术，这关系到地质勘察能否成功。

大数据可以应用到各种勘探业务中。目前，国内大部分地勘单位纷纷开始研究怎样借助大数据技术转型和发展信息化地质勘察业务，进而提升找矿工作的速度和精准度，并且在收集存储、分析和利用数据等工作中取得了显著成效。地勘单位应当主动联合公益科研机构，并在一些具有成熟运营模式的企业中试运行这些理论和研究结果，结合优质的矿业项目，采用强强联手的模式，将理论基础和实践经验转化为单位的生产力，保证行业的良性发展，持续加强自身的业务能力。

此外，针对处于发展阶段的地勘单位，特别是初级地勘项目来说，应当重视资产和资本的结合，而对称信息可以保证矿业资源和矿业资产的高效配置。我国在大力发展大数据技术的同时，有效解决了信息不对称问题，也提升了资源和资本的对接速度、效率和精准度。

（五）不断拓展工作领域

当前，我国经济发展速度的减缓加剧了我国矿业地质领域的发展困境，所以，地勘单位必须转型发展。而在转型发展阶段，需要将社会实际需求作为地勘单位的转型依据，因为其可以为我们提供充足的、多样化地勘项目。为此，地勘单位应当进行前瞻性研究，以主营业务为根本，结合我国的实际发展需求开展相关业务活动。同时，地勘单位应当服务于“一带一路”倡议，积极开展各种地勘业务，并加强自身的业务水平，在海洋勘探、农业勘探和旅游勘探等各个领域进军，采用长远的发展眼光，为我国新兴行业提供有效的发展支持。

五、结语

总的来说，各种成功的数字勘察工作可以证明，本研究的设计思路和解决方案具有一定的可行性，文中提到的各项关键技术具有显著的应用价值。地勘单位将数字勘察和大数据成矿预测等技术进行有机结合，不仅可以顺利完成数字化转型，还可以充分发挥大数据的优势，使其成为最重要的地质信息科技之一。

今后，地勘单位不仅应当重视对应用软件系统的升级优化和完善，还应当考虑如何构建智能化的大数据资源体系，也就是采用5G技术开展智能化的探头观测和矿区填图等工作。尤其是涉及矿物、岩土性质和相貌、生物痕迹以及古生物化石等各种知识，需要以智能算法和机器学习等技术为基础，加强系统的自动识别和自动计算等方面的功能设计，进而开展智慧化的地质识别和测量等工作。

地勘单位要想提升自身的数字化发展力度，还应当以信息感知技术为基础，保证横向数据和纵向层次的融合性和协同性，所以，总局应当采用数字技术创新自身的探测业务和经营管理模式。对于前者，应当结合各领域的数据和各学科的知识，采用相关知识快速分析与该主题有关的各种数据，持续更新自身的理论认识；对于后者，需要协同管理各层次数据和目标，采用多目标决策法研究相关数据，不断提升企业的实际效益。所以，在数字化转型期间，地勘单位必须重视数字化经营管理工作。

成果创造单位：中煤地质集团有限公司

成果主要创造人：率　帅

成果创造人：姚　文　郭振宇　旷　森　赵轶群　靳秀英

成果其他创造人：高知睿

数据中心在企业决策中的应用研究

中国煤炭地质总局办公室

在信息技术日益发展的今天，企业经营和企业决策的科学化、规范化要求日益提高，经营效率、决策效率、生产效率成为市场开发的先决条件。

通过对数据、大数据、数据中心以及决策体系、决策方式等的基础理论研究，本文调研了总局数据中心的建设情况，探索分析数据及数据中心对决策的积极作用，搭建总局政策与经济项目平台，最终提出以下建议：一是加速推动数字化转型，二是逐步探索总局数据中心（数据平台）建设，三是数据化推动企业经营决策，四是数字化推动企业核心业务升级，五是进行数据分析人才储备。

一、数据与企业决策

（一）数据

1. 数据的基本概念

数据（data）是事实或观察的结果，是对客观事物的逻辑归纳，是用于表示客观事物的未经加工的原始素材。

数据是信息的表现形式和载体，可以是符号、文字、数字、语音、图像、视频等。数据和信息是不可分离的，数据是信息的表达，信息是数据的内涵。数据本身没有意义，数据只有对实体行为产生影响时才成为信息。

数据可以是连续的值，比如声音、图像，称为模拟数据；也可以是离散的，如符号、文字，称为数字数据。

2. 数据的分类

（1）按性质划分：①定位的数据，如各种坐标数据；②定性的数据，如表示事物属性的数据（居民地、河流、道路等）；③定量的数据，即反映事物数量特征的数据，如长度、面积、体积等几何量，或重量、速度等物理量；④定时的数据，即反映事物时间特性的数据，如年、月、日、时、分、秒等。

（2）按表现形式划分：①数字数据，如各种统计或量测数据；②模拟数据，由连续函数组成，是指在某个区间连续变化的物理量，又可以分为图形数据（如点、线、面）、符号数据、文字数据和图像数据等，如声音的大小和温度的变化等。

（3）按记录方式划分：如地图、表格、影像、磁带、纸带等。

（4）按数字化方式划分：如矢量数据、格网数据等。

在地理信息系统中，数据的选择、类型、数量、采集方法、详细程度、可信度等，取决于系统应用目标、功能、结构和数据处理、管理与分析的要求。

3. 数据科学

数据科学（data science）又称资料科学，是一门利用数据学习知识的学科，其目标是通过从数据中提取出有价值的部分来生产数据产品。它结合了诸多领域中的理论和技术，包括应用数学、统计、模式识别、机器学习、数据可视化、数据仓库以及高性能计算。数据科学通过运用各种相关的数据来帮助非专业人士理解问题。数据科学技术可以帮助我们正确地处理数据，并协助我们在生物学、社会科学、人类学等领域进行研究。

此外，数据科学也对商业竞争有极大的帮助。数据科学作为一门新兴的处于数理、统计及计算机编程之间的新型学科，可以帮助企业发现更多的商业机会，在商业洞察方面发挥着越来越重要的作用。

4. 数据分析

数据分析是指用适当的统计分析方法对收集来的大量数据进行分析，提取有用信息和形成结论，并对数据加以详细研究和概括总结的过程。这一过程也是质量管理体系的支持过程。在实用中，数据分析可帮助人们作出判断，以便采取适当行动。

数据分析的数学基础在20世纪早期就已确立，但直到计算机的出现才使得实际操作成为可能，并使得数据分析得以推广。数据分析是数学与计算机科学相结合的产物。

在统计学领域，有些人将数据分析划分为描述性统计分析、探索性数据分析以及验证性数据分析；其中，探索性数据分析侧重于在数据之中发现新的特征，而验证性数据分析则侧重于已有假设的证实或证伪。

探索性数据分析是指为了形成值得假设的检验而对数据进行分析的一种方法，是对传统统计学假设检验手段的补充。该方法由美国著名统计学家约翰·图基（John Tukey）命名。

定性数据分析又称为“定性资料分析”“定性研究”或者“质性研究资料分析”，是指对诸如词语、照片、观察结果之类的非数值型数据（或者说资料）的分析。

（二）大数据

1. 基本概念

大数据（big data）是传统软件工具无法在特定时间段内捕捉、管理和处理的数据集合。大数据是大规模、高增长和多样化的，需要更强的决策、分析和发现能力，需要采用新的处理模式进行处理。简单地说，大数据就是海量数据。通过多渠道快速获得多种类的海量数据，挖掘有价值和潜在的信息，合理利用，最终以低成本创造高价值。

2. 发展趋势

在大数据开始流行之前，企业中的数据应用普遍处于 BI（business intelligence，商务智能）阶段，更多企业通过整合内部系统数据来解决企业的一些报表需求和实时分析需求。后来，随着互联网中文本、音频、视频等数据的增加，传统结构化数据处理方式受到进一步的挑战。

以大数据处理能力著称的 Hadoop 生态体系及其技术的完善发展，给非结构化数据的处理以及海量的数据处理带来了福音。互联网公司首先倾向于搭建开源的 Hadoop 系统，进行数据的存储、处理、分析。紧接着，银行这样的大型传统企业也逐步引入 Hadoop 进行数据的存储与分析，一时间，Hadoop 成了大数据技术的代名词。因为 Hadoop 能够处理更广泛的数据，且处理速度更快，而被企业广泛应用于数据存储、计算与处理。

（三）企业决策体系

1. 现代企业决策体系

（1）现代企业法人治理结构。

法人治理结构，又译为公司治理（corporate governance），是现代企业制度中最重要的组织架构。狭义的公司治理主要是指公司内部的股东、董事、监事及经理层之间的关系，广义的公司治理还包括与利益相关者（如员工、客户、存款人和社会公众等）之间的关系。公司作为一个法人，也就是一个由法律赋予了人格的团体人、实体人，需要有相适应的组织体制和管理机构，使之具有决策能力、管理能力，并行使权利、承担责任，从而使公司法人能有效地活动起来。因而，法人治理结构很重要，是公司制度的核心。

法人治理结构，按照《中华人民共和国公司法》的规定，由四个部分组成：

①股东会或者股东大会。由公司股东组成，所体现的是所有者对公司的最终所有权，是公司的最高权力机构。

②董事会。由公司股东大会选举产生，对公司的发展目标和重大经营活动作出决策，维护出资人的权益，是公司的决策机构。

③监事会。是公司的监督机构，对公司的财务和董事、经营者的行为发挥监督作用。

④经理。由董事会聘任，是公司的经营者、执行者。

公司法人治理结构的四个组成部分都是依法设置的，它们的产生和组成、行使的职权、行事的规则等，在《中华人民共和国公司法》中都作了具体规定。所以说，公司法人治理结构是以法制为基础，按照公司本质属性的要求形成的。

（2）国有企业法人治理结构。

习近平总书记在2016年10月召开的全国国有企业党的建设工作会议上强调，坚持党的领导、加强党的建设，是我国国有企业的光荣传统，是国有企业的“根”和“魂”，是我国国有企业的独特优势。坚持党对国有企业的领导是一个重大政治原则，必须一以贯之；建立现代企业制度是国有企业改革的方向，也必须一以贯之。中国特色现代国有企业制度，“特”就特在把党的领导融入公司治理各个环节，把企业党组织内嵌到公司治理结构之中，明确和落实党组织在公司法人治理结构中的法定地位，做到组织落实、干部到位、职责明确、监督严格。这就明确要求我们切实把加强党的领导和完善公司治理统一起来，充分发挥党组织的领导核心和政治核心作用。因而，党组织已成为国有企业治理结构中的一个重要组成部分。

从责任分工上看，“三会一层”中的治理主体决策目标、决策事项、决策原则和产生方式各有不同，各机构各司其职，根据权责分工，形成权责对等、运转协调、有效制衡的决策执行监督机制。其中：党委会保障国家利益最大化，保证党的方针贯彻执行，决策企业重大事项及方向，实行少数服从多数、个人服从组织的原则，由上级党委任命或选举产生；董事会保障股东利益最大化，对重大事项享有决策权，实行少数服从多数、个人负责的原则，由股东任命产生；监事会保障股东利益最大化，对重大事项享有监督权，实行集体与个人监督相结合的原则，由股东任命产生；经理层由董事会制定目标，重在一般事项上保证效率和执行力，实行个人决策和个人负责的原则，由董事会选聘产生（图1）。

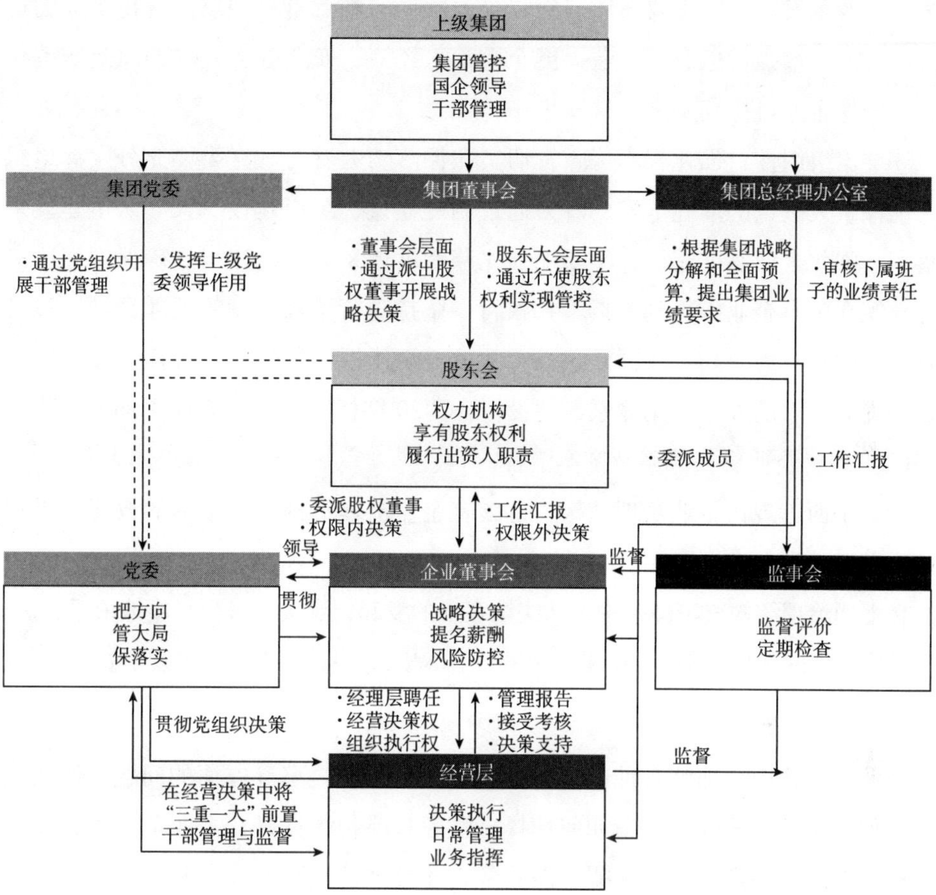

图1　国有企业法人治理结构

在公司治理体系中加入党组织，从把方向、管大局、保落实上着力，实现将党的领导融入公司治理各环节，以党的建设统领企业全面发展。

①突出方向性，鲜明政治导向，切实在把方向上着力。党的领导是中国特色现代国有企业制度的灵魂，通过党委研究决定重大事宜等形式，体现党委在企业中的领导核心职责。把牢改革发展方向，坚持社会主义基本经济制度不动摇，提高企业经营效益，确保国有资产保值增值。全心全意依靠职工群众办企业，建设旗帜鲜明、贴合中国特色社会主义时代脉搏的国有企业文化。

②突出全局性，发挥总揽作用，切实在管大局上着力。党委要立足企业发展全

局，在战略关、政策关、程序关等重要环节上定向把控。管好企业正确的战略方向，牢固树立新发展理念，深入贯彻国有企业的公有制性质与重大责任使命，确保企业的发展方向、发展目标与党和国家大政方针有机融合。管准科学的工作方向，准确把握企业改革发展中的主要矛盾，破解企业发展的难点重点问题。管稳企业的可持续发展方向，增强忧患意识，着力健全政治、经济、安全等各领域的风险防范化解机制，确保企业可持续发展。

③突出组织性，强化根本保障，切实在保落实上着力。党委要充分发挥组织优势，确保重大决策的落地落实，着力通过制度建设、组织建设、人才队伍建设来保障落实。强化企业制度建设，不断加强完善制度体系、机制建设，确保党和国家的方针政策在国有企业中得到不折不扣执行。坚持党管干部、党管人才原则，建设堡垒坚固、攻坚有力、高效协同、运行有效的组织体系，优化符合现代企业制度需求和社会发展要求的人才选用体系，建设符合“20字标准”的高素质干部人才队伍。

（3）现代企业决策体系及基本流程。

无论是西方现代企业治理结构还是国有企业治理结构，其基本的权责分界和决策体系都是一致的。

在上述治理结构决策体系中，从决策事项的发起，到决策过程、决策依据的选择，直至最终决策的选择，都需要数据、图标、流程图等一系列直观的表现形式。

2. 数据科学和经营管理、企业决策

企业在实践中会面临各种经营、管理决策、运营效率等方面的问题，例如企业战略如何制定、企业经营方向如何选择、财务状况是否良好、企业急需哪方面人才以及根据发展战略需要应该在哪方面储备人才等经营实际问题。利用可量化的数据作为选择的基础，以理想状况下的模拟曲线为判断标准，将数据科学与上述问题相结合，就形成了数据科学与企业经营、数据科学与企业管理决策、企业如何进行效率数据分析等具体问题。

随着大数据、人工智能相关技术的不断发展，数据领域人才成为热门需求，企业经常需要利用数据发现问题，利用数据分析改进工作，利用数据研究客户、市场、产品创新需求。数据资源已成为与人力资源、自然资源一样重要的战略资源。在信息时代，只有对数据进行大规模和灵活性的运用，才能更好地理解数据、运用数据。海量数据的产生也促使信息数据的收集与处理发生了重要的转变，企业也开始从实体服务走向数据服务。利用数据进行投资和战略布局，利用数据直观地发现企业经营问题的需要日益迫切，数据对企业的重要性不断提高，数据分析对企业的必要性日益凸显，同时，数据载体——数据中心的建设就成为企业的必然需求。

（四）数据中心

1. 数据中心的基本概念

数据中心是一整套复杂的设施。它不仅仅包括计算机系统和其他与之配套的设备（例如通信和存储系统），还包含冗余的数据通信连接、环境控制设备、监控设备以及各种安全装置。谷歌在其发布的 *The Datacenter as a Computer* 一书中，将数据中心解释为“多功能的建筑物，能容纳多个服务器以及通信设备。这些设备被放置在一起是因为它们具有相同的对环境的要求以及物理安全上的需求，并且这样放置便于维护”，而“并不仅仅是一些服务器的集合”。数据中心通常被用作单位或组织集中放置计算机系统或者通信、数据存储的基础设施。本文重点讨论了数据中心的存储与计算的意义。

2. 数据中心的发展现状

《中国数据中心行业市场需求与投资战略规划分析报告》指出，数据中心的机架总数量已经从 2018 年的 226.2 万架增加到 2019 年的 288.6 万架，后续还将继续保持增长；在业务营收方面，2019 年中国 IDC 业务的总体营收达 1132.4 亿元，同比上升 32%。2020 年 4 月，数据中心的发展与建设被政府明确纳入“新基建”的范围，这将有利于数据中心的整体稳步发展。

数据中心的主要客户是互联网企业、云服务提供者、金融服务业、制造行业、政府机关等。大型 IT 互联网企业，如 BAT（百度、阿里巴巴、腾讯）、京东、拼多多等，拥有庞大的数据量和终端用户，对数据稳定、网络安全等有较高的要求，这就对数据机房有了更高的需求。大型金融企业一般都有自己的数据中心，同时也会同一些中小数据中心进行长期合作。这些数据中心都有丰富的运营维护经验，有 IDC 服务提供商及 T3 级以上的机房，可以将这样的数据机房作为备用。政府机构和制造业的数据中心数量多、规模小，并且有“数据不出省、不出市”的规则，数据中心一般都在当地建设。

3. 企业数据中心

根据数据中心建设规模及工作需要，本文讨论的重点内容是企业级数据中心建设在企业决策中的应用。

因信息化系统建设时期和建设要求不同，现在企业中的信息系统数量多且功能单一，没有统一的数据接口，多个系统之间无法进行数据共享和协同作战，形成了众多的“数据烟囱”和“信息孤岛”。企业数据中心的定位就是构建企业统一的数据服务总线，梳理数据资源标准，搭建技术数据加工存储平台，进行数据的集成整合，破除信息壁垒，实现统一的数据共享服务。同时，为企业决策提供真实有效且统一的数据基础，开展决策研究，满足领导决策和企业管理的数字化、智能化应用需求。

二、总局现行决策体系

（一）会议决策模式

1. 党委会

总局党委会议研究讨论，是局长办公会议决策重大问题的前置程序。重大经营管理事项须经总局党委会议研究讨论后，再提交局长办公会议决定。

党委会议研究决议事项：传达学习习近平总书记重要指示批示精神及重要讲话精神；传达学习党中央、国务院以及国务院国资委等有关部委重要会议、决定、指示和方针政策精神，研究制定贯彻落实的措施；研究提出学习贯彻执行党的路线、方针、政策和上级党组织决定、决议的意见和措施；研究决定总局党的建设、精神文明建设、思想政治工作及党风廉政建设工作的规划；党内重要制度、规定的制定、修改和废止；研究决定加强直属单位领导班子建设的意见和措施，直属单位领导班子成员的任免调整、教育培养、管理监督、考核奖惩以及后备干部队伍建设、人才队伍建设；研究决定总局党委工作机构与直属单位党组织的设置、调整和撤销，党委会或党员代表大会及党委换届筹备工作；总局总部部门处级以上管理人员，直属单位领导班子成员的任免调整、教育培养、管理监督、考核奖惩；研究决定总局党委“创先争优”、创建“四好班子”等活动方案，先进基层党组织、优秀党务工作者、优秀共产党员和精神文明建设、思想政治工作先进单位、先进个人评选、表彰和推荐上报工作；党内重大先进典型的宣传、表彰和奖励；研究审定总局党委报上级党组织的重要请示、报告，党员大会或党员代表大会的工作报告及重要的工作总结；研究下级单位党组织请示报告的重要事项；研究决定总局党委年度工作计划、中心组学习计划及相关制度等；研究部署总局党风廉政建设及反腐败工作，审定总局党风廉政建设及反腐败工作有关制度，听取总局纪委党风廉政建设及反腐败工作汇报、重大案件的处理意见及其处理情况汇报；按干部管理权限，研究对违纪党员、不合格党员的处置意见；听取有关党建工作、思想政治工作、精神文明建设和企业文化建设的工作汇报，研究部署党员队伍建设及相关工作；研究提出关于企业重大决策、重大经营管理事项的意见建议；研究部署总局基层党组织建设等有关党务工作；研究部署总局统一战线、意识形态及扶贫工作；听取总局工会、共青团工作汇报，并提出指导意见；研究审定工会、共青团等群众组织工作计划，重要活动方案，评选、表彰和推荐、上报的各类评先人选和单位名单；研究决定工会、共青团等群众团体机构和岗位的设置、主要负责人的推荐、增补、调整和审批；听取职工代表大会、民主管理有关工作汇报，研究审定职工代表大会、企务公开等民主管理、民主监督工作意见；研究决定职工代表大会议程、议题、工作报告、职工代表选举方案和职代会主席团成员的建议名单；研究上级党委规定或党委书记提议研究的事宜；研究总局党委相关巡视事宜。

2. 局长办公会

局长办公会研究决议事项：贯彻落实总局党委会议决定，研究制定具体措施；研究决定总局发展战略、经营战略、中长期发展规划以及重大改革措施和实施方案；研究决定总局重大投资、大额资金支出、企业改制、重组、资产处置、股权转让等重大事项；研究决定对所属单位利润分配、弥补亏损、贷款、担保等重大问题；研究决定对所属单位有关合并、分立、变更公司形式、清盘、撤销等问题；研究决定总局管理体制、制度建设和内部组织机构设置；研究涉及职工利益等重大问题，决定总局职工工资总额预算及工资分配方案；研究决定总局年度工作计划、安排，包括年度投资和资产经营方案，年度财务预算计划和决算方案，总局生产经营方针和年度生产经营计划等；听取各部门及所属单位重要问题的专项报告；研究决定其他重大事宜。

（二）专项委员会决策事项①

1. 战略管理委员会

研究审议总局总体发展战略与规划；研究审议产业布局、科技创新、人力资源、风险控制、投融资、信息化等专项规划；研究国家宏观经济政策、结构调整对总局的影响并制定应对举措；研究审议直属单位发展战略与规划，核定直属单位核心主业范围；指导、推动和监督总局及直属单位规划落地实施；根据发展实际及形势变化，适时调整和优化总局发展规划及专项规划。

① 限于篇幅，此处仅列举各专项委员会的部分决策事项。

2. 投资委员会

审核总局年度投资负面清单及授权放权清单；审核年度投资计划和年度投资调整计划；审核总局总部及各单位授权限额以上各类投资项目；审核总局有关投资管理制度规定；审核拟报请党委会前置审议、局长办公会审批的其他投资事项；审定核减或取消直属单位投资授权；审定年度企业法人户数管控指标；审批总局总部及各单位办公用房购置、授权限额以上基本建设、固定资产，及对外合资、并购等股权产权投资立项；审批无实际经营业务、无重大债权债务纠纷的法人清理注销事项；审批总局全资子企业增加注册资本金事项及采取资产划转方式增加实缴资本金事项。

3. 审贷委员会

审核年度融资计划；审核总局总部及各单位授权限额以上各类信贷及担保事项；审核拟报请党委会前置审议、局长办公会审批的信贷及担保事项；督促、检查贷审会审议并经总局批复的信贷及担保事项的落实情况和贷后检查情况。

4. 预算管理委员会

审议预算管理相关的政策、规定、制度等文件；根据发展战略和经营目标制定总局年度预算控制目标，并提交党委会研究、局长办公会审定；审查直属单位预算报告并提出修改建议，通过后下达正式预算；对预算管理进行监督检查，考核、评价预算执行情况和结果。

（三）其他决策事项[①]

1. 人才管理

贯彻落实中央、国务院和国务院国资委党委关于人才工作的重大决策部署；对总局人才工作和人才队伍建设进行统筹规划、宏观指导、综合协调、督促检查；组织实施人才强局战略，根据总局经营发展和产业结构布局对人才的需求，研究制定并协调落实总局中长期人才发展规划；协调、指导总局人才工作有关政策制度的研究、制定与完善工作，推动人才政策机制创新；研究总局人才工作重点任务，统筹做好人才培养、引进、使用以及人才流动、人才激励等工作；听取各直属单位关于人才工作的情况汇报；向总局党委和国务院国资委党委人才工作领导组汇报总局人才工作进展情况；完成总局党委和国务院国资委党委人才工作领导组交办的其他工作。

---

① 限于篇幅，此处仅列举部分其他决策事项。

2. 政策与经济项目

研究决定总局政策与经济研究项目的方向；研究决定总局重大政策与经济研究项目的选题；研究决定总局年度项目经费的额度；研究决定项目的结题评审与效能评价；对接国务院国资委研究局、国务院国资委研究中心、央企智库联盟等专业机构，完成指派工作任务；根据总局要求，制定年度项目研究方向；制定总局项目研究管理制度及督导落实；落实领导小组授权的项目研究及管理工作；组织完成领导小组交办的其他任务。

三、数据决策

（一）基本数据提取方式

1. 神经网络

在人工智能领域，神经网络是指由许多简单人工神经元连接而成的复杂网络结构模型。人工神经网络是对生物神经网络的模仿。生物神经网络是由多个生物神经元互相连接而成的，可以对复杂的内容进行学习。这样的组织能够模拟生物神经系统对真实世界物体做出的交互反应，从而达到分析、理解并产生反馈的目的。

人工神经网络具有非线性特征，能够进行复杂的逻辑操作和非线性关系实现，具有分布并行能力、智能化能力、高容错性等能力。创造一个人工神经网络模型是很容易的，但是让其具有学习能力并能达到我们的期望是一件非常困难的事情。神经元的具体构成及学习方式涉及较为复杂的计算机科学，本文仅从理论实践层面研究问题，对其实现过程中所需的技术问题则不再展开。

2. 数据采集

数据采集，又称数据获取，是利用一种装置，从系统外部采集数据并输入到系统内部的一个接口。数据采集技术广泛应用在各个领域，比如，摄像头、麦克风都是数据采集工具。

被采集的数据是已被转换为电信号的各种物理量，如温度、水位、风速、压力等，可以是模拟量，也可以是数字量。采集数据一般是采用采样方式，即隔一定时间（称采样周期）对同一点数据进行重复采集。采集的数据大多是瞬时值，也可是某段时间内的一个特征值。准确的数据测量是数据采集的基础。数据测量方法有接触式和非接触式，检测元件多种多样。不论哪种方法和元件，均以不影响被测对象的状态和测量环境为前提，以保证数据的正确性。数据采集的含义很广，包括对面状连续物理量的采集。在计算机辅助制图、测图、设计中，将图形或图像数字化的过程也可称为数据采集，此时被采集的是几何量（或包括物理量，如灰度）数据。

在互联网行业快速发展的今天，数据采集已经被广泛应用于互联网及分布式领域，数据采集领域已经发生了重要的变化。首先，分布式控制应用场合中的智能数据采集系统在国内外已经取得了长足的发展。其次，总线兼容型数据采集插件的数量不断增大，与个人计算机兼容的数据采集系统的数量也在增加。国内外的各种数据采集机先后问世，将数据采集带入了一个全新的时代。

3. 数据源

根据企业数据源来源的不同，可将其分为内部数据源和外部数据源。

内部数据源：来源于企业生产经营中产生的直接数据，虽然这部分数据源内容比较少，相关度不大，却是企业生产经营的最直接反映，例如生产资料的保有量、生产力水平、技术人员的数量、技术人员的等级评定、生产经营成本、营业收入等一系列直接数据，以及净利润、利润总额、营业收入利润率、资产负债率、研发投入强度、全员劳动生产率等间接数据，都是对企业经营、决策制定、业务判断的有效依据。

外部数据源：外部数据源是企业内部数据的有效补充，是增强企业数据能力的有效手段，可由数据供应商、电信运营商、其他数据研究机构等提供。需要特别指出的是：政府公开数据也是外部数据的一种重要来源，对企业了解地方政策、制定地方经营战略具有积极意义。

（二）数据分析

获取数据后，将数据进行加工、分析，并提出建议，是数据中心的一个重要工作职能。

1. 数据分析流程

企业数据分析一般需要以下步骤：一是确定工作目标；二是确定解决该问题所需的数据和所需要的其他生产资料；三是确定分析模型；四是开展数据分析，包括基础数据采集、数据整理、数据建模、数据分析；五是产生数据分析结果；六是根据数据分析结果，提出相应的解决方案或决策建议。

2. 数据分析常用手段

（1）逻辑回归：即 logistic 回归，又称 logistic 回归分析，是一种广义的线性回归分析模型，常用于数据挖掘、疾病自动诊断、经济预测等领域。

（2）贝叶斯法：贝叶斯分析方法（Bayesian Analysis）提供了一种计算假设概率的方法，这种方法是基于假设的先验概率、给定假设下观察到不同数据的概率以及观察到的数据本身而得出的。其方法为将关于未知参数的先验信息与样本信息进行综合，再根据贝叶斯公式得出后验信息，然后根据后验信息推断未知参数。

（3）决策树：决策树（decision tree）是一种在已知各种情况的发生概率的基础上，通过构成决策树来求取净现值的期望值大于等于零的概率，以评价项目风险、判断其可行性的决策分析方法，是直观运用概率分析的一种图解法。由于这种决策分支画成图形之后很像一棵树的枝干，故称决策树。

（4）SVM：支持向量机（Support Vector Machine，SVM）是一种常见的判别方法。在机器学习领域，SVM 是一个有监督的学习模型，通常用来进行模式识别、分类以及回归分析。

（5）kNN：邻近算法（k-nearest neighbor，kNN）的核心思想是如果一个样本在特征空间中的 k 个最相邻的样本中的大多数属于某一个类别，则该样本也属于这个类别，并具有这个类别上样本的特性。该方法在确定分类决策上只依据最邻近的一个或者几个样本的类别来决定待分样本所属的类别。kNN 方法在进行类别决策时，其结果只与极少量的相邻样本有关。由于 kNN 方法主要靠周围有限的邻近的样本，而不是靠判别类域的方法来确定所属类别，因此对于类域的交叉或重叠较多的待分样本集来说，kNN 方法较其他方法更为适合。

（6）PCA：主成分分析（principal component analysis，PCA），也叫主元分析，是一种掌握事物主要矛盾的统计分析方法，它可以从多元事物中解析出主要影响因素，揭示事物的本质，简化复杂的问题。计算主成分的目的是将高维数据投影到较低维空间。给定 n 个变量的 m 个观察值，就会形成一个 n′ m 的数据矩阵，n 通常比较大。对于一个由多个变量描述的复杂事物，人们难以认识，那么是否可以抓住事物主要方面进行重点分析呢？如果事物的主要方面刚好体现在几个主要变量上，我们只需要将这几个变量分离出来进行详细分析，但是一般情况下并不能直接找出这样的关键变量。这时，我们可以用原有变量的线性组合来表示事物的主要方面，而 PCA 就是这样一种分析方法。

（7）K 均值聚类算法：k 均值聚类算法（k-means clustering algorithm）是一种迭代求解的聚类分析算法，其步骤是预先将数据分为 k 组，随机选取 k 个对象作为初始的聚类中心，然后计算每个对象与各个种子聚类中心之间的距离，把每个对象分配给距离它最近的聚类中心。聚类中心以及分配给它们的对象就代表一个聚类。每分配一个样本，聚类中心会根据聚类中现有的对象被重新计算。这个过程将不断重复，直到满足某个终止条件。终止条件可以是没有（或最小数目）对象被重新分配给不同的聚类，没有（或最小数目）聚类中心再发生变化，误差平方和局部最小。

（三）数据决策分析模型

1. 分类模型

分类就是通过一些具有区分度的特征来对某些特定的事物进行区分，比如对植物、动物、人群的分类。针对这些分类问题，可以通过采集一些能够区分事物类型的特征，训练一个模型，通过模型找到隐含的可以应用于分类的规则。训练就是选取一个模型，让模型读取样本数据，看是否能进行正确分类。对于错误的分类进行模型调整，直到找到一个比较好的模型，可以更准确地分类为止。对分类问题而言，预测结果是离散的。可以通过离散数据发现一个近似值数学区域，并通过该曲线进行分类判断。

2. 回归模型

回归模型主要是根据历史沉淀数据预测未来的变化。例如用往年的销售业绩预测当年的销售业绩、用往年的市场份额估算当年的市场份额等。回归模型与分类模型的一个最大的区别在于回归模型预测的值是连续的，而分类模型预测的结果是离散的。但两者都可通过数学手段找到一条近似曲线或函数，以预测未来发展。

（四）数据建模过程

针对明确的决策问题，例如项目前景预测、某确定市场的市场分析、战略布局等，一般可通过以下方式建立数学模型：

（1）数据准备：针对提出的问题，寻找出影响问题解决的基本因素，提取该因素对应的数据。

（2）数据分析：利用数据分析手段，对提取的数据进行分析，并尝试发现数学模型。

（3）模型建立：利用数据关系，选取采用的决策分析模型，并确定函数或曲线。

（4）模型评估：通过模型评估指标，分析模型准确率和稳定性，对不适用的模型或指标差的模型进行优化调整，直至合理。

（5）模型部署：将确定的模型部署到决策中心进行实际使用，在使用过程中不断优化完善模型，使其更贴合实际情况。

在实际应用中，数据准备和数据分析可同步进行，模型评估和模型部署可同步进行，这样就形成了一个较为完整的数据决策体系。

将数据决策体系部署到数据中心，从而解决企业改革发展中遇到的实际问题，就能够使企业的规划、经营更加科学，风险防控点更加明晰，资源需求更加明确。

四、总局数据中心建设可行性分析及探索

企业级数据中心建设，应从基本需求、技术环境、网络需求、安全防护、需求调度等多方面进行综合考量，从而形成一套完整的实施方案。此次研究为结合总局工作实际进行政策性研究和可行性分析，仅从其工作背景、建设目标、子系统建设等方面进行讨论，不具体研究技术问题。

（一）背景分析

人类社会经历了农业革命、工业革命、电气化革命，现已经迈入信息革命历史洪流之中。在信息技术发展日新月异的今天，以数字化、智能化、网络化为特征的信息化浪潮蓬勃发展。信息科技革命方兴未艾，互联网日益成为驱动人类文明进化的主导力量。信息、资本、技术、人才在全球范围内的加速流动，使互联网成为推动产业变革并促进工业经济向信息化经济转型的引擎，形成了新型的国际分工体系。网信事业代表新的生产力、新的发展方向，推动人类认知世界、改造世界的能力空前提升，深刻影响着人类生产生活方式的转变，带来生产力质的飞跃，引发了生产关系的重大变革，成为重塑国际经济、文化、社会和生态发展新格局的主导力量。

2018 年中央经济工作会议提出，“要发挥投资关键作用，加大制造业技术改造和设备更新，加快 5G 商用步伐，加强人工智能、工业互联网、物联网等新型基础设施建设”，“新基建”概念由此而生。2020 年，“新基建”按下快进键，通过关键基础设施的建设达到优化产业结构、提高经济增长新旧动能转换的国家战略布局，由此，2020 已成为 5G 技术商用元年，围绕“新基建”发展起来的工业互联网、人工智能、区块链、物联网等下一代信息技术将带来万亿级市场大风口，IT 巨头纷纷跟进布局，抢抓战略机遇。

2020 年 4 月，国家发展改革委首次明确了“新基建”的范围，其主要包含三大方面：第一，信息基础设施，包括以 5G、物联网、工业互联网、卫星互联网为代表

的通信网络基础设施，以数据中心、智能计算中心为代表的算力基础设施等；第二，融合基础设施，主要是对人工智能、大数据等技术的深度应用，为转型升级提供有力支撑；第三，创新基础设施，主要是具有公益属性的基础设施，如科教基础设施、重大科技基础设施等。

2020 年 9 月，国务院国资委印发《关于加快推进国有企业数字化转型工作的通知》，指出：一是要建设基础数字技术平台，加快企业内网建设，稳妥推动内网与互联网的互联互通，重点是优化数据中心布局，提升服务能力，加快企业上云步伐。二是建立系统化管理体系，加快建立数字化转型闭环管理机制，应用“两化融合”管理体系标准（GB/T 23000 系列），以“两化融合”管理体系促进企业形成并完善数字化转型战略架构。积极推进数字化转型管理工作与质量管理、信息安全、职业健康管理等体系的融合应用。建立数字化转型诊断对标工作机制，定期开展诊断对标，持续提升新一代信息技术与企业业务融合发展水平。三是构建数据治理体系。加快集团数据治理体系建设，明确数据治理归口管理部门，加强数据标准化、元数据和主数据管理工作，定期评估数据治理能力成熟度。加强生产现场、服务过程等数据的动态采集，建立覆盖企业业务链条的数据采集、传输和汇聚体系。加快大数据平台建设，创新数据融合分析与共享交换机制。强化业务场景数据建模，深入挖掘数据价值，提升数据洞察能力。

信息化、新基建、数据化工作的不断深入为建立数据中心、开展数字化转型、进行数据化决策提供了有利的政策保障。

（二）总局建设数据中心的意义

通过对总局现有信息系统的梳理和现有数据化手段的整理，加快对总局各类数据的收集、整合管理和应用，能够提升数据赋能传统业务的能力。建设数据中心，将有效提升信息安全等级，使产品创新数字化、生产运营智能化、用户服务敏捷化、产业体系生态化、决策体系科学化，为地勘产业进一步开拓智慧矿山职场，着力提高集成调度、远程操作、智能运维水平，强化能源资产资源规划、建设和运营全周期运营管控能力，实现地勘企业全业务链的协同创新、高效运营和价值提升，都具有显著意义。

（三）政策与经济项目申报系统建设

根据总局出台的《政策与经济项目管理办法》，政策与经济项目研究是为了做好新形势下总局政策研究、产业规划与发展、信息分析、企业改革、管理创新、党的建设等方面的研究，为总局促进经济产业、改革、管理、党建工作协调发展提供智力支撑。

我们以政策与经济项目申报系统为例，先行探索决策依据的建立过程。在数据中心建设过程中，可将该系统布置在数据中心，作为数据中心决策策略的来源之一。同时，可以以该系统为模板，继续开发后续决策程序。

在设计时，也同时模拟了投资类项目的实现过程。

1. 数据的处理过程分析

本系统对科技与经济管理类项目评审的数据处理过程为：①集团管理员创建专家信息库，专家信息库信息包含项目专家基本信息、专家相关证件及资质附件、所擅长的领域等内容；②管理员提出项目方向、设置项目初审评审小组成员，并开放项目申报端口；③各单位一般人员根据管理员提出的项目方向申报项目，申报项目时，需要填写项目的基本信息并上传相关材料，存入基础数据库中；④管理员接收到申报项目后，对没有设置初审评审小组、立项领导小组、评审小组、专家成员的项目进行相应阶段的小组成员设置，并开启项目的评审流程；⑤在各流程审批节点，由预定的小组成员登录评审系统，对需要评审的项目进行评审，系统自动将评审信息存储在基础数据库中（图2）。

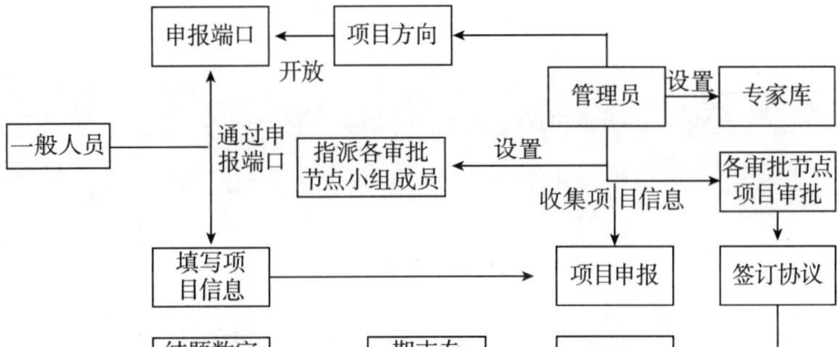

图2 科技与经济管理类项目评审路径

本系统对投资类项目评审的数据处理过程为：①系统管理员设置投委会和决策会议相关的成员；②各单位一般人员进行项目申报，申报项目时，需要填写项目的基本信息并上传相关材料，存入基础数据库中；③系统管理员对上报的投资项目启动评审流程，依次由投委会审查和决策会议审查，顺利通过后，进行项目的实施工作，并自动存储在基础数据库中（图3）。

投资项目审批路径中的“收集上报信息”，对应的是数学建模中的数据收集及

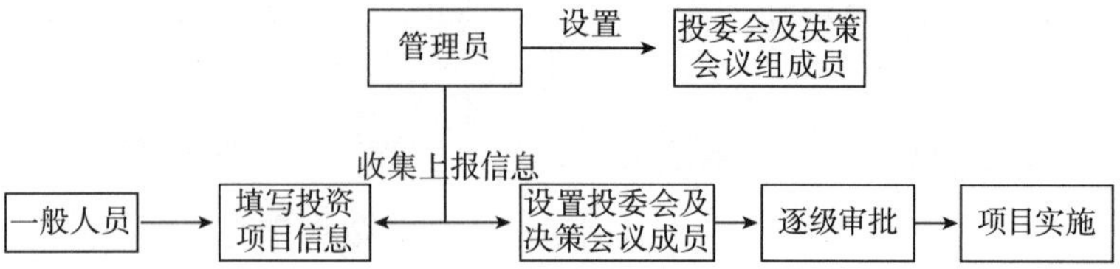

图 3　投资类项目评审路径

预处理阶段，设置投委会及决策成员，同时包含了数据建模的模型建立和模型评估阶段，而“项目实施”对应的则是模型部署应用阶段。通过引入相对科学的数学建模体系，更直观地实现了项目实施全过程预期，很大程度上避免了人为因素的干扰，使决策更加科学化。

2. 应用过程分析

将科技与经济管理类项目和投资类项目的评审路径整合之后，可以得到一个完整的应用过程分析图示（图 4）。

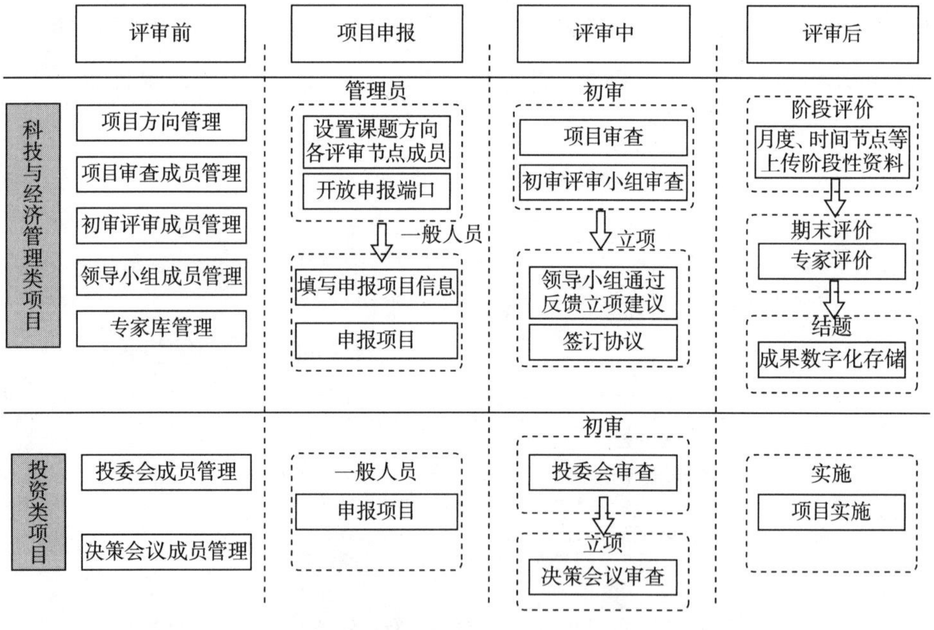

图 4　科技与经济管理类项目与投资类项目应用过程分析图示

3. 系统布置

项目评审系统的架构设计：该系统采用集中式部署结构，即在数据中心（目前是总部服务器）部署一套应用，职能部门、各所属企业、项目部通过统一入口访问该系统。系统部署图如图 5 所示。

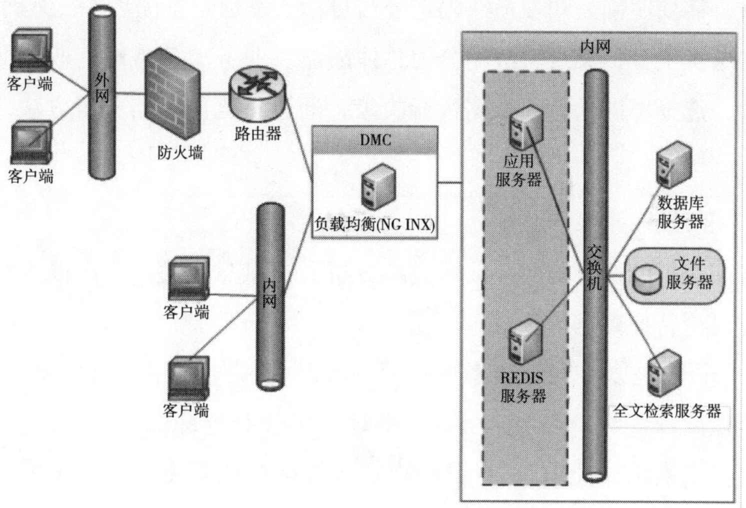

图5 项目评审系统部署图

五、数据中心其他子系统的建设

通过科技与经济管理类项目评审系统的布置不难看出，数据中心通过数字化方式，使较为复杂的审批过程流程化；通过模型建立的方式，使其标准化；通过模型应用，使其效果可视化。这就大大节约了审批时间，提高了工作效率。同时，在科技与经济管理类项目评审中得到的结论，也可作为其他项目的判断依据。

为此，在数据中心中布置多种子系统，使得数据中心的数据来源真实可靠、数据分析条理清楚、数据模型选择准确、决策事项有据可循、决策结果符合预期，成为一种必然性。为此，在政策与经济研究系统的基础上，我们同步分析了其他决策系统的建设手段。在讨论下述子系统的建设逻辑之前，要明确一个前提，就是所有的决策都需要符合国家、国务院国资委以及总局的有关制度，工作程序也必须符合要求。换言之，子系统探讨的是决策建议的产生，而并非最终的决策。

根据子系统的用途，可将其分为决策依据建设子系统和决策应用子系统；根据子系统相关的具体事项，将其可分为下述子系统。

（一）规划战略决策

企业战略是指企业根据环境变化，依据本身资源和实力选择适合的经营领域和产品，形成自己的核心竞争力，并通过差异化在竞争中取胜。传统公司战略具有计划性、全局性和长期性等特点，而现代企业战略更侧重于应变性、竞争性和风险性。

制定战略时，需要明确公司使命、确定公司目标、发现竞争优势，最终确定战略。

从战略层次上分，又可将战略分为总体战略、业务单位战略、职能战略。针对不同的层次，选择不同的特征数据进行决策，通过适当的战略分析方法，从而得出应该采取的战略模式。

1. 特征数据

战略特征数据的选择与将采取的战略分析方法息息相关。下面以SWOT分析法为例，研究讨论特征数据的选取。

SWOT分析法是以一种综合考虑企业内部环境和外部环境的系统性评价方法，其主要从企业内部优势、内部劣势、外部环境机会和外部威胁四个维度，从资金、技术设备、员工素质（能力）、产品、市场、管理技能等方面，对比企业的四个维度，选取出企业所需或需要执行的战略。

显而易见，在SWOT分析法中，资金、技术、设备、人力资源、产品、市场、管理就成了我们要寻找的特征数据。将上述特征数据量化，从量化指标中寻找规律，就可以形成基础数据。其中，资金、设备持有量、市场占有率等是比较容易量化的数据，而对技术、人力资源、管理的量化，又需要从其中选取一定的描述特征。以技术为例，我们可以考虑将“无技术”设置为理论0，将“现有最先进的技术”设置为理论1，对企业自身的技术水平进行客观评价，得出的数值即可作为量化数据。

2. 底层逻辑建立

根据SWOT分析法的四个维度，我们认为，发挥内部优势、规避内部劣势、找到外部机会、避免外部威胁是企业竞争战略选择的一个基本方向。根据这个基本逻辑，我们可以通过量化后的模型，从发展型战略、稳定型战略、收缩型战略、并购战略、成本领先战略、差异化战略和集中化战略等战略类型中择优选择适合企业实际情况的战略。

3. 数据采集方式

根据特征数据可知，资金、技术、设备、人力资源、产品、市场等是需要采集的数据，而上述数据均可直接采集或通过理论设置方法进行采集。

（二）投资决策

投资决策是指投资主体在调查、分析、论证的基础上，对投资活动做出的最后决断。按投资的层次不同，可将其分为两种：一是宏观投资决策，即从国民经济综合平衡角度出发，对影响经济发展全局的投资规模、投资使用方向、基本建设布局以及重点建设项目、投资体制、投资调控手段和投资政策、投资环境的改善等内容做出抉择的过程。宏观投资决策直接影响到经济的持续、稳定、协调、高效发展，在整个宏观经济决策中具有举足轻重的地位。宏观决策失误往往是国民经济大起伏、大调整的最直接原因。二是微观投资决策，亦称“项目投资决策”，指在调查、分析、论证的基础上，对拟建工程项目进行最后决断。项目投资决策涉及对建设时间、地点、规模、技术上是否可行、经济上是否合理等问题的分析论证和抉择，是投资成败的首要环节和关键因素。微观投资决策是宏观投资决策的基础，宏观投资决策对微观投资决策具有指导作用。

在研究总局数据中心的建设过程中，本文仅讨论微观投资决策，即项目投资决策。

1. 特征数据

从投资本身意义上讲，经济价值的产生是最重要的考虑依据。在考虑时间价值影响的前提下，净现值、现值指数、内含报酬率等是主要测算指标；在不考虑时间价值影响下，投资回收期、会计收益率等是重要的考察指标。

净现值指未来资金（现金）流入（收入）现值与未来资金（现金）流出（支出）现值的差额，是项目评估中净现值法的基本指标。

现值指数（profitability index，PI）又称获利指数或利润指数，是指投资项目未来现金净流量的总现值与原始投资现值之比。

所谓内含报酬率，是指能够使未来现金流入现值等于未来现金流出现值（或者说是使投资方案净现值为零）的贴现率。

投资回收期亦称“投资回收年限”，即投资项目投产后获得的收益总额达到该投资项目投入的投资总额所需要的时间（年限）。

会计回报率（也称平均回报率，ARR）是用于资本预算的财务比率，用来评估一项投资的可接受性，等于某项目的当期税后收益除以平均资产投资。这个比例没有考虑货币时间价值的概念。

根据上述定义不难发现，在外部环境相对稳定的前提下，对于投资项目来说，资金（现金流）、预期收益、投资周期等指标均可作为投资决策的特征数据。显然，对比战略决策，投资决策的特征数据更容易采集，也更容易量化。

2. 底层逻辑建立

在外部环境相对稳定的前提下，可以直观地认为更容易赚钱的项目就是好的投资项目。

同时应注意，投资项目并非空中楼阁，它是建立在一个变化的社会环境上的。基于此项考虑，在开展投资决策时，如果能够同时调用战略决策子系统进行环境分析及行业分析，将大大提高投资的效果。

3. 数据采集方式

相对其他决策内容，投资项目特征数据的采集相对容易，如资金投入情况、往年市场规模、预期收益、投资周期、折现率等，都是可直接采集的，其分析模型基本可以确定为回归模型。

（三）经营状况分析

为更好地引导推动中央企业实现高质量发展，国务院国资委坚持问题导向和目标导向，进一步完善考核体系，突出对中央企业“两利四率”指标的考核，以引导企业加快推进高质量发展，进一步提高经营效益和运营效率，补短板、强弱项、防风险、利长远，实现可持续健康发展。

“两利”即净利润、利润总额，“四率”即营业收入利润率、资产负债率、研发投入强度、全员劳动生产率。上述6个指标，可以通过企业财务数据直接获取。

目前，总局已建设完成财务管理系统、资金管理系统等子系统，将财务信息化系统直接迁移部署至数据中心，建立了统一的数据接口。这既利于系统的统一维护，又能保证系统的安全，同时也更方便其他系统直接调用财务数据。

（四）生产数据采集

生产经营是围绕企业产品的投入、产出、销售、分配乃至保持简单再生产或实现扩大再生产所开展的各种有组织的活动的总称。生产经营是企业各项工作的有机整体，是一个系统。而生产产品作为企业经营的基础条件，其数据的真实性、准确性将直接影响企业的经营情况。

结合我局的实际情况，这里所说的生产不仅仅包括直接的生产，也包括地质工作中的实物工作量。

目前，在总局的管理体系中，经常以经营及统计报表的方式反映总局的生产经营状况，以地质报告的方式反映总局地勘工作的成果。但是，从目前统计工作开展的情况来看，存在统计口径不统一、时效性难以保障等实际问题；同时，地质报告出具周期较长，很多即时性的数据不便于统计，也是实际问题。为此，我们同样可以引入数据中心，进行统一的数据采集。

1. 特征数据

在生产过程中，生产计划的制订、生产工序的安排、计划执行监测、产品质量控制、固定成本控制、可变成本、库存等，都是需要关注的数据。

在地质工作中，我们选取实物工作量作为特征数据，来说明工程或工作的数量指标。实物工作量能够直观地反映使用某一技术手段、方法进行地质工作所得到的实物数量。在一定程度上，实物工作量能够反映地质工作的规模和进度，也是计算价值工作量的基础。

如此一来，在生产子系统中，我们就可以确定一部分特征数据。

2. 底层逻辑

在生产过程中，高效、低耗、灵活、准时地生产合格产品，为客户提供满意服务是生产的根本宗旨。基于这一认识，就可以建立以客户满意度评价为优先判断标准来安排生产的逻辑体系。

3. 数据采集方式

针对生产过程中的数据采集，成本消耗、生产时长、质量控制等一系列特征数据均容易采集，可通过人工采集或信息化手段采集等方式进行直接采集。而在地质工作产生的数据中，地勘钻孔深度、布孔数、踏勘范围等众多地质工作数据也可直接采集，并输入系统。

（五）风险控制

企业面对的风险主要分为两类：外部风险和内部风险。外部风险主要包括政治风险、法律风险、社会文化风险、技术风险、自然环境风险、市场风险、产业风险；内部风险主要包括战略风险、操作风险、运营风险、财务风险。为更加简明地探索该问题，我们选取财务风险作为研究对象，寻找其相关数据。对于其他风险，也可采取同样的方法进行分析。

1. 特征数据

企业面临的财务风险主要包括筹资风险、投资风险、资金回收风险、收益分配风险等。那么，我们可以从上述风险事项中寻找特征数据，资金、投入、产出、收入、预期投资收益、实际收益回收、时间等都可以作为财务风险的特征数据。

2. 底层逻辑

上述特征数据所对应的风险事项明显是不连续的。此时，可以以企业对风险的接受能力或者抗风险能力为衡量标准，将上述特征数据进行整理，选取分类模型，即可很清晰地看出该风险事项对企业的影响及风险事项发生后应采取的对策。

（六）档案资料数据化

档案是企业开展业务活动的重要工具和凭证性信息记录，是企业的核心信息资源与重要资产。据总局档案馆统计，截至2021年底，馆藏资料14 135卷（以卷为保管单位），73 438件（以件为保管单位），电子档案5748 GB，档案涉及科技、文书、财务、基建、生产经营资料等多方面内容。电子档案的保存相对容易，查阅、调取相对便利。但对于繁杂的纸质档案来说，因保存期限、存储介质、存储环境等诸多影响因素，档案质量不能保证，调阅使用也不方便。因此，档案数字化成了必然需求。

总局具有机构庞大、下属单位较多且层次复杂、各下属单位分散等特点。因此，总局实现档案资料的集中部署应用、分级管理，构建立体式企业数字档案馆，是总局数字档案管理的最佳解决之道。

将数字化的档案作为重要的支撑数据部署到数据中心，可以使调阅更加方便、使用更加便捷，同时也可为决策策略的选择提供充足的历史参考资料。

六、总局数据中心建设情况

根据业务需要，总局所属航测遥感局已经先期建设了数据中心。现对其建设情况进行简要分析。

中煤航测遥感集团有限公司大数据中心（以下简称“大数据中心”）于2020年7月落成，是国内测绘地理信息行业规模最大、处理能力最强的数据中心之一。大数据中心配备有网络防火墙、入侵防御检测系统、数据库审计、堡垒机、日志审计等网络安全设备，云平台已顺利通过国家等级保护三级测评。大数据中心可对外提供互联网云主机，也可提供三维建模、人工智能解译、遥感影像数据处理等服务。

（一）基础设施建设情况

大数据中心机房建筑面积约400平方米，包括IT设备间、操作间、电池间等，设备间配备了40个标准机柜，目前私有云部分约使用了12台设备（含9台GPU计算服务器、1台综合服务器、2台交换机），机房配备综合布线、制冷、安防、配电、监控及消防设备，设置了专门的运维监控房间，基本参照国家有关规范要求设置。

（二）私有云平台建设情况

航测局私有云平台可提供超算和云上作业两大功能，主要面向煤航企业内部，建设内部数字产品和技术成果平台。其中，超算模块主要面向智慧城市实景三维、AI、多元遥感影像的集成与整合等高密计算项目提供算力。云上作业提供了生产协同作业环境，测绘工作由单机模式向服务器集群模式转变。生产业务和数据上云最大限度地利用了云资源的整合优势，提升了数据处理效率和质量。

（三）公有云规划情况

航测局公有云采用“数据+平台+应用”的技术架构：“数据”是以遥感测绘数据为基础框架，包括地形图数据和各种卫星数据，并集成应急、医疗、人口、气象、地质、地震、矿权和采空区等社会经济数据，融合不同来源的行业专题数据；“平台”是基于“微服务”架构打造的一体化承载框架；“应用”是以共性功能为基础，可提供组件化的扩展、组合和集成能力。

七、意见与建议

通过上述研究，我们可以看到数据决策在企业数字化转型中所起到的积极作用，而数据中心作为数据的载体和计算、处理平台，在企业决策中也起到了积极作用。

通过研究发现，总局的数据化过程也存在一些问题：

一是数据资源分散，条块割裂严重。总局数字化建设涉及地质勘探、地理信息、物探化探、水文地质等各类数据，涉及行业及单位多、覆盖面广、数据量较大，但目前还缺少数字化规划或大数据规划，内部各单位均为数据生产单位，但各单位彼此之间缺乏共享和整合，条块分割严重，数据分散存储，单位间的“信息孤岛”现象较为严重。

二是管理体系薄弱，收集难度较大。数据管理体系不完善，缺少总局层面的推进机构、标准和管理要求，数据管理、数据应用、数据运营等基础薄弱，各单位对数据存在安全、隐秘等方面的顾虑。

三是应用深度不足，价值没有发挥。总局拥有全国范围内的煤炭地质数据，但这些数据多以非结构化形式存在，对外应用基本停留在纸质复印上，很少进行结构化处理，勘探过程产生的过程数据缺少有效的实时存储及计算手段，应用范围极其有限，价值没有得到充分体现，难以有效提供整体的可视化、数据推荐、影像识别、时空分析等数据能力。

我们建议，为进一步提升总局决策水平，可从以下几个方面开展工作：

（1）加速推动数字化转型。随着人工智能、数据分析等相关技术逐步渗透到各行业，传统的管理模式已经不能满足企业发展需要，数字化转型已经成为企业发展新的内生动力。

（2）逐步探索总局数据中心（数据平台）建设。由总局总部牵头，进行总局内容数据集成、清洗和整合，将总局内部散落在各子企业的数据组织起来，形成数据基础。围绕总局需求，搭建总局数据中心，总局充当数据中心管理者和使用者，各子企业为数据的产生者和数据中心的使用者，形成“总—分”的数据中心运行模式。

（3）数据化推动企业经营决策。通过研究过程中的子系统分析，我们发现可在数据中心搭建各种数据分析平台，应用于行业趋势分析、产业分析、业务分析、决策分析等各个方面。同时，对报表统计从表单化向智能化、形象化转变，也具有积极意义。

（4）数字化推动企业核心业务升级。在满足经营决策的前提下，核心业务的升级也成为数字化的重要方向。将数据分析应用于企业的核心，了解市场，分析市场，明确业务调整方向，明确相关技术支持，明确人才需求，最终实现业务升级。

（5）加强数据分析人才的储备。企业数字化（或者说数据中心的建立）不是一蹴而就的，人才短缺已成为数字化的桎梏。即使通过外部协作搭建数据平台，也需要懂数据分析、了解人工智能的人才进行维护和管理。加强相关领域的人才储备，将成为企业进行数字化转型的先决条件。

成果创造单位：中国煤炭地质总局办公室

成果主要创造人：赵彦雄

成果创造人：高天扬　宋思哲　张　卓　彭益宗

国有地勘企业监督管理模式创新研究

中煤航测遥感集团有限公司　中煤地质集团有限公司

新时代背景下，开展国有地勘企业监督管理模式创新，不仅是推进党和国家治理体系和治理能力现代化的内生需要，还是促进国有地勘企业深化改革和高质量发展的重要保障。当前，虽然我国国有地勘企业也在探索建立“大监督”工作格局，但在思想认识、监督合力发挥等方面还存在一些不足。对于这些问题，需要深入分析，采取有针对性的举措。

本课题梳理了国有企业监督历史沿革及体系，掌握其演变规律；对国有企业现有监督体系做了分析，明确了现有监督力量的构成及监督职能；结合地勘企业实际，选取中国煤炭地质总局所属企业部分员工发放调查问卷125份，访谈32人次，调查了解2家企业的监督实践，分析了现有监督模式存在的问题。针对这些问题，课题组设计了一套系统、完整的国有地勘企业“多维一体”合力监督管理模式，并考虑了不同企业层级、不同股权结构下的监督管理模式之间的差异。同时，为确保监督模式的有效性，我们还制定了一套与之匹配的监督评价体系，希望能对促进国有地勘企业进一步整合监督力量、创新现有监督模式、形成监督合力提供指导和借鉴。

管理建议：

（1）设定“大监督”目标。设定监督目标有助于明确企业监督力量的协同与整合，有助于合并同类项，减少重复监督。

（2）建立健全监督工作委员会领导体制。由股东大会或董事会下设监督工作委员会，并接受党委领导，树立监督工作委员会在现代企业治理中的法定地位。确立监督工作委员会的双重领导机制，强化对下级监督工作委员会的领导和管理，着力解决监督效能层层递减的问题。

（3）建立完善工作机制和“四平台”支撑体系。以党章党规党纪、国家法律法规和企业内部规章制度为依据，通过完善沟通机制、建立联合监督检查机制，加强纵向监督，建立健全制度支撑平台、信息支撑平台、人员支撑平台和考核支撑平台“四平台”支撑体系，进一步强化国有地勘企业“事前预防、事中控制、事后问责”的三道防线。

一、国有地勘企业构建“大监督”体系的重要意义

面对错综复杂的形势和艰巨繁重的改革发展任务，不少企业内部仍存在“四风”、腐败、靠企吃企等一系列问题。近年来，矿产开发和工程建设领域腐败事件高发频发，涉案金额往往巨大。而地勘企业与矿业企业联系密切，地勘项目分散，关键环节多，廉洁风险点多，廉洁风险本就较高。随着地勘企业的转型发展，廉洁风险防控形势更加复杂，需要依靠高质量监督保驾护航。因而，非常有必要构建国有地勘企业“大监督”新格局，认真贯彻落实习近平总书记提出的要求，整合企业内部监督力量，创新监督模式，不断提升监督质效。

（一）“大监督”概念的提出

中共中央、国务院在2015年8月印发的《关于深化国有企业改革的指导意见》指出，要建立健全核查、移交和整改机制、监督工作会商机制，建立健全监督意见反馈整改机制，形成监督工作的闭环。当前，国有企业虽然已经基本形成了党内监督与公司法人治理结构监督、业务监督、审计监督等并存的监督体系，但实践中发现仍存在监督力量分散、监督检查重复、监督手段传统单一、信息资源难以共享等问题。国务院国资委于2019年11月发布的《关于以管资本为主 加快国有资产监管职能转变的实施意见》中指出，国资改革推动“以管资本为主推进国资监管机构职能转变”，并进一步提出要构建业务监督、综合监督、责任追究三位一体的监督工作闭环。因而，在当前背景下，探索如何落实好这一监督工作闭环，对推进国有企业持续深化改革，保障国有地勘企业健康、高质量发展具有重大意义。

（二）新时代加快构建完善国有企业“大监督”体系的重要意义

1. 夯实国企全面从严治党责任

从横向来看，“大监督”体系能够进一步弥补监督短板和薄弱环节，进一步压

紧压实企业内部职能部门的监督责任；从纵向来看，“大监督”体系能够将上下监督贯通联动，在打通壁垒的同时，通过监督下沉，切实解决基层监督力量薄弱的问题，有助于形成协同联动的监督合力。

2. 全面推进依法依规治企

创新国有企业监督管理模式，构建完善“大监督”格局，充分发挥企业内部监督力量的合力作用，能够有效解决一些国有地勘企业在制度执行中存在的“严格不起来、落实不下去”的症结。通过进一步明确责任、落实责任，不断强化制度执行力，持续提升企业管理制度化、规范化水平。

3. 促进监督工作高质量发展

通过进一步完善国有地勘企业监督体系，在各监督主体发挥职责范围内监督职能的同时，形成各监督主体同频共振、同向发力的“大监督”格局，让国有地勘企业监督效果得到全面提升，实现对地勘企业发展中存在的风险进行集中研判和整治，让监督工作更加精准和有效开展，为地勘企业高质量发展保驾护航。

（三）研究内容与研究方法

1. 研究内容

通过查阅文献，了解和掌握国有企业监督历史的发展变化；采用发放问卷的形式，对部分国有地勘企业监督管理模式现状进行调查，分析存在的问题；构建国有地勘企业监督管理新模式；建立国有地勘企业监督评价体系，促进“大监督”模式有效运转。

2. 研究方法

（1）文献研究法：查阅国内关于国有企业监督等方面的文献，广泛吸纳相关理论知识。在此基础上，结合实际，进一步对国有地勘企业监督模式进行分析，提出创新方案设计。

（2）问卷调查法：通过问卷的形式，对中国煤炭地质总局系统内多方位人员进行调查，客观真实地了解现有监督模式的实际运行情况以及存在的问题。

（3）访谈法：对中国煤炭地质总局下属部分二级单位进行现场调研，主要针对部分领导、中层以上人员（包括纪检、法律、风控、审计、董事会办公室、监事会办公室、组织部门等部室人员）共计 32 人进行了分类访谈。通过访谈，摸清了现有的监督模式以及监督工作开展的效果评价等情况。

（4）统计分析法：通过对问卷调查、访谈等方式获得的相关信息进行统计分析，为研究监督成果运用等提供相应依据。

二、国有企业监督历史沿革及体系研究

（一）国有企业监督管理模式的历史沿革

1. 党和政府的“一元监督”阶段

1978年，十一届三中全会胜利召开，成为国有企业监督模式变化的一个重要分水岭。在这以前，我国处在计划经济时代，国有企业是政府的所属机构，内部监督多体现为党和政府的领导与控制，监督效果不佳。

2. “一元监督”向“多元监督”过渡阶段

十一届三中全会提出，让企业拥有更多的经营管理自主权，调整国家与企业的责权利关系，扩大企业自主权、简政放权、减税让利、政府向企业分权。十二届三中全会通过了《中共中央关于经济体制改革的决定》，开始将农村的家庭联产承包责任制向国有大中型企业推广，并于1988年4月颁布《中华人民共和国全民所有制企业法》，实行厂长（经理）负责制。企业经理开始主导企业决策，党委成为主要的监督力量，逐步形成了党代会、职代会、工会“老三会”的治理结构。虽然该时期仍然以政府监督为主，但已经开始尝试探索市场机制的监督作用。

3. 内外部并存的多元监督主体阶段

1993年，党的十四大明确提出了国有企业改革的新目标，要建立现代企业制度，国有企业改革进入了以产权改革为核心、建立现代企业制度的新阶段，国有企业开始试行股份制，并按照现代企业制度进行改组，有效地解决动力机制以及社会监督机制缺失两大问题。在我国社会主义市场经济的大背景下，国有企业公司制、股份制改革取得明显进步。国有企业监督模式再次发生变化，股东会、董事会、监事会“新三会”的引进，成为国有企业监督的一种新模式。

4. 国有资产监督格局基本形成阶段

2002年，党的十六大提出，国有企业是我国国民经济的支柱，除极少数必须由国家独资经营的企业外，要积极推行股份制，发展混合所有制经济，国有大中型企业继续实行规范的公司制改革，进一步完善法人治理结构。2003年3月，国务院国有资产监督管理委员会成立，这是中华人民共和国成立以来中央政府首个

代表国家履行出资人职责的国务院直属特设机构，基本实现了管资产和管人、管事相结合的管控模式。国有资产监督模式基本形成了出资人监督和企业内部监管并存的模式。

5. 新型监督模式加快形成阶段

党的十八大以来，面对国有企业在体制方面、结构方面、管理方面存在的急需解决的矛盾和问题，国有企业将建立更加健全的内部监督体系，在监督力量、监督机制、监督制度、监督手段、监督方式等各个方面做了大量富有成效的研究与探索，国有企业改革进入了一个全面“深化改革”的崭新时代。承担监督职责的机构除了纪检监察之外，监事、财务、审计、法务等部门机构同样负有监督职责，这些监督机构及配套制度能够从不同方面、不同角度发挥监督保障作用。

（二）国有企业现有监督体系分析

按照监督主体的不同，可以将监督分为内部监督和外部监督。内部监督由党内监督体系、职工民主监督、股东（会）、董事会（独立董事）、监事（会）、内部审计监督等部分组成。外部监督主要由国有资产出资人监督、外部市场、政府与法律体系、相关管理结构监督等组成。本课题主要探讨的是国有地勘企业的内部监督模式创新。

1. 党内监督体系

（1）党委（党组）全面监督。

党委（党组）在党内监督中负主体责任，负责领导国有企业开展党内监督工作，负责管好用好国企领导人员“关键少数”，加强制度建设，负责对企业领导人员履职行权的监督，加强对同级纪委和所辖范围内纪律检查工作的领导。

（2）纪委专责监督。

纪委作为党内监督的专责机关，履行监督执纪问责职责。国有企业纪委负责对本企业范围内的党组织和领导干部遵守党章党规党纪、贯彻执行党的路线方针政策等情况开展监督检查。

（3）党的工作部门职能监督。

中国共产党的工作部门是国有企业党组织履行主体责任的重要载体和抓手，履行本部门职责范围内的党内监督职责。

（4）党员民主监督。

党员民主监督是每一位党员的义务，党员应加强对党的领导干部的民主监督，及时向党组织反映群众意见和诉求。

2. 股东（会）监督

在现代企业治理中，所有权与控制权分离，股东会是企业最高的权力机构。股东可以通过自己的投票权选举董事会成员进而对企业经营进行监督，也可以通过股东会影响公司的决策机制，进一步对企业进行监督。

3. 董事会监督

董事会由全体股东选举的董事组成，受股东之托管理、监督制约企业运作，对董事个人和经理人员行使监督权。

4. 监事会监督

监事会对股东大会负责，是公司专门的内部监督机构。监事会以出资人代表的身份行使监督权力，对公司董事、高级管理人员履行职责的合法性进行监督，保护公司及股东的合法权益。

5. 内部审计监督

国有控股企业和国有独资企业在董事会下设独立的审计委员会，是董事会中建立的一支独立的财务监督队伍。

6. 职工民主监督

职工民主监督主要是以职工大会、职工代表大会等方式，对企业的经营方针和重大决策进行监督。

三、国有地勘企业监督管理模式现状及存在问题

（一）国有地勘企业现有监督管理模式现状调查

通过采取向中国煤炭地质总局所属各级企业各层级人员发放调查问卷的方式，对国有地勘企业监督模式相关内容进行调查，主要涉及对现有监督工作的基本评价、对监督工作的认识及对“大监督”体系的认识等方面。课题组利用“问卷星”互联网工具制作并发放问卷125份，回收125份，回收率100%。参与人员涵盖二级央企人员（37.6%）、三级央企人员（60.8%）、四级及以下人员（1.6%），包括领导层人员（10.4%）、中层人员（40.8%）、主管（7.2%）和职员（41.6%）。

1. 监督工作的整体评价

课题组回收的125份调查问卷显示，广大干部职工对现有监督管理模式的整体评价较好。其中：

（1）针对“您对您所在单位监督工作的总体评价如何”这一问题，满意度为78.4%，认为“一般”的有15.2%，认为“有所改进”的有3.2%，“不满意”的占3.2%（图1）。

（2）针对“对监督发现的问题处理结果评价”这一问题，61.6%的参与者认为“好”，24.8%的参与者认为“较好”，11.2%的参与者认为“一般”，仅2.4%的参与者认为“差”（图2）。

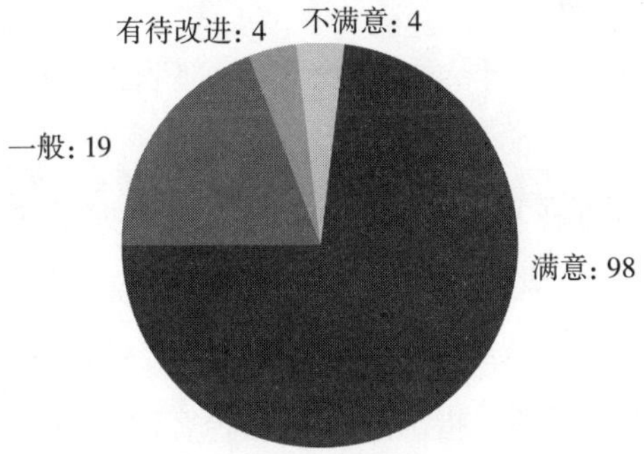

图1 “您对您所在单位监督工作的总体评价如何”问卷分析结果

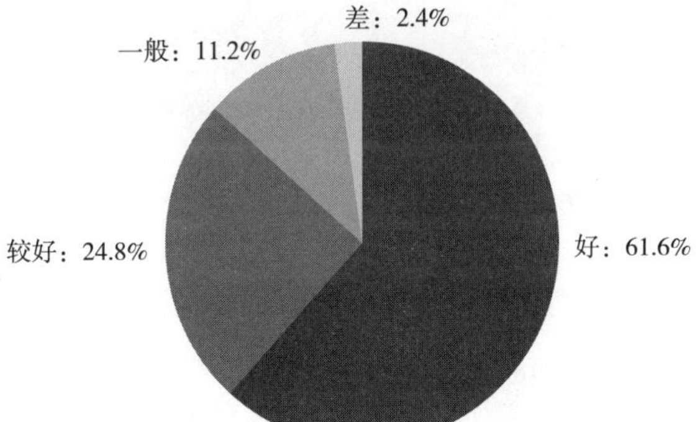

图2 “对监督发现的问题处理结果评价”问卷分析结果

2. 监督工作的认识情况

（1）针对“您认为监督工作有没有必要”这一问题，93.6%的参与者认为“有必要”，2.4%的参与者认为“无所谓”，3.2%的参与者认为“没必要，以业绩说话就够了”，有0.8%的参与者认为“有点多余，束缚手脚”。

（2）针对“您认为应由谁承担监督责任”这一问题，32.8%的参与者认为“每个部门负责人都有”，64%的参与者认为“每个员工都有”，仅有2.4%的人认为“只是领导干部才有”，只有0.8%的人认为“不关我的事”，没有人认为“只是纪检部门的职责”。

（3）针对“您对监督工作者工作能力和水平评价”这一问题，认为“好”的占59.2%，“较好”的占24.8%，“一般”的占13.6%，“差”的占2.4%。

（4）针对“您有没有感受到除纪检部门之后的其他监督主体对您的监督”这一问题，有77.6%的参与者表示感受到了，有22.4%的参与者表示未感受到。其中，前者能够感受到的主要是财务监督、审计监督、风控监督、质量监督、群众监督等。

3. 监督效果的评价情况

课题组回收的125份调查问卷显示，广大干部职工对现有监督起到的效果的评价基本较好。其中：

（1）针对“您认为所在单位对重点领域的监督是否有成效”这一问题，有46.4%的参与者认为“很有成效”，38.4%的参与者认为“有成效”，14.4%的参与者认为“一般”，有0.8%的参与者认为“没有成效”（图3）。

（2）针对“您认为监督部门指出的问题是否客观”这一问题，认为“很客观”的占61.6%，认为“有的客观，有的不客观”的占28%，认为“不客观，脱离业务实际”的占4%，认为“虽然客观，但是找不到解决的办法和措施”的占6.4%（图4）。

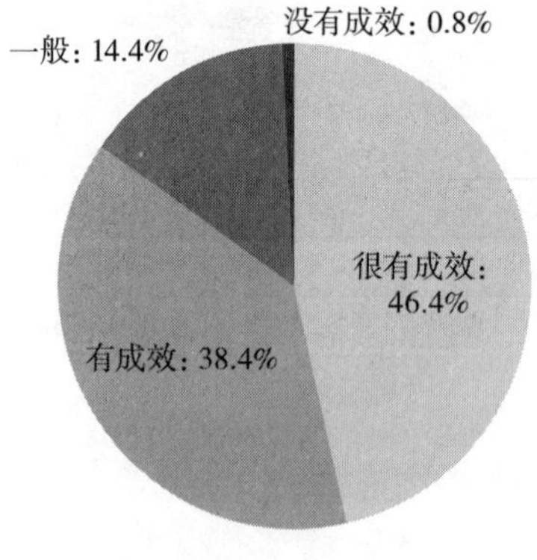

图3　“您认为所在单位对重点领域的监督是否有成效”问卷分析结果

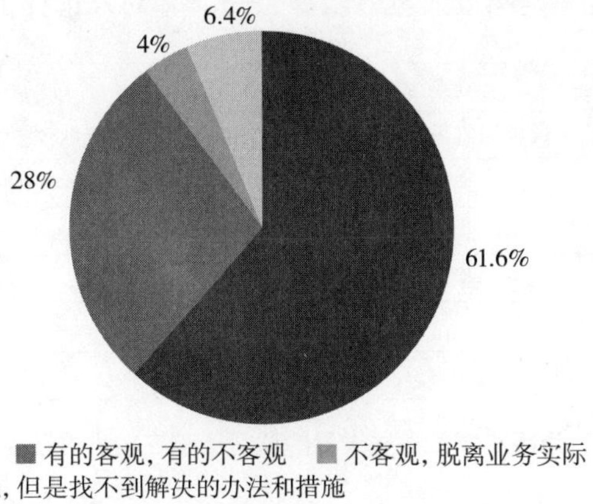

图 4 “您认为监督部门指出的问题是否客观”问卷分析结果

4. 监督工作中存在的问题

课题组回收的 125 份调查问卷显示：

（1）针对“您认为所在单位监督是否存在以下问题”这一问题，有 27.2% 的参与者认为“监督与主营业务结合不密切”，48% 的参与者认为“监督方式方法传统单一”，17.6% 的参与者认为“信访渠道不畅通或表面化”，45.6% 的参与者认为“深入一线实地走访较少”，12.8% 的参与者认为“监督工作落实不到位”，22.4% 的参与者认为“对重点领域、关键岗位监督不足”，有 7.2% 提出了其他问题，涉及监督较为分散、信息化有待加强等方面（图 5）。

选项	小计	比例
监督与主营业务结合不密切	34	27.2%
监督方式方法传统单一	60	48%
信访渠道不畅通或表面化	22	17.6%
深入一线实地走访较少	57	45.6%
监督工作落实不到位	16	12.8%
对重点领域、关键岗位监督不足	28	22.4%
其他	9	7.2%
本题有效填写人次	125	

图 5 “您认为所在单位监督是否存在以下问题”问卷分析结果

（2）针对“您认为所在单位哪些人员的监督还存在较大提升空间”这一问题，有 51.2 的参与者选择了“对领导班子成员的监督”，32.8% 的参与者选择了“对中层管理人员的监督”，28.8% 的参与者选择了“对基层管理人员的监督”，49.6% 的参与者选择了“对关键岗位人员的监督”，3.2%的人选择了“其他”（图6）。

选项	小计	比例
对领导班子成员的监督	64	51.2%
对中层管理人员的监督	41	32.8%
对基层管理人员的监督	36	28.8%
对关键岗位人员的监督	62	49.6%
其他	4	3.2%
本题有效填写人次	125	

图6　“您认为所在单位哪些人员的监督还存在较大提升空间”问卷分析结果

（二）国有地勘企业监督模式创新实践探索

近年来，国有地勘企业积极推进地勘产业转型升级，不断探索事企分离运行机制，完成“三会一层”建设，积极推进混合所有制改革，现代化治理能力逐步提高。在监督模式创新方面，许多企业都进行了探索。这里以中煤航测遥感集团、中煤地质集团2家企业为例进行案例解读。

1. 中煤航测遥感集团监督管理创新实践

中煤航测遥感集团成立于1965年，作为国务院国资委“双百行动”试点企业和国有企业管理标杆企业，近年来，公司以完善现代企业制度为引领，优化法人治理，在企业监督管理创新方面采取了一些有效做法。坚持完善体制机制，深化运用“大监督”格局。在集团党委领导下，成立监督工作委员会，出台《监督工作委员会工作规则》，进一步明确成员部门的监督职责，压实监督责任。开展联合监督检查，对集团所属17家单位落实“第一议题”制度、开展党史学习教育等9个方面工作开展情况进行联合监督检查，减少重复监督、重复检查。建立监督工作委员会沟通协调机制，促进监督信息共享。推动日常监督制度化，明确11项日常监督重点事项，规定12种监督方式，对开展监督工作提出量化要求，为开展日常监督工作提供指南。组织纪检、审计、生产经营等部门联合制定《集团违规经营投资责任追究暂行办法》等6项制度规定，完善对权力运行的监督和制约。开通“煤航清风”微信公众号，进一步提升党风廉政建设宣传教育辐射面。加强对外协项目的监督，围绕外协队伍准入管理、过程管控和事后评估等环节开展专项监督检查，指出风险隐患，督促合规经营。建立“1+N”纪检体制改革制度体系，细化基层纪检委员、专职纪律检查员职责，保障纪检干部的主要工作精力能用在监督主责主业上；进一步延伸监督触角，建立外业项目兼职监督员制度，打通基层监督“最后一公里”。创新监督方式方法，制定《“四色”监督单运用工作实施办法》，促进监督工作常态化、规范化、精准化。

2. 中煤地质集团监督管理创新实践

中煤地质集团有限公司成立于1994年，近年来，地质集团紧紧围绕中心、服务大局，把监督职能落到实处。不断加强集团顶层设计，完成董事会应建尽建，集团治理结构更加完善，董事会、党委会、经理层权责边界更加清晰。成立监督委员会，整合纪检、巡察、审计、信访、风控、财务、人事等监督资源，推进政治监督、日常监督、专项监督、关键领域监督。注重推动反腐倡廉教育，对集团自党的十八大以来查处的违规违纪事项进行整理分析，用身边事警示身边人，与总局纪委共同编制《党员干部违规违纪典型案例汇报》《违反中央八项规定精神案例剖析》；在重要子公司设置纪检员，持续优化“三项制度”改革等关键环节，聚焦重点，强化监督；积极推动智慧纪检，精准监督，用好纪检平台数据统计分析，进一步加强智能化监管；积极推动监督下沉，坚持重大项目建设到哪里，监督检查就跟进到哪里，持续开展“送纪律下基层进项目”活动，对青海木里等项目开展“蹲点式”派驻，印发《施工项目廉洁风险防控工作方案》《施工项目廉洁风险防控工作手册》《施工项目廉洁风险防控工作监督事项清单》，梳理项目廉洁风险点；坚持“当下改”与“长久立”相结合，落实监督整改闭环管理措施，做到善始善终、持之以恒。

（三）国有地勘企业当前监督工作存在的主要问题

在问卷调研和企业实践探索中，我们发现，当前我国国有地勘企业虽然在现有监督做法上进行了不同程度的创新，但是由于缺乏有效的协同监督机制、长效的监督成果运用机制和创新的监督管理方法，导致监督部门在执行监督工作的过程中没有完整有效的监督管理体系及制度化流程可供遵循，从而影响了整体监督工作的效率和效果。从实践上看，现行监督管理模式存在以下几个方面的问题。

1. “大监督”意识尚未真正树立

虽然一些企业对“大监督”格局和运行机制进行了探索，但从调查结果来看，“大监督”意识还没真正树立，整个监督管理工作尚未形成一套有效、完整的实施方案和运行机制。主要表现在：访谈中，发现个别领导干部和员工对监督和再监督职能区分不清，仍简单地认为监督是纪委的事，职能部门在日常监督工作中不愿负责、不愿担当的情况仍然存在。同时，国有地勘企业当前未能建立一套完整的监督管理体系及制度化流程，导致监督部门在执行监督工作的过程中缺乏创新的监督管理方法与手段，从而使监督部门开展工作的效率和效果受到影响。

2. 监督合力尚未形成

因为各监督职能分别隶属于不同的企业管理部门，管理主体间缺少有效的协同，沟通协调不畅，导致各项监督工作处于独立状态，难以形成监督合力，从而影响监督效果。比如，目前的监督主要包括党委巡视巡察、纪律检查、审计监督、业务监督等，这些监督主体大多“各自为政”，监督部门之间没有建立良好的沟通交流机制，往往会出现不同监督主体要求同一监督对象提交相同材料等重复监督现象，增加了基层单位负担，也影响了监督效率和效果。同时，由于监督内容涉及公司治理、招标采购、党建纪检等多个领域，若单独从业务部门角度出发，难以做到全方位、全过程的监督。监督范围的扩展也对监督人员的能力素质提出了更高的要求。

3. 监督工作存在层层衰减情况

目前，已经成立的监督委员会主要停留在一级地勘央企总部和二级集团公司层面，三级企业以及对外投资和控股、参股企业还未成立相应的监督机构，“大监督”格局较难向下级企业延伸。有些基层党组织“监督探头”作用发挥不够，廉洁风险防控存在薄弱环节，违规违纪现象仍有发生。

4. 监督主体的考核机制有待完善

由于各部门监督的重点和方向不同，产生的监督结果也各有侧重，在成果运用方面容易出现各自为政的现象，难以有效共享各监督部门的重要信息和监督资源，现有考核体系不能促进形成结果共享的局面。监督主体尚未脱离企业现有考评体系，常常出现监督对象考评监督主体的情况，从而出现“你让我红脸出汗，我让你考核难过关”的现象。

5. 监督体系与企业治理结构融合不够

随着“国企改革三年行动”和混合所有制改革的不断深入推进，国有地勘企业在推进治理结构现代化的进程中，针对公司治理、国有控股公司、参股公司的监管规定尚未完善。“大监督”机构监督工作委员会基本都在党委下成立，最终容易成为党内监督机构，特别是在混合所有制企业中，没有与股东大会、董事会的企业治理结构形成有机融合，监督工作委员会在现代企业治理中的法定地位没有真正形成。

四、国有地勘企业监督管理模式设计及评价体系构建

（一）创新监督模式要以坚持党的领导为根本

1. 党中央的坚强领导为创新国有地勘企业监督管理模式提供了方向

我国法律总体上受大陆法系影响较深，在国有企业治理结构上形成了“股东会+董事会+经理层”的“三会一层”治理模式，由董事会和监事会分别行使经营权和监督权。

随着改革的持续推进，近年来，国有地勘企业在建立和完善现代企业制度方面做了有益探索和尝试。比如，在基础制度方面，国有地勘企业积极推进“党建进章程”；在确保党的领导与董事会决策深度融合方面，认真落实党委书记和董事长“一肩挑”、党员总经理兼任副书记，符合条件的党组织领导班子成员通过法定程序进入董事会、监事会、经理层等。

2. 混合所有制改革是国有地勘企业改革的发展趋势

2016年以来，国务院国资委启动四批混改试点，中国煤炭地质总局所属二级企业中煤航测遥感集团有限公司入选“双百”企业名单。国有地勘企业已在二级企业层级探索事企分离改革运行多年，所属二级企业已按照国务院国资委关于建立现代企业制度和现代化治理体制要求，完成了“四会一层”体系建设和职业经理人任期制契约化管理等企业化管理改革要求，国有地勘企业的现代化治理能力正在不断提升。

国务院国资委党委委员、副主任翁杰明提出，要针对企业的不同层级推进混合所有制改革，既要在子公司层面重点引导有序推进混合所有制改革，也要探索具备条件的企业在集团公司层面稳妥推进混合所有制改革，还要统筹规划，避免因企业内部层层股权多元化加大管理难度。中煤航测遥感集团有限公司结合实际，完成了3家分公司（技术发展研究院、广州分公司、智慧北斗分公司）的混合所有制改革，分别成立中煤（西安）航测遥感研究院有限公司、中煤数字科技（广州）有限公司、中煤（西安）北斗科技有限公司。目前，3家“混改”公司的运营工作正在有序推进。

（二）国有地勘企业“多维一体”合力监督管理模式设计

1. 总体思路

坚持以习近平新时代中国特色社会主义思想为指导，全面贯彻党的十九大和十九届历次全会以及十九届中央纪委六次全会精神，深刻把握全面从严治党和国有地

勘企业经营发展规律，按照法定性、风险导向、独立性和成本效益的原则，创新国有地勘企业监督管理模式，整合内部监督力量，形成监督合力，为做强做优国有地勘企业提供强有力保证。

2. 遵循原则

（1）法定性原则。国有地勘企业监督管理模式应遵循国家有关法律法规和党内规定，按照公司法对监事会设置的有关规定，依据中国内部审计协会制定的内部审计准则等规定进行监督。

（2）风险导向原则。面对错综复杂的环境，国有地勘企业必须坚持将内部监督前置，突出事前监督、动态监督，尽可能地减少发生风险的可能性。

（3）独立性原则。企业内部监督体系应保持独立性，在保持监督本身独立的前提下，对监督对象开展监督。监督主体应独立于被监督对象，向被监督对象的上一层级负责并报告，确保实施监督活动的主体在组织关系上的独立性。

（4）成本效益原则。内部监督模式和体系的运作需要有足够的资源支持，需要产生一定的人工成本、管理费用、办公费用等。如果这些成本影响了企业正常的生产经营中心任务，则不符合监督保障执行、促进发展完善的目的。

3. 具体方案

国有地勘企业监督管理模式设计以“整合监督力量、构建监督平台”为目标，通过建立并规范监督工作委员会的运行，充分发挥党内监督的牵引、协调、带动、整合作用，构建以股权结构为基础、党内监督为核心的“多维一体”合力监督体系（图7）。

创新领导体制，通过党组织嵌入公司治理，实现监督协同效应设定的监督目标。设定监督目标有助于明确企业监督力量的协同与整合，有助于合并同类项，减少重复监督。在对监督目标的设置上，财政部等五部委制定的《企业内部控制基本规范》较为全面地提出了国有企业监督的5个目标：企业经营管理合法合规，资产安全，财务报告及相关信息真实完整，提高经营效率和效果，促进企业实现发展战略。在目标一致的前提下，通过建立完善统一的监督标准和规范，使各监督主体在履行自身监督责任的同时，能够做到共享监督资源和监督成果，进而减少监督主体之间重复监督、监督真空等情况，形成监督合力。

（1）建立健全监督工作委员会领导体制。在股东大会或董事会下成立监督工作委员会，并接受党委领导。监督工作委员负责统筹企业内部多种监督力量，对党委负责并报告工作。纪委书记兼任监事会主席和监督工作委员会常务副主任，负责监

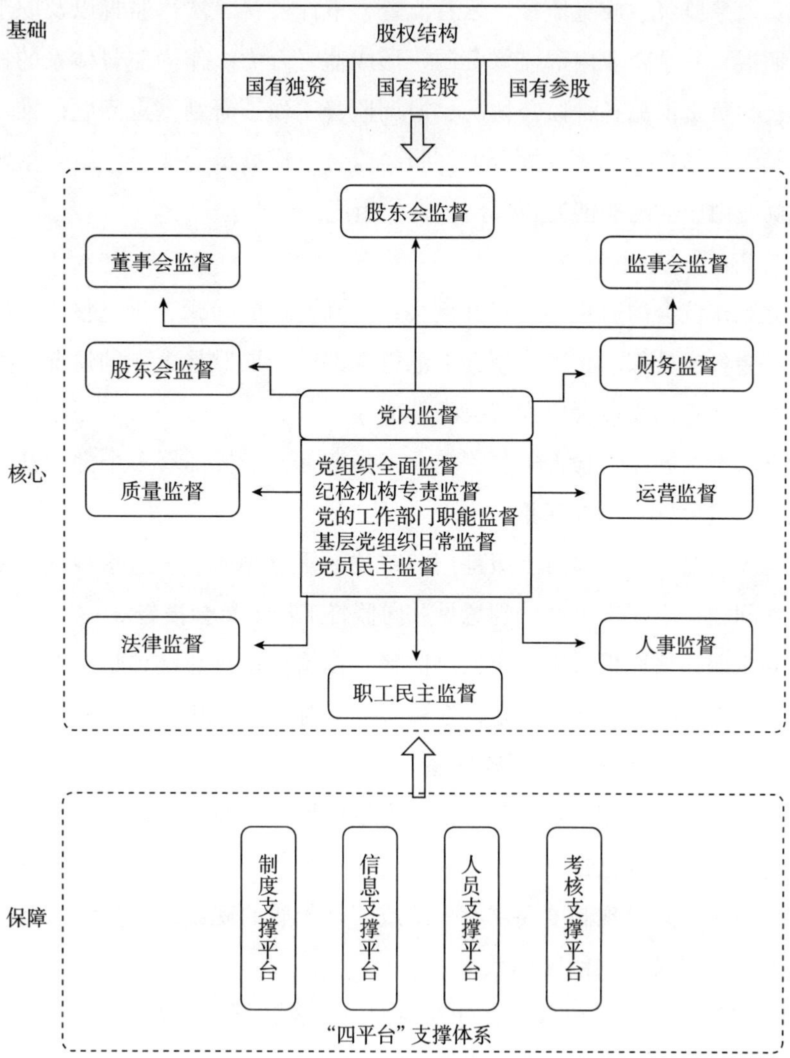

图7 “多维一体”合力监督体系框架

督工作委员会日常工作。确立监督工作委员会双重领导机制，强化对下级监督工作委员会的领导和管理。监督工作委员会在本级企业党委和上级监督工作委员会领导下开展工作。

（2）建立党内监督“五位一体”格局。“五位一体”党内监督格局由以下五部分组成：①党组织全面监督；②纪检机构专责监督；③党的工作部门职能监督；④基层党组织日常监督；⑤党员民主监督。

（3）整合监督力量，构建“多维一体”合力监督体系。“多维一体”合力监督体系是指在企业党组织领导下，进一步厘清董事会监督、监事会监督、纪律检查、人事监督、财务监督、质量监督、运营监督、审计监督、法律监督以及职工民主监督等监督职责，共享企业内部监督资源，形成监督合力。作为监督体系的核心，监督工作委员会负责汇总各种监督情况、协调监督工作、研判重点问题，推动各监督主体各负其责、信息共享、发挥合力。明确监督工作委员会成员。结合企业职能部门设置实际，由企业的职能监督部门负责人组成。

（4）完善工作机制。

①建立工作例会沟通机制。召开例会，研判发现的问题、研究整改措施等。监督工作委员会各成员部门在工作例会上汇报本部门开展监督工作的情况、发现的问题以及需要监督工作委员会研究解决的事项等。

②确立联合开展监督检查机制。结合工作实际，安排部署多个部门开展专项监督检查工作，避免重复检查现象。

③强化纵向监督。加强对下级部门、单位的重点领域、重点事项的监督。对发现的苗头性问题，应提出书面处理意见并向监督工作委员会报告。

④建立定期评估通报机制。定期对监督工作情况进行总结评估，对下一步工作进行安排部署。对发现的典型问题，在适当范围内进行通报。

（5）搭建“四平台”支撑保障体系。

①建立完善制度支撑平台。各个监督力量依据自身监督职能在监督工作委员会领导下完善自身范围内监督制度体系，明确制度配套的标准和规范，确保制度可行，避免不同监督主体间出现制度要求不一致或相互矛盾的现象，逐步建立健全“不敢腐、不能腐、不想腐”的制度体系。

②建立完善信息支撑平台。充分发挥网络、云计算、大数据分析等信息技术，建设国有地勘企业内部“大监督”数据信息管理系统。

③建立完善人员支撑平台。监督工作委员会作为监督协调结构，不仅要监督“事”，还要协调“人”；既要建立监督人才库，不断丰富人力资源，还要加强对监督者的教育、管理和监督，打造一支忠诚干净担当的监督队伍。

④建立完善考核支撑平台。完善考核体系，监督工作委员会依据党风廉政建设责任制考核、业绩考核等要求，负责对各部门监督工作情况进行考核，避免出现监督对象向监督者打分的现象。

4. 股权结构对监督管理模式的影响

（1）对监督目标的影响。

从股权结构上看，国有控股公司属于国有企业，是国有地勘企业在推行股份制改革中形成的一种所有权混合的国有企业。与国有独资公司不同，在国有控股公司中，国家不再是企业唯一的出资人和所有者，所有权大小依照所占公司股权份额的高低来确定。国有参股公司是国有投资主体出于壮大国有经济、改善社会民生、增加国有资产收益、培养战略合作伙伴、获得稳定的市场等考虑，加入或参与设立的股份制公司。该类企业以经济效益为中心开展生产经营活动，不要求完成强制性社会公共目标，可与其他经济主体在市场上开展公平竞争。相较国有独资和控股公司，国有参股公司更偏重盈利的目的。

（2）对领导体制的影响。

①党组织在不同股权结构企业中发挥的作用不同。在国有控股的混合所有制企业中，国有股东在企业发展经营中的影响力和话语权较大，党组织在该类企业中发挥着领导作用。在国有参股的混合所有制企业中，党组织的职责定位与国有控股企业不同。按照《关于在深化国有企业改革中坚持党的建设的若干意见的精神》要求及最新精神，对于国有资本参股且没有实际控制力的混合所有制企业，比照非公有制企业开展党建工作，党组织在该类企业中发挥政治引领作用。因此，国有企业参股进行混合所有制改革时，要把建立党的组织、开展党的工作作为必要前提，要在同合作方进行混合所有制改革谈判时，引导非公有资本股东充分认识党组织的职责，以及党建工作对企业发展的积极促进作用。

②设立监督工作委员会的主体不同。为有效发挥监督工作委员会的监督合力作用，应通过公司治理结构的制度安排，保障监督工作委员会的设立和运行，并接受党组织的领导。对于国有独资公司，因未设股东会，监督工作委员会由其董事会设立。由于国有控股、参股公司均设有股东大会，股东大会作为最高权力机关，由其下设监督工作委员会更容易发挥监督职能。

（三）国有地勘企业监督评价体系的构建

1. 评价方法选择

本研究采用 AHP 层次分析法，从底层开始，为不同指标、准则赋予不同的权重，由下而上，分层影响，既能充分考虑到不同层级对整体方案的影响力，又考虑到在同一层级内不同目标对该层级的影响力，由低到高，层层加权影响，从而增加整体的科学性、准确性。

2. 指标体系构建

评价体系中设置有一级指标 3 个、二级指标 16 个（图 8）。

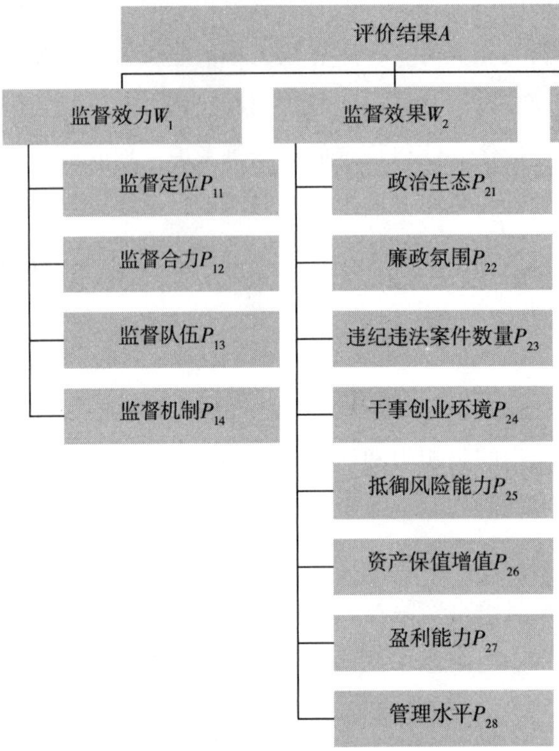

图8　评价指标体系（W_i、P_{ij}为评价时赋予对应项的权重）

（1）“监督效力”指标评价标准。

监督效力是监督工作的基础和保证，包含监督定位、监督合力、监督队伍、监督机制等。

①“监督定位”评价标准。如果监督的主体明确，监督职能定位准确，监督能够围绕重点人、重点事、重点领域开展，则可视实际情况评价为“合格”及以上；相反，则可评价为“不合格”或“较差”。

②“监督合力”评价标准。如果企业党组织明确了企业内部监督工作的职责和任务，能够形成监督合力，建立全面覆盖的监督局面，则可视实际情况评价为“合格”及以上；相反，则可评价为“不合格”或“较差”。

③“监督队伍”评价标准。如果企业监督工作岗位设置合理、人员设置充足、激励制度完备、运行制度明确，则可视实际情况评价为“合格”及以上；相反，则可评价为“不合格”或“较差”。

④“监督机制”评价标准。如果企业多方监督沟通机制通畅、建立了协调领导机制、做到了资源信息共享、相关制度健全，则可视实际情况评价为“合格”及以

上；相反，则可评价为“不合格”或“较差”。

（2）“监督效果”指标评价标准。

监督效果可细分为政治生态、廉政氛围、违纪违法案件数量、干事创业环境、抵御风险能力、资产保值增值、盈利能力、管理水平等。

①“政治生态”评价标准。如果企业党内政治生活严肃，党的组织生活制度化、经常化、规范化，坚持正确选人用人导向，严格执行民主集中制，能够坚决贯彻全面从严治党，能够将反腐败斗争引向深入，则可视实际情况评价为“合格”及以上；相反则可评价为“不合格”或“较差”。

②“廉政氛围”评价标准。如果企业能够经常性联系实际开展警示教育、以案促改活动、日常纪法学习、领导干部廉洁奉公思想建设情况较好等，则可视实际情况评价为“合格”及以上；相反，则可评价为“不合格”或“较差”。

③“违纪违法案件数量”评价标准。信访举报、处置问题线索、运用“四种形态”等指标的数量与评价等级成反比。

④“干事创业环境”评价标准。如果企业晋升通道通畅、员工激励措施到位、选人用人导向正确、干部有担当作为精神、企业创新能力充足、人力资源充满活力，则可视实际情况评价为“合格”及以上；相反，则可评价为“不合格”或“较差”。

⑤“抵御风险能力”评价标准。如果企业内控机制建立健全，财务风险、债务风险、经营风险等处于合理可控范围内，则可视实际情况评价为“合格”及以上；相反，则可评价为“不合格”或“较差”。

⑥“资产保值增值”评价标准。主要以年度审计给出的国有资产保值增值情况为主要依据，还要结合应收账款、现金流、投资股份股权等综合评判，可视实际情况评价为“合格”及以上；相反，则可评价为“不合格”或“较差”。

⑦“盈利能力”评价标准。盈利能力的判断较为明确，企业净资产收益率、总资产报酬率、盈余现金保障倍数、成本费用利润率、营业利润率、资本收益率等指标处于正常水平，则可视实际情况评价为“合格”及以上；相反，则可评价为“不合格”或“较差”。

⑧“管理水平”评价标准。如果企业发展战略的制定与执行科学高效、创新能力较强、经营决策正确、风险控制能力较强、人力资源质量数量较强、社会贡献突出、基础管理扎实、行业影响较高，则可视实际情况评价为“合格”及以上；相反，则可评价为“不合格”或“较差”。

（3）“监督成本”指标评价标准。

监督成本细分可以分为执行成本、人员成本、间接效率损失和其他成本。

①“执行成本”和“人员成本”评价标准。执行成本和人员成本定性与定量较为明确，如果企业监督人员工资处于合理水平，监督工作在执行过程中产生的费用合理，则可视实际情况评价为“合格”及以上，相反，则可评价为“不合格”或“较差”。

②“间接效率损失”和“其他成本”评价标准。监督引起的间接效率损失和其他成本是指由于监督的实施促使无意主动冒险却疏于防范，使损失发生的可能性更大，以及监督有可能影响企业发展的主观能动性等，可视实际情况进行评价。

3. 模型建立

（1）指标权重确定。

在对监督体系进行评价时，充分结合国有地勘企业的监督特点，根据图8所示的评价指标体系，赋予每一层次的指标不同的权重 P_{ij}，先利用分层分析法计算出指标层得分，再进行加权计算，得出准则层得分，最后进行加权计算，得出目标层得分。经过现有监督工作委员会成员打分评价，得出各层级指标权重，如表1所示。

表1　评价指标权重分配

目标层	准则层	权重 W_i	指标层	权重 P_{ij}
评价结果 A	监督效力 Y_1	30%	监督定位	30%
			监督合力	25%
			监督队伍	25%
			监督机制	20%
	监督效果 Y_2	40%	政治生态	20%
			廉政氛围	15%
			违纪违法案件数量	15%
			干事创业环境	10%
			抵御风险能力	10%
			资产保值增值	10%
			盈利能力	10%
			管理水平	10%
	监督成本 Y_3	30%	执行成本	35%
			人员成本	35%
			间接效率损失	10%
			其他成本	20%

（2）评价计算过程。

评价者根据监督重点赋予指标层、准则层相应权重 P_{ij}、W_i，评价者对指标层进行打分 V_{ij}，根据指标层得分计算出准则层得分 Y_i，根据准则层得分计算出目标层最终得分 A。

（四）实践应用：以中煤航测遥感集团为例

1. 企业基本情况

当前，中煤航测遥感集团所属单位共 19 家，其中，国有独资公司 5 家，“混改”公司 4 家（均为国有资本控股）。所属企业中，党组织设置为党总支和支部，设纪检委员和专职纪律检查员各 1 名，负责本公司的纪检监督工作。所属不同企业按照自身规模大小和经营需要，设置有生产经营部、综合办公室、人力资源部、委派制财务人员等职能监督机构。

2. 监督模式优化设计

（1）集团层面。

①组织机构设置。在集团董事会下成立集团监督工作委员会，负责领导集团监督力量，受集团党委领导。集团董事长同时兼任党委书记、监督工作委员会主任，负责领导、主持监督工作委员会全面工作；集团纪委书记兼任监事会主席，同时任监督工作委员会常务副主任，负责监督工作委员会日常运行工作；集团党委委员和董事会成员任副主任，具有监督职能的部门负责人为成员。监督工作委员会下设办公室，作为日常办公运行工作机构，办公室设在集团纪委纪律检查室，由纪律检查室负责人担任办公室主任。

第一，明确监督工作委员会职责。监督工作委员会在集团党委的领导下开展工作，统筹集团内部各种监督力量和资源，主要负责：

· 全面监督集团重大决策、工作部署、各项规章制度贯彻落实和执行情况；

· 统筹协调集团纪检监督、干部监督、财务监督、法律监督、审计监督、项目工期监督、质量监督、安全监督、职工民主监督等工作；

· 召开监督工作会议，研究发现的重大问题，安排部署日常监督工作任务和专项监督工作，履行预防、监督、调查、处置和督促整改等职责；

· 研究审定开展违规经营投资责任追究工作中形成的处理意见；

· 协助集团党委开展作风建设整治工作；

· 落实上级监督工作委员会决策部署和工作要求，领导集团所属全资子公司、

“混改”公司监督工作委员会开展工作。

第二，细化监督成员职责。各成员部门是其分管业务领域的主要监督主体，按照职责分工，认真履行监督责任，开展检查考核，加强纵向监督，强化过程管控，确保集团运营依法合规。具体监督职责如下：

· 党委办公室（综合办公室）负责对全集团各单位日常事务、“三重一大”事项决策、信息管理等事项进行监督检查和指导；

· 党委组织部（人力资源部）负责对全集团各单位选人用人、劳动关系、薪酬管理等事项的监督检查；

· 资产财务部负责对全集团各单位进行财务监督检查和资金风险防控；

· 法务工作部负责对全集团各单位进行法律监督检查，防范和化解法律风险；

· 生产经营部负责对全集团各单位进行外协外包管理、项目工期等事项的监督检查，防范合同履约、工程进度款支付与回收等各类风险；

· 技术研发部负责对全集团各单位进行科技创新项目“三到位”、项目质量管理等事项的监督检查；

· 安全生产部负责对全集团各单位进行安全监督检查，防范安全风险；

· 规划发展部负责对全集团进行战略执行情况、发展定位、投资管理、物资采购、固定资产管理等事项的监督检查；

· 党群工作部负责对全集团各单位进行党建工作监督检查和指导，防范党建领域风险；

· 工会负责全集团各单位的民主管理和民主监督工作，保障职工合法权益；

· 审计部负责对全集团各单位进行审计监督和内部风险防控监督；

· 纪委纪律检查室履行再监督职能，加强廉政风险防控。

②建立信息共享和沟通协调机制。实行工作例会制度，会议主要研究讨论监督工作存在或发现的问题，制定整改措施等。视工作需要，召开临时会议，及时处理监督工作中出现的问题。

③建立联合监督检查机制。成立联合监督检查组，整合各成员部门的监督力量，采取参加会议、查阅资料、重点谈话、走访座谈、抽查核实、明察暗访等方式，认真抓好问题整改落实工作，切实解决当前存在的突出问题，尽量减少重复监督、重复检查，对重点问题、重大风险进行集中研判、集中解决。

④建立问题发现处置机制。各成员部门按照职责分工，创新监督方式，采取有效措施，加强对重点业务、关键流程的监督，充分发挥纵向监督功能。对发现的问

题，提出书面处理意见，及时向监督工作委员会报告。

⑤建立定期评估通报机制。定期对监督工作情况分析总结，在适当范围内通报发现的突出问题，发挥警示作用。对下一步监督工作进行部署，提出明确要求和具体监督工作计划。

⑥建立监督保障体系：

一是建立完善制度支撑平台。对集团现有监督制度进行梳理，借助集团开展的“清廉企业”建设活动，对不同职能监督制度接口进行优化，避免出现不一致情况，加强惩防制度体系建设，建立健全“不敢腐、不能腐、不想腐”的制度体系。

二是建立完善信息支撑平台。对集团现有办公信息化管理平台进行优化升级，充分发挥大数据中心的存储和计算优势，以大数据中心为依托，建设煤航集团“大监督”数据信息系统，着力挖掘监督数据价值，让大数据支撑监督，不断改进监督方式、创新监督方法。

三是建立完善人员支撑平台。按照干部职级、文化水平、专业、年龄结构和工作经历，分类建立监督人才库，保证信息资料可查、回避对象可知，实行集中建库、滚动轮换，压茬抽调、动态更新，注重运用信息化手段，针对发现问题、能力不足和人事变动等情况，不定期进行补充更新。要坚持把监督工作作为锻炼、培养干部的平台，对表现优秀的干部，应给予更多锻炼机会和晋升空间。

四是建立完善考核支撑平台。改进完善监督主体考核体系，由监督工作委员会负责对各部门监督工作情况进行考核，避免出现监督对象给监督主体考核打分的现象。

（2）所属企业层面。

①国有独资子公司层面：设置监督工作委员会，解决基层单位“大监督”机构确实问题。按照有关规定和要求，集团所属 5 家国有独资子公司不设董事会，设有执行董事，因此在公司党总支（支部）下设监督工作委员会，由党支部（支部）书记任主任，领导监督工作委员会开展工作，纪检委员负责监督工作委员会日常运转，职能监督部门负责人为成员，同时接受集团监督工作委员会领导。监督工作委员会的相关运行机制等制度体系可以参照集团层面制定。

②“混改”公司层面：

第一，将公司法人治理结构融入“混改”公司党组织的监督。明确党组织在“混改”公司中的地位、参与法人治理的目标和方式，在公司章程中明确规定“两公开、两纳入”，即“混改”公司党组织和工作机构公开挂牌、公开活动，党务人员纳入企业编制、党的活动经费纳入企业管理经费预算。

第二，在公司股东大会下设立监督工作委员会。将“混改”公司内部监督组织设置在最高权力层，由公司股东大会成立监督工作委员会，构建董事会的决策权、经理层的执行权和监督工作委员会的监督权三权分立的格局。监督工作委员会受公司党组织领导，对股东大会负责。监督工作委员会的相关运行机制等制度体系可以参照集团层面制定。

五、结论

国有地勘企业尝试构建“大监督”格局，是贯彻落实全国国有企业党的建设工作会议精神，推动企业形成监督合力，推进企业监督体系改革创新的有益探索和实践。课题组在中国煤炭地质总局办公室、研究中心的领导下和中煤航测遥感集团、中煤地质集团等单位的大力支持下，完成了预研目标，主要结论如下：

（1）本课题梳理了国有企业监督历史沿革及体系，掌握了其演变规律；对国有企业现有监督体系进行分析，明确了现有监督力量的构成及其监督职能，通过发放问卷和案例相结合的方式对国有地勘企业监督管理模式现状做了调查，并分析了现有监督模式存在的问题。针对这些问题，课题组设计了一套系统、完整的国有地勘企业“多维一体”合力监督管理模式，并考虑了不同企业层级、不同股权结构下的监督管理模式之间的差异。同时，为确保监督的有效性，我们采用层次分析法制定了一套与之匹配的监督评价体系。

（2）在本课题研究过程中，课题组结合地勘企业实际，选取中国煤炭地质总局所属企业部分人员发放调查问卷125份，访谈32人次，调查了解2家企业监督实践，并以中煤航测遥感集团为例，分别从集团层面、国有独资公司层面和“混改”公司层面对现有监督模式进行优化，给出了具体优化方案。本课题对指导国有地勘企业创新监督管理模式、构建“大监督”格局具有指导意义和现实价值。

（3）本课题的创新之处在于：

①深入分析了国有地勘企业监督管理的现状和存在的问题，分层分类构建了“多维一体”的合力监督管理模式；

②建立监督工作委员会领导机制，加强纵向监督，整合监督资源和监督力量，完善监督管理工作流程；

③建立明确的体系规章制度，分工落实各类监督管理部门的责任，实行创新的监督方法与手段，加大监督成果的有效应用，通过一系列制度化、标准化的监督管

理体系建设，着力解决国有地勘企业治理结构不完善、监督体系不健全、监督力量分散等问题，最大限度地减少各类经营风险，为国有地勘企业的全面高质量发展提供坚实保障。

成果创造单位：中煤航测遥感集团有限公司
中煤地质集团有限公司
成果主要创造人：高　攀　姚　文
成果创造人：毕景山　许　领　韩东学　单　伟
成果其他创造人：邢立杰　鲁建伟　张　胜　陆立新　刘　旸　朱泽斌　率　帅

创新党建工作方式　提升党建工作实效
——新时代国有地勘企业“互联网+党建”实践探索研究

中煤航测遥感集团有限公司

习近平总书记深刻指出，将信息技术应用到党建工作中，既是信息化时代发展的客观要求，也是党建工作改革创新的必然要求。随着国有企业全面从严治党工作的全面加强，将互联网技术与党的建设各项工作融合形成一种新的党建模式，从而推动新时代国有企业党建高质量发展，我们党务工作者责无旁贷。

新时代，随着大数据、云计算、5G技术的迅猛发展，“互联网+党建”有效地扩大了基层党建工作的覆盖面和契合度，也逐渐成为国企党建工作的重要模式，极大地提高了国有企业党建工作的时代牵引力，为国有企业形成“全覆盖、强基层、求实效、增活力”的党建良好局面发挥着越来越显著的作用。因此，运用“互联网+党建”模式让国有企业党建工作插上“互联网+”的翅膀，是新时代提升高质量党建工作的一项重要举措。

课题组在充分阅读和掌握大量相关文献的前提下，对新时代“互联网+党建”的理论基础及我国“互联网+党建”的相关要求进行了全面梳理，在分析“互联网+党建”内涵及意义的基础上，通过分析新时代“互联网+党建”面临的现实挑战，探究了大数据时代“互联网+党建”工作的实现路径，并在借鉴其他国有企业典型经验做法的同时，为有效结合互联网信息技术做好国有地勘企业党建工作、更好地促进党建工作高质量开展、提高总局党务工作实效以及创新党建工作思路，提供了可借鉴可指导的“互联网+党建”方案。

习近平总书记强调指出，“国有企业是中国特色社会主义的重要物质基础和政治基础，是我们党执政兴国的重要支柱和依靠力量”，坚持党的领导、加强党的建设，是我国国有企业的光荣传统，是国有企业的“根”和“魂”，是我国国有企业的独特优势。国企要发展，政治方向要明确，在工作过程中，不仅要保障企业生产经营活动的有序开展，还要加强党建引领作用，为中国特色社会主义事业夯实物质基础和政治基础，为我们党执政兴国提供重要支柱和依靠力量。

当前，我国社会主义建设事业进入新时代，国企党建也面临着新的任务和新的挑战。从宏观层面而言，国企党建工作在国企发展过程中的引领作用亟待进一步加强。从微观层面而言，多数国有企业在党建工作过程中，仍然存在投入低、实效差的困局，传统党建方式造成的瓶颈始终难以突破。当前阶段，国企党建工作出现困境的主要原因有思想认识层面的，更有方式方法层面的。在此情况下，如何开拓创新、与时俱进，改进国企党建工作的方式方法，深入、高效地推进国企党建工作，不仅关系到国企改革发展的正确政治方向，还是提高企业效益、增强企业实力、实现国有资产保值增值的重要组织保障。

伴随着第三次科技革命的浪潮，网络信息技术的应用日趋广泛。习近平总书记指出，“互联网给人们的生产生活带来巨大变化，对很多领域的创新发展起到很强的带动作用。我们要用好互联网带来的重大机遇，深入实施创新驱动发展战略。”目前，“互联网+”已经深入到社会生活的方方面面，并且在医疗、交通运输、教育、公共服务、文化传播等领域的运用已经卓有成效。在此背景下，我国国有企业顺势而为，大力发展完善工业信息化体系，将互联网技术与传统产业结构相融合，促进国企生产经营的数字化转型，为国有资产保值增值做出了巨大贡献。

但是，目前国有企业对互联网的应用仍然侧重于生产经营，在党的建设、企业文化建设、舆论宣传、理论学习等国企工作的重要方面，如何确立“互联网+”思维、发挥互联网相关技术作用，仍然是有待解决的重要课题。

整体而言，在我国社会网络化日益加深、“互联网+”应用日益广泛的新形势下，着力引入互联网因素，理当成为新时代国企党建工作的任务。

一、“互联网+党建”的内涵及意义

党的十八大以来，以习近平同志为核心的党中央高度重视互联网和信息化发展，并提出要善于运用互联网技术和信息化手段开展工作。“互联网+”是信息化发展到一定程度延伸出的新形式新业态，它更注重用互联网的开放共享思维和跨界理念重塑传统行业，并与之产生化学效应、放大效应，从而使传统行业迸发新活力、释放新动能。

“互联网+党建”，即“互联网+”与党建相融合，主要包含两个层面的意义。

第一层面，即将互联网技术充分运用于党的建设当中，发挥互联网优势，加强党的政治建设、思想建设、组织建设、作风建设、纪律建设和制度建设，这也是“互联网+党建”的表层含义。第二层面，也就是“互联网+党建”的深层次意义，在于运用互联网创新、开放、平等、服务、共享等思维加强党的建设，以党的建设创新引领经济社会全面发展。从这个层面上理解、研究并推行“互联网+党建”，不仅是深刻理解和把握加强党的全面领导和落实全面从严治党的必然要求，同时也是创新党的工作方法、拓展党的工作领域的战略选择，意义重大。

目前，我国的信息科技已经发展到5G时代，相关技术的普及也为“互联网+”在诸多领域的实践提供了支撑与保障，如政务办公、商业贸易、医疗卫生、文化教育、金融服务等领域，都主动引入“互联网+”技术，与本行业进行深度融合，并在实际工作过程中取得了显著成效。对此，新时代国有企业党建工作也要利用信息技术发展的最新成果，积极创造“互联网+党建”工作模式，利用互联网技术，不断探索和丰富党组织工作建设新途径。

首先，在新时代，很多基层党组织和党员处于相对分散的状态，在国有地勘企业中，由于工作性质的原因，这种现象更加突出。因此，传统的党建工作方式很难适应新时代全面从严治党的各项要求，特别是在面对一些时间紧、任务重的情况时，传统的党建工作方式更加捉襟见肘；其次，传统的党建工作方式存在信息传递渠道单一、共享程度低、时效性不高、工作程序繁琐复杂等，导致工作效能不佳；最后，传统的党建工作方式一般宣传得多、互动得少，而且多为单边互动，缺乏双向交流和沟通，党员群众参与度低。“互联网+党建”模式的产生与普及，开创了多元化党建工作的新思路，可以让党组织和党员同志更为便捷地获取党建资讯，更为及时地学习先进思想和党建知识，更为充分地了解自身所在基层党组织的相关工作。同时，多种多样的互联网平台尤其是自媒体的迅速发展，给“互联网+党建”的具体实践提供了诸多便利。在平台的日常维护过程中，技术人员可以有针对性地创作和转发优质内容，并对浏览量等数据进行实时把握与分析，提高内容的针对性与实效性。

据中国煤炭地质总局开通的企业微信平台分析，其平台下设有中央企业党建创新拓展年、学史力行、总局新闻、国资国企、行业资讯、基层动态、媒体报道、学习进行时、总局机关党委动态、行业资讯、党课开讲啦、时事资讯、总局榜样、企业文化等14个板块，对总局党建及各项工作进行实时报道，总局下属单位和职工可以更直观地了解党建和企业信息，大大拓宽了国有企业党建的工作渠道。总局下属的航测局近年来通过开设企业微信公众号、搭建党建信息平台、探索互联网工具的潜在效用等方式，促进了企业员工与企业党组织沟通新渠道的完善和发展。

二、“互联网＋党建”面临的现实挑战

在互联网发展迅猛的时代，虽然国有企业积极响应国家号召，不失时机地利用大数据、云计算、物联网等现代信息技术，依托网站、微信公众平台、客户端等建设了党建新媒体矩阵，在推动互联网与党建工作深度融合方面取得了一定成绩，但也面临着一些无法回避的问题。比如，这些探索都是局部性的，取得的成效也参差不齐，有的党建网站、微信公众平台、客户端的更新维护不及时、利用不到位，存在应付差事的现象。根据《中国互联网络发展状况统计报告》，当前我国的网络安全形势也比较严峻，“互联网＋党建”的发展面临诸多问题和挑战。

（一）思想陈旧，对“互联网＋”认识不足

经历数十年的发展，虽然互联网已深度融入每个人的日常生活，但多数人对“互联网＋”的认识仍然停留于表面。在国有企业的发展过程中，部分国企在党建工作上的实际关注度不够。在这种宏观背景下，坚持传统党建方式，虽然实效难以提升，但能中规中矩地完成基本的党建工作。而“互联网＋党建”模式虽然有诸多便利，但搭建相关网络平台不仅需要投入大量人力物力，还要有长期的、充足的资金保障，并会在客观上增加党务工作者的负担。在这种现实情况下，领导干部和党建工作者心中容易滋生“求稳不求变”的心理：一方面，他们认可新型党建模式的实际效用；另一方面，他们又不愿实际参与到新型平台的构建和推广过程当中。造成这种局面的根本原因首先是思想层面的，本质上是对党建重要性认识不足、对党建工作的参与热情不够，所以不能做到以实际效果为工作导向。反映到党建方式改革的过程中，就是对新生事物产生推诿甚至抵触的消极态度。

同时，还有一些国企的党组织虽然积极推动“互联网＋党建”的工作模式，但具体的工作思路不甚清晰，将其简单等同于“党建＋互联网”，把平台载体简单地看作宣传载体，在互联网应用方面思考较少。

（二）缺乏统筹，党建平台后继乏力

目前，多数国有企业党组织都能认识到“互联网＋党建”模式的重要性，但在实际的操作过程中往往缺乏顶层设计与后续的跟进措施，因此很多互联网平台的创建和运营具有较为明显的随意性和盲目性，缺乏稳定发展的长期规划。缺乏统筹造

成的后果之一，就是对互联网工具的随意化运用，其具体表现就是对互联网平台未经谨慎选择，如果某互联网工具在一段时期内比较热门，就会选择该互联网工具。但是，由于互联网平台更新换代速度较快，且各自具有不同的技术要求和运营特点，容易出现重复建设以及资源浪费。

目前而言，国企“互联网+党建”工作开展过程中应用程度较高的主要有微信公众号、QQ群、微信群、H5、抖音、快手、微信视频号、微博、党建系统平台、党建网站、党建相关App、腾讯会议、钉钉会议等十余种互联网工具。在对某央企系统下属单位进行调研的过程中发现，仅有22%的单位对前述互联网工具在党建工作中的具体应用进行了统一规划，在上述列举的十几种互联网工具中，56%的单位使用的相关平台超过6种以上，而半数以上的单位对互联网工具的使用存在虎头蛇尾现象。使用工具的数量过多，一定程度上确实可以丰富党建内容、拓展党建活动方式，但也难免存在力量分散、无法兼顾的问题。

在上述工具中，有些在功能上具有较高的同质性（如腾讯会议、钉钉会议），对于此类工具，如果使用种类过多，就容易造成混乱，且并无太多额外价值。有些工具具有不同的特征和用户人群，如微信公众号和微博，前者受众更广，内容推送也更为精准，后者则主要在部分年轻人中较为流行，如果花费更多人力物力运营国企党建微博，虽可更好地起到对外宣传的作用，但对本企业内部人员的覆盖度不够，也会造成实际效用的不足。还有一些互联网工具具有互补的特质，比如微信公众号与微信视频号，可以分别以图文和视频的方式进行党建资讯的传播，能够多方位提升实际的工作效果。

综合来看，不管哪种互联网工具，都是利弊并存。当前，随着自媒体的蓬勃发展，每个企业甚至每个个人都能够轻而易举地创建自媒体账号，并在相关平台上进行自我表达。在国企党的建设过程中，切忌盲目选择和搭建各种平台——平台数量的增多，一方面增加了工作量，另一方面反而适得其反，无法达到预期的工作效果。很多互联网党建“僵尸号”的存在就是网络平台发展后继乏力，从而造成资源浪费的典型案例。

（三）注重形式，内容质量参差不齐

党建工作的内涵是极其丰富的，除了基本的思想宣传和组织管理，还涵盖政治建设、思想建设、组织建设等多个方面，并以制度建设贯穿始终。但是，在包括国企在内的许多基层党组织开展党建的工作过程中，普遍存在简单化、形式化的现象。

所谓简单化，就是把党建工作单纯地理解为政治学习和政策宣传，并以组织讲座、开展座谈、撰写报告等机械化的形式予以呈现。所谓形式化，就是只重视党建活动的开展频率、签到率、文字报告字数等量化标准，忽视党组织的凝聚力、向心力、战斗力等方面的实际提升。在“互联网+党建”模式的实践过程中，党建工作方式虽然得到较为明显的丰富和改善，但形式化的问题仍然存在。

以普及程度和使用频率最高的微信公众号为例。一些国企虽然不失时机地开通了微信公众号，用以推进“互联网+党建”的相关工作，但板块设计较为粗糙，内容设置低质僵化，实际并不能承担应有的党建任务。与此相反，有一些企业为了追求所谓的创新，也为了突出自身的党建工作成绩，着力打造热闹红火的网络空间，并能保持平台内容的更新频率，但发布的内容实际却空洞无物、缺乏理论深度，无法起到宣传主阵地的作用。甚至有个别党建公众号哗众取宠，为了增加图文内容的浏览量、提升讨论热度，盲目追求热点问题，丧失了党建工作的庄严性和纪律性。此外，网络平台也不是黑板报，其内容不能仅限于发布通知公告，或者发布活动通讯稿件，而要兼顾平台文章的思想性和可读性，两者不可偏废。

党建是具有高度政治性、系统性的工作，不完全等同于开展某种形式的活动，更重要的是增强党员自身的政治素养。国有企业“互联网+党建”的终极目标是增强党组织的凝聚力、向心力、战斗力，充分发挥党组织的战斗堡垒作用；提升党员干部的政治素质和思想素质，充分发挥党员的先锋模范作用，从而为生产经营赋能，促进国有资产保值增值。在新时代国企党建的开展过程中，不能只看其网络平台发布文章的数量和外在形式，还要看这些内容的发布是否有助于提升党建工作的实际效果，是否始终围绕党建的基本目标，是否真的做到了言之有物的基本要求。

（四）布局分散，无法形成协同互补

由于具体的开发和运营主体不同，“互联网+党建”不同模块之间经常各自为政，无法发挥集群效应，限制了相关功能的更好发挥。从宏观层面来讲，我们党对于“互联网+党建”的探索开始较早：2008年，已开发了“党内统计系统”，主要用于党员信息登记，目前仍在使用；自2015年政府工作报告中提出“制定‘互联网+’行动计划，推动移动互联网、云计算、大数据、物联网等与现代制造业结合，促进电子商务、工业互联网和互联网金融健康发展”之后，政府机关及企事业单位对于“互联网+党建”的探索全面拉开帷幕。

党的十九大召开前夕，2017年10月16日，中央组织部立项开展的以应用为主

的“全国党员管理信息系统”开通，该系统不仅包含了“党内统计系统”的信息登记功能，且更注重于应用，如党关系接转、党员信息统计等。但问题在于，二者目前并没有进行有效整合，导致基层党务工作者既须在“全国党员信息管理系统”进行党关系接转，又须将党员接转情况在“党内统计系统”进行重复登记，反而加大了基层党务工作者的工作量。本来依赖于“党内统计系统”的党内年报，则转而依赖“全国党员信息管理系统”，而由于两者没有进行有效整合，基层党务工作者只好手动统计“全国党员信息管理系统”中缺乏的内容。

具体到国有企业的党建过程中，相关问题也较为突出。据相关调研，国企最初应用的系统为“党内统计系统”及“全国党员信息管理系统”；自央企建立了自己的党建系统平台（即“中央企业党建信息化系统”）后，基层党务工作者需要同时维护3个系统，而系统相互之间存在内容重复、互为“信息孤岛”的现象，一定程度上阻碍了党建工作的有序开展。

（五）设置简单，党建功能开发不足

目前，党建信息化平台上最多的应用为党组织关系接转、党费收缴，但对以上功能的细化不够，主要表现为三方面：第一，对平台应用功能的服务范围拓展不够，比如，目前省外党员接转党关系，仍须纸质版介绍信进行接转；第二，对平台应用功能的服务深度挖掘不够，如“全国党员信息管理系统”中的党组织关系转接功能，目前仍需党委部门党务工作人员统一操作，操作完成后，仍需开具纸质版介绍信并盖章后交基层支部存档，如为基层党支部党务工作人员设置操作权限，使其能够直接接转党组织关系，将大大提升党关系接转效率；第三，在某些方面过于追求细节，而在某些需要追求细节的地方却又缺乏相关设置，如对党员信息缺乏精准统计，虽然党员的基本信息都会被录入，却缺乏有针对性的统计，使党员信息管理系统只相当于一个U盘，缺乏深度加工。且在开展党内组织生活（如对基层党支部的“三会一课”进行实时管理）、党建工作考核及开展党内活动等方面的探索几近于零。

此外，在国企“互联网+党建”的实践过程中，功能单一的问题在多数党建平台中普遍存在。调研数据显示，“33%的党建网站功能普遍局限在舆论宣传、党建专题、信息公开等领域，30%的党建网站属于集党群交流、党员志愿服务平台、党务管理于一体的功能较完善的综合性网站，14%的党建网站属于管理型网站，11%的党建网站偏服务型网站”。据此可知，多数党建平台仍然较为僵化，在相关功能

的开发上仍然存在明显不足。

（六）管理松散，信息安全难以保证

习近平总书记指出，“要树立正确的网络安全观，加强信息基础设施网络安全防护，加强网络安全信息统筹机制、手段、平台建设，加强网络安全事件应急指挥能力建设，积极发展网络安全产业，做到关口前移，防患于未然。”目前，国有企业“互联网+党建”模式的发展尚处于起步阶段，相应的网络信息安全保护系统还很不完备，对网络信息泄露缺乏有效的防范手段。造成这种状况，主要有两个方面的原因：

（1）作为新兴事物，“互联网+党建”需要较长的建设周期和接受周期，国企党务工作者也需要一定时间接受新的思维方式和工作方式，并在实践中不断加深对信息安全重要性的理解。在网络化时代，大量的党建工作数据资料难免要在线编辑、存储、传播、发布，在长期的网络平台运营过程中，相关负责人也容易产生懈怠心理，对数量众多、内容庞杂的信息缺乏足够的辨识能力，很难始终保持对党建信息安全的敏锐性。

（2）网络信息安全的维护属于较为专业的领域，通常需要专业的设备设施和技术手段予以保证，并由相关从业人员进行监督和指导。但是，国企党建系统目前并不具备相关条件，难以全方位地保证网络信息安全。同时，一些党建工作者为了工作便利，习惯将一些通知公告、政策文件、内部材料等通过微信群、QQ 群、电子邮箱进行传播，而在此过程中又未做信息加密，极易造成信息的无序传播和大范围泄露。

（七）机制不全，人员资金缺少保障

广大国企要深入开展“互联网+党建”的新型工作模式，离不开体制机制的基本保障和支持。当前阶段，人员缺乏、资金不足是制约“互联网+党建”取得更大实效的主要制约因素。

习近平总书记在全国网络安全和信息化工作会议上的讲话中强调，“发展是第一要务，人才是第一资源，创新是第一动力。”在“互联网+党建”模式的开展过程中，强大的人才队伍可以为党建信息化建设提供强有力的智力支持，而目前国企党建人员队伍建设不尽如人意，尤其是对三种人才的需求长期得不到满足：一是党建信息平台研发人员，也就是互联网专业人才，其不仅需要熟练掌握研发技术，更需在党务工作人员的指导下掌握党的业务工作流程。二是熟练掌握互联网技能的党

务工作者。部分党组织对专业人才的效用重视不够，岗位安排有限，人才引进资金短缺，且部分党建岗位人员身兼数职，经常调换，专业知识缺乏，计算机知识仅停留在浏览网页、传送文件、使用网络交流工具层面，新媒体（如微信公众号运营、视频制作等）技能掌握得不够，缺乏与互联网打交道的素质和能力，往往造成被动的工作局面。三是党建信息平台专业运维人员。目前，党建信息平台均由基层党务工作者兼职担任，但相关人员除担负繁重的党务工作外，还要同时维护多个党务系统的日常运营和更新。如此一来，不仅没有达到“互联网+党建”快捷、高效的目标，反而大幅增加基层党务工作人员的负担。

此外，信息化基础设施的建设需要长期、稳定的资金投入，网络设备的维护、更新也需要资金支持，组建基层党建研发团队或与专业机构合作、对党务工作人员进行培训及组建专门的管理团队等都离不开基本的资金保障。然而，在当前阶段，国企基层党组织党建经费相对短缺，上级资金支持有限，造成部分基层党组织在党建信息化上有心无力。

在“互联网+党建”的推进过程中，归根结底，人员和资金短缺的问题是缺乏长效的机制保障。在当前的工作过程中，多数国企在党建过程中对人员和资金的投入都存在临时性、随意性，没有长久、持续的制度予以保障，严重制约了相关工作的开展和深化。

三、提升国企“互联网+党建”的实效性对策与路径

“互联网+”时代，国有企业特别是国有地勘企业主动顺应时代发展之势，不断推进党的建设，打造符合企业实际的“互联网+”党建工作模式，为始终保持党的先进性提供重要保证。新时代，各级党组织的党务管理工作者要不断增强互联网思维能力，找准“互联网+党建”存在的困难和挑战，有针对性地加以改进和优化，创造性地打造“互联网+党建”新模式，为国有企业高质量发展提供强有力的“红色引擎”。

（一）强化认识，牢固树立“互联网+”思维

习近平总书记要求，各级领导干部要主动适应信息化要求、强化互联网思维，不断提高对互联网规律的把握能力、对网络舆论的引导能力、对信息化发展的驾驭能力、对网络安全的保障能力。所谓互联网思维，就是在云计算、大数据、人工智能等信息技术不断发展的背景下，对整个市场参与者进行重新审视的一种新的思维

方式，具体包括用户思维、大数据思维、迭代思维、简约思维、社会化思维、平台渠道思维等。

新时代“互联网 +”的背景下，国企党务管理者在工作中要充分掌握互联网发展规律，发挥互联网特点优势，不断将互联网思维融入日常党建工作，改进党建工作模式、创新党建工作的流程，继而解决党建工作中面临的各种问题和挑战，为党建工作有效、有序开展奠定坚实的基础。

培育党务管理工作者的互联网思维，具体可从以下四个方面开展：第一，行动之要，思想先行。国企党建信息化建设要做好，必须要改变国有企业党建工作管理者的传统观念，提高其“互联网 +”思想认识，认识“互联网 + 党建”深度融合对企业党建工作带来的便捷，对企业在“培根铸魂”工程中所展现的重要作用和意义，进而让他们主动接纳，不断推进国企打造符合企业实际的“互联网 + 党建”新模式。一方面，加强宣传，强化“互联网 +”意识。另一方面，考评手段以信息化为主，形成高集中度的网络信息化氛围。第二，党务管理工作者要明确“互联网信息技术是生产力”的理念。作为新的生产力和发展方向，要认识和准确把握信息技术及互联网对服务党建工作的规律及其重要意义，充分运用互联网技术“话语”以及引导舆论的能力作为党务管理工作者考核指标。第三，党务管理工作者要有主动探索“互联网 +”党建工作新模式新方案的意识，对互联网的特点、优势、发展规律甚至缺陷都要做到胸中有数。具体实践中，要提前谋划，主动应对，树立以互联网思维推动党建工作高质量发展的决心。第四，日常工作中，要时刻谨记“以用户为中心”的互联网思维，充分考虑使用互联网平台的全体党员的感受，只有这样才能精准把握党员兴趣点，进而在形式和内容上不断创新，实现精准推送，提升党员体验，取得“互联网 + 党建”实践探索的新成效。

（二）用活“互联网 +”思维，打造“智慧党建”载体平台

习近平总书记强调，要“探索加强新兴业态和互联网党建工作”。新时代背景下，“互联网 + 党建”新模式的构建、新方案的设计，就是要搭建党组织与党员、党员与党员、党员与普通职工之间的网上桥梁，借力互联网渠道，使互联网与以往线下的党建工作有机融合，最终助力实现“党员在哪里、支部建在哪里、工作覆盖到哪里”的方向目标。

调研表明（表 1），国有企业特别是国有地勘企业，在“互联网 + 党建”落地方面仍存在一定误区和难点，比如缺乏“互联网 + 党建”顶层设计和长远规划；强

调“上级检查什么我们用什么”；缺乏统筹，党建平台后继乏力；注重形式，内容质量参差不齐；布局分散，无法形成协同互补；设置简单，党建功能开发不足等。对此，国有企业应当充分运用“互联网＋”思维，从企业实际、党员需求出发，加强“互联网＋党建”的顶层设计，从内容规划、功能开发、后期运营等方面入手，打造“智慧党建”系统作为新模式、新方案的载体平台，稳步强化党建工作，创造符合自身实际的“互联网＋党建”新模式。

表1　国有地勘企业“互联网＋党建”存在误区和难点分析

项目	成熟	一般	不成熟
A	3%	12%	85%
B	16%	43%	41%
C	21%	54%	25%
D	32%	33%	35%

A：“互联网＋党建”顶层设计和长远规划建设

B：“互联网＋党建”系统载体平台

C：“互联网＋党建”内容建设

D：“互联网＋党建”功能建设

1. 加强顶层设计，完善制度体系

顶层设计就是经过充分调研，构建起符合企业实际的“互联网＋党建”模式的“总路线图”，其中包括平台建设、功能开发、内容规划、人员配备、运营维护、数据安全等各“分路线图”。根据现阶段需求及人力、财力状况，运用互联网迭代思维，分步实施，逐步建设“互联网＋党建”Web 1.0、Web 2.0、Web 3.0……“在互联网＋党建”模式构建中，由于互联网的即时性和不可控性，应尽快出台“互联网＋党建”相关规章制度，让“互联网＋党建”发展有规可循。比如，建立“互联网＋”党建平台报备制度，规范发布信息审批制度，引导党务管理工作者树立底线思维，严守工作纪律。

2. 贴合企业实际，打造“智慧党建”载体平台

打造“互联网＋党建”新模式，必须要建立“智慧党建”系统平台作为载体。通过开发和应用“智慧党建”平台，开展党建工作的党务办理、党费收缴、党内生活、党员教育等于一体，“一台多用”，以信息即时传递来缩小组织和党员的时空距离，用“智慧党建”载体平台拉进与党员之间沟通距离，为党员参加党内活动提供多样性服务，真正实现“网络连接，让党员少跑腿”。

3. 整合党建平台 共享学习资源

目前，国企党建工作开展过程中应用程度较高的互联网平台有微信、QQ 群、微博、党建系统平台、党建网站、党建相关 App、腾讯会议、钉钉会议等。平台多、功能杂乱，缺乏稳定发展的长期规划。因此，充分发挥不同网络平台的优势，将党建网站、党建频道、远程教育网络、党务办公系统、党员信息管理系统等多种载体集结于“智慧党建”枢纽，实现资源共享、信息互联，打造“全媒体”宣传平台、共享式工作平台、交互式服务平台。

4. 贴合党员需求，提升服务吸引力

在规划设计“互联网 + 党建”载体平台的内容和形式上，要紧贴党员群众实际需求，运用互联网简约思维，以简便、有效、管用为原则，增强“互联网 + ”党建平台的实用性和针对性。围绕党员日常工作、生活中关心的问题，提供内容丰富、通俗易懂的学习资源，增强内容的丰富性、生动性、多样性。比如，在“智慧党建”载体平台中可借鉴“学习强国”“答题闯关”等积分功能，设置必学材料和选学内容，进行“菜单式”学习，提高学习的自由度和选择性，增强趣味性，提高党员参与度。“智慧党建”将是“互联网 + 党建”的未来形态，利用互联网积累起来的庞大党建数据，一定会推动党建工作向实时感知、资源共享、高效协同、智能分析、科学决策的“智慧党建”迈进。近年来，在探索“互联网 + 党建”实践中，航测遥感局党务管理工作者结合企业和工作实际，不断积累、总结，为适应新时代党建新形势新要求，规划设计了具有煤航属性的“互联网 + 党建”模式——集“三大集成”于一体的智能高效全终端党建新方案（图 1）。

所谓“三大集成”，即党建网站、党建系统及党员互动交流平台载体集成，目前所应用的各式互联网工具所具有的功能集成，以及覆盖党的建设各方面的业务集成。“三大集成”可以使党建智慧平台成为加强基层党组织建设的有力武器和支撑体系。

通过建立完善以“三大集成”为特色的智慧党建平台，组织与组织、组织与党员、党员与党员之间进一步打破时空限制，形成资源共享、优势互补的密集关系网络，使得党建工作信息化投资更加节约、性能更加优越、业务更加协同、服务更加便捷；同时，该平台将与传统党建工作形成相互融合、协调发展的开放式基层党建格局，加速推进党建工作“五个转变”，即从封闭向开放转变、从传统向现代转变、从被动向主动转变、从单边向互动转变、从管理向服务转变，从而创新党建工作方式，提升党建工作实效。

图1　航测遥感局智能高效全终端党建新方案

（三）借势而为 用大数据构建“精准画像”

互联网与各行各业融合发展，实现了“万物互联”。“互联网+党建”的深度融合，让党建数据更好服务党建工作，分享数据红利。党务管理工作者通过对党建数据挖掘、分析，可以清晰看清每一名党员的“精准画像”，分析其关注重点和需求，精确设计和定制个性化服务内容，为“互联网+党建”进一步融合提供方向指引，进而真正实现对党建工作的管理、监督，实现党建工作的科学化、自动化、信息化。

一方面，党建数据为“互联网+党建”提供数据便利。“互联网+党建”工作中，依托“智慧党建”系统载体，产生大量党建数据，包括党员个人基本特征、学习需求、培训意愿等“画像”特征。这些党建数据为党建工作的实际开展提供了便利，方便党务管理工作者更加准确地把握党员的思想动态，了解党员对党建工作的意见和建议，从而更好地提升党建工作的效果和质量。因此，要重视“互联网+党建”数据在党务管理工作中的价值，依托载体平台，做好数据收集、整理和存储。

另一方面，党建数据逆向反馈为党建工作提供服务便利。当前，党员在学历层次、年龄、岗位等方面存在差异，使得他们对党建工作的需求也是不尽相同。精准把握每一名党员的需求，是做好“互联网＋党建”的关键所在。互联网与党建工作深度融合，产生大数据，而依托党建大数据就可以掌握党员个性化需求。具体实践中，针对某个方面的问题，党务管理工作者可以收集党员与之相关的大数据信息，运用云计算技术及各种分析方法，分析党员的个性化特征、行为的动态变化等因素，充分了解党员的思想与行为，从而为党员提供个性化的服务奠定基础。

（四）加强“互联网＋”党建数据安全

网络是把双刃剑，为人们带来便捷的同时，也存在风险。数据显示，2021 年1—6 月，我国接报网络安全事件数量 49605 件，遭遇个人信息泄露的网民比例最高，为 22.8%（图 2）。习近平总书记强调，网络安全和信息化是相辅相成的。安全是发展的前提，发展是安全的保障，安全和发展要同步推进。“互联网＋党建”的顺利实践，必须以强大的信息数据库为支撑。互联网信息虽然在搜集整理、编辑分析、传输扩散等方面更为便捷，但同时也更容易产生泄露，从而威胁国企党建过程中的信息安全。为解决这一问题，首先要对互联网的特征有清晰的认知，并在此基础上提高警惕，加大对信息安全的重视程度。此外，还要提供有效的技术保障，将先进的管理机制与前沿的信息技术结合起来，切实维护好信息安全。

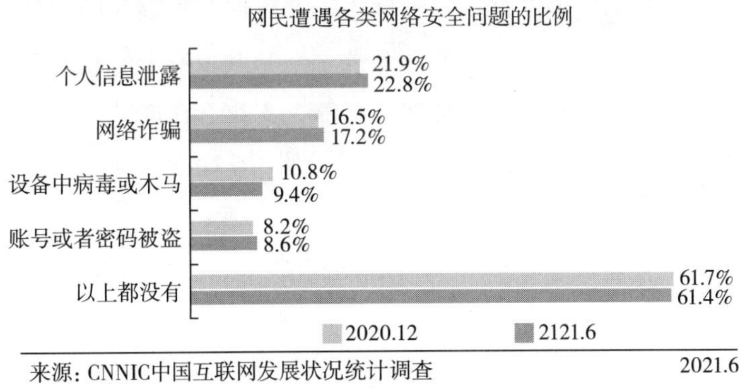

图 46 网民遭遇各类网络安全问题的比例

图 2　第 48 次中国互联网络发展状况统计报告

（1）在国企“互联网＋党建”的实践过程中，要强化信息安全意识。在“互联网＋党建”的实践过程中，必须首先明确信息安全的重要性，从思想上认识到互联网平台的潜在风险，避免漫不经心、松懈懒散的工作作风。

（2）明确信息管理的相关责任，制定严格的信息泄露防范制度，使信息安全维护工作权责明晰、有章可循。在现实工作过程中，一些问题的出现并非完全归因于客观条件的不完备，还有权责不明晰造成的放松懈怠与互相推诿。党务工作者并非只是管理者，自身先要有高度的组织纪律性，要在制度框架的约束下，真正做到爱岗敬业，全身心地投入到党建工作中，将信息安全问题真正融入工作思维当中。只有端正了思想、完善了制度、明确了权责，才能从主观认知和制度保障两个方面保证信息安全与各项工作的顺利开展。

（3）采取技术手段，为信息安全问题保驾护航。在国企党建工作中，应该保证智慧党建平台建设与信息安全防护工作协同进行，并通过专业化的软硬件设施，避免由于偶然的或者恶意的原因导致党建信息的泄露。

（五）人才保障建设高水平信息化人才队伍

大数据时代，“互联网＋党建”对党务管理工作者的要求明显提升，不仅要求其具有较高的政治理论素养，还要求具有相应的网络技术和互联网思维，并且可以将理论知识快速融入互联网应用，一旦出现如网络舆情等突发状况，能够快速占领网络宣传的主阵地。

从具体实际来说，培养“互联网＋党建”全能型人才；一是要加强现有党务管理人才的培养工作；二是要注重社会人才招聘，注重吸纳具备互联网背景的党建管理人才，同时注重吸纳、培养青年职工群体，发挥他们掌握互联网技术的优势，更好地服务于“互联网＋党建”工作；三是要建立与开设党务管理专业的高等院校建立联系，开展定向培养模式，统筹管理，培养一支具有深厚的政治理论水平，并且能够熟练运用网络、驾驭网络，从源头做起，为“互联网＋党建”深度融合培养全能型人才。

总之，加强“互联网＋党建”全能型人才的培养，是新时代党建工作必然要求。国有企业特别是国有地勘企业要把加强综合性党务管理工作者队伍建设作为“互联网＋党建”工作的一项重要工程来抓。只有这样，才能为全面推进“互联网＋党建”深度融合提供强有力的人才保障，为企业高质量发展永续力量。

（六）加强监督，保证“互联网＋党建”合规合情

新时代背景下，“互联网＋党建”是大势所趋，党建工作的监督机制也理所当然需要与“互联网＋”思维深度融合，保证党建监督的公开透明。国有企业应加强

“互联网＋党建”工作监管制度建设，只有将其置于监督之下，国有企业党建工作的各个实施路径才能加强并保障信息传递，才能优化内部工作流程，使得信息传递和反馈发挥重要作用。

具体来讲，“互联网＋党建”工作监督主要包括两个方面：一方面，通过信息搜集和数据分析，全面保障各党组织党建工作的有效开展；另一方面，监督部门还应明确工作思路，避免在党建信息化过程中矫枉过正，片面强调互联网技术的应用，忽视传统党建工作的积极作用，而是要发挥监管作用，协助党务工作者处理好线上与线下的关系。党建是从政治角度做人的思想工作，人与人之间面对面的沟通，是最有效的沟通。与此同时，推进“互联网＋党建”深度融合，不能只有网、没有人，应该特别注意防止用网上党建替代“本源”党建。

从“线下”到“线上”，互联网成为监督管理部门的新战场。在互联网上开展党建工作的监督，要求监督管理部门高屋建瓴，统筹做好“互联网＋党建”监督规划，既不能使“互联网＋党建”新模式走向形式主义，也不能盲目求新、矫枉过正，必须坚守开展党建工作的本意。同时，要求监督管理工作者不断学习互联网知识，熟练掌握互联网发展规律，运用互联网思维，开展监督，为“互联网＋党建”工作高质高效实施提供保障。

四、“互联网＋党建”在国有地勘企业的应用及成效

我们开展“互联网＋党建”发展背景、问题挑战与对策路径的研究，就是要将“互联网＋党建”这一新模式运用于国企党建工作实践当中，以互联网思维和“互联网＋党建”模式推动国企党建工作方式方法创新，提升国企党建工作质量与成效。

近年来，各种类型、各种规模和各个层级的国有企业都在对互联网与党建工作相结合的方式进行学习借鉴、探索尝试，并积累了各自的经验，取得了不同的成效。作为总局二级单位、中国地理信息领域的老牌企业，中煤航测遥感局在“互联网＋党建”方面也进行了积极的探索，主要体现在宣传、党员教育、党员培训、组织生活、党建融合方面，保证了新时代党建工作的有效开展，有力推动了党建工作创新，提升了党建工作成效。

（一）运用“互联网＋党建”模式，提升党建宣传成效

“互联网＋党建”的最大优势就是形式新、传播快、覆盖广。近年来，总局各

党支部以党员学习教育为主体，在落实“三会一课”的基础上，充分运用“法律讲堂”“道德讲堂”、微信、微视频、微党课等新媒介，进行“快”学习、“点”积累、“涨”知识、“夯”基础、“强”业务，针对性地开展党建具体项目实施研讨，充分发挥党务人员、党员干部的工作积极性和创造性，不断拓展基层组织党员学习教育的新局面。

其中，航测局在建立公司网站、集团微信公众号、短视频微信号及多个官方微信群的基础上，创建的“风华煤航微讲堂”微信群，先后播出了“榜样的力量”“青年团干讲党史”“奋进新征程，青春正能量”等系列栏目，起到了很好的宣传效果。由航测局纪委主办的“煤航清风”微信公众号，将党风廉政宣传搬到了网上，进一步扩大了辐射面和影响力。航测遥感局所属工程监理、地图制印、航摄工程、安全印务、智慧矿山、园区中心等多个党总支（支部）也分别在煤航制印党总支微信公众号推送“诵读党史小故事”系列节目；安全印务党支部在公司微信公众号“诵读百年党史 牢记初心使命”栏目推出诵读《中国共产党简史》微朗读；园区管理中心党支部在公众号推送《党史上的今天》系列栏目，内容丰富、各有特色，充分借助互联网优势，进一步提升党史网络宣传工作能力，扩大党史宣传工作的影响力和引导力，更好地发挥了党史以史鉴今、资政育人的作用。浙江局煤炭地质局综合物探测量队测绘支部结合工地分散的特点，推出“指尖上的党建学习园地”品牌，促进了支部工作的开展。

（二）运用“互联网+党建”模式，拓展党内培训方式

积极运用“互联网+党建”模式，开展党内教育培训：第一，可以打破时间、空间限制，拓宽教育培训渠道和方式，增强教育培训的互动性，扩大教育培训的覆盖面，提高教育培训的实际效果。第二，国有企业可以充分利用网上资源开展培训，很多中央部委在网上建立了具有官方性质或营利性的学习平台，为开展党内教育培训拓宽了学习渠道。诸如中国网络干部学院、国务院国资委干部教育培训中心网络学习平台和学习强国等，其中开放的系列主题培训和公开课不仅内容丰富，而且质量较高，为开展党内教育培训提供了更多选择。第三，近年来，总局就充分利用网络会议系统，常态化地组织各类“线上+线下”系列培训，已成为总局系统党内教育培训的主要方式，为提升党员干部队伍政治思想素质发挥了重要的作用。第四，总局所属的中化局推出的“视频党课链接你我他”品牌党建，把信息网络技术融入党建业务，实现了“线上+线下”“面对面+键对键”相结合，拓展了党建工作的

覆盖面。一勘局科教中心党支部搭建“微党建”平台，加强“三网融合”，打造“微党建”，开展“微党课”“微访谈”，交流“微感悟”，宣传“微事迹”，提供“微服务”，满足“微心愿”。浙江局以“微＋党建”工作模式，推动加强机关学习型党组织建设，成为党建培训的好阵地。

（三）运用“互联网＋党建”模式，增强基层党建活力

近年来，一些具备超前意识的国有企业打造“智慧党建”信息化平台，开启了“互联网＋党建”新模式，推动党建工作质量持续提升，党建工作活力显著增强。例如，运用“互联网＋党建”平台，中石油紧紧围绕高质量发展、党的建设、“四个诠释”岗位实践活动、庆祝改革开放40周年等开展主题宣传，综合运用文字、图片、影音制作专题40余个，实现党组声音全覆盖，推动各项决策部署落地生根；通过漫画、动画、音频、视频等多种形式，推出“党建快讯”“今日党建三分钟”“石油微视”等栏目，推出系列动画微课、倾听党课、党建图书、党建百科，为党建工作拓展了新空间、提供了新工具、注入了新动能，改变了传统党建工作多为单向式、灌输式的状况，使党建工作更有温度，氛围更加活跃、阵地得到强化、效果不断彰显。另外，航测局运用“互联网＋党建”方式，积极开展各种主题的网上学习、网上答题和交流研讨等活动，参与研讨的党员分别发表各自的学习心得和认识体会，不仅吸引了广大党员的积极参与，更起到了相互学习、相互借鉴、相互促进的效果，进一步丰富了组织生活方式。

同时，运用“互联网＋党建”方式，发挥互联网平台优势，展示企业党建文化。企业文化是企业发展的精神支柱，是企业文明的象征，也是对外展示自我的一张名片。国企党组织应学会运用“互联网＋”优势平台，将党建工作拓展到互联网领域，开设短视频、微信、微博等主流网络平台的官方公众号，将党建信息及时公布上传到网络平台上，以此增强和宣传党组织活动的吸引力和凝聚力，突显党建工作精神风貌。另外，应该根据企业特殊性质，利用互联网平台打造企业自身的“互联网＋党建”阵地，搭建党建平台移动端，实现企业线上线下良性互动，对内提高感召力，对外提升影响力。

以上表明，运用“互联网＋党建”新模式、新平台，将党建工作与服务党员、服务员工紧紧地结合起来，保障了组织生活的实际效果。通过党委与支部、支部与党员、党委与党员之间信息无障碍传递，最终实现网上生态平台的正向溢出效应，为思想政治工作不断筑牢坚实基础。

（四）运用“互联网+党建”模式，深化党建与业务融合

“互联网+党建”新模式有利于深化拓展党建全流程工作，增强党建工作的针对性、实效性。运用“互联网+党建”新模式，可以建立党的组织生活综合考核评估系统、党员积分量化管理系统，解决基层党支部党建工作实时督导检查不够问题，切实推动党支部活动严起来、实起来。运用“互联网+党建”新模式，更有利于党务工作人员抓住重点、破解难点，推动党建工作与业务工作紧密结合起来。

航测遥感局所属遥感信息公司于2015—2019年在新疆南疆地区承揽了多个区域地质调查、矿产地质勘查、城市地质调查国家项目，工作区不仅包含西昆仑山脉强切割深谷高原区，还包括阿拉尔市、图木舒克市等南疆重镇。结合项目地区条件艰苦、任务艰巨的实际特点，公司党总支联合项目部驻地武警边防派出所、兵团连队等，探索成立了“西昆仑项目野外临时联合党支部”“阿拉尔项目野外临时联合党支部”“图木舒克项目野外临时联合党支部”等多个联合党支部。组织成立了，支部建立起来了，然而，如何开展党内组织生活、发挥党员的先锋模范作用和支部的战斗堡垒作用，从而赋能生产经营却成了难题。为此，遥感信息党总支探索建立了“一核多维”（即坚持以党组织为核心，统筹共建单位、党员、群众等力量）党建明星矩阵，以“支部建在项目上，党旗飘在工地上”为标准导向，聚焦南疆地区多个重要的国家项目，同时，以双方全体党员为参与对象，通过网络平台开展学讲话、看视频、谈体会、查笔记、做问答等活动，定期集体学习，坚持做到“工作在一线，思想不脱轨”，同时利用微信平台开展“十九大精神网络知识竞答”活动，每天定点推送数量相等的题目，组织党员和群众积极参与。针对新入职同事工作流程较生疏、工作经验相对欠缺的特点，组织项目骨干党员在野外一线利用互联网技术开展“云谈心”系列活动，利用“互联网+”形式促进党建工作与生产工作深度融合，既提升了新入职人员的技能本领，又创新性丰富了党建工作内容，成效显著。

（五）运用“互联网+党建”模式，解放党务工作者的双手

运用“互联网+党建”新模式，不仅让“信息多跑路，党员少跑腿”的目标实现，还可成为党务工作者的“好帮手”，具体在于其实现了党建工作移动化、实时化及简洁化。

“互联网+党建”新模式打破了时间、空间限制。召开各类党建会议，党员可在个人移动客户端上签到；党员关系转接、党费收缴，同样可通过移动客户端自行完成，由党务工作人员审核即可；党务工作者还可根据本组织要求自行设置相关应

用，如“我为群众办实事”实践活动开展期间，航测遥感局所属航测工程分公司开展了工作技能党员志愿帮扶活动，该单位党建专员根据活动开展规模、报名人数、开展情况等进行详细设置，党员志愿者对帮扶情况进行记录和上传，党总支（支部）书记、党建专员和上级党组织均可查看相应开展情况，打破层级限制，对活动开展起到了很好的督促作用，大大提升了党建工作效率。

（六）运用“互联网+党建”模式，提高领导决策效率

“互联网+党建”新模式还具有自动化、智能化、高效化等特点，可以为领导决策提供具体、量化和直观的数据图表，为领导决策提供依据和辅助。近年来，一些国有企业开发的“互联网+党建”平台运用大数据技术改进和提升党建和组织工作，扩大党组织和党员信息采集范围，探索建立“党建大数据中心”，探索开发党组织和党员信息数据统计分析系统，通过可视化大数据平台，实现数据多维分析和综合管理，为领导决策、指导工作、推进落实提供参考。

为企业领导决策当好参谋主要体现在两个方面：一是智慧党建平台运用大数据技术，实现了党组织数据统计自动化，通过“让数据自己说话”的方式，提供翔实的数据资料和直观的数据图表，对党建制度体系运行状况得出有说服力的评估结果，进而作出超越局部事实和经验的正确形势判断，最终为完善党建制度体系提供决策参考；二是通过加强交流互动，听取基层党组织及党群干部和群众的意见，比如可在党员关注的热点及难点问题方面设置“我要参与”板块，并采取匿名方式随时组织投票，根据员工反馈，较客观地对某项工作的开展必要性以及完成后的效果等进行及时调研，以便实事求是地作出判断和决策。

五、经验与启示

把互联网技术优势转化为服务功能，打通“最后一公里”的瓶颈，做到网络发展到哪里，党建工作就覆盖到哪里，服务党支部和党员就要落实到哪里，是党务工作者亟待研究的课题。本课题在充分阅读和掌握大量相关文献的前提下，对新时代“互联网+党建”的理论基础及我国“互联网+党建”的相关要求进行了全面梳理，在分析“互联网+党建”内涵及意义的基础上，通过新时代“互联网+党建”面临的现实挑战分析，提出了提升国企“互联网+党建”实效性的对策与路径，并在借鉴其他国有企业典型经验做法的同时，提出了国有地勘企业“互联网+党建”的应用及成效。通过本课题研究，有以下几点启示：

（1）树立“互联网+”思维，推动“互联网+”与党建工作的深度融合是基础。网络化建设的核心在于“人性化”“创新化”和“智能化”。国有企业党务建设想要搞好信息化建设，做到解放思想，树立起“互联网+”思维是应有之义。在信息化浪潮下，一方面要将党建工作信息化思维融入常规党务工作中，另一方面要提高对于“互联网+党建”模式的重视程度，从互联网思维来探索高质量党建的“金钥匙”，在创新党建工作中用好“方法论”。同时，在信息化时代，国有企业想要促进党建工作的进一步转型升级，提高党服务群众的质量，就必须推动“互联网+”与党建工作深度融合，把“互联网+”看作一种思维方式。

（2）树立“互联网信息技术是生产力”的理念，完善“互联网+党建”平台是前提。随着时代发展，信息化已然成为大势所趋。党建工作要顺应时代发展潮流，就需要在网络之中建设新阵地，打造新平台。这就需要我们以互联网技术为根基，建设具有全面性功能的党建平台，顺应信息化时代发展，让信息化网络化为己服务。而互联网代表着新的生产力和新的发展方向，在“互联网+”思维中，核心是“平台化”服务，合理使用互联网平台的链接功能，可以将供求双方的相关信息进行合理化对接，以数据进行驱动，并辅以生态的协同，从而实现供需流程的简化，减少中间环节，达到创新服务的目的。为此，党务工作者要正确认识互联网和信息技术对服务党建工作的重要意义，要将掌握并熟练运用网络信息技术、控制网络话语权以及引导舆论走向的能力作为衡量党务管理工作者工作的重要指标，牢固树立“互联网信息技术是生产力”的理念。因而，国有企业基层党组织结合实际围绕党建工作建立一体化工作平台，实现人人参与，使党建工作将更加高效、公正、透明，更有参与性。

（3）把“互联网思维抓党建”作为提升党建质量的有力抓手是保障。在互联网时代，党的建设一个显著特征就是互联网思维借助技术影响力，由外而内，跨界介入党建工作领域，并通过作用机制将思维物质化。因此，深入分析“互联网+党建”典型的经验做法、目前发展趋势、现状问题以及原因，提出对策和应用成效，提升国有企业党建质量是本课题研究的初衷。因此，以“互联网+”的新思维推进基层党建工作在线化、数据化、智能化，进而推动党务管理便捷化、组织活动多元化、学习交流多样化、辅助决策科学化、信息沟通立体化，形成“线上+线下”互动、实体与虚拟交融的“互联网+党建”工作新格局，可为国有地勘企业提供具有借鉴意义的实践经验。

（4）与时俱进，依托数字技术探索“互联网+党建”的新模式是核心。“互联网+党建”就是在互联网思维的指导下，将党建工作通过一体化网络平台集成，实施党务工作的信息化管理。在大数据、云计算、5G技术飞速发展的今天，可依托数字技术优势，如巧妙地将虚拟现实、人工智能等前沿科学技术应用于党建工作，探索出“互联网+党建”新模式，为国有企业党建智能化提供“样板工程”。

（5）加大支持，培养专业人才保障具体工作，才能使“互联网+党建”行稳致远。网络平台虽然具备较强的信息传递功能，能够很好地传递上级要求，将党员紧密联系在一起，但是同时我们也要认识到必须对党内重要信息严格保密。一方面，党员拥有知情权，可以通过网络了解更多信息，另一方面，党员又拥有隐私权，需要维护他们自身的合法权益，避免个人隐私信息公开。为此，党建数据信息安全面临挑战，这就不仅需要国企单位注重对相关技术人员的招聘和培养，加强对重要资料的监管和防护，同时也需要加强对国企单位内部党员工作者进行信息收集、审核和追踪的严格监控，确保国企单位内部党建资料的安全性。

六、结　语

随着科技的迅猛发展，以信息技术为核心的新技术革命极大地推动了人类社会的发展和进步，互联网日益成为创新驱动发展的先导力量。习近平总书记深刻指出，将信息技术应用到党建工作中，既是信息化时代发展的客观要求，也是党建工作改革创新的必然要求。随着国有企业全面从严治党工作的全面加强，把互联网技术与党的建设各项工作相融合形成的一种新的党建模式，从而推动新时代国有企业党建高质量发展，我们党务工作者责无旁贷。党的十八大以来，特别是2016年全国国有企业党的建设工作会议召开后，国有企业党建工作发生了翻天覆地的变化，但党建工作组织生活不规范、党建与生产经营融合不够、“一专多能”的复合型党务工作者不足等问题在一些国有企业还依然存在，打通高质量党建的“最后一公里”势在必行。

当今社会，随着大数据、云计算、5G技术的迅猛发展，“互联网+党建”有效地扩大了基层党建工作的覆盖面和契合度，也逐渐成为国企党建工作的重要模式，极大地提高了国有企业党建工作的时代牵引力，为国有企业形成“全覆盖、强基层、求实效、增活力”的党建良好局面发挥着越来越显著的作用。因此，运用“互联网+党建”模式让党务工作“动”起来，“活”起来，给国有企业党建工作插上“互联网+”的翅膀，是新时代提升高质量党建工作的一项重要举措。为此，本课题在充分阅读和掌握大量相关文献的前提下，对新时代“互联网+党建”的理论基础及我国“互联网＋党建”的相关要求进行了全面梳理，在分析“互联网＋党建”内涵及意义的基础上，通过新时代“互联网＋党建”面临的现实挑战分析，探究了大数据时代“互联网＋党建”工作实现路径选择，并在借鉴其他国有企业典型经验做法的同时，通过对“互联网＋党建”的深入研究，为有效结合互联网信息技术与国有地勘企业党建工作更好地促进党建工作高质量开展，提高党务工作实效，创新党建工作思路提供了可借鉴的模式。

我们坚信，“互联网＋党建”这一模式必将不断完善进步，并且对促进新时代国有企业党建工作的创新发展，促进总局党建工作高质量发展必将产生重要的影响。

成果创造单位：中煤航测遥感集团有限公司

成果主要创造人：毕景山

成果创造人：鲁建伟　谢康静　杜旭涛

资本运作与产业金融助力地勘行业高质量发展

中能化创新投资管理有限公司

中国煤炭地质总局（以下简称“总局”）是国内规模最大、业务范围最广、技术力量最强的综合性地质勘查企业集团，也是煤炭、化工资源勘查的行业管理机构。作为传统地勘行业的领军机构，总局目前仍是事业单位性质，事业单位改革迫在眉睫；与此同时，总局也是接受国务院国资委管理的中央企业，需完成国务院国资委总体部署的国企改革工作；此外，按照《国务院关于加强地质工作的决定》要求，总局还面临地勘单位改革工作。因此，作为中央企业事业地勘单位，总局这一身份的极特殊性使其面临“三改革”任务。

进入新时代，地勘行业的内外部环境发生了重大变化，逐渐凸显出事企不分、供需失衡、积累不足、发展遇阻、资金受限、动力缺失等一系列问题，亟待通过结构优化、转型升级破解行业发展的瓶颈。但长期以来，受行业特点、单位类别、历史问题等多重因素影响，地勘行业与资本市场、金融市场未能实现充分有效结合，资金积累较少、融资渠道受限是行业转型过程中最大的痛点问题之一，其业已成为制约行业高质量发展的桎梏。

本文首先对地勘行业主要业务板块对应的资本市场相关行业的发展现状、发展前景、政策支持、资本市场对标公司进行了深入分析，并分析了资本市场改革带来的政策机遇以及投资机会，提出了地勘企业进入资本市场的可行路径；其次，分析了地勘行业的融资瓶颈，并结合创投集团实践，提出了地勘行业可行有效的产融结合路径；最后，针对地勘行业资本运作及产业金融业务特点，提出了以风险防控为导向的地勘行业资本运作与产业金融业务风控融合体系。全文基于地勘行业特点及创投集团实践，为地勘行业开展资本运作及产业金融业务总结了有益经验，提出了可行的模式路径，助力行业高质量发展。

一、成果背景及研究方法

（一）国资国企改革相关背景分析

自2013年党的十八届三中全会以来，我国明显加快了国资国企改革步伐。本轮国资监管改革的核心导向是从“管企业”向“管资本”转变，加大集团层面公司制改革力度，与混合所有制改革相结合，大力推动国有企业改制上市，进一步完善社会主义新时代背景下的国有企业制度，并推出国有资本投资运营“两类公司”试点，以增强国有经济活力、放大国有资本功能、实现国有资产保值增值。作为国务院国资委管理的中央企业，中国煤炭地质总局亦需按照国务院国资委总体部署完成相关改革任务。

（二）事业单位改革相关背景分析

2011年，中共中央、国务院联合印发《中共中央国务院关于分类推进事业单位改革的指导意见》（中发〔2011〕5号），明确提出事业单位的改革目标和时间路线图。作为传统地勘行业的领军机构，总局目前仍是事业单位性质，因此面临事业单位改革任务。按照国务院国资委、财政部和发展改革委联合印发的《关于国有企业功能界定与分类的指导意见》（国资发研究〔2015〕170号），总局被明确为公益类国有企业。

（三）地勘行业改革相关背景分析

《国务院关于加强地质工作的决定》中明确提出，大力推进地质勘查管理体制和机制转变。以中央管理的煤炭地质总局和冶金地质总局为代表的地质类事业单位，按照既定改革目标，以市场经营为导向，以内部企业化运作为方向，积极推进内部队伍结构和产业结构调整，逐步形成了地质勘查、环境治理、地理信息、矿业开发、建筑工程以及相关技术服务业务等产业。煤炭地质总局和冶金地质总局组建了不同级次的企业约200余家，非地质勘查业务年营业收入占总收入的85%以上，从业人员占队伍总数的95%左右。由于市场需求变化和生存发展压力，加上国家层面对于地质单位定位不清，地质勘查主业迅速萎缩。虽然在国有企业改革中将这两家单位划分为公益类中央企业，但没有配套政策和地质专项支持，服务社会公益目的作用发挥趋弱。

（四）地勘行业开展资本运作及产业金融的必要性分析

1. 地勘行业开展资本运作的必要性分析

（1）国资国企改革提出相关要求。

随着“国企改革三年行动”和深化国企混改等一系列政策方案的推出，国企改革驶入“快车道”，进入“升级版”。作为“混资本”和“改机制”的重要战场和有效抓手，以及股权融资的主要渠道，资本市场自然备受青睐，成为国企改革的重要途径。国企改革的重要内容之一是“抓重点、补短板、强弱项，推进国有经济布局优化和结构调整”，在此过程中，资本市场完全可以发挥资源配置功能，帮助国有企业优化产业结构和战略布局，为企业发展注入活力和竞争力。

（2）资本市场是企业发展的加速器和试金石。

作为企业发展的加速器和试金石，资本市场既可以有效放大国有资本功能，显著提升国有经济效率，切实优化国有资本产业布局和投资方向，还可以将国有企业纳于监管机构、中介机构和投资者的监督之下，从而倒逼国有企业形成治理结构完善、股东行为规范、内部约束有效、运行高效灵活的经营机制。

（3）总局自身发展需要进行资本运作。

受企业类别、主体身份、所处行业、历史问题等多重因素影响，目前总局尚没有一家上市公司，导致资本运营缺乏抓手，无法借助资本市场直接融资功能实现跨越式发展。因此，通过大力推动所属企业改制上市、并购重组实现间接上市等方式，全方位、多渠道利用资本市场，是总局在重要领域和关键环节改革中取得决定性成果、实现高质量发展的有效途径。

2. 地勘行业开展产业金融的必要性分析

（1）服务企业发展战略，获取协同效应。

近些年来，为了适应市场的快速变化以及增强自身竞争力，地勘企业纷纷开始延伸产业链，以实现企业价值的提升。随着地勘企业产业链的不断构建和延伸，仅仅依靠企业自有资金显然是不够的，企业需要发展产业金融获取协同效应：一方面，利用金融平台来加强资金和资产管理，合理安排企业的投融资策略，实现资源共享，使企业能够提高生产经营效率；另一方面，总局作为地勘行业中央企业，其市场影响力、商业声誉以及品牌和资源优势能够直接移植到金融产业，从而获得规模经济效益，跟主体产业形成优势互补，使企业的市场份额持续扩大，提供更加全面的产品和服务。

（2）推动企业资本运作，推动产业链一体化发展。

由于地勘行业身处大宗矿产产业链的上游且市场规模较小，受限于资金、政策等因素，传统地勘企业一般很难向产业链中下游扩张，即使对于总局这样的单位来说，想把下游产业链纳入经营范围也是十分困难的。为了进一步打通并延伸产业链，地勘企业需要资金的支持和关联企业间业务的连接，而发展产业金融不仅可以拓宽企业的融资渠道，更重要的是能够利用金融机构为上下游的中小企业提供融资贷款服务，加强业务关联性，快速打通产业链，同时能够获得更加丰富的客户信息资源，并利用产业板块的信用和品牌优势来提升金融板块的资信等级。因此，发展产业金融能够为总局由产业链整合迈向更高阶段的资本整合打下基础、铺平道路。

（3）强化资产管理，节约交易费用。

开展产业金融使企业能够在一定程度上代替外部市场，将市场内部化。总局作为集团化的企业，可以有效地利用产业金融平台及时动态地了解集团内部子企业的资金流动情况，这对集团化企业的财务管理无疑是至关重要的。一方面，集团总部可以在信息对称的前提下制定和掌握集团预算，提高资金使用效率，提高企业预算体系的有效性；另一方面，产融平台及金融机构能够通过个性化的金融服务使集团内企业间的联系更加紧密，减少企业间交易的契约成本和人力成本等。因此，地勘企业尤其是集团化企业能够运用产业金融平台集约金融资源，加强资金集中管理，提升资本的运作能力，更加准确及时地获取信息，使交易更加稳定，降低市场不确定性对企业的影响。

（4）实现投资多元化，提高风险防范能力。

近些年以来，地勘行业面临着总体供给过剩、市场需求不足、行业投资下滑的局面。在这种格局下，企业仅靠经营传统地勘业务会面临极大的竞争和生存压力，但是开拓新业务、拓展产业链同样具有一定的风险性。通过开展产业金融，企业一方面实现了经营业务的多元化，能够获取金融业较高的收益，另一方面也可通过金融平台的融资渠道以及资金管理功能进一步打通和延伸产业链，推动产业链上各企业间的协同作用。

二、地勘行业国有资本运作

（一）地勘行业相关产业及资本市场对标公司分析

1. 资源勘查产业

（1）产业现状和趋势。伴随着我国经济增长对煤炭等矿产资源需求的日益增加，地质勘查行业有过 10 余年的强劲增长，但自 2012 年以来进入调整下行阶段。到了 2020 年，全球矿业行业更是明显受到新冠疫情影响，人员跨国流动受阻、停工停产时有发生、原料成本明显上涨，全球矿业市场低迷。随后，在全球主要国家出台的经济刺激政策和货币宽松政策的影响下，矿产品价格先抑后扬，不同品种走势分化差异明显。作为矿业产业链上游环节的地质勘查行业投入下降，又反过来制约了矿业行业的发展。2020 年，全国非油气地质勘查投入 161.61 亿元，同比减少 6.1%。其中，矿产勘查投入不断下降，2020 年为 82.47 亿元，同比减少 6.3%。

“十四五”时期，经济发展对矿产资源的需求仍将进一步增大。2021 年 3 月 22 日，自然资源部发布《关于加强地质勘查和测绘行业安全生产管理的指导意见》；2021 年 5 月 10 日和 5 月 26 日，自然资源部又先后发布了《促进地质勘查行业高质量发展的指导意见》和《地质勘查活动监督管理办法》。这三个文件的发布实施，将进一步指导地勘单位和地勘行业改革发展。

（2）资本市场对标公司分析。中矿资源（002738.SZ）是我国有色金属行业首批取得良好海外收益的商业性综合地质勘查技术服务公司之一，经过多年发展，该公司在管理、技术、人才、市场、机制、经验等方面形成了较强的综合性竞争优势，尤其是在“走出去”的市场经验、品牌、中高端客户资源等方面具有较强的优势。中矿资源全面掌握地、物、化、遥、钻等行业通用技术和前沿先进技术，并拥有相关专业的 29 项技术专利，其中发明专利 3 项，实用新型专利 26 项。凭借领先的技术优势，中矿资源成为中国地勘企业在海外地质勘查市场的领军企业，承接了数十项有国际影响力的海外地质勘查项目，取得了较好的经济效益。

2. 新能源开发产业

（1）产业现状和趋势。总局的新能源资源开发产业板块主要包括地温能、地热、干热岩；煤层气、页岩气、致密砂岩气、可燃冰；油页岩、油沙、铀等。其中，地热能供暖是总局实操的主要业务。在非常规天然气开发利用方面，获得气源是掌握未来该行业话语权的重要保障，而常规气和页岩气勘探开采权的出让、审批由自然资源部统一管理。我国页岩气发展规划是到 2030 年，实现页岩气产量 800 亿～1000 亿立方米。在地热能开发利用方面，近年来，我国地热利用量以每年 10% 以上的速度稳步增长，地热能直接利用、地热发电技术的成熟度和经济性有待提高。

（2）资本市场对标公司分析。煤系气行业暂无相关可比的上市公司标的。地热行业相关可比的上市公司标的为陆特能源（832184.OC）（新三板）。

陆特能源是一家致力于地热能综合开发利用和城市片区集中供能的高科技新能

源企业，在可再生能源技术、储能技术、智慧系统等领域已获得近200项知识产权。成立以来，陆特能源一直从事以地热能为核心的清洁智慧能源系统的投资、建设、运营，在全国为大约350个项目共计1500多万平方米建筑物设计和建设了地热能供能项目。陆特能源是中国浅层地热能产业的龙头企业、中国地热能综合开发利用的领先企业。由陆特能源及其实控人参与完成的“地热资源勘查评价理论技术创新与应用”荣获2019年度国土资源科学技术奖一等奖。

3. 生态环境产业

（1）产业现状和趋势。

第一，矿山环境及土壤修复。长期以来，大规模地矿产资源开发给生态环境带来了严重的破坏，矿山生态环境修复成为我国经济发展与社会进步的迫切需求。2018年8月31日，全国人大常委会表决通过了《中华人民共和国土壤污染防治法》，至此，大气、水、土壤三大环境领域的污染防治法已全部齐备。《中华人民共和国土壤污染防治法》涉及土壤评估、土壤监测、土壤修复等多个细分领域。随着行业的逐步规范和扩张，产业链上下游企业将迎来重大市场机遇。

为顺利推进矿山生态修复事业的发展，我国34个省（自治区、直辖市）均已建立了矿山地质环境治理恢复保证金制度，为矿山生态修复行业提供了一定程度的资金支持。随着国家环境治理的不断推进以及矿山生态修复技术的不断进步，矿山生态修复行业将会呈现更快的发展态势。

第二，水环境治理。作为环保服务业的一个分支，水环境治理基于环境保护需求，为水污染防治和水资源综合利用提供解决方案，包括技术开发、咨询设计、水系统集成、投资运营、核心设备制造以及其他服务等业务。目前，行业内的大部分企业只能提供其中部分服务，能够提供“全产业链”解决方案的服务商较少。

自2015年国家发布《水污染防治行动计划》（“水十条”）以后，我国水环境治理行业进入了政策密集发布期，政策导向也从点污染源治理向面污染源治理转变。“十三五”期间，我国水环境治理投资规模约为7344亿元，“十四五”期间有可能发展至万亿元规模。

第三，固体废弃物治理。2019年初，国家发展改革委、工信部联合发布《关于推进大宗固体废弃物综合利用产业集聚发展的通知》，我国将探索建设一批具有示范和引领作用的综合利用产业基地，推进大宗固体废弃物综合利用向高附加值、产业集聚、多途径消纳方向发展。2020年9月1日起，《中华人民共和国固体废物污染环境防治法》正式实施，被称为“史上最严固废法”，随着企业违法成本的上升，必然会提升配置固废相关环保设备的需求，有效打开了固废处置行业成长空间。

第四，环境监测。为实现2035年建成与国家生态环境治理体系和治理能力相适应的生态环境监测体系与监测能力的目标，“十四五”期间，国家会继续加大环境监测的投入。作为环境管理“顶梁柱”的环境监测行业，在生态环境建设推进的大背景下将不断被强化。由于自身的技术优势、品牌影响力、成套的解决方案及服务的多样化，再加上诸如PPP等多种新型商业模式的兴起，大型企业必将占领越来越多的环境监测产品市场份额。

（2）资本市场对标公司分析。

根据总局生态环境业务特点，选取以下几家公司作为对标企业，主要对比2020年的经营数据（表1）。

表1　总局生态环境产业资本市场对标企业

	股票代码	公司名称	营业收入（万元）	净利润（万元）	PE	EPS	PB
矿山环境/土壤修复	300948. SZ	冠中生态	29 203. 67	6 349. 20	114. 24	0. 9100	5. 38
	300197. SZ	铁汉生态	421 149. 68	5 756. 93	负值	-0. 0048	1. 27
	603588. SH	高能环境	682 673. 28	63 672. 95	34. 78	0. 7500	3. 41
水环境治理	00371. HK	北控水务集团	2 110 542. 42	348 109. 26	7. 40	0. 3671	0. 83
	600008. SH	首创环保	1 922 460. 36	160 191. 61	20. 03	0. 2411	1. 53
	600068. SH	葛洲坝	11 261 117. 29	529 344. 63	14. 64	0. 7260	1. 20
固废处理	000826. SZ	启迪桑德	852 076. 46	-141 688. 94	负值	-1. 1330	0. 59
	002672. SZ	东江环保	331 502. 12	33 349. 45	48. 42	0. 3400	1. 37
	600323. SH	瀚蓝环境	748 143. 55	105 768. 23	14. 82	1. 3800	2. 08
环境监测	300137. SZ	先河环保	124 810. 09	13 750. 38	96. 72	0. 2500	2. 08
	300203. SZ	聚光科技	410 121. 30	54 316. 78	负值	1. 1000	1. 44
	002658. SZ	雪迪龙	121 279. 51	15 023. 98	53. 11	0. 2500	2. 51

4. 地理信息产业

（1）产业现状和趋势。近年来，我国地理信息产业产值增长较快。从2015年的3600亿元增长到2019年的6476亿元，年均复合增长率达到15.8%，但从产值增速来看，呈现逐年下降趋势（图1）。

随着近年来地理信息产业迅速兴起并保持高速增长，这一战略性新兴产业在我国经济社会发展中的作用日益显现。随着《国务院关于加快培育和发展战略性新兴产业的决定》《全国基础测绘中长期规划纲要（2015—2030）》等一系列国家政策规

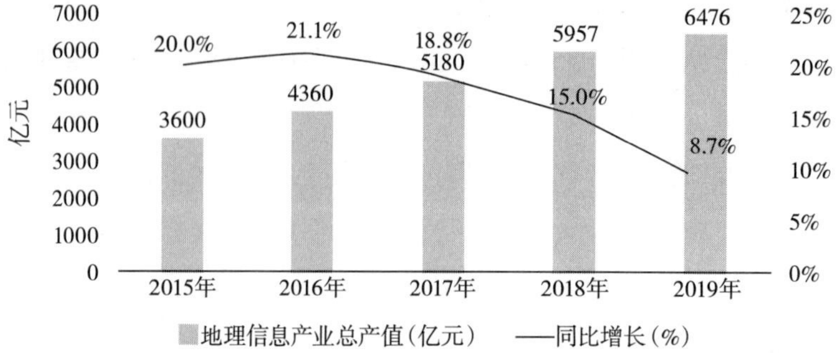

图1　2015—2019年中国地理信息产业产值规模增长情况

划的出台，以及北斗导航系统等国家重大项目的持续推进，必将进一步优化地理信息产业发展环境，推动产业发展的新跨越。

（2）资本市场对标公司分析。根据总局地理信息业务特点，选取以下几家公司作为对标企业，主要对比2020年的经营数据（表2）。

表2　总局地理信息产业资本市场对标企业

股票代码	公司名称	营业收入（万元）	净利润（万元）	PE	EPS	PB
002405. SZ	四维图新	214765. 56	-35699. 38	负值	-0. 1594	2. 47
300036. SZ	超图软件	161004. 74	23421. 33	118. 89	0. 5200	4. 55
002151. SZ	北斗星通	362433. 81	12903. 77	139. 35	0. 3000	5. 48
300075. SZ	数字政通	141399. 71	15839. 20	55. 69	0. 3500	1. 89
002383. SZ	合众思壮	169023. 92	-109936. 44	负值	-1. 4789	3. 17
688066. SH	航天宏图	84669. 80	12868. 71	-	0. 7800	-

（二）资本市场政策改革机遇分析

1. 我国多层次资本市场发展状况

（1）多层次资本市场的功能定位。目前，我国境内资本市场已经形成由沪深主板和中小板形成的主板市场，由创业板和科创板形成的二板市场，全国中小企业股转系统建立的三板市场，以及各区域性股权交易中心形成的四板市场共同搭建的金字塔型多层次资本市场体系。

具体来看，多层次资本市场体系内部各板块定位、功能均有所不同，各自发挥着不同的作用。其中，主板、中小板主要为大型成熟企业服务；创业板主要为高成长性中小企业和高科技企业服务；新三板主要为创新型、创业型、成长型中小微企业服务；区域性股权市场主要为特定区域内中小微企业提供服务。而科创板作为资本市场增量改革的“试验田”，不仅为科创型企业提供了一个融资平台，成为一个为不同产业模式和阶段的企业量身定制的增量市场，更是畅通科技、资本和实体经济循环的重要举措，填补了多层次资本市场的短板。

（2）我国资本市场改革方向。2019 年以来，全面深化资本市场改革路线已经明确，并形成总体方案。2019 年 9 月初，证监会系统召开全面深化资本市场改革座谈会，提出了当前及今后一个时期全面深化资本市场改革的 12 个方面重点任务，描绘出资本市场全面深化改革的路线图。其中，科创板、注册制、创业板改革、新三板改革等是重中之重。随着我国完善多层次资本市场一系列改革举措的落地，将会进一步夯实多层次资本市场的制度基础，加快形成主板、中小板、创业板、科创板、新三板以及区域股权市场联动发展的新格局，更好地发挥多层次资本市场服务供给侧结构性改革的重要作用。

2. 资本市场政策改革及机遇分析

（1）科创板及注册制改革情况。

第一，科创板的主要作用。根据中国证监会于 2019 年 1 月 30 日发布的《关于在上海证券交易所设立科创板并试点注册制的实施意见》，在上交所新设科创板，重点支持新一代信息技术、高端装备、新材料、新能源、节能环保以及生物医药等高新技术产业和战略性新兴产业，推动互联网、大数据、云计算、人工智能和制造业深度融合。

第二，注册制改革落地。证监会强调，充分发挥科创板的改革试验田作用，形成可复制、可推广的经验，以此带动资本市场全面深化改革。目前看来，所谓“可复制、可推广的经验”主要是注册制。2019 年 1 月 23 日，中央全面深化改革委员会第六次会议审议通过《在上海证券交易所设立科创板并试点注册制总体实施方案》《关于在上海证券交易所设立科创板并试点注册制的实施意见》。随着科创板正式推出，注册制正式落地。

（2）创业板改革情况。2019 年 9 月初，证监会推出资本市场“深化改革 12 条”，其中创业板改革是重要一环。证监会于 2019 年 11 月印发《推动提高上市公司质量行动计划》，明确提出推动创业板改革并试点注册制。此外，2019 年 10 月 18 日，证监会发布《关于修订〈上市公司重大资产重组管理办法〉的决定》，允许符合国家战略的高新技术产业和相关资产在创业板重组上市。本次修订，一方面增加了上市壳公司的供给，另一方面对于微利创业板上市公司也是良好机遇，即可以通过注入符合国家战略的高新技术产业和相关资产，改善公司盈利情况。

（3）新三板改革情况。新三板改革也是全面深化资本市场改革的重要一环。2019 年 11 月 8 日，全国股转系统发布《关于就深化新三板改革相关业务规则公开征求意见的通知》，拉开了在新三板推出精选层的大幕，新三板企业将可以进行股份公开发行，企业在精选层挂牌满一年可转板上市。

2021 年 9 月 2 日，习近平总书记在 2021 年服贸会上宣布设立北京证券交易所，打造服务创新型中小企业主阵地。这是实施国家创新驱动发展战略、持续培育发展新动能的重要举措，也是深化金融供给侧结构性改革、完善多层次资本市场体系的重要内容，对于更好发挥资本市场功能作用、促进科技与资本融合、支持中小企业创新发展具有重要意义。

（4）国内资本市场改革带来的机遇分析。在一系列深化改革背景下，具有上市潜力及需求的企业面临新的发展机遇，除 A 股主板、中小板、港股、美股外，未来还可以在注册制下的科创板与创业板、北交所（目前的新三板精选层）上市。其中，新三板市场经过多年震荡调整，大量优质企业内在价值开始彰显。随着投资者准入门槛降低，新三板企业估值折价有望逐步改善。而且新三板及创业板大多为战略性新兴产业企业，在科创板与注册制推出的背景下，有望迎来更多投资并购机遇。

3. 港股市场分析

香港资本市场以其独特的国际金融地位，吸引了各方资本的参与，从某种意义上来说，港股市场正是中国与国际资本市场联通的窗口。近两年来，香港资本市场对借壳上市的监管形势趋严，加之国内市场监管转向，中概股回归市场活跃，借壳港股的现象明显降温，但对于有借壳上市需求的大陆企业仍具有一定吸引力。对于选择赴港借壳上市的大陆企业而言，吃透目前香港证监会和港交所对相关借壳上市的监管政策，有意识地避免借壳“陷阱”，是获取上市席位的最有效途径。

（三）地勘企业进入资本市场的路径分析

中能化创新投资集团（简称“创投集团”）作为总局的国有资本投资运营平台，立足总局、服务地勘、深耕能源，在深入分析资本市场相关行业、政策改革、投资机会的基础上，研究得出地勘企业进入资本市场的路径主要有如下六种方式：

1. A 股 IPO

在众多资本市场进入方式中，IPO 方式成本最低、回报最高、过程最直接，因此无疑是最理想的方式。同时，IPO 也是难度最大的方式：一是主板和创业板均对财务状况、盈利能力、业务范围等有较严苛的规定，科创板则对关键核心技术有硬性要求；二是目前国内新股发行实行保荐人加审核制，正常情况下，审核时间长达两到三年，对于大多数企业来说，很可能错失企业发展的黄金时期以及资本市场的时间窗口；三是与关联企业存在同业竞争是IPO的审核禁区，须在上市前妥善处理。鉴于此，地勘企业通过IPO方式进入资本市场，难度相当之大。

2. 投资并购

通过审慎筛选，选择与地勘主业契合度高、估值合理、规模适宜、成长性强的上市公司进行投资并购，后期通过重大资产重组方式，将优质资产注入上市公司，完成国资企业上市，进而实现优质资源整合、产业机构升级的目标。需要特别注意的是，该方式极易触发借壳条款，而借壳上市须严格执行首次公开发行股票上市标准，因此需要地勘企业予以格外关注。

3. H股借壳

由于A股市场壳资源的稀缺性，通过借壳方式登陆A股市场面临难度大、成本高等一系列问题；同时，H股创业板IPO虽无最低盈利要求，但对活跃业务、现金流入等均有明确规定；加之中国香港属于更为成熟的资本市场，拥有与世界接轨的金融平台，近年来赴港借壳上市成为越来越多内地企业的选择。也正是基于此原因，香港联交所于2019年10月1日修订《上市规则》相关条文，对H股借壳进一步收紧。因此，随着监管趋严，H股借壳的操作难度将越来越大，时间窗口和投资机会也愈加宝贵。

4. 上市公司国有股权转移

对于国企和央企而言，还可借助自身的身份优势，寻找优质上市公司标的，通过协议转让、无偿划转、发行可交换公司债券等多种方式，实现国有股权的转移，进而登陆资本市场。2015年5月，先后有14家上市公司完成国有股权无偿划转，如宜昌市国资委将其持有的宜昌交运4760.46万股股份（占总股本的35.66%）无偿划转至交旅集团持有等，掀起国企改革热潮。

5. 牵手上市公司，实现间接上市

除既有的资本市场进入方式外，地勘企业还可突破常规做法，通过集团总部或下属非上市企业牵手上市公司的方式，从业务合作入手，逐步深入，间接实现登陆资本市场的目标。

6. 战略投资Pre-IPO企业，实现分步上市

地勘企业还可关注具有上市潜力的优质公司，作为战略投资方进入，经过较短

时间运作，迅速成为上市公司股东，后续分步实现资产装入、实际控制等目标。

（四）创投集团拓展资本市场探索及实践

1. 投资背景

当前，总局正处在改革关键期，包括事业单位企业化改革、地勘行业产业转型、国有企业由管资产向管资本转变等。创投集团作为总局的国有资本投资运营平台，积极围绕总局主业，运用资本运作，真正实现“由管资产转向管资本”的突破，大力拓展资本市场。

2. 精准把握政策动向

创投集团十分重视政策研究，公司成立之初即建立了包含律师事务所、会计师事务所、券商、资产评估机构等五大类中介机构的储备库。同时，与北京国家会计学院、银河证券、中国管理科学研究院、国际绿色经济协会等15家机构建立战略合作关系，有效搭建公司业务发展的外部智库平台，根据创投集团业务需要，定期开展专题交流，实现信息共享。

作为多层次资本市场重要基础的新三板，其主要任务是服务中小企业。中小企业数量庞大，同时质量、业绩、发展前景参差不齐。尽管新三板已经增设创新层，但依然难以落实资本市场主要功能。优质企业需求难以得到满足，纷纷逃离，最终制约了新三板市场发展。2019年，在智库团队的全力配合下，创投集团深入研究国家最新政策动向，认为新三板市场“基础层—创新层—精选层”的三层市场结构很快会实现，未来进入新三板精选层再转板上市，将成为许多新三板基础层、创新层企业的上市机会，相关企业市值会快速提升。在此基础上，创投集团将资本运作重点准确定位于新三板公司。2019年，新三板新政的出台印证了创投集团的判断。

3. 投资指导思想

（1）与总局主业能够产生协同效应。

（2）公司股权结构清晰、资产结构合理、未来成长性较好、盈利能力较强。

（3）具备未来冲击新三板精选层或转板上市的潜力。

4. 创新投资实践

（1）安天科技项目投资。

安天科技专注于网络空间安全，其产品和服务与总局地理信息产业具有较强的协同性。创投集团于2020年参与对其进行股权投资，后续将加强沟通，结合总局地理信息产业优势与其开展业务合作。

2021 年上半年，安天科技业务发展迅猛：一是并购了国泰网信，国泰网信在网信密码基础设施的云化方面优势明显，未来双方将以“赛博超脑”为基础资源，构建包括流量监测、文件鉴定、情报生产、密码服务等能力在内的全频谱云安全基础设施和服务体系；二是加入华为云安全生态“沧海行动”，助力鸿蒙系统开发，提供了多项关键技术支持；三是顺利保障了神舟十二号载人飞船的发射，并收到了发射中心的感谢信。

目前，红杉资本、高瓴资本、深创投正在与安天科技进行 C 轮投资接洽，预计安天科技估值将快速提升，创投集团的投资随之增值。

（2）新三板精选层企业投资。

创投集团持续跟踪并投资的 15 家与总局产业相协同的新三板精选层企业已全部转板北交所挂牌上市。下一步，集团将优中选优，开展增资控股工作，助力总局核心产业高质量发展。

三、地勘行业产融结合

（一）地勘行业融资瓶颈分析

1. 缺乏产融结合、以融促产意识

由于部分地勘单位仍是事业单位性质或转为企业时间不久，没有产融结合的意识，也缺少利用金融资本的手段，常常采取保守的态度对待公司发展，有多少钱做多少钱的项目，金融杠杆效应难以体现，也难以充分发挥金融业务的独特作用，公司整体规模无法快速增长，对于延伸相关产业链的支持作用十分有限。

2. 对金融业务缺乏统筹规划

一是地勘单位对金融业务缺少必要的顶层设计，部分企业未制定金融业务中长期发展战略规划，对金融业务定位模糊不清，有的只简单定位于盈利单元；二是对金融业务发展目标不明确，部分企业金融业务起步较晚，尚处于前期探索阶段，对开展金融业务的目的、作用以及需要什么类型的金融业务、如何推动主业发展、如何管理好金融业务等关键问题认识不清。

3. 以融促产的水平和能力有待提高

地勘单位的整体管理水平有待提高。部分企业的组织架构、治理模式、管控体

系、运行机制等不能适应金融业务发展的需要，未建立专门的金融业务管理制度，未能实现金融业务专业化和集中统一管理。因此，企业投后管理不善问题突出。

4. 金融队伍的实力有待加强

地勘单位从事金融的人员不多，部分具有较好金融专业背景与从业经验的金融业务人员可能对产业企业的战略规划、生产经营和企业文化等了解不深，对产业企业的金融业务需求理解不够精准，在产融结合的切入点、产品选择、服务方式以及风控管理等方面服务核心主业能力不足。整体来看，地勘单位金融业务人才的数量储备和能力素养有待提高。

5. 产融协同发展不足

部分地勘单位为获取金融业的超额回报，可能会过度追求短期投资收益，发展与主业关联性不强的金融业务，将金融业务视为“提款机”，产融结合往往貌合神离，在金融产品研发、平台搭建等方面对主业发展促进作用有限。

6. 金融业务风险外溢问题突出

造成地勘单位金融业务风险外溢问题的原因主要有两点：

一是盲目开展跨机构、跨行业、跨市场的金融业务，“短贷长投”以及资源错配现象突出。在宏观经济存在不确定性的背景下，部分收购而来的金融资产盈利能力和发展能力不足，收购溢价高，后续管理成本大，导致金融业务风险聚集、累积并外溢。

二是开展非持牌业务和监管真空地带业务会造成风险敞口增大。比如，部分企业开展了私募投资基金、融资租赁、商业保理等非持牌金融业务，与持牌业务相比，存在重视程度不够、监管覆盖不全和主业聚焦不足等问题，增加了企业整体风险。

（二）地勘行业产融结合路径

1. 地勘单位产融结合发展过程

（1）第一阶段：由产到融。

地勘单位在进行产融结合的过程中需要经历的第一个阶段便是由产到融。这一阶段是产融结合中必须经历的阶段，同时也是为企业实施全面的产融结合打下基础的阶段。在该阶段，地勘单位需要通过对自身产业进行全面分析，将产业链上下游有金融需求的合作方与相关产业进行合并与融合。这既可以有效提升企业规模，也可以扩充企业的金融实力。在推进该阶段工作时，企业一方面需要提升自身的运营效率，同时要开展融资活动，从而扩充自身资金链。

（2）第二阶段：由融到产。

地勘单位进行产融结合的第二阶段是由融到产的阶段。在这一阶段，主要需要针对企业融合后的产业链创新推出相应的金融产品。这不仅可以帮助地勘单位占据更大的市场份额，同时也可以为企业创造更多的收益。同时，处于该阶段的地勘单位还需要提升资金利用效率，以获得更加丰厚的收益，并有效避免资金链断裂等风险事件。

（3）第三阶段：产融贯通。

产融贯通阶段，可以说是金融监管新形势下地勘单位发展产融结合的最高境界，是地勘单位的一个远期的发展目标。产融贯通是实现投融资公司产融结合的有效路径，地勘单位在实现这一路径时要做好金融领域的融合，尽可能地将金融思维、金融技术、金融人才、金融产品等深深绑定起来，找到它们之间的联系，实现深度融合。负责产融贯通路径的人员需要深入研究实体产业，使得地勘单位的产融结合更有针对性，帮助企业找到合理的金融解决方案，实现深度融合，产融贯通。

2. 地勘单位产融结合实施手段

（1）深化与银行等各类金融机构的合作。地勘单位主动与银行、券商、基金公司等金融机构合作，探索创新适合地勘单位需求的金融产品，深化双方合作。

（2）地勘单位总部统筹管理下属金融平台。在地勘单位有关金融业务部门的统筹指导下，以集团整体效益最大化为目标，利用财务公司、基金公司、保理公司、融资租赁公司、保险经纪公司等金融平台子公司，充分整合内外部金融资源、形成金融合力与协同效益，最大限度降本增效，做强做大各金融业务板块。

（3）设立资本控股公司。以股权结构为纽带设立资本控股公司，作为地勘单位的资本运作平台。平台的做大做强有相对科学的方式：一是由资本控股公司直接控股金融子企业，包括财务公司、保理公司、融资租赁公司、基金公司、保险经纪公司等，实现集团化运营管控和金融业务风险隔离，充分整合集团内外部金融资源，构建全功能金融业务平台，强化金融板块的协同效应，全方位服务集团高质量发展；二是由资本控股公司对集团所参股的有关银行、证券、保险等金融机构实施股权或资产划转，纳入统筹管理；三是对标一流，借鉴标杆央企资本控股公司的经营管理模式，做强做大资本控股公司，将资本控股公司打造成金融财团。

（三）地勘行业产融结合路径——基于创投集团的实践

1. 扩大直接融资比重，优化融资结构

地勘单位想要通过产融结合实现快速发展，首先要做到逐步扩大直接融资比重，大力开展股票市场融资和债券融资。股权融资有着长期性、低成本、不可逆等特点，有利于降低企业融资负担，满足地勘单位的长期投资需要。地勘单位可以通过拓宽股权融资渠道，积极引进风险投资和私募股权投资的方式进行融资。企业进行股权融资后，可以形成较完善的公司治理结构，相应的约束制衡机制可有效规避经营风险，提高经营效率。可进行直接融资的证券市场属于公开交易场所，具有规范的监督制度、信息公开制度等，有利于减少大信息不对称而带来的道德风险。

在债券融资中，银行具有信息优势，有条件、有能力长时间地监管企业行为，以有效防止道德风险的出现。同时，银行在实施产融结合的过程中可通过分析利用大量信息为新兴企业带来规模经济效应。积极、有序、规范地发展中小企业债券市场，大力开展中小企业各类债券融资业务，以拓宽债券融资渠道、加快公司债券的发展速度，进一步提高债券融资的便利性，有利于为建设周期短的项目获得及时的融资。通过扩大直接融资，可以提高资源配置效率，加快信息的获取与传播速度，从而改变间接融资中存在的大量信息不对称的状况，在提高资源配置效率的同时，也优化了融资结构，能够促进新兴产业的成长。

2. 使用财务杠杆适当举债，扩大资本规模

地勘单位通过加强财务管理，可将财务风险降低到可控范围内，降低中小企业经营管理者对风险的厌恶程度，提高其对财务杠杆使用的意愿度，进而发挥财务杠杆效应。利用财务杠杆，可以提高资金使用的灵活性，加快资金的周转速度，降低资金链断裂的风险，提高企业的抗风险能力，达到持续经营的目的。优化企业资本结构，合理分配负债筹资和股权筹资比例，合理利用财务杠杆，加大对财务人才的培训力度，为企业发展提供最优财务决策方案。

3. 重点推进经济欠发达地区地勘单位产融结合

欠发达地区金融资源相对落后，对于金融产品了解较少，地勘单位总部应鼓励和支持欠发达地区条件较好的大型企业开展产融结合，为企业带来更多的金融服务与资源支持；也通过促进该地区的金融发展，为其他中小企业提供更优的金融服务。

4. 推进金融创新改革，促进企业成长

一是创新产融结合方式。构建贷、债、股投资联动机制，围绕不同成长阶段和

地勘产业单位的差异化投融资需求，建立紧密的利益共同体。在利益共同体平台上，在信息、渠道、产品、客户等不同层面展开合作，运用丰富的金融工具，满足企业多元化需求，为企业打造一站式金融服务。有效增加地勘单位的金融供给，充分发挥金融机构在客户、资金等资源方面的优势。

二是创新金融服务方式。地勘单位应推动产业链整合，以产业链的核心企业为依托，针对产业链的一些环节设计个性化的金融服务产品，为整个产业链上的相关企业提供综合解决方案，实现产业链金融的新型服务模式，以满足产业链上的企业的融资需求、降低融资成本。

5. 设立金融控股公司或金控平台

由于金融控股公司或金控平台模式具有清晰的股权结构和治理架构，可服务于产业企业整体的资源配置和风险管控，因而在发达国家被广为采用。就地勘单位而言，这种模式可为其内部分子公司提供综合多样的金融服务，并且金融业务间也可以建立牢固的防火墙体系，符合当前金融强监管的要求。在战略机遇期和金融供给侧改革的制度背景下，实体经济的发展机遇与挑战并存，对资产配置多元化、流动性需求也日趋强烈，金融控股公司或金控平台正是通过在顶层设计上不断创新和优化，系统地提供完善和定制的金融产品与服务，为地勘单位和实体经济的结构转型升级注入新的活力。

6. 开展产业链金融服务

围绕产业链开展的金融业务能够切实提高产业运行质量和效益。随着我国经济转型和改革发展，地勘单位广泛开展围绕产业链的金融业务。通过对上下游供应商和客户提供差异化、个性化和定制化的金融服务，地勘单位可以围绕主业，拓宽供应链体系、增强客户黏度、拓展市场需求和份额等，有效推动主业在产业链上的发展，并带动上下游相关企业共同发展。

四、地勘行业资本运作及产业金融风险防控体系研究

（一）地勘行业资本运作及产业金融业务的特点

1. 资本运作实行以管资本为主的投资管控模式

在资本运作过程中，地勘行业应积极落实党和国家关于改革和完善国有资本管理体制的意见要求，改变传统国有资本监管中“管人、管事、管资产”的管控模

式，实行以“管资本为主”的管控模式。无论是直接投资设立的子公司，还是并购控制的子公司，乃至参股的投资企业，均应主导或引导其按照现代企业制度建立规范的公司治理架构：通过授权，明确被投资企业董事会、监事会和经理层的职责权限；通过委派董事和监事，行使对被投资企业的管理权和监督权，形成规范的资本管控模式。其核心主旨是通过国有资本投资运营公司的专业化运作，在不直接干预被投企业具体生产经营活动的前提下，以产权为基础，以资本为纽带，通过公司治理架构管理股权投资企业，维护资本安全，规范资本运作，提高资本回报，实现国有资本保值增值。

2. 资本运作及产业金融业务实行以市场化为主的运营机制

地勘行业资本运作及产业金融业务的市场化运营机制主要体现在企业外部经营和企业内部管理两个方面。

在企业外部经营方面，做好资本运作和产业金融业务，按照市场经济的公平竞争规则运营国有资本。在投资业务中，按照市场化定价方式，确定股权价格和出资比例，通过股权收益方式获取投资回报，遵循市场化退出机制实现投资退出；在资本运作业务中，按照资本市场监管要求规范推进地勘行业成员企业上市，在资本市场规则框架下规范开展上市公司股权收购；在融资业务中，按照市场化利率融入和融出资金，按照类金融业务监管要求提供融资服务并获取收益。

在企业内部管理方面，负责资本运作及产业金融业务的公司，在员工招聘、薪酬管理、绩效考核方面均应实行规范的市场化运作。其中，公司员工应以市场化招聘方式为主，其薪酬标准均参照同行业市场化标准确定，公司按照日常工作月度考核、重要工作专项考核、年度任务综合考核相结合的方式严格开展考核，公开各次考核排名，对与公司价值理念不相融、多次业绩考核差的员工予以坚决淘汰，对与岗位职责匹配度低的员工予以岗位调整和薪酬调整，全面实行职业经理人管理模式。

3. 业务属性以资本运作和类金融业务为主

地勘行业资本运作及产业金融业务可能涉及投资并购、产业投资基金管理、上市公司培育孵化等股权投资业务，商业保理、融资租赁等债权投资业务，资产证券化、产权经纪等资产管理业务，财务顾问、发债辅导等咨询顾问业务，以及企业托管等增值服务业务，其业务范围和类型与金融市场、资本市场高度相关，与传统实体产业相比，其资本运作特征和类金融业务特性非常明显。

（二）以风险防控为导向，构建地勘行业资本运作和产业金融业务风控融合体系

1. 资本运作和产业金融业务面临的主要风险

构建以风险防控为导向的风控融合体系，需要准确评估地勘行业资本运作和产业金融业务面临的主要风险。公司可以建立“年度全面风险评估、月度风险跟踪、重大事项专项风险评估相结合”的全面风险管理运行机制。根据年度全面风险评估结果建立年度风险数据库，并结合月度风险跟踪和重大事项专项风险评估情况对年度风险数据库进行动态调整。年度风险数据库详细列示公司在当年面临的主要风险，以及风险名称、风险表现、风险成因、风险发生后对公司的影响、风险管理策略、风险解决方案、风险管理主体等基本要素，是公司开展风险管理的重要基础资料。

以地勘行业资本运作和产业金融业务通常可能面临的风险为例，评估确定面临的主要风险类别和明细风险（表3）。

表3　地勘行业资本运作和产业金融业务通常可能面临的风险

序号	风险类别	风险名称
1	需要积极应对的风险	法律风险
		会计报表合并风险
2	需要加强管控的风险	公司治理风险
		合规风险
		资产负债率管控风险
3	需要重点关注的风险	客户信用风险
		债务风险
		投资项目投后管控风险
		融资租赁项目融后管控风险
4	其他需要注意的风险	人力资源风险
		政策风险
		保密风险

2. 以风险防控为导向优化调整公司内部控制

（1）资本运作和产业金融运营公司内部控制的常规构成情况。地勘行业资本运作及产业金融运营公司可按照文件要求，以《企业内部控制基本规范》和《企业内部控制应用指引》为基础，按照内部环境、风险评估、控制活动、信息与沟通、内部监督等内控五要素，建立符合公司实际的内部控制体系。

地勘行业资本运作及产业金融运营公司内部控制的外在形式可表现为三项主要组成部分，分别是管理制度、工作流程和授权手册。三者相互衔接、配合使用，共同构成了公司的内部控制体系，强化了内部控制保障，也为内控监督评价工作提供了规范化、标准化的评价指引。

（2）以风险防控为导向，对内部控制进行优化调整。地勘行业资本运作及产业金融运营公司以风险防控为导向优化调整内部控制，主要是根据年度风险数据库列示的各项风险及相应的风险信息，检查评估管理制度、工作流程和授权手册对各项具体风险防控工作的支持程度，对缺失的管理制度、工作流程和授权要求进行补充完善，对与具体风险防控要求不相适应的管理制度、工作流程和授权要求内容进行修订。并根据年度风险数据库的动态调整变化，对管理制度、工作流程和授权要求进行相应补充或修订，确保各项具体风险防控要求在管理制度、工作流程和授权要求三个方面均得到有效落实，充分实现各项具体风险防控要求与管理制度、工作流程、授权要求的完全匹配。

以表3所列示的风险为例，对于内部控制，可以从管理制度、工作流程、授权要求等方面进行管理（表4）。

表4　地勘行业资本运作和产业金融业务通常风险的内部控制

序号	风险名称	对应的管理制度	对应的工作流程	对应的授权要求
1	法律风险	（1）法务工作管理办法 （2）企业主要负责人履行推进法治建设第一责任人职责管理办法 （3）法务审核工作实施细则 （4）重大法律纠纷处理实施细则	（1）法务审核工作流程 （2）重大法律纠纷处理工作流程	法务管理工作授权表
2	会计报表合并风险	（1）会计核算管理办法 （2）财务会计报告编制工作实施细则	财务会计报告编制工作流程	财务管理工作授权表
3	公司治理风险	（1）企业法人治理工作管理办法 （2）子公司法人治理结构设计实施细则	子公司设立及变更工作流程	（1）公司治理工作授权表 （2）子公司重大管控事项授权表
4	合规风险	（1）合规工作管理办法 （2）类金融业务合规工作指引 （3）股权投资合规工作指引	（1）类金融业务合规管理工作流程 （2）股权投资合规管理工作流程	合规管理工作授权表

续表

序号	风险名称	对应的管理制度	对应的工作流程	对应的授权要求
5	资产负债率管控风险	（1）财务管理办法 （2）全面预算管理办法 （3）子公司财务管理办法 （4）融资业务管理办法	（1）预算管理工作流程 （2）融资业务工作流程	（1）财务管理工作授权表 （2）融资业务授权表
6	客户信用风险	客户信用管理实施细则	客户信用管理工作流程	客户信用管理工作授权表
7	债务风险	（1）财务管理办法 （2）全面预算管理办法 （3）子公司财务管理办法 （4）融资业务管理办法 （5）资金管理实施细则	（1）预算管理工作流程 （2）融资业务工作流程 （3）资金管理工作流程	（1）财务管理工作授权表 （2）融资业务授权表
8	投资项目投后管控风险	（1）投资管理办法 （2）投资项目后评价实施细则 （3）参股企业管理实施细则 （4）重要业务联合监督实施细则	（1）投资管理工作流程 （2）投资后评价工作流程 （3）重要业务联合监督工作流程	（1）股权投资工作授权表 （2）投资后评价工作授权表 （3）重要业务联合监督工作授权表
9	融资租赁项目融后管控风险	（1）融资租赁业务管理办法 （2）融资租赁资产分类管理实施细则 （3）融资租赁业务风险预警及防控处理实施细则	（1）融资租赁业务工作流程 （2）融资租赁资产管理工作流程	（1）融资租赁业务授权表 （2）融资租赁资产管理工作授权表
10	人力资源风险	（1）人力资源管理办法 （2）高级管理人员市场化选聘管理办法 （3）员工绩效考核管理办法 （4）薪酬管理实施细则 （5）管理人员选拔任用实施细则	（1）高级管理人员市场化选聘工作流程 （2）员工绩效考核工作流程 （3）薪酬管理工作流程 （4）员工选拔任用工作流程	（1）高级管理人员选聘工作授权表 （2）员工绩效考核工作授权表 （3）薪酬管理工作授权表 （4）员工选拔任用工作授权表
11	政策风险	公司设立政策研究部、产业金融研究院，进行国家宏观经济政策、类金融行业监管政策、相关产业政策的研究，发布研究报告，提示相关风险		
12	保密风险	（1）保密工作实施细则 （2）员工职业道德规范	保密管理工作流程	保密管理工作授权表

3. 以风险防控为导向，制定审计项目计划

（1）需要关注的主要事项。

一是准确理解风险的含义和指向。在以风险防控为导向制定审计项目计划时，这里所说的风险不是指审计风险，而是指企业风险，即可能导致公司目标无法实现

的风险。在传统审计项目计划制定方式下，公司主要是结合对被审计对象的审计频次、公司现阶段重点工作、问题多发领域等因素，确定年度审计项目计划，在审计项目实施过程中，也会关注相关企业风险。与传统方式相比，以风险防控为导向制定审计项目计划，企业风险与审计项目之间的关系发生了变化。在之前方式下，先确定审计项目，然后在审计项目具体实施过程中关注相关企业风险。在新方式下，先评估公司面临的主要风险，然后根据风险关注的优先级，确定审计项目，并从审计监督和评价的角度做好审计项目实施过程中的企业风险关注。两者相比较，之前制定审计项目计划时虽然也能在一定程度上体现与企业风险的相关性，但其风险导向性远不如新方式明确，其助力公司目标实现的风险防控作用也远不如新方式直接。

二是合理确定审计优先关注级风险。以风险防控为导向制定审计项目计划时，需要从年度风险数据库中合理确定审计优先关注级风险。在实际操作中，根据重要程度，四类风险的排序为：需要积极应对的风险 > 需要加强管控的风险 > 需要重点关注的风险 > 其他需要注意的风险。在制定审计项目计划时，需将“需要积极应对的风险 + 当年新增风险 + 重要程度上升的风险”作为审计优先关注级风险。年度审计项目计划必须实现对审计优先关注级风险的全覆盖，在此基础上，结合审计资源情况，确定覆盖其他风险的审计项目，且每三年必须完成一轮对常见风险的审计全覆盖。

三是结合风险变化情况，动态调整审计项目计划。公司在年度全面风险评估工作完成并制定年度风险数据库后，在月度风险跟踪和重大事项专项风险评估过程中，会根据风险变化情况对年度风险数据库进行动态调整，审计项目计划安排也会随着风险变化情况进行调整。通常而言，公司每季度会对风险数据库与审计项目计划安排进行一次对应性检查，以确定是否需要调整审计项目计划，以及如何调整。

四是以审计优先关注级风险为主确定审计项目，同时所确定的审计项目要尽可能地扩大风险覆盖面。例如，在依据融资租赁项目融后管控风险确定审计项目时，可以将审计项目确定为融资租赁业务专项审计，在关注该项风险的同时，还要将与融资租赁业务有关的合规风险、客户信用风险、政策风险纳入审计覆盖范围，有效扩大审计项目的风险覆盖面，提高审计效率。

（2）以风险防控为导向，制定审计项目计划。

假定公司在某年度按照“需要积极应对的风险 + 当年新增风险 + 重要程度上升的风险”确定审计优先关注级风险的原则，将投资项目法律纠纷风险、保理业务客户信用风险、债务风险、人力资源风险确定为当年审计项目计划必须覆盖的风险，并有针对性地确定了以下审计项（表5）。

表5　以风险防控为导向的审计项目计划

序号	审计优先关注级风险	审计项目	覆盖的其他风险
1	投资项目法律纠纷风险	××项目投资退出暨 投资风险防控工作专项审计	（1）投资业务合规风险 （2）投资项目投后管控风险 （3）子公司公司治理风险 （4）投资业务政策风险 （5）投资业务保密风险
2	保理业务客户信用风险	保理业务专项审计	（1）保理业务合规风险 （2）保理业务法律风险
3	债务风险	融资业务专项审计	（1）资产负债率管控风险 （2）客户信用风险
4	人力资源风险	员工队伍建设情况专项审计	（1）人力资源管理合规风险 （2）劳动纠纷风险（法律风险） （3）员工保密风险

通过以上安排，在确保当年优先级风险在审计项目中得到有效关注的同时，也扩大了审计项目的风险覆盖面。从一个较长时期来看，公司涉及面广的风险也会从不同角度得到充分关注。

（3）多年度主要风险与审计项目对应情况。

在以风险防控为导向制定审计项目计划时，从单一年度来看，当年需要重点关注的风险会在审计项目中得到有效覆盖；从多个年度综合来看，公司涉及面广的风险也会从不同角度被充分关注，从而为风险得到全方位防控提供了保障。某公司连续三年的主要风险与主要审计项目的对应情况可以提供很好的例证（图2）。

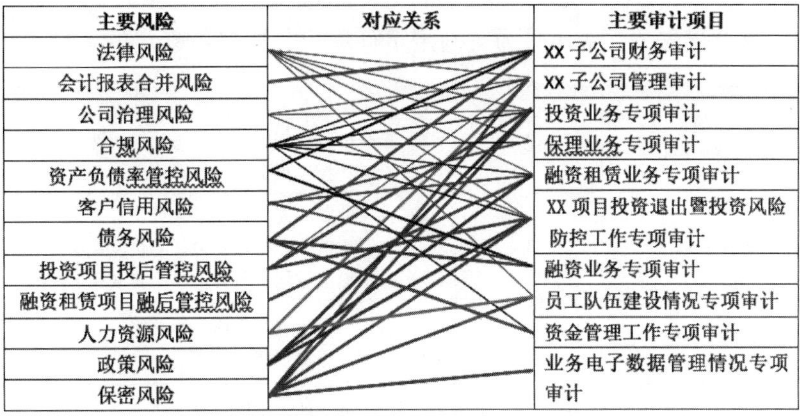

图2　某公司的主要风险与主要审计项目的对应情况

根据表6的情况进行统计，该公司各项主要风险在审计项目中被关注的次数和角度与其在公司经营管理中的涉及面基本相符。

表6　某公司各项主要风险在审计项目中被关注的次数和角度

序号	主要风险	关注次数	关注角度
1	合规风险	7	（1）财务收支中的合规要求 （2）企业管理中的合规要求 （3）投资业务中的合规要求 （4）保理业务中的合规要求 （5）融资租赁业务中的合规要求 （6）投资退出中的合规要求 （7）资金管理中的合规要求
2	法律风险	6	（1）企业管理中的法律要求 （2）投资业务中的法律要求 （3）保理业务中的法律要求 （4）融资租赁业务中的法律要求 （5）投资退出中的法律要求 （6）员工管理中的法律要求
3	保密风险	5	（1）企业管理中的保密要求 （2）投资业务中的保密要求 （3）投资退出中的保密要求 （4）员工保密要求 （5）业务电子数据的保密要求
4	公司治理风险	3	（1）对子公司的治理要求 （2）投资推进过程中需要考虑的公司治理要求 （3）投资退出过程中需要考虑的公司治理要求
5	客户信用风险	3	（1）保理业务中的客户信用风险 （2）融资租赁业务中的客户信用风险 （3）客户信用风险对融资业务的影响
6	债务风险	3	（1）子公司债务风险 （2）融资业务导致的债务风险 （3）资金管理对债务风险的影响
7	投资项目 投后管控风险	3	（1）对子公司的管控风险 （2）投资推进过程中需要考虑的投后管控要求 （3）投后管控对投资退出的影响
8	政策风险	3	（1）投资业务中需要关注的政策要求 （2）融资租赁业务中需要关注的政策要求 （3）投资退出过程中需要关注的政策要求
9	资产负债率管控风险	2	（1）对子公司的资产负债率管控要求 （2）融资业务对资产负债率的影响
10	人力资源风险	2	（1）对子公司的人力资源管理要求 （2）公司整体人力资源管理要求

续表

序号	主要风险	关注次数	关注角度
11	会计报表合并风险	1	对会计报表合并范围的判断正确性
12	融资租赁项目 融后管控风险	1	融资租赁项目的融后管控要求

4. 风险防控导向机制下的合规管理和法务管理

以风险防控为导向，实现风险防控、内部控制、法务管理、合规管理、审计监督等监管职能有机融合，对合规管理和法务管理而言，就是要以合规风险防控和法律风险防控为目标，将内部控制作为保障合规风险和法律风险得到有效防控的基本手段，将审计监督作为对合规风险和法律风险防控效果的评价手段，实现合规管理、法务管理职能与风险防控、内部控制和审计监督职能的有机融合。这种融合主要体现在以下方面：

一是在风险防控工作中，将合规风险、法律风险纳入公司风险防控体系进行统一管理。通过年度全面风险评估、月度风险跟踪、重大事项专项风险评估，分别明确合规风险、法律风险在公司的表现形式、形成原因、影响程度、管理策略、解决方案、管理主体等基本防控要素，有针对性地实施风险管理。

二是在内部控制中，落实对合规风险、法律风险的控制措施，实现对合规风险、法律风险的防控目标。

三是审计监督工作中，通过具体审计项目实施，对合规风险、法律风险防控措施执行情况进行监督检查，对防控效果进行评价，并提出优化合规风险、法律风险防控工作的审计意见。

成果创造单位：中能化创新投资管理有限公司

成果主要创造人：陈新寰

成果创造人：尹　俊　刘军杰　陈　宁　范华龙　韩振宇

成果其他创造人：杨博武　屈伟东　刘泽涛　唐隆昊　韩　源　边光辉　李　华　赵彦雄　王　磊

后疫情时代管理会计在助推地勘单位高质量发展中的应用研究

中煤地第二勘探局集团有限公司

首先，本课题从对管理会计职能的研究出发，探索管理会计体系的构成内容，形成地勘单位管理会计体系框架的理论基础。

其次，在分析新经济增长模式和常态化疫情防控对地勘单位影响的基础上，研究地勘单位管理会计体系框架，即战略管理是核心、管理会计的基石和编制预算的依据，预算管理是管理会计体系实现控制职能的重要手段、处于企业控制系统中的核心地位，成本管理、预算管理、营运管理和投融资管理是管理会计体系的落脚点，管理会计报表体系是管理会计信息输出的主要载体，业绩评价是管理会计体系的重要支点，激励与补偿机制是管理会计完善的助推器。

最后，结合地勘单位的管理体制、经营机制、组织结构、外部环境等因素，研究适用于地勘单位的管理会计工具方法，如应用于战略管理的SWOT分析法、波特五力分析法、战略地图法等，以及应用于成本管理的目标成本法和变动成本法。

本课题研究依据财政部颁发的《管理会计基本指引和管理会计应用指引》，考虑地勘单位管理会计的应用现状，从10个方面建立适用于新经济增长模式和疫情防控常态化下的管理会计体系的初步脉络。研究成果运用在地勘单位明确战略定位、提升管理水平、防范化解经营风险、增强全员凝聚力方面能起到积极的作用，进而提高后疫情时代地勘单位的综合竞争能力。同时，希望这一管理会计应用研究成果能结合近期总局“聚主业、提质量、稳增长、控风险、促改革、强党建”专项工作，在助推地勘单位高质量发展中切实发挥管理会计的积极作用。

一、构建管理会计体系的理论基础

（一）管理会计体系分析

管理会计是会计行业的一个领域，美国会计学会管理会计委员会（AAA）给出的定义为：管理会计是与特定的问题、决策项目以及企业管理日常工作有关的会计信息的积累、综合、分析及表述。管理会计与财务会计的区别主要在于其目的是提升企业的价值创造能力和运行绩效，在执行会计信息管理职能的同时，向管理决策者提供与计划、控制、决策和评价相关的有用信息。因此，管理会计体系是为实现管理会计的职能目标，将管理会计工具方法与现代化管理（战略管理、预算管理）相融合所形成的相互联系、相互制约的管理系统，是决策支持系统中的重要组成部分。当前，正值地勘单位企业化改革和转型升级的深化期，研究好管理会计，对地勘单位的精细化、精益化、精确化管理，提升企业治理效能，意义重大而深远。

（二）管理会计体系的职能

管理会计的职能目标是通过利用会计的手段和方法，整合分析企业内部的数据和信息，通过分析过去、控制现在和规划未来的有机结合，服务于企业决策层管理，达到提高企业整体管理水平的目的。管理会计主要有预测决策、规划控制和业绩评价三方面的职能。

预测决策就是利用管理会计体系得到的数据，对于实现既定的经营目标的不同方案，向企业的管理者提供可供比较的信息，协助其选取最优的方案、做出科学的决策。

规划控制就是在最终决策方案的基础上，将事先确定的有关经济目标分解落实到各有关预算之中，从而合理有效地组织协调企业供、产、销及人、财、物之间的关系，使企业的生产经营活动按既定的决策进行，保证实现预期的目标和效果。

业绩评价就是将管理会计报告提供的数据分析作为业绩评价的重要数据来源，通过对预算和实际的差异进行评价、比较，为下一步预测决策和规划提供指导方向。管理会计报告提供的数据信息不仅是企业经营和管理业绩评价的重要支撑，更为经营过程中的预测、决策、控制活动提供了有效监督，所以业绩评价也是管理会计中的关键环节。

（三）管理会计的服务对象

从定义可以看出，管理会计可以为企业高层、中层和基层各级管理人员提供战略性决策、战术性决策和业务性决策等各种有效信息，具有综合性、前瞻性、预测性、具体性和直观性等鲜明的特点。

（四）管理会计体系的内容

根据管理会计体系的职能，管理会计体系可分为预测决策、规划控制、执行会计、业绩评价和管理会计信息化五方面内容。

1. 预测决策

预测决策包括宏观层面的公司战略预测决策和微观层面的经营活动预测决策，是现代管理会计的重要组成部分。预测分析是有效决策的前提和基础，为决策提供有效判断的依据；决策是管理人员对企业未来活动所做的选择。

2. 规划控制

规划控制是指在企业的决策和经营方向已经确定的前提下，为执行既定的计划方案而实行的规划和控制，以保证既定目标能够实现的管理会计子系统。预测决策的结果是执行和控制的关键依据，利用管理会计报告及时发现部门工作过程的偏差，及时纠正和调整，使损失降至最低。

3. 执行会计

执行会计主要包括成本管理、营运管理和投融资管理：对企业在营运过程中实施成本预测分析、控制；生产经营过程中物料供应、产品生产和销售等的价值增值管理；资金的筹集和运用等一系列管理活动执行和提升的支撑，以实现既定的战略目标。

4. 业绩评价

管理会计通过对企业在一定地区内拥有的物力、财力等物质资源进行直接管理和评价，从而使企业管理者全面准确地掌握物质资源的详细使用情况，为决策提供更加精准可靠的决策依据。

5. 管理会计信息化

随着大数据时代的到来，加强对信息化的掌握，从中捕捉到更多数据与数据之间的关联信息，对于现代企业尤为重要。管理会计信息化就是把企业业务流、资金流、信息流三流合一，并基于此建立企业内部的管控平台，用会计的思维、从管理的视角参与管理，发现业务层面的问题，并用信息化建设等控制手段规范业务流程，用数据支持相关决策，为企业创造价值。

二、地质勘查单位管理会计体系框架

（一）地勘单位的性质及业务活动

受国家宏观经济管理体制改革的影响，地勘单位的企业化改革不断深入，经营理念、业务范围、资金来源、组织结构等均发生了深刻变革。中煤地第二勘探局秉承“地质+”的发展理念，努力将企业打造为以地质勘探为主业，包括地理信息(数字印刷)、绿色装备研发、节能环保、智慧物流、汽车服务、建筑施工、物业服务、酒店餐饮等在内的多元化现代企业集团。

（二）管理会计在地勘单位的应用现状

由于管理会计基本指引和应用指引颁布发行的时间不长，地勘单位财务工作重心多是会计核算工作，管理会计工作尚未全面展开。中国煤炭地质总局和中煤地第二勘探局陆续发布的一系列管理制度已经具备了推行管理会计的思想基础，形成了全面推行管理会计的制度基础。中煤地第二勘探局的当务之急是建立一套适合实际情况的管理会计应用标准，建立与战略管理相关的制度和管理会计报告体系。

（三）地勘单位发展的影响因素及机遇

1. 经济增长模式的影响

地勘单位企业化改革不断深入，其经营业务已经表现出多元化特征。受我国经济经济向高质量发展转变、绿色低碳发展等的影响，传统的地质找矿业务遇冷，环境地质、民生地质业务快速发展。

2. 新冠肺炎疫情的不利影响

2019年底出现并蔓延至今的新冠肺炎疫情，对我国不同行业的发展都有影响，国外严重的疫情会导致社会大众消费需求降低，作为各行业基础性、先行性的地质行业也深受冲击。据有关资料显示，标普全球市场情报部2020年全球勘查预算同比下降29%。新冠肺炎疫情也给人员流动和经济活动带来了诸多限制，国内经济增速放缓，地矿行业及其相关领域的持续性低迷会持续较长时间。

3. 地勘单位的发展机遇

经济增长模式的转变和疫情对地勘单位的发展带来不利影响的同时，也为地勘单位的发展提供了新的机遇。主要表现是：第一，新能源资源开发为地质工作提供了新的发展契机；第二，民生地质领域将面临重大发展机遇；第三，生态环境领域将对地质工作产生强劲需求；第四，医学地质学将迎来重大发展机遇。

（四）地勘单位建立管理会计体系的必要性

一是通过管理会计信息化建设，可以实现地勘单位的战略、业务、财务的有机结合，提升地勘单位创造价值水平；二是在对当前宏观形势进行全面分析的基础上，结合地勘单位的内部条件，为企业管理者的决策提供科学的依据；三是管理会计利用平衡记分卡从绩效评估与考核方法上进行制约与量化，实现良好的组织协同，从而降低运营风险；四是通过管理会计报表体系和信息化建设，有利于部门之间的相互理解、配合、信息共享与资源共用，提升运营单位内部协同作业的能力。

（五）地勘单位管理会计体系框架的构建

地勘单位作为从事地质勘查和其他经营业务的企业，其管理会计体系应该使用工业企业的做法。本报告依据管理会计基本指引和应用指引，结合中煤地第二勘探局的现实情况以及国内外对管理会计体系的研究现状，定制了一套适用于地勘单位的管理会计体系（图1）。

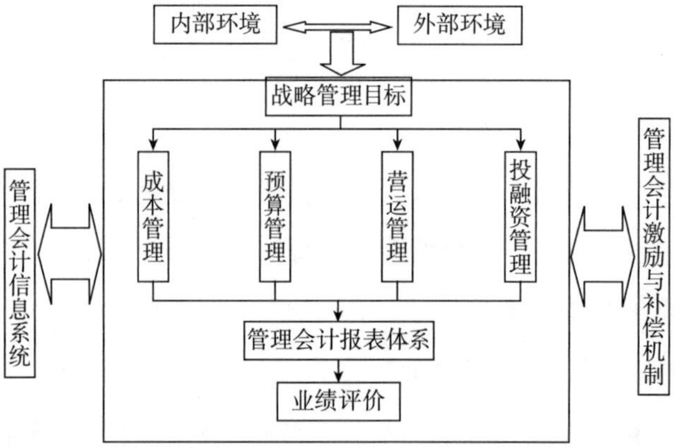

图1　地勘单位管理会计体系框架图

1. 内外部环境分析是建立管理会计体系的前提

管理会计体系的建立应立足于企业内外环境的实际，因为企业的内外部环境决定了企业的战略目标，进而影响企业的管理模式及方法。内外部环境分析是建立管理会计体系的动因，也是管理会计应用是否具有实效的前提条件。

2. 战略目标是管理会计体系的基石

管理会计目标是一个目标集合体，它集合了会计目标、成本目标和财务目标。管理会计的目标首先是成本目标，这是前提与基础；成本目标的实现可以促进会计与财务目标的实现，最终提高企业的经济效益和价值。

3. 信息化建设是现代管理会计的保证

21 世纪是互联网信息技术飞速发展的时代，我国企业也在向信息化管理发展。管理会计以会计电算化为基础，逐步发展到企业内部的各类现代化软件系统。管理会计的主要职能体现在三个方面：第一，及时满足现代化企业决策、发展的要求；第二，及时发现问题与不足，并能够及时修正错误；第三，财务管理信息资料得到完善、高效的利用，有效地为企业的未来发展进行筹划。

4. 预算管理、成本管理、营运管理、投融资管理是管理会计体系的落脚点

（1）预算管理。全面预算就是对企业在一定的时期内各项业务活动、财务表现等方面进行总体预测，主要包括经营预算、财务预算和资本预算。全面预算管理是管理会计体系实现控制职能的重要手段，以公司战略为导向，实现对经营活动的事前预测控制、事中动态调控、事后反馈控制。

（2）成本管理。成本管理是对生产单位各项成本进行预测、决策、计划、控制、核算、分析、和考核的管理行为，是管理会计体系中执行会计的重要组成部分。其中，目标成本法和作业成本法被广泛应用于企业的成本管理。

（3）营运管理。营运管理是指为实现企业战略和营运目标，各级管理者通过计划、组织、指挥、协调、控制、激励等活动进行营运管理，应区分计划（Plan）、实施（Do）、检查（Check）、处理（Act）等四个阶段（简称 PDCA 管理原则），形成闭环管理。营运管理领域应用的方法，一般包括本量利分析、敏感性分析、边际分析和标杆管理等。

（4）投融资管理。企业融资的规模、期限、结构等，应与经营活动、投资活动等的需要相匹配。投融资管理领域应用的管理会计工具方法，一般包括贴现现金流法、项目管理、情景分析、约束资源优化等。

5. 管理会计报表体系是管理会计信息输出的主要载体

管理会计报告是反映企业经营活动过程中的预测、决策、规划控制与分析评价等情况的书面文件，并向企业管理者提供决策所需的财务信息。

6. 业绩评价是管理会计体系的重要支点

企业财务管理的目标是企业价值最大化。绩效评价系统是指通过一定的评价方法和指标对企业业绩、员工业绩等进行综合评价，一般包括业绩评价和激励两方面。

7. 激励与补偿机制是管理会计完善的助推器

在现代企业制度中，公司所有权和经营权两权分离，所有者通过对经营者进行业绩评价并进行激励，实现股东的效用目标最大化。

（六）地勘单位管理会计实施的组织保障

为全面有效地推动管理会计工作在地勘单位的开展，充分发挥管理会计在助推地勘单位高质量发展中的作用，地勘单位应设置管理会计部，并下设战略管理、预算管理、执行会计、绩效考核和管理会计报表编报等岗位。

三、地质勘查单位管理会计体系之战略管理

（一）战略管理的基本原理

公司战略是指企业为实现长期的生存和发展，在综合分析企业内部条件和外部环境的基础上做出的一系列带有全局性和长远性的谋划。公司战略一般包括总体战略、经营单位战略和职能战略三个层次，共同构成企业战略体系。在企业内部，三个层次之间相互联系、相互配合。因此，企业总体战略的实现，必须将这三个层次战略有效地结合起来。

战略管理是指企业根据组织外部环境和内部条件设定企业的战略目标，为保证目标的正确落实和实现进行谋划，并依靠企业内部能力将这种谋划和决策付诸实施，以及在实施过程中进行控制的一个动态管理过程。公司战略管理过程由战略分析、战略制定、战略实施、战略评价和控制、战略调整等构成。

战略分析的主要目的是评价影响企业发展的关键因素，并确定在战略选择步骤中的具体影响因素。环境分析可应用的方法包括 SWOT 分析法、波特五力分析法和波士顿矩阵分析法等方法。

SWOT 分析法是一种综合考虑企业内部条件和外部环境的各种因素，进行系统评价，选择最佳战略的方法。该方法的运用一般要经过分析环境因素、因素排序、构造 SWOT 矩阵三个步骤（表 1）。

表1　利用SWOT分析法分析总体战略类型

内部因素 / 外部环境	机会	威胁
优势	增长型战略	多种经营战略
劣势	扭转型战略	防御型战略

波特五力分析法是一种用于竞争战略的分析方法，是在产业组织经济学基础上，推导出决定行业竞争强度和市场吸引力的五种力量，并以此为基础来进行行业基本竞争态势分析和商业战略研究。

战略选择指企业对影响其发展的重大战略、规划及策略进行选择。在此过程中，需要明确可选择的战略类型和战略选择过程。战略选择过程包括制定战略选择方案、评估战略备选方案、选择战略三个步骤。

战略实施就是将战略转化为行动，结合使用战略地图将战略实施的关键业务流程化，并落实到企业现有的业务流程中，确保企业高效率和高效益地实现战略目标。

战略评价就是通过评价企业的经营业绩，审视战略的科学性和有效性。应从以下几个方面进行战略评价：战略是否适应企业的内外部环境；战略是否达到有效的资源配置；战略涉及的风险程度是否可以接受；战略实施的时间和进度是否恰当。

战略调整就是根据企业情况的发展变化，即参照实际的经营事实、变化的经营环境、新的思维和新的机会，及时对所制定的战略进行调整，以保证战略对企业经营管理进行指导的有效性。

（二）战略管理在地勘单位的运用

目前，管理会计工作尚未在地勘单位全面、系统、深入地推广，其主要原因是缺乏专门的管理会计机构、尚未树立全员推行管理会计的理念和行动、没有有效的管理会计应用指南或制度。为了在地勘单位有力、有效地推行管理会计工作，必须做细做好战略管理工作。具体表现为：

1. 设立战略管理的执行机构

地勘单位应设立战略规划及运行部。应在地勘单位党委会和董事会的亲自指挥下开展战略管理工作，由战略规划及运行部组织协调，吸收经营单位、职能部门管理人员和有关技术人员、关键基层单位的负责人和部分员工代表等参加，必要时，也可以聘请咨询公司的人员或有关专家参加。地勘经营单位也应建立对口的战略规划及运行机构，接受地勘单位战略规划及运行部和经营单位的双重领导，经营单位的战略管理工作，应由经营单位负责人、职能部门负责人及其他相关人员共同实施。

2. 制定不同层级的战略

地勘单位制定的战略包括地勘单位总体战略，子公司、分公司和事业单位的业务单位战略，职能部门的职能战略。

（1）地勘单位可供选择的总体战略包括发展战略、稳定战略和收缩战略，一般选择发展战略和稳定战略。

（2）经营单位战略适用于地勘单位的二级单位，可供选择的经营单位战略包括竞争战略、投资战略、合作战略。

（3）职能战略则适用于地勘单位职能部门，如营销战略、财务战略、生产战略、研发战略、人力资源战略等。

3. 地勘单位的战略分析、战略选择及战略实施

（1）战略分析：地勘单位应采用SWOT分析法和波特五力分析法对地勘单位和经营单位的外部环境和内部条件进行分析，制定公司总体战略和经营单位战略。

（2）战略选择：战略选择最核心的问题是对战略选择方案形成方式的选择。由于地勘单位各级领导层对战略管理缺乏足够的认识，地勘单位目前尚处于完成“事转企”初期，适应市场经济的能力还不够。地勘单位现阶段最适宜采用的方式是自上而下的方法。管理会计推行一定时期后，各层级战略管理所需的人员和知识储备已经满足战略管理方案制定的要求，此时，战略选择方案的制定应选用“上下结合”的方式。

（3）战略实施：战略实施的难点是结合地勘单位的实际情况绘制战略地图，建议地勘单位选择企业特点比较突出和管理基础比较好的经营单位作为试点，然后推广至其他经营单位。本报告以平衡计分卡的四个层面目标为框架，描述战略地图（图2）和财务维度流程图（图3），对其他维度的流程图不再展开。

（4）做好战略管理工作，应注意以下几个问题：

第一，地勘单位和经营单位战略目标的设定应具有一定的前瞻性和适当的挑战性，并能够使长期目标与短期目标有效衔接。

第二，地勘单位应根据各经营单位与战略目标的匹配程度进行资源配置。

第三，地勘单位应将战略目标落实到具体的责任中心和责任人，构成不同层级彼此相连的战略目标责任圈。

第四，地勘单位应以实现战略目标为核心，考虑不同责任中心业务目标之间的

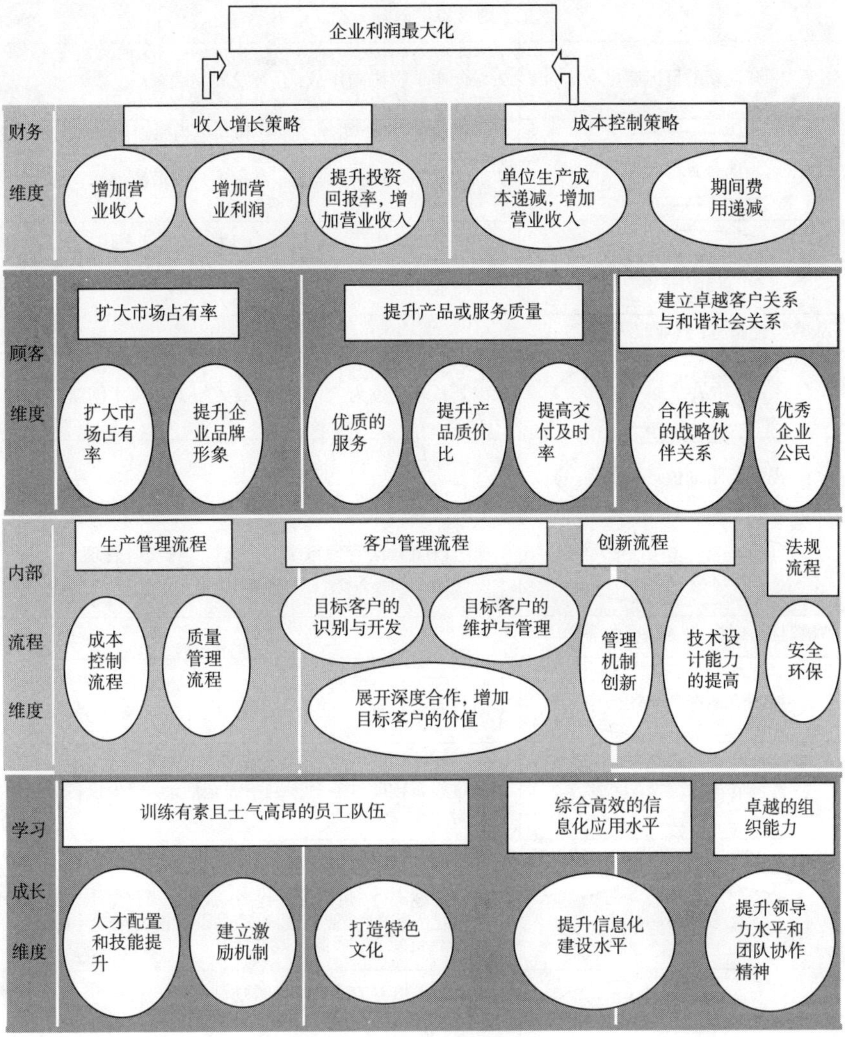

图2　企业战略地图

有效协同，有效提高资源使用的效率和效果。

第五，地勘单位应建立健全战略管理有关制度及配套的绩效激励制度等，形成科学有效的制度体系。

第六，在战略执行过程中，需要将战略目标和关键业绩指标落实到具体单位、部门，签订执行责任书。

第七，每一层级的责任部门应向上一层级部门提交战略执行报告，以反映实际情况，制定下一步战略实施举措。

财务维度战略分析		
增加营业收入	开发新的目标客户	1.依托现有的优势资源，积极拓展国际市场 2.与合作单位协同作战，互补发展高端客户 3.加大对宣传投入，做好对外宣传
	现有客户维护	1.一切从客户角度出发，以互利互惠为原则，与客户建立战略伙伴关系 2.加大对售后服务的支持，掌握客户的最新动态，为后期继续合作打好基础
	部分市场（调整产品结构）	1.定位于高品质、高要求、高附加值的国际市场，逐步提升自身技术实力 2.走专业化道路
	战略监控指标：营业收入	
增加营业利润	提高经营水平，提升竞争实力	1.走专业化道路，打造高端品牌 2.以新技术研发为主导，通过技术提升和技术创新，提升技术竞争力
	提高高附加值产品比例	1.开拓国际市场和国内高端市场 2.承接高附加值产品设计和生产
	降低成本费用，实现利润最大化	1.通过PDM数据管理系统，对成本实行实时管理 2.通过优化工艺、提升效率，降低生产成本的投入
	战略监控指标：营业利润、利润率	
提高投资回报	提高流动资产使用效率	1.通过完善回款管理，缩短应收账款周转天数 2.通过看板管理，提高存货周转率
	提高固定资产使用效率	1.加大市场开拓力度，项目衔接顺畅，减少资源闲置 2.通过设备预防性管理及自主保全活动，较少设备故障件数，提高设备可动率
	战略监控指标：应收账款周转天数、存货周转天数	
单位生产成本递减	降低直接材料成本	1.在非关键部位，可以以低代高 2.在满足品质的情况下，通过产品设计的变动，压缩成本 3.通过双轨配套，降低采购成本
	降低人工成本	1.制定人员培养方案，完善激励制度 2.通过人员配置分析，实现人力效能最大化
	减少制造费用	1.新技术新工艺的实验及运用 2.依据特殊性矩阵，完善过程作业指导书，减少异常制造费用
	战略监控指标：单位成本递减率	
期间费用递减	目标：通过在财务、销售、管理等方面的成本控制，成为行业内领先的成本控制者	
	控制财务费用	通过降低承兑拆票、回款、贴现手续降低财务费用
	控制销售费用	1.通过完善预算控制流程，降低销售费用支出 2.科学策划品牌传播途径和媒介，实现品牌性价比优化
	控制管理费用	1.通过完善预算控制流程，降低管理费用支出 2.开展精益化办公，提升管理人员效率
	战略监控指标：期间费用率	

图3　财务维度流程图

四、地勘单位管理会计体系之预算管理

（一）预算管理的基本原理

预算管理是指组织围绕预算而展开的一系列管理活动，包括预算编制、预算执行、预算分析、预算调控、预算考评等多个方面。因经济实体的具体情况不同，预算管理的重点可采取不同的预算管理模式。目前，中国煤炭地质总局采取的是以现金流控制为核心、以实现目标利润为重点的预算管理模式。

预算管理主要包括以下三方面内容：

1. 预算的编制

预算编制是整个预算管理体系的基础和起点。预算编制可以采用自上而下、自下而上或上下结合的编制方法。尤其要关注的是：预算的本质是未来的行动规划，是常规活动的提前安排，对于不确定性较大的事情，必须做好风险分析和管理工作。总局全面预算编制按照“上下结合、分级编制、逐级汇总、综合平衡”的程序进行。

2. 预算的执行与控制

在预算执行过程中，必须以预算为标准进行严格的控制：支出性项目必须严格控制在预算之内，收入性项目务必要完成预算，现金流动必须满足组织日常和长期发展的需要。预算控制的内容就是预算编制产生的各级各类预算，即经营预算、资本支出预算和财务预算。预算的执行与控制是整个预算管理工作的核心环节，需要组织上下各部门和全体人员通力合作。在这个过程中，还需要对预算执行中产生实际和预算的差异进行原因分析，总结经验教训。在实务中，地勘单位往往存在预算刚性保持不够、预算差异分析不到位的现象，需增强预算控制力度，加大制度约束力。

3. 预算的考评与激励

预算考评是对组织内部各级责任单位和个人预算执行情况的考核与评价。预算提供了明确的、在一定时间要求达到的经营目标，是对组织计划的数量化和货币化的表现，为业绩评价提供考评标准，使得组织在激励相关部门和人员时有一个合理、可靠的依据。确立“考评与奖惩是预算管理工作生命线”的理念，可以确保预算管理落实到位。严格考评不仅是为了将预算管理指标值与预算的实际执行结果进行比

较，并肯定成绩、找出问题、分析原因、改进以后的工作，也是为了对员工实施公正的奖惩，以便奖勤惩懒，激励员工共同努力，确保组织战略目标的最终实现。

（二）地勘单位预算管理实施方案

1. 预算管理的执行机构

为贯彻执行地勘单位预算各项职责，地勘单位需要设立战略规划及运行部，并下设预算管理岗位。地勘单位所属经营单位也应设立对口的战略规划及运行机构，负责本经营单位的预算决策、预算组织、预算编制、预算执行、预算监督和预算考核等。

2. 地勘单位预算的编制

地勘单位预算内容可以划分为财务预算、经营预算、资本预算三部分。总局全面预算除以上三项内容外，还融入了筹资预算。

在编制经营预算时，可以采用项目预算法。项目预算就是针对具体项目，以项目的期限作为时间框架来编制预算，对于跨年度的项目，应按年度分解编制预算。项目预算的优点在于能够包括所有与项目有关的成本，容易度量单个项目的收入、费用和利润。在编制预算时，将过去相似项目的成功预算作为标杆，通过对计划年度可能发生的一些重要事件进行深入分析，能够提高本年度项目预算的科学性和合理性。同时还需注意以下问题：一是要结合长远战略目标、考虑经济增长模式和新冠疫情的影响，二是要协调地勘单位各部门的经营活动，三是预算方案的设计要精细化，四是建立预算编制依据文件库，探索推进预算编制系统建设。

3. 预算的执行

首先，推行全面预算必须重视对各部门员工的培训，加强业务学习，提升全体员工素质。其次，要加强预算支出管理，实行事前控制。建立预算执行预警制度，及时发现执行中的问题。按照批复预算、用款计划和项目进度支付资金，严格管控无预算支出、超预算支出以及擅自改变预算用途的支出事项。建立健全预算执行分析制度，以分析促执行。

4. 完善预算考核的激励制度

地勘单位预算考核体系必须遵循公开、公平、公正的原则。在考核时，要设立一定的考核目标，对于完成预算目标的部门及员工进行相应的奖励，对于没有完成目标的进行相应的惩罚，这样才能有利于充分调动广大员工的生产积极性。应当注意的是，要重视资金预算的考核。目前，地勘单位的领导对现金流量考核的重视程度不足，一个企业的资金流就像人体内流动的血液一样重要，必须保持合理的总量和流动性。要客观反映地勘单位的偿债能力、投资能力以及筹资能力，现金流量都是非常重要的指标。因此，地勘单位一定要加强对现金流量方面的监管和控制，关注资金的使用效率和经济效益。

五、地勘单位管理会计体系之成本管理

地勘单位的项目成本是指为了顺利完成施工项目的勘探任务所需耗费的各种生产费用的总和，包括各项直接费用与间接费用。其中，直接费用包括材料费、人工费、燃油动力费、机器设备使用费以及其他直接费用等，间接费用主要地质作业部门发生的办公费、水电费、取暖费、应缴各类税费、融资费用、拟分摊管理费用等。项目成本管理就是在能够保证项目质量和工期的条件下，通过计划、组织、控制、协调等一系列的活动，将施工过程中发生的各项费用控制在较低水平的一项管理活动。它涉及的范围比较广，贯穿于施工项目的全过程及各方面，从项目中标签约开始，到施工准备、现场施工，直至竣工验收，各个环节都离不开成本管理工作。

（一）目标成本法

1. 目标成本法的基本原理

目标成本法是指企业以市场为导向，以目标售价和目标利润为基础，确定产品的目标成本；从产品设计阶段开始，通过各部门、各环节乃至与供应商通力合作，共同实现目标利润的成本管理方法。目标成本法适用于物流、建筑、服务等行业。目标成本法简便易行，适合地勘单位生产经营的实际情况。

（1）目标成本法的应用环境。企业应用目标成本法，要求处于比较成熟的买方市场环境，且产品的设计、性能、质量、价值等呈现较为明显的多样化特征。企业应以创造和提升客户价值为前提，以成本降低或成本优化为主要手段，谋求竞争中的成本优势，保证目标利润的实现。

（2）目标成本法的核心程序。企业应用目标成本法，一般按照确定应用对象、成立跨部门团队、收集相关信息、计算市场容许成本、设定目标成本、分解可实现目标成本、落实目标成本责任、考核成本管理业绩以及持续改善等程序进行（图4）。

（3）目标成本的制定。目标成本是基于产品的竞争性市场价格，在满足企业从该产品中取得必要利润情况下所确定的产品或服务的最高期望成本。用公式表达为：

产品目标成本＝产品竞争性市场价格－产品的必要利润

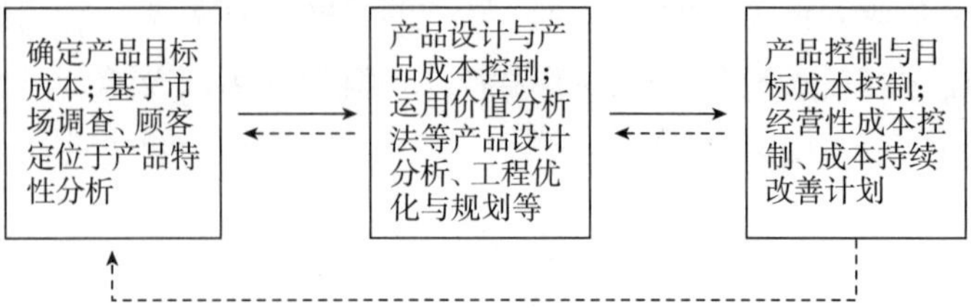

图4 目标成本管理核心流程图

设定目标，首先要进行市场调查，真实了解顾客对产品特性、功能、质量、销售价格等各方面的需求。可以采用的方法包括：对经济、政治、人口、产业等宏观或总体性资料进行收集与预测；对现实和潜在顾客的需求进行问卷调查；选取特定顾客群体，对其需求偏好做深入研究。

其次，要确定竞争性价格。竞争性价格是指在买方市场结构下，由顾客、竞争对手等所决定的价格。确定竞争性价格时，需要考虑可接受价格、竞争对手分析和目标市场份额。

最后，确定必要利润，即企业在特定竞争战略下所追求的目标利润，此时既要反映投资者的必要报酬率，同时也要考虑风险程度。

（4）目标成本控制与产品设计。在产品设计环节入手，从满足客户需求、平衡产品的价格与功能的角度出发，将“目标成本”嵌入产品设计过程，使目标成本能够真正约束产品设计。

（5）目标成本过程控制与持续改善。由于产品设计和生产规划已经确定，成本的持续改善策略主要针对的是产品制造环节可能存在的成本降低空间。但是，设计和制造是一个连续互动的动态过程，在产品价格、质量和性能等面临全面竞争的情况下，需要重新确定成本目标、重新设计产品，在新的规划下，持续改善制造环节的成本，以增强企业竞争优势。

2. 地勘单位目标成本法实施方案

项目中标后，地勘单位应立即组织项目评估部门和项目部的有关人员对项目进行总体评估，测算并确定项目的责任成本、上交费用和目标利润指标。

（1）成本测算。在收到项目招标文件后，经营部门会同专业技术人员根据现场施工工艺要求、设备劳务分包价等相关支出，初步测算一个施工成本，在初步测定的总成本价基础上，加上一定比例的利润，作为投标报价。中标后，具体施工部门需要进一步对投标报价中的各项初步测定的成本价进行再次核实和询价，较精准地做好项目工程量预控和单价预控等工作。

（2）锁定利润。项目目标成本测算数据确定后，将合同总价与项目总成本的差额（即目标利润）进行锁定，只要确保施工过程中的各成本指标不超出目标值，项目利润目标则始终被锁定。

（3）内部招标。地勘单位内部组建若干相对固定的项目部，明确项目部职责和工作团队，通过内部招标或定向磋商的方式选择承担项目施工任务的项目部。

（4）风险抵押。为了提高项目部的责任心，保证项目责任落实到位，在签订的目标责任书中应设定风险抵押条款，主要包括安全风险抵押及履约抵押。

（5）过程监控。在项目实施前，项目部应制定翔实计划。根据施工组织设计（方案）、目标责任书的指标要求，制定详尽的进度、材料需求、资金、设备投入、人力资源等计划，以便在过程中的检查对比。项目部管理费用、辅助机械费用的控制、水电费、项目措施费等可以通过对施工工艺和现场组织协调进行优化，提高设备使用效率，减少设备及措施费用投入，降低机械使用成本，并通过对项目工期的有效控制保证各种费用不偏离目标值。

（6）绩效考核。地勘单位应协调经营、财务、监察、质量安全、人力资源等部门对各项目月度完成情况进行协同考核，并将考核情况及时通报项目部。

（二）变动成本法

1. 变动成本法的基本原理

变动成本法是指企业以成本性态分析为前提条件，仅将生产过程中消耗的变动生产成本作为产品成本的构成内容，而将固定生产成本和非生产成本作为期间成本，直接由当期收益予以补偿的一种成本管理方法。

（1）成本性态分析。成本性态分析是指在明确各种成本性态的基础上，按照一定的程序和方法，最终将全部成本区分为固定成本和变动成本两大类，并建立相应成本函数模型“$y=a+bx$”的过程。

①固定成本。固定成本是指其总额在一定时期及一定产量范围内，不直接受业务量变动的影响而保持固定不变的成本。

②变动成本。变动成本是指在特定的业务量范围内，其总额会随业务量的变动而成正比例变动的成本。

③混合成本。混合成本就是“混合”了固定成本和变动成本两种不同性质的成本。

（2）成本性态分析方法。成本性态分析方法主要有财务资料分析法、统计分析法、工业工程法、合同法四大类。

①财务资料分析法，即账户分析法，是根据各个账户（包括明细账户）的本期发生额，通过直接判断或比例分配，对成本进行估计的一种方法。

②统计分析法，具体包括高低点法、散布图法、回归直线法。

③工业工程法，指运用工业工程的研究方法，逐项研究决定成本高低的每个因素，在此基础上直接估算固定成本和单位变动成本的一种成本估计方法。

④合同法，是根据企业签订的契约和合同、既定的管理与核算制度以及支付费用的规定等，估算固定成本和单位变动成本的方法。

注意：各种成本估计的方法并不是完全独立的，不能指望使用一种方法解决全部成本估计问题，往往需要互相补充和印证。我们要把这些方法看成一个总体，根据不同对象选择适用的方法，并尽可能用其他方法进行印证。如果不同方法得出的结果有较大差距，则需要判断哪种方法更适合该对象。

（3）变动成本法的应用环境。

企业应用目标成本法所处的外部环境，一般应具备以下特点：市场竞争环境激烈，需要频繁进行短期经营决策；市场相对稳定，产品差异化程度不大，以利于企业进行价格等短期决策。

（4）变动成本法的应用。

在变动成本法下，为加强短期经营决策，按照成本性态，企业的生产成本分为变动生产成本和固定生产成本，非生产成本分为变动非生产成本和固定非生产成本。变动成本包括变动生产成本和变动非生产成本两部分，固定成本包括固定生产成本和固定非生产成本两部分。贡献式损益表中损益计算包括以下两个步骤：

①计算边际贡献总额。

边际贡献总额＝营业收入总额－变动成本总额

＝销售单价×销售量－单位变动成本×销售量

＝（销售单价－单位变动成本）×销售量

＝单位边际贡献×销售量

②计算当期利润。

利润＝边际贡献总额－固定成本总额

2. 地勘单位变动成本法实施方案

（1）准确划分成本性态。地勘单位的预算管理和责任会计体系均建立在成本性态分析的准确性和可行性的基础上。准确性要求财务部门针对各业务单位和管理部门的经济活动开展情况及配套消耗的人财物等费用进行科学分析，力求变动费用必须是可控且随业务活动而增加的；对于固定费用，也应根据受益原则进行分派。

（2）成本性态分析的操作步骤。地勘单位在进行成本性态分析时应按照如下步骤操作：①分析业务类型及计量方法；②确定成本性态分析方法；③收集相关数据，并整理分析数据；④推定成本性态，检验实际效果。

（3）地勘单位可采用变动成本法与完全成本法的结合制。按照会计准则要求，企业成本核算应该采用完全成本法，而要发挥变动成本法的优势，可以采用以完全成本法为基础的变动成本法与完全成本法的结合制。

六、地勘单位管理会计体系之营运管理

营运管理，是指为实现企业战略和营运目标，通过计划、组织、指挥、协调、控制、激励等活动，实现对生产经营过程中的物料供应、产品生产和销售等环节的价值增值管理。

（一）本量利分析法

本量利分析法是以成本性态分析和变动成本法为基础，对成本、利润、业务量与单价等因素之间的依存关系进行分析，发现变动规律，为企业预测、决策、计划和控制等活动提供支持的方法，可用于生产、成本、定价、投融资等决策。同时，在营运计划的制定、调整以及监控分析等程序中也会用到。其公式为：

营业利润 =（单价 − 单位变动成本）× 业务量 − 固定成本

本量利分析方法包括盈亏平衡分析、目标利润分析、敏感性分析、边际分析等。

（1）盈亏平衡分析是计算利润为零时的业务量，分析项目对市场需求变化的适应能力等。

盈亏平衡点的业务量 = 固定成本 ÷（单价 − 单位变动成本）

盈亏平衡点的销售额 = 单价 × 盈亏平衡点的业务量

= 固定成本 ÷（1 − 变动成本率）

= 固定成本 ÷ 边际贡献率

边际贡献率 = 1 − 变动成本率

业务量等于盈亏平衡业务量时，保本；高于盈亏平衡业务量时，盈利；低于盈亏平衡业务量时，亏损。

（2）目标利润分析是在本量利分析的基础上，计算为达到目标利润所需达到的

业务量、收入和成本的一种利润规划方法。

实现目标利润的业务量=（目标利润+固定成本）÷（单价-单位变动成本）

实现目标利润的销售额=单价×实现目标利润的业务量

=（目标利润+固定成本）÷边际贡献率

应用目标利润分析法进行提高销售量的策略分析时，可以根据市场变化对销售价格进行调整，以达到调整销售量的目的；市场需求旺盛时，可通过增加固定成本、扩大生产来扩大销售量。

（3）敏感性分析是选取对利润基准值影响较大的因素进行分析，通过计算各因素的敏感系数，衡量因素变动对决策目标基准值的影响程度。根据敏感系数绝对值的大小进行排序，按其敏感程度优化规划和决策。

小幅变动引起利润大幅变动的因素，属于敏感性因素。

在短期利润规划中，应重点关注敏感性因素，及时采取措施，确保利润规划的完成。

在长期投资决策中，应分析项目期限、折现率和现金流量等变量的变化对投资方案的净现值、内含报酬率等产生的影响。

以净现值为目标值进行敏感性分析，可以计算投资期内的年现金净流量、有效使用年限和折现率的变动对净现值的影响程度；也可以计算净现值为零时的年现金净流量和有效使用年限的下限。

以内部报酬率为基准值进行敏感性分析，可以计算投资期内的年现金净流量和有效使用年限变动对内部报酬率的影响程度。

（4）边际分析主要有边际贡献分析、安全边际分析等。

边际贡献分析，是指通过分析销售收入减去变动成本总额之后的差额，衡量产品为企业贡献利润的能力，主要包括边际贡献和边际贡献率两个指标。计算公式如下：

边际贡献总额=销售收入-变动成本总额

单位边际贡献=单价-单位变动成本

边际贡献率是指边际贡献在销售收入中所占的百分比，表示每1元销售收入所带来的边际贡献所占的比重。

$$\text{边际贡献率}=\frac{\text{边际贡献}}{\text{销售收入}}\times 100\% = \frac{\text{单位边际贡献}}{\text{单价}}\times 100\%$$

通过边际分析对产品组合进行优化决策，目的是增加边际贡献或边际贡献率高的产品组合，反之减少。

安全边际分析，是指通过分析正常销售额超过盈亏临界点销售额的差额，衡量企业在保本前提下，能够承受因销售额下降带来的不利影响的程度和企业抵御营运风险的能力。安全边际分析主要包括安全边际和安全边际率两个指标。公式如下：

$$安全边际=实际销售量或预期销售量-保本点销售量$$

$$安全边际率=\frac{安全边际}{实际销售量或预计销售量}\times 100\%$$

安全边际或安全边际率的数值越大，企业发生亏损的可能越小，抵御营运风险的能力越强，盈利能力越大。

（5）地勘单位本量利分析法的实施方案。

①本量利分析：为经营发展找到切入点，发现盈亏界线。

②敏感性分析：发现保本状态的销售情况，评判相关因素变动对利润的影响，当产品销售量或销售收入大于盈亏平衡点时，带来经营利润，反之不会盈利。

③目标利润分析：预测完成目标利润应达到的销售额，发现潜在利润空间；分析地勘单位的产销量、价格和营销策略，提高决策的预见性；监督控制成本费用。

本量利分析是地勘单位预测、决策和考核的重要指标之一，也是编制预算表的基础，更是完成整体发展经营目标的有力手段。

（二）PDCA 循环

一切管理过程必须经过四个阶段，即 PDCA 循环：P 代表 Plan（计划），D 代表 Do（实施），C 代表 Check（检查），A 代表 Action（修正）。这四个阶段组成一个环，环环相套，螺旋式上升和发展，进而提高管理质量。

PDCA 循环的八个步骤：

步骤一：分析现状，找出问题。

步骤二：分析产生问题的原因。

步骤三：要因确认（区分主因和次因是最有效解决问题的关键）。

步骤四：拟定措施、制定计划。

步骤五：执行措施、计划。

步骤六：检查验证、评估效果。

步骤七：标准化，固定成绩。

步骤八：处理遗留问题。

由于不可能将所有问题在一个 PDCA 循环中全部解决，故上一个循环中遗留的问题会自动转进下一个 PDCA 循环，如此周而复始，螺旋上升。

在地勘单位项目管理中，可以用PDCA循环的四个阶段、八个步骤管理地勘项目（图5）。

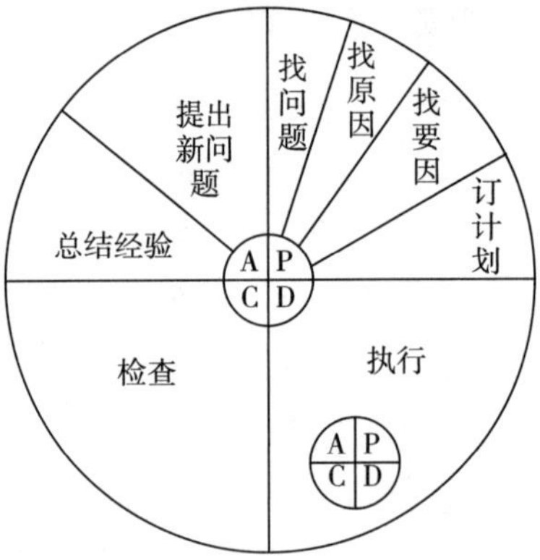

图5　PDCA循环的四个阶段、八个步骤

七、地勘单位管理会计体系之投融资管理

为贯彻落实国务院国资委下达的重要目标任务，地勘单位/公司必须进一步强化稳增长、抓改革、促创新的力度，夯实和提升投融资管理水平，扛起主责、深耕主业，推动地勘行业高质量发展。

（一）地勘单位投资管理

中国煤炭地质总局作为地勘行业的先行军、主力军，主动扛起历史责任和社会责任，充分发挥创新战略动能，聚焦主业，推动布局优化和产业升级，严控投资类别至关重要。慎重选择战略投资者和合作伙伴，科学选择合作模式，注重发展质量和效果，高质量推进地勘行业发展。

1. 地勘单位投资管理的目标

科学稳慎研判形势，做到未雨绸缪、统筹谋划。地勘单位投资管理的目标应该是规范投资行为、提高投资效率、增加单位效益、提升企业价值。

2. 地勘单位投资管理的原则

地勘行业的投资受宏观环境和发展形势的影响，现阶段地勘单位投资管理的基本思路应当是“适应环境，稳中求进”，既要聚集主业，也要适当外延，同时应控制投资风险。因此，地勘单位投资管理时应遵循以下原则：

（1）战略导向原则。要坚持将“稳字当头、稳中求进”的原则贯穿地勘行业改革发展过程，准确把握工作重心，推动要素、投资驱动转向创新驱动，多措并举，夯实精细化管理内控基础，巩固和扩大良好发展势头，全力以赴推动地勘行业高质量发展。

（2）价值创造原则。地勘单位作为经济活动中的市场主体，要以国有资本的保值增值作为经营目标。作为地勘单位经济活动中重要内容，投资活动的基本原则是遵循价值创造原则，通过有效投资，发掘地勘单位未来的盈利能力，提升企业价值。

（3）风险控制原则。风险控制是指风险管理者采取各种措施和方法，对未来的不确定性项目所做的一种投资风险决策。投资永远与风险相关联，因此，企业进行投资决策时必须具有风险意识。

3. 地勘单位投资管理的主要内容

地勘单位的投资形式多样：有基于地勘单位战略发展的重大投资，如企业合并、控制权投资、战略重组等基于集团（总部）的投资；也有基于公司日常业务的经营投资，如地质项目投资决策、重要固定资产更新改造投资、经营单位重大生产经营决策等。不同的投资项目对地勘单位的影响也不同：有些投资项目投资金额过大，或会对单位的长远发展产生重大影响，对于这类投资项目，必须经过严格的论证分析，杜绝投资失败，保证地勘单位的战略方向正确；而对日常经营过程中出现的经营决策，则应倾向于专业化决策，如地质项目的投资决策应由基层经营单位实施。

4. 地勘单位投资管理的工具与方法

投资管理的工具和方法具有行业特点和较强的针对性。地勘单位主要从事地质勘查、工程勘查与施工、矿产开发、矿业权转让等业务的日常经营活动，该类活动一般受宏观政策影响比较大，投资风险相对较大，专业要求较高。同时，地勘单位的国有性质要求重大投资项目要经过上级部门的行政审批。因此，地勘单位投资管理的工具与方法有一定的独特性。

地勘单位投资管理的工具与方法主要包括：

（1）建立投资目录索引。地勘单位的投资业务广泛、投资形式多样。为了便于进行投资管理，有必要按投资权限和投资类型进行专业分类，建立投资目录索引，明确投资主体，强化投资责任，降低投资风险。

（2）投资流程管理。投资流程管理至少要包括项目立项、项目可行性分析、编制项目投资计划、项目投资过程管理、项目投资验收及评价等环节的管理和控制。

（3）引入风险控制体系。在投资活动过程中，可能会出现资金风险、政策风险、管理风险、安全风险以及法律风险。如果能将投资管理与风险管控进行共同建设，将投资活动中的风险管理规范化、系统化，形成完善的风险控制体系，就可以最大限度地控制投资风险，减少投资失败给企业带来的损失。

5. 地勘单位投资管理实施方案

集团公司层面的投资项目，均应依据投资项目的重要性程度，根据地勘单位投资目标索引，按照以下程序实施投资项目管理：

（1）项目规划及立项管理。列入年度投资计划的项目视为立项，可进入可行性研究阶段；未列入年度投资计划的项目：限额内的投资项目，经战略管理部与投资委员会审核、党委会前置审议、董事会审批研究通过后，视为立项；限额以上的，报请上级主管单位批准后，方可立项。

（2）项目可行性分析。项目立项后，项目实施单位应认真组织编制可行性研究报告，涉及自有土地开发等专业性较强的项目，可委托符合资质要求的专业机构编制。

（3）编制项目投资计划。初步设计应委托具有相应资质的设计单位编制，须符合国家和地方政府相关规定及可行性研究报告批复的有关要求。初步设计编制完成后，应连同项目其他必要附件等报集团公司（局）备案。

（4）项目投资过程管理。在项目组织实施过程中，投资实施主体要认真做好项目进度、投资、质量控制等管理工作，并定期向战略投资部提交投资进度报告。在投资过程中，应加强日常投资行为监管，项目实施单位应妥善收集并保管好各投资项目的申报材料、决策文件、章程协议、行政审批、实施过程文件等，并分类整理，归档成册，严禁毁损、变更原始资料的行为。

（5）项目投资验收及评价。项目投资验收及评价以竣工验收和项目效益后评价为基础，在结合其他相关资料的基础上，对项目实施生命周期中各阶段管理和全要素工作进行管理评价。其主要内容包括项目实施团队管理、项目管理过程和项目结果、体系执行和运行机制、项目管理者水平，企业项目管理、投资监管状况、体制机制创新，以及项目目标实现程度和持续能力改进的评价。

（二）地勘单位融资管理

1. 地勘单位融资管理的目标

地勘单位融资管理是指以公司为主体，采用与公司经营相适应的融资渠道和融资方式融通资金，当资金盈余时，以最低的风险、适当的期限投放出去，以取得最大的收益，从而实现资金供求的平衡，促进单位的长远发展，以实现地勘单位价值最大化为最终目标。

2. 地勘单位融资管理原则

（1）资金匹配原则。确定融资规模是地勘单位融资过程中必须要明确的前提，只有确定了单位融资金额，才能进行下一步的融资决策，如选择融资渠道和融资方式等。公司在进行融资决策之初，要根据公司对资金的需要、公司自身的实际条件以及融资的难易程度和成本情况，量力而行，确定公司合理的融资规模。

（2）成本效益原则。成本效益原则是指一项活动的收益必须大于其成本，成本绝对数并非越低越好，关键看一项成本产生的效益是否大于该项成本支出。地勘单位在融资管理过程中应讲求成本效益，树立成本效益观念。

（3）风险可控原则。公司融资的目的是将所融资金投入公司运营，最终获取经济效益，实现企业价值的最大化。地勘单位在融资之前，应该预测本次融资能够带来的最终收益、承担的融资风险，并制定相应的风险管控措施，尽量控制融资风险、减少融资损失，投资收益要和融资风险相匹配。

3. 地勘单位融资管理现状

随着地勘单位事转企和经济增长模式的转换，地质勘查服务不断萎缩，财政拨款逐年减少，地勘单位资金来源的主渠道（财政拨款）大幅减少。同时，受其所在行业的政策、体制及工作性质的影响，地勘单位的融资渠道受到很大限制。

（1）资金需求逐年递增，资金缺口大。随着财政拨款的逐年减少，地质勘查收入不断萎缩，企业化经营考核压力不断增大。随着地勘单位的持续发展，之前年度经营积累下的资金已无法满足现有业务需求。同时，国家还对中央企业提出了“做强做优做大”的要求。随着地勘单位不断拓展业务，开发新产业板块，每走一步路都需要资金的支持，庞大的资金缺口已成为地勘单位发展道路上最大的“绊脚石”。

（2）融资渠道较少。地勘单位被推向市场后，财政融入的资金数额已逐年减少，地勘单位必须寻求更加适合自身发展的融资方式，以增加资金储备。目前，地勘单位获得的财政资金在单位融资金额中仍占有重要地位，但由于财政补助逐年减少，已经不能完全满足单位的发展需要，因此，地勘单位逐渐发展内部拆借、银行贷款等业务，每年的融资方式及融资金额都在更新和递增。但相比完全独立经营的公司而言，地勘单位还缺乏一定的融资自由，融资方式也相对比较传统。

4. 地勘单位融资管理的实施方案

地勘单位融资政策是集团总部基于集团整体战略发展的总体规划，为确保投资政策及其目标的贯彻与实现而确定的集团融资活动的基本规范与取向标准，是地勘单位财务政策的重要组成部分，主要包括融资规划、融资质量标准与融资决策制度安排等。

（1）制定融资规划。在地勘单位整体发展战略的总体框架下，根据地勘单位的核心能力、主导产业或业务相关的投资领域、投资方式、质量标准与财务标准的基本规范，通过计划的形式，对地勘单位及子公司等的融资规模、配置结构、融资方式及时间进度等做出统筹规划与协调安排。

（2）确定融资质量标准。融资质量标准主要包括融资的成本、风险、期限、取得的便利性、稳定性、转换弹性以及各种附加的约束性条款等。

（3）明确融资决策制度安排。集团融资决策制度主要涉及两个方面：一是总部与成员企业融资决策权力的划分；二是融资执行主体的规定。融资执行主体一般可分为集团总部和二级单位（也包括规模较小的企业集团）。总部融资决策权具有融资政策的制定、解释与调整变更权，对整体发展战略及投资政策的贯彻实施产生直接或间接重大影响的融资事宜的审批与决策权，涉及股权控制结构及对集团财务安全产生较大或重大影响的融资事宜或资本与债务重组的审批与决策权，一些非常的、例外融资事项的决策与处置权。

（4）融资管理与集团资本结构规划。资本结构与融资决策很大程度上影响着地勘单位的前途命运，性质不同的资本组合对于公司的财务风险形成、成本以及利润会产生较大影响，进而对公司发展方向和公司价值产生影响。

（5）融资渠道和融资方式选择。融资渠道指协助公司的资金来源，主要包括内源融资和外源融资两个渠道。融资方式是指公司融通资金的具体形式，常见形式包括银行贷款、股票筹资、债券融资、融资租赁、银行承兑、国家性基金、财政拨款等。合理且正确的融资渠道及方式对单位至关重要，在不影响单位资本结构总体规划的原则下，融资策略为先国家、后市场，先长期、后短期，先直接、后间接，先内源、后外源。

（6）加强融资过程管理。在融资管理过程中，地勘单位应强化融资监控，审查子公司等成员公司的融资项目是否业已纳入融资的预算范畴，融资的规模、结构、期限以及具体的进度安排等是否符合预算规定；及时掌握融资进度、到位情况及可能发生的问题，即遵循实时控制的原则；在融资过程中，融资执行主体必须将融资的具体情况（会同总部专门机构与人员所掌握的情况）报告给管理总部；任何公司未经总部批准，不得擅自改变融资用途。

（7）融资效果评价。融资效果评价的内容主要包括：融资的总规模、资本负债的比例是否符合融资预算的要求；融资进度是否按照融资预算的时间安排推进；融资成本是否符合经济原则，成本确定的依据是什么，这一成本是否有助于融资效率的提高，可以降低的幅度是多少；融资来源有哪些附加约束条款，这些约束条款是否对地勘单位未来的发展产生不良的影响，或可能会带来哪些隐含成本或潜在的风险损失，程度有多大；在融资过程中，执行主体是否严格咨询了法定的程序，有无非法的筹措费用开支。

（8）还款计划。还款计划的执行主体是用款单位。各用款单位应按借款契约的偿还要求，确定各时间段本息的到期额度，结合其他方面现金流出的需要，通过现金流入量的相应安排，保障本金与利息的如期偿付。

八、地勘单位管理会计体系之业绩评价

（一）绩效管理的目标

绩效管理的起点是战略目标，通过对战略目标科学分解，确定业绩评价标准。通过激励机制，促进管理提升，推动公司发展。

（二）地勘业绩评价工具及方法

1. 业绩评价基本方法

（1）目标管理法。以发展战略目标作为绩效考核方向，岗位业绩为标准，定期检视反馈，进行奖惩。

（2）关键业绩指标法。通过对其核心参数的设置与挖掘，量化其绩效，构建KPI体系。

（3）平衡计分卡。平衡计分卡是从财务、客户、内部运营、学习与成长四个角度，将战略落实为衡量指标和目标值的绩效管理体系（图6）。

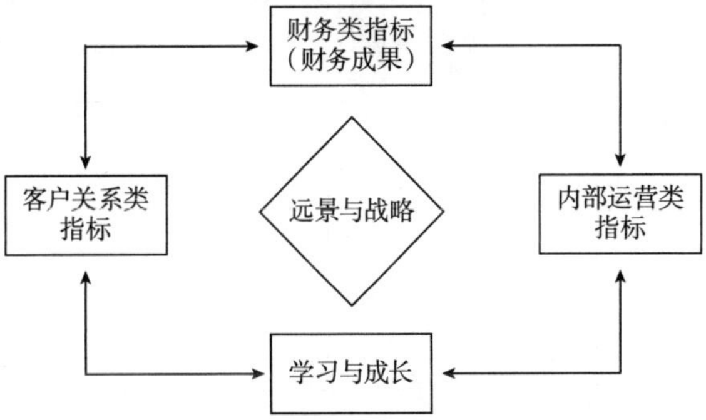

图6　平衡计分卡结构图

2. 评价方法的选择

绩效考核方法，应基于单位战略目标，从财务、客户关系、内部流程、员工的学习与成长等方面设定绩效指标设计的依据；要重视 KPI 的应用，细化指标。

（三）基于 KPI 业绩评价的实施方案

1. 管理会计业绩评价基本要求

（1）选择可量化的考核评价体系。实行量化打分。以年为考核周期。

（2）选择可靠的考核依据。业绩考核的依据有：年度财务预算报告、年度财务决算报告、业务部门指标完成情况、经批准的年度工作计划、年度或阶段性评价结果、对特殊情况经核定的经营成果资料等。

（3）设立科学合理的考核细则。

（4）建立严谨规范的考核流程。

每个考核周期结束后，由经营单位进行自评。

2. 构建基于 KPI 的业绩评价体系

地勘单位应构建既定治理框架下管理会计的业绩评价体系。

关键指标的设计，应根据整体规划和战略目标而定；首先，选择单位战略目标，在集团层面找到各个成功关键因素；然后，将关键因素分到每一个职能部门和二级单位层级（图 7）。

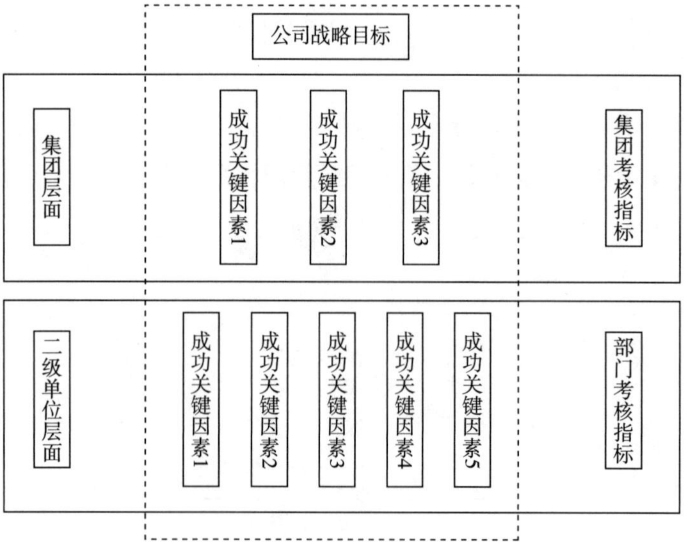

图 7　关键评价指标设计流程图

关键绩效的指标所设置的一级评价指标应当在 3 ~5 之间，二级评价指标保持在一级指标的 4 ~6 倍较为合适（表 2）。

表 2　地勘单位基于 KPI 的业绩评价指标体系

项目	一级指标及权重	二级指标	二级指标内容	权重（%）
管理会计业绩评价指标体系	财务管理层面（%）	收入变化水平	各单位主营业务收入与去年同期收入变化情况	
		成本目标完成率	各单位实际成本费用支出与财务预算成本费用计划目标的比率	
		人均行管费	各单位在考核期间一般行管费支出与公司批准认可的该单位人数之比	
		财务综合管理	为实现单位目标，对收入、成本的计划和控制情况，资金管理情况（定性分析）	
		净资产收益率	$\frac{净利润}{平均净资产} \times 100\%$	
		资产负债率	$\frac{负债}{总资产} \times 100\%$	
	营运管理层面（%）	专项工程管理	所有专项工程立项、预算、施工组织、监理、工程质量等方面管理情况（定性分析）	
		安全生产管理	各管理处考核期间内，安全生产管理达标情况	
		核心员工保持率	$\frac{核心员工总数-核心员工离职人数}{核心员工总数} \times 100\%$	
		应收账款逾期率	$\frac{逾期应收账款}{应收账款} \times 100\%$	
		行政综合管理	各单位考核期间日常管理的综合水平	
		设备管理	对设备管理是否到位的考核	
	客户管理层面（%）	劳动纠纷	当年与客户的劳动纠纷总数	
		客户满意度	通过客户调查分析客户满意度	
		项目交付及时率	$\frac{当年实际交付项目}{当年计划交付项目} \times 100\%$	
		质量合格率	当年交付项目的合格率	
		业务拓展情况	当年新增项目数（定性分析）	
	学习与成长（%）	培训效果满意度	培训调查表	
		教育培训覆盖率	$\frac{当年参加培训员工}{当年应参加培训员工} \times 100\%$	
		业务培训计划达成率	$\frac{当年实际业务培训数}{当年计划业务培训数} \times 100\%$	
		人才引进	人才引进数量（定性分析）	

3. 确定各指标的权重与绩效考核指标

为业绩考核与评价体系的各个单项指标赋值，然后进行汇总与综合评价。进行权重赋值时，应结合运营计划、内外部环境，并借鉴周边同规模公司相关信息对各个二级实体进行调查。

地勘单位在进行业绩评价时，应根据管理会计指标体系收集指标数据。绩效考核的各职能部门，可借鉴平衡计分卡将指标进行分解。

4. 确定绩效指标的评价标准

对基于 KPI 的业绩评价体系进行评价时，应测算得分，并与标准得分进行对比：得分高于标准得分的，表示业绩好于标准。根据财务数据准确地计算各个指标，然后根据相关资料衡量客户维度指标，得出关键绩效指标。

5. 地勘单位业绩评价结论与反馈机制

将业绩评价结果与评价标准值进行比较：如果评价值和标准值比较接近，表明经营业绩总体水平较高；反之，则较低。为保证考核结果正确，应就绩效初步计算结果与被考核对象进行沟通与反馈。

九、地勘单位管理会计体系之激励与补偿系统

（一）以财务指标为基础的激励与补偿系统

地勘单位通常使用组织或部门利润指标作为衡量个人报酬的工具。有效而合理的奖励方案应以促使高级管理人员与所有者利益一致为根本点，按每个管理者对整个组织的贡献来确定。同时，部门及个人利益应服从于整体利益，使所有组织员工都关心个人行为对组织的影响，共同塑造具有合作精神的建设性集体。当管理者晋升到更高的职位时，奖励增长的幅度可以高于薪金增长的幅度。除直接的物质奖励外，应设置无形的激励机制，以表彰管理者对组织的突出贡献，因为个人从这种表彰中获得的成就感与物质奖励同等重要。

（二）以集体与个人业绩相结合的激励与补偿系统

激励与补偿系统的设计者必须考虑这样的问题：奖励应以个人业绩为基础还是以集体业绩为基础？一方面，以个人行为为基础的奖励很明显不会促进集体行为的进步；另一方面，如果采取以集体行为为基础的报酬，很多个人不会清楚地看到个人行为是如何影响集体奖励的，更不会知道它会如何最终影响个人奖励，这将削弱

奖励的激励效果。只有把集体奖励建立在组织利润的基础上，同时按个人实现其业绩目标的能力确立其在集体奖励中所占的份额，才更有效。这个方法没有把个人在集体奖励中所在的份额建立在薪金或职务的基础之上，如此设计出来的激励与补偿系统既能促进集体的进步，又能激励个人不断进步。

（三）离职管理人员的补偿系统

补偿合同，尤其是激励与奖金方案，为地勘单位高级管理者提供了重要的导向和激励。如果对高级管理人员没有明确的奖惩办法，组织就无法进行分权经营。几乎所有高度分权化的组织都会与其高级管理层订立激励补偿合同，以鼓励他们为部门和组织做出利润最大化的决策，同时促进个人达到更高的业绩水平。

设计激励与补偿系统时，必须综合权衡个人业绩与集体业绩，抵销对短期目标的过分热衷，以使组织员工积极为长期目标而努力，使地勘单位高级管理人员具有很强的积极性，为完成指定的业绩指标而努力，从而最大限度地激发全员工作积极性。

十、地勘单位管理会计体系之报表体系

管理会计报告是以企业文化和管理理念为基础，反映并公开地勘单位管理措施和结果的信息系统，是管理结果和效果的展示，大致分为内部报告、内部管理报告及管理会计报告三种。

（一）管理会计报表体系的基础性作用

地勘单位管理会计报表体系的基础性作用主要表现在四个方面：第一，管理会计报表体系勾勒了地勘单位管理活动的基本链条；第二，管理会计报表体系是两个会计信息系统的纽带，以财务会计信息为基础，发挥管理预测的功能；第三，管理会计报表体系设定了财务信息与非财务信息的对应关系，并以此构建管理会计报表体系，这也是全面预算管理的核心理念；第四，管理会计报表体系是管理会计人员提供决策建议的依据。因此，地勘单位管理会计报表体系也是管理会计人员编制管理分析或评价报告，并进行管理会计信息多样化展示的数据基础。

（二）管理会计报表体系的特征

评估管理会计报告系统的最重要因素是信息质量，高质量的管理会计报告必须具备相关性、可靠性和实效性三个特征。

（1）相关性是以地勘单位战略发展目标为导向，按照关键资源要素和结构、关键绩效指标，建立、收集和传输内外部数据机制，使管理会计报表能按照管理层所需要信息的不同，提供与其需求相关有用的各种的信息，充分发挥报表的分析、决策作用。

（2）可靠性是指保证管理会计报表信息的准确无误，真实可靠，这也是在管理控制中发挥作用的基本保障。为实现地勘单位数据的可靠性，首先要确保内部财务信息必须规范真实，其次在编制管理会计报告时必须检查和标识信息来源，以保证信息资源的及时性、可追溯性与完整性。

（3）时效性是指必须为管理层的决策提供最为及时、迅速的信息。管理会计报告是管理活动的实时记录，是具有较强时效性的会计信息。过时的管理会计报告所负载的会计信息，不仅无助于为管理层提供决策相关的有用信息，甚至可能影响领导层的正确决策，导致决策失败。

（三）地勘单位管理会计报表体系的构建

1. 管理会计报表体系模式

按服务对象不同，管理会计报表可分为基层人员、各部门、组织领导者三个层次人员使用的报表。

（1）基层人员报表：主要是对每天产品的生产、销售或基本经营活动的记录，便于整理、汇兑。主要报表由现金日记表和成本报表组成。

（2）各部门的责任报表：主要是对基层人员呈报的报表做具体的整理和分析，使各部门负责人及时准确地了解组织的生产、运营情况，针对不同侧重点，为组织领导者提供更直观的了解信息，具有“承上启下”的作用。主要报表由现金报表、成本分析报表和销售分析报表组成。

（3）组织领导者报表：是呈现给领导者的及时、准确的信息，利于领导者做出果断、正确的决策。主要分为成本预测报表、投资报表、短期生产决策报表和利润报表。

2. 管理会计报表体系的运行机制

财务会计报表体系的运行更多依靠外部强制性规范（包括会计准则、外部监管机构等），而管理会计报表体系的运行则更多来源于内部力量的推动。从设计到有效运行，管理会计报表需要经历协调、否定、调整、完善的反复过程，需要建立相配套的运行机制，才能使管理会计报表体系得以推进和有效实施。这一运行机制大体包括四方面内容：一是高层推动、全员认知，这是组织保障；二是系统支持、阶段推进，这是计划统筹；三是树立标杆、激励相容，这是手段；四是交流借鉴、共同促进，这是总结提高。

（四）基于管理会计报告体系的信息化建设

随着经济的迅速发展和加强内部管理的需要，会计职能的内涵和外延发生了深刻变化。因此，进一步探索和研究管理会计信息系统的建设，将为地勘单位的管理会计应用起到促进作用。对此，我们主要有以下几方面的思考：

一是做好整体规划。规划体系是顺利开展管理会计信息化工作的前提，明确会计信息化总体目标和分阶段任务，有计划、分步骤组织实施，才能做到与企业整体信息化规划同步、系统集成、标准统一、信息共享。

二是稳步推进。推进体系是管理会计信息化的主体部分，是开展管理会计信息化工作的核心内容。

三是有效组织。组织体系是管理会计信息化的重要保障，是有效开展管理会计信息化工作的重要基础。

四是加强运行维护。运行维护体系是管理会计信息化的重要支撑，是管理会计信息化工作高效运转的动力源头。

十一、结语

本课题研究的宗旨是依据财政部颁发的《管理会计基本指引和管理会计应用指引》，从地勘单位管理会计的应用现状考虑，建立适用于新经济增长模式和常态化疫情防控下的管理会计操作指南。对于地勘单位而言，本课题研究成果的运用将有助于明确战略定位、提升管理水平、防范化解经营风险、增强全员的凝聚力，进而在后疫情时代或新经济时代提高地勘单位的综合竞争能力。

第一，从管理会计职能的研究出发，探索管理会计体系的构成内容，形成地勘单位管理会计体系框架的理论基础。

第二，在分析新经济增长模式和常态化疫情防控对地勘单位的发展的基础上，研究地勘单位管理会计体系框架。即战略管理是核心、管理会计的基石和编制预算的依据，预算管理是管理会计体系实现控制职能的重要手段、处于企业控制系统中的核心地位，成本管理、预算管理、营运管理和投融资管理是管理会计体系落脚点，管理会计报表体系是管理会计信息输出的主要载体，业绩评价是管理会计体系的重要支点，激励与补偿机制是管理会计完善的助推器。

第三，结合地勘单位的管理体制、经营机制、组织结构、外部环境等因素，研究适用于地勘单位的管理会计工具方法，如应用于战略管理的 SWOT 分析法、波特五力分析法、战略地图法等，应用于成本管理的目标成本法和变动成本法。

本课题研究成果的应用建议是：先选择管理人员水平比较高、企业经营特点明显和有较好管理基础的经营单位试点运行，然后由点及面，向其他经营单位乃至整个地勘系统推广。

本课题部分研究成果可能与地勘单位的管理实践结合不够，对于应用中出现的问题，需要及时反馈、及时修正，以便不断完善。

成 果 创 造 单 位：中煤地第二勘探局集团有限公司
成果主要创造人：冉均平
成 果 创 造 人：刘勤学　曹　雨　袁卫东　张宏伟　岳　民
成果其他创造人：齐　琳　王　爽　王大千　孙立新　王　欢　胡胜男
李江威　马桂凤　李艳敏

后 记

《2021年度中央地勘企业政策与经济研究成果》在国务院国资委研究中心、中国矿业联合会、中国石油化工集团有限公司、中国煤炭工业协会地质分会、中智管理咨询有限公司、五矿经济研究院等单位及相关部门的大力支持和帮助下，即将付诸出版。

在此书的编写过程中，我们始终坚持以习近平新时代中国特色社会主义思想为指导，贯彻落实党中央、国务院相关决策部署，凝聚企业改革发展先进经验及前瞻性观点，以期为行业内企业转型升级提供借鉴，推动高质量发展。本书的出版得到了总局各级领导的高度重视和各课题组成员的大力支持，地勘行业内外相关专家也对编写工作提出了宝贵的修改意见和建议。在此，谨向参与、支持、指导成果集编审出版工作的各位领导和同志们致以崇高的敬意和真挚的感谢！

由于时间仓促，书中疏漏之处在所难免，我们诚恳地希望广大读者批评指正，同时也希望读者对中央地勘企业的管理创新和改革发展工作提出宝贵意见，以便让我们改进工作，更好地服务行业高质量发展。

编写组

2022年11月